À la mémoire de Charles Sterling

1901-1991

JACQUES BLANCHARD

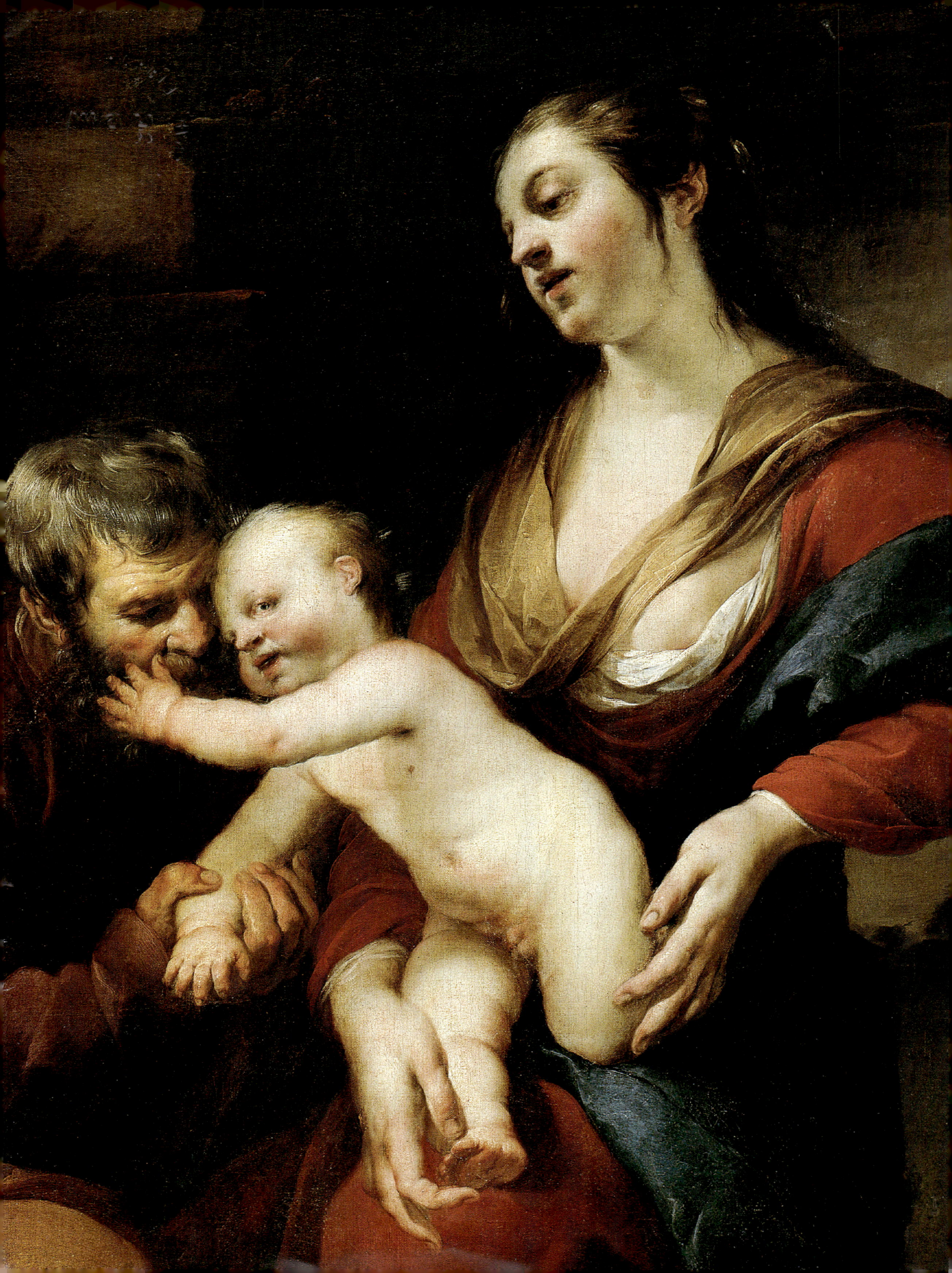

Jacques Thuillier

Jacques Blanchard
1600-1638

Musée des Beaux-Arts de Rennes

Cet ouvrage est publié à l'occasion
de l'exposition JACQUES BLANCHARD.
Rennes, Musée des Beaux-Arts,
du 6 mars au 8 juin 1998.

Commissaires de l'exposition

Jacques Thuillier
Professeur au Collège de France

Laurent Salomé
Directeur du Musée des Beaux-Arts de Rennes

et François Coulon
Conservateur au Musée des Beaux-Arts de Rennes

Conception graphique du catalogue
Pierre-Louis Hardy

Cette manifestation a été rendue possible
par la Ville de Rennes et par le concours
du ministère de la Culture, Direction régionale
des Affaires culturelles de Bretagne

ISBN 2-901430-33-3

Remerciements

L'idée de réunir l'œuvre entier de Jacques Blanchard à Rennes, autour de sa belle *Flagellation*, revient à Jean Aubert, alors conservateur en chef du Musée des Beaux-Arts. Qu'il en reçoive le premier nos remerciements.

Cette idée n'aurait pu se réaliser sans des encouragements multiples. Au Louvre, Pierre Rosenberg, de l'Académie française, a généreusement mis à notre disposition sa documentation personnelle. Jean-Pierre Cuzin et Sylvain Laveissière nous ont donné de précieuses indications et apporté un appui efficace. À nos demandes diverses Marie-Catherine Sahut a répondu avec un sourire indulgent et une science précise. Jacques Foucart nous a accueilli au Service de la documentation du Département des peintures, trésor irremplaçable qui nous a épargné de longues démarches, de même que Françoise Viatte et Dominique Cordelier au Département des Arts graphiques, en dépit des difficultés actuelles. Au Laboratoire de Recherche du Louvre et des Musées de France, Elisabeth Martin a fait procéder à divers examens, et elle a accepté de les résumer elle-même dans ce catalogue. Qu'elle en soit remerciée ainsi que Danièle Giraudy et Patrick Le Chanu.

Nous devons une gratitude particulière à Arnauld Brejon de Lavergnée et Xavier Salmon, qui nous ont amicalement indiqué des références précieuses, à Nicole Reynaud, à Christophe Leribault, au Dr Hermann Arnhold, qui sont venus à notre secours à divers moments de l'enquête.

D'autres renseignements sont dus à Louis Faton, président-directeur des Éditions Faton, à Joseph Hahn, à Jean-Claude Serre, à Antoine Laurentin.

Il va de soi que s'agissant de Blanchard, la quête a dû s'étendre à la province et à l'étranger. Nous avons particulièrement dérangé, dans les musées Vincent Ducourau à Bayonne, Ghislaine Courtet à Besançon, Emmanuel Starcky à Dijon, Laurence Le Cieux à Meaux, Michel Hue à Mirande, Béatrice Salmon à Nancy, Isabelle Klinka à Orléans, Laurence B. Cabrol à Toulouse, et pareillement, Anne de Gardelle à la Direction régionale des affaires culturelles du Puy-de-Dôme, Anne Bénédicte Clair au Conseil Général de l'Yonne, et Maryse Desgrange aux Éditions Faton. À l'étranger nous devons particulièrement remercier pour l'intérêt qu'ils ont porté à nos recherches Larry J. Feinberg à l'Art Institute de Chicago, Vera Vinogradova à Kiev, le Dr Karl Heinz Mehnert à la Graphische Sammlung de Leipzig, le Dr Waldemar Pail à la Residenzgalerie de Salzburg.

On nous permettra d'ajouter qu'au Collège de France nous avons été aidé par Sylvie Sportouch, par Fatou Esteoule, et par Jean-Pierre Martin, photographe. Mais la part essentielle est revenue à Corinne Maisant, assistante auprès de notre chaire. Obtenir les articles rares, les documents photographiques, les pièces d'archives, saisir les textes, surveiller l'impression : sa tâche a été aussi lourde que délicate, et sans son aide efficace nous aurions sans doute renoncé à écrire les pages qui suivent.

Nous aurions aimé que collaborât à ce catalogue Richard Beresford, dont les recherches sur Blanchard ont été d'une grande importance. Son départ d'Europe l'en a empêché, mais il a bien voulu nous donner son avis, qui nous a été précieux.

Jacques THUILLIER

Aux remerciements de l'auteur, le musée des Beaux-Arts de Rennes voudrait ajouter les siens à l'intention de tous ceux qui ont contribué généreusement à la bonne marche du projet.

En premier lieu, celui-ci n'aurait pu aboutir sans le soutien actif de la Ville de Rennes, de la Direction des Musées de France et de la Direction régionale des Affaires culturelles de Bretagne. Martial Gabillard, premier adjoint au Maire de Rennes chargé de la Culture, et Gilles Ribardière, Directeur général Culture, Éducation et Sport, ont porté avec enthousiasme le projet et nous leur en sommes profondément reconnaissants. Jean Salaün, Directeur général de la Communication, et Catherine Durfort nous ont apporté une aide considérable, et nous remercions vivement toute leur équipe, ainsi que les nombreux services de la Ville de Rennes qui ont participé à la réalisation technique de l'exposition.

Le personnel du Musée des Beaux-Arts, dont le dynamisme a toujours compensé l'effectif restreint, s'est passionné pour Blanchard. Nous remercions chaleureusement Valérie Lagier, conservateur, qui nous a largement aidés et a mis en place le dispositif pédagogique de l'exposition, avec la collaboration d'Odile Hays, animatrice, et d'Agnès Thépot, professeur relais. Jeanne Chevalier a assuré l'administration générale. Marie-Chrystelle Lucas-Louis a cumulé les deux lourdes charges de la régie des œuvres et de la communication. Odile Bouëdo-Mallet a créé les pages et le jeu relatifs à l'exposition sur le serveur Internet du musée, qu'elle a elle-même conçu et réalisé. Marie-Thérèse Coupard, Monique Floc et Régine Jéhan ont assuré le secrétariat, Arnaud Laot les travaux photographiques. Béatrice Lambart, Carole Houdayer et Patrick Daum ont bien voulu, entre autres, relire le catalogue. Enfin, *last but not least*, l'atelier dirigé par Patrice Chauvin a réalisé tous les travaux muséographiques, grâce aux compétences de Jean-Yves Henry et d'Eugène Lefoul, et à la collaboration de David Alliaume, Michel Gonzales et Édouard Gendrot.

Nos remerciements s'adressent aussi à Jean-Yves Veillard, conservateur en chef du Musée de Bretagne, avec qui nous partageons encore pour quelques années la même maison, ainsi qu'à Gérard Létendard et Yannick Monnier dont l'aide cordiale nous a permis de respecter des délais très serrés.

Dans la réalisation de ce catalogue, nous avons bénéficié du concours d'institutions françaises et étrangères qui ont bien voulu mettre à notre disposition de précieux documents. Outre les personnes déjà citées par l'auteur, nous remercions tout particulièrement Amélie Lefébure, conservateur en chef du Musée Condé à Chantilly, Annie Charnet, conservateur des Archives départementales du Tarn, Larissa Bardovskaïa, conservateur en chef du Palais de Tsarskoïe Selo à Pouchkine, Vladimir Matveef, directeur adjoint du Musée de l'Ermitage, et Romolo Tiberi, directeur du Musée de l'Œuvre de la cathédrale d'Orvieto.

Des documents nous ont été aimablement fournis par le British Museum ainsi que par Dan Sunderland à la Witt Library, Martine de Polignac à la galerie Serre, Claude Ananoff à l'étude Tajan, Kate Lawson et Camilla Young pour Christie's Londres, Stephanie Harovas pour Sotheby's New York. Nous remercions également Donatien Rousseau, Jacques L'Hoir et François Poche, photographes, dont la diligence nous a permis de compléter l'illustration de cet ouvrage. Galina Bratslavskaïa, interprète, nous a apporté une aide précieuse, ainsi qu'Aloÿs de Becdelièvre et Marie-France Racine, restaurateurs. Enfin Bernard Pouchin et l'équipe de l'imprimerie Calligraphy Print, qui a réalisé ce catalogue, sont allés bien au-delà de leurs obligations contractuelles, de même que Francis Voisin et les Impressions du Sagittaire, qui ont réalisé les autres documents entourant l'exposition. Que tous ces partenaires trouvent ici la marque de notre très profonde reconnaissance.

Prêteurs

Le premier rassemblement des peintures de Jacques Blanchard était une entreprise exaltante dans laquelle nous avons rencontré un réel enthousiasme de la part des institutions et des collectionneurs. Notre reconnaissance est grande envers tous ceux qui ont permis le voyage jusqu'à Rennes des œuvres dont ils ont la charge ou qui leur appartiennent.

Quatre tableaux importants, classés Monuments Historiques et conservés respectivement dans la cathédrale d'Albi, dans l'église Saint-Léger de Cognac, dans l'église Saint-Denis-de-la-Crois-Rousse à Lyon et dans la cathédrale Notre-Dame de Paris, ont pu être réunis grâce à Maryvonne de Saint-Pulgent, alors Directeur du Patrimoine, et à son successeur, François Barré. Nous remercions très sincèrement Francis Hardy, maire de Cognac, Gabriel Caillet, maire du IVe arrondissement de Lyon, et les autorités ecclésiastiques qui ont accepté de se séparer quelque mois de ces tableaux : M$^{gr.}$ Jean-Marie Lustiger, Cardinal archevêque de Paris, et le père Rechain ; M$^{gr.}$ Jean Balland, archevêque de Lyon, et le père Jean Vanel ; M$^{gr.}$ Roger Meindre, évêque d'Albi, et le père Michel Mouïsse ; M$^{gr.}$ Claude Dagens, évêque d'Angoulème, et le père Michel Raynaud. Nous avons été particulièrement sensibles à la bienveillance et à l'aide d'Isabelle Denis, Caroline Piel, Rachel Touzé, Bernard Brochard, Bertrand Ducoureau et Serge Pitiot, Inspecteurs des Monuments Historiques.

Nous remercions avec autant de chaleur les responsables des musées français et étrangers qui se sont généreusement associés à notre projet : Jean-Paul Le Maguet, conservateur en chef du Musée du Berry à Bourges ; Jean-Luc Dufrêne, conservateur du Musée d'art Thomas Henry à Cherbourg ; Gérard Tisserand, conservateur en chef du Musée des Beaux-Arts de Clermont-Ferrand ; Serge Lemoine, conservateur en chef du Musée de Grenoble ; Philippe Durey, conservateur en chef du Musée des Beaux-Arts de Lyon ; Béatrice Salmon, conservateur du Musée des Beaux-Arts de Nancy ; Jean Aubert, directeur des musées de Nantes ; Eric Moinet, conservateur en chef du Musée des Beaux-Arts d'Orléans ; Pierre Rosenberg, Président-Directeur du Musée du Louvre et Jean-Pierre Cuzin, conservateur général chargé du Département des Peintures ; Catherine Delot, conservateur du Musée des Beaux-Arts de Reims ; Claude Pétry, conservateur général chargé du Musée des Beaux-Arts de Rouen ; Philippe Le Leyzour, conservateur en chef du Musée des Beaux-Arts de Tours,

Ronald de Leuw, directeur du Rijksmuseum d'Amsterdam, J.-P. Filedt Kok, directeur des collections, et Wouter Th. Kloek, chef du département des peintures ; Wesley M. Dixon Jr., directeur de l'Art Institute de Chicago, et Larry J. Feinberg, conservateur des peintures européennes ; Samuel Sachs II, alors directeur du Detroit Institute of Arts, son successeur Maurice D. Parrish et George Keyes, conservateur des peintures européennes ; Miklôs Mojzer, directeur du Musée des Beaux-Arts de Budapest ; Klaus Schrenk, directeur de la Staatliche Kunsthalle de Karlsruhe ; John Murdoch, directeur du Courtauld Institute de Londres, et Helen Braham, conservateur ; Philippe de Montebello, directeur du Metropolitan Museum of Art de New York ; Katherine Lee, directeur du Virginia Museum of Fine Arts de Richmond ; David Steadman, directeur du Toledo Museum of Art.

Enfin nous tenons a exprimer la même profonde gratitude à Asbjorn R. Lunde et aux autres collectionneurs privés qui ont souhaité garder l'anonymat.

Sommaire

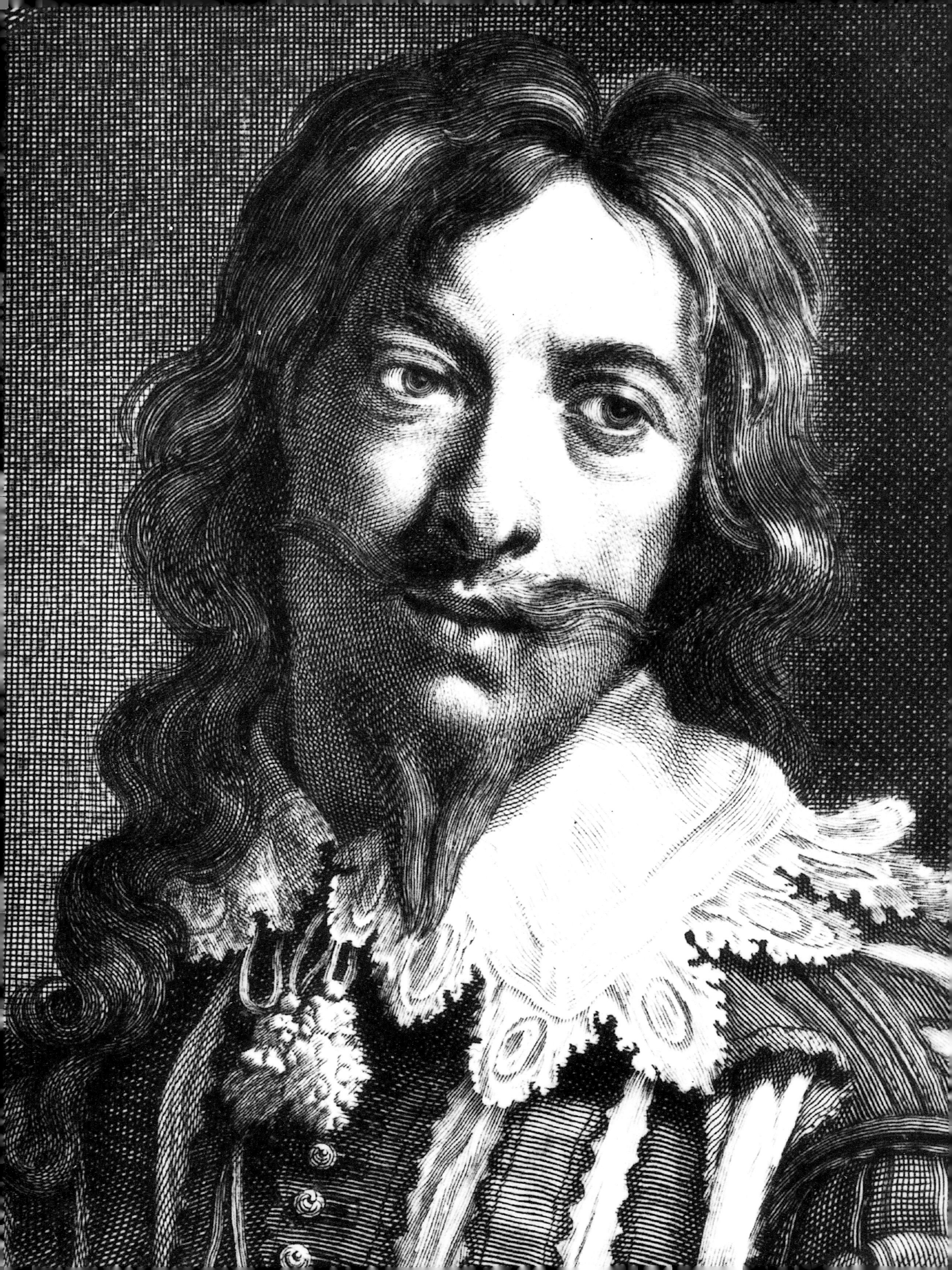

INTRODUCTION

JACQUES BLANCHARD PEINTRE

Jacques Blanchard, peintre français, né à Paris en 1600, mort à Paris en 1638, auteur de tableaux religieux et mythologiques. André Félibien a écrit que conjointement à Simon Vouet, il a *« beaucoup contribué à remettre en France le bon goût de la peinture »*.

Il suffit. La cause est jugée. Quel ennui que cette peinture française du XVIIe siècle ! Tant d'austères sujets de religion, tant de mythologies compliquées, tant de colonnes et de frontons en ruines n'intéressent que les cuistres. Notre temps, accoutumé aux « effets chocs », n'a que faire d'une peinture qui demande d'abord qu'on ouvre son dictionnaire.

Si pourtant il est un artiste qui puisse échapper à cet anathème et faire revenir sur cette prévention, c'est bien Jacques Blanchard. Il n'a guère empli les églises de ses œuvres. Il aime à peindre des *Sainte Famille*, mais c'est en les dépouillant de tout hiératisme. On se disputait ses *Vierge à l'Enfant* : moins par dévotion que pour le charme qu'il savait donner à une belle jeune femme fière de sa première maternité. Dans ses *Charité*, qu'il semble avoir multipliées à plaisir, seule une analyse perverse détecterait des symbolismes cachés. La beauté féminine, l'enfance, la plénitude de l'instant : il n'est pas besoin de chercher plus loin. Quant à ses *Danaé* rouge et or, ce sont tout bonnement des toiles érotiques, de grands hymnes au plaisir de la chair. En regard, Courbet paraît compliqué, et l'*Olympia* de Manet d'une subtilité maladive. Blanchard, peintre du bonheur, se moque bien des pédants.

Accordons un instant la parole à un contemporain :

« Dans la gallerie basse [de l'hôtel de Bullion, Blanchard] a représenté les douze mois de l'année, figurés par des énigmes des métamorphoses. J'ai admiré dans le mois de Mai un certain petit Amour en l'air, qui vole, mais si rond, si tendre, si délicat, l'air de la tête est si enfantin, ses yeux si doux & si riants, son action si ingénue, sa chair enfin si blanche, que le lait dont on allaite & nourrit les petits enfans ne l'est pas plus (...) Mais sur tout je ne saurois me taire d'une Diane sur une nue qu'on voit dans son mois de Novembre ; ce n'est qu'une demie figure, mais il s'y voit tant de belles parties qu'il est facheux que le reste soit enveloppé de nuages ; ses yeux gracieux & bien fendus, ses joues fraiches & vermeilles, ses bras ronds, sa gorge blanche, son air noble, sa tête bien coéffée & couronnée d'un croissant, donnent de la tentation à ceux qui la regardent trop curieusement (...) Dans (le mois d'août) Cérès & Flore assistent au défi de Pan & d'Apollon, & toutes deux écoutent attentivement

Jacques Blanchard
Autoportrait, gravure de Gérard Edelinck, *détail*.
Paris, coll. part.

ce concert. À la vérité Flore est une très belle déesse ; la beauté de Cérès néanmoins est toute autre. Cette divinité est assise sur des gerbes de bled & coéffée d'une guirlande d'épics, entrelassée de salsifies & de ces autres fleurettes dont les bleds d'ordinaire sont entremelés ; qu'une coéffure si simple est galante, & qu'elle accompagne bien son beau visage ! Il ne se peut rien voir de plus gracieux que sa tête, de plus amoureux que ses yeux, de plus doux, ni de plus noble que son air, rien enfin de plus rond que son sein, ses bras, ses mains & ses jambes ; sa juppe est si bien drappée, en un mot c'est une des beautés les plus innocentes, & les plus parfaites qu'ait produit le pinceau ».

Quel esprit frivole néglige ainsi d'expliquer les « énigmes des métamorphoses », et devant les peintures de Blanchard s'oublie à contempler des figures si gracieuses qu'elles « donnent de la tentation » ? C'est un avocat au Parlement de Paris, jeune à vrai dire, mais surtout connu pour son érudition et son amour des vieux papiers. Et ce qui importe, un contemporain du peintre. Même s'il appartient à la génération suivante, il sait écouter « les gens de la profession » et regarder avec eux les tableaux. Pour la première moitié du siècle, on ne trouve guère de meilleur témoin. Il s'appelle Henri Sauval. Et dans les trois gros tomes qui ont recueilli ses notes on ne trouverait guère mention d'œuvres qui l'aient plongé dans pareil ravissement.

Cette lecture, pourquoi la rejeter ? Pourquoi, devant les tableaux de Blanchard, ne pas voir d'abord des images de la beauté féminine, de l'amour et du plaisir, puisque c'était là ce qu'y voyait et retenait Sauval ?

Qu'on nous accuse tant qu'on voudra de ne rien entendre à la peinture du XVIIe siècle, de passer étourdiment devant des amas de significations superposées et de symboles cachés : nous avons Sauval pour caution. Lui regardait les joues vermeilles de Diane et le sein rond de Flore.

Gardons-nous pourtant d'aller trop loin. Danaé est Danaé, amante de Jupiter. Les *Charité* ne sont pas des paysannes ou des bohémiennes, mais des allégories, avec la distance qu'introduit l'allégorie et qui de la réalité fait surgir l'essence. Ce jeu subtil, faut-il le regarder comme une surcharge malheureuse due aux contraintes de l'époque et dont il faut débarrasser l'image, ou tout au contraire comme la marge incertaine d'où naît la poésie ?

De grands décors comme ceux de l'hôtel Le Barbier ou de l'hôtel Bullion étaient organisés selon un programme. Dans le dernier, nous l'avons vu, les scènes mythologiques renvoyaient au thème des douze saisons, et l'on ne s'étonnerait pas que ces douze saisons n'aient elles-mêmes dissimulé un sens plus ou moins secret – ou, comme l'on disait alors, « mystérieux » – qui ne nous a pas été transmis. Nous avons constaté aussi qu'un Sauval s'en soucie peu. Mais si le décor subsistait de nos jours, faudrait-il l'imiter ? À ignorer ce type de recherches, gagnons-nous une vision plus libre, ou perdons-nous l'un des ressorts de ce qui fut la création de l'artiste ?

L'*Après-midi d'un faune* exige qu'on fasse la connaissance de Mallarmé et des secrets de sa poétique. La *Danaé* de Blanchard mérite bien qu'on tente de cerner le personnage et les principes qui commandent sa peinture.

Que Blanchard soit né à Paris et qu'il y ait fait l'essentiel de sa carrière n'est certes pas chose indifférente pour son art ; pareillement, qu'il ait grandi dans un milieu fort à son aise, sinon riche, à un moment où bien des foyers nobles ou bourgeois avaient été entièrement ruinés par les guerres de religion. Une certaine élégance des manières et du pinceau suppose d'avoir joui, dès la prime jeunesse, de tous les privilèges d'une vie facile.

Le père, Gabriel Blanchard, qu'on nous dit natif de Condrieu, semble descendre d'une famille de marchands ; mais avant même son mariage il possède une charge qui, acquise par lui ou reçue par héritage, lui assure une rente confortable. On ne trouve jamais son nom suivi d'un nom de « métier », et tout donne à penser qu'il n'eut jamais besoin de travailler de ses mains. En ce cas, dans une autre génération, l'anoblissement venait à plus ou moins brève échéance. Mais dans les années 1595-1600 la noblesse, souvent criblée de dettes, décimée par les guerres et bientôt par les duels, n'a pas un prestige irrésistible auprès d'une bourgeoisie qui a su tirer son épingle du jeu. « Bourgeois de Paris » est un titre sûr.

C'est dans cette bourgeoisie parisienne que Gabriel Blanchard prend femme. Judith Baullery appartient à une famille solidement établie dans la capitale dès avant les guerres, et qui n'a pas trop souffert de la grande misère des années 1585-1595. Elle devait son élévation à Jérôme Baullery, né sans doute vers 1530 ou 1535, et qui avait fait une brillante carrière de peintre. Il avait épousé la fille d'un marchand-libraire parisien. De là un véritable petit clan familial, qui comptait dans le milieu des peintres et des libraires et qui possédait de solides alliances, dont la famille des Quesnel et celle des Cornu. Gabriel Blanchard semble avoir été facilement adopté ; dès leur naissance, ses enfants y auront leur place marquée.

Un maître laisse toujours une trace décisive sur son apprenti. On comprendrait beaucoup mieux la personnalité de Blanchard si l'on connaissait par le menu l'œuvre de Nicolas Baullery, son oncle, à qui l'enfant fut confié dès l'âge de treize ans. Nous n'en pouvons plus juger que par les textes, par des gravures de circonstance exécutées d'après ses dessins, et surtout par un grand tableau conservé à la cathédrale de Toulouse, signé, et jusqu'à présent seul digne de représenter son art. Encore ne sait-on pas sa date. Mais c'est probablement la renommée de l'aïeul, Jérôme Baullery, qui exerça sur le jeune Blanchard l'influence la plus profonde, même s'il ne put le connaître directement.

Le sort s'est acharné sur ce peintre, jusqu'à le faire disparaître entièrement de l'histoire de l'art français. Il mourut à un âge avancé, mais nul tableau n'est conservé sous son nom. Divers documents d'archives prouvent qu'il faisait partie de la corporation des peintres et sculpteurs de Paris. N'en concluons pas trop vite qu'il s'agissait d'un petit maître. Tous les auteurs oublient les *Noms des peintres* de Félibien (1679) et son *Cinquième Entretien* (1679 également), où l'historien évoque la seconde Ecole de Fontainebleau et l'équipe qui travailla à la Petite Galerie du Louvre. Après avoir mentionné Jacob Bunel, et avant de nommer Lerambert, Dubois ou Dumée, il a soin de réserver deux lignes séparées pour rappeler que « *Jerosme Baullery estoit aussi un de ceux qui peignoient au Louvre* ». Voici l'humble maître-peintre au service du roi.

Allons plus loin. On applique toujours à Nicolas Baullery, le fils de Jérôme et le maître de Blanchard, un passage curieux du *Schilderboek* paru en 1604, où Karel van Mander vante un *Bolery* pour ses nuits, ses mascarades, ses fêtes et ses animaux de toutes sortes dans la manière du Bassan. Nous nous sommes nous-même, autrefois, laissé persuader. À tort. Ce *Bolery* est cité entre Fréminet, Dubreuil et Bunel, et d'autre part François Stella (le père de Jacques), soit à propos d'une génération qui est celle de Jérôme. Pour Karel van Mander, né en 1548, errant de Courtrai à Amsterdam, s'il existe à Paris un peintre fameux nommé *Bolery*, ce ne peut être que Jérôme. Au reste, aucune des œuvres de Nicolas mentionnées ou conservées ne répond à sa description.

L'important est ici la dernière phrase de Van Mander. Selon lui, Baullery mène grand train, et sort en ville à cheval et suivi d'un valet. Tel un homme de qualité. Souvenir personnel, ou renseignement directement reçu de Paris ? Nul doute, en tous cas, que Jérôme Baullery n'ait fait belle figure dans la capitale. Et que les traces de son prestige durent impressionner son petit-fils. Jacques Blanchard n'avait qu'à se couler dans la voie ouverte par son grand-père et suivie par son oncle. Fils de famille.

En ce début du XVIIe siècle, où les conséquences des longues guerres de religion sont encore loin d'être effacées, l'éducation des peintres reste souvent fort sommaire. Blanchard fut mis en apprentissage auprès de son oncle avant ses treize ans accomplis. Il ne fut certainement pas « éduqué aux lettres » comme un Poussin, dont les parents avaient sans doute rêvé de faire un homme de robe. Ni instruit dans les mathématiques, comme un peu plus tard le jeune La Hyre. On croirait pourtant que jusqu'à son départ, sur ses vingt ans, pour Lyon et l'Italie, il eut le temps de réunir les éléments d'une formation solide.

Nulle preuve qu'il ait su le latin, clef de toute érudition. Il possédera un Tite-Live, un Salluste, un Suétone : mais dans la traduction française. Reste que l'inventaire de son cabinet, en 1637, mentionne une centaine de livres, la plupart soigneusement reliés. En 1638, à sa mort, on en compte plus de cent soixante, et le Tite-Live, en deux volumes in-folio, est prisé la somme considérable de 15 livres. Il y a là les ouvrages nécessaires aux peintres : les *Tableaux de plate-peinture* de Philostrate, une *Iconologie*, une *Mythologie des Dieux*; mais aussi les œuvres de Sénèque ou l'*Histoire des Turcs* de Carcondille, ce qui prouve des intérêts plus vastes.

Blanchard semble ne s'être jamais posé en peintre érudit. Aucun des tableaux que nous conservons ne se signale par des raffinements intellectuels. Mais sa culture ne fait guère de doute. Rappelons que sa grand-mère maternelle, la femme de Jérôme Baullery, était fille d'un marchand-libraire. Et le voyage d'Italie, les séjours à Lyon, Rome, Venise ou Turin, ne purent que développer ses curiosités.

Se fier à un inventaire du XVIIe siècle pour restituer la personnalité du défunt serait tomber dans un piège vingt fois dénoncé. Pour la bibliothèque le notaire se contente de mentionner les volumes les mieux reliés, et regroupe en vagues « paquets » les livres qui ont beaucoup servi, soit ceux qu'il nous importerait de connaître. Pour les meubles, l'énumération peut témoigner de la fortune, mais elle est trop succinte pour évoquer le goût, ni même le mode de vie. Encore moins la personnalité. Mieux vaut sur ce point recourir à des documents plus directs.

Félibien et Perrault signalent plusieurs autoportraits de Blanchard, tous perdus; mais Perrault fit graver l'un d'eux par Edelinck, dont on sait l'habileté et l'exactitude. Grand privilège : avant 1655, rares sont encore les effigies des peintres français. Qu'on songe aux maîtres du second Fontainebleau, pour lesquels (Fréminet mis à part) tous les portraits ont disparu; qu'on songe à Bellange, à Varin, à Valentin, à La Tour, à Le Clerc, à Perrier, à Baugin, à Tassel, à tant d'autres artistes sans visage...

La gravure d'Edelinck montre Blanchard vers 1633, soit dans l'éclat de la réussite. Les traits sont réguliers, mais forts; le front paraît haut, la chevelure abondante et soignée, la bouche sensuelle. Les yeux, grand ouverts sous des sourcils bien arqués, ne scrutent pas le modèle : ils semblent perdus dans un rêve intérieur. Le costume, avec ses dentelles et ses crevés, ajoute à l'impression d'élégance désinvolte.

Ici, il faut quant même se souvenir de l'inventaire de 1638, où figure une épée à garde argentée et bandoulière de cuir. Tout semble indiquer que Blanchard sortait dans Paris coiffé d'un grand chapeau de castor et l'épée au côté.

Blanchard est l'homme des succès. Il passe à Lyon, et il est arrêté par l'amitié du plus grand peintre du lieu; il passe à Venise, et il y trouve aussitôt des commandes; il traverse Turin, et il y est retenu par la cour. À peine a-t-il regagné Paris que ses premiers tableaux, nous dit Félibien, « *lui acquirent l'estime des savants* ».

C'étaient le *Saint Jean à Patmos* destiné à la corporation de Saint-Luc et l'*Assomption* peinte pour les bénédictines de Cognac. Le *Saint Jean* a disparu, mais il avait été gravé très tôt. Cette figure d'apôtre assis devait moins ressembler (*pace* Sterling) aux pendentifs du Dominiquin dans Sant'Andrea della Valle qu'aux grands personnages que Lallemant répandait dans les églises parisiennes. Mais son éclat, son mouvement, et sans doute une savante variété de couleurs rendaient au Maniérisme une sève nouvelle.

Par miracle, le retable de Cognac est conservé sur place, quasi intact. Il montre tout le souffle nécessaire à la grande peinture religieuse. Ne le comparons pas trop à l'*Assomption* fameuse du Titien, qu'il se garde de copier : le schéma est comme imposé par la tradition. Ce qui est neuf, c'est un coloris brillant harmonisé par le jeu des gris. Pour notre part, nous n'y découvrons pas le souvenir bien net de Fetti, ni de Liss, ni de Strozzi, mais plutôt une synthèse déjà toute personnelle, où compte bien davantage la Venise du XVIe siècle. En regardant la tête du saint Pierre placée en pleine lumière au second plan, nous ne pouvons nous empêcher de penser que le tableau est signé de 1629, et qu'en 1625, durant l'absence de Blanchard, Rubens avait installé au Luxembourg sa *Vie de Marie de Médicis*. On s'étonnerait que Blanchard n'ait pas couru la voir dès son retour.

Les Dubois, les Dubreuil, les Bunel, les Fréminet avaient depuis longtemps disparu. Pourbus aussi, et Quentin Varin, qui avant de mourir en 1626 s'était élevé jusqu'à ce grand chef-d'œuvre : les *Noces de Cana* du maître-autel de Saint-Gervais. Champaigne, La Hyre comptaient encore bien peu. Comme au retour de Vignon vers 1624, au retour de Vouet à la fin de 1627, les Parisiens purent se dire qu'il y avait désormais dans la ville un nouveau *pinceau*.

Le texte de Félibien donne à penser que Blanchard, avant d'envoyer son *Assomption* à Cognac, la fit voir, sinon au public, au moins aux amateurs de la capitale. Or Vouet venait d'exécuter (et de dater ostensiblement de cette même année 1629) le retable de l'*Assomption* de Saint-Nicolas-des-Champs. Il serait singulier qu'on n'eût pas fait la comparaison.

Aujourd'hui, il est permis d'estimer que la palme reste à Vouet, non moins brillant dans l'exécution et plus ample dans la distribution, plus équilibré dans les effets. Mais il y a dans le tableau de Cognac une vigueur, un élan, un sens raffiné du coloris, tout à fait dignes de forcer l'admiration. Des morceaux de bravoure comme les têtes des apôtres ne pouvaient que frapper les connaisseurs ; on les imaginerait sans peine peintes un siècle plus tard.

En fait, cet art-là n'apportait nulle rupture. Sa nouveauté même s'inscrivait facilement dans l'évolution de la peinture parisienne qui conduit de Dubreuil à Varin. Plus facilement peut-être que l'art hérissé de Vignon, que l'éclat lyrique de Vouet.

En tous cas elle confirmait que l'expérience du caravagisme serait épargnée à Paris.

À scruter la carrière de Blanchard, on finit par se demander si sa grande chance ne fut pas l'espèce de nonchalance que trahissent ses débuts. Il n'a pas laissé souvenir d'un enfant prodige, comme un Vouet ou un Le Brun. Ayant grandi au contact de peintres, mis en apprentissage à douze ans et demi pour cinq années, il est toujours là à vingt ans. « *Il n'avoit pas fait encore un grand progrès* », assure Félibien. À quoi s'occupe-t-il dans ces années 1617-1620, à une époque où tous les jeunes peintres de France, dès l'âge de quinze ans, n'ont en tête qu'une idée : gagner Rome ? Va-t-il un temps travailler à Fontainebleau, qui conservait un grand prestige ? Il est manifeste qu'il a toujours nourri une vive admiration pour le Primatice, et que certaines de ses toiles – l'*Angélique et Médor*, la *Flore* – retrouveront l'élégance un peu froide chère au décorateur de la *Salle de bal*.

Enfin il se rend à Lyon – et au bout de quatre ans il y est encore, ayant appris à admirer Palma le jeune quand les autres ne jurent que par le Caravage. Il arrive à Rome en octobre 1624. Trop tard. Le réalisme caravagesque est passé de mode. Il ne refera pas le parcours qu'avait accompli Vouet, arrivé à la fin de 1613, avec passage obligé par la *methodus manfrediana.*

C'est très exactement ce qui était arrivé à Poussin, parvenu à Rome, lui, au printemps de 1624. Avec les conséquences que l'on sait pour son art et pour la peinture française.

N'est-il pas bien curieux qu'on ait tant écrit sur Poussin, et que personne ne se soit interrogé sur ses rapports avec Blanchard ? Les deux peintres ont fort bien pu se connaître et même se lier d'amitié ; ou plutôt, il serait surprenant qu'ils ne se fussent pas connus.

Certes, Poussin avait six ans de plus que Blanchard, ce qui suffit à séparer des adolescents. Mais vers 1618-1619, quand Poussin, âgé de vingt-quatre ans, loge rue Saint-Germain-l'Auxerrois, Blanchard est un jeune peintre de dix-huit ans déjà entièrement formé et qui apparemment cherche sa voie. Toute rencontre est-elle exclue ?

Accordons que Paris abonde en rapins. Ils sont moins nombreux à Lyon, et le rayonnement d'Horace Le Blanc considérable. Or Poussin réside à Lyon sans doute vers 1621, très certainement dans la première partie de 1622. Blanchard y séjourne de 1620 à 1624. Les deux peintres semblent avoir été fort sociables. Quelle raison auraient-ils eue de s'éviter ?

En avril 1624 Poussin arrive enfin à Rome, qu'il ne quittera plus avant la fin de 1640. Blanchard y parvient sur la fin d'octobre et y demeure une année et demie. Ici encore il est difficile de penser que durant dix-huit mois les deux Français n'aient jamais eu l'occasion d'échanger un mot.

Par la suite, hélas, les atermoiements de Poussin, retardant son retour à Paris, empêcheront la rencontre entre le décorateur du cabinet de Le Barbier et le futur peintre du cabinet de Richelieu. Blanchard meurt bien avant l'arrivée de Poussin. C'est sans doute ce qui a tout fait oublier de leurs contacts.

Ce qu'il importe de retenir, c'est qu'au départ, à des moments essentiels pour leur formation, les deux artistes ont traversé les mêmes milieux : le Paris de Lallemant et de Varin, le Lyon de Le Blanc. Surtout, la Rome du premier mécénat d'Urbain VIII, au moment où Simon Vouet se voit placer à la tête de l'Académie de Saint-Luc, où se développe rapidement un grand courant néo-vénitien. Malgré la différence d'âge, ils pourraient bien avoir vécu ces expériences de façon très proche.

Le *parallèle*, si cher à l'ancienne Université, ne relève pas seulement d'une rhétorique dépassée : il conduit vite à de faux problèmes. Avant d'abandonner celui-ci, prenons soin de souligner que l'art des deux artistes allait bientôt diverger. Des circonstances toutes personnelles jouèrent. Nicolas Poussin, du *Germanicus* à la *Peste d'Azoth*, met au point la formule du tableau d'histoire qui va faire sa gloire. La maladie, l'amitié du Cavalier Dal Pozzo, l'accueil du milieu lettré de Rome furent pour beaucoup dans ce choix. Pendant ce temps, Blanchard, revenant lentement vers Paris, fait de longues étapes à Venise, Turin et Lyon. Les chefs-d'œuvre qu'il admire et étudie, les amateurs qu'il rencontre, la perspective assurée d'une carrière parisienne le guident vers une toute autre solution.

Hormis son oncle et maître Nicolas Baullery et son grand-père Jérôme, nul peintre ne semble avoir eu plus d'influence sur Jacques Blanchard qu'Horace le Blanc. C'est lui qui détermine l'orientation définitive du jeune peintre de vingt ans qui s'arrête à Lyon en 1620 et y demeure jusqu'en 1624. « *Pendant deux ou trois ans qu'il travailla sous luy, il se fortifia beaucoup dans la pratique de son art* », souligne Félibien. Et le second séjour de Blanchard à Lyon, fin 1628-1629, auprès de son ami, dut beaucoup l'aider à mettre au point ses expériences italiennes avant l'installation définitive à Paris.

Hélas, l'œuvre de Le Blanc a presque entièrement disparu. Les quelques morceaux sûrs qui nous sont parvenus sont relativement disparates. Au moins subsiste-t-il le *Saint Sébastien* du musée de Rouen, signé et daté de 1624 : avec le grand nu modelé subtilement, la tache rouge de la draperie, le cadre de paysage hâtivement évoqué, on y découvre une véritable préfiguration de l'art de Blanchard. Si le jeune peintre, en 1622-1623, a vu brosser par son ami de pareils tableaux, il faut avouer que toute l'expérience italienne n'a guère fait qu'affiner des choix déjà fixés. On ne sait en quelle année Le Blanc exécuta la grande *Apparition de la Vierge tenant l'Enfant à quatre saints* conservée à l'église Saint-Julien de Tournon. Vers 1628 ? En tous cas, les rapports avec l'*Assomption* de Cognac sont frappants. Faut-il imaginer un nouvel effet de l'amitié, ou, inversant les dates et les rôles, l'influence du cadet sur l'aîné ?

À voir les œuvres du Blanchard de trente ans, à réfléchir sur l'expérience qu'il avait amassée, on se prend à penser qu'il aurait pu devenir un Rubens français. Il ne le fut pas. Sans doute manquait-il à son tempérament cette exubérance qui caractérise le peintre d'Anvers, ce besoin de se mêler de tout qui irritait si fort Richelieu, cette immense et turbulente attention au spectacle qui l'entoure.

Dans la génération française d'après 1590, qui a grandi dans les ruines, quelque chose s'est cassé. Ce qui est justement à la source de tout grand lyrisme : la confiance dans l'Univers, dans l'accord de l'homme et de la nature, la quête d'un savoir qui ne peut être que bonheur. Désormais ciel, forêts, montagnes, fleuves et troupeaux n'intéressent plus, ou n'intéressent que par rapport à l'homme, comme lieux de son action ou sujets de sa méditation. Les plus beaux paysages sont reconstruits par l'esprit. Ce sont désormais les replis du cœur humain, les moyens par lesquels l'homme peut s'assurer la maîtrise de soi-même et du monde, qui fixent l'attention des théologiens, des penseurs et des artistes. Cette réaction s'était déjà affirmée avec le Caravagisme et tous ceux qui en avaient fait l'expérience. Non sans brutalité. Nous l'avons répété souvent : il n'y a pas d'artiste dont l'univers soit plus étroit que celui d'un La Tour, lequel semble n'avoir jamais peint un horizon lointain, une fleur, un oiseau dans le ciel. Mais ceux-là mêmes qui ont esquivé le caravagisme n'ont-ils pas, eux aussi, réduit tout ce qui n'était pas l'homme et le destin de l'homme aux simples circonstances du récit, ou aux instruments nécessaires à l'ordonnance plastique ?

À tout prendre, Blanchard relève de la même famille spirituelle. Malgré cette sensualité que nous avons déjà évoquée, il se détourne de l'immense spectacle du monde, il ne s'intéresse qu'à ce qui touche directement l'homme et ses « passions ».

Restreindre le tableau à la présence humaine : instinctif ou médité, c'est le parti de Blanchard. Ses compositions sont toujours simples. Il a fait sienne cette idée, si discutée dans les académies du XVIIe siècle, que pour être vraiment beau un tableau doit se borner à peu de personnages. Pour sa part, un ou deux lui suffisent. Lorsqu'il a affaire à de vastes espaces, comme à la galerie Le Barbier ou à la galerie Bullion, il préfère les découper en compartiments et mettre en scène des couples de personnages séparés, voire juxtaposés par deux, comme dans le *Pan et Apollon*. Il lui faut parfois pousser plus loin : l'*Assomption*, la *Pentecôte* exigent la présence des douze Apôtres et de la Vierge. Blanchard est capable d'en régler l'ordonnance : mais on sent bien qu'il n'est pas à son aise.

Qu'on songe plutôt aux tumultes de la peinture vénitienne qu'il avait eus sous les yeux, aux *Batailles* de Palma, aux *Banquets* du Véronèse, aux grands décors historiés du Palais des Doges, qu'on songe aux microcosmes de l'art lorrain, depuis le *Portement de Croix* de Bellange jusqu'aux foires de Callot, aux ciels encombrés de saints et d'anges qui vont bientôt décorer toutes les églises d'Italie et de France ; et l'on sentira qu'il y a là plus qu'un choix, plus même qu'une réaction : un besoin qui est d'ordre spirituel.

D'ordinaire cette réduction du tableau à un ou deux personnages permet une mise en scène complexe. Il n'en va pas de même chez Blanchard. Les figures sont en quelque sorte « détourées ». Non pas au sens pictural, certes : les passages avec le fond sont aussi subtils qu'il se puisse. Mais le personnage est séparé de l'univers qui pourrait l'accompagner. Dans nombre de toiles, une somptueuse draperie clôt l'espace. En d'autre, il s'agit de feuillages, dont on s'étonne souvent qu'ils soient si peu soignés : en fait, ils ne sont guère là que pour découper une arabesque sur un ciel non moins vague. L'œil n'a droit de s'arrêter que sur quelques accessoires indispensables à l'identification du sujet, et d'ailleurs admirablement peints : la couronne d'épis et de bleuets de Cérès qui faisait les délices de Sauval, la corbeille de fleurs de la *Flore*, le flacon à parfum de la *Suzanne au bain*, un pan d'architecture dans les *Charité*. On a parlé de la richesse des toiles de Blanchard. Il y a erreur. Elles sont pauvres, et Blanchard est un peintre avare.

Mais faisant d'avarice vertu. Le dépouillement est condition du style. Si Angélique et Médor n'ont pas droit à quelque accessoire qui les distingue de Pâris et Œnone, à quelque beau fruit caché sous le feuillage, à de lointaines collines où se jouerait la lumière matinale, c'est pour que le regard ne soit pas distrait de l'admirable geste où vient se résumer l'accord amoureux.

Parlons ici du coloriste, qui donne lieu aux mêmes malentendus. Blanchard, maître de la couleur, Blanchard, héritier de Venise, qui renvoie Vignon, Vouet, Poussin, La Hyre, parmi les peintres qui en ont méconnu les vraies ressources ? Voire. Charles Sterling protestait déjà contre ceux qui interprétaient sottement l'expression de *Titien français*.

La *Charité* de Blanchard, datée de 1633, est un tableau bien moins brillant que la *Panthée devant Cyrus* de La Hyre, qui semble quelque peu antérieure, et que son éclatant *Enlèvement d'Europe* de 1642, qui orchestre au plus haut de la gamme les trois couleurs primaires. Il y a dans le *Triomphe de Galatée* de Vouet des bleus et des roses qu'il est malaisé de surpasser, et qui donc l'emporterait en vivacité sur le *Triomphe d'Amphitrite* de Poussin ? Blanchard est loin d'atteindre à ces audaces.

Sa couleur est autre. Elle se réduit souvent à une belle tache chaude et saturée, un rouge prêt à glisser au pourpre ; mais parfois aussi à une tache froide, tel le bleu franc de la *Charité*. Harmoniser cette tache dans un ensemble plus ou moins neutre, après tout, n'a rien de bien extraordinaire, ni qui doive arracher l'admiration. Mais, répétons-le, pour Blanchard, c'est la présence humaine qui compte, c'est très souvent le nu. Là s'accomplit le miracle. Sans jamais rompre l'harmonie du tableau, jouant de reflets colorés, d'oppositions de lumières chaudes et d'ombres légères, mais bleutées, il modèle les chairs de façon impalpable, il les fait vivre dans la toile. L'impression de marbre, tant reprochée à Poussin, disparaît. Tout s'anime, et renaît alors le miracle du Titien.

Aux dépens du jeu plastique des couleurs. Car on ne peut tout avoir : les subtiles carnations du Titien excluent la fraîcheur de Bellini. Proposant un art réduit à l'essentiel, Blanchard, pareillement, ne favorisait guère le commentaire. Ses tableaux se prêtent mal aux descriptions et aux analyses du littérateur, et sa *Charité* du Louvre semble avoir été négligée aussi bien par Emeric David que par Théophile Gautier. Il n'a jamais retenu les iconologues, qui font leur gourmandise du récit, des accessoires et des détails, et ne prêtent guère attention à l'harmonie de l'ensemble.

Il faut bien dire que pour tout ce qui touche au sujet, la désinvolture de Blanchard est aussi grande que la réflexion de Poussin constante et neuve. Tantôt, comme dans *la Vérité et l'Ignorance*, Blanchard suit Ripa à la lettre, tantôt, comme dans la *Vénus et les Grâces surprises par un mortel*, il mêle sans façon deux thèmes, celui de « Cimon et Éphigène » et celui du « Sommeil de Vénus », pour n'en garder que le contenu poétique. Au fond, l'histoire qu'il représente ne l'intéresse pas.

En va-t-il de même avec les tableaux religieux ? La répétition de tant de *Vierge à l'Enfant*, de tant de *Madeleine repentante*, l'a-t-elle au contraire conduit à y cacher des intentions raffinées ? On le croirait à lire les citations de textes saints ou les petits poèmes latins qui, dès les premières estampes publiées d'après ses œuvres, occupent la marge inférieure de la feuille.

Ces inscriptions sont d'ordinaire ingénieuses, souvent belles, et parfois profondes. À l'occasion, maladroites ou dévotement naïves. Toutes sont intéressantes, et rappellent utilement que ce qui nous paraît aujourd'hui des images de convention pouvait jadis servir à des méditations spirituelles adaptées à chaque conscience. Mais n'allons pas plus loin. On ne saurait y lire la pensée de Blanchard. Ce n'est évidemment pas l'artiste qui les rédigeait, ni même qui les choisissait. Elles étaient apposées par les éditeurs sur les reproductions de ses tableaux bien des mois, souvent bien des années après l'exécution des œuvres. Celui qui les rédigeait – religieux ou lettré – savait-il toujours sous quelle image elles seraient gravées ? On hésite même à croire qu'on puisse y retrouver l'esprit du milieu où ces estampes furent répandues. Ou simplement qu'elles fussent à la portée de fidèles. Les citations sont tirées de passages de la Bible si cachés, les vers latins se révèlent si compliqués à démêler avec leurs allusions érudites et leurs jeux subtils sur les mots, qu'on se demande combien de personnes pouvaient en pénétrer le sens. Y compris parmi le clergé, qui dans cette première moitié du siècle reste souvent très ignorant.

Si pourtant ces commentaires furent si fréquents sur les gravures d'après Blanchard, ne serait-ce pas que l'image créée par le peintre, même dans son évidence de Vierge, ou de Sainte Famille, ou de Madeleine, ou de Saint Sébastien, n'avait pas une signification religieuse bien précise ?

« *(Blanchard) a fait quantité de Vierges à demi-corps* », écrit Félibien ; « *& comme il sçavoit leur donner des expressions fort agréables, plusieurs personnes estoient bien-aises d'en avoir de sa main...* » Le compliment est ambigu. Félibien ne dit pas que Blanchard savait leur donner des expressions *fort dévotes*.

Il ne nous est parvenu de Blanchard qu'un œuvre terriblement mutilé. Tous les décors, profanes ou religieux, sont détruits, quasi tous les dessins disparus, et l'on peut conjecturer qu'au moins cent ou deux cents toiles sont perdues, sans doute à jamais. Il reste pourtant assez pour que cet œuvre paraisse tout imprégné de beauté sensuelle.

« (*Blanchard*) *se plaisait beaucoup à peindre des femmes nuës* », dit crûment le sage Félibien. Il est vrai que dans ses tableaux les hommes – saint Joseph, apôtres – sont vieux, et si l'on excepte la *Flagellation* de Rennes, drapés jusqu'au cou, tandis que la femme est omniprésente. Des *Danaé*, où se glisse entre les nuées le visage de Jupiter, dieu voyeur aux fantaisies promptes, jusqu'à l'*Angélique et Médor*, toute d'élan juvénile, c'est le même hymne au désir. Et certes, Blanchard a peint aussi beaucoup de *Madeleine* : mais il s'agit de belles pécheresses qui trouvent dans la pénitence l'occasion d'un déshabillé, et l'amour de Dieu parle encore d'amour...

Faut-il évoquer, dans ce Paris des années trente qui est pour nous celui de la grande montée mystique, le retour parallèle aux passions effrénées, à l'épicurisme le plus impudent ? Convenons que des toiles comme la *Danaé* du musée de Lyon sont de celles que les curés dénonçaient en chaire, et que les confesseurs, au lit de mort, faisaient brûler avant d'accorder les Sacrements. Le *Monsieur Morin* qui voulut vivre entouré de quatre grandes *Bacchanales* peintes par Blanchard ne devait pas compter parmi les dévots.

Ne simplifions pas trop. L'image de la femme, chez Blanchard, est plus diverse, plus complexe. Il y a bien des nuances, depuis les *Danaé*, puissantes images de la volupté, jusqu'aux délicates *Vierge à l'Enfant*, toutes diverses de sentiment, mais toutes pénétrées par le bonheur maternel. L'avide impudeur de la *Femme de Putiphar*, forte et parée, est bien éloignée de l'élan juvénile de l'*Angélique*, de la coquetterie délicate et comme absente de la *Vénus au miroir*, de la fraîcheur discrète de la *Flore*.

Le thème que Blanchard semble avoir préféré est celui de la *Charité*. Ici triomphe la plénitude de la femme qui est à la fois paix, beauté et bonté, qui est source toujours offerte et toujours renouvelée de bonheur. Bien des peintres ont traité le même sujet (entendons, ce thème précis, et non celui de la Charité romaine, qui est d'ordre tout différent). Blanchard rejoint ici Andrea del Sarto et Van Dyck, et les dépasse par la simplicité, par la sérénité du ton. Loin de tout enseignement, de toute emblématique, nous sommes devant l'une des images éternelles de la femme.

Celle qu'aura l'audace d'inverser et nier, deux siècles plus tard, la misogynie romantique de Delacroix, avec la grande *Médée* du musée de Lille.

Tous les textes anciens sont d'accord pour dire que Blanchard n'aimait pas moins à peindre les enfants nus, et qu'il n'y était pas moins habile. Sa science des carnations délicates trouvait ici un champ sans fin. Il avait garni de putti les caissons du plafond de la galerie Le Barbier, et le financier voulut qu'il recommençât au plafond du grand cabinet. Les *Vierge à l'Enfant* étaient prétexte à toutes les expressions, depuis le sommeil paisible jusqu'aux élans de tendresse. Les *Charité* permettaient de montrer jeux, caresses et bouderies.

Des compositions groupant simplement deux enfants, nous n'avons conservé qu'une seule. Une autre est gravée. Mais les enfants peuplent tant d'autres œuvres qu'on peut assurer qu'en ce domaine Blanchard l'emportait sur Stella, et rivalisait sans peine avec Vouet et Dorigny. Il compte au premier rang des précurseurs qui donnèrent à Louis XIV l'idée de peupler Versailles de beaux enfants nus.

Mais à bien regarder, on se demande bientôt si Blanchard, père heureux, aimait tant les enfants. Il les montre tous à peu près du même âge, éclatants de santé, dépouillés de tout vêtement et dénués de la moindre personnalité. Il ne faut pas comparer avec un Georges de La Tour, qui du *Songe de saint Joseph* au *Nouveau-né* évoque sans concessions le mystère d'un petit être fragile qui peu à peu s'éveille à l'esprit. Point de psychologie chez Blanchard : l'enfant est pour lui une sorte d'instrument plastique qui lui permet de compléter sa composition en déployant tout le prestige de ses carnations nacrées. Et d'autre part, inséparable de la femme, une image du bonheur.

Rares furent sans doute les grands peintres qui plus que Blanchard refusèrent l'évocation du sang, du crime, du péché et du remords. Seul ou presque, l'admirable fragment de Reims, la *Mort de Cléopâtre,* montre qu'il en était capable. Quand on songe au Caravage, à Goya, on est tenté d'y voir une infériorité. Cet éloge constant de la femme et du bonheur peut sembler n'être que complaisance envers une société riche, superficielle, et qui ne voulait pas que l'artiste inquiétât sa conscience.

Or c'est tout l'inverse : un effort, dans une période brutale et trouble, soumise à toutes les inquiétudes et portée à tous les scrupules, pour maintenir les valeurs humanistes, menacées aussi bien par la grossièreté des mœurs que par le refuge dans l'ascèse religieuse.

Il faudrait, pour le faire comprendre, brosser un tableau de l'époque où peignait Blanchard, et de ses passions, de ses monstrueuses erreurs. Renvoyons aux mémoires du temps, et à Tallemant des Réaux. Traçons seulement un schéma succinct.

Né à Paris en 1600, Blanchard avait certainement, dans son enfance, entendu conter les drames du siège de Paris, en 1595, alors que la navigation sur la Seine était bloquée, que les loups erraient sous les murs d'une ville en proie à la famine et réduite au *pain de Madame de Montpensier*, fait d'ossements de morts moulus en farine. Durant sa jeunesse, il avait vécu une période de reconstruction, avec tout ce qu'elle suppose de vigueur, d'esprit d'entreprise, d'alertes et de désordres. En 1629, il avait retrouvé une capitale en plein essor, où les chantiers s'ouvraient partout, où d'immenses fortunes s'édifiaient en quelques années, telles celle de Le Barbier. Mais c'est aussi le moment où ce qu'on appellera la guerre de Trente Ans bouleverse la carte de l'Empire et menace d'imposer la prépondérance espagnole. L'inconscience du duc de Lorraine, Charles IV, va mettre à feu et à sang la plus florissante province d'Europe. Les réfugiés affluent à Paris où la charité de saint Vincent de Paul se déploie vainement. Bientôt le conflit avec l'Espagne devient guerre ouverte. L'ennemi s'ouvre la route de la Somme et de l'Oise, Corbie est prise, Compiègne menacée. En août 1636 la panique commence à se répandre dans Paris. Corbie n'est reprise qu'en novembre. Paris est sauvé. Mais des régions entières sont en ruines, comme la riche Picardie et la vallée de la Saône, et la peste, le typhus, la famine ne font pas moins de ravages que les troupes. Ajoutons que les complots de la cour, les nouvelles tragiques et les nouvelles fausses tiennent constamment la capitale en alerte.

Au milieu de ce monde saisi par la tragédie, la naissance inespérée d'un Dauphin, en 1638, brisant toutes les intrigues, apparaît comme une éclaircie au fort de la tempête. Blanchard eut juste le temps de connaître cet événement, mais non la victoire de Rocroi et ce premier signe d'espoir que fut le traité de Münster. C'est sur le fond des *Grandes Misères de la Guerre* de Callot, publiées à Paris en 1633, que se profile le poème amoureux d'*Angélique et Médor*.

En pareils moments, il importe que le poète et le peintre gardent leur foi dans le siècle d'or. Qu'ils opposent aux malheurs d'un siècle de fer, non pas seulement la tension du stoïcisme, non pas seulement l'évasion vers un merveilleux tout imaginaire, mais l'image simple du bonheur. L'image d'un monde sans remords et sans craintes où parfois, comme des apparitions divines, surgissent l'amour et la beauté.

C'est peut-être le plus grand mérite de la peinture française que d'avoir su, aux étapes diverses de son histoire, rappeler que pour tout temps, pour toute vie, il existe des instants privilégiés où le monde est clair, où les femmes sont belles, les paysages sans menace et les cœurs sans méchanceté. Pour dire cela, Vouet donne la main à Boucher et Fragonard, Corot à Bonnard et Matisse. Une sorte de tradition s'est instaurée, à la fois discrète et glorieuse, qui n'a pas son équivalent dans les autres pays, fût-ce l'Italie.

Dans la fin de siècle que nous vivons, la peinture à la mode se veut instrument d'angoisse. Depuis le misérabilisme de l'après-guerre , il n'est question que de la laideur, que des mauvaises actions et de la mauvaise conscience de l'être humain. L'artiste lui tend un miroir à la Bacon, où il se découvre monstrueux nabot, faisandé, borgne et suppurant. À cette exécration non moins conventionnelle que naïve, à ce *must* où se dénonce la pauvreté mentale des prétendus génies d'aujourd'hui, il n'est pas inutile, croyons-nous, d'opposer la simplicité, la franchise et l'humanisme confiant de Jacques Blanchard.

J. Th.

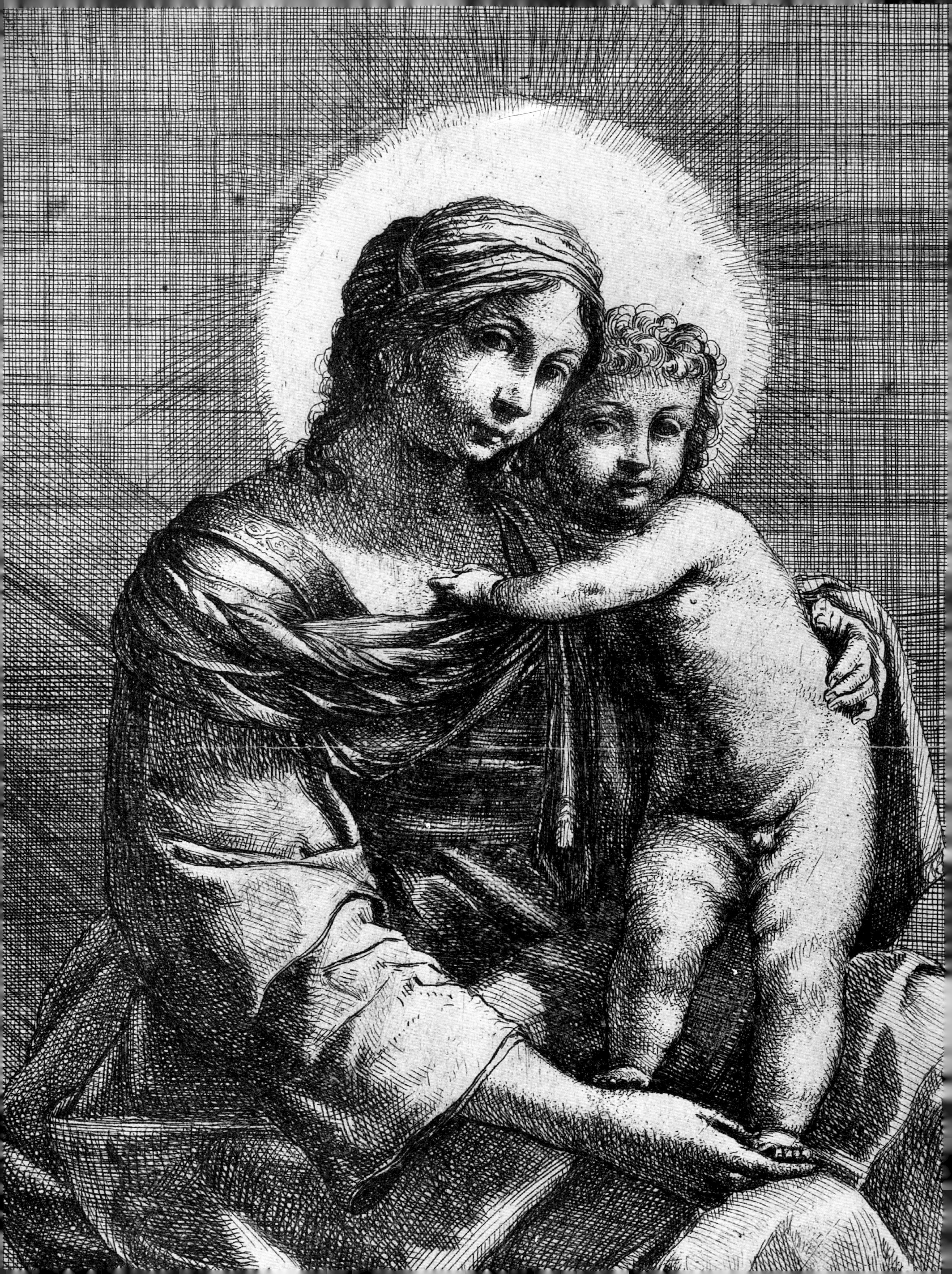

Les graveurs de Jacques Blanchard

Blanchard et l'estampe

Jacques Blanchard ne semble pas avoir eu, comme un Rubens ou un Simon Vouet, l'idée ferme et précise de diffuser et d'éterniser son œuvre par la gravure. De son temps, pareille ambition était rare. Blanchard avait grandi dans un milieu parisien, celui des Baullery, où l'estampe semblait entièrement réduite à l'imagerie populaire ou à l'ornement du livre. Vers 1629, quand il regagne Paris, la situation de la gravure commence à évoluer, mais lentement. Le grand développement de Fontainebleau avait été cassé net par les guerres de religion. C'est Bellange à Nancy qui en avait été l'héritier génial, c'est à Anvers qu'avait prospéré la gravure de traduction. La gravure originale commence seulement à reprendre vie dans la capitale (retour de Vignon vers 1624, de Brébiette en 1625, premiers essais de La Hyre vers 1623-1626). Vouet lui-même, revenu sur la fin de 1627, est en grand peine pour trouver un traducteur digne de prendre auprès de lui la place de Claude Mellan, demeuré à Rome. Il paraît l'avoir obtenu avec Perrier, vers 1632, mais celui-ci regagne assez vite l'Italie. Ce n'est qu'en 1638 – juste au moment où meurt Blanchard – qu'il s'attachera définitivement un jeune et brillant interprète dont il fera son gendre : Michel Dorigny.

Blanchard ne semble pas s'être soucié de cet exemple. Il obtient comme peintre un succès immédiat : à peine revenu à Paris il se voit submergé de besogne. Il ne ressent pas le besoin de propagande. D'autre part, si l'on en croit les témoignages contemporains, son caractère le porte peu à s'imposer comme maître et modèle et à jouer au « chef d'école ». Il ne dirige pas d'atelier, au sens fort du mot. Le domaine de l'estampe dut toujours lui paraître relativement secondaire. Pourtant, c'est en grande partie grâce à l'estampe que l'art de Blanchard est resté connu. C'est elle qui permet aujourd'hui de reconstruire un œuvre cruellement ravagé par le temps. Sans la gravure, lui aurait-on rendu des *Vierge à l'Enfant* et des *Sainte Famille* si diverses et si rarement signées ? Aurait-on pu séparer si nettement sa production de celle de son fils Gabriel, malgré la malheureuse confusion qui a pu abuser les Dézallier d'Argenville ? De la maigre liste que proposent ces derniers (en dehors des deux galeries, six tableaux, dont deux attributions fausses...), aurait-on pu passer à une cinquantaine de toiles ? Aujourd'hui encore, ce sont les gravures qui nous désignent certaines recherches dont ne subsiste aucun témoignage peint. Blanchard offre l'un des cas où l'estampe apparaît le plus clairement dans son rôle de *mémoire des arts*.

La Vierge à l'Enfant, gravure anonyme. Paris, coll. part.

Un « corpus » incertain

Ce n'est pas le fait du hasard. Entre 1630 et 1660 la gloire de Blanchard fut très grande. Son art répondait pleinement à l'esprit et aux goûts d'une génération, celle du règne de Louis XIII et de la régence d'Anne d'Autriche. Les estampes reproduisant ses œuvres semblent avoir été très recherchées par le public, au point que des graveurs du second rang ne craignirent pas d'en répandre des copies. En 1639, peu de temps après la mort du peintre, lors de l'inventaire qui suit la mort de Gillette Guynet, la femme de Pierre Daret, la planche de la *Charité* exécutée par ce dernier en 1636 fut prisée 64 livres (sans doute sa valeur réelle était encore bien supérieure...). On trouve dans ces décennies toute une pléiade d'artistes occupés à reproduire les œuvres de Blanchard : Pierre Daret, Antoine Garnier, Nicolas de La Court, Charles David, Gilles Rousselet, François de Poilly, Claude Charpignon, Nicolas Regnesson, Cornelis Bloemaert, V.A. Strickel, etc. Un nombre guère moins grand d'éditeurs les diffusent sous leur adresse : outre Daret, Jean Valet, Jean Ganière, Herman Weyen, Claude Durand, François Langlois, Antoine de Fer, Philippe Huart, Balthazar Montcornet, Pierre Mariette et plusieurs autres. La plupart de ces gravures sont devenues assez rares ; mais au milieu du XVIIIe siècle, Pierre-Jean Mariette était encore à même de réunir pour le roi du Portugal un ensemble de 43 feuilles.

Il s'agit donc d'un œuvre important, difficile, sinon impossible à rassembler pour le collectionneur d'aujourd'hui. Difficile aussi à chiffrer avec précision. Marolles, dans son catalogue de 1666, l'estime à 45 pièces. Florent Le Comte, en 1700, à 47. En fait, il est vain de donner un chiffre, en raison des copies et des fausses attributions. On verra par exemple que pour notre part nous excluons des figures de saintes souvent prises en compte, mais qui ne sont en fait que des états de cuivres médiocres et grossièrement retravaillés (*cf.* p. 313-315). Nous enlevons aussi une pièce acceptée par Robert-Dumesnil un jour d'étourderie (*cf.* R 19) , et une autre trop facilement introduite par Charles Sterling (*cf.* R 20). Au rebours, nous réintroduisons une ou deux pièces négligées et sûres ; mais sans doute avons-nous laissé échapper des copies, plus ou moins dégénérées et d'intérêt mineur, d'après les multiples *Vierge à l'Enfant*. À vrai dire, l'essentiel est de démêler, dans cet ensemble complexe, les groupes principaux et leur rapport exact avec la création de Blanchard.

Blanchard graveur ?

Jacques Blanchard a-t-il été tenté de graver lui-même ? Le fait n'aurait rien de très extraordinaire. À partir de 1625-1630, nombreux sont les peintres qui commencent à s'intéresser à la gravure et qui se sont un jour essayés au burin ou plus volontiers à l'eau-forte. Les uns, tels Vignon, La Hyre ou Perrier, vont prendre place parmi les meilleurs graveurs du siècle ; les autres, faute de goût ou faute de loisirs (mais non de talent), se sont contentés de cinq à six pièces (Jacques Stella, Charles Le Brun), voire d'une seule (Simon Vouet, Pierre Mignard). Parmi ces derniers, faut-il compter Blanchard ?

Il est certain que dans son œuvre trois pièces semblent revenir à la main d'un graveur « amateur », et non de métier.

La première (fig. 1) correspond à la *Sainte Famille à la bouillie* du musée de Karlsruhe (*cf.* n° 26). C'est une petite estampe que nous avons toujours trouvée sans légende et sans adresse, avec un simple *Blanchard pinxit* manifestement ajouté après coup. Une main inexperte, mais non pas sotte, a mêlé le burin et la pointe, usant même en quelques endroits du pointillé, sans parvenir à choisir entre la fermeté des volumes et le jeu du clair-obscur. Mariette ne parle pas de cette gravure. Le fond est traité si gauchement qu'il faut bien penser à un novice. Mais Blanchard, même novice, aurait eu sans doute un sens plus affirmé des valeurs.

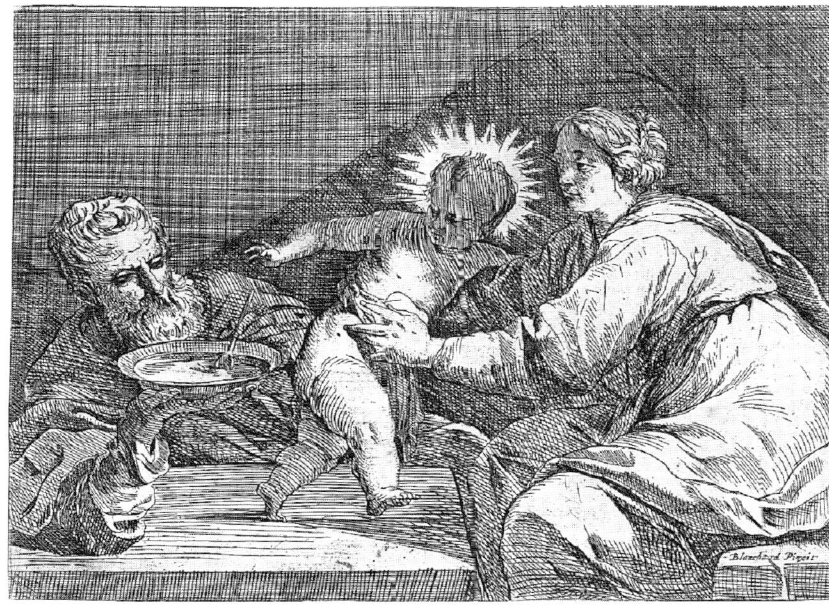

Fig. 1
Le Repas de l'enfant Jésus,
dit aussi *La Sainte Famille à la bouillie,*
gravure anonyme.
Paris, coll. part.

Une seconde petite pièce (15 cm sur 11), exécutée à l'eau-forte (fig. 2), montre *La Vierge offrant le sein à Jésus (cf.* n° 40). Elle ne correspond à aucun tableau, et du reste ne porte pas le *Blanchard pinxit* ordinaire, mais un *Blanchard inven (tor)*, formule qui souvent renvoie à un dessin. Un second état offre l'adresse de *De Fer*, apparemment Antoine de Fer, qualifié de « marchand d'images en taille-douce » en 1637, et ami de Ganière (il est témoin au mariage de ce dernier le 13 juin 1637). Lui-même s'était marié en octobre 1633, et c'est sans doute vers cette date qu'il faut faire commencer son activité. La pièce peut donc avoir été exécutée assez tôt. Comme l'écrit Robert-Dumesnil, « *ce morceau (...) est assez joli* ». Il a un je-ne-sais-quoi de primesautier qui se rapproche des gravures d'artistes. Le travail ressemble à celui d'Antoine Garnier, mais avec des maladresses, des petites reprises, sans doute à la pointe sèche, qui ne laissent pas de surprendre. « *Il passe selon quelques-uns* », note aussi Robert-Dumesnil, sans préciser ses sources, « *pour avoir été gravé à l'eau-forte par le peintre et seulement fini par (Garnier)* ». C'est alors ce que pourrait signifier le terme d'« *inventor* » qui suit le nom de Blanchard. Pour sa part, l'auteur du *Peintre-graveur* ne s'est pas laissé séduire et a franchement classé la pièce sous le nom de Garnier. Mariette se tait. Connaissait-il cette pièce très rare ?

En revanche Robert-Dumesnil laisse à Blanchard une autre *Vierge à l'Enfant* (fig. 3). Comme dans le premier cas, la version peinte a été retrouvée (*cf.* n° 69) ; mais la gravure ne montre pas le travail d'un traducteur. On y découvre un jeu de la pointe compliqué, avec, semble-t-il, quantité de reprises à la pointe sèche pour nuancer les chairs, et d'autres au burin pour renforcer le contour des formes. Tout cela sent la gravure de peintre : mais d'un peintre qui ne maîtrise pas encore les ressources de l'eau-forte. Cette fois, nul nom et nulle adresse sur aucun des états. Or l'indulgence de Robert-Dumesnil n'a pas été suivie par Roger-Armand Weigert (1939, p.384) qui s'est refusé à reconnaître Blanchard comme graveur et, prudent, renvoie simplement à Le Blanc. Lequel, à dire vrai, n'a pas grande autorité en matière si délicate.

En fait, aucun de ces divers auteurs ne s'est vraiment soucié de poser le problème et de l'étudier. D'un côté, il faut considérer que Blanchard était entouré de jeunes artistes fort susceptibles de s'exercer à la gravure à partir de ses tableaux ou de ses dessins. En premier son frère Jean : n'aurait-t-il pas à quelque moment de sa vie songé à diffuser par l'estampe les œuvres de son aîné ? Mais aussi Louis de Boullogne, qui par la suite grava à l'eau-forte une quarantaine de pièces. Elles sont d'un style personnel et qui se distingue sans peine. Mais que sait-on de ce qu'il fit tout au début de sa carrière, au moment

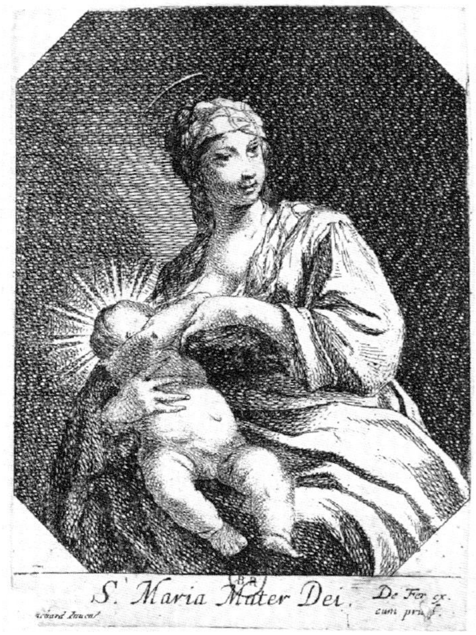

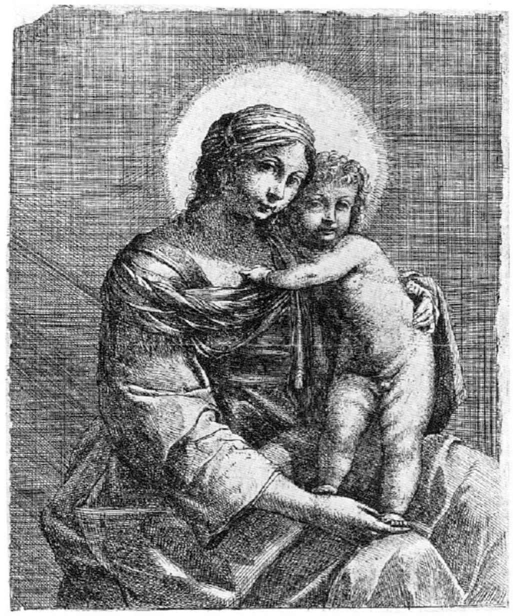

Fig. 2
La Vierge offrant le sein à Jésus,
gravure anonyme.
Paris, Bibliothèque Nationale,
Cabinet des Estampes.

Fig. 3
La Vierge à l'Enfant,
gravure anonyme.
Paris, coll. part.

où il obtint de se glisser dans la familiarité de Blanchard ? D'un autre côté, l'historien le plus crédible en cette matière est certainement Michel de Marolles, né en 1600, et donc parfait contemporain du peintre ; or il écrit : « *Jacques Blanchar, Peintre de Paris, a fait plusieurs pièces qui ont esté gravées par luy-mesme*[1]*, & par Pierre Daret, Jean Couvaj, Gilles Rousselet, François Poilli, & autres* ». Ce qui est suffisant pour qu'on ne puisse traiter à la légère le problème de Blanchard graveur. Même si nous n'avons aucun document d'archives, contrairement au cas de Vouet dont l'unique gravure est clairement désignée comme de sa main dans l'inventaire après décès ; même si n'existe pas la tradition solide et continue qui authentifie les petites pièces de Le Brun. Et reconnaissons que des trois gravures citées, les deux dernières au moins n'ont rien qui pourrait mettre Blanchard en mauvais rang parmi les « peintres-graveurs » du XVIIe siècle.

Reste qu'il ne put s'agir que d'essais marginaux. C'est à l'édition parisienne, c'est aux graveurs de métier qu'il revient d'avoir diffusé les œuvres de Blanchard.

Pierre Daret

Deux graveurs ont ici joué un rôle particulier : Antoine Garnier, à qui Robert-Dumesnil attribue 30 pièces d'après Blanchard (alors que Mariette n'en mentionne que 17), et Pierre Daret, dont Mariette cite 20 pièces (7 à tort, selon nous) et Weigert 16 (mais avec d'évidents doublons). Les autres graveurs ne sont certes pas négligeables ni sur le plan historique, ni sur le plan documentaire ; mais c'est d'abord sur ces deux maîtres qu'il convient de se pencher.

1. D'autres auteurs ont tenté d'identifier ces pièces, ce que malheureusement ne fait pas l'abbé de Marolles. Mais d'ordinaire ils ne se soucient pas de donner leur source ou leurs arguments. Par exemple Hubert et Rost dans leur *Manuel des curieux et amateurs d'art*, t. VII (Ecole de France, Zurich, 1804) affirment : « *Blanchard a aussi gravé quelques pièces, dont on cite les suivantes :*

Une sainte Famille, sans le nom de l'artiste, *chez Huart*, in-4 to, en t [ravers]

Autre sainte Famille, avec l'Enfant Jésus, le petit St Jean et Ste Catherine, gravée *par lui-même ; chez Ciartres*, in-4 to

La Nativité de la Vierge. *Blanchard pinx. Huart excud.* in-fol.

Sainte Agnès de Monte Pulciano adorant l'enfant Jésus entre les bras de la Ste Vierge, *d'après le Carrache*, sans le nom du graveur, qui est Blanchard. »

Nous n'avons pu jusqu'ici identifier que le numéro 3 : il n'a rien d'une « gravure de peintre » et il apparaît bien difficile de l'enlever à Garnier (voir notre n° 91). L'exécution par Blanchard d'une gravure d'après le Carrache (n°4) est peu vraisemblable et n'a été signalée par aucun autre auteur.

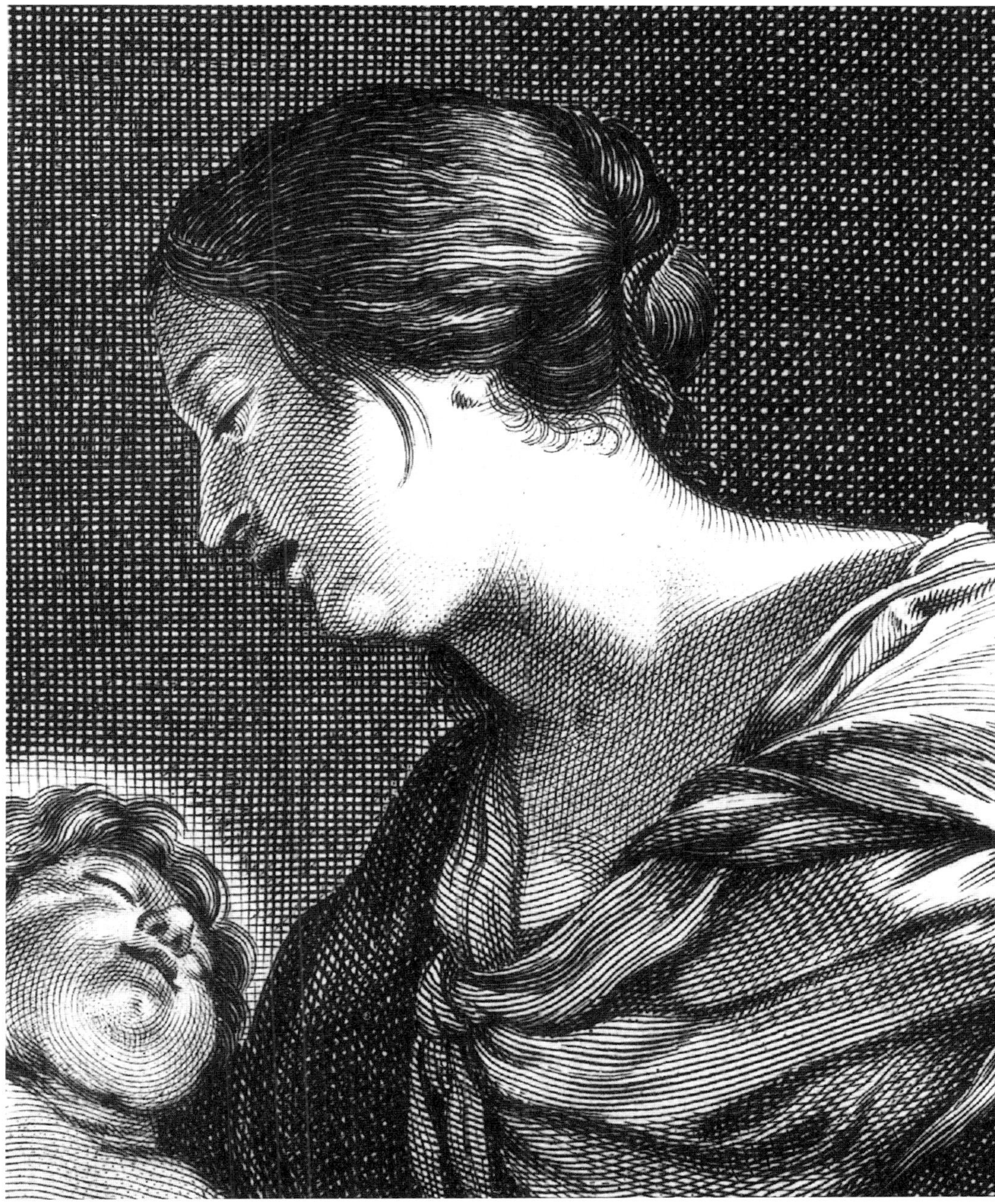

Fig. 4
La Vierge à l'Enfant endormi, gravée par Pierre Daret, *détail*.
Paris, coll. part.

Pierre Daret semble avoir la préséance. Il n'avait que quelques années de moins que Blanchard, étant né à Paris vers 1604. Il était de famille aisée ; son père est dit « marchand de vin », ce qui renvoie à un milieu proche de celui du père de Blanchard. En tous cas, à la signature du contrat de mariage de Daret avec Gillette Guynet, fille d'un enlumineur, le 5 septembre 1633, Jacques Blanchard est présent. Est-ce le signe de vieux liens de famille ? Ou Daret a-t-il déjà mis son burin au service de Blanchard, ce qui aurait noué ou resserré des liens entre les deux jeunes gens ?

Il se trouve en effet que le morceau de réception de Blanchard à la corporation des peintres et sculpteurs, le *Saint Jean à Patmos*, qu'on peut situer vers 1629-1630, a été gravé par Daret (*cf.* n° 19). Ce burin est encore maladroit et ne saurait guère être placé qu'au début de sa carrière de graveur, relativement tardive (on sait qu'il s'était d'abord voué à la peinture). Il porte l'adresse de Jean Vallet, dont l'inventaire après décès date du 9 janvier 1637, et c'est une adresse qu'on ne retrouve sur aucune autre pièce gravée par Daret d'après Blanchard. Nous croirions volontiers que ce *Saint Jean* fut l'un des tout premiers exercices que Daret ait donnés au public.

Peut-être fut-il précédé ou suivi de près par une pièce traitée elle aussi d'un burin plutôt sec, la *Sainte Famille à cinq figures* (*cf.* n° 27). C'est la seule qui offre une signature de Daret où les initiales forment monogramme. Nous n'avons jamais rencontré le premier état ; dans le second se trouve, remplaçant une autre adresse effacée, le nom de Ganière – soit l'héritier de Jean Vallet. Ici encore, nous devons être devant l'un des premiers travaux de Daret. N'en irait-il pas de même pour certaines gravures anonymes ? Par exemple, n'est-ce pas à Daret que pourrait revenir le burin, d'une facture voisine de celle du *Saint Jean écrivant l'Apocalypse*, qui représente le *Saint Jérôme* aujourd'hui conservé au musée de Grenoble (*cf.* n° 18), tableau lui aussi tout proche des années 1629-1630 ? Le nom de Daret n'apparaît pas sur la planche, que Mariette laisse dans l'anonymat ; mais elle a été publiée chez Ganière, adresse qui de nouveau semble une addition portée après l'effacement d'une première inscription. Peut-être faut-il aussi songer aux premiers essais de Daret devant la *Madeleine allongée dans la grotte*, burin resté anonyme et qui semble pareillement l'œuvre d'un débutant (*cf.* n° 43).

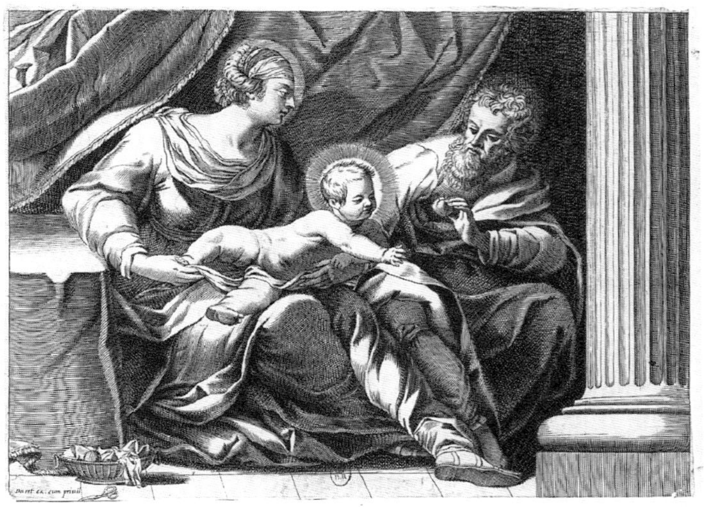

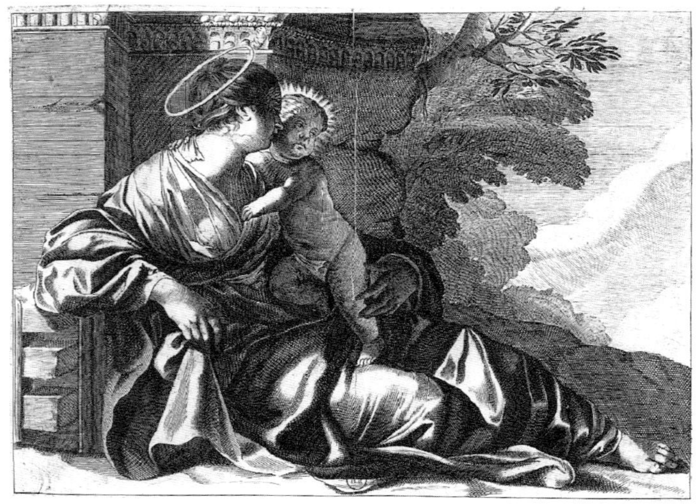

Fig. 5
La Vierge à l'Enfant, avec Saint Joseph, d'après la *Sainte Famille à la corbeille,* atelier de Daret.
Paris, Bibliothèque Nationale, Cabinet des Estampes.

Fig. 6
La Vierge à l'Enfant, d'après la *Charité* du Courtauld Institute de Londres, atelier de Daret. *Ibidem.*

Le métier va devenir beaucoup plus subtil avec les pièces que Daret signera par la suite : le *Christ bénissant* et la *Vierge*, pendants datés de 1635 (*cf.* n° 77), la *Charité* de 1636 (*cf.* n° 60), œuvre majeure, la *Vierge* de 1638 (*cf.* n° 34), sans parler de la *Vierge dévoilant l'Enfant* (*cf.* n° 103), grande planche qui se place en 1638 ou 1639. Désormais le burin, sans perdre sa netteté, parvient à transmettre quelque chose de la luminosité et du moelleux des toiles de Blanchard. Mais après la mort du peintre, Daret semble avoir cessé de lui consacrer ses soins : son amitié pour Vouet, ses entreprises de librairie l'occupaient suffisamment.

Il semble pourtant que soit postérieur à ce décès un curieux projet qui n'a guère été remarqué. On voulut apparemment publier quatre grandes *Vierge à l'Enfant* de Blanchard représentées assises à terre, dans un même format demi in-folio en travers, et gravées au burin (*cf.* fig. 5-8). La première feuille reprit directement la *Sainte Famille à la corbeille*, sans supprimer saint Joseph, mais en ajoutant sur la droite une grosse colonne cannelée qu'on oublia de mettre en perspective. Les trois autres furent tirées des trois *Charité* de Londres, de Toledo et de Paris, moyennant la suppression des enfants en surnombre et l'addition d'auréoles. Pour la dernière de ces pièces, on fit pivoter la tête et l'on compléta la partie droite par un petit amour tirant une rose d'une corbeille, figure d'une insigne maladresse. Sur la première et la dernière pièce apparaît l'*excudit* de Daret, ce qui donne à croire qu'il s'agit de ces nombreuses estampes, étrangères à sa main et peu dignes de son goût, qui s'ajoutèrent à son fonds de commerce. Du moins semble-t-il que celles-ci ne furent pas ou ne furent guère explcitées : on n'y voit ni légende ni dédicace, et nous n'avons jamais rencontré que les épreuves de la Bibliothèque Nationale. Sur la quatrième ont été gravées les armes du chancelier Séguier : mais on ne saurait croire qu'il ait été mêlé à pareille entreprise. Lorsqu'on examine l'exécution, la différence de qualité entre les figures principales et les architectures qui ont été ajoutées sur les morceaux 1 et 4, les grandes parties laissées blanches et qui semblent complétées par quelques traits à la pointe sèche, on est en droit de se demander s'il ne s'agit pas d'un projet important mis en train par Daret, peut-être du vivant même de Blanchard et avec son accord, puis abandonné en cours de travail peu apres son décès, et repris ensuite par des apprentis de faible niveau. Du moins le nom de Blanchard semble-t-il n'avoir jamais été apposé sur ces « adaptations », ce qui les a fait échapper à tous les catalogues, depuis les notes de Mariette jusqu'à l'inventaire du fonds français de la Bibliothèque Nationale.

Nous dirons plus loin pourquoi il faut traiter avec circonspection la suite déjà citée d'*Apollon et les Muses*, qui dut comprendre 10 feuilles. Elle aussi sortit apparemment de

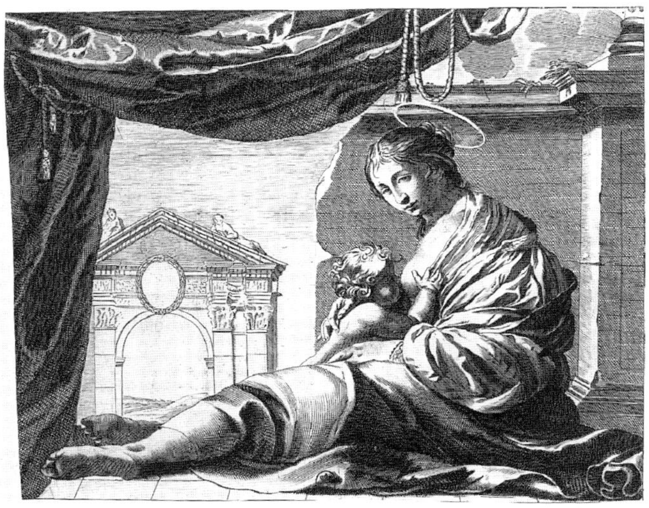

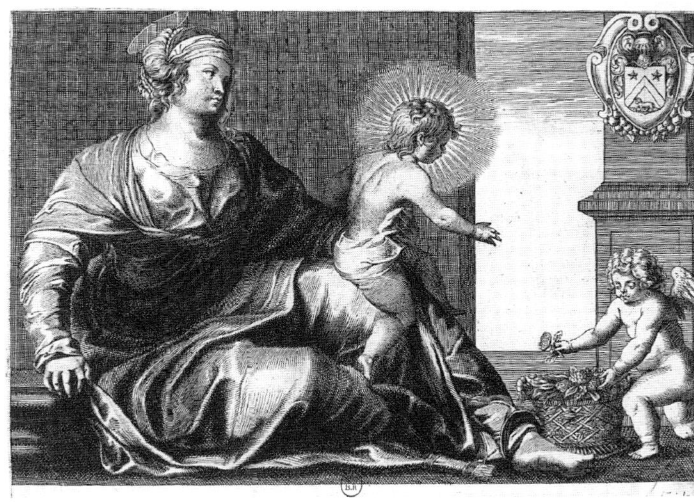

Fig. 7
La Vierge à l'Enfant, d'après la *Charité* de Toledo, atelier de Daret. *Ibidem*.

Fig. 8
La Vierge à l'Enfant, d'après la *Charité* du musée du Louvre, atelier de Daret. *Ibidem*.

l'officine de Daret, mais sans qu'il l'ait touchée de son burin (voir *infra*, p. 313-316). En revanche c'est peut-être sous l'influence directe de Daret que fut gravée la belle *Vierge à l'Enfant* signée de François de Poilly (*cf.* n° 73): Daret avait pris ce dernier comme apprenti en novembre 1638, et le jeune homme travailla ensuite avec son frère Nicolas chez Pierre Mariette, avant de gagner Rome. La pièce porte justement l'*excudit* de Mariette et reste entièrement dans la manière de Daret.

Antoine Garnier

Le burin de Daret ou de Poilly donnait certes aux œuvres de Blanchard la solidité, la science, l'élégance et la précision qui pouvaient en faire des modèles pour la génération montante, celle de l'« atticisme ». Mais il avait quelque peine, même dans ses moments les plus heureux, à traduire la délicatesse des carnations de Blanchard et la vie qui anime ses figures. La chance voulut que le peintre trouvât un graveur indépendant, jouant de toutes les ressources de l'eau-forte, et qui allait tirer de ses œuvres des images très différentes : Antoine Garnier.

Le métier de Garnier a beaucoup évolué. De plus, le jeune graveur soignait inégalement ses planches, et certaines furent manifestement exécutées avec trop de hâte. Quand elle le veut, la main est précise, le jeu des valeurs complexe, le dessin ferme. En d'autres

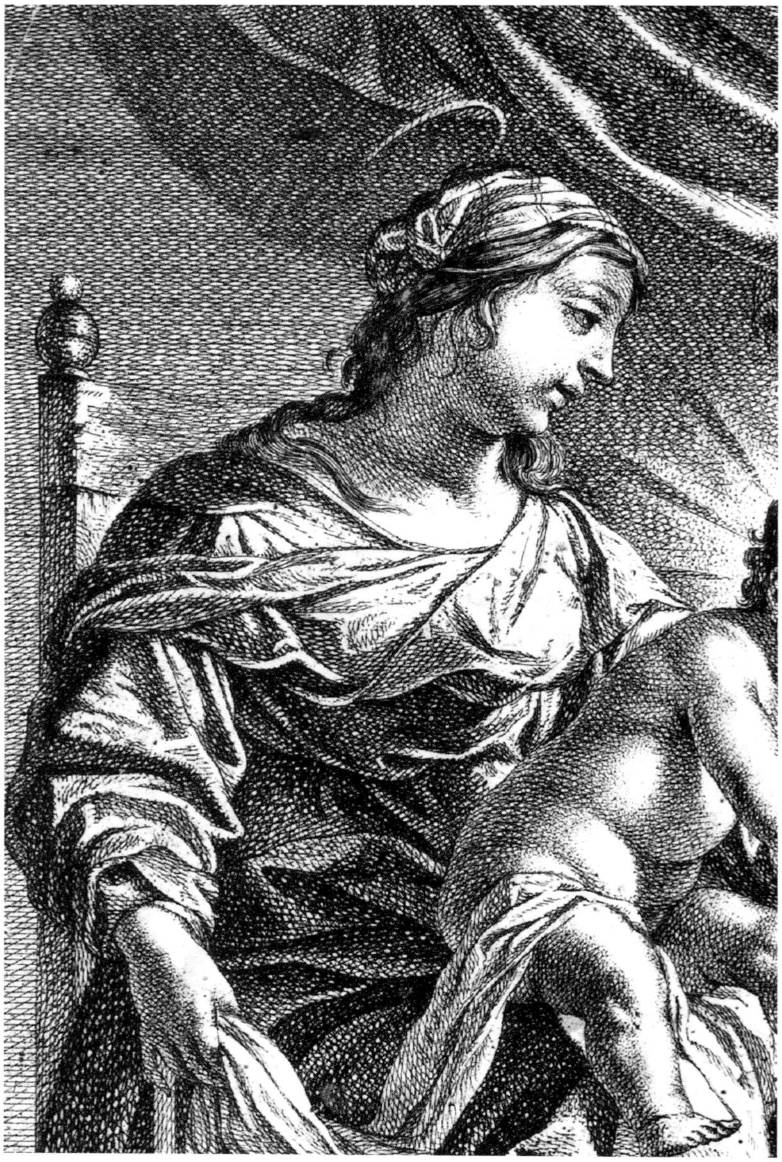

Fig. 9
Le Mariage mystique de sainte Catherine,
gravé par Antoine Garnier,
détail agrandi.
Paris, coll. part.

cas, la technique se simplifie jusqu'à devenir grossière, et le dessin est à peine correct. Mais dans toutes ses feuilles on sent un artiste solide, réaliste, qui n'est pas esclave de son modèle. On ne dirait pas qu'il copie un tableau : il semble le recréer pour son propre compte. Les tailles, variées à l'infini, ne sont jamais ennuyeuses ; elles permettent un large jeu de valeurs et une délicatesse qui jamais n'est mièvre. Les trois *Charité* qu'il a gravées, par exemple (*cf.* n°s 70, 80, 83), sont des modèles de sensibilité auprès desquels la planche de Daret, son chef-d'œuvre de 1636, paraît sèche et dure.

D'où vint cette rencontre entre Blanchard et Garnier, plus jeune de onze ans ? Aucun document ne nous renseigne là-dessus. Mais il semble bien que le rôle majeur revienne à l'éditeur Jean Ganière, chez qui furent publiées les planches gravées par Garnier. Blanchard dut rencontrer Ganière, né vers 1615, chez Jean Vallet, l'imprimeur en tailles douces qui publia le *Saint Jean à Patmos* gravé par Daret. En effet, Ganière paraît avoir appris le métier d'éditeur auprès de Jean Vallet ; il habitait même chez lui, et quand Vallet mourut, à la fin de 1636 ou au début de 1637, il ne tarda pas à épouser sa veuve, Marguerite de Liercourt. Parmi les témoins du mariage figure Antoine de Fer, qui lui aussi publia une composition d'après Blanchard. Il y a là un petit milieu qui semble entièrement acquis à notre peintre. Mais il faut insister sur un point : Jean Ganière ne commence son activité d'imprimeur et éditeur qu'après l'été de 1637 (son contrat de mariage est signé

Fig. 10
La Charité, gravée par Antoine Garnier, *détail agrandi.*
Paris, Bibliothèque Nationale, Cabinet des Estampes.

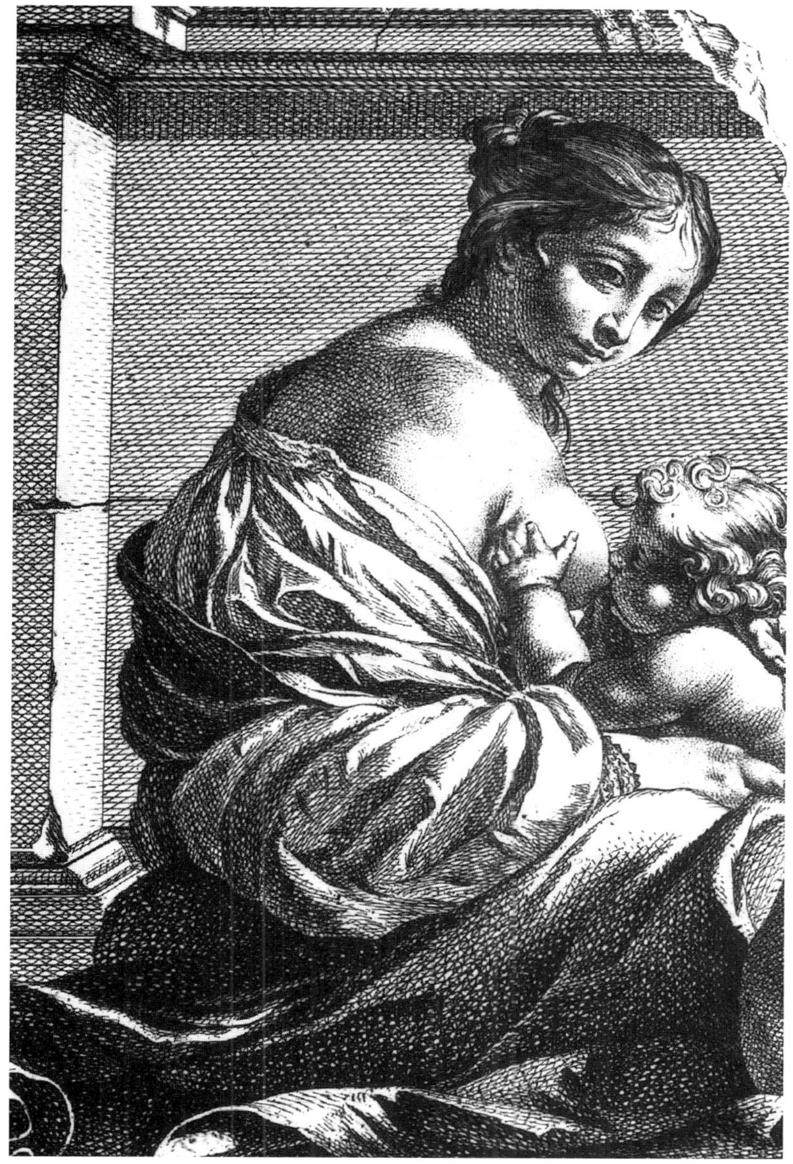

le 13 juin et il ne semble guère avoir alors que vingt-deux ans...). De son côté Antoine Garnier, à ce moment, doit être âgé d'environ vingt-six ans. Blanchard va mourir l'année suivante. La quasi totalité des gravures de Garnier d'après Blanchard doit donc se situer après la disparition du peintre, sans doute entre la fin de 1637 et 1643 (le recueil des gravures d'après les décors du château de Fleury-en-Bière, qui marque un retour de Garnier vers l'art de Fontainebleau, porte la date de 1646). On ne saurait donc imaginer que l'exécution des gravures d'après Blanchard suit de près la date d'exécution des tableaux ; pas davantage qu'elle respecte l'ordre chronologique de ceux-ci. Des progrès du métier de Garnier, il n'y a rien à tirer pour la datation des œuvres qui ont servi de modèle. Plus que jamais, il faut ici se défier de l'évidence visuelle...

Ajoutons que Garnier est un artiste isolé, qui ne fait pas école. En revanche il faut constater que parmi les autres graveurs de Blanchard, on trouve deux anciens apprentis de Jean Ganière : Nicolas Regnesson et Pierre Landry.

Regnesson était entré en apprentissage le 25 août 1637, et pour trois ans. Or c'est lui qui exécuta la difficile gravure de la *Pentecôte* de Blanchard (*cf.* n° 61). Cette planche, d'un burin assez mou et sans grand attrait, mais consciencieux, allait connaître un grand succès ; elle fit beaucoup pour la réputation surprenante que cette œuvre austère conserva jusqu'à nos jours. La dédicace au lieutenant civil Dreux d'Aubray comme l'adresse de

Regnesson (à l'enseigne du Séraphin) suggèrent une date tardive, aux alentours de 1650. Pour Landry, on lui doit un buste de *Vierge* en ovale (*cf.* n° 95) où se reconnaît à peine le style de Blanchard. Il pourrait aussi bien s'agir d'une œuvre de son fils Gabriel, car Landry était né vers 1630, son contrat d'apprentissage auprès de Ganière date du 31 mars 1648, et il vécut jusqu'en 1701. Nous l'avons toutefois conservé dans l'œuvre de Jacques Blanchard sur la foi de Pierre-Jean Mariette, qui précise même : « *gravé au burin par Pierre Landry* » (et non simplement édité par lui). S'il en est bien ainsi, on peut le tenir pour l'une des rares pièces gravées d'après Blanchard qui soient postérieures à 1660. Il est intéressant de constater que c'est dans le milieu de Ganière que se perpétuait le souvenir du peintre.

Nicolas de La Court

Les quelques autres graveurs qui se sont intéressés à Jacques Blanchard n'ont certes pas le même intérêt. On exceptera pourtant Nicolas de La Court. Il s'agissait d'un fils de procureur à la chambre des comptes de Rouen qui, attiré par la peinture, entra dans l'atelier de La Hyre le 24 février 1639 pour trois années d'apprentissage. Sans doute poussé

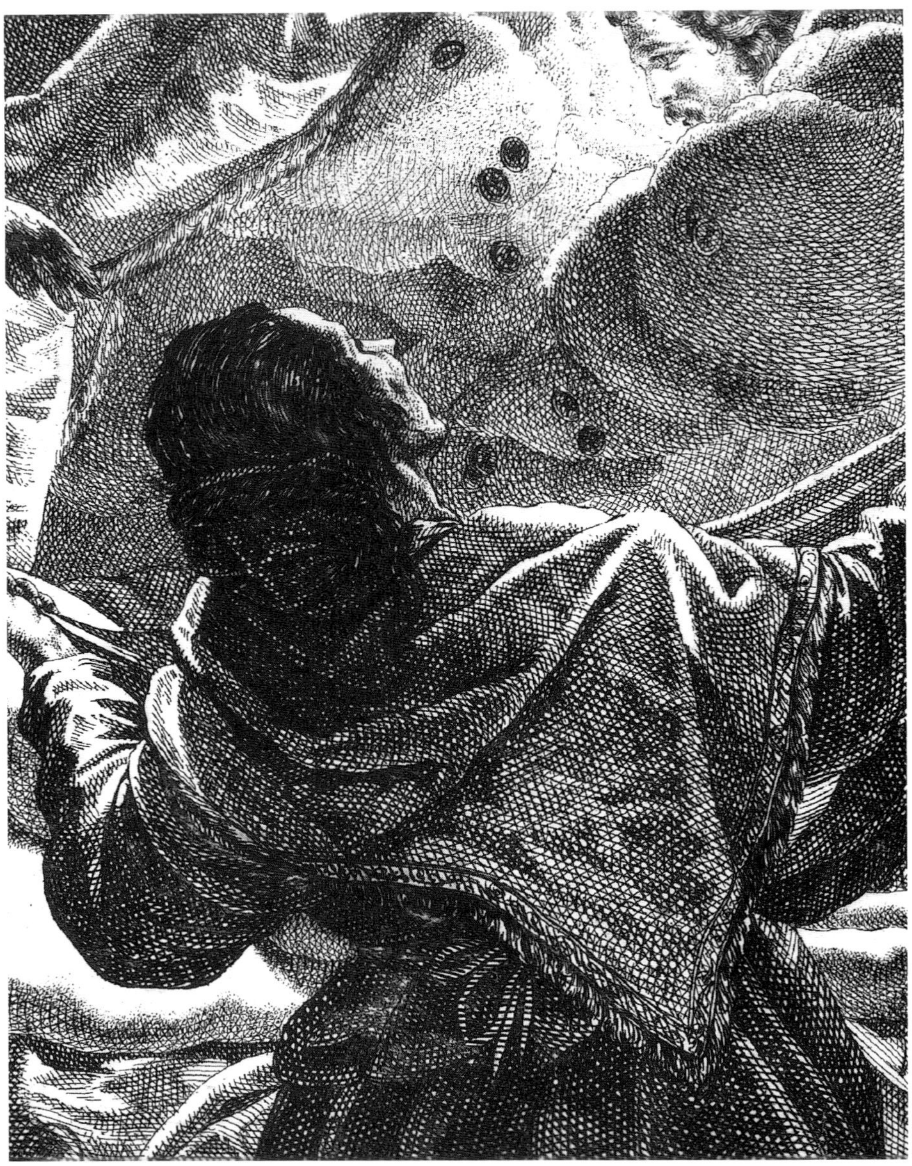

Fig. 11
Danaé, gravée par Nicolas de La Court, *détail agrandi*.
Paris, Bibliothèque Nationale, Cabinet des Estampes.

Fig. 12
Sainte Famille, gravure anonyme, (première moitié du XIXᵉ siècle). Paris, Bibliothèque Nationale, Cabinet des Estampes.

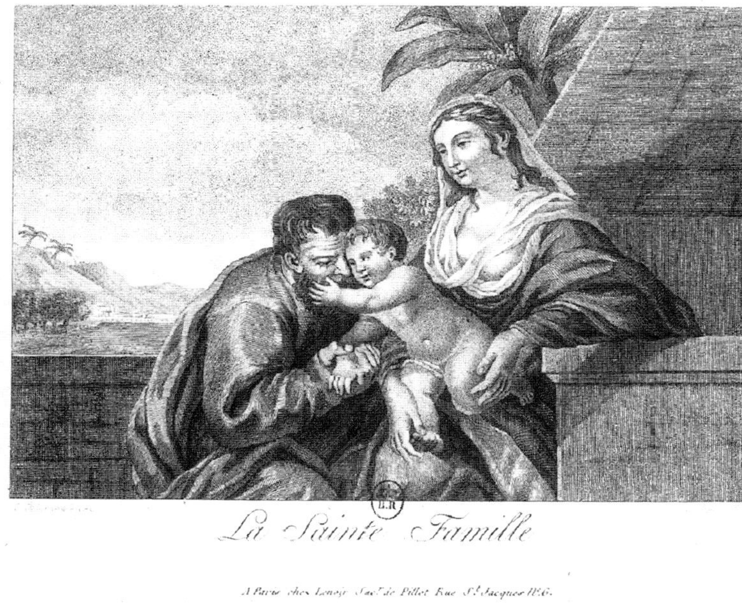

par La Hyre, qui pourrait bien avoir guidé sa main, il grave alors une grande *Assomption* d'après un tableau de ce dernier qui remontait à 1635, une *Bethsabée au bain* certainement plus proche de date (fin 1641 ?), ainsi que l'une des audacieuses *Danaé* de Blanchard (*cf.* n° 22). Les trois pièces paraissent avec l'*excudit* de Claude Durand, dont la carrière d'éditeur semble commencer vers cette date. Elles sont d'une qualité surprenante pour un débutant. La *Danaé* offre un mélange complexe d'eau-forte et de burin(fig. 11), avec des tailles très variées suggérant la diversité des couleurs, et des reprises au pointillé et à la pointe sèche pour adoucir les passages dans les carnations. Les contrastes vont des blancs laissés franchement en larges réserves aux noirs presque purs. Nous sommes tout près de Garnier, mais avec un esprit plus « pictural ». Là s'arrêta, malheureusement, la carrière de La Court en tant que graveur. Soulignons que cette *Danaé* est postérieure à la mort de Blanchard, comme celles qui sont dues à Garnier. Du choix de cette pièce osée par le jeune La Court, tirons seulement une certitude : ces *Danaé*, dont les premières remontaient au moins au séjour à Lyon, restaient fort admirées vers 1640.

*

À cette première esquisse nécessairement fort sommaire, et que le développement des études sur l'estampe permettra sans doute bientôt de compléter, n'ajoutons qu'une remarque. L'ensemble de ces pièces est élaboré dans un espace de trente années. Puis tout cesse. Cela, malgré la présence du fils de Blanchard et sa notoriété croissante. Il faudra des circonstances particulières, désormais, pour susciter des gravures d'après Jacques Blanchard : ainsi, tout à la fin du XVIIᵉ siècle, la publication des *Hommes illustres* de Charles Perrault, qui entraîne la reproduction soignée de l'*Autoportrait* (apparemment conservé dans la famille) par Gérard Edelinck (*cf.* n°53), ou le passage en vente, à Paris, de l'*Angélique et Médor*, qui est gravé par Voyez en 1771 (*cf.* n° 57), ou le renouveau de l'imagerie religieuse au temps du néo-classicisme, qui produit une adaptation de la *Sainte Famille* de Cherbourg (fig. 12) confinant à la caricature (*cf.* n° 85). Rien qui ressemble ici à la vogue durable des gravures d'après Poussin. La césure que les historiens d'art tendent à fixer, dans l'histoire du goût français, autour de 1660, n'est pas simple vue de l'esprit. Blanchard, mort à trente-huit ans, devait compter parmi les premières victimes.

Blanchard et le laboratoire

Étude de quelques tableaux de Blanchard au Laboratoire de recherche des Musées de France.

par
Elisabeth Martin
Responsable des études en peinture au L.R.M.F.

L'exposition est l'occasion de rassembler quelques informations recueillies à partir des dossiers d'imagerie scientifique accumulés au cours des ans par le Laboratoire de recherche des Musées de France. Les investigations prennent en compte une dizaine d'œuvres des collections publiques françaises, dont une récemment examinée, *La Vierge à l'Enfant avec Saint Jean-Baptiste et le vieillard Siméon*[1] (cat. 35).

Les résultats acquis sur cette œuvre en ce qui concerne la signature et la date (fig. 1) sont jugés suffisamment intéressants pour être commentés de manière précise. Si les cinq dernières lettres de la signature de *Blanchard* sont nettement discernables sous le microcospe avec une matière bien intégrée dans la composition, des usures affectent le début du nom qui comporte de légères reprises, comme en rend compte la photographie en fluorescence d'ultraviolet (fig. 2). D'après ce même document, les deux derniers chiffres – 40 – d'une éventuelle date, perceptibles à l'œil nu et plus encore sur la photographie infrarouge (fig. 3), sont en fait effectués sur le vernis. On ne peut cependant distinguer sur aucun document, y compris la réflectographie infrarouge, des indications situées sous le vernis à l'emplacement de ces chiffres. On note, de surcroît, que les parties ombrées du manteau bleu de la Vierge, très probablement en indigo, sont transparentes sous rayonnement infrarouge, tandis que la limite du vêtement proche des éléments suspects apparaît absorbante par suite de retouches en noir qui pourraient être contemporaines.

Fig. 1

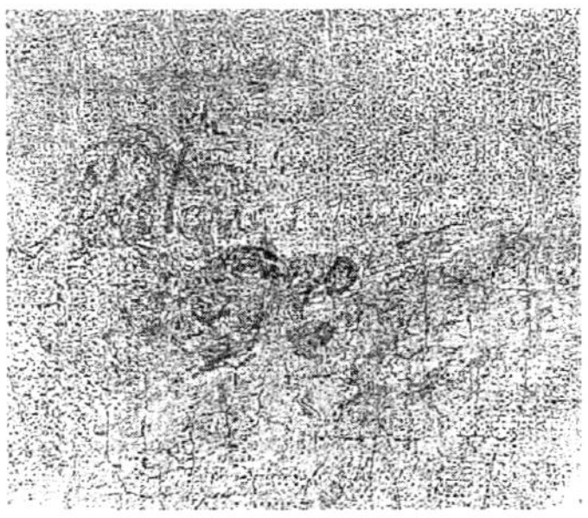

Fig. 2

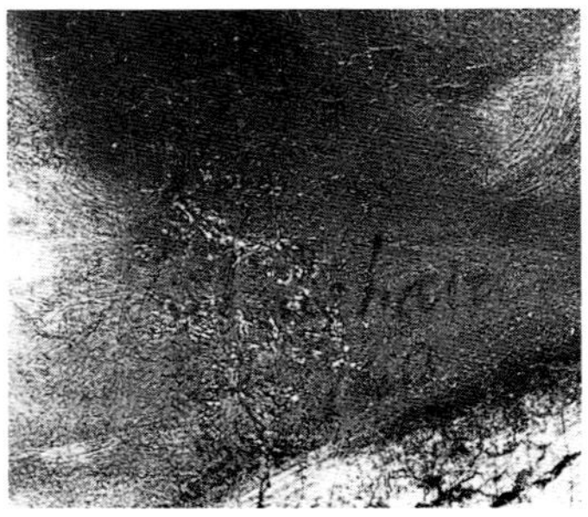

Fig. 3

Fig. 1
Un saint Évêque adorant Jésus dans les bras de sa mère, dit aussi *La Vierge et l'Enfant entre saint Jean-Baptiste et le vieillard Siméon,* Paris, musée du Louvre Inv. RF 1947.20, (*cat. 35*).
Détail de la signature.
© L.R.M.F

Fig. 2
Idem. Photographie en fluorescence d'ultraviolet.
© L.R.M.F.

Fig. 3
Idem. Photographie infrarouge.
© L.R.M.F.

1. Dossier établi par J.-P. Vandenbossche pour les photographies et M. Solier pour la radiographie.

Il n'est donc pas pertinent de donner du crédit à la date de 1640, et on peut remettre en question l'attribution à Jean Blanchard, auquel l'œuvre avait été donnée en raison du décès de son frère Jacques en 1638.

D'autres arguments pour l'attribution à ce dernier peuvent être évoqués en comparant les documents obtenus à partir de ce tableau et à partir des autres compositions acceptées de Jacques Blanchard, en particulier *La Charité* (*cf.* n° 60), *Vénus et les Grâces surprises par un mortel* (*cf.* n° 42), *La Vierge avec l'Enfant Jésus à qui sainte Anne offre une pomme* (*cf.* n° 39), tous trois conservés au Louvre, et *Vénus et l'Amour surpris par deux satyres* conservé au Musée des Beaux-Arts de Nancy (*cf.* n° 15). Les supports de toile ont des caractéristiques très proches. Tissée simplement à partir de fils irréguliers assez gros, la toile, dont le grain est perceptible à l'œil nu (fig. 4) comporte de 9 à 11 fils par centimètre. D'une seule pièce pour les compositions de format moyen, le support est constitué de deux lés assemblés pour *Vénus et les Grâces*. Ces remarques sont cohérentes avec une production des toiles sur des métiers d'1 m 10 de large.

Le peintre a étendu une double préparation colorée sur l'ensemble des deux compositions étudiées de ce point de vue, *La Charité* et *La Vierge et l'Enfant*. La première couche de couleur rouge a été obtenue en mélangeant du carbonate de calcium en quantité abondante avec des composés colorés riches en oxyde de fer[2]. Les proportions des constituants sont analogues d'une toile à l'autre avec présence non négligeable de sulfate de baryum. Une seconde couche préparatoire gris-rose confère à la *Charité* une tonalité chaude alors qu'elle est plus froide (fig. 5) pour *La Vierge et l'Enfant*. Blanchard est pour ce tableau plus représentatif des peintres parisiens qui privilégiaient, pour beaucoup d'entre eux, ce type de préparation dans le second quart du XVIIe siècle, avec des variantes dans les formules[3].

Le blanc de plomb constituant la seconde couche préparatoire explique le constraste modéré des images radiographiques (fig. 6) qui ne permet pas une lecture aisée des repentirs. Toutefois quelques hésitations, que les photographies infrarouges révèlent

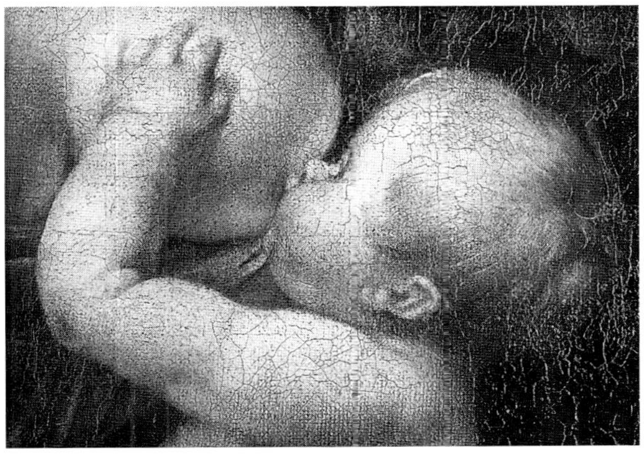

Fig. 4
La Charité (six figures), Inv. 2610, (*cf.* n° 60), Paris, musée du Louvre. Détail montrant le grain de la toile.
© L.R.M.F.

également, sont perceptibles, en particulier sur *Vénus et les Grâces*. Les analogies de l'écriture picturale se confirment d'une radiographie à l'autre : les empâtements vigoureux gardent la trace de la brosse et engendrent parfois un réseau de craquelures localisées.

Ces quelques remarques confirment la grande cohérence du style du peintre dans les toiles examinées, peintes à l'évidence dans un courts laps de temps.

2. Analyse d'A. Duval au microscope électronique à balayage.
3. S. Bergeon, E Martin. « La technique de la peinture française des XVIIe et XVIIIe siècles », *Techné*, 1994, p. 65.

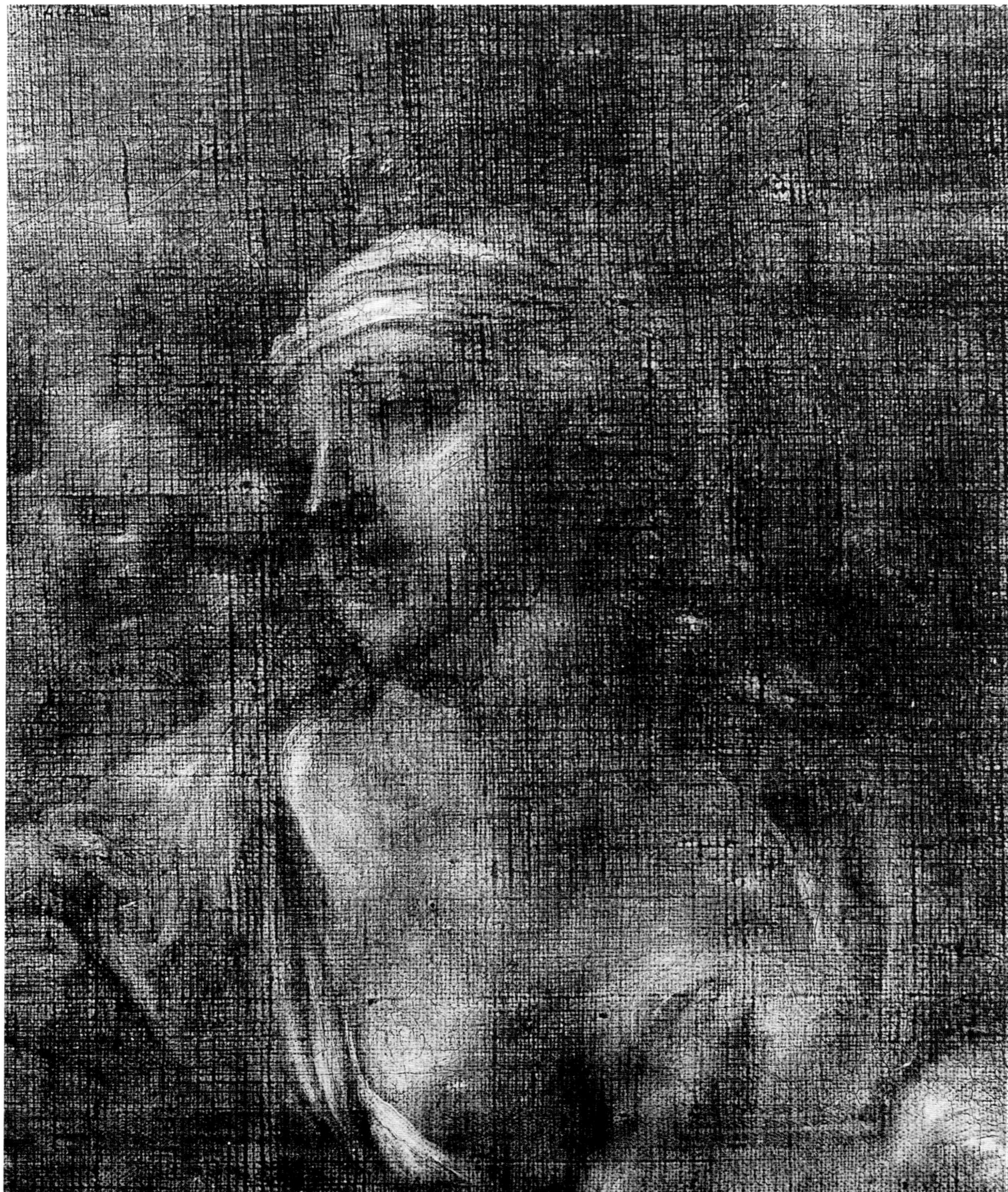

Fig. 5
La Charité. Détail radiographique de la tête représentatif de l'écriture picturale de Blanchard.
© L.R.M.F.

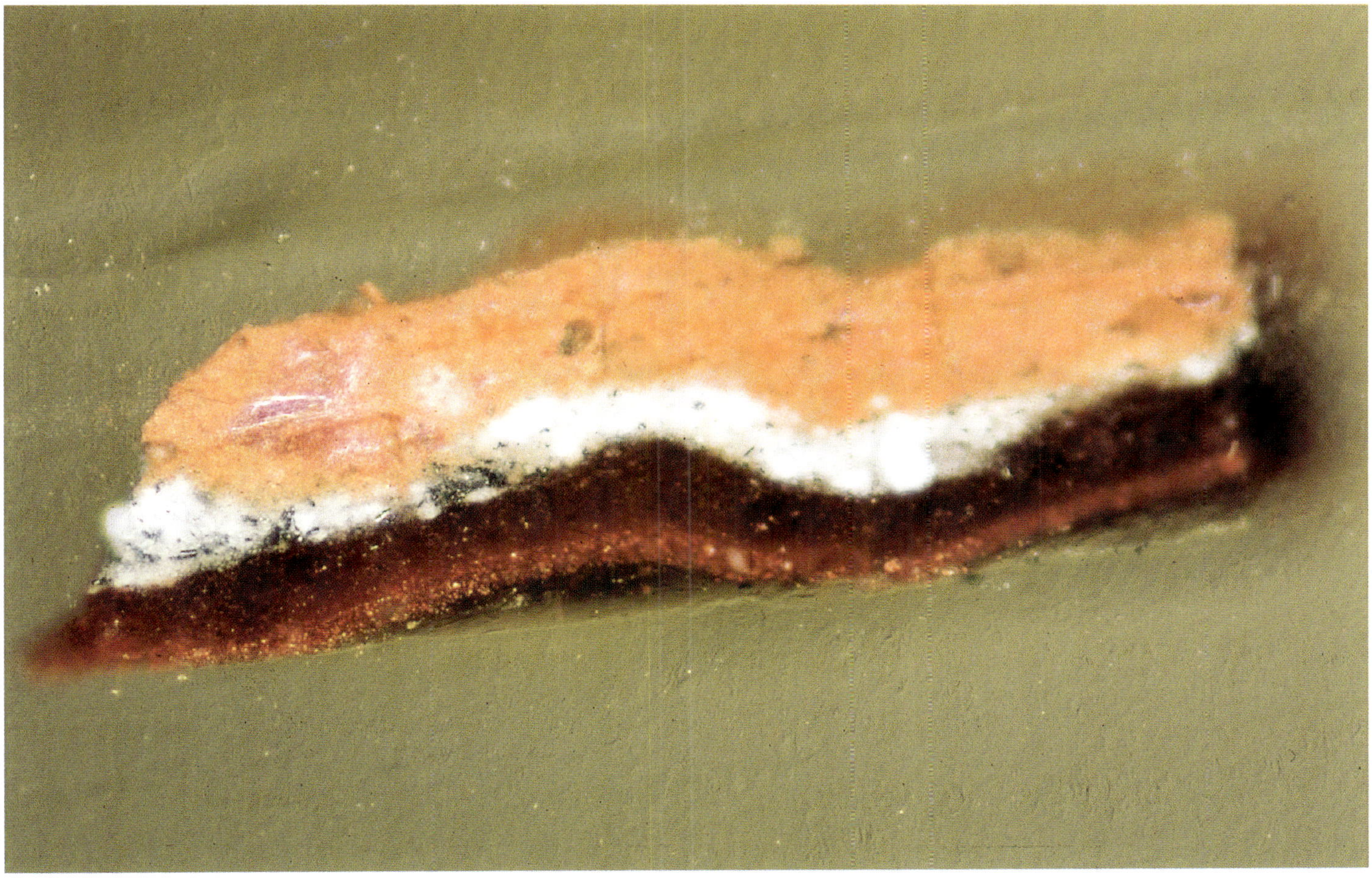

Fig. 6
Un saint Évêque adorant Jésus dans les bras de sa mère, dit aussi *La Vierge et l'Enfant entre saint Jean-Baptiste et le vieillard Siméon.* Coupe stratigraphique issue du manteau rouge du personnage de gauche. Sur la double préparation rouge et grise, le peintre a réalisé le vêtement avec une couche de laque surmontée d'un rehaut en vermillon. © L.R.M.F.

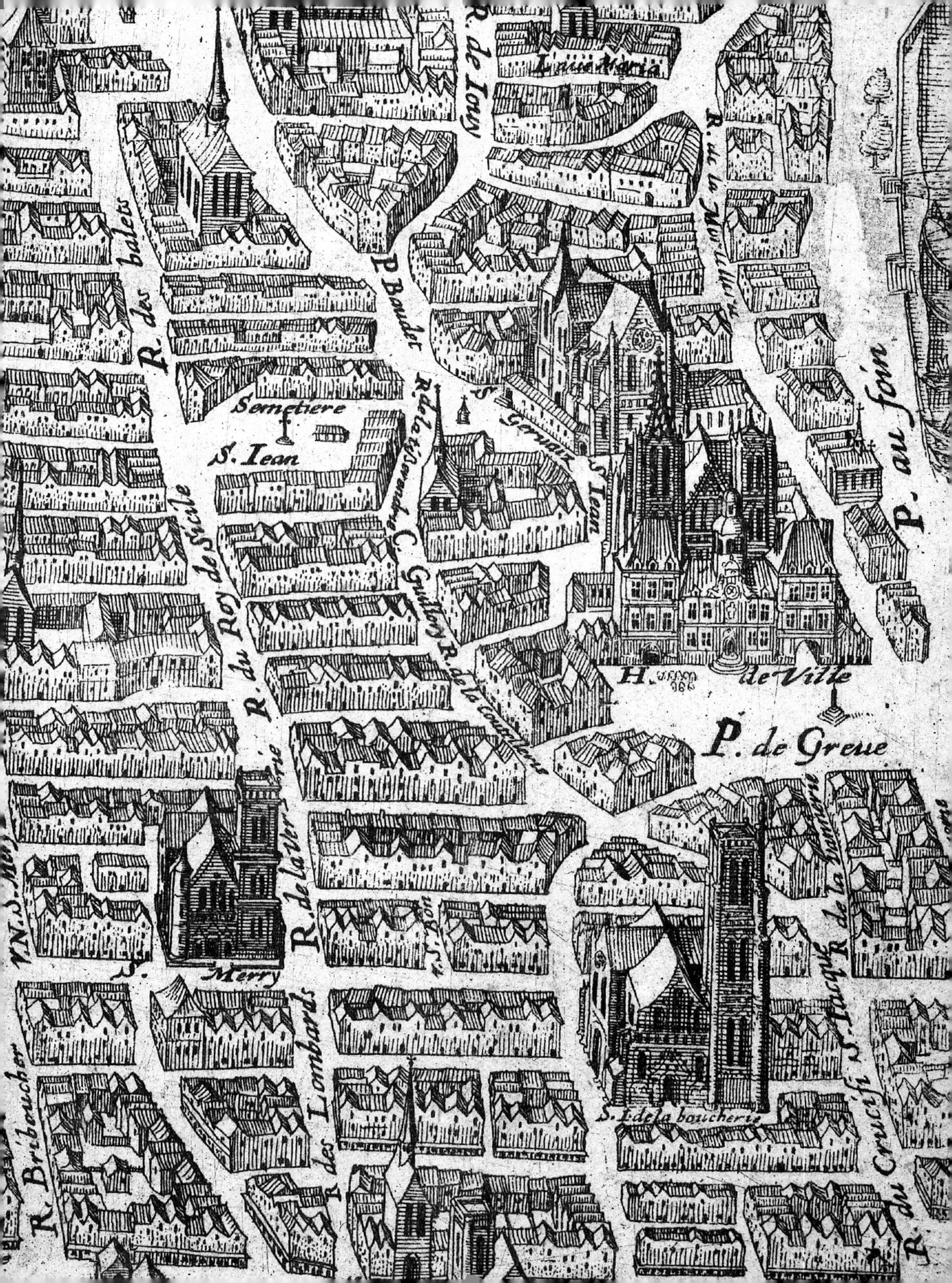
R. de Iouy
R. des balets
P. Baudet
Semetiere
S. Iean
R. du Roy de Sicile
S. Geruais
S. Iean
P. au foin
H. de Ville
P. de Greue
Merry
R. des Lombards
R. Bribouchet
S. I. de la boucherie
R. de la Coutellerie

Chronologie

La vie de Jacques Blanchard fut très courte. Il mourut alors qu'il venait d'atteindre trente-huit ans. Elle est longtemps restée fort obscure. On devait se contenter des quelques phrases laissées par Félibien et Perrault; disparu avant la fondation de l'Académie royale, Blanchard n'a pas profité d'un de ces mémoires détaillés que rédigea Guillet de Saint-Georges pour préserver le souvenir des premiers membres. Quelques mentions relevées avant la disparition de l'état civil parisien en 1871 et les premières fouilles conduites dans le Minutier Central ont permis de rétablir une série de dates et de faits précis jalonnant cette brève carrière. On peut mesurer le progrès de nos connaissances en comparant les deux éditions du fameux Thieme-Becker, soit la notice de Vial (1910) et la notice de Richard Beresford (1995).

Ce progrès est pourtant très relatif. Pratiquement, il n'a trait qu'aux périodes parisiennes. Et surtout, il concerne des éléments matériels et laisse dans l'indécision ce qui touche en propre à la personnalité, ou pour mieux dire, au génie de Blanchard.

Les archives de Rome (si l'on met à part les *stati d'anime* explorés par Jacques Bousquet), de Venise, de Turin n'ont jusqu'ici rien livré. De là devraient un jour venir quelques surprises ?

De multiples documents touchant à Blanchard, sa famille, ses amis, ses amateurs, subsistent dans les archives bourguignonnes et lyonnaises, et dans les minutes notariales de Paris. Mais ils renseignent essentiellement sur son père Gabriel, sur son frère Jean, sur l'entourage et la descendance : ils ajoutent peu aux données réunies ici.

D'autre part l'état civil et le Minutier Central ont leurs limites. Ils offrent des jalons à peu près sûrs, mais ne remplacent pas les témoignages des contemporains, ni ces traces personnelles que laissent après eux les artistes. Or ni Félibien, né en 1619, ni Sauval, né en 1623, et moins encore Perrault, né en 1628, n'ont été à même de connaître personnellement Blanchard. Même de son fils Gabriel, qui n'avait pas huit ans à la mort de son père, on ne saurait attendre qu'il ait transmis des confidences utiles. La disparition prématurée de l'artiste n'explique que trop un vide qui ne sera sans doute jamais comblé.

Le meilleur document, c'est lui-même qui nous l'a fourni, avec son *Autoportrait*, hélas disparu, mais dont Edelinck a laissé une excellente gravure. Peut-on espérer que réapparaîtra jamais ce « livre en forme de journal », écrit de la main même de Blanchard, mentionné dans l'inventaire après décès, et qui ne contenait pas nécessairement que des comptes financiers ? Ou que se retrouvent quelques lettres, comme on en possède pour Vouet ? C'est chose incertaine...

Mais non pas impossible. La chronologie qui suit n'a d'autre ambition que mettre en place les données existantes, souligner les lacunes, et inciter à de nouvelles recherches.

Le Paris de Blanchard :
détail du Plan de Mérian, 1615.
© Musées de la Ville de Paris.

I
Enfance & formation

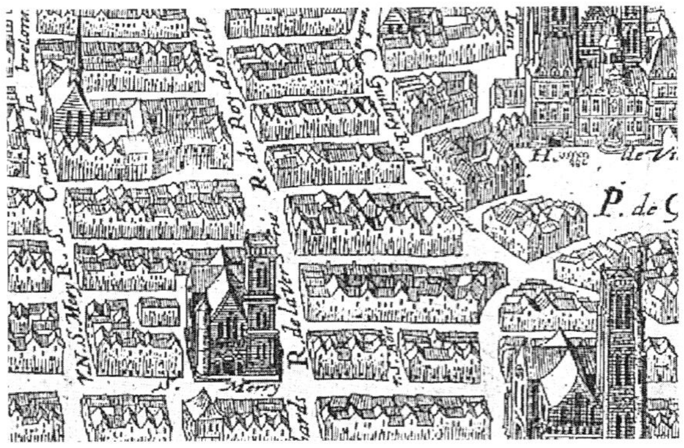

Le quartier de la rue de la Verrerie,
où est né et a grandi Blanchard ;
détail du plan de Mérian, 1615.

1600, 1er octobre : baptême (?) à Paris de Jacques Blanchard (1867, Jal, p. 222)

Félibien écrit : « *Il estoit né à Paris au mois de septembre 1600* » (*éd. cit.*, p. 178), tandis que Perrault (qui de même que Félibien use constamment de l'orthographe *Blanchart,* étrangère aux signatures et documents officiels) le déclare né *« à Paris le premier jour d'octobre 1600 »* (p. 93). Faut-il tenter de concilier les deux biographes en pensant que, né à la fin de septembre, l'enfant fut baptisé le 1er octobre ?

Jacques Blanchard avait pour père **Gabriel Blanchard**, que Perrault dit « *natif de Coindrieu* », sans doute Condrieu, gros bourg situé à sept lieues et demie, de Lyon, au pied d'une colline couverte de vignes réputées pour produire d'excellents vins (connus sous ce nom de Condrieu), et qu'animaient ses foires et ses fabriques de soie. La famille devait être à l'aise. Gabriel aurait commencé par être marchand, puis possédé une charge de *« commis sur le sel »* (1867, Jal, p. 222). Dès janvier 1613 on le verra en effet se qualifier de *« bourgeois de Paris, de présent Commis au bureau général des traictes foraines estably à Dijon, demeurant à Paris rue de la Verrye [Verrerie] paroisse Saint-Jean-en-Grève ».* À sa mort, en 1637, il sera *« commis à la recepte de la chambre à sel et deppost de Toulon »,* soit évidemment Toulon-sur-Arroux, dans le Charolais, chambre et dépôt qui relevait de la commission générale des gabelles en la généralité de Bourgogne (voir à ces dates).

La mère de Jacques Blanchard, **Judith Baullery** ou Bollery, était au contraire parisienne de naissance. Selon Perrault (p. 93), Gabriel Blanchard, « *ayant esté député à Paris pour les affaires de sa Ville* (soit Condrieu), *& s'estant logé par hazard chez Jerosme Boleri le meilleur Peintre de son temps, épousa sa fille* ». Il s'agit certainement d'une tradition familiale, mais que rien n'invite à mettre en doute. Au contraire, si l'on en croit Jal (1867, p. 222), Gabriel, au moment de son mariage, résidait rue de la Verrerie : soit précisément celle où habitaient les Baullery, et probablement chez eux.

Judith était fille de Jérôme Baullery, un maître-peintre parisien, et de sa première femme, Marie Malo, elle-même fille d'un marchand-libraire de Paris, Gervais Malo ou Mallet. Elle ne doit pas être confondue (comme l'a fait par mégarde Jal, 1867, p. 224) avec sa tante, Judith Baullery, soeur de Jérôme, qui apparaît dans plusieurs actes de baptême comme épouse du peintre Théodore Verlant (1586), puis comme sa veuve (1595).

Jérôme Baullery avait dû naître vers 1540 (on n'a pas mention de son acte de baptême, et il n'est nullement assuré qu'il ait vu le jour à Paris). Il s'était marié deux fois. La première avec Marie Malo, qui lui avait donné plusieurs enfants : vivaient encore en 1600 Nicolas, peintre et futur maître de Jacques Blanchard, Judith, la mère de Jacques, et Geneviève, qui avait épousé (vers 1593-1594) Jacques Quesnel, lui-même maître-peintre parisien, et par ce mariage oncle de Jacques (*cf.* Archives Nationales, Minutier Central, CV, 156, 1601, 5 septembre : transaction des enfants avec leur belle-mère). Devenu veuf, Jérôme avait épousé une veuve, Denise Voisin, auparavant femme d'un certain Philippe Gorien. Il devait mourir en 1601, sans doute au début de septembre (actes relatifs à sa succession à partir du 5 septembre, déclaration d'inventaire du 8). Il avait donc pu voir naître son petit-fils, mais nullement lui servir de maître, fût-ce pour guider les premiers traits de sa main, comme l'a fait croire et répéter un lapsus de Perrault.

Jérôme semble avoir été un peintre très renommé. On a vu que Perrault n'hésite pas à l'appeler *« le meilleur peintre de son temps »*. Il est vrai qu'il paraît suivre un mémoire remis par la famille.... Mais en dépit de la plupart des autorités – dont le *Thieme-Becker* et Charles Sterling – nous nous demandons si ce n'est pas lui que concerne la brève mention de Karel van Mander, en 1604, dans son *Schilderboek*. Parlant des peintres de Paris, après avoir cité Bunel, il passe à un peintre « *nommé Bolery* », qu'il déclare « *expert en tableaux de nuit, mascarades, et autres fêtes de ce genre, et en toutes sortes de peintures d'animaux, tout à fait proches de la manière du Bassan* ». Sur quoi il ajoute : « *il mène grand train de maison, et monte à cheval suivi d'un valet* ». On applique d'ordinaire ces indications à Nicolas Baullery, le frère aîné de Judith. Elles semblent bien plutôt se rapporter à son père, Jérôme. Malheureusement on n'a encore rien identifié de sa production peinte (qui pourrait bien s'être fondue dans l'œuvre si mal connu de son presque homonyme Caullery). S'il n'eut pas le temps d'éveiller la vocation de son petit-fils, du moins peut-on croire que le prestige de ce peintre fameux demeurait grand dans la famille.

1601-1609

Gabriel Blanchard, qui après son mariage paraît s'installer définitivement à Paris, a au moins, entre 1601 et 1609, **deux autres fils, Pierre et Jean** (*cf.* Perrault, p. 93).

Nous ne savons rien de Pierre. **Jean Blanchard**, au contraire, deviendra peintre, à l'exemple de son frère aîné. Son acte de baptême n'a pas été retrouvé. Il y a chance qu'il soit né vers 1604-1605. Il est parfois nommé (à tort), Jean-Baptiste (Villot, etc.) et désigné comme « Blanchard l'oncle » : ce qu'il faut entendre comme oncle de Gabriel, fils de Jacques, les deux peintres ayant été admis à l'Académie royale en 1663.

1610, 22 mars

Selon Jal, Gabriel Blanchard fait baptiser un autre fils, qui a pour parrain *« Etienne de la Hir juré vendeur de vin »* (soit le père de Laurent de La Hyre). Ce frère de Jacques Blanchard reçoit le nom d'**Étienne** (Jal, 1867, p. 222). Il doit mourir assez vite ; nous ne connaissons aucun document qui fasse mention de lui. Mais que le père de Blanchard et le père de La Hyre aient été liés d'amitié n'est pas un détail indifférent, même si les six années qui séparent les enfants empêchent tout apprentissage commun.

1610, 28 novembre

Une fille de Nicolas Baullery, Barbe Baullery, épouse **Simon Cornu**, qui va tenir une place considérable dans la famille (voir notamment à la date du 18 octobre 1637). Au baptême d'un de ses fils, le 5 mars 1613, il sera qualifié d'*« archer des gardes du corps du Roy »* ; mais en fait on voit un certain Martin de Héry, « maître peintre sculpteur » à Paris, le prendre comme apprenti pour cinq ans le 12 octobre 1607 (Archives Nationales, Minutier Central, VIII, 571). Or Martin de Héry habitait alors rue Mauconseil : et il n'y a pas loin de la rue Mauconseil à la rue de la Verrerie..

1613, 31 janvier : Blanchard est mis en apprentissage chez Nicolas Baullery

« *Sa mère avoit un frère nommé Nicolas Bolleri, qui estoit Peintre : ce fut de luy que Jacques Blanchart estant fort jeune, apprit les commencemens de la Peinture.* » (Félibien, *éd. cit.*, p. 178-179). Cette indication a été confirmée par la découverte du **contrat d'apprentissage en date du 31 janvier 1613** (Archives Nationales, Minutier Central, CV, 191 ; publié par Thuillier, 1978, p. 89). Il faut donc sur ce point corriger Perrault, qui donne pour maître de Jacques Blanchard son grand-père Jérôme Baullery.

Fut présent en sa personne Maître Gabriel Blanchart bourgeois de Paris, commis au bureau général des traictes foraines estably à Dijon demeurant à Paris rue de la Verrye paroisse Saint Jean en Greve, Lequel pour le prouffict faire de Jacques Blanchard son fils aagé de douze ans ou environ a ce present et... [consentant, desclare] l'avoir baillé et mis en service comme apprenti du premier jour de fevrier prochain jusques a cinq ans ensuivants et prochains venants finis et accomplis a et avecq honorable homme Nicolas Baullery maitre peintre bourgeois de Paris demeurant en ladite rue et paroisse a ce présent, lequel a déclaré prendre et retenir ledit Jacques Blanchart a son service comme apprentif, Auquel pendant ledit temps il promect monstrer et enseigner a son pouvoir sondit art et mestier de peintre et tout ce dont il se mesle et entretient en iceluy, luy fournir et livrer ses aliments corporels et le traicter humainement. Et sondit pere l'entretiendra pendant ledit temps de tous ses habits, linge, chaussures et autres ses nécessités décentes et honestes selon son estat, sans aultres choses bailler ni desbourser d'une part et d'autre en raison dudit apprentissage dudit apprenti ; lequel ce faisant promect servir sondit maitre bien et fidellement, obéir à luy et a ses commandemens, faire son prouffict, eviter son dommage et l'advertir du contraire sitost qu'il viendra à sa cognoissance, sans s'en fuir, absenter et ailleurs aller servir devant ledit temps, et en cas de fuite ou absence promect sondit pere le faire chercher en la ville et banlieu de Paris et le ramener à sondit maitre si trouver le peult pour parachever sondit apprentissage. Et si l'a sondit pere certiffié de bonté loyaulté et fidellité [...]

Faict et passé en l'estude des notaires soubsignes l'an mil six cent treise jeudi apres midi trente et ung et dernier jour de janvier, et ont signé

Blanchard *Baullery*

Blanchard

(Archives Nationales, Minutier Central, CV, 191)

Nicolas Baullery était l'oncle maternel de Jacques Blanchard. Il devait être né vers 1560-1565, car il eut de son mariage avec une certaine Aimée Lefebure un premier enfant le 26 novembre 1585 (Jal, 1867, p. 243). Son seul tableau dûment signé avec l'initiale du prénom, *N. Baulery me fecit*, l'*Adoration des bergers* conservée à la cathédrale de Toulouse, donne une assez haute idée de son talent ; pareillement le marché passé le 2 octobre 1623 avec un conseiller du Roi et président au Grand Conseil, Charles de Malon, pour une grande *Annonciation* de 12 pieds de haut sur 8 destinée au couvent des Blancs-Manteaux à Paris et payée 320 livres (disparu ; contrat conservé, Archives Nationales, Minutier Central, CV, 260 ; texte publié par Thuillier, 1978, p. 90)

II
Le temps des voyages

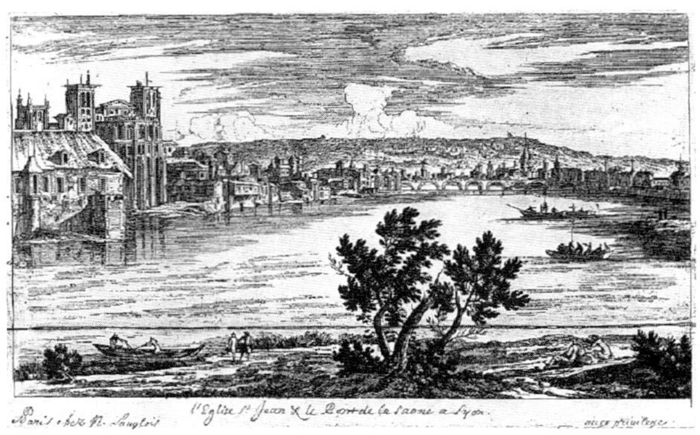

Lyon au XVIIe siècle, gravure de Perelle
Paris, coll. part.

ca. 1620 : Blanchard passe de Paris à Lyon

Le contrat de janvier 1613 prévoyait un apprentissage de cinq années auprès de Nicolas Baullery. Rien n'indique qu'il ait été écourté. À dix-sept ans et demi Jacques Blanchard se trouve donc avoir achevé ce qui constituait en propre les études de peinture. « *Il n'avoit pas fait encore un grand progrès, lorsqu'âgé de vingt ans il sortit de Paris pour aller en Italie. Estant arrivé à Lyon, il s'engagea avec un Peintre nommé Horace le Blanc...* » (Félibien, *éd. cit.*, p. 179). Ce point est confirmé par Perrault : «... *il prit la résolution de voyager en Italie. En passant à Lyon il y fut arresté par Henri le Blanc* (sic), *Peintre d'une grande réputation...* » (p. 93).

Vers cette date de 1620 le voyage à Rome reste en effet tenu pour indispensable à tout peintre ambitieux. C'est le moment, par exemple, où Poussin fait de vains efforts pour s'y rendre. On peut croire que Blanchard eut moins de problèmes financiers. Le chemin passant par Lyon, il dut s'arrêter pour voir sa famille paternelle. C'est alors qu'il aurait connu Horace Le Blanc.

Horace Le Blanc, peintre lyonnais, est vite tombé dans un oubli presque complet. Il est désormais mieux connu grâce aux études de Gilles Chomer et Jacques Foucart (*cf. Bulletin des Musées et Monuments lyonnais*, 1987, n° 3, numéro spécial consacré à Horace Le Blanc). Né sans doute vers 1580 (l'acte de baptême n'a pas été retrouvé), il fait un long séjour à Rome. Il doit être cet *Orazio Bianchi da Lione, in casa del Cardinale Bonairoti*, qui en novembre 1600 accompagne Girolamo Spada lorsque ce dernier est frappé à coups de bâton par le Caravage (*cf.* Bousquet, 1980, p. 86). Selon Jacques

Bousquet il habite paroisse Sant'Andrea delle Fratte en 1607 et 1608, et on trouve son nom dans les registres de l'Académie de Saint-Luc. Un séjour à Venise est quasi certain, étant donné les caractères de son style et tout particulièrement l'importance qu'eut pour lui Palma Giovane (*ca.* 1548-1628). Il se retrouve à Lyon à partir de 1610 et y travaillera jusqu'à sa mort en 1637. Dès 1623, pour le récompenser de ses multiples travaux, et sans doute pour le retenir, le Consulat créera la charge de Peintre de la ville aux gages de 200 livres par an.

Des rares tableaux de sa main qui aient été identifiés, il s'en trouve par chance deux qui furent peints durant la période où Blanchard se trouvait auprès de lui : la *Transverbération de sainte Thérèse* du Musée des Beaux-Arts de Lyon, signée et datée de 1621, et la *Mise au tombeau* de l'église Saint-André à Grenoble, également signée et datée de 1621.

_ca._ 1620-1624 : Jacques Blanchard séjourne à Lyon

« *Estant arrivé à Lyon, il s'engagea avec un peintre nommé Horace le Blanc. Pendant deux ou trois ans qu'il travailla sous luy, il se fortifia beaucoup dans la pratique de son art. Horace ayant esté appelé par le duc d'Angoulesme pour peindre la gallerie de sa maison de Gros-Bois, à quatre lieues de Paris, Blanchart, qui n'avoit pas voulu le suivre, demeura encore quelque temps à Lyon pour achever des ouvrages que son maistre avoit commencez...* (Félibien, *éd. cit.*, p. 179). Ici encore Perrault s'accorde avec Félibien : « (Le Blanc), *luy trouvant un pinceau naturel & agréable, luy fit achever plusieurs Ouvrages qu'il avoit commencez pour divers particuliers avant que d'aller à Paris, où il estoit appellé par Monsieur d'Angoulesme pour peindre la Gallerie du Chasteau de Gros-Bois* » (p. 93).

Ces indications précises ont trouvé leur confirmation avec les recherches conduites à propos d'Horace Le Blanc. Ce dernier fut en effet appelé au château de Grosbois par le duc d'Angoulême, et y exécuta des décors (aujourd'hui disparus) qui lui valurent le titre de Peintre du roi. La date de son absence semble se situer vers 1623-1624.

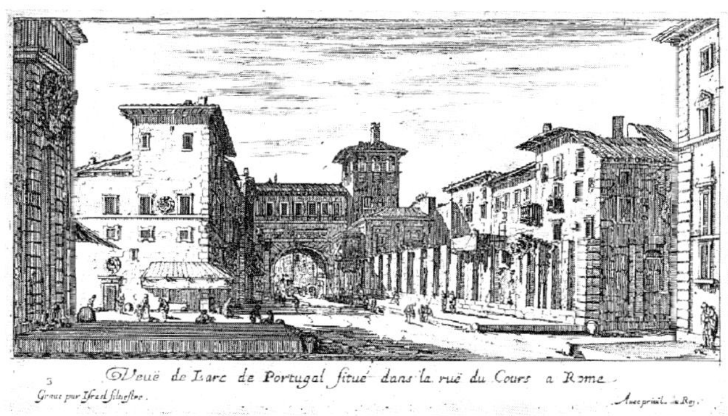

Rome au XVIIe siècle, gravure d'Israël Sylvestre
Paris, coll. part.

Sur les tableaux de Le Blanc « achevés » par Blanchard, nous ne savons rien de sûr. Toutefois le ***Vœu à la Vierge*** de l'église Saint-Denis-de-la-Croix-Rousse, mentionné par Clapasson en 1741 comme de Blanchard, offre un style assez peu évolué et assez peu homogène pour qu'à son endroit puisse être proposée l'hypothèse d'un tableau commandé à Le Blanc et exécuté par Blanchard (voir notice du n° 3).

_ca._ 1624, octobre – 1626, avril : Blanchard séjourne à Rome avec son frère

« *Il n'arriva à Rome qu'à la fin d'octobre 1624, avec son frère qui l'estoit allé joindre à dessein d'embrasser la mesme profession. Après avoir sejourné dix-huit mois à Rome...»* (Félibien, *éd. cit.*, p. 179).

L'exactitude des renseignements réunis par Félibien a été confirmée par les recherches de Jacques Bousquet dans les *stati d'anime* de Rome (Bousquet, 1980, p. 197). Il y a découvert dans les registres de la paroisse de Santa Maria del Popolo, pour Pâques 1625, la mention, via Margutta (fol.15) :

Jacopo Blasar francese pittore
Gio Pietro Verné pittore
Clodio pittore – francesi

Jacques Blanchard s'est donc installé via Margutta, dans le quartier cher aux peintres. **Son frère Jean** ne semble pas habiter avec lui. On peut croire qu'il n'était pas encore arrivé, et que Perrault est plus précis que Félibien lorsqu'il écrit : « *(Blanchard) ne fut pas plutost arrivé que Jean Blanchart son frère, qui s'estoit engagé dans la mesme profession, l'y vint trouver, et luy aida* *dans son travail* ». Jean, donc, ne serait pas parti de Lyon avec son frère, mais l'aurait rejoint à Rome après Pâques 1625.

En revanche Blanchard a pour compagnons deux autres Français : un certain Claude, qui n'a pu encore être identifié, et un **Jean-Pierre Verney** qui pourrait bien être un Lyonnais, et que Jacques Bousquet assimile au *Gio Pietro Vernei quondam Domenici pictore* qui le 5 octobre 1647, à l'âge de 48 ans, meurt à l'*orto di Napoli*, paroisse San Lorenzo in Lucina. Cet ami, demeuré à Rome, aurait donc eu à un an près le même âge que Blanchard. On ignore tout de sa carrière et de son œuvre. Rappelons pourtant que Mariette possédait, sous le nom du Bernin, un très beau portrait d'homme rehaussé de pastel sur le montage duquel figure le nom de *Giovanni Pietro Verney* (aujourd'hui au Louvre; voir Thuillier, 1961, p. 331-332 et reprod. p. 329). Il semble que ce nom désigne le modèle, et il n'est pas exclu que Blanchard en soit l'auteur (voir notice du n° 5).

Félibien n'explique pas la brièveté du séjour romain, qu'il évalue à dix-huit mois. Au contraire Perrault précise : « *Au bout d'un an les affaires tournèrent d'une telle sorte à Rome, que les François n'y estoient pas en seureté. Il prit le parti d'aller à Venise...* » (p. 93). Cette interprétation est crédible. Vers 1625, en effet, le conflit franco-espagnol passe par un moment de crise, et les agressions, dans les rues de Rome, sont de plus en plus fréquentes. D'autre part des différends sont survenus entre l'ambassadeur de France et le pape, qui a fait lever des troupes : quand Français et soldats se rencontrent dans une rue, il en naît souvent, affirme Passeri, « *brutti garbugli* ». Rappelons que Poussin, arrivé quelque six mois avant Blanchard (printemps 1624), se vit ainsi assailli par des soldats et manqua alors, sinon perdre la vie, au moins se voir trancher deux doigts de la main droite, ce qui l'eût à jamais empêché de dessiner et peindre (Passeri, éd. 1772, p. 349). Il faut toutefois ajouter que Blanchard, qui avait dû être sensible à l'enthousiasme de Le Blanc pour la peinture des Vénitiens, était sans doute impatient de juger par lui-même.

Malgré la brièveté de ce séjour romain, Blanchard ne s'était évidemment pas contenté d'étudier les grandes œuvres du passé et des maîtres italiens récents, tant maniéristes que caravagesques, et d'admirer la Galerie Farnèse. Tout suggère qu'il rencontra ses compatriotes, nombreux alors : Valentin et Vouet, fort en vue à ce moment, Stella, Claude Mellan, Jacques de Létin, Charles Mellin, et très probablement aussi Nicolas Poussin.

Il ne dut pas trouver le temps de beaucoup peindre. Nous ne connaissons à Rome, ou dans les environs, aucune œuvre qui ait porté son nom. Aucune œuvre non plus qui puisse lui être attribuée avec des arguments solides, en dehors du portrait dessiné de Jean-Pierre Verney cité plus haut.

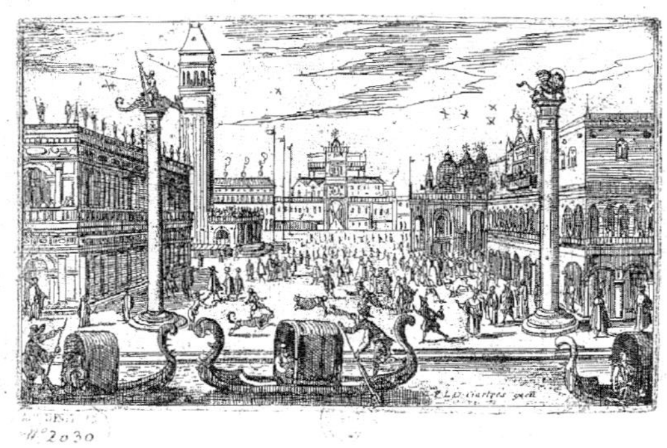

Venise au XVIIe siècle, gravure de Pierre Brébiette.
Paris, Bibliothèque Nationale, Cabinet des Estampes.

***ca.* avril 1626 - avril 1628 : séjour à Venise**

« *Après avoir séjourné dix-huit mois à Rome, il passa à Venise, où touché de la beauté des tableaux qu'on y voit, particulièrement de ceux du Titien, il résolut d'en faire toute son étude. Il demeura deux ans à Venise, pendant lesquels un noble Vénitien le fit travailler dans une maison qu'il avoit à la campagne. Mais comme il se vit mal récompensé des tableaux qu'il avoit faits, il quitta Venise, & passa à Turin* » (Félibien, *éd. cit.*, p. 179). Perrault, ici, n'apporte guère qu'un détail supplémentaire, le type des sujets que Blanchard se plut à traiter dans cette période : à savoir des thèmes mythologiques empruntés aux *Métamorphoses* d'Ovide : « *Il fit plusieurs Tableaux pour les Nobles Vénitiens, où il prit pour sujet divers endroits des Métamorphoses ; mais un de ces Messieurs l'ayant mal payé de son travail, après l'avoir occupé fort long-temps à peindre son Palais à la campagne, l'envie luy prit de revenir en France* » (p. 93).

Jusqu'ici aucun document n'a été retrouvé à Venise touchant ce séjour, ni aucun tableau identifié avec certitude. Le peu que nous savons encore sur Nicolas Régnier, Johann Liss et la chronologie exacte de leur carrière italienne invite aussi à beaucoup de prudence touchant leurs relations avec Blanchard. Tout indique cependant que ce dernier les rencontra à Venise, s'il ne l'avait pas déjà fait à Rome.

ca. 1628 : séjour de Blanchard à Turin

« *Il passa à Turin, où il s'arresta quelque temps* » (Félibien, *éd. cit.* p. 179). Perrault précise : « *En passant par Turin, il y fut arresté par le Duc de Savoye, qui luy fit faire sept à huit Tableaux des amours de Venus & d'Adonis. Ces tableaux sont à Paris présentement, ayant esté enlevez dans le débris du Palais des Favorites* » (p. 93).

Les archives n'ont jusqu'ici livré aucune trace de ce séjour à Turin au service du duc de Savoie. Parmi les tableaux de Blanchard qui nous sont parvenus il ne semble pas qu'on puisse identifier l'une des toiles du duc de Savoie.

ca. fin 1628-1629 : second séjour de Blanchard à Lyon

« *Ensuite, ayant résolu de revenir en France, il se rendit à Lyon, où ses amis l'obligèrent à faire quelques ouvrages. Il fit le portrait d'Horace le Blanc, sous lequel il avoit peint avant que d'aller à Rome. Horace fit aussi celuy de Blanchart. Cependant comme ses parents souhaitoient de le revoir, il revint à Paris.* » (Félibien, *éd. cit.*, p. 179-180). De son côté Perrault écrit : « *De Turin il vint à Lyon, où Horace le Blanc le receut encore avec beaucoup de joye et d'amitié. Là il peignit pour luy, & pour plusieurs Curieux de cette Ville divers Tableaux, la plûpart de femmes nuës, & de sujets tirez de la Métamorphose ; la fraischeur de son pinceau estoit merveilleuse pour les carnations, & pour en exprimer vivement la teinte naturelle. Enfin après cinq ans de voyage & de séjour à Rome, il revint à Paris ; mais avant que de se séparer de son ami il fallut qu'il en fît le portrait pour le luy laisser, & que cet ami fît le sien réciproquement, afin qu'il emportast avec luy cette marque de son estime & de son amitié* » (p. 93-94).

1628 : La *Vierge à l'Enfant* de la cathédrale d'Albi

Ce tableau porte une signature *I. Blanchard 1628*. Il semble bien qu'il convienne d'y voir une des premières œuvres exécutées à Lyon (voir notice du n° 7).

Il est probable que plusieurs autres des toiles que nous conservons, ou dont nous possédons la gravure, doivent être placées de l'automne 1628 à l'été 1629.

III
La carrière parisienne
(1629-1638)

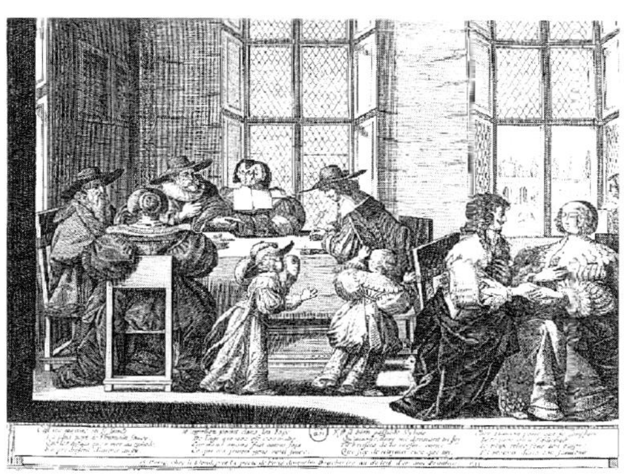

La vie parisienne vers 1630-1640 :
Le Contrat de mariage, par Abraham Bosse.
Paris, Bibliothèque Nationale, Cabinet des Estampes.

Fin 1629 : Jacques Blanchard revient à Paris

« *Comme ses parents souhaitoient de le revoir, il revint à Paris* », écrit Félibien (*éd. cit.*, p. 180). Il est probable que Blanchard s'installe provisoirement chez eux, rue de la Verrerie.

On peut croire que voulant gagner Rome il n'avait pas après son apprentissage, tenté d'obtenir la maîtrise, ou du moins eu le temps d'exécuter son tableau de réception. Il n'a donc pas le droit de peindre dans Paris, ni d'y vendre ses œuvres. Dès son retour il doit se soucier de régulariser sa situation. Félibien dit qu'« *il fit pour la Communauté des Peintres un* **Saint Jean dans l'Isle de Pathmos**; *et pour un Couvent de Religieuses de la ville de Cognac en Gascogne, une* **Assomption de la Vierge**. *Ces deux tableaux furent les premiers qui lui aquirent l'estime des sçavans* » (*éd. cit.*, p. 180). De fait, la date de 1629 figure sur l'*Assomption* toujours conservée à Cognac.

1630 : Jacques Blanchard épouse Suzanne Castillon

Le contrat de mariage est signé le 20 janvier, en présence des parents, de l'oncle et du frère de l'artiste.

Suzanne Castillon était fille d'un certain René Castillon, « *marchand maître tapissier courtepointier, bourgeois de Paris* », décédé, et de Suzanne Duchesne sa femme. La famille de l'épousée devait être à l'aise : Suzanne avait cinq frères et sœurs ; elle reçut néanmoins une dot de 3 600 livres en espèces, dont 1 600 livres de douaire. Cette dot fut versée comptant dès le 9 février. Il est possible que le couple soit demeuré quelque temps rue de la Verrerie, chez les parents de Blanchard (ils y habitent encore le 26 novembre 1631), avant d'aller s'installer rue de la Tixenderye (*cf.* acte du 31 septembre 1633).

1630, 24 janvier

Suzanne Castillon et **Simon Vouet** tiennent sur les fonts Simon Quesnel, fils du peintre Toussaint Quesnel (Jal, 1867, p. 1026). Ce dernier était cousin de Jacques Blanchard, lequel semble être toujours resté en bons termes avec le puissant peintre du roi.

1630, 16 février : Jacques Blanchard prend pour apprenti César Tauron

Il est naturel que dans le mois qui suit son mariage Blanchard s'installe comme peintre de plein droit, et se soucie de trouver un apprenti. La mention du contrat figure aux Archives Nationales dans le *Répertoire*, mais la pièce n'a pu être jusqu'ici retrouvée à sa place normale.

1630, 19 avril

Inhumation à Paris, paroisse Saint-Jean, de « *feu honorable homme Nicolas Baulery vivant maître peintre, bourgeois de Paris* » (Jal, 1867, p. 244). Il s'agit certainement de l'oncle et premier maître de Blanchard, qui avait encore signé au contrat de mariage, le 20 janvier. Cette mort semble consacrer Jacques Blanchard comme celui qui doit naturellement lui succéder à la tête de la tribu des Baullery.

1630, 26 décembre : baptême du fils aîné de Blanchard, Gabriel

Il reçoit le prénom de son grand-père paternel (Jal, 1867, p. 222). Il deviendra lui-même un peintre important et sera admis en 1663 à l'Académie royale.

ca. 1630-1631

C'est vers cette date que **Louis de Boullogne doit s'introduire dans la familiarité de Jacques Blanchard**. Guillet de Saint-Georges, dans la notice qu'il lui consacre (*cf. Mémoires inédits*, t. I, p. 196) raconte que Boullogne, « *qui avoit alors dix-huit ou vingt ans* », prit la décision de persister dans sa vocation de peintre. « *Il trouva moyen de connoître M. Blanchard le père, qui étoit un des meilleurs peintres de ce temps-là, et pour la manière duquel il avoit beaucoup d'inclination. M. Boulogne y prit donc une forte bonne manière de peindre, et, à force d'étude et de pratique, il acquit de la réputation...* ». C'est après cette formation, de premiers succès et notamment l'exécution d'un *Crucifix* pour une des salles de l'Hôtel de Ville, qu'il partira pour Rome, où il semble se trouver en 1634-1636. Entre 1630 et 1634 doit donc se situer la période où l'influence de Blanchard sur le jeune peintre fut la plus forte.

1631-1632 : travaux pour la galerie Le Barbier (?)

C'est dans cette période que Blanchard a dû peindre la **galerie de l'hôtel Le Barbier**, l'une de ses œuvres les plus considérables (voir notice du n° 36) ; mais aucun document daté n'a été encore retrouvé à son propos.

1631, 2 juillet : décès de Suzanne Duchesne, belle-mère de Jacques Blanchard

Cette disparition est suivie par le décès de son fils aîné, René Castillon, maître tapissier, dont l'inventaire est dressé le 26 novembre (Archives Nationales, Minutier Central, CXII, 303). La succession est compliquée par le fait que Suzanne, outre ses deux filles mariées, Suzanne (Blanchard) et Claude (Belloy), avait encore trois enfants mineurs, Pierre, François et Jean Castillon, dont Jacques Blanchard devient le tuteur. Plusieurs actes conservés le montreront concluant un contrat d'apprentissage au profit de ses jeunes beaux-frères : le 9 août 1631 pour Pierre, auprès du marchand Guillaume Richer (Arch. Nat., Minutier Central, XXXIX, 63), le 27 juillet 1634 et le 9 mars 1637 pour Jean (*ibidem*, CXII, 24 et LIV, 538). La liquidation de l'héritage, conduite par Blanchard, exigera de multiples démarches, dont témoignaient cinquante-quatre feuilles d'un registre et « *un grand sac de toile* » contenant toutes les pièces (Inventaire après décès de Jacques Blanchard, 1638, voir *infra*, p. 71-72).

1632, printemps ? Naissance de Suzanne, second enfant de Jacques Blanchard

L'acte de baptême n'a pas eté retrouvé, mais l'âge est indiqué par les inventaires après décès de 1637 et de 1638. L'enfant reçoit le prénom porté par sa mère et par sa grand-mère maternelle récemment décédée.

1632, fin de l'année : travaux pour la chapelle Le Barbier

Jacques Blanchard exécute **plusieurs tableaux pour la chapelle de Louis Le Barbier à l'église des Petits Augustins** de Saint-Germain-des-Prés. Le contrat de fondation datait du 27 novembre 1631. Des travaux avaient été aussitôt entrepris. Pour la menuiserie, un contrat de 500 livres est signé le 31 décembre 1631, et la quittance est datée du 24 avril 1632. De son côté, Blanchard signe deux quittances, l'une le 16 novembre 1632 (450 livres) et l'autre le 28 décembre 1632 (450 livres) pour « *vente et délivrance de tableaux qui ont été mis en la chapelle dudit S^r^ Le Barbier en l'église des petits Augustins réformés* ».

Ces quittances n'ont pu encore être retrouvées : elles sont seulement mentionnées dans l'inventaire des biens de Louis Le Barbier dressé le 17 août 1641 par suite de la mort de sa femme, Denise Potier (Archives Nationales, Minutier Central, XXI, 204 ; *cf.* Thuillier, 1978, p. 92). Les marchés ont également disparu. On ignore donc le sujet de ces « tableaux ». On ignore aussi leur sort (voir notice du n° 50).

1632 : date qui accompagne la signature du *Saint Jérôme* du musée de Budapest (voir notice du n° 51).

***ca.* 1632-1633**

C'est vers ce moment qu'il faut situer l'***Autoportrait*** gravé par Gérard Edelinck pour être placé en tête de la notice consacrée à Jacques Blanchard dans les *Hommes Illustres* de Charles Perrault (1700). Perrault précise : « *L'Estampe qui est au devant de cet Eloge est gravée sur son portrait, fait par luy-mesme, cinq ou six ans avant sa mort* ». Le costume correspond assez bien à cette date. L'original était sans doute conservé dans la famille, encore qu'on n'en trouve pas mention dans la succession de l'artiste ni de son fils. Il a aujourd'hui disparu (voir notice du n° 53).

1633, 17 août : baptême d'une fille de Jacques Blanchard, Marie

Le baptême a lieu à l'église de la paroisse Saint-Jean-en-Grève (Jal, 1867, p. 223).

1633, 5 septembre :

Jacques Blanchard assiste à la signature du contrat de **mariage de Pierre Daret** avec Gillette Guynet (Paris, Archives Nationales, Minutier Central, LXI, 183 ; cité dans le *Dictionnaire des éditeurs d'estampes à Paris sous l'Ancien Régime*, Paris, 1987, art. « Pierre Daret »).

1633 : travaux pour l'hôtel parisien de Louis Le Barbier

Blanchard semble fort occupé par les nouvelles commandes que lui fait Le Barbier concernant sa demeure. **Pour le « grand cabinet »** donnant sur la Seine, on lui demande d'abord plusieurs tableaux destinés à occuper les lambris (quittances de Blanchard en date des 13 avril et 8 août 1633 et du 12 mars 1634, en tout pour 450 livres), puis le décor du plafond (dont 3 compositions importantes et des putti dans les « petits cadres ») et l'ornement des panneaux et lambris, avec notamment des paysages, le tout moyennant 1 600 livres (devis du dernier jour de septembre 1633, quittance du 11 mars 1634). D'autre part, **pour le jardin de l'hôtel**, Blanchard réalise cinq perspectives, payées 300 livres (quittance du 30 octobre 1633 ; *cf.* Archives Nationales, Minutier Central, XCVIII, 114 ; voir notice du 58). Pratiquement, entre novembre 1632 et mars 1634, Blanchard a reçu de Louis Le Barbier 3 250 livres.

1633 : date portée sur la *Charité* du Louvre

(et révélée il y a peu ; voir notice du n° 60).

1634, 1er mai : exposition du nouveau May de Notre-Dame, la *Descente du Saint-Esprit*

La commande avait été confiée à Jacques Blanchard sans doute dès la fin de 1633. Très admiré, exposé en permanence dans un lieu public, ce tableau semble avoir eu un rôle capital pour la renommée de Blanchard (voir notice du n° 61).

1634, 13 juin

Jacques Blanchard est **parrain du premier enfant de Pierre Daret :** « *Le 13 juin 1634 fut baptisée Marie, fille de Pierre Daret, graveur en taille douce et de Gillette Guinet, demeurant rue St Denis. Parrain, Jacques Blanchard, maître peintre, de la paroisse St-Jean-en-Grève ; Marraine, Marie Desmoulins, fille de Michel Desmoulins, maître tailleur d'habits, de St Paul* » (acte perdu ; texte conservé par le Fichier Laborde).

1634, 21 septembre : mariage de Jean Blanchard, frère cadet de Jacques

Jean épouse Antoinette Guespreau, veuve d'un bourgeois de Paris nommé Hubert Possey. Elle mourra dès l'automne 1645.

1634, 1er octobre : marché pour le décor de la galerie basse de l'hôtel de Bullion, l'œuvre majeure de Blanchard.

Il est convenu que la galerie sera entièrement peinte, comportera douze « tableaux » représentant « par figures » les douze mois de l'année, et sera complétée par une salle basse, un cabinet et trois perspectives au bout du jardin. Le tout devra être fini pour le 1er janvier suivant, et sera payé 6 000 livres. Le marché a été conservé (Archives Nationales, Minutier Central, XCVIII, 117 ; *cf.* p. 49 ; voir notice n° 67).

Blanchard semble avoir eu quelque mal à tenir les délais. La partie purement décorative était considérable, et comprenait notamment le plafond à la française. Le 25 novembre, Blanchard ayant fini deux travées de ce plafond et seulement « encommencé » les autres, a recours au peintre Jacques Duchemin. Il signe avec lui un marché par lequel Duchemin s'engage à finir ce décor, en commençant « *a y travailler avecq ouvriers dès lundy prochain et continuer assiduement sans discontinuer* », et cela, à raison de 80 livres tournois par travée. L'acte a été retrouvé par Richard Beresford (Archives Nationales, Minutier Central, LIV, 533 ; voir notice n° 67).

De cette galerie, que les auteurs anciens ont regardée comme le chef-d'œuvre de Blanchard, mais dont on nous dit que le décor était peint à l'huile sur le mur (Dézallier d'Argenville, 1745, II, p. 265), il ne subsiste plus rien.

1635, 17 février : Jacques Blanchard achète une maison située rue Pastourelle

Le marché est conclu moyennant 6 000 livres (Archives Nationales, Minutier Central, LIV, 534). La maison, fort importante, comprend deux corps de logis, cour et jardin. Elle doit avoir belle apparence, car on voit Blanchard payer cinquante livres au charpentier Fontenay « *pour les ouvrages de balustre et colonne faictz au jardin de la susdite maison* » (*ibidem*, LIV, 539, fol. 10 v.). En fait il s'agit d'un placement, apparemment consécutif au paiement des six mille livres dues pour les travaux exécutés à l'Hôtel Bullion. Blanchard va la mettre en location et se constituer ainsi une rente annuelle de 240 livres (soit à 4 %). Le bail est passé dès le 19 juillet 1635 avec François Masson, maître gantier parfumeur ; puis le 15 janvier 1636 avec Gilles Monory, maître menuisier (*ibidem*, LIV, 536), enfin le 14 mai 1637 avec Simon Laudet, marchand épicier (*ibidem*, LIV, 538)... Sur tous ces points voir *infra*, p. 58-59.

1635, 24 juin : Blanchard est parrain à l'église Saint-Gervais

« *Le 24 juin 1635, a été baptisé Jean, fils de Jacques Hieuvre, le parrain, Jacques Blanchard : la marraine Perette Lelièvre, femme de M. Berger, maître apothicaire* » (acte détruit, copie conservée au fichier Laborde).

1635 : date portée sur l'une des *Charité* récemment retrouvée (voir notice du n° 70)

Pierre Daret grave avec cette même date les deux pendants du ***Christ*** et de la ***Vierge*** à mi-corps (n° 77).

1636, 27 mai : Jacques Blanchard obtient le titre de peintre ordinaire du roi

Le brevet, signé de Louis XIII et de Loménie, secrétaire des commandements, « *luy accorde huict cens livres de gages* » (*cf.* l'inventaire après décès de Suzanne Castillon, Archives Nationales, Minutier Central, LIV, 539, fol. 10 v. ; voir *infra*, p. 59).

On constate en effet, pour cette année 1636, la mention suivante : « *À Blanchard (Jacques), peintre, retenu par Sa Majesté par brevet du vingt-septième May mil six cent trente six la somme de VIIIc lt* » (*Nouvelles Archives de l'Art français*, 1872, p. 11). Il n'est pas sûr que ces gages aient été régulièrement versés. Les finances royales traversaient un moment difficile. On trouve dans les papiers de Blanchard, en août de l'année suivante, une promesse de Jacquelin, l'intendant des bâtiments du roi, en date du 11 juillet 1637, pour la somme de 400 livres, qui pourrait bien concerner une moitié de ces gages encore à toucher (voir *infra*, p. 59). Le versement eut sans doute lieu avant la fin de 1638, car on ne retrouve plus la promesse lors de l'inventaire après décès (voir *infra*, p. 70).

1636, 17 août : Jacques Blanchard assiste au mariage de la fille de Simon Cornu

Quoique le marié ne soit qu'un chantre – mais de la musique de la chambre du roi –, la dot est considérable et la signature du contrat réunit une société très distinguée qui touche directement à la cour. Nous croyons devoir donner les passages les plus importants de l'acte : il montre bien le milieu que fréquente Blanchard.

XVIIe aoust 1636

Furent présens en leurs personnes Anthoine Dupuy Chantre de [Roy, barré] la musique de la chambre du Roy, fils du Sr Dupuy bourgeois de chassière [...] demeurant à paris rue des escoufles paroisse Saint Gervais pour luy et en son nom d'une part. Et Me Symon Cornu, cydevant con(seill)er du Roy et Receveur au grenier a sel de Montfort Lamaulry, demeurant à paris rue de la verrerie paroisse Saint Jehan, stipullant en sa partie pour Marie Cornu sa fille et de feu Barbe Bolleryе sa mere, d'autre part. Lesquelles partyes recognoissent et confes-

sent avoir faict & accordé entrelles de bonnefoy les traicté et accords de mariage quy ensuivent.
C'est à scavoir : ledict Cornu avoir promis bailler en mariage la dicte Marie Cornu sa fille audict dupuy qui de sa part la promis et promet prendre à femme et légitime espouse et iceluy mariage solemniser en face notre mère Sainte Eglise catholique appostolique et Romaine dans le plus brief temps que faire se pourra [...] aux clauses et conditions qui ensuivent.
Premierement que les futurs espoux seront ungs et communs en biens meubles et conquest immeubles etc. suivant la coustume des ville prevosté et vicomté de Paris en quelque lieu que les acquisitions se facent, et que lesdits futurs espoux aillent demeurer [...]
En faveur duquel mariage ledit Cornu a promis bailler audicts futurs espoux la veille de leurs espousailles la somme de deux mil livres tournois en deniers comptans, et deux cens livres tournois de rente à prendre en plus grand'rente perceptible sur le revenu du sel dont sera faict cession et transport avec garentie, fors du faict du prince, pour commencer a jouir de ladicte rente de 11^cent livres tournois du jour de la cellebration dudict mariage.
Lesquels deux mille livres tournois en deniers et deux cens livres tournois de rente [sont, barré*] seront bailles par le père de la future espouse tant pour la succession de ladicte desfunte Barbe Bollery sa mere si tant elle se monte qu'en advancement d'hoirye de la succession future dudit Cornu.*
Lesdicts deux cens livres tournois de rente demeureront propres à ladicte future espouse et aux siens de son costé et ligne, et les deux mils livres tournois entreront en la future communauté.
Ledict futur espoux a doué et doue ladite future espouse de la somme de quinze cens livres tournois en douaire prefix pour une fois payée et sans retour[...]
(suit la série de dispositions juridiques ordinaires)
Car ainsy a esté accordé entre les partyes en la présence de Jacques Quesnel libraire, oncle du costé maternel a cause de sa femme, Jacques Blanchard m^e peintre à Paris, cousin, Augustin Quesnel, bourgeois de Paris, cousin, du costé de la future espouse, Mre André Lefevre d'Ormesson, conseiller d'estat, Mr Me Charles Barentin, conseiller du Roy et maître en sa chambre des comptes, noble homme Pierre de Collanges, secretaire du Roy, Mr Anthoine de Courlay, conseiller du Roy, Tresorier de France a Orléans, Louis Thiboust bourgeois de Paris, Anthoine Monteron aussi bourgeois de Paris, Monsieur Me Charles Clement conseiller du Roy en sa cour des Aydes, André Montholon conseiller du roy et substitut de m^r le procureur général, noble Jean Ainauld secrétaire du Roy, Antoine Perrin, Intendant de monsieur le mareschal de St Luc, Louis Piechotel secrétaire dudit M. dormesson, Pierre Berger appothicaire, Louis Reymond, bourgeois de Paris, Charles Jullien bourgeois, Pierre Lepot [...]. Pierre Jamet sergent à verge et claude Marceau chirurgien de Robe Longue, tous amys des futurs espoux.
Faict et passé à Paris en la maison de ladite future epouse. L'an mil six cens trente six le dix septieme jour d'aoust après midi
(suit une demi page couverte de signatures, dont celles de Blanchard et de Quesnel sont les plus discrètes...)
Archives Nationales, Minutier Central, CV, 604.

1636 : date qui accompagne la signature de la *Bacchanale* de Nancy (voir notice du n° 79)

1637, février-mars : mort de Gabriel Blanchard, père de Jacques Blanchard

L'acte n'a pas été retrouvé, mais le décès doit se situer à la fin de février ou au début de mars. Il laisse à ses deux fils survivants une succession qui semble compliquée. Une fois de plus, c'est Jacques qui se charge des démarches. Le 9 mars Jean passe un acte par lequel il déclare renoncer à la succession, contre promesse de Jacques de lui rendre compte du règlement ; un acte du 4 août constate que Jacques s'est acquitté de sa promesse (Archives Nationales, Minutier Central, LIV, 538, 9 mars et LIV, 539, 4 septembre). Il serait fastidieux de suivre toute la procédure. Retenons surtout que le père de Jacques Blanchard était bien *« commis de M. Pierre Hamel, adjudicataire général des gabelles de France »*, (soit l'un des plus grands financiers de l'époque), pour *« la recette de la chambre a sel et depôt de Toulon »*, et cela, sous procuration de Pierre Ardier, *« commissaire général desdictes gabelles en la généralité de bourgongne »*. Le litige porte sur 717 livres 9 deniers que Jacques Blanchard reconnaît dus par son père. Le *« peintre ordinaire du roy »* semble bien user de son prestige pour s'adresser directement à Pierre Hamel, l'adjudicataire général, que l'acte déclare *« présent en personne et comparant, désirant favorablement traicter ledit Blanchard »*. Il faut dire que ce dernier pouvait se recommander directement du tout puissant Claude de Bullion, surintendant des finances... Compte tenu de diverses sommes dues par ailleurs à Gabriel et que Jacques renonce à recouvrer, la dette est finalement annulée et les héritiers – Jacques et Jean – n'auront rien à verser.

1637 : Mort de Suzanne Castillon, épouse de Jacques Blanchard

Elle laisse à l'artiste trois enfants vivants : Gabriel, Suzanne et Marie. Le 24 juillet, Jacques Blanchard est désigné comme leur tuteur, et son beau-frère Belloy comme subrogé tuteur (*cf. infra*, p. 52).

L'acte d'inhumation n'a pas été retrouvé. On ignore donc à quelle date exacte mourut Suzanne. Les funérailles furent sans doute célébrées avec magnificence, car un dossier des frais figure dans l'inventaire après-décès de Blanchard en 1638. L'inventaire après-décès de Suzanne, commencé le 31 juillet 1637 (*cf. infra*), semble avoir été dressé, non pas immédiatement après sa mort, mais plutôt en vue du remariage, qui risquait de léser les enfants du premier lit.

1637, 31 juillet – 1er août : Inventaire des biens de Jacques Blanchard

L'acte, conservé, et du plus vif intérêt, a été publié par Richard Beresford (1985, p. 117-123). Il montre une maison fort cossue. On y trouve une cuisine bien équipée, avec une bonne réserve de vin de Bourgogne, et dans l'écurie la provision de bois pour l'hiver. Le mobilier est abondant, et il paraît luxueux : le lit de la chambre principale est prisé non moins de 150 livres, un autre 130. Les armoires sont pleines : vingt draps estimés 85 livres, 18 nappes valant 36 livres. La vaisselle est de porcelaine et d'argent, et cette argenterie, jointe aux perles, diamants et bijoux divers, monte à plus de 820 livres. Chose remarquable, un « cabinet » contient plus de 3 700 livres en espèces. On notera aussi – est-ce le souvenir du temps des troubles ? – la présence sur un râtelier de deux mousquets, deux hallebardes et une arquebuse, plus deux pistolets et trois épées qui, pas plus que l'habit de drap noir orné de passementerie (70 livres) n'évoquent la figure d'un petit artisan.

Quant aux tableaux qui ornent l'appartement, ils posent une énigme. La plupart sont des paysages, natures mortes et scènes de genre prisés assez bas. Un lot de trois tableaux, un *Ballet de masques*, un *Procureur*, une *Danse de village* (n° 13) monte pourtant à 120 livres : il pourrait bien s'agir d'œuvres du grand-père, Jérôme Baullery. Deux seuls, inventoriés à part, sont déclarés « dudit sieur Blanchard » : deux *Vierge* (n° 36), et cette fois l'estimation passe à 130 livres. Non moins précieuse est la présence des 78 « études et dessins », et des livres, apparemment plus d'une centaine...

[fol. 1 r.]

Inventaire, dernier juillet MVIcXXXVII

[en marge : Tenu pour clos le mercredi cinquiesme jour d'aoust MVIc trente sept, FOURNYER*]*

L'an mil six cens trente sept, le dernier jour de juillet avant midy, à la requeste de Jacques Blanchard, pintre ordinaire du roy, demeurant à Paris, rue Ste. Croix de la Bretonnerye, parroisse St. Jehan en Greve, tant en son nom que comme tuteur de Gabriel aagé de six à sept ans, Suzanne aagée de cinq ans ou environ et de Marie Blanchard aagée de quatre ans ou environ, enffans mineurs d'ans de luy et de deffuncte Suzanne Castillon jadis sa femme, en la presence de honnorable homme Claude Belloy, juré mouleur de bois à Paris y demeurant, au nom et comme oncle et subrogé tuteur desd. mineurs à cause de Claude Castillon sa femme, pour la conservation des droictz de qu'il appartiendra, par les notaires gardenottes du roy nostre sire en son Chastelet de Paris soubzsignez, fut et a esté faict inventaire et description de tous et chacun les biens meubles, ustancilles d'hostel, or et argent monnoyé et non monnoyé, lettres et papiers, trouvés après le decedz de lad. deffuncte, estans de la communauté qu'il estoit entre led. Blanchard et elle en la maison où led. Blanchard est demeurant et où elle est déceddée, dicte rue Ste. Croix de la Bretonnerye, monstrez et indiquez par led. Blanchard et par Charlotte Channeton et Marthe Trubert, servante demeurante au logis et service dud. Blanchard, après serment par eulx et chacun d'eulx faict ès mains desd. notaires de tous et chacun

[fol. 1 v.]

lesd. biens mettre en evidence et representer sans aulcun en receller ne latitter, sur la peyne de droict en tel cas introduitte qui leur a esté exprimé et donné à entendre par l'un desd. notaires soubzsignez, l'autre present, iceulx biens meubles prisez et estimez eu esgard au cour du temps present par Thoussainct Huot, sergent à verge, juré priseur et vendeur de biens meubles aud. Chastelet, ville, prevosté et vicomté de Paris, qui les a prisez en sa conscience aux sommes de deniers selon et ainsy qu'il ensuit ; et ont signé, fors lad. Charlotte Channeton qui a déclaré ne sçavoir escrire ne signer.

J. BLANCHARD   MARTRE   TRUBERT   HUOT
BELLOY
DE MONHENAULT   DE TURMENYES

En la cour de lad. maison a esté trouvé ce qui ensuit

Premierement deux demy muids de vin clairet du cru de bourgongne de l'année derniere, prisé le muid vingt cinq livres tz. Cy *XXV lt.*

Item deux voyes de boys flotté et autre gros bois, prisé la voye six livres tz. rev [en] ant le tout ensemble aud. Pris à la somme de douze livres cy *XII lt.*

Item huict fustailles à gueulle bée, deux muids, prises ensemble quarente solz tz. Cy *XL s.*

[fol. 2 r.]

En la cuisine :

Item une grosse paire de chesnets, une cremailliere, une chevrette, le tout de fer, prisé le tout ensemble IIII lt.

Item ung tourne broche de boys garny de son contrepoix et cordaige, deux broches, trois lechefrittes, le tout de fer, prisé ensemble IIII lt.

Item quatre poisles de diverse grandeur, deux grilz, deux reschaulx, le tout de fer, prisez ensemble XL s.

Item une marmitte de fonte avecq son couvercle de cuivre rouge, prisé cens sols C s.

Item un poisonnier de cuivre rouge garny de son anse à cercle avecq un friquet servant à poser son poison, prisé quatre livres dix solz IIII lt. X s.

Item quatre chaudrons de divers grandeurs, prisé six livres cy VI lt.

Item une poisle a confiture avecq un grand poislon de cuivre jaune, prisé quatre livres cy IIII lt.

Item un bassinoire, une pasoire et un friquet, le tout de cuivre, prisé ensemble quarente solz XL s.

Item sept chandelliers de potin, prisé ensemble soixante solz cy III lt.

Item une fontaine de cuivre jaune garny de son couvercle et robinet, prisé dix livres cy X lt.

Item une loche de fonte à cuire fruict garny de son bassin de cuivre et une platine et un petit escumoire, prisé tout ensemble huict livres cy VIII lt.

Item, en pots, plats, escuelles et plusieurs ustancilles d'estain sonnant, la quantité de six vingt huict livres, prisé la livre unze sols, revenant ensemble à la somme de soixante dix livres huict solz cy LXX lt. VIII s.

Item, en pots, plats, escuelles et plusieurs ustancilles d'hostel, la quantité de vingt cinq livres d'estain commung, prisé la livre neuf solz, revenant tout ensemble audit pris à la somme de unze livres cinq solz cy XI lt. V s.

[fol.2 v.]

Item une petite ormoire à arbalustre de bois de aistre à mettre verres, prisé trente solz cy XXX s.

En une escurie s'est trouvé ce qui ensuict :

Item vingt quatre ais de bois de sapin de plusieurs longueurs, deux tréteaux, trois paires d'echelles, prisé ensemble vingt quatre livres cy XXIIII lt.

En la salle de ladite maison a esté trouvé ce qui ensuict :

Premièrement une paire de chenets de fer à chacun deux pomme de cuivre, prisé cinquante sols cy L s.

Item deux tables de bois de noyer l'une carré se tirant par les deux bous et l'aultre ronde, prisé ensemble seize livres cy XVI lt.

Item un buffet de bois de noyer à un guichet fermant à clef et une liete coulie [layette à coulisse] *avecq tabis de serge verte sur icelluy, prisés ensemble six livres cy* VI lt.

Item une paire d'ormoire à mettre habis de bois de noyer à quatre guichets fermens à clef et liette coulie, prisé trente livres XXX lt.

Item six chaises de bois de noier couverts de satin de Burge [Bruges], *prisé vingt quatre livres cy* XXIIII lt.

Item cinq chaises de bois de noyer dont deux couvertz de tapisserie à la turque et les autres non couverts, prisé ensemble quatre livres cy IIII lt.

Item une petite table de bois de noier, une escabelle, deux pieds de bassin, prisé ensemble soixante sols III lt.

Item un tabis de drap vert garny de sa frange, prisé cinquante sols cy L s.

[fol. 3 r.]

Item un ratellier de bois garny de deux mousquets, une arquebuse, deux albardes, deux pistolles, l'un d'arçon et l'aultre de poche, trois espée, prisé ensemble trente livres XXX lt.

Dans la première chambre a esté trouvé ce qui ensuict :

Premierement un paire de chenetz de cuivre et une autre petit paire de chenetz de fer à chacun une pomme de cuivre avecq leur fer, prisé ensemble vingt livres cy XX *lt.*

Item six chaisses à vertugadain et six placets de bois de noyer couverts de tapisserie de poinct dongrie, prisé ensemble cinquante livres cy L *lt.*

Item une forme de bois de noier servant de lict de salle garny d'un matellas, d'une ouse et orillier de tapisserie de poinct dongrie, prisé vingt huict livres cy XXVIII *lt.*

Item une table ronde de bois de noyer avecq un tapis sur icelle de poinct dongrie, prisé vingt six livres cy XXVI *lt.*

Item un cabinet de bois de poirier façon d'esbeine à deux guichets fermant à clef garny d'un tirouer avecq son pied de pareille bois, prisé quarente livres XL *lt.*

Item un coffre de nuict couvert de velours rouge avecq son pied de bois de noyer, prisé cent sols C *s.*

Item une glace de miroir garny de sa bordure d'esbeine, prisé douze livres cy XII *lt.*

Item un Crucifix de bronze avecq sa Croix de bois de poirier, prisé douze livres cy XII *lt.*

[fol. 3 v.]

Item une couche de bois de noyer ferman à vize avecq une pailliasse, lict et traversin remply de plume et matellas de futaine des deux costez remply de boure lanisse, deux couvertures de laisne l'une rouge et l'autre blanche, trois pantes de ciel, trois rideaulx, deux bonnes graces, deux cantonnieres, le dossier et une courtepoincte, le tout de taffetas fert guay garny d'une frange, crépine, frange et mollet, le tout de soie, trois pommes de bois couvert aussy de taffetas, un fauteuil de bois de noier couvert aussy de taffetas fert, un tour de cheminé aussy de taffetas garny comme dessus, prisé cent cinquante livre cy CL *lt.*

Item une tanture de tappisserie de rouan, contenant six pieces, prisé trente livres cy XXX *lt.*

Item une petite tablette de bois doré, prisé trente sols cy XXX *s.*

En une chambre à costé a esté trouvé ce qui ensuict :

Premierement deux couchettes de bois d'ais ferman à vize garnis chacun d'une palliasse, en une deux matellas et un traversin et couverture de laine blanche et en l'autre un matellas, un traversin et une couverture, prisé trente livres cy XXX *lt*

Item un coffre de bahu carré couvert de vache de roussy à une serrure ferman à clef avecq son pied de bois de noier, prisé vingt quatre livres XXIIII *lt.*

Item un autre coffre carré à deux serrures fermant à clef avecq ses deux pieds de bois de noyer, une autre petit coffre ferman à clef en façon de casette, prisé neuf livres IX *lt.*

Item trois autres coffres dont deux rond et l'autre carré, chacun à une serrure ferment à clef, prisé six livres cy VI *lt.*

[fol. 4 r.]

Dans une petite chambre en galtas :

Item une couche de bois de noyer garny d'une pailliasse, un lict et traversin remply de plume, un matelas, un couverte verte, trois pantes de ciel, trois rideaux, deux bonnes graces et le dossier de serge bleue chamaré de laine et soie, prisé vingt quatre livres XXIIII *lt.*

Dans un grenier a esté trouvé ce qui ensuict :

Item dix septiers de bled froment, prisé cinquante quatre livres cy LIIII *lt.*

Item une chaise de [?] *à mettre malade avecq un garde feu de fer, prisé soixante sols* III *lt.*

Dudict jour de relevée, en une chambre ausoubs de ladite chambre en galtas a esté trouvé ce qui ensuict :

Item une table de bois de noier avecq un petit tapis dessus de satin de Burge, prisé soixante sols cy III *lt.*

Item six chaises ployantes à dossier couvertes de satin de Burge, prisé douze livres cy XII *lt.*

Item une chaisse de bois de noier couvert de tappisserie, prisé quarente sols XL *s.*

Item un fourneau de fonte, prisé douze livres cy XII *lt.*

Item un petit pupitre de bois noircy, prisé trente sols *XXX s.*

Item une tanture de tappisserie de Rouen contenant six pieces, prisé vingt livres cy *XX lt.*

Item trois glaces de miroir dont l'une d'assier garny de leur bordure

[fol. 4 v.]

noircy de bois de poirier, prisé ensemble dix huict livres cy *XVIII lt.*

Item douze libvres d'istoires in folio couvertz de veau et futaine et plusieurs volumes avec architectures, prisé ensemble vingt quatre livres *XXIIII lt*

Item douze autres libvres d'istoires relié en veau in quarto, prisé dix huict livres cy *XVIII lt*

Item soixante autres libvres couvertz de parchemin in octavo autres grandeurs, prisé ensemble quarente livres cy *XL lt.*

Item deux autres petis pacquets de libvres, prisé quarente sols *XL s.*

Item une garniture de lict concistant en trois pantes de ciel, trois ridaulx, de bonnes graces, un dossier, deux quenouilles, le tout de serge vert brun garny de frange et crépine de soie et chamaré de passement de soie à tulipe avecq la courte poincte de pareille serge et coulleur que dessus, prisé six vingtz dix livres cy *VI^{XX} X lt.*

Item une aultre garniture de lict façon de tourt de lict en hous, concistant trois rideaux, deux bonnes graces de serge couleur de ringelin garny d'un petit mollet de soye, prisé le tout ensemble *XXXV lt.*

Ensuict les habits à l'usage dudit Sr. Blanchard :

Item une habit audechausse et pourpoinct de drap d'espaigne noire garny d'un passment de flandre avecq un manteau aussy de drap d'espaigne noire doublé de panne garny d'un passement de Flandre alentour, prisé ensemble soixante dix livres cy *LXX lt.*

Item une autre manteau de drap d'espaigne doublé de panne

[fol. 5 r.]

prisé trente livres *XXX lt.*

Item un manteau de paudesoie noir, prisé douze livres, *[XII lt.]*

Item une auldechausse de drap d'espaigne gris avecq un pourpoint de satin gris tel quel, prisé six livres cy *VI lt.*

Item deux habits de doeuil tel quel avecq un manteau de doeuil, prisé ensemble dix huict livres cy *XVIII lt.*

Item une robbe de chambre de serge rouchelle doublé de revesche d'angletaire, chamaré de passement avec [?], *prisé quinze livres cy* *XV lt.*

Item deux camisolles, l'une de ratine et l'aultre de satine doublé de ratine avecq deux cavessons doublé de ratine et l'aultre d'estame, prisé ensemble tel quelle dix livres cy *X lt.*

Item un justaucorps de drap d'espaigne gris doublé de panne, prisé neuf livres *IX lt.*

Item deux bas de soie avecq un chappeau de castor, prisé dix livres *[X lt.]*

Ensuict les habits à l'usage de ladite deffuncte :

Item deux robbes d'estamine garny de passement, prisé ensemble dix livres cy *X lt.*

Item un costillon de grosdenable coulleur de cramoisy doublé de soye verte et chamarré de quinze passemens satines, prisé quinze livres cy *XV lt.*

Item trois autres costillions de taffetas l'un coulleur de roze et l'autre

[fol. 5 v.]

vert et l'autre noir, prisé ensemble vingt livres *XX lt.*

Item trois bas de chausse, deux chapprons, prisé cinquante sols *[L s.]*

Ensuict le linge :

Item six draps neufs de thoille de chanvre de deux lez chacun, prisé ensemble quarente cinq livres cy *[XLV lt.]*

Item quatorze draps de thoille de chanvre de deux lez, prisé quarente livres *XL lt.*

Item six grandes nappes ouvrées dont trois fines et trois grosses, prisé trente livres cy XXX *lt.*

Item deuz douzains et demy de serviettes de thoille ouvrée fine, prisé vingt cinq livres XXV *lt.*

Item une douz. et demy de napes de thoille de chanvre tant grande que petite, prisé trente six livres cy XXXVI *lt.*

Item cinq douz. de serviettes tant bonnes que mechantes, prisé trente livres cy XXX *lt.*

Item une autre douzaine de serviettes de thoille de chanvre à fleur, prisé dix livres X *lt.*

Item quatorze chemisses d'homme de thoille d'olande, prisé ensemble quarente deux livres XLII *lt.*

Item six paires de cavessons de thoille de chanvre, prisé soixante sols [LX *s.*]

Item six paires de chossettes et une douz. de paires de chossons, prisé trois livres dix sols [III *lt.* X *s.*]

Item une douz. et demie de mouchoir de thoille de holande, prisé ensemble trois livres III *lt.*

[fol. 6 r.]
Item six coiffes de nuict dont trois à passement de flandre et dont trois de poinct couppé, prisé six livres cy VI *lt.*

Item une douzaine de rapas [rabats] tant de thoille d'olande que battiste dont quatre à passemens de flandre, prisé ensemble douze livres XII *lt.*

Item douze paires de manchettes prisé et estimé quarante sols [XL *s.*]

Item huict chemises de femme de thoille de chanvre, prisé à neuf livres IX *lt.*

Item un pacquet de memes linges dans lequel y a quelque collet, mouchoir de col, boudemange [bouts-de-manche] tant de thoille d'olande que batiste et aulcune garnie de passement, prisé le tout ensemble douze livres cy XII *lt.*

Item ung autre pacquet de meme linge servant à ung enffant nouveau né et pour les fonts de thoille de Hollande, prisé quinze livres cy XV *lt.*

Item deux juppes de futaine blanche avecq deux camisolle aussy de futaine, prisés le tout ensemble VI *lt.*

Item ung manchon à bou de marthe de vellours rouge, prisé quatre livres ts. tel quel, cy IIII *lt.*

Item une garniture de lict de futaine à grain d'orge concistant en trois pantes de ciel, trois ridaulx, deux bonnes graces, deux cantonnieres, le dossier, une courte poincte, une couverture de fauteuil et un tourt de cheminée, prisé le tout ensemble avecq un bois de lict de bois de noyer et la pailliasse, prisé trente livres XXX *lt.*

Item une tanture de tappisserie de Rouen contenant cinq pieces, prisé douze livres XII *lt.*

[fol. 6 v.]
Item un tabis de tappisserie a gros poinct de plusieurs coulleurs prisé quinze livres XV *lt.*

Item deux pots de santeur avecq un bodrié en brodrie, prisé IIII *lt, cy* IIII *lt.*

Item huict osnes ou environ de futaine blanche, prisé IIII *lt, cy* IIII *lt.*

Ensuivent tous les tableaux trouvez en ladite maison tant dans la salle, chambre que cabinet :

[1] *Premierement un tableau d'une Tetis painct sur thoille sans bordure, prisé quarente livres, cy* XL *lt.*

[2] *Item une autre tableau sur thoille où est despainct des gueux prenant du taubat* [= tabac ?], *prisé douze livres, cy* XII *lt.*

[3] *Item ung paisage painct sur thoille avecq sa bordure de poirier, prisé quinze livres, cy* XV *lt.*

[4] *Item deux autres tableaux painct l'un sur bois et l'autre sur thoille où sont representes un pot de fleur et un paisage avecq leurs bordure et plattebande, prisé vingt livres* XX *lt.*

[5] *Item ung autre tableau painct sur thoille avecq sa plate bande où est representé une prespective, prisé vingt livres, cy* XX *lt.*

[6] *Item ung autre tableau painct sur thoille avecq sa platebande representant une Danaée, prisée* XX *lt.*

cy *XX lt.*

[7] *Item ung autre tableau painct sur thoille avecq sa bordure representant une conversion de St. Paul, prisé* XII *lt.* *XII lt.*

[8] *Item une autre tableau aussy peint sur thoille representant la saine* [Cène], *prisé quinze livres, cy* *XV lt.*

[9] *Item ung autre tableau d'un paisage painct sur thoille accompagné d'un autre paisage, prisé ensemble douze livres* *XII lt.*

[fol. 7 r.]

[10] *Item cinq tableaux painct sur thoille, prises quinze livres, cy* *XV lt.*

[11] *Item deux grandes thoilles tendues sur deux grands chassis, prisé* *VIII lt*

[12] *Item un tableau painct sur thoille d'une perspective, prisé* *VIII lt.*

[13] *Item trois tableaux painct sur thoille l'un d'un balet de masques, l'autre d'un procureur et l'autre d'une danse de village, prisé six vingt livres* *VI^XX lt*

[14] *Item un tableau painct sur bois aveq sa bordure d'esbeine de quirins [des guerins, rayé] prisé trente six livres* *XXXVI lt.*

[15] *Item cinq paisages dont deux sur thoille et trois sur bois, prisé vingt cinq livres* *XXV lt.*

[16] *Item deux tableau painct sur thoille representant deux cabinetz de gentillesse, prisé vingt livres* *XX lt.*

[17] *Item neuf tableau peints tant sur bois que sur thoille representant fleurs et fruicts, prisé dix huict livres* *XVIII lt.*

[18] *Item quatre tableaus pains tant sur bois que sur thoille representant la mer, fruit et deux paisages prisé vingt cinq livres* *X lt.*

[19] *Item un tableau peint sur bois d'une Vierge, prisé* *X lt*

[20] *Item quatre petites mers, prisé avecq leur bordures d'or bruni, huict livres, cy* *VIII lt.*

[21] *Item quatre tableaux, l'un d'une prespective, l'autre d'un chien, l'autre Psisché et l'autre d'une teste de Crist, prisé trente livres* *[XXX lt.]*

[22] *Item un tableau painct sur thoille d'une Charitté, prisé dix huict livres* *[XVIII lt.]*

[23] *Item six thoilles et deux petis fondz où sont représenté tant Vierges que Cristes qu'autres Saints, prisé dix livres* *X lt.*

[24] *Item deux pierres à broyer les couleurs aveq leur molette, prisés ensemble* *VIII lt.*

[fol. 7 v.]

[25] *Item dix huict desains tant sur thoilles que cartes, prisé* *XXV lt.*

[26] *Item quantité au nombre de soixante d'estudes et de desins du Sr Blanchard, prisé trante livres* *XXX lt.*

[27] *Item plusieurs coulleurs, brosses, painseaux, pallettes, chevaletz et sept bordures et chassis, prisé ensemble trente livres* *XXX lt.*

[28] *Item vingt quatre pourcelines [porcelaines] tant platz que petits goblets, prisé ensemble trente cinq livres* *XXXV lt.*

[29] *Item deux plats et un pot de faïence avecq figures, prisé ensemble trois livres* *III lt.*

[30] *Item six vaiseaux de ver rayez de blanc, prisé vingt cinq livres* *XXV lt.*

[31] *Item une douzaine de petit vaisaulx tant non chisselles que de la chine, prisé huict livres* *VIII lt.*

[32] *Item douze figures de rondde beauce de platre, prisé* *VI lt.*

[33] *Item trois petits globes, prisé quatre livres cy* *IIII lt.*

[34] *Item un benegtié de cuivre avecq deux... (?), prisé quinze livres* *XV lt.*

[35] *Item une douzaine de cousteaux, prisé* *VI lt.*

[36] *Item deux tableaux de Vierge paints sur thoille dudit Sr Blanchard, prisé [quatre vingt rayé] six vingts dix livres* *[VI^XX X lt.]*

Tous lesquels tableaux ont esté prises et estimes par ledit Huot après qu'il appelé avecq luy noble homme Simon Cornu, peintre et vallet de chambre ordinaire du roy, qui les a prises en sa conscience eu esgard aux courps du temps et ont signé

HUOT S. CORNU

Ensuict la vaiselle d'argent, bagues et joiaulx :

Item une esguaire [aiguière], *un pot à l'eaux, deux sallieres doré (...),*

[fol. 8 r.]

un bassin à cracher, une escuele à orilles, deux gondolles, vingt deux cuillieres, dix huict fourchettes, une esguiere, le tout d'argent paisant dix neuf marc et une onse, prisé le marc vingt cinq livres, revenant le tout audit pris à la somme de quatre cens soixante dix huict livres deux sols vi deniers, cy *IIII^C^ LXXVIII lt. II s. VI d.*

Item deux onces moings deux gros et demie de perle entrenette, prisé l'onze soixante quinze livres, revenant audit pris à la somme de six vingts unze livres cinq sols, cy *VI^XX^ XI lt. V s.*

Item une bordure de perles garny de piece d'or esmaillé, prisé quarente livres *XL lt.*

Item une paire de barselets de petites perles garni de table d'ambre, un petit colloier aussy de perle, prisé ensemble dix livres, cy *X lt.*

Item un chapellet, deux brasselets, trois branches de corail dont une ovalle garny d'argent, prisé douze livres *XII lt.*

Item un petit chappellet de bois garny de perles et de pois d'or, prisé vingt livres, cy *XX lt.*

Item trois agates garni d'or, sept agneaux ausquels sont enchassez un rubis, une vermeille en coeur avecq deux petits diamens a costé et une onise, deux diamens, un carré et l'autre en roze, prisé ensemble soixante six livres avecq une croix d'or et un curdens *LXVI lt.*

Item un rocher de diament, prisé cent cinquante livres *[CL lt.]*

Item six agneaux [anneaux] *d'or enchasses deux desquels sont deux turquoisez en vielle rozes en l'un des deux, deux petits diamens et l'autre en thopades et une autre un diament et les trois autre est une teste morte, un jon garny de petis hemerode, prisé*

[fol. 8 v.]

ensemble quarente cinq livres ts. Cy *XLV lt.*

Item une cocquille garny d'argent doré, prisé dix livres, cy *X lt.*

Toutes lesquelles vaiselles d'argent, bagues et joiaux ont esté prises et estimes par ledit Huot asisté de Gabriel Ardinelliers, marchand orphevre bourgeois de Paris, qui les a prises en sa conscience eu esgard au cours du temps et ont signé

GABRIEL HARDINELLIER HUOT

Du premier aoust audit. an MVI^c^ trente sept avant midy continuant par lesdits notaires à la confection du present inventaire, fut faict et inventorié ce qui ensuit :

Item s'est trouvé dans une bourse de velours vert cinquante quatre pieces d'Italye, cy *IX^C^ LX lt.*

Item deux cens soixante cinq pistolles d'Espagne dans un petit sacq de thoille, cy *II^m^ VI^C^ lt.*

Item en quelques sommes et plusieurs autres especes cent cinquante trois livres ts, cy *CLIII lt.*

Le tout estant dans le cabinet de ladite chambre cy devant mentionnée et prisée.

Ensuit les tiltres et papiers :

Item le contract de mariage desdits Jacques Blanchard et deffuncte Suzanne Castillon jadis sa femme, passé par devant Dubois et Desnetz, notaires au Chastelet de Paris, le XXe janvier MVI^c^ trente soubz la stipulation de

[fol. 9 r.]

Suzanne Duchesne, veuve de feu honorable homme René Castillon vivant marchand maistre tappissier bourgeois de Paris, mere de ladite Suzanne Castillon, par lequel appert avoir esté convenu qu'ilz seroyent commungs suivant la coustume de Paris, ladite Veuve avoir promis bailler et fournir en faveur dudit Mariage la somme de trois mil six cens livres ts. en deniers pour tout le droict successif escheu à ladite lors future espouse par le décedz dudit deffunct son pere sy tant il se monte, sinon en advencement du deces futur de sad. Mère, de laquelle somme est stipulé propre la somme de seize cens livres ts. et accordé pour preciput au survivant la somme de trois cens livres ts. et ladite lors future espouse douée de seize cens livres ts. de douaire prefix pour une fois payé, ainsy qu'il est porté par ledit contract et que plus au long le contient icellui, en suitte duquel est la quittance desdits trois mil six cens livres ts. Du neufviesme febvrier audit. an MVI^C trente signé Dubois et Desnetz, inventorié en fin d'icelle *Ung*

Item ung contract passé pardevant Herbin et ledit De Turmenyes, notaires au Chastelet de Paris, le XVIIe febvrier MVI^C trente cinq, par lequel appert honorable homme Gille de la Vigne, bourgeois de Paris, y demeurant et Michelle Leplongeon sa femme, avoir vendu et delaissé audit. Blanchard et à ladite deffuncte lors sa femme, une

[fol. 9 v.]

maison et despendances d'icelle scize en ceste ville de Paris rue Pastourelle, aux charges y contenu et moyennant la somme de six mil livres ts. dont auroit esté lors payé comptant quatre mil livres ts., ainsi qu'il est porté par ledit contract ensaisiné par Monsieur le Grand Prieur de France le XVIIIe mars audit. an MVI^c trente cinq par acte estant en marge signé de Meaulx Boisbonesson, ensuitte duquel contract est la quittance desdits deux mil livres ts. restant du susdit prix passé pardevant lesdits Herbin et De Turmenyes notaires le septiesme dudit moys de mars, faicte par lesdits De la Vigne et sa femme ausd. Blanchard et sa femme, ainsy qu'il est porté par icelle Avecq lequel contract est une liasse des antiens tiltre, decretz et contracts mentionnes par icelle sur datte concernant la propriété de la susdit maison et deux quittances signées l'une comme l'autre Patoizet, chacune de douze sols six deniers ts. pour pareille somme de cens deub par ladite maison à ladite commanderye du Temple dont la dernière est pour cens escheu au jour et feste de Pasques mvi^c trente cinq, inventorié

[fol. 10 r.]

sur lesdits contract et quittances l'un comme l'autre pour le tout *Deux*

Item ung dossier de plusieurs proceddures, bail et autres pieces et poursuitte faicte par ledit Blanchard contre François Masson et Nicolas Sevan en consequence du bail qui avoit esté cy devant faict de la susdit maison par ledit De la Vigne et pour raison des reparations d'icelle, inventorié sur ledit dossier pour le tout *Trois*

Item deux baulx faictz de la susdit maison par ledit Blanchard, le premier à François Masson, maistre gantier à Paris, passé pardevant De Monhenault et De Turmenyes, notaires au Chastelet de Paris, le XIXe juillet MVI^c trente cinq, le second à Simon Lauditet, marchand espicier, passé pardevant les mesmes notaires le XIIIIe may dernier, moyennant la somme et aux charges porté par desdits baulx, avecq lesquels est ung escript soubs seings prives desdits Blanchard et Lauditet du IIIIe jour du présent moys de juillet pour raison et en conséquence dudit bail, inventorié sur chacune desdits trois pièces l'une comme l'autre *Quatre*

[fol. 10 v.]

Item une quittance signée Fontenay, charpentier, de la somme de cinquante livres ts. pour les ouvrages de balustre et colonne faicts au jardin de la susdit maison, inventorié *Cinq*

Item ung brevet signé de Sa Majesté Louis et plus bas de Lomenye, secretaire de ses commandementz du XXVIe may MVI^c trente six par lequel Sad. Majesté retient pour l'un de ses pintres ordinaires ledit Blanchard et luy acorde huict cens livres de gages, ainsy qu'il est porté par icelle, inventorié *Six*

Item une promesse faicte par le y soubssigné Jacquelin au proffit dudit Blanchard en datte du unziesme juillet MVI^c trente sept de la somme de quatre cent livres ts. pour les causes et à payer ainsy qu'il est porté par icelle, inventorié *Sept*

Item une promesse de la somme de seize escus comptan faicte par le y soubssigné Marreau au proffict dudit Blanchard le Ve mars dernier MVI^c trente sept pour les causes et à payer ainsy qu'il est porté par icelle, inventorié *Huict*

Ce faict tous lesdits meubles tableaux,

[fol. 11 r.]

deniers tiltres et papiers et choses contenus au present inventaire ont esté delaisses en la possession dudit Blanchard et ont signé

J. BLANCHARD

BELLOY DE TURMENYES

Tenu pour clos le mercredi cinquiesme jour d'aoust MVIc trente sept
FOURNYET
Archives Nationales, Minutier Central, LIV, 539.

*

1637, août : Jacques Blanchard se remarie avec Elisabeth Le Sage

Fille de Denis Le Sage et d'Anne Parceval, Elisabeth était veuve de Guillaume Buisson, procureur au Parlement de Paris, qu'elle avait épousé à la fin de 1632. Le contrat du mariage avec Blanchard est signé le 9 août (Archives Nationales, Minutier Central, LI, 498). La jeune veuve semble très à son aise. Ses parents promettent une dot de 4 000 livres (dont 100 livres de rente de douaire préfix), dot qui est versée le 17 août, sans doute veille du mariage.

1637, 18 octobre : remariage de Simon Cornu

Jacques Blanchard et son frère Jean assistent à la signature du contrat comme témoins (Guiffrey, 1915, p. 115). **Simon Cornu** était le cousin par alliance de Blanchard, du fait de son premier mariage, en 1610, avec Barbe Baullery, fille de Nicolas, l'oncle et maître de Blanchard (voir à cette date) ; il avait eu d'elle dix enfants. Après un second mariage en 1632, il convolait une troisième fois avec une certaine Gabrielle Gilles (qui lui donnera encore six enfants ; voir Beresford, 1985, p. 111 et 115). Il avait acquis l'office de receveur du grenier à sel de Montfort dès décembre 1629, mais exerçait le métier de peintre, et on le trouve même qualifié de peintre du roi. Il est très possible qu'il ait aussi fait le commerce des tableaux. En tous cas son inventaire après décès, en 1644, mentionne une collection de 154 toiles, dont un *Saint Jérôme* de La Tour, cinq tableaux des *Cinq sens* de Jean Liss, deux « tableaux de plafond » de Blanchard et plusieurs tableaux « d'après Blanchard » (Beresford, *ibidem*, p. 111-113 et p. 132-134).

1637 : date portée sur la *Charité* du Courtauld Institute de Londres (voir notice du n° 83).

1638, 17 mars : devis des ouvrages que Jacques Blanchard a promis de faire pour Claude de Bullion, le Surintendant des finances, dans son château de La Grange

Claude de Bullion avait acquis la seigneurerie de La Grange-le-Roy, en novembre 1633, de Noël Brûlart de Sillery, et aussitôt fait faire des travaux considérables, dont un nouveau corps de logis (devis du 17 août 1634) comprenant son appartement. Des dépendances allaient être ajoutées en 1638 et 1639. La décoration intervient à ce moment.

Le marché est arrêté à la somme exceptionnelle de 8 000 livres. L'acte, signé par Bullion en personne, est perdu, mais il est mentionné dans l'inventaire après décès de Jacques Blanchard (Archives Nationales, Minutier Central, XCVI, 30, fol. 16 v° ; voir *infra*, p. 70). Il apparaît qu'à la date de novembre 1638 la somme n'est pas encore entièrement versée : mais les peintures semblent avoir été achevées. Jean Blanchard prétend qu'il a droit à une « portion » du restant « *comme estant associé avec ledit deffunct* » : ce qui implique qu'il ait pris une part importante à la réalisation de ce décor.

1638, 31 mai : Jacques Blanchard achète une maison située rue Bourg-Tibourg

Le prix est fixé à la somme très considérable de 21 000 livres. Il devait cette fois s'agir d'une demeure luxueuse. Elle appartenait du reste à un très grand personnage, Mathieu Molé, le procureur général, et à sa femme Renée Nicolaï. Le versement est fait comptant (Archives Nationales, Minutier Central, CVIII, 82). On ne s'en étonnera pas : rappelons que du côté d'Elisabeth Le Sage, Blanchard avait reçu 4 000 livres, qu'il disposait en argent liquide de 3 500 livres et venait de conclure un marché de 8 000 livres. Cela, sans parler de la vente de ses multiples tableaux.

Il semble que Blanchard et sa femme ne tardent pas à s'y installer. Le 20 août Blanchard cède, moyennant 420 livres, « *le droit de bail qu'il avoit de la maison où il estoit cy devant demeurant rue Sainte Croix de la Bretonnerie* » (*ibidem*, XCVI, 30, fol. 17 v° ; *cf. infra*, p. 71). C'est dans cette maison de la rue Bourg-Tibourg que Blanchard va décéder.

1638, 28 octobre : dernière mention d'achat par Jacques Blanchard, à son fournisseur Héron, de « marchandises de peinture » (*cf. infra*, p. 72).

1638, 10 novembre : enterrement de Jacques Blanchard

« *Il ne vescut que quinze mois avec sa seconde femme, et n'en eut point d'enfans* », déclare Félibien (*éd. cit.* p. 180-181). Le registre de la paroisse Saint-Paul a été détruit lors de la Commune, mais le texte nous est conservé par Herluison (1873, p. 37) et Piot (1873, p. 13) : « *Le mercredy 10 novembre 1638, convoy de feu Jacques Blanchard, vivant peintre ordinaire du Roy et bourgeois de Paris, apporté en ceste église, sa paroisse, et après le service célébré, le corps fut porté à Saint Jean en Grève, lieu de sa sépulture. Assist. générale, port. extraudit. Veilleux.* »

1638, 19 novembre-7 décembre :
Inventaire après décès de Jacques Blanchard

Cet acte a été également retrouvé et publié par Richard Beresford (1985, p. 123-132). La pièce est d'importance capitale. Du fait que Blanchard s'était installé dans sa nouvelle maison de la rue Bourg-Tibourg, le notaire n'a pu reprendre directement (quitte à le corriger) l'inventaire rédigé l'année précédente. On retrouve cependant une partie des objets et l'essentiel des tableaux mentionnés en 1637. Le train de vie n'a certes pas baissé. La demeure abonde en mobilier, linge et vaisselle. On constate que l'argent liquide et une grande partie de l'orfèvrerie de table n'apparaissent plus. N'en concluons pas que Blanchard avait de gros problèmes financiers, mais plutôt que la jeune veuve était une femme avisée et soucieuse de ses intérêts.

[fol. 1 r.]

XIXe novembre 1638

[en marge :] Tenu pour clos le VIIe décembre mil six cens trente huict [signé] [HUBERT]

L'an mil six cens trente huict le vendredy après midy [en marge : dix neufviesme novembre] et autre jours ensuivans, à la requeste de Jean Blanchard, peintre ordinaire du roy demeurant à Paris rue de la Tissarendrye paroisse Saint Gervais, au nom et comme tuteur de Gabriel aagé de sept ans, Suzanne aagée de six ans ou environ et de Marie Blanchard aagée de cinq ans ou environ, enfans mineurs de deffuncts Jacques Blanchard, vivant peintre ordinaire du roy, et de Suzanne Castillon jadis sa femme en premieres nopces et encores ledit Blanchard au nom et comme curateur au ventre de honnorable femme Elizabeth Le Sage, veufve en dernieres nopces dudit deffunct à cause du posthume dont elle a dit estre enceinte [en marge : assisté de Me Claude Collin procureur au Chastelet son procureur] et encores à la requeste de ladite Elizabeth Le Sage, habille à prendre la communauté qui estoit entre ledit deffunct et elle, assistée de Me Philippes Parceval, procureur au Chastelet, son procureur, et en la presence de honnorable homme Claude Belloy, juré mouleur de bois à Paris, subrogé tuteur desdits enfents mineurs desdits deffunctz Blanchard et ladite Castillon et encore ledit Beloy, au nom et comme tuteur au lieu et place dudit deffunct Blanchard, de François et Jean Castillon, enfans mineurs de deffunctz René Castillon, vivant maistre tapissier à Paris et de Suzanne Duchesne leur père et mère [en marge : et desquels mineurs ledit Belloy estoit cy devant subrogé tuteur] audit nom oposant au scellé aposé après le decedz dudit deffunct sur les biens par luy delaissés. Par Me Jean Le Vacher, commissaire et examinateur audit Chastelet, fut et a esté à la conservation des droicts de qu'il apartiendra, par François de Turmenyes et Michel de Beauvais, notaires gardenottes du roy nostre sire en son Chastelet [fol. 1 v.] faict inventaire et discription de tous les biens meubles, ustancilles d'hostel, tiltres, papiers trouvés et estants en la maison où il est decedé scize rue Bourtibourg parroisse Saint Paul, monstrez et enseignez tant par ladite Elizabeth Le Sage, veufve dudit deffunct que par Charlotte Chaneton servante, après serment par elles faict de tous lesdits biens, monstrer et enseigner sans aucuns en receller soubs les peines en tel cas introduittes qui leur ont esté exprimées et données à entendre par l'un desdits notaires soubssignés l'autre present, pour estre rediges par escript au present inventaire, iceulx biens prises et estimes par Jacques Deprat et Toussaints Huau, huissiers jurez priseurs vendeurs de biens au Chastelet, prevosté et vicomté de Paris, qui ont promis de ce faire et d'avoir esgard au cours et temps de present, ce qu'ilz ont presentement faict aux sommes de deniers selon et ainsy qu'il ensuict. Après que ledit scellé, mis et aposé sur lesdits biens par ledit Me Jean Le Vacher, a esté par luy recogneu levé et osté suivant la permission de Monsr le Lieutenant Civil estant à bas d'une requeste à luy à cest effect presentée en datte du quatorziesme jour des present mois et an estant ès mains dud Sr. Commissaire, le tout après que les comparans ont perceveré en leurs dires, declarations et protestations portées par le proces-verbal dudit sieur Commissaire en datte de cedit jour et ont signé, fors ladite Charlotte Chaneton

	COLIN
BLANCHARD	
BELLOY	PARCEVAL
ELIZABET LE SAGE	HUOT
DEPRAST	
DE TURMENYES	DE BEAUVAIS

[fol. 2 r.]

Premierement en la cave s'est trouvé deux voyes de bois flotté, prisé six livres dix sols la voye, re[ve]nant ensemble treize livres cy XIII lt.

Item quatre chantiers de bois de diverses grandeurs, prisés trente sols cy XXX s.

En un petit caveau :
Item une mine de charbon, prisé vingt quatre sols cy XXIIII s.

En un bas façon de cuisine :
Item une paire d'armoire de bois de hestre façon de

tablette à deux petits guichets fermant à cles, une eschelle, un seau, prisé ensemble trente sols XXX s.

Item morceau de tapisserye de Beauvais tel quel, prisé vingt cinq sols XXV s.

En une estable :
Item trois cens de fagots, prisés ensemble neuf livres IX lt.

Item deux treteaux de bois de hestre, une fustaille gueulle bée, trente trois aix de sapin de douze pieds de long, prisé le tout ensemble trente livres XXX lt.

En une petite chambre ayant veue sur la rue :
Une petite couche bois de noyer à bas pilliers, garnie de son enfonsure, paillasse, matelas de toille et fustaine, un traversin de coustil remply de plusme et une couverture de laine blanche, le tout tel quel, prisé ensemble X lt.

[fol. 2 v.]
Item une grosse paire de chenets, une pelle et une pincette, le tout de fer, prisé ensemble trois livres III lt.

Item deux chaises de bois de noyer couvertes de tapissery à la turque, prisées IIII lt

Item six chaises de mesme bois ployantes couvertes de satin de Bruge vert, prisées ensemble VI lt.

En la cuisine :
Item une fontaine de cuivre rouge garnie de son couvercle et robinet tenant quatre seaux ou environ, prisé dix huict livres XVIII lt.

Item cinq chauldrons de cuivre de plusieurs grandeurs tels quels, prisés ensemble VIII lt.

Item deux marmittes, l'une de cuivre et l'autre de fonte, garnyes de leurs couvercles de cuivre rouge, prisée IIII lt.

Item un chaudron en ovalle de cuivre rouge servant à faire cuire du poisson, une poisle à confiture de cuivre jaulne, prises ensemble VI lt.

Item un grand poislon et un autre petit avec une passoire et une bassinoire, le tout de cuivre jaulne, prisés ensemble LXX s.

Item bassin et cloche de cuivre rouge, ung escumoir, un friquet et un petit poislon de cuivre jaulne, prisé le tout ensemble XL s.

Item trois poisle de diverses grandeurs, deux grils, deux broches et trois petites leschefrittes,

[fol. 3 r.]
le tout de fer, prisés ensemble quarente sols cy XL s.

Item sept ayx de bois de hestre de differentz grandeurs, prisés ensemble XL s.

Item une douzaine et demye de platz et une douzaine d'assiettes de fayance et un grand pot, prisés ensemble IIII lt. X s.

Item, en potz, platz, escueille et autres ustancilles d'estain commun, la quantité de [en blanc], *prisé la livre dix sols, rev [en] ant audit pris à la somme* [en blanc]

Item, aussy en potz, plats, escueille et autres ustancille d'estain sonnant, la quantité de [en blanc], *prisé la livre treize sols, revenant audit pris à la somme de* [en blanc]

En l'antichambre de la seconde chambre ayant veue sur la court :

Item une paire de chenetz de fer à deux pommes de cuivre chacun, une cheneste, une pelle et une cramilliere, prisés ensemble cinquante sols L s.

Item une petite table de bois de noyer ployante telle quelle, prisée XX s.

Item un coffre de bahud carré de vache de

[fol. 3 v.]
roussy [Russie ?] à une serrure fermant à clef posé sur son chassis, prisé XV lt.

Item une grande paire d'armoire de bois de noyer à quatre guichets fermant à clef, deux layettes de coulisse, prisée vingt six livres cy XXVI lt.

Item deux petites paires d'armoire de bois de noyer à deux guichets chacune fermant à clef, telles quelles, prisés ensemble LX lt.

Item un petit coffre façon de cassette à une serrure

fermant à clef couvert de cuir noir et une autre petite cassette aussy fermant à clef, prisés ensemble quatre livres IIII lt.

Item une platine de cuivre jaulne garnie de son pied de bois de hestre et une table ronde de mesme bois, prisés ensemble IIII lt.

Item six escabeaux de bois de noyer tels quels, prisés ensemble XL s.

Item une grande forme de bois de noyer servant de lict de salle avec un matelas remply de bourre, un traversin remply de plume, une couverture de laine blanche, prisé ensemble neuf livres IX lt.

Item un coffre de bahud carré à une serrure fermant à clef, tel quel, prisé XXX s.

Item deux tapis de table, l'un de serge verte garnie de frange de soye et l'autre de fil et laine, tels quels, prisés ensemble LX s.

[fol. 4 r.]

Item une couche de bois de noyer à haulz pilliers fermant à vises garnye de son enfonsure, paillasse, un matelas de futaine et toille, un lict et traversin remply de plume, une couverture de laine verte, trois pentes de ciel, trois rideaux, deux bonnes graces et le dosier de serge bleue, le tout tel quel, prisés ensemble XX lt.

Item six pieces de tapisseries façon de bergame tant grandes que petites, prisés ensemble XX lt.

Item trois rideaux, deux bonnes graces et le dosier de serge à deux envers rouge, prisés ensemble dix huit livres XVIII lt.

Ce fait l'assignation continuée à demain deux heures de relevée.

Du lendemain samedy vingtiesme jour dudit mois de novembre après midy a esté continué par lesdits notaires à la confection dudit présent inventaire ainsy qu'il ensuit.

En la seconde chambre dudit logis ayant veue sur le jardin et en laquelle est deceddé ledit deffunct :

Item une paire de chenetz de cuivre et une autre petite paire de fer à une pomme de cuivre chacun, une pelle, une pincette, une tenaille et une fourchette de fer, prisés ensemble XVIII lt.

[fol. 4 v.]

Item une table de bois de noyer scize sur son chassis ronde et ployante sur laquelle il y a un tapis de tapisserie de point de hongrie, prisés ensemble vingt deux livres XXII lt.

Item six chaires de bois de noyer et six tabourets de mesme bois, le tout couvert de tapisserie de point de hongrie, prisés ensemble trente six livres XXXVI lt.

Item six autres chaires aussy de bois de noyer couvertes de mocquette, prisés ensemble douze livres pour ce cy XII lt.

Item une petite layette de bois couverte de velours rouge garnie de son pied de bois de noyer, prisé ensemble quatorze livres pour ce cy XIIII lt.

Item un pied de bassin à laver les mains de bois de noyer et quatre chaires aussy de mesme bois dont deux couvertes de tapisseries et les deux autres couverte de serge verte, prisés ensemble C s.

Item une croix d'esbeyne où est un crusifix de cuivre, prisé quinze livres XV lt

Item un cabinet façon d'allemaigne de bois de poirier garny de son pied de mesme bois, prisé soixante dix livres LXX lt.

Item deux miroirs garnis de leurs glaces de Venize et bordeures debesne, prisé ensemble douze livres, cy XII lt

Item une grande couche à haults pilliers de bois de noyer fermant à vises garnye de son enfonsure, paillasse, matelas de futaine des deux cotes, lict et

[fol. 5 r.]

traversin de coustil de Bruxelle remply de plume, deux couverture de Castellongne, l'une rouge et l'autre blanche, trois pentes, trois rideaux, deux bonnes graces, dossier, deux quenouilles, fond de lict, une couverture tresnante, le tout de serge vert brun garny de passement, frange [c] respine et molet de soye verte gay avec quatre pomme de lict couvertes de mesme serge et passemen, prisé le tout ensemble cent quatre vingts livres CIIII^{XX} lt.

Item une tenture de tapisserie de flandre à verdure contenant six pieces et deux soubz bassemens, prisée quatre cens cinquante livres IIII^c L lt.

Dans le grenier estant au dessus de la chambre cy-dessus :

Item une table de bois de noyer scize sur son chassis, prisée III lt. X s.

Item deux chaires à bras de noyer, une chaire de paille, un petit tréteau, une autre chaire percée couverte de drap vert, un garde feu de fer, trois rouet à filler, ung devidoir, prisé le tout ensemble six livres cy VI lt.

Item un fourneau de fer à estuver, prisé douze livres cy XII lt.

Item un pulpitre de bois noircy, prisé douze sols, cy XII s.

Item quatre coffre de bahud dont trois carres et un rond fermant deux à deux serrures chacun et les deux autres à une serrure, un estuit de chapeau doublé de soie XV lt.

[fol. 5 v.]
Item une couchette à bas pilliers de bois de noyer garnie de son enfonsure, une paillasse, un matlas de toille et fustaine, un traversin et un oriller de coustil remply de plume, prisé le tout ensemble dix livres X lt.

Ensuit les habits tant dudit deffunct que de ladite veufve estant dans ladite grande paire d'armoire cy-devant inventoriée en ladite entichambre :

Item un habit complet, sçavoir pourpoint, chausse de drap d'espagne noir et le manteau doublé de panne garny d'un grand passement de flandre façon de pointignac avec son pied, prisé ensemble quatre vingtz livres, cy IIIIXX lt.

Item un autre pourpoint et hault de chausse de serge d'espagne de deuil avec un manteau de drap d'espagne doublé de panne, prisé ensemble vingt cinq livres, cy XXV lt.

Item un pourpoint et hault de chausse de poudesoye noyr tel quel, prisé XII lt.

Item un juste a corps de crezan gris meslé doublé de panne, prisé VI lt

Item un capeau de castor tel quel et un corps, prisé soixante dix sols LXX s.

Item trois jupes, deux de taffetas façonnée à fond bleu et l'autre de camelot jaune telles quelles avec un corps de jupe aussy de taffetas à fond bleu, une autre jupe et hongreline de ferendine noir, prisé le tout ensemble X lt.

[fol. 6 r.]
Item une jupe de gros de naples de rouge cramoisy doublée de petite serge verte et garnye de passement à creste de cocq, prisé X lt.

Item deux jupes de futaine et une paire de brassiere de bassin, prisé ensemble C s.

Item la garniture d'un lict de salle de tapisserie de point de hongrie, prisé dix huict livres XVIII lt.

Item un tapis de table de tapisserie au gros point à fond vert, prisé XV lt.

Item trois pentes de ciel, trois rideaux, deux bonnes grâces, le dossier, deux cantonnieres et couverture tresnante, le tout de taffetas vert garny de frange, crespine et molet de soye, ladite courtepointe doublée de bouscassin [boucassin], *prisés ensemble* LX lt.

Item une cousteliere garnie de six cousteaux à manche d'yvoire et cuivre, prisée IIII lt.

Item quatre cordons, l'un de c[r]*espe, l'autre de soye, l'autre de crain et un d'or, prisés avec deux paire de gands dont une paire fourré* XL s.

Item deux paires de jartieres, l'une noire et l'autre grise, prisée cinquante sols L s.

Item trois paires de bas de soye noire tels quelles prisés ensemble C s.

Item deux autres paires de bas de soye, l'un couleur de tristamy et l'autre rose seiche, prisé avec un autre bas de soye vert à estrié LX s.

[fol. 6 v.]
Item un bas de chausse de drap d'useau, prisé trente sols XXX s.

Item deux paires de bas de fil blanc, prisé cinquante sols *L s.*

Item quatre cousteaux à manche noir, prisé vingt sols *XX s.*

Ce faict l'assignation continuée à lundy vingt deuxiesme jour desdits moys et an à huict heures du matin.

Dudit jour XXIIe novembre du matin a esté par les notaires continué en la présence desdits partyes à la confection dudit inventaire ainsy qu'il ensuict :

Ensuit le linge.
Premierement quatre napes de thoille ouvrée de diverses grandeurs, prisée *XV lt.*

Item six petites napes de mesme thoille, prisé dix livres *X lt.*

Item six autres petites napes de thoille de chanvre telles quelles, prisée *IIII lt.*

Item deux autres napes de mesme thoille, prisé quatre livres *IIII lt.*

Item deux douzaines de serviettes de thoille de chamvre prisée huict livres *VIII lt.*

Item trois autres douzaines de serviettes de thoille de chanvre, prisée *C s.*

[fol. 7 r.]
Item deux autres douzaines de serviettes aussy de thoille chanvre neufve, prisés ensemble quatorze livres *XIIII lt.*

Item deux autres douzaines de serviettes de semblable thoille, prisés ensemble *XIIII lt.*

Item une douzaine de serviette de thoille de lin, prisée *XIII lt.*

Item une douzaine et demye de serviette de thoille ouvrée, prises ensemble *IX lt.*

Item quatre serviette de collation de thoille ouvrée, prises ensemble *LX s.*

Item quatre livres et demye de fil de chanvre en escheviaux, prisé la livre douze sols, revenant audit pris à *LIIII s.*

Item demye douzaine de chemise de thoille de hollande à passement, prisée trente six livres cy *XXXVI lt.*

Item trois calsons de thoille de chanvre, une chemisette de futaine et une paire de manche, prisés ensemble soixante sols *LX s.*

Item six chemises de thoille de holande telles quelles, prisés ensemble *IX lt.*
Item une douzaine de chemise, plus que demye usé, servant à ladite veufve, prisés six livres *VI lt.*

Item un paquet de plusieurs morceaux de taffetas, satin et autres mesmes hardes, prisé *LX s.*

Item un morceau de thoille de chanvre neufve, un calson, une paire de brassiere, prisé ensemble *XL s.*

[fol. 7 v.]
Item deux douzaines de draps de thoille de chanvre de deux lez chacun, prises ensemble *XXXVI lt.*

Item une douzaine de draps aussy de thoille de chanvre de lé et demy chacun, prisée *XVIII lt.*

Item une demye douzaine de draps de mesme thoille de deux lez chacun, prisé *XII lt.*

Item une douzaine de napes de cuisine de grosse thoille de chanvre, prisée *LX s.*

Item huict grands draps de thoille de chanvre estimes de deux lez chacun, prisés ensemble douze livres *XII lt.*

Item quatre petitz draps de thoille de lin, prises ensemble *VIII lt.*

Item une douzaine de touaille de grosse toille de chanvre, prisée, *LX s.*

Item trois douzaines de torchons tels quels, prisés ensemble *XX s.*

Item deux pieces de futaine à fond rouge à fleurs contenant unze aullnes ou environ, prisé l'aulne huict sols, revenant audit pris à *IIII lt. VIII s.*

Item deux paires de soulliers de vache de roussy

retournée chamaré d'un passement blanc, prisés ensemble *XL s.*

Item une peau et demye de cabron [cuir de cabri] *et un baudrier de peau en broderie, prisés ensemble* *VI lt.*

Item quatre livres de laine fine de plusieurs couleurs servant à faire tapisserie, prisés ensemble *IIII lt.*

[fol. 8 r.]
Item un lict de futaine blanche à grain d'orge concistant en trois pentes, trois rideaux, deux bonnes graces, un dossier, le fond, couverture traisnante, quenouilles de lict, la garniture du faulteuil, prisé le tout ensemble vingt cinq livres, cy *XXV lt.*

Item un pavillon de serge verte tel quel, prisé trente sols *XXX s.*

Item une camisolle de ratine de beauvais, deux haultz de chausse et un pourpoint de taffetas tels quels, prisés ensemble *LX s.*

Item une petite toque de velours noir servant à enfant, prisée *XXX s.*

Item un demy minot de sel, prisé à raison de trente livres le minot, pour ce cy *XV lt.*

Item une robbe de chambre de drap d'useau roze seiche doublée de revesche garnie de boutons de soye à freluches, prisée *XII lt.*

Item une toillette de thoille de lin garnie d'une bande de soye or et argent et au tour d'une mesme dantelle, prisée *VIII lt.*

Item trois peignoir de thoille de baptiste et trois tabelliers de mesme thoille garnis de passement, prisés ensemble *XX lt.*

Item un mouchoir de thoille de baptiste garni de grand passement et un collet de gros poinct coupé sans thoille, prisés ensemble *VI lt.*

[fol. 8 v.]
Item deux mouchoirs de col de thoille de baptiste garnis de passement de flandre et havre, prisés ensemble à huict livres, pour ce cy *VIII lt.*
Item ung mouchoir de col de toille de hollande garni de passement et un collet de passement sans thoille, prisés ensemble quatre livres *IIII lt.*

Item quatre coiffes cornettes de thoille de hollande garnie de passement, prisé soixante et dix sols *LXX s.*

Item une douzaine de mouchoirs à moucher garnis de leurs glans, prisés ensemble *III lt. X s.*

Item six coiffes de nuict et deux paires de canons de thoille de hollande garnis de passement, prisés ensemble soixante sols *LX s.*

Item six paires de chaussettes et six paires de chaussons de thoille de chanvre, prisés ensemble *IIII lt.*

Item deux calsons et un pacquet de meme linge, le tout tels quels, prisés ensemble quarente sols *XL s.*

[fol. 9 r.]
Ensuivent les tableaux prisés et estimés par lesdits Huau et Duprast, appelles avec eulx honorable homme Simon Cornu, maistre peintre à Paris, du consentement desdites partyes esdits noms :

[1] *Premierement un tableau peint sur toille garnie de sa bordure dorée où est representé une danse de village, prisé* *XXXVI lt.*
[2] *Item un tableau peint sur thoille où est representé un procureur de village garnie de sa bordure blanche prisé* *XXX lt.*
[3] *Item un autre tableau peint sur thoille où est representé un mascarade garnie de sa bordure blanche, prisé* *XXX lt.*
[4] *Item un tableau peint sur bois d'un paysage de Guérins garny de sa bordure d'esbenne, prisé* *XXXVI lt.*
[5] *Item un tableau peint sur thoille avec sa plate bande noire representant un paysage à petite figure de loth, prisé vingt livres* *XX lt.*
[6] *Item un tableau peint sur thoille avec sa plate bande où est representé une Danaée, prisé à la somme de vingt livres* *XX lt.*

[fol. 9 v.]
[7] *Item un tableau peint sur thoille garny de son chassis où est représenté une troupe de gueux qui peingne du toubas [= prennent du tabac ?], prisé quinze livres* *XV lt.*
[8] *Item un tableau peint sur thoille où est dépeint un paysage de Raphael, prisé* *VIII lt.*
[9] *Item un tableau peint sur thoille où est representé*

un Vulcan, prisé *XXX lt.*
[10] *Item un tableau peint sur thoille où est representé une vieille pespective, prisé* *X lt.*
[11] *Item un tableau peint sur thoille garny de sa platte bande où est representé une autre perspettive, prisé* *XX lt.*
[12] *Item ung autre tableau peint sur bois où est representé un pot de fleurs garni de sa bordure de bois de poirier, prisé huict livres* *VIII lt.*
[13] *Item un tableau peint sur thoille où est représenté la cheutte de saint Paul garni de sa bordure de bois vené, prisé vingt livres* *XX lt.*
[14] *Item un tableau peint sur toille où est representé la Cène sans bordure, prisé* *XV lt.*
[15] *Item une platte bande sur thoille où est representé les neuf Muses, prisé* *C s.*

[fol. 10 r.]
[16] *Item deux tableaux peint sur thoille où sont representé deux vieux paysage sans bordure, prisé six livres* *VI lt.*
[17] *Item une thoille peinte des deux costes, prisé* *XL s.*
[18] *Item un petit tableau peint sur bois sur lequel est representé deux grimaces, prisé* *XX s.*
[19] *Item deux tableaux peint sur thoille où est representé deux paysage avec leur platte bande, prises ensemble* *VI lt.*
[20] *Item deux tableaux peints sur thoille où est representé une Vierge et une Nonciade, prisés ensemble* *IIII lt.*
[21] *Item deux tableaux de plafond peint sur thoille où est representé des anges sur des nuës, prisés ensemble cinquante livres* *L lt.*
[22] *Item un tableau peint sur thoille où est representé le mariage de la Vierge, qui n'est qu'esbauché, prisé* *X lt.*
[23] *Item un petit tableau d'une esbauche de Vierge peint sur thoille, prisé* *III lt.*
[24] *Item deux thoilles de deux esbauche de Vierge, prisé dix livres* *X lt.*
[25] *Item cinq grande thoilles imprimée, prisée dix livres* *X lt.*

[fol. 10 v.]
[26] *Item une bordure dorée d'or bruny avec ornement de chapelet, prisée* *X lt.*
[27] *Item deux rouleaux de thoille imprimée, prisés* *Xl s.*

Dudit jour après midy a esté par lesdits notaires continué à la confection du present inventaire ainsy qu'il ensuict :

[28] *Item six grandes thoilles tendus sur leurs chassis dont un desquels est esbauché, prisés ensemble* *L lt*
[29] *Item un tableau peint sur thoille esbauché representant un bachus prisé* *VI lt.*
[30] *Item un tableau peint sur thoille d'un paysage où est representé forces ruines de pastel, prisé dix livres* *X lt.*
[31] *Item un autre tableau peint sur thoille aussy un ruine où est representé des gueux, prisé dix livres* *X lt.*
[32] *Item un petit tableau peint sur bois où est representé une petite mer en rond garny de sa bordure, prisé* *LX lt.*
[33] *Item trois petits paysages peint sur bois garnis de leurs bordures dorées, prisé douze livres, pour ce cy* *XII lt.*

[fol. 11 r.]
[34] *Item quatre petits tableaux de mer peints sur bois garnis de leurs bordure d'or bruny, prisés ensemble* *X lt.*
[35] *Item sept tableaux peints sur bois garnis de leurs bordures où est représentés fleurs et fruicts, prisés ensemble* *XXX lt.*
[36] *Item quatre petits tableaux dont trois de paysages et l'autre d'architecture, prisés ensemble six livres* *VI lt.*
[37] *Item une teste de Vierge peinte sur bois garnie de sa bordure, prisée* *XV lt.*
[38] *Item un tableau peint sur thoille où est representé quantité de cocquilles et autres choses garni de sa bordure, prisé* *XII lt.*
[39] *Item un tableau peint sur thoille où est representé des libvres, un chandelier et autres choses, prisé six livres* *VI lt*
[40] *Item un tableau d'un paisage peint sur thoille avec sa petite plate bande, prisé* *VIII lt.*
[41] *Item un tableau peint sur thoille où est representé un chien, prisé* *IIII lt.*
[42] *Item quatre desseings dont deux separés en quatre, un autre l'adoration des Rois et l'autre un martir de vierges avec des lyons, prisés quinze livres* *XV lt.*

[fol. 11 v.]
[43] *Item six autres desseings dont une toille et platte bande separée en quatre, prisés ensemble vingt livres* *XX lt.*
[44] *Item vingt trois thoilles de protraicts tant*

grandes que petites, prises ensemble sept livres VII lt.
[45] *Item un petit coffre de bahud rond à une serrure fermant à clef, prisé avec un petit coffret de fer IIII lt.*
[46] *Item quatre ayneaux pour pendre des tableaux, dorez à feu, prisés ensemble XX s.*
[47] *Item deux sacqs de thoille, l'un plein de massicot et l'autre d'esmail, prisé avec un autre petit sacq de sindre verte trois livres III lt.*
[48] *Item deux thoilles dont un esbauche d'une Susanne et l'autre une courtisane, prisé cent sols C s.*
[49] *Item quatre tresteaux et une eschelle à quatre marches servant à peindre, prisés ensemble IIII lt.*
[50] *Item deux pierres à brayer d'escailles de mer et deux mollettes, prises ensemble C s.*

Ensuit les armes :
Item deux mousquets, une arquebouze à rouet, deux halbardes, un pistollet d'arson, un autre de poche, un cimetere, une autre halbarde, une espée

[fol. 12 r.]
dont la garde est argentée et une bandouilliere de cuir, prisés le tout ensemble dix huict livres, cy XVIII lt.
Item deux luths dont l'un garni de son estuit, prisés ensemble VIII lt.

Ensuict ce qui s'est trouvé dans le cabinet dudit deffunct :

Item six pieces de verre rayées, prises ensemble vingt livres, cy XX lt.
Item trois platz et deux petits godetz de pourceline, prises ensemble VI lt.
Item treize pieces de pourcelline en forme de godetz, prisés ensemble XX lt.
Item sept pieces de pourcelline avec une vesseau, prisé ensemble VI lt.
Item deux vaisseaux de notille garnis d'argent, prisé ensemble avec une autre notille vingt livres, cy XX lt.
Item quatre vaisseaux de terre scizellé et un petit vasse de jaspe, prisé L s.
Item deux petits globes terrestre et un petit baril de bois, prisé XXX s.
Item quatre petites figures de Marcq Anthoine avec son hidre soubz son pied, prisé LX s.

[fol. 12 v.]
Item un miroir d'acier garny de sa bordure d'esbeyne d'un pied et plus en carré, prisé C s.
Item un autre miroir concave aussy d'assier garny de sa bordure, prisé IIII lt.
Item un autre miroir à glace de Venize garny de sa bordure d'esbeyne, prisé quatre livres IIII lt.
Item une sphere, un pot de terre scizellé un chandellier en forme d'ange, prisé ensemble quatre livres IIII lt.
Item dix pieces de sculpture moullées et reparées, prisés ensemble VIII lt.
Item ung benetier de bronze, quatre livres IIII lt.
Item une table de bois de noyer ronde s'abaissante (?) scize sur son chassis sur laquelle il y a un tapis de mocquette, prisé VIII lt.
Item quatre pieces de tapisserie façon de Bargame, prisée ensemble XII lt.
S. CORNU

Ensuict les bagues et joyaux de ladite veufve prisés et inventoriés par lesdits Huau et du Prast, apellé avec eulx honnorable homme Louis Desescoutte, marchand maistre orphevre à Paris y demeurant proche le cimitiere St. Jean :

Item une roze de diamentz à rozettes contenant neuf pieres, prisée IIII^{xx}X lt.

[fol. 13 r.]
Item ung petit aneau en rocher, prisé XX lt.
Item un autre petit agneau [anneau] *de diamentz à l'angloize, prisé quinze livres XV lt.*
Item un agneau de diament à une pierre de triangle, prisé X lt.
Item un petit diament a lenturlu, prisé IIII lt.
Item un agneau de rubis, prisé X lt.
Item un agneau en coeur de doublet garny de deux petits diamens sur le corps, prisé C s.
Item ung aneau de turquoise esmaillé, deux petits diaments sur le corps, prisé IX lt.
Item quatre aneaux d'or en l'un desquels est enchassé une turquoise, l'autre un teste de mort, l'autre un coeur de petitz diaments et l'autre d'une perle, prisé ensemble dix livres X lt.
Item deux brasselets de menues perles poisant une once cinq gros et demy, prisé l'once quarente livres, revenant audit. pris à soixante et sept livres cinq sols cy LXVII lt. Vs.
Item deux petitz bracelets de perles de petites semence garnis de tablettes d'ambre, prisé six livres pour ce cy VI lt.
Item une bordure de perles garnie de pensée d'or esmaillé, prisé quanrente cinq livres XLV lt.
Item un chapelet de bois des sille garny de petites perles, prisé sept livres VII lt.

Item trois pendans d'agathe dont deux garny de deux perles chacun, prisés ensemble XXIIII lt.

[fol.13 v.]

Item un chapelet de cornaline blanche, prisé quarente sols XL s.
Item un autre chapellet d'ambre, prisé quarente sols cy XL s.
Item chapelet de corail, prisé trois livres, cy LII lt.
Item deux brasselletz de corail, prisé trois livres LII lt.
Item trois branches de corail en bout desquelles est une cueilliere de cocquille de mer, prisé trois livres III lt.
Item une douzaine de cueillieres et une douzaine de fourchettes d'argent blanc poisant quatre marcs deux onces, prisé le marc vingt cinq livres revenant audit. pris à la somme de cent six livres deux sols cy CVI lt. II s.
Louis des escouttes

Ensuivent les livres* estant dans ledit cabinet prisés par lesdits Huau et du Prast, apelé avec eulx honnorable homme Toussait Quinet, marchant libraire au Pallais à Paris, ainsy qu'il ensuict :

Item Titelive en françois, infoliot en deux volumes couverts de bazanne, prisé XV lt.

[fol. 14 r.]

Item un Saint Augustin, De la citté de Dieu, infoliot, prisé trois livres III lt.
Item l'Histoire de Pline, en deux volumes, infoliot, prises C s.
Item une Histoire des Turcques de Carcondille, infoliot, prisé VI lt.
Item les Estatz et Empires, infoliot, prisé L s.
Item l'Histoire d'Angleterre, infoliot, prisé trois livres III lt.
Item, une Histoire d'Esliodor, infoliot, prisé vingt sols XX s.
Item un Iconologie, prisé XXV s.
Item un Tableau de Filostratte, infoliot, prisé huict livres VIII lt.
Item la Vie des Saincts, infoliot, prisé trente sols XXX s.
Item un premier tome du Coustumier general, infoliot, prisé XX s.
Item la Theologie du Pere Yves, en quatre tomes inquarto, prisés C s.
Item un Amblemata Oracij, inquarto figuré, prisé quarente sols cy XL s.
Item les Entretiens du Sage, inquarto, prisé vingt sols XX s.
Item Suetonne en françois aussy inquarto, prisé vingt sols XX s.
Item Saluste aussy en françois, prisé XX s.

[fol. 14 v.]

Item Dioncatius en françois, inquarto, prisé vingt sols XX s.
Item un livre intitulé Fort et Bastion des femmes, inquarto, prisé seize sols XVI s.
Item un livre intitulé Promptarium delé medagli, prisé XX s.
Item une Mithologie des dieux, inquarto, prisé trente sols XXX s.
Item une œuvre de Senec, inquarto, prisé trente sols XXX s.
Item un pacquet de livres tels quel, cotté A, prisé trente sols XXX s.
Item un autre pacquet contenant sept livres de plusieurs volumes et differentes grandeurs, cotté B, prisé III lt.
Item un pacquet contenant cinq volumes de livres, cotté C, prisé L s.
Item un pacquet de dix volumes, cotté D, prisé trente sols XXX s.
Item un autre pacquet de sept volumes, cotté E, prisé XL s.
Item un pacquet de cinq volumes, cotté F, quarente cinq sols XLV s.
Item un pacquet de huit volumes, cotté G, prisé cinquante cinq sols LV s.
Item un pacquet de treize volumes de livres cotté H, prisé XXX s.

[fol. 15 r.]

Item un autre pacquet de sept volumes, cotté J, prisé cinquante cinq sols LV s.
Item un pacquet de six volumes, cotté K, prisé vingt cinq sols XXV s.
Item un pacquet de six autres volumes, cotté L, prisé XXV s.
Item un pacquet de dix volumes, cotté M, prisé XX s.
Item un pacquet de unze livres, cotté N, prisé XXV s.
Item un pacquet de treize volumes, cotté O, prisé vingt sols cy XX s.
Item un pacquet de dix volumes de livres, cotté P, prisé vingt sols XX s.
Item un autre pacquet de treize volumes de livres, cotté Q, prisé seize sols XVI s.
Item un pacquet de quatre volumes, cotté R, prisé

*Pour l'identification des volumes, nous nous permettons de renvoyer à l'excellente analyse de Richard Beresford, 1985, p. 111 et 115.

vingt cinq sols *XXV s.*

TOUSSAINCT QUINET

Ce faict l'assignation continuée à demain deux heures de relevée.
Dudit jour vingttroisiesme desdits moys et an a esté continué à l'inventorié des tiltres et papiers, ainsy qu'il ensuict :

Premierement l'inventaire faict par de

[fol. 15 v.]
Monthenault et de Turmenye l'un des notaires soubssignés le dernier juillet MVI^c trente sept et autres jours suivans à la requeste dudit deffunct Blanchard tant en son nom que comme tuteur des enfents de luy et de ladite deffuncte Suzanne Castillon jadis sa femme en premieres nopces, en la presence dudit De Beloy, subrogé tuteur desdits mineurs, des biens trouves après le decedz de ladite deffuncte Castillon estant de la communauté d'entre ledit deffunct et elle, avec lequel inventaire, qui est clos du cinquiesme aoust audit an MVI^c XXXVII pardevant Fournier greffier audit. Chastellet, se sont trouvés les pieces, tiltres, papiers et contracts mentionnés par iceluy soubs les cottes un jusqu'à huict includ excepté une promesse soubs la cotte sept qui s'est trouvée en defficit de la somme de quatre cens livres signée de Monsieur Jacquelin, Inventorié sur ledit Inventaire sur les pièces y mentionnées pour seconde fois, l'une comme l'autre *Un*

Item le contract de mariage d'entre ledit Deffunct Blanchard et ladite Elizabeth Le Sage à present sa veufve, passé pardevant ledit de Turmenye et Cousinet notaires audit Chastelet de Paris le neufviesme aoust MVI^c trente sept, contenant entre autres choses avoir esté stipulé la communauté entre lesdits lors futurs espoux suivant la coustume de Paris et avoir les père et mère d'elle promis fournir quatre mil livres pour ladite lors future espouse leur fille pour les causes y déclarées, avoir esté stipulé qu'il en seroit employé seize cens livres en achapt ou rentes pour sortir nature de propres à ladite lors future espouze et aux siens de son costé et ligne, ladite future espouze avoir esté douée de cent livres ts. de rente en doire prefix pour en jouir suivant ladite coustume,

[fol. 16 r.]
le preciput avoir esté accordé reciproquement en meuble de la communauté suivant la prisée sans crue ou en deniers au choix du survivant jusques à la somme de six cens livres et la faculté de renonciation avoir esté accordée à ladite lors future espouze, ainsy qu'il est porté par ledit contract, ensuite duquel est la quittance desdits quatre mil livres promis par iceluy receus par lesdits de Turmenye et Cousinet le dixseptiesme desdits mois et an, inventorié au bas de ladite quittance *Deux*

Item un contract passé pardevant Charlet et Cornille notaires audit Chastelet le dernier jour de may dernier, an present mil six trente huict, contenant Mre Mathieu Molé, Chevalier, Seigneur de Lassy et de Champlatreux, Conseiller du Roy en ses conseils et son procureur général, et dame Renée Nicolay son espouze avoir vendu et promis sollidairement garentir audit deffunct Blanchard la maison et despendances d'icelle en laquelle il est deceddé scize dicte rue Bourtibourg, aux charges et conditions y declarées et moyennant vingt un mil livres payés lors contans comme il est porté par ledit contract, ensuite duquel est l'acte de notiffication signé Chauvin du dixseptiesme juin ensuivant et en marge dudit contract est aussy la seisine de ce prise signé Leleu avec lequel se sont trouvez quatre pieces ; l'une est un bail de ladite maison cy-devant

[fol. 16 v.]
faict par ledit Sieur Mollé à noble homme Jean Parlier le huitiesme mars MVI^c XXXVI pardevant Vaultier et son compagnon ; la seconde est un contract d'eschange mentionné par le susdit contract de vente signé en fin Carelle et Dutot ; la troisiesme est une quittance des cens deubs de ladite maison signée Longuet, et la quatriesme est un extraict de la saisine du susdit contract de vente au dessoubs duquel est une recognoissance de la délivrance des cens d'iceluy ; inventorié sur chacune desdites pièces l'une comme l'autre *Trois*

Item un devis d'ouvrages de peinture au dessoubs duquel est un arresté faict pour le prix d'iceulx à la somme de huict mil livres ts. que Monseigneur le surintendant a promis payer audit deffunct Blanchard, qui auroit promis de faire lesdits ouvrages pour mondit Seigneur de Bullion en sa maison de la grange, datté du XVIIe mars dernier, signé en fin Bullion et Blanchard, Inventorié audessoubs desdits signatures *Quatre*

En inventoriant lequel devis ledit Jean Blanchard comparant a protesté que ledit inventorié ne luy

puisse nuire ne préjudicier aux droicts et actions qu'il a pour sa portion au restant deub desdits huict mil livres comme estant associé avec ledit deffunct.
Et par ledit Belloy audit nom de subrogé tuteur desdits mineurs a esté faict protestation au contraire de celle cy dessus
Comme aussy ladite veufve Blanchard a faict protestation contraire d'icelle dudit Blanchard comparant.

ELIZABET LE SAGE

BELLOY BLANCHARD

[fol. 17 r.]

Item un libvre en forme de journal contenant plusieurs feuillets dont il y en a vingt un d'escripts en tout ou partye et aucuns d'iceulx rayés, le surplus en blanc, lesdites escriptes escriptes de la main dudit deffunct comme les partyes ont dict, ledit journal couvert de parchemin et lesdits feuillets escriptz paraphez par de Turmenye l'un des notaire soubssignés, Inventorié sur la couverture dudit libvre *Cinq*

Ce faict l'assignation continuée à vendredy deux heures de relevée.
Dudict. jour vendredy après midy vingt sixiesme jour desdits mois et an a esté par lesdits notaires soubssignes en la presence desdites partyes esdits noms continué à l'inventorié desdits papiers ainsy qu'il ensuict :

Item une petite liasse de neuf pieces attachées ensemble qui sont partyes de divers marchands, quittance des payemens des pauvres et boues de ceste ville de Paris qui n'ont esté icy plus particulierement specifiés pour éviter à frais, paraphées au marge de chacune d'icelle par l'un des notaires soubssignes et inventoriés sur la premiere servant de couverture pour le tout *Six*

Item sept autres pieces attachées ensemble qui sont partyes des obsecques et funerailles pour le deuil de deffunte Suzanne Castillon premiere femme dudit deffunt Blanchart et autres deniers despensés par iceluy deffunct Blanchart à divers particuliers tant pour le deuil d'icelle deffunte et autres frais dont n'a aussy esté faict plus particulière

[fol. 17 v.]

mention, seullement paraphés par l'un des notaires soubssignes comme les autres cy-dessus et inventorié sur la première desdites pièces servant de couverture *Sept*

Item un escript soubs seing privé signé Pouget et Blanchard, datté du XXe aoust dernier par lequel apert ledit Blanchard avoir ceddé le droit de bail qu'il avoit de la maison où il estoit cy devant demeurant rue Saincte croix de la Bretonnerye audit Pouget pour le temps qui en restoit à expirer moyennant quatre cens quatre vingts livres, avec lequel escript est attaché les quittances des payemens faicts par ledit deffunct Blanchard des loyers de ladite maison au sieur Parfait duquel il avoit le bail, avec un memoire des reparations qu'il y avoit à faire lors qu'il est entré en ladite maison, Inventorié au dos dudit escript pour le tout *Huict*

Item une liasse contenant dix huit pièces attachées ensemble qui sont memoires et devis d'ouvrages de peintures entrepris à faire par ledit deffunct Blanchard tant pour feu Monsieur Cornuel, la damoiselle Petit, sieur de Monthoron et autres, avec quelques quittances et memoires que ledit deffunct a faicts à plusieurs particuliers qui ont travaillé pour luy, lesquels memoires et quittances n'ont esté icy plus particulierement speciffies du consentement desdits partyes pour eviter à frais, ains seullement paraphées par l'un desdits notaires soubssignes en marge de chacune et inventorié sur la premiere d'icelle servant de couverture pour le tout *Neuf*

En inventoriant laquelle liasse ledit Blanchard a protesté que ledit inventorié ne luy puisse nuire à ses droicts pour les pretentions qu'il a pour le revenant bon au contenu desdits marchés comme associé avec ledit deffunct son frere.

[fol. 18 r.]

Et par ladite veufve Blanchard et Belloy esdits noms a esté faict protestation au contraire.

Item un grand sacq de thoille esticqueté par ces mots, Sont toutes les pieces concernans les successions de deffuncte Madame Castillon et René Castillon son filz, Pierre et François, comme aussy les proceddures et poursuittes faictes contre ledit François Castillon par le Sieur Chabert et sa femme, compte rendu de sa tutelle, quittances des payemens faicts par monsieur Blanchard en vertu des sentences et le memoire de ce qui revient de bon audit Castillon non compris audit compte, dans lequel sacq et parmy lesdits papiers s'est trouvé un petit registre couvert de parchemin contenant cent soixante trois feuillets *dont s'en est trouvé cinquante quatre escripts, la plus grande partye de toutes parts, faisant mention de la recepte et despence faicte par ledit deffunct Blanchard audit nom de tuteur de Pierre, François et Jean Castillon, enfans mineurs de deffuncte Susanne Duchesne au jour de son deceds veufve de feu René Castillon, vivant maistre tapicier à Paris, ladite Duchesne deceddée le deuxiesme juillet mvi*ᶜ *trente un, lesdits mineurs heritiers chacun pour une quatriesme partye de ladite Duchesne leur mère et pour une cinquiesme partye de deffunct René Castillon, leur frère, qui estoit pareillement heritier pour une quatriesme partye de ladite deffuncte duchesne et pour lequel deffunct René ledit deffunct Blanchard avoit faict recepte et despence attendu qu'il estoit*

[fol. 18 v.]

debiteur a ladite succession ainsy qu'il se justiffie par plusieurs articles dudit registre estans escripts ausdits cinquante quatre feuillets ; lesquels ont esté paraphés par ledit de Beauvais, l'un desdits notaires soubssignes en marge de chacun pour y avoir tel recours que de raison. Inventorié sur la couverture dudit registre et estiquette dudit sacq l'un comme l'autre pour le tout *Dix*

*Item un acte passé pardevant de Monthenault et ledit de Turmenye notaires le neufviesme jour de mars MVI*ᶜ *trente sept, par lequel apert ledit deffunct Jacques Blanchard avoir recognu combien que ledit Jean Blanchard son frere desnommé audit present inventaire* [ait promis] *de renoncer à la succession de deffunct Mre Gabriel Blanchard leur pere, neantmoings luy auroit promis de luy tenir compte de la suscession dudit deffunct leur pere en ce qu'il en pourroit amender en qualité d'heritier par benefice d'inventaire aux conditions portées par ledit acte, en fin duquel est un autre acte passé pardevant lesdits notaires le IIII*ᵉ *jour d'aoust audit an MVI*ᶜ *trente sept par lequel ledit Jean Blanchard recognoist que ledit deffunct son frere luy a tenu bon et fidel compte des effects de ladite succession et l'en avoir deschargé, en fin duquel acte est encores un acte passé pardevant les mesme notaires le treiziesme octobre audit an par lequel ledit Jean Blanchard consent que ledit Jacques Blanchard son frere transporte au sieur Foucault ce qu'il peult estre deub à la succession dudit deffunct leur pere par le sieur Prudent de Faux pour demeurer quitte envers*

[fol. 19 r.]

*luy des saillaires, peines et vaccations qu'il pouvoit pretendre pour avoir vacqué à l'esclaircissement et recouvrement des effects de ladite succession ; avec lequel acte est attaché l'acte de renonciation faicte par ledit Jean Blanchard de ladite succession pardevant lesdits notaires le neufviesme mars MVI*ᶜ *trente sept, les lettres de benefices d'inventaire, obtenues en chancellerie et les lettres d'entherinement d'icelles audit Chastelet, inventorié au marge de ladite contre promesse pour le tout* *Unze*

Item un petit livre couvert de parchemin contenant plusieurs feuillets de papiers dont sept escripts faisant mention des marchandises de peinture par ledit deffunct prises sur le sieur Heron depuis le mois de mars dernier jusques au vingthuictiesme octobre aussy dernier. Inventorié sur la couverture dudit livre *Douze*

*Item ung acte du Chastelet de Paris en datte du XXIIII*ᵉ *juillet MVI*ᶜ *trente sept signé Drouard par lequel apert ledit deffunct avoir esté esleu tuteur aux enfants de luy et de ladite deffuncte Castillon et Belloy subrogé tuteur, inventorié au dos dudit acte* *Treize*

Ce faict tous lesdits biens meubles, peintures

[fol. 19 v.]

vaisselles d'argent, bagues et joyaux, tiltre et papiers inventories au present inventaire à l'exception des cottes dix et unze sont demeures en la possession de ladite veufve et de ladite Anne Parceval sa mere du consentement des partyes qui s'en sont chargées, et pour les representer lors et quand requises en seront comme depositaire, et au regard desdites cottes dix et unze ont esté aussy du consentement desdites partyes delivrées et mises es mains dudit sieur Blanchard aux protestations de ladite Anne Parceval que la presente submission ne luy puisse prejudicier aux droicts qu'elle a comme creanciere de ladite succession, et aussy apert que lesdit Blanchard et Belloy esdits noms ont protesté que ladite qualité de creanciere prise par ladite Parceval puisse créer un préjudice ausdits mineurs, et ont signé

BLANCHARD
ELISABET LESAGE *ANNE*
PARCEVAL *BELLOY*
PARCEVAL
COLIN
DE TURMENYES *DE BEAUVAIS*

*Tenu pour clos le VII*ᵉ *décembre MVI*ᶜ *XXXVIII*
HUBERT

(Archives Nationales, Minutier Central, XCVI, 30)

Annexe

1639 : Inventaire des biens de Pierre Daret

(extraits)

Nous croyons utile d'ajouter aux inventaires des biens de Jacques Blanchard quelques passages de l'inventaire de la maison et de l'atelier de son ami et graveur Pierre Daret. Les deux hommes semblent avoir été fort liés. Les deux artistes appartenaient à peu près au même milieu, et Daret n'était que de quatre ans le cadet de Blanchard. Ce dernier, en 1633, figura parmi les parents et personnalités invités à la signature du contrat de mariage avec Gilette Guynet. Or Gilette Guynet meurt moins d'un an après Blanchard : et c'est à cette occasion (une fille était née du mariage) que l'inventaire fut dressé, en présence de Daret lui-même.

Ces circonstances donnent une importance exceptionnelle à ce document.

Rédigé quelques mois après le décès de Jacques Blanchard, devant un ami aussi proche, l'inventaire ne peut prêter au doute quant aux attributions. On ne saurait imaginer aucune confusion avec Jean Blanchard, et naturellement, à cette date, Gabriel Blanchard est exclu.

Du coup se trouvent authentifiées des pièces, ou de jeunesse, ou d'ordre secondaire, qui auraient pu paraître très marginales.

Enfin l'inventaire des planches et épreuves conservées dans l'atelier confirme la datation précoce des gravures de Daret et la diffusion rapide de l'œuvre de Blanchard.

En parcourant les divers articles, on se souviendra que Daret avait commencé sa carrière comme peintre. Il se pourrait bien que fussent de sa main les œuvres mentionnées sans nom d'auteur (un *Crucifix*, une *Place de Saint-Marc à Venise*, une série de « *petits tableaux commencés peints sur bois* », *etc.*). Rappelons qu'en 1663 c'est comme peintre qu'il sera reçu à l'Académie. Or il ne mourut qu'en 1678, soit quarante ans après Blanchard. Il est probable que son style de peintre fut influencé par ceux de Blanchard et de Vouet, qu'il avait tant copiés, non moins que par celui de Raphaël, dont il avait établi le premier catalogue. Ne serait-il pas l'auteur de plusieurs compositions fort belles, gravées par lui, mais sans nom d'auteur, et que ne sont pas sans évoquer celles de Le Sueur, et d'autres qui semblent des échos tardifs du style de Blanchard ?

L'an mil six cent trente neuf le Lundy avant midi huitieme jour d'aoust, à la requeste de honnorable homme pierre Daret, Marchant graveur en taille doulce, bourgeois de paris, y demeurant rue St Jacques paroisse St Benoist en la Maison ou est pour enseigne la perle, tant en son nom que comme tuteur de Marie Daret, aagée de cinq ans ou environ, fille mineure de luy et de deffuncte Gillette Guynet vivante sa femme, pere et mère d'icelle mineure habille à soy dire et porter héritière de ladite deffuncte sa mere [...] a esté par les notaires et gardenottes du Roy notre Sire en son Châteletet de Paris soubssignés faict inventaire et description de tous et chacun les biens meubles [...] estant de la succession d'icelle deffunte Guynet...

[...]

En la deuxiesme chambre de ladite Maison occupée par ledit Daret

[...]

Item trois tableaux peints sur toille garnis chacun de leur chassis de bois de poirier faits par Jacques Blanchard peintre en l'un desquels est représenté un roi triomphant et deux autres un Crist et la Vierge, prisés ensemble soixantes livres *LX lt.*

Item un autre tableau peint sur toile dudit Blanchard garny de son chassis de bois de poirier ou est représenté une charité, prisé vingt quatre livres, cy *XXIV lt.*

Item deux autres tableaux l'un représentant un Crucifix et l'autre une place de St Marc de Venise garny d'un chassis, prisés ensemble vingt livres, cy *XX lt.*

En la quatriesme chambre de ladite Maison occupée par ledit Daret

Item une vieille table de bois de chesne servant à graver avec son tiroir, prisé seize sols, cy *XVI s.*

Item trois tableaux qui sont desseings peints sur toille de Blanchard et de [...], prisés ensemble quinze livres, cy *XV l.*

Item dix desseings de Blanchard peints sur carte sans chassis, représentant Apollon et les neuf muses, prisés ensemble trente livres, cy *XXX lt.*

Item six autres petits tableaux commencés peints sur bois et toille représentant plusieurs figures, prisés ensemble trente sols, cy *XXX s.*

Item huit autres petitz tableaux, dont six peints sur cuivre et deux petits paysages peints sur bois, prisé ensemble soixante sols, cy *LX s.*

Item un mousquet, une harquebouse à rouet aveq la bandouilliere garnie de ses charges, trois pistolets d'arson, deux de poche, deux vieilles espées, prisé le tout ensemble huit livres, cy *VIII lt.*

[...]

Item deux autres planches appelées le [?] dedié à la reyne, prisé ensemble quarante huit livres, cy *XLVIII lt.*

Item deux planches, l'une un crucifix et l'autre dessente de croix, prisé ensemble soixante douze livres, cy *LXXII lt.*

Du mardy neufiesme jour dudit mois et an
[Inventaire de l'imprimerie, pour lequel ont été appelés Pierre Mariette et Gaspard Firens, Marchand graveurs en taille doulce.]

Item cinquante huit planches appelées doubles feuilles, de plusieurs figures et histoires, prisées dix huit livres pièce, revenant le tout à la somme de Mil quarante quatre livres, cy *I^m^ XLIIII lt.*

Item cinquante deux planches appelées feuilles, de plusieurs saints, prisés à raison de douze livre pièce, revenant le tout à la somme de six cens vingt quatre livres, cy *VI^c^ XXIIII lt.*

Item seize autres planches appelées feuilles, contenans plusieurs portraits d'hommes illustres, prisés sept livres pièce, revenant le tout audit prix à la somme de cent douze livres... *CXII lt.*

Item huit autres planches Moyennes, de petits portraits, prisés ensemble quarante deux livres... *XLII lt.*

Item quatre vingt quatre autres planches appelées pièces fines, prisées ensemble deux cent cinquante deux livres, qui est à raison de trois livres, prisé cy *II^c^ LII lt.*

Item trois planches d'almanach et deux de [...], prisés ensemble vingt quatre livres, cy *XXIIII lt.*

Item cent trois planches grand in-quarto,

représentant un livre intitullé les Emblesmes d'Horace non encore imprimé, prisé à leur juste valleur suivant communication par escript à la somme de deux mil trois cent dix sept livres dix sols, cy *II^m III^c XVII lt.*

Item six petites planches de pièces fine imparfaictes, prisées ensemble six livres, cy *VI lt.*

Item trois cuivres prest a graver poisant cinq livres prisé la livre trente sols revenant audit prix à la somme de 7 livres dix sols
cy *VII lt. 10 s.*

Item une grande planche de blanchard du portraict du Roy (?), prisé vingt quatre livres, cy *XXIV lt.*

Item un pacquet dans lequel sont plusieurs cuillerées d'azur et autres (...) servant à enluminer, prisé ensemble quatre livres, cy *IIII lt.*

Item une grande planche de cuivre rouge gravée d'un grand crucifix apres Vandich, prisé soixante douze livres, cy *LXXII lt.*

Item une autre grande planche du [ratures, portraict ?] *du Roi et de la reyne, prisé quatre vingt livres, cy* *IIII^xx lt.*

Item deux autres grandes planches représentant les hermitte de Blommard prisés ensemble quarante huit livres, cy *XLVIII lt.*

Item la charité de blanchard, prisé soixante quatre livres, cy *LXIIII lt.*

Item deux autres planches dudit Blanchard representant deux Vierges, prisé soixante livres, cy *LX lt.*

Item deux planches appelées le regard de blanchard, prisées ensemble soixante douze livres, cy *LXII lt.*

Item une autre planche appelée St Jean du Guide, prisée trente six livres, cy *XXXVI lt.*

Item une autre planche appelée la psiché du Sr Vouet, prisé vingt quatre livres, cy *XXIV lt.*

[estampes tirées, en paquet]

[...]

Item trois cens doubles feuilles du regard de Blanchard, Vierge et crucifix tirées de ses planches, prisé le cent neuf livres, douze sols, revenant le tout audit prix à la somme de vingt huit livres seize sols, cy *XXVIII lt. XVI s.*

Item soixante dix doubles feuilles de la charité de blanchard tirée desdites planches, prisé le cent douze livres, revenant audit prix à *VIII lt. VIII s.*

[...]

Item un gros pacquet de plusieurs feuilles de figures des planches du sieur Vouet prisé le tout ensemble a la juste valleur cent quarante trois livres cy *CXLIII lt.*

[...]

Item quatre cent de petits portraitcts tirés des planches dudit Daret prisés ensemble douze livres, cy *XII lt.*

[...]

On notera qu'en fin d'inventaire, parmi les sommes que Daret déclare lui être dues, entre les noms d'Augustin Courbé (« cent livres pour reste de plus grande somme »), de Ciartres (Langlois), de Boudan, de Dorigny, de Vouet (300 livres), *etc.*, on trouve une petite rubrique Blanchard : « *Item par le sieur Blanchard six livres huit sols* ».

Archives Nationales, Minutier Central, XLIII, 27.

Catalogue des œuvres de Jacques Blanchard

Introduction

Établir le catalogue chronologique d'un peintre est toujours une entreprise périlleuse. La carrière d'un artiste et les métamorphoses de son style ne suivent jamais un développement linéaire ; ses œuvres ne s'enchaînent pas mécaniquement l'une à l'autre comme le suggère la numérotation réductrice inséparable de tout catalogue raisonné. Les unes ont pu être créées en quelques jours, les autres longtemps méditées, enfantées dans la peine, reprises parfois après plusieurs années. Avec Jacques Blanchard ce n'est pas, à vrai dire, l'obstacle majeur. Il semble avoir travaillé rapidement, pour un public pressé qui s'arrachait ses tableaux. « *On lui a vu peindre une figure entière grande comme nature en deux ou trois heures de temps* », remarque Félibien, et nous savons qu'il décora toute une galerie en trois mois. Les difficultés sont ailleurs, mais nombreuses.

Blanchard est mort à trente-huit ans. Pratiquement, nous n'avons des témoignages sûrs de son activité que sur dix ans : laps de temps bien court. L'évolution du style se marque moins par des choix fondamentaux que par des nuances souvent difficiles à apprécier.

Blanchard signait peu et datait moins encore. Les peintures dont il a tenu à mentionner l'année se comptent sur les doigts d'une main. Ce qui n'aide guère à retrouver la suite de l'œuvre. D'autant qu'on ignore pour quelle raison telle *Charité* se trouve signée et datée, et telle autre sans trace de signature. Quant aux biographes de l'artiste, ils se sont le plus souvent abstenus de la moindre indication chronologique.

Les peintures de Blanchard conservées sont rares. Non moins rares que celles d'un La Tour. De plus, elles sont fort dispersées. Aucun musée n'en possède plus d'une, sauf l'Ermitage (deux peut-être) et le Louvre (six). Ce qui ne facilite pas les comparaisons.

Une partie considérable de l'œuvre ne nous est parvenue que par l'intermédiaire de l'estampe. Même si l'on sait faire la part du style propre aux graveurs (et les principaux, Antoine Garnier et Pierre Daret, nous sont bien connus), il reste malaisé de distinguer, par delà ces transcriptions, les nuances qui pouvaient séparer les originaux. L'eau-forte de Garnier ou La Court incline toujours à une datation plus précoce, le burin de Daret à une datation plus tardive.

Mais ce n'est pas encore l'essentiel. D'ordinaire les grandes commandes, datées par des marchés ou par l'histoire des bâtiments, apportent des jalons sûrs qui permettent de redistribuer dans le temps la production destinée aux amateurs privés. Il en va ainsi pour le *May* de Blanchard, la *Descente du Saint-Esprit*, exposée le 1er mai 1634 et donc peinte dans les mois qui précèdent. Justement, il semble bien qu'à partir de 1631 l'essentiel de l'activité de Blanchard se trouve réservée à de grands décors, dont les archives livrent la trace – et la date. Ils furent le lieu de ses recherches, ils marquèrent sans doute les articulations principales de son style. Or, à l'exception du *May*, tout ce pan de l'œuvre a disparu. Et avec lui, les repères qui permettraient de saisir le cheminement de sa création.

Ajoutons encore un autre fait. Jacques Blanchard avait un frère cadet, prénommé Jean, qui lui aussi fut peintre. De quatre à cinq ans plus jeune que Jacques, semble-t-il, il resta très lié avec lui jusqu'à sa mort. S'est-il résigné, jusqu'à l'âge de 32-33 ans, au rôle de simple auxiliaire ? Par la suite, soit de 1638 à 1665 – plus d'un quart de siècle – il conduisit une carrière parisienne en bon rang, si l'on en juge par le contrat passé en mars 1639, de compagnie avec Mauperché, pour la salle des gardes et l'antichambre de l'hôtel de Richelieu lui-même (publié par Thuillier, 1978, p. 91), ou bien par la faveur que lui accorde M. Hesselin. Pourtant l'histoire de l'art n'a pas retenu son nom. On a volontiers pensé qu'il ne s'occupa que de décors, comme il semble l'avoir fait dans le cas du Palais Cardinal. Attirant sur lui l'attention, Charles Sterling, en 1961, reproduisait un tableau qu'avait publié August L. Mayer en 1935, tableau signé (mais de façon suspecte) *JE Blanchard* et représentant des ruines dans la manière de Mauperché avec des gueux tels qu'on en voit dans les bamboches. Jean était-il resté à Rome plus longtemps que son frère et y avait-il déjà connu cette vague de la peinture de genre ? De toute manière elle avait vite gagné la capitale française. On lui a donné également une des *Sainte Famille* du Louvre qui est en rapport avec une gravure de Garnier attribuant la composition à Jacques ; d'où l'on a conclu qu'il exécutait surtout des copies d'après les tableaux de son frère. En fait, le tableau du Louvre nous paraît de Jacques lui-même (voir notice, n° 35) et rien ne permet d'affirmer que pour sa part il était incapable d'inventer des « tableaux d'histoires ». André Félibien, précisément, dit que « *Jean Blanchart travailloit à l'Histoire* » (*Entretien IX ; cf.* éd. 1690, t. II, p.487). Son témoignage, peu réfutable, est encore conforté par l'inventaire après décès du peintre, qui mentionne expressément sous son nom, à côté de paysages, de ruines et d'une copie d'après une *Vierge* de Jacques, plusieurs compositions religieuses et allégoriques. Aucune n'a été retrouvée. Elles devaient être de qualité, puisqu'en 1663 il fut reçu à l'Académie royale. Quel style offraient-elles ? Jean avait-il pu se soustraire assez vite à l'empreinte de son frère ? Ou s'agissait-il de toiles assez proches pour être capables, aujourd'hui encore, de nous tromper, et de venir troubler notre conception de l'art de Jacques Blanchard ?

*

On devine dès lors combien toute reconstruction de la chronologie peut être fragile. Il faut pourtant la tenter, sous peine de renoncer à jamais comprendre les ressorts de l'œuvre. Avant nous, il y a plus d'un tiers de siècle, Charles Sterling s'y est risqué, dans une étude qui reste fondamentale. Bon nombre de ses conclusions peuvent être considérées comme acquises. Mais il ne disposait alors ni des documents d'archives mis au jour depuis 1970, et qui ont révélé l'ampleur des grandes commandes décoratives, ni de certains renseignements fortuitement découverts. Ainsi la date de 1633 retrouvée sur la *Charité* du Louvre, qu'il plaçait (non sans apparence) « probablement vers 1635-1636 », conduit à remonter toute une partie de la chronologie.

D'autre part Charles Sterling croyait pouvoir se fonder sur l'importance de l'influence vénitienne sur Blanchard pour déterminer la date des œuvres. Il estimait que la part du Titien sur la formation de son art avait été fort exagérée, mais qu'en revanche le jeune Blanchard était revenu en France profondément marqué par les exemples de Fetti, de

Strozzi et de Liss, dont il s'était d'abord étroitement inspiré, avant de se laisser gagner par l'ambiance parisienne.

L'examen direct des œuvres ne nous a pas confirmé ce schéma, logique, certes, mais qui peut-être ne tient pas assez compte de la personnalité complexe de Blanchard. Il nous a semblé que les tableaux du Titien avaient profondément et durablement influencé le peintre français : thèmes érotiques comme celui de Danaé, coloris jouant sur le « tout-ensemble » et rejetant la vivacité des taches locales, proportions importantes des personnages qui souvent emplissent la surface de la toile : tous ces enseignements ont été perçus et se retrouvent jusqu'au bout de l'œuvre. En revanche nous n'avons pas réussi à préciser les influences de Fetti, Liss ou Strozzi : si elles ont réellement existé, il n'en reste, au moins dans les toiles retrouvées jusqu'ici, que des traces assez vagues pour se fondre dans le « néo-vénétianisme » alors à la mode, et qui a touché pareillement Vouet et Poussin. D'autre part la leçon de Rubens, niée formellement par plusieurs auteurs, ne peut être si facilement exclue. Le cycle de la *Vie de Marie de Médicis* avait été mis en place en 1625, soit après le départ de Blanchard ; le Luxembourg fut facilement accessible jusqu'en 1631. On n'imagine guère que Blanchard, à son retour de Paris, ne soit pas allé le voir, et qu'il n'ait pas été saisi par le coloris du Flamand et la science de ses carnations. Sa formation parisienne et italienne dut le protéger contre la lourdeur des formes et la vivacité des rythmes de Rubens : mais on croirait volontiers qu'une partie du « vénétianisme » de Blanchard procède en fait du maître d'Anvers.

C'est dire qu'une fois de plus se révèlent bien peu fiables ces critères externes, fondés sur les jeux d'« influences » supposés dans lesquels l'historiographie des années passées croyait trouver le secret des chronologies, et même des créations. À en juger par les tableaux qui nous demeurent, le style de Blanchard s'établit entre trois grands pôles : l'art de Jérôme et de Nicolas Baullery, dont nous savons bien peu ; l'art d'Horace Le Blanc, dont nous ne savons guère plus ; l'art du Titien, qui semble être resté jusqu'à la fin le maître lointain mais toujours présent. Tout cela n'offre, à proprement parler, aucun schéma chronologique pour la production française. On est réduit à chercher des enchaînements plus fins, à partir d'une impression générale et de détails plus ou moins morelliens, et avec l'espoir que peu à peu se retrouvera la cohérence – et non la logique – de l'œuvre de Blanchard. Et c'est l'exposition qui permettra de vérifier ou infirmer ce qui, actuellement, ne saurait être qu'hypothèse.

*

Le catalogue que nous présentons reste donc plein d'incertitudes. Si pourtant nous avons cru devoir refondre entièrement celui qu'avait proposé Charles Sterling*, c'est contraint par deux faits. Le nombre et l'importance des tableaux réapparus ne permettaient plus de les insérer, même avec des *bis* et des *ter*, dans la numérotation du catalogue de 1961. D'autre part, il devenait essentiel de réserver dans la chronologie la place des grandes commandes désormais mieux connues. Durant le temps où Blanchard est accaparé par le chantier de l'hôtel Le Barbier, durant les trois mois où il peine pour finir avant le 31 de décembre 1634 la galerie du tout-puissant Claude de Bullion, durant les séjours qu'il fait au château de La Grange, il ne doit guère trouver le temps de brosser des tableaux pour amateurs. Il s'agit de contraintes que connaissent bien les artistes, et que les historiens ne sauraient oublier.

Nous donnons ce catalogue pour ce qu'il vaut : un effort pour mieux cerner le développement d'une carrière et d'une création, un point de départ pour une analyse objective des œuvres.

* On trouvera la numérotation de son catalogue indiquée entre crochets dans la bibliographie.

I
1613 – 1629
Formation & voyages

On ne sera pas surpris outre mesure que peu d'œuvres puissent être attribuées à Blanchard avant sa réinstallation à Paris à la fin de 1629. Pendant quelque seize ans le jeune homme avait certainement beaucoup dessiné et peint. Mais pour la plupart des artistes du XVIIe siècle la production des premières années, manquant de personnalité et souvent de qualité, a été détruite, ou s'est glissée sous le nom de leurs maîtres. Songeons à Poussin lui-même, dont la célébrité n'a pas empêché de disparaître presque toutes les œuvres d'avant la trentaine. Pour ce qui touche au bref séjour romain, que l'on considère le nombre minuscule d'œuvres françaises conservées à Rome en regard de tant de centaines d'artistes qui y sont demeurés plus ou moins longuement. Pour ce qui est de Venise, c'est pire encore. Quant à Turin, constatons pareillement qu'il ne reste rien du tout du long séjour qu'y firent Fréminet ou Brandin. Et il n'en va guère autrement de Lyon. De tant de décors et tableaux qu'y laissa un François Perrier, il ne subsiste que des bribes, et Stella est encore plus mal loti. Avant même toute recherche, on pouvait s'attendre à ce que Blanchard eût partagé leur sort.

Pour cette dernière ville, cependant, subsiste une marge ambiguë. Touchant le premier séjour de Blanchard auprès d'Horace Le Blanc, ne faut-il pas soustraire au très petit nombre d'œuvres qui nous demeurent sous le nom de ce dernier un tableau que Clapasson n'hésitait pas à déclarer de son ami Jacques Blanchard ? Touchant le second séjour, ne faut-il pas songer à des œuvres qu'on croit peintes par Blanchard après la réinstallation à Paris ? Cette réinstallation ne provoqua certainement pas une brusque coupure dans l'inspiration du jeune peintre. Il dut au contraire chercher à s'imposer dans la capitale par les formules qui lui avaient valu la faveur des amateurs lyonnais.

La répartition est donc malaisée. Nous avions d'abord pensé qu'une partie des grands nus et des *Sainte Famille* était à reporter sur la période antérieure au retour dans la capitale. Mais l'essentiel de ces compositions est connu par l'estampe, et ces estampes furent gravées à Paris. Nous ne sous-estimons pas l'importance du commerce entre Paris et Lyon, en général et dans le domaine artistique en particulier. Mais dans l'incertitude, nous avons cru qu'une estampe éditée chez Ganière, par exemple, avait plus de chance de reproduire une œuvre exécutée à Paris qu'un tableau lyonnais. Les documents diront un jour, nous l'espérons, si nous avons sur ce point péché par trop de timidité.

1. Autoportrait

Crayon, sanguine et légers rehauts de lavis.
0,235 x 1,189 m. (support) ;
0,180 x 0,155 m. (médaillon ovale)
Chantilly, Musée Condé, Inv. PD. 411.

BIBL.
1975, Rosenberg, p. 221-222, reprod. fig. 140.

Sans être décisive, la ressemblance est suffisante pour que l'on puisse reconnaître ici Blanchard vers l'âge de vingt ans. La moustache, la coiffure, ce qu'on aperçoit du costume s'accordent avec une date proche de 1620. La conception correspond à la tradition française du portrait dessiné. On croirait facilement que, devant quitter Paris, le jeune homme ait tenu à laisser son image à sa famille. Il ne manquait certes pas de peintres, autour de lui, fort capables d'exécuter pareille feuille, à commencer par son oncle et maître Nicolas Baullery : mais on a l'impression d'un autoportrait.

2. Saints et saintes en pied

TABLEAU, perdu ; jadis à la chapelle Saint-Maurice dans l'église des Cordeliers de Lyon.
Dimensions inconnues.

HIST.
1741, Clapasson, *rééd. cit.*, p. 80, déclare à propos de l'église des Cordeliers : « *On voit dans une des chapelles suivantes dédiée à saint Maurice, où se trouve une porte collatérale de l'église, un tableau de Jacques Blanchart, peintre de Paris fameux pour le coloris, qui y a représenté plusieurs saints et saintes debout.* ».

BIBL.
1741, Clapasson, *rééd. cit.*, p. 80 ; 1975, Ternois, p. 230.

Clapasson est un auteur sérieux, et rien jusqu'ici n'invite à mettre en doute les attributions qu'il proposa pour les tableaux conservés de son temps dans les églises de Lyon. Nous n'hésitons donc pas à cataloguer celui-ci.

Malheureusement ce groupe de saints et saintes en pied a disparu depuis la Révolution, et il ne nous en demeure aucune reproduction. On peut donc seulement conjecturer qu'il s'agissait d'une œuvre remontant au premier séjour lyonnais de Blanchard. Félibien affirme qu'Horace Le Blanc, vers 1623, quittant momentanément Lyon pour Paris, fit achever par Blanchard « *plusieurs ouvrages qu'il avoit commencés pour des particuliers* » ; parmi ces « ouvrages commencés » purent se trouver des tableaux d'églises. D'autre part le jeune peintre dut également se voir confier par les fabriques des églises de Lyon des commandes personnelles. Comme Clapasson juge le *Vœu à la Vierge* (voir n° 3) « fort supérieur » au présent tableau, nous placerions ce dernier – avec toutes les réserves nécessaires – vers 1623.

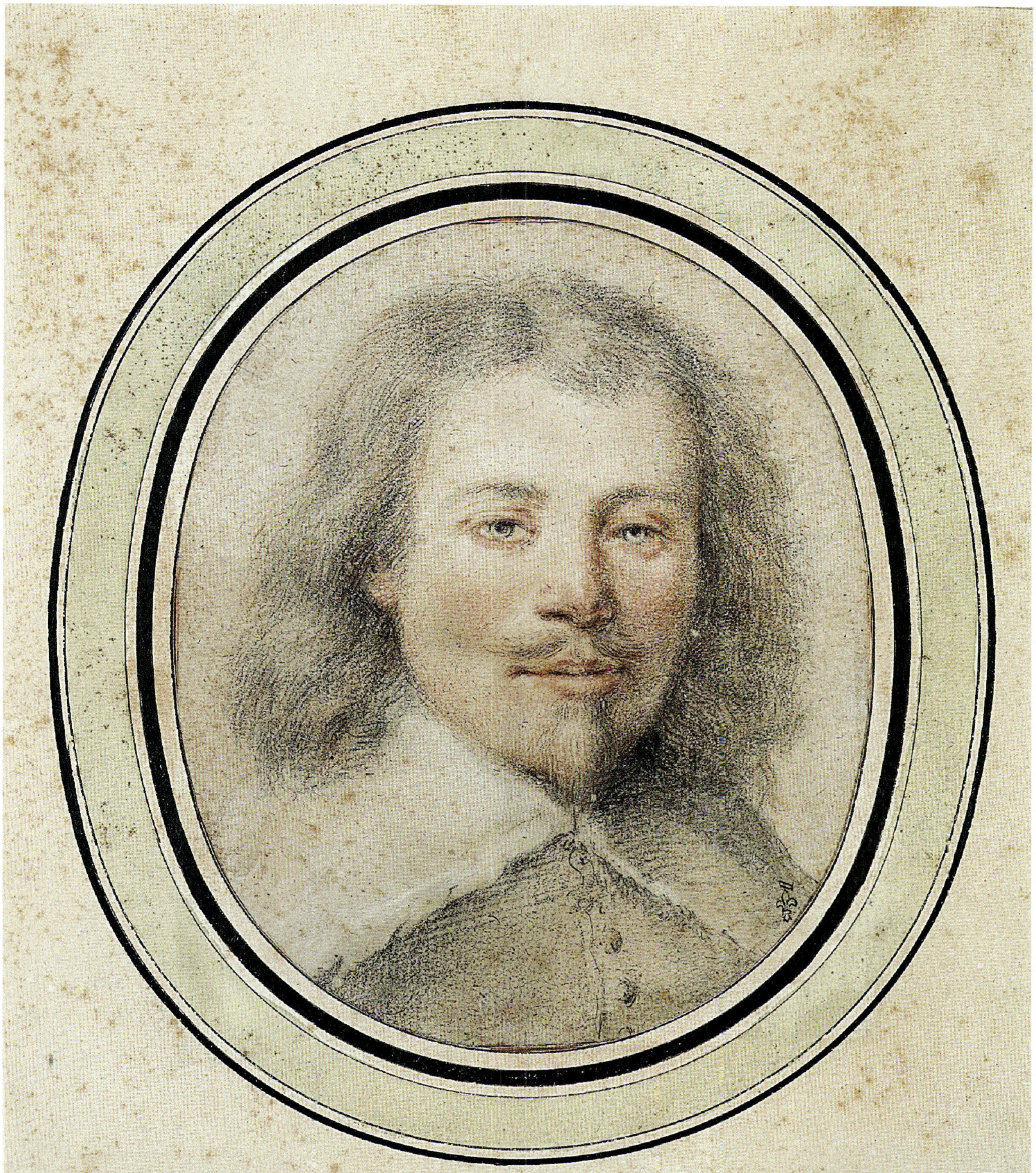

3. Vœu à la Vierge

H.t.; 2,65 x 1,75 m.
Lyon, église Saint-Denis-de-la-Croix-Rousse.

HIST.
1741, Clapasson, *rééd. cit.*, p. 80 (à propos de l'église des Cordeliers, après la mention du tableau de Blanchard à la chapelle Saint-Maurice) : « *le tableau du même maître qu'on voit dans une chapelle au dessus et où la Vierge est peinte dans la gloire, et dans le bas un évêque et une femme qui tient un enfant, est fort supérieur au premier* ».
1793 : transféré au Dépôt général des Arts du couvent Saint-Pierre.
1809 : donné à l'église Saint-Denis-de-la-Croix-Rousse par M. Glaize, paroissien.
1908 : classé Monument Historique.

BIBL.
1741, Clapasson, *rééd. cit.*, p. 80; 1961, Sterling, p. 96 [Cat. n° 69], reprod. (premier séjour à Lyon vers 1620-1624?); 1975, Ternois, p. 230-231, reprod. fig. 59; 1982, rééd. Chomer-Pérez de Clapasson, 1741, p. 80, reprod.; 1985, Wright, p. 144; 1987, Chomer, p. 33, reprod.; 1991, Durey, *Bull. Mus. Lyon*, p. 40.

L'histoire du tableau peut être reconstituée avec assez de certitude. Il se trouvait avant la Révolution dans une chapelle de l'église Saint-Bonaventure, qui appartenait au couvent des Cordeliers de Lyon. En revanche le sujet n'a jamais été clairement expliqué.

Charles Sterling (1961) parle prudemment d'« un évêque et une femme tenant un nouveau-né agenouillés devant la Vierge à l'Enfant ». Gilles Chomer y reconnaît « La Vierge à l'Enfant avec la Charité et saint Augustin ». Mais la Charité n'est jamais représentée avec un seul enfant – ni même deux, si l'on tient compte de celui qui tient les armes et qui, par sa position et son regard, ne semble pas appartenir au groupe. Elle n'a jamais cette expression inquiète et suppliante. Il est possible qu'au XIXe siècle l'évêque de gauche ait pu être regardé comme un saint Augustin : mais il n'offre aucun des attributs qui désignent le Père de l'Église. Nous penserions plutôt, compte tenu de l'origine du tableau, à saint Bonaventure, dont on sait qu'il fut évêque et cardinal d'Albano, et que pour sa part il n'a pas d'attributs particuliers; il est seulement représenté en évêque. La lecture naturelle du tableau va de la supplication de la mère tenant un tout jeune enfant endormi ou mort à l'évêque qui semble intercéder auprès de la Vierge : ne s'agirait-il pas d'un vœu à la Vierge, au sujet de la naissance inespérée ou de la guérison d'un enfant obtenue par des prières adressées à saint Bonaventure? Jusqu'ici les armes n'ont pu être identifiées : leur déchiffrement permettra sans doute une interprétation plus sûre – et peut-être même une datation.

Il s'agit du second tableau de Blanchard mentionné à l'église des Cordeliers de Lyon par Clapasson, qui l'estimait « fort supérieur au premier » (voir n° précédent). Charles Sterling (1961) s'est refusé à l'introduire dans l'œuvre du peintre; soulignant ses rapports avec la *Vierge et l'Enfant avec des saints* d'Horace Le Blanc conservée à l'église Saint-Julien de Tournon, il y voyait plutôt l'un des tableaux de ce dernier simplement « achevés » par Blanchard. Il a été suivi par Gilles Chomer (1987) qui a placé la toile dans le catalogue de Le Blanc.

Nous croyons comme Sterling que l'œuvre ne saurait dater que du premier séjour de Blanchard à Lyon. Mais Clapasson la donne sans réserve à Blanchard, et les rapports avec l'art d'Horace Le Blanc ne nous paraissent pas dépasser ce que peut être l'influence normale d'un maître sur un jeune peintre qui collabore avec lui depuis deux ou trois ans. Au lieu d'insister sur les traits qui évoquent l'art de Le Blanc, nous pensons qu'il faut prendre pleine conscience de ceux qui séparent les deux peintres – notamment l'absence de référence à Palma – et qui relient le tableau aux œuvres sûres de Blanchard. Peut-être avons-nous ici la première toile conservée de ce dernier, une commande lyonnaise antérieure au séjour à Rome, soit à octobre 1624. Et si l'hypothèse est juste, il faut reconnaître que le goût de la couleur, chez Blanchard, n'a pas attendu pour se déclarer l'expérience vénitienne.

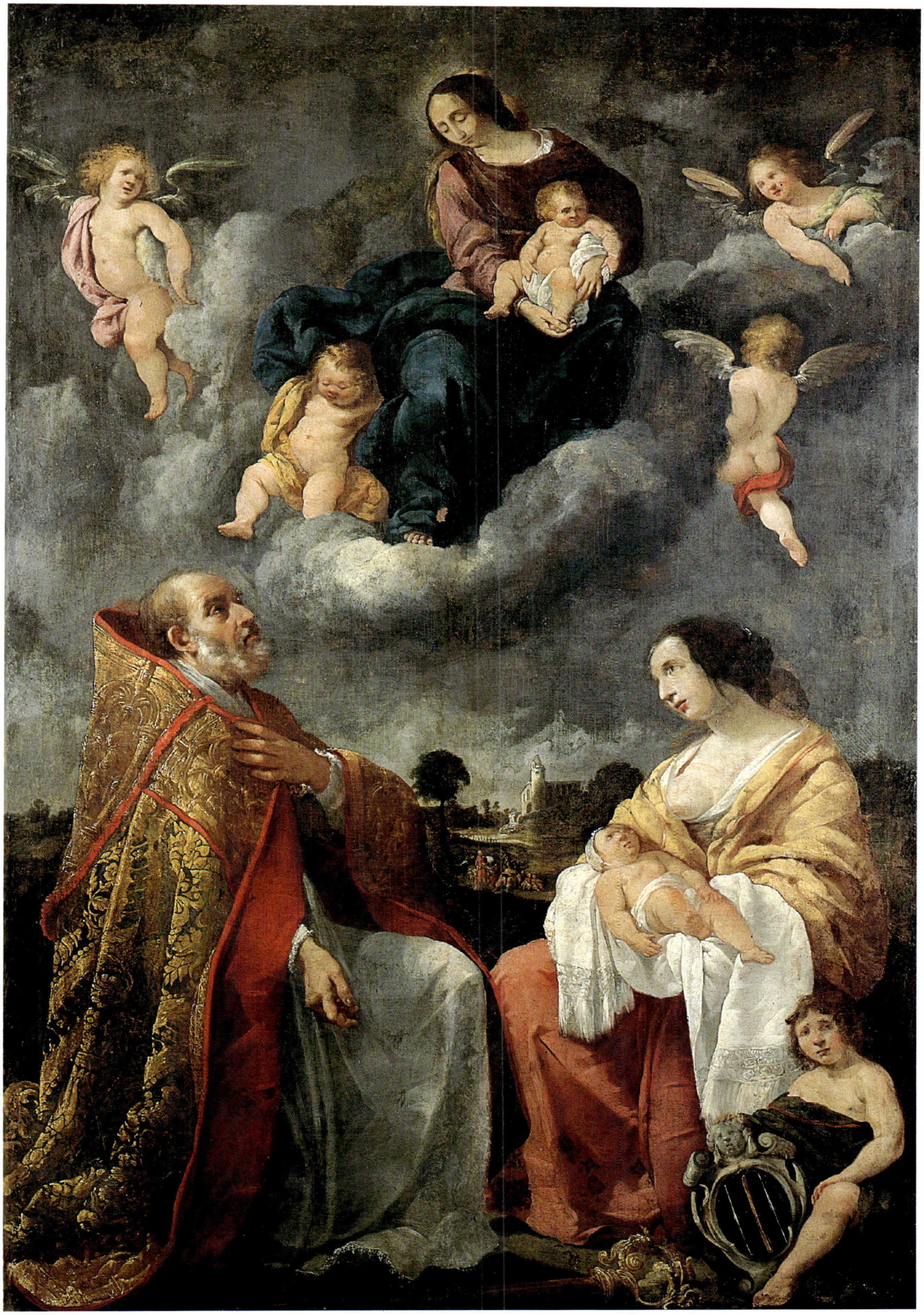

4. ## Saint Sébastien

H.t.; 1,31 x 0,98 m.
Paris, collection particulière.

HIST.
1993, 4 juin : vendu à Paris, Hôtel Drouot, salle 5, n° 3 bis (étude de Me Christian Delorme).

BIBL.
Inédit.

EXP.
Jamais exposé.

Saint Sébastien est ici représenté d'une façon assez inhabituelle au XVIIe siècle. Détaché de l'arbre, il gît sur le sol, laissé pour mort, les yeux clos, les mains déjà bleuies comme celles d'un cadavre. Les soldats s'éloignent, Irène et la servante ne sont pas encore arrivées, et seul un angelot vient le consoler et tenter de retirer la flèche. C'est le supplice qui est ici mis en évidence, et non la charité des saintes femmes, qu'aime à évoquer le XVIIe siècle (François Perrier, Terbrugghen, La Tour, Blanchard lui-même dans la version d'Amsterdam...).

On ignore tout de ce tableau, qui n'est pas signé et n'a pas été gravé, à notre connaissance du moins. Malgré des parties très usées, le nom de Blanchard semble s'imposer. Mais on ne saurait songer à la production parisienne. Nous croyons au contraire que l'œuvre doit prendre place dans la première production lyonnaise. L'importance du paysage, les petits personnages qu'on aperçoit dans le fond s'accordent bien mieux avec le milieu dominé par Horace Le Blanc. On comparera le *Saint Sébastien* de ce dernier, signé et daté de 1624, que conserve le musée des Beaux-Arts de Rouen. Blanchard ne dut pas connaître ce tableau, qui a toute chance d'avoir été brossé durant le séjour de Le Blanc à Paris. Mais il a pu voir d'autres compositions du même type, avec une belle académie masculine doucement mais solidement modelée, placée en plein air sur un fond d'arbres et de ciel, avec une draperie blanche et une tache de rouge vif animant un coloris tout en nuances. Si notre hypothèse se révélait juste, elle éclairerait le passage de Blanchard dans l'atelier d'Horace Le Blanc ; elle conduirait à penser que ces années lyonnaises comptèrent tout autant pour sa formation que le séjour en Italie, et qu'un jeune homme capable de ce tableau devait tout naturellement, comme un Poussin, échapper aux séquelles caravagistes que pouvait encore lui offrir la Rome de 1624.

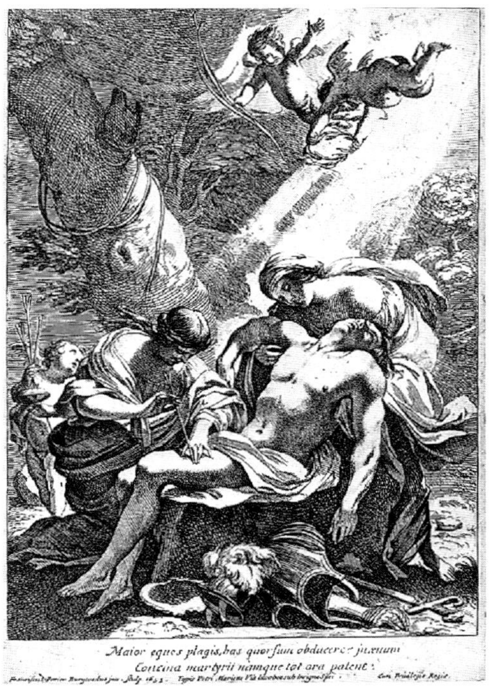

François Perrier
Saint Sébastien soigné par Irène,
eau-forte gravée par lui-même en 1633. Paris, coll. part.

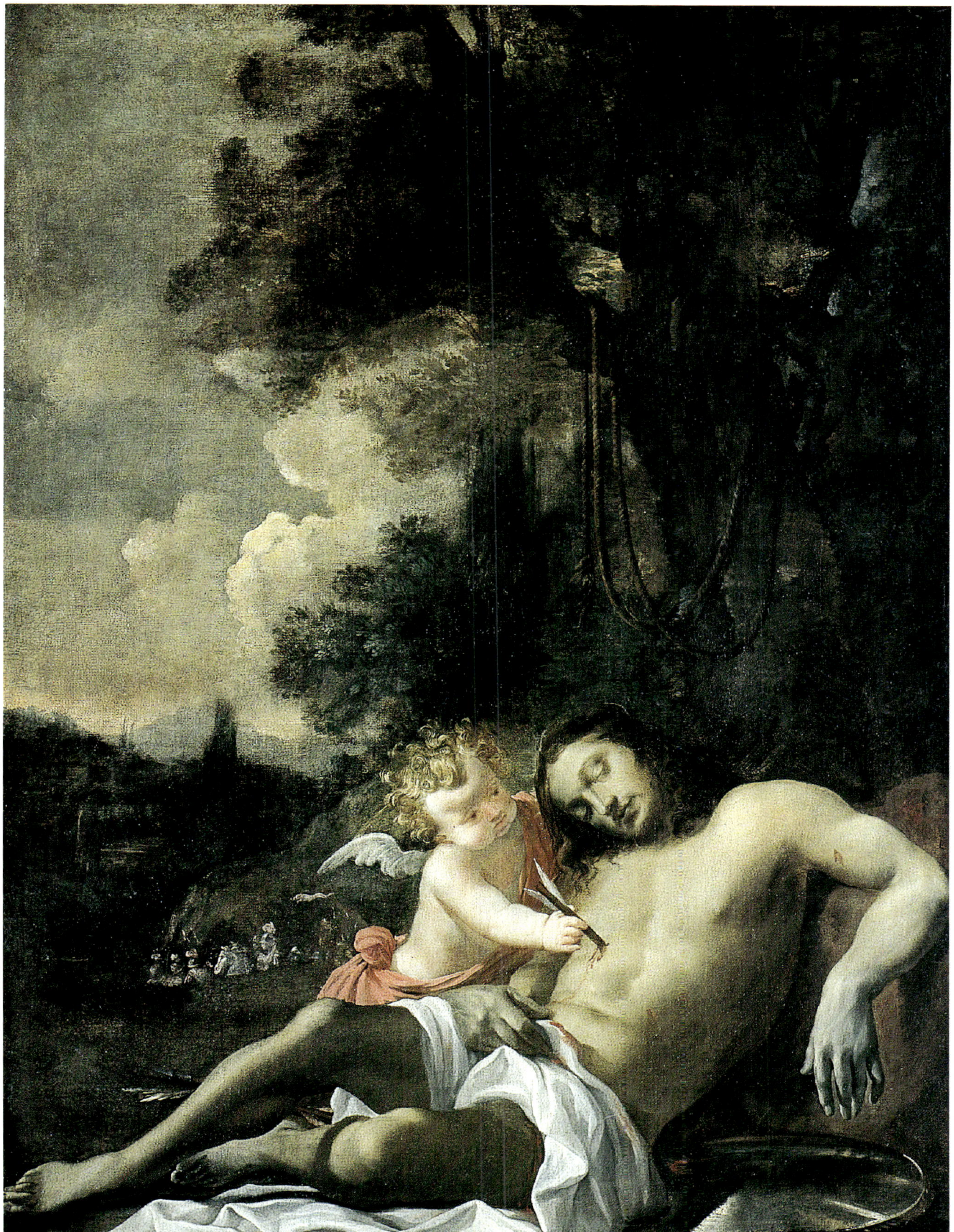

5. Portrait du peintre Jean-Pierre Verney

Pierre noire, crayons de couleur brun et rouge, estompe, 0,220 x 0,178 m.
En bas, à droite, cachet de la collection Mariette (L.1852), et sur une bande rapportée à l'intérieur du filet d'encadrement, l'indication manuscrite : *Gio Pietro Verney.*
Paris, Musée du Louvre, Cabinet des dessins, Inv. 9576.

HIST.
Collection de P.J. Mariette (cachet et montage); vendu en 1775 (partie du n° 1397?), passé dans la collection Saint-Morys et entré au Louvre lors de la confiscation des émigrés.

EXP.
1959, Paris, *Musée du Louvre. Dessins romains du XVIIe siècle. Artistes italiens contemporains de Poussin*, n° 18; 1988, Paris, *Musée de Louvre, Le dessin à Rome au XVIIe siècle*, n° 13, reprod.

BIBL.
1960, Vitzthum, p. 76; 1961, Thuillier, p. 331-332, reprod. p. 329; 1979, Cuzin, p. 24, fig. 21, p. 28, note 34.

Nous nous risquons à proposer l'attribution de ce dessin à Jacques Blanchard. Nous l'avions déjà avancée en 1961, mais à titre d'hypothèse : notre respect pour Mariette nous interdisait de le contredire. Une plus longue familiarité avec ce grand marchand a encore accru notre admiration à son égard, mais nous a fait aussi reconnaître qu'il était humain et faillible. Rappelons donc le dossier de ce portrait.

Son origine ne peut être retrouvée. Il apparaît dans la collection de Mariette qui lui donne un montage avec un cartouche portant l'indication *Eques Joan. Laur./Bernini* et fait apposer sur le bas du dessin une bande de papier portant une inscription qui a toute chance d'être italienne : *Gio Pietro Verney.* Tout incline donc à penser que Mariette estimait que le portrait était de la main du Bernin et représentait un personnage nommé Verney. Celui-ci porte une moustache, une mouche, un costume où semblent esquissés des crevés, ce qui s'accorde avec la mode romaine aux alentours de 1625; mais surtout la grande mèche de cheveux retombant sur le côté, la « cadenette », confirme sans équivoque ces années et ce lieu. Le Bernin avait alors vingt-sept ans, et il est tout à fait plausible qu'il ait fait le portrait d'un ami qui paraît avoir sensiblement le même âge.

Il n'y aurait donc aucune raison de s'interroger sur ce dessin sans deux problèmes qui surgissent aussitôt.

Le premier est que cette feuille n'a aucun équivalent dans l'œuvre du Bernin, qui pourtant s'est volontiers adonné au portrait. Le sentiment subtil d'élégante mélancolie, la finesse des notations, les contours évanescents : tout cela se rencontre peu dans son œuvre. Non moins étrangère, la technique : l'emploi des crayons de couleur et de l'estompe ne peuvent que surprendre chez un artiste qui d'ordinaire se contente de la plume et du lavis, ou de la simple sanguine.

Un second point est troublant. Ce *Gio Pietro Verney*, parfaitement inconnu des historiens d'art, a été rencontré par Jacques Bousquet dans les *stati d'anime.* C'est un peintre français venu comme tant d'autres à Rome, et qui y mourut en octobre 1647 à l'âge de 48 ans, non loin de San Lorenzo in Lucina, à *l'orto di Napoli.* En 1625 justement il habitait via Margutta, dans la paroisse de Santa Maria del Popolo. Fait remarquable il partageait le logement de deux autres peintres français, un *Jacopo Blasar* qui est certainement Jacques Blanchard, et un certain *Clodio*, lui aussi qualifié de *pittore*, mais dont on ne donne que ce prénom de Claude, ce qui laisse à penser qu'il n'était alors qu'un aide. On notera que ce nom de Jean-Pierre Verney ou Vernay pourrait fort bien désigner un Lyonnais, venu à Rome en compagnie de Blanchard, ou rejoint par lui.

Dès lors trois hypothèses peuvent être proposées.

Ou le Bernin s'est lié avec ces trois Français de son âge (Blanchard étant né en 1600, Verney en 1599, le Bernin en 1598), et il a exécuté ce portrait. Mais comment en expliquer le style?

Ou Mariette, ignorant le nom du peintre Verney, retombé dans un total oubli, a interprété la mention manuscrite comme désignant le modèle, alors qu'elle désignait l'auteur, et il a imprudemment attribué au Bernin un portrait qui revenait en fait à la main de Jean-Pierre Verney. Mais quel talent n'aurait pas eu ce jeune homme de 24 ou 25 ans pour exécuter une feuille aussi subtile? Lorsqu'on songe à la brillante carrière romaine d'un Ottavio Leoni, comment expliquer qu'il n'ait pas connu le succès?

Ou encore ce portrait représente bien Verney, mais il est de la main de Jacques Blanchard, et sans doute exécuté au début de 1626. Arrivé en octobre 1624, Blanchard quitte Rome en avril 1626. L'âge de 24-25 ans convient parfaitement au personnage représenté. Blanchard devait déjà s'être exercé dans l'art du portrait. Un

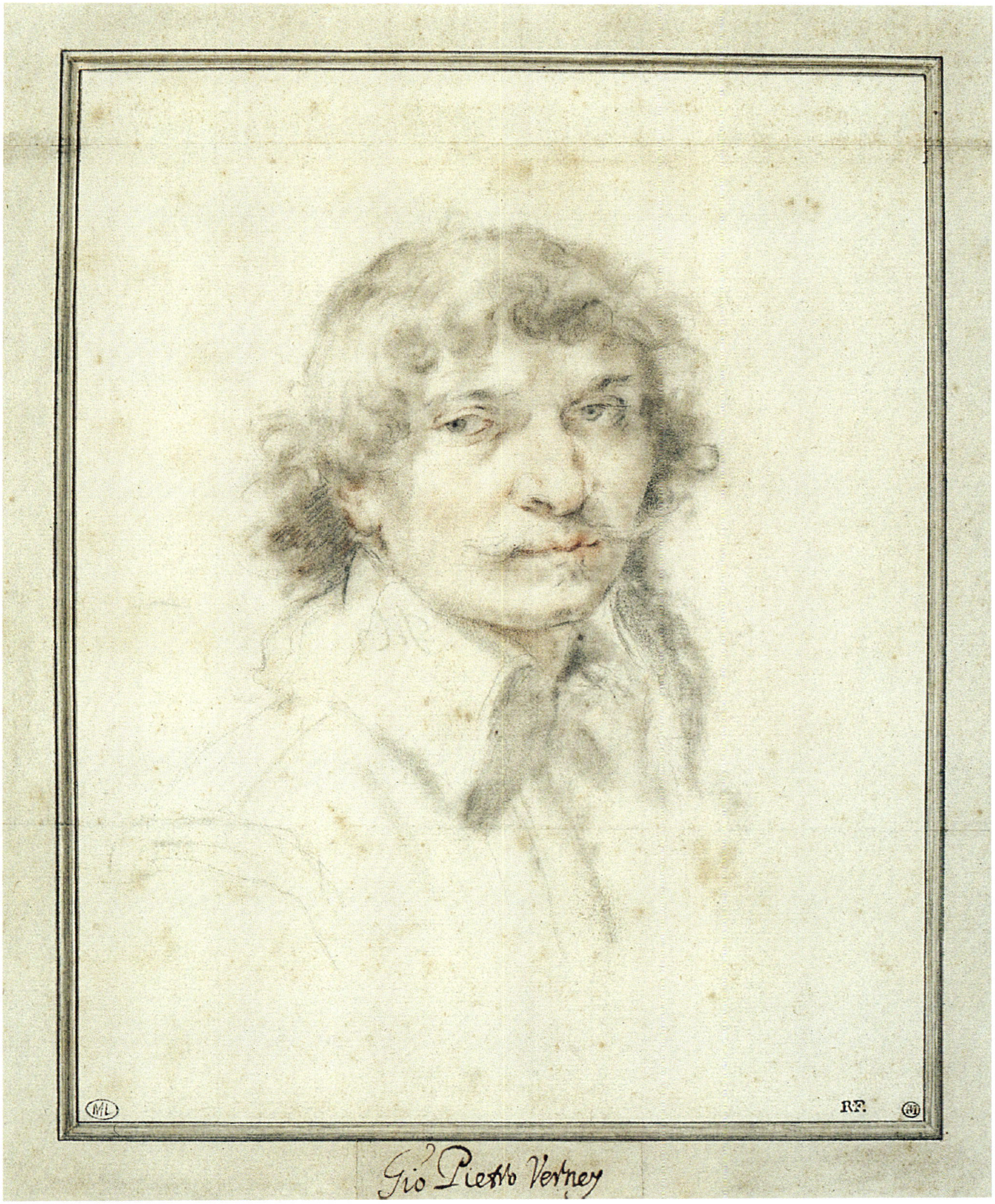
Gio Pietro Verney

peu plus tard, lorsqu'il repassera à Lyon et reverra son maître Horace Le Blanc, « *avant que de se séparer de son ami il fallut qu'il en fît le portrait pour le luy laisser, et que cet ami fît le sien réciproquement, afin qu'il emportast avec luy cette marque de son estime et de son amitié* » (Perrault). N'avait-il pas fait de même deux ou trois ans auparavant avec son ami romain ? D'autre part Dézallier d'Argenville déclare qu'« *à Lyon il y a (de lui) plusieurs portraits aussi beaux que ceux de Van Dyck* ». N'est-ce pas ce nom de Blanchard qui vient à l'esprit devant le dessin du Louvre, sinon pour la technique, au moins pour le raffinement de la facture et de l'expression ?

C'est vers cette troisième hypothèse que nous penchons désormais. Elle suppose seulement que ce dessin, resté sans doute aux mains de Verney et passé à sa mort à des amateurs ou marchands romains, avait très tôt glissé sous un nom italien et prestigieux (comme il arrivait si souvent), et que Mariette, ne reconnaissant pas cette manière, s'y laissa tromper : ce qui se produisit plus d'une fois pour les feuilles venues d'Italie.

L'attribution resterait pourtant bien aventurée, si la parenté avec l'art de Blanchard n'était si forte. Un rapprochement avec le seul portrait absolument sûr, l'*Autoportrait* gravé (voir *infra*, n° 53), montre des affinités d'autant plus frappantes que cette dernière œuvre est séparée par six ou sept années au moins. Et le *Portrait d'homme* qui est le plus fréquemment accepté comme de la main de Blanchard, celui de Detroit (voir *infra*, n° 45), lui-même nettement postérieur à cette feuille, traduit dans le langage de la peinture une conception quasi identique.

6. Suite des amours de Vénus et Adonis

TABLEAUX, perdus.
Dimensions inconnues.

HIST.
1700, Perrault, II, p. 93 : « *En passant par Turin, il y fut arresté par le Duc de Savoye, qui lui fit faire sept à huit Tableaux des amours de Venus & d'Adonis. Ces Tableaux sont à Paris présentement, ayant esté enlevez dans le débris du Palais des Favorites* ».

Le duc de Savoie était alors, et depuis 1580, Charles-Emmanuel I (1562-1630), homme de solide culture littéraire et qui aimait grandement les arts.

Nous ne connaissons, pour cette suite de *Vénus et Adonis*, aucune autre mention que celle de Perrault. On notera que l'inventaire des collections royales contenues dans le palais de Turin et à Mirafiori, dressé en 1635 par Antonio della Cornia, ne semble pas contenir le nom de Blanchard. Alessandro Baudi de Vesme, dans ses vastes dépouillements des archives turinoises, ne l'avait jamais rencontré, et il ne connaissait *Giacomo Blanchard* que par d'Argenville, et par la mention que Dussieux avait tirée de Perrault et de l'abbé Fontenay (*cf. Schede Vesme, L'arte in Piemonte dal XVI al XVII secolo*, t. I (1963), p. 140).

7. La Vierge et l'Enfant remettant les clefs à saint Pierre, 1628

H.t. ; 1,05 x 1,40 m.
Signé *J. Blanchard 1628* (à droite, sur la bordure du manteau de la Vierge).
Albi, Cathédrale Sainte-Cécile, Trésor.

HIST.
Fin XVIIe siècle : le tableau aurait été donné à la cathédrale par Le Goux de La Berchère, archevêque d'Albi de 1693 à 1703.
1909, 5 mai : classé Monument Historique.
1960 : nettoyé en vue de l'exposition Washington-Toledo-New York.

EXP.
1960-1961, Washington-Toledo-New York, n° 47, reprod.

BIBL.
1925, Demonts, p. 166, note 3 ; 1961, Sterling, p. 83, reprod. [Cat. n° 1] ; 1975, Ternois, p. 230-231 ; 1985, Wright, p. 142 ; 1994, Mérot, p. 98.

COPIE
1993, 6 juillet : Londres, Phillips, n° 59 ;
h.t., 0,965 x 1,245 m, reprod. couleurs ;
1993, 7 décembre : Londres, Phillip's, n° 139.

L'œuvre n'est pas signalée par les auteurs anciens ; mais elle est signée de 1628, ce qui en fait la première composition sûre et datée que nous conservions de Blanchard.

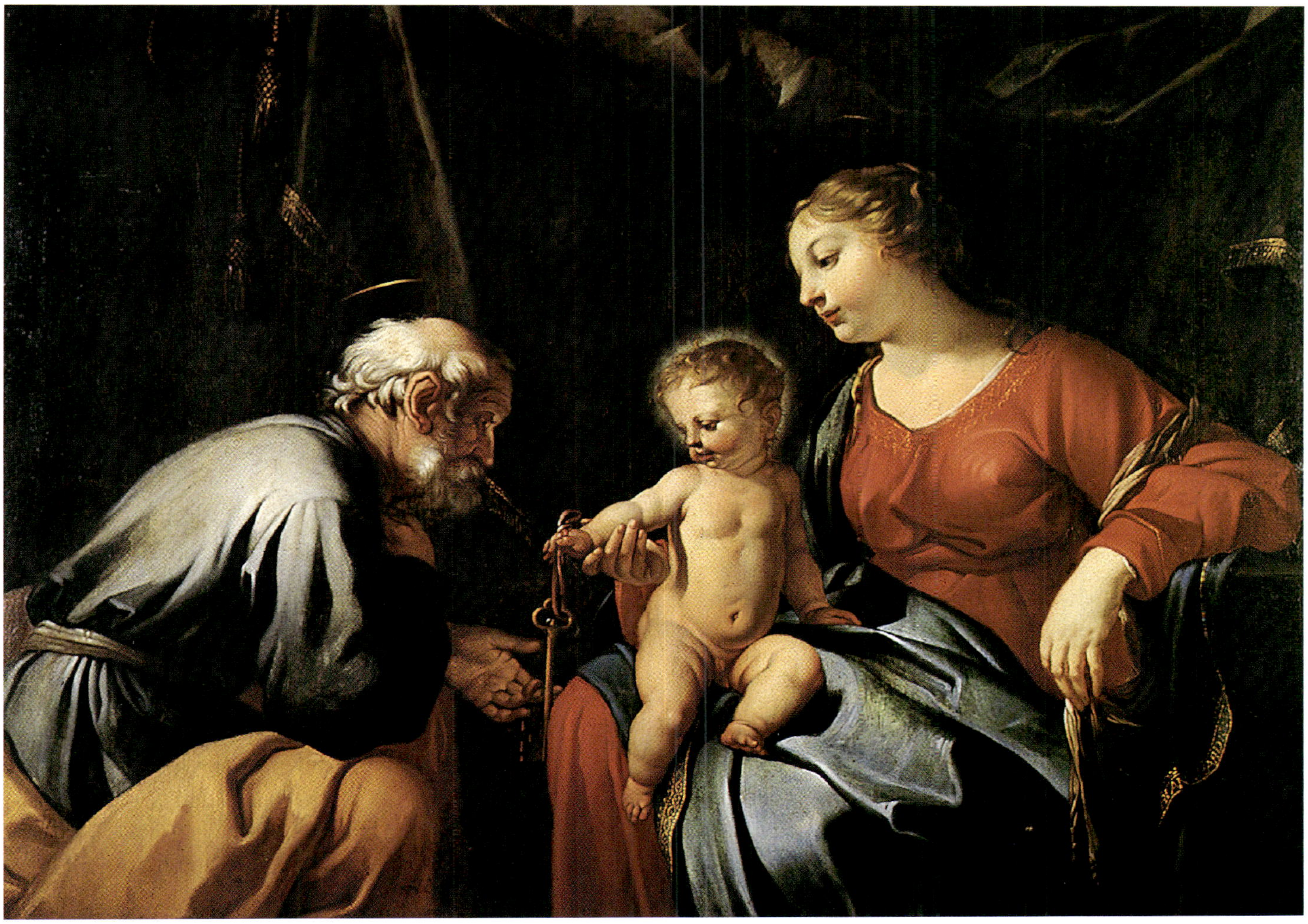

Charles Sterling (1961) estime le tableau « *exécuté probablement à Lyon* ». Ce qui est en effet très possible. Mais il semble que Blanchard passa une grande partie de l'année 1628 à Turin, et il est tout aussi possible que l'œuvre remonte à ce séjour. D'autant qu'elle n'a pas nécessairement été commandée pour Albi : si, comme le veut la tradition, elle a été donnée à la cathédrale par Le Goux de La Berchère entre 1693 et 1702 – ce que nous n'avons pu vérifier –, elle avait pu tout aussi bien être acquise dans le commerce parisien, dès ce moment très international. On a constaté plus haut que la suite des *Amours de Vénus et Adonis* peinte à Turin se trouvait à la fin du siècle à Paris.

Pour la mention d'un autre exemplaire (?) passé en vente à Paris en 1789, voir *infra*, p. 335.

8. Le Vœu de Pierre Tullier

H.t.; 1,92 x 1,46 m.
Ni signé ni daté; le cadre porte la date de 1628.
Bourges, Musée du Berry

HIST.
1896 : donné au musée par le colonel Plagnol.

EXP.
1958, Londres, n° 82 (Blanchard); 1958, Paris, n° 4 (id.).

BIBL.
1870-1872, P. Riffe, dans les *Mémoires de la Société des Antiquaires du Centre*, p. 260-264 (Jean Boucher); 1902, Jacques Soyer, « Documents inédits sur Jean Boucher. », *ibidem*, année 1901, p. 165 (Jean Boucher); 1926, Georges Hardy et Alfred Gandilhon, *Bourges et les abbayes et châteaux du Berry*, Laurens éd., p. 160, reprod. (Jean Boucher); 1961, Sterling, p. 83, reprod. [Cat. n° 4]; 1962, Vergnet-Ruiz-Laclotte, p. 226; 1985, Wright, p. 142 (attribution); 1988, Thuillier, p. 154-155, reprod.

Ce tableau était traditionnellement attribué à Jean Boucher, le principal peintre de Bourges dans la première moitié du XVIIe siècle, et entre 1600 et 1633 l'auteur de la plupart des œuvres importantes conservées dans la région. Mais on ne retrouve ici ni son style très caractéristique, ni son type de composition, ni ses habitudes - notamment celle de placer bien en évidence, en capitales, sa signature et la date. Il faut donc accepter, pour ce tableau, l'idée d'une commande qui aurait échappé au peintre de Bourges, du reste accablé de sollicitations pour de grands retables et faisant parfois attendre ses clients jusqu'à la limite du procès.

La date de 1628 figure sur le cadre, et par conséquent n'indique pas nécessairement le moment où fut peint le tableau. Le personnage représenté dans la partie basse, devant une vue de Bourges, semble Pierre Tullier, qui fut maire de la ville. La date peut renvoyer à l'année où il obtint cette dignité, ou peut-être à celle où il fit vœu de commander ce tableau en l'honneur de la Vierge et de saint Etienne, patron de la cathédrale de Bourges. On a mis en rapport ce vœu avec la peste qui éclata en 1628 à Bourges. Mais on n'aperçoit rien dans la toile qui évoque en propre la terrible épidémie. Il peut tout aussi bien s'agir d'un sens plus général, le nouveau maire implorant la protection de Jésus, de la Vierge et de saint Etienne pour le temps de sa charge.

La commande fut-elle passée alors que Blanchard se trouvait encore à Lyon ? On l'a parfois avancé. Certes l'œuvre offre des différences sensibles à la fois avec la *Vierge et l'Enfant remettant les clefs à saint Pierre* d'Albi, signée de 1628, et l'*Assomption* de Cognac, signée de 1629, de sorte que l'hésitation est permise. La beauté ample et calme de la Vierge pourrait renvoyer à une période plus tardive. Mais les drapés à larges creux et arêtes fines semblent bien caractéristiques des premières productions de Blanchard. Charles Sterling n'avait pas hésité à voir ici une production antérieure à l'*Assomption*, qu'il plaçait en 1630. Non sans réserves, et en attendant quelque indice nouveau, nous conserverons le même ordre : ce qui ramène à 1628 et à la seconde période lyonnaise.

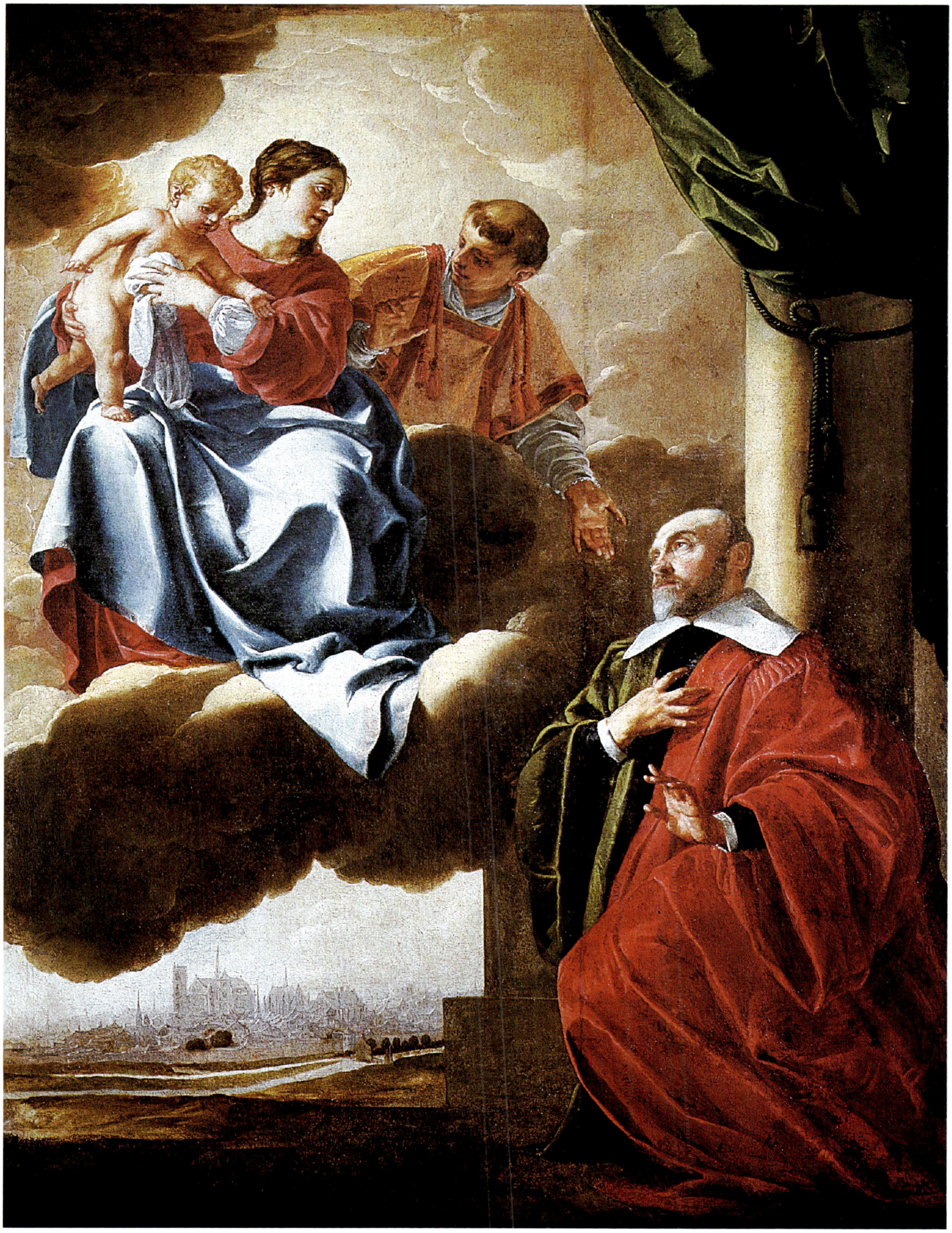

9. La Vierge à l'Enfant (debout sur son genou et nu)

I. TABLEAU
H.t.; 1,170 x 0,910 m.
France, collection particulière.

HIST.
1969 : catalogue Giorgio Caretto, n° 69, reprod.; le tableau était dit provenir d'une collection romaine (Rosenberg, 1975, p. 18). 1976 : passé en vente à l'Hôtel Drouot, salle n° 8 ; acquis par le présent propriétaire.

COPIES
- Melun, Musée (en ovale; 0,65 x 0,54 m); Cat. 1986, n° 29 (comme Mignard).
- Houdan, église.

II. GRAVURE, par Jean Couvay [voir p. 104] (fig. 1).
Burin; 0,316 x 0,208 m.
Au bas de la composition : *Tota pulchra es amica mea/et macula non est in te* [Tu es toute belle, mon amie, et il n'y a point en toi de défaut] (Cantique des Cantiques, 4.7.).
Au-dessous : armes de Jean Balesdens et sur trois lignes dédicace latine de Jean Couvay à ce lettré et amateur qualifié ici de « *Deiparae Virginis Cultori amantissimo* » [particulièrement attaché à la dévotion envers la Vierge mère].
Plus bas encore :
à droite : *Blanchar* (sic) *pinxit*
à gauche : *J. Couvay sculpsit et excudit. Cum Privilegio Regis.*

BIBL.
1961, Sterling, p. 83, reprod. gravure [Cat. n° 3]; 1975, Rosenberg, p. 218 (versions peintes), reprod. fig. 131.

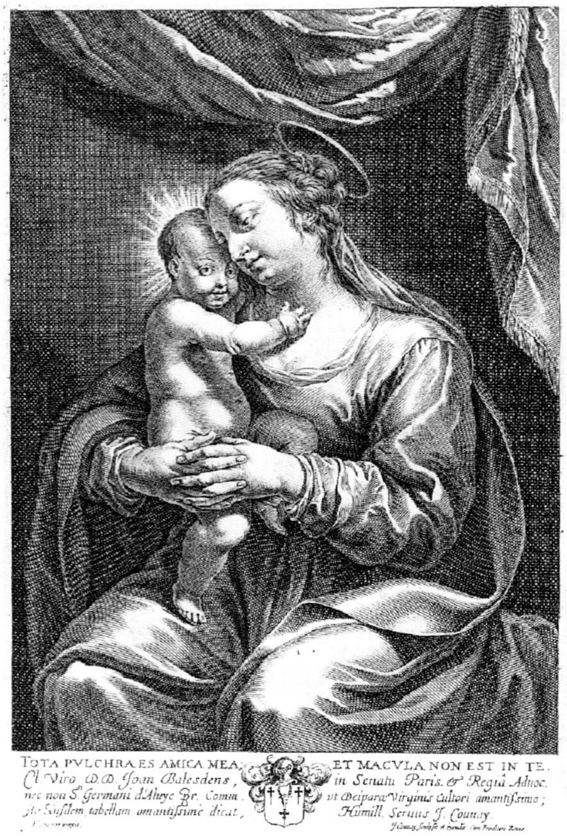

Fig. 1

La dédicace à Balesdens est faite par Couvay; elle n'implique donc pas des liens directs entre Blanchard et l'érudit amateur d'art que fut le secrétaire de Séguier. Au plus pourrait-on penser que le tableau figurait dans sa collection. Jean Balesdens ou Ballesdens, né au début du XVIIe siècle et, comme il est indiqué ici, avocat au Parlement et au Conseil du roi, avait très vite acquis la faveur du chancelier, qui en 1641 allait lui confier l'éducation du marquis de Coislin. Il avait réputation d'être dévot, et de fait il devait par la suite entrer dans les ordres et acquérir une charge d'aumônier du roi (1657). Il ne mourut qu'en octobre 1675.

En dépit de quelques variantes entre la gravure et le tableau retrouvé (notamment dans la chevelure de la Vierge et l'expression de l'Enfant), on peut croire qu'il n'exista qu'une seule composition. Elle est difficile à situer. Charles Sterling la rapprochait du tableau d'Albi et en faisait le n° 3 de son catalogue. Rien, à la vérité, n'interdit de l'imaginer peinte à Lyon : le trafic avec Paris était incessant. La gravure n'est pas datée, et la longue carrière de Jean Couvay semble déjà commencée en 1632; mais la belle maîtrise de ce burin invite plutôt à placer cette pièce aux alentours de 1640, soit à une date sans rapport direct avec l'exécution de la toile.

On notera que le tableau correspond à la description de la *Vierge à l'Enfant* qui figurait au XVIIIe siècle dans l'illustre collection de La Live de Jully à Paris (voir *infra* p. 332) ; et quoique impossible à prouver, cette provenance est très probable. Nous inclinons donc à voir ici l'une des premières Vierges à mi-corps conservées de Blanchard, qui se plut à les multiplier et à varier à chaque fois les attitudes et le sentiment. Elles furent célèbres. On peut se demander si Vouet, qui lui-même en peignit beaucoup, surtout après 1638, ne se souvint pas souvent des modèles offerts par Blanchard. Par exemple, de celle-ci, lorsqu'il brossa lui-même la belle *Vierge à l'Enfant nu* gravé par Daret en 1650.

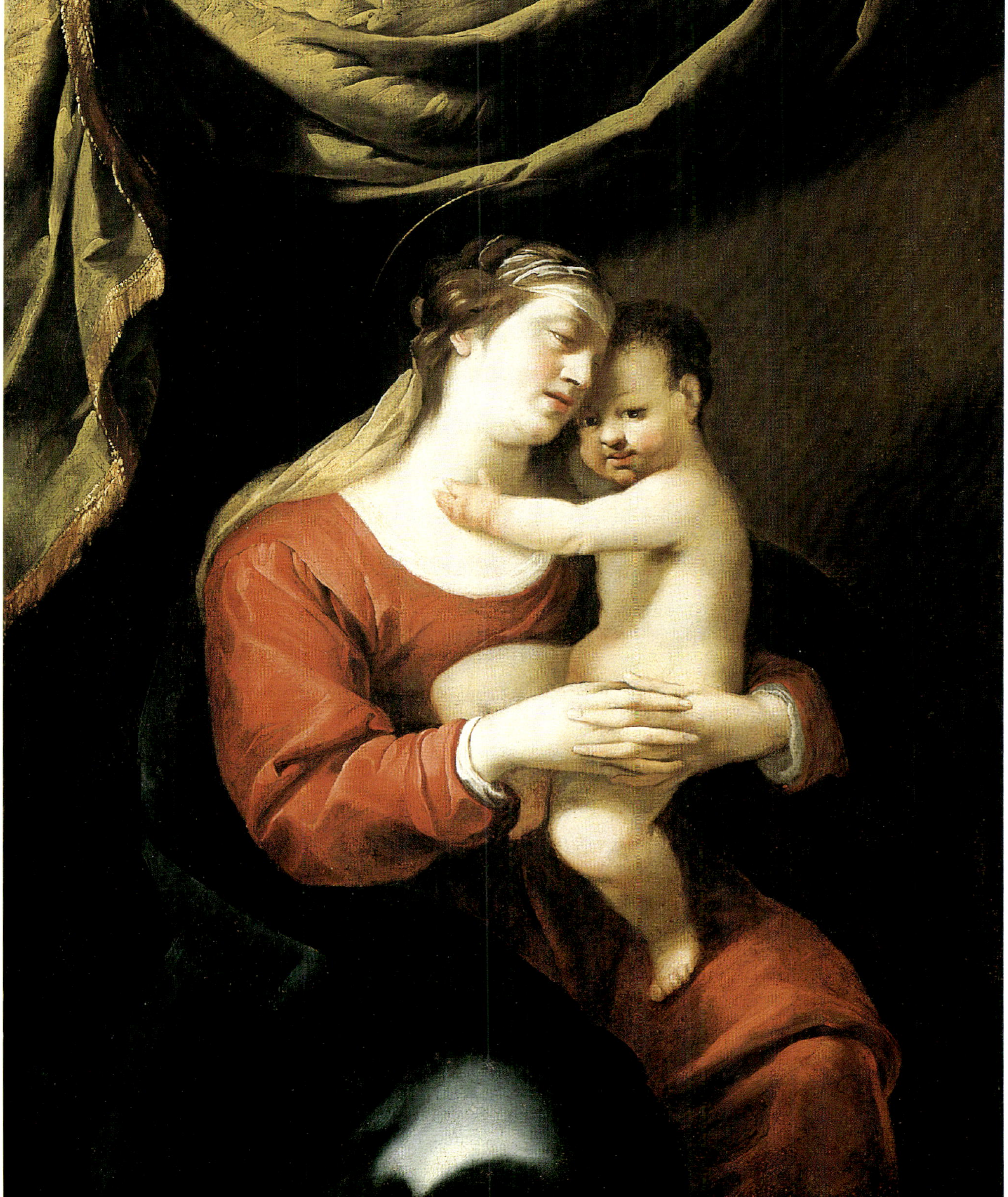

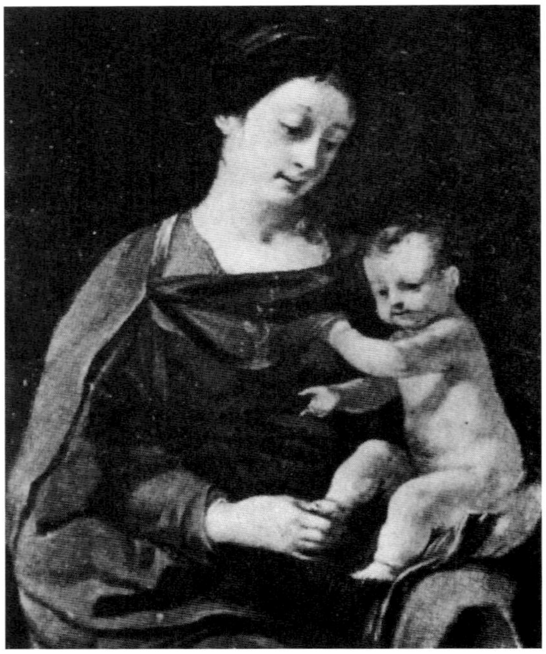

10. ## La Vierge à l'Enfant (assis sur son genou et nu)

TABLEAU, perdu ?

COPIE ?
H.t. ; 0,235 x 0,19 m.
Orvieto, Museo dell'Opera del Duomo, Cat. 1972, p. 86, n° 272, reprod.

BIBL.
Rosenberg, p. 220, reprod. fig. 139.

M. Pierre Rosenberg (1975) a publié cette *Vierge* comme une « œuvre de jeunesse de Blanchard, peut-être exécutée lors du séjour en Italie, à Rome ou à Venise ». Nous n'avons pu examiner directement le tableau. Les liens avec Blanchard semblent réels. Mais le format, très réduit, surprend. Nous croirions plutôt à la copie d'une œuvre aujourd'hui perdue.

On conçoit que dans ces conditions on ne puisse lui attribuer une date bien précise, d'autant que le vêtement de la Vierge est presque entièrement repeint et qu'un large voile de pudeur a été ajouté pour cacher sa poitrine. Nous nous contentons de rapprocher cette Vierge de celle qui fut gravée par Couvay et qui présente des traits assez voisins.

11. Nicolas V au caveau de saint François d'Assise

H.t.; 2,61 x 1,95 m; à droite, armoiries non identifiées. Orléans, Musée des Beaux-Arts, Inv. 804

HIST.

1776 : mentionné aux Capucins d'Orléans : « *Le tableau de la chapelle Saint François, où est le pape représenté accompagné de son clergé qui visite le tombeau de ce saint pour voir les stigmates, est de Blanchard* » (*Notice des principaux morceaux de peinture et de sculpture qui se voient à Orléans*; *cf.* Cuissard, 1901, p. 15).

1778 : mentionné également aux Capucins par Beauvais de Préau (*cf. infra*, bibliographie).

1798 : déposé à l'École Centrale (n° 36), puis à l'église Saint-Maclou (*cf.* O'Neill, 1980). L'*Inventaire des tableaux déposés à l'Ecole Centrale d'Orléans* le décrit ainsi (*cf.* Cuissard, p. 25-26) : « *La Canonisation de saint François d'Assise. On voit dans ce tableau un pape à genoux aux pieds du Saint. Le pape est accompagné d'un cardinal et de plusieurs autres religieux de l'Ordre de saint François ; percé en plusieurs endroits, ayant besoin d'être réparé et nettoyé, de Snelle [sic], 1ère cl., or(iginal) ; h. 8,2, l. 6* ».

1804 : déposé dans une salle du Jardin des plantes (n° 19), puis à la cathédrale Sainte-Croix (*id.*).

1825 : transféré de la cathédrale au Musée des Beaux-Arts, il figure au catalogue de 1828 (n° 88) et de 1843 (n° 62). Le tableau fut un temps déposé à l'évêché (*cf.* 1880, Biemont) avant de revenir définitivement au musée.

BIBL.

1778, Beauvais de Préau, *Essais historiques sur Orléans ou Description topographique et critique de cette Capitale et de ses environs*, Orléans, p. 152 ; 1798, *Almanach du département du Loiret*, p. 65 ; 1877, Montaiglon, p. 341, note 1 ; 1880, Biemont, R., *Orléans*, Orléans, p. 202 ; 1882, abbé Théophile Cochard, « Note relative à la destruction de l'église des Capucins d'Orléans », *Bulletin de la Société archéologique et historique de l'Orléannais*, t.7, n° 96, p. 20-21 ; 1901, Cuissard, p. 15, 25-26 ; 1968, Auzas, p. 7-8, 10, reprod. fig. 13 (Jean Senelle) ; 1975, Rosenberg, p. 218-219, reprod. fig. 133 (Jacques Blanchard) ; 1980, O'Neill, p. 35-36, reprod., t. II, p. 35, pl.13 ; 1985, Wright, p. 144.

En 1778 Beauvais de Préau, le premier à notre connaissance qui ait publié une mention de ce tableau, écrivait : « *Ce morceau précieux est de Senelle, d'autres disent de Blanchard* ». L'œuvre perdit toute identité au milieu des tourmentes révolutionnaires, entra au musée comme « *Ecole d'Italie* », puis, en 1843, fut classée comme « *Senelle, école d'Italie* ». En 1973 M. Michel Laclotte, oralement, proposa de nouveau le nom de Blanchard, repris et argumenté par M. Pierre Rosenberg en 1975, et entériné par Mlle Mary O'Neill en 1980 dans son catalogue critique des tableaux français du XVIIe et XVIIIe siècle au musée d'Orléans.

Le nom de Senelle semble entièrement exclu depuis qu'ont réapparu des toiles dûment signées de son nom comme la *Résurrection de Lazare* de Villenoy ou le *Baptême de Clovis* de Saint-Rémy-la-Vanne, et qu'est exposé au musée même d'Orléans le *Saint François et sainte Claire remettant le cordon du tiers ordre à saint Louis*, grand morceau indubitablement de sa main, et qui ménage une comparaison facile. Ces œuvres expliquent l'hésitation ancienne, car Senelle y manifeste autant de liens avec Blanchard et La Hyre qu'avec Vouet et Jacques de Létin ; mais elles marquent clairement toute la distance qui sépare son art instable, inquiet, juxtaposant morceaux de bel effet et maladresses insignes, d'une œuvre sobre et savante comme celle-ci.

Ayant subi de nombreuses vicissitudes au cours du XIXe siècle, retrouvée dans les réserves du musée d'Orléans où elle séjournait depuis longtemps, la toile était loin d'être intacte. Sa restauration a confirmé qu'il était possible d'admettre la paternité de Blanchard, mais n'a pas permis de découvrir une signature ni une éventuelle date. Or les commandes religieuses destinées à la province ne durent pas être nombreuses à partir de 1631, date où Blanchard se trouve aux prises avec de grands décors parisiens et les sollicitations des amateurs. Et peut-on placer cette composition vers le temps de l'*Assomption* de Cognac, d'un style sensiblement différent ?

Le problème est d'autant plus pressant que Laurent de La Hyre a signé et daté de 1630 une version du même sujet et traitée de manière assez proche : le *Nicolas V* du Louvre (fig. 1). M. Pierre Rosenberg (1975) paraissait incliner à admettre « la priorité » de La Hyre. En fait rien ne contraint absolument à établir un lien précis entre les deux œuvres : le thème était cher aux capucins, l'iconographie précise, et à ce moment leurs commandes nombreuses. Rien n'empêche non plus que Blanchard ait été frappé par le chef-d'œuvre de son cadet : les deux familles se fréquentaient de longue date, et à son retour à Paris Blanchard dut vite reconnaître la maîtrise déjà acquise par ce jeune homme de vingt-trois ans. Mais justement, de son côté, La Hyre dut être ébloui par son aîné de six ans. La redécouverte de son *Narcisse*, avec des carnations peintes entièrement dans la manière de Blanchard, donne grandement à réfléchir sur ce point. Bien des détails du *Nicolas V* sont brossés avec un pinceau qui semble imiter les effets propres à ce dernier, effets que bientôt La Hyre rejettera de ses toiles. S'il y a vraiment relation entre les deux œuvres, on inclinerait à croire que le *Nicolas V* du Louvre, très à part dans l'œuvre de La Hyre, représente un effort pour rivaliser – amicalement sans doute – avec le tableau d'Orléans (ou quelque esquisse ou *ricordo* conservé par Blanchard).

En ce cas, il faudrait accepter de voir ici une œuvre réalisée très tôt, sans doute lors du second séjour lyonnais. Orléans, étape nécessaire entre Lyon et Paris, était en relations incessantes avec ces deux villes, et une commande s'explique sans peine. D'autre part ce *Nicolas V* offre une parenté sensible avec le *Vœu de Pierre Tullier* de Bourges. Il est possible que cette période ait été bien plus riche qu'on ne le croit encore.

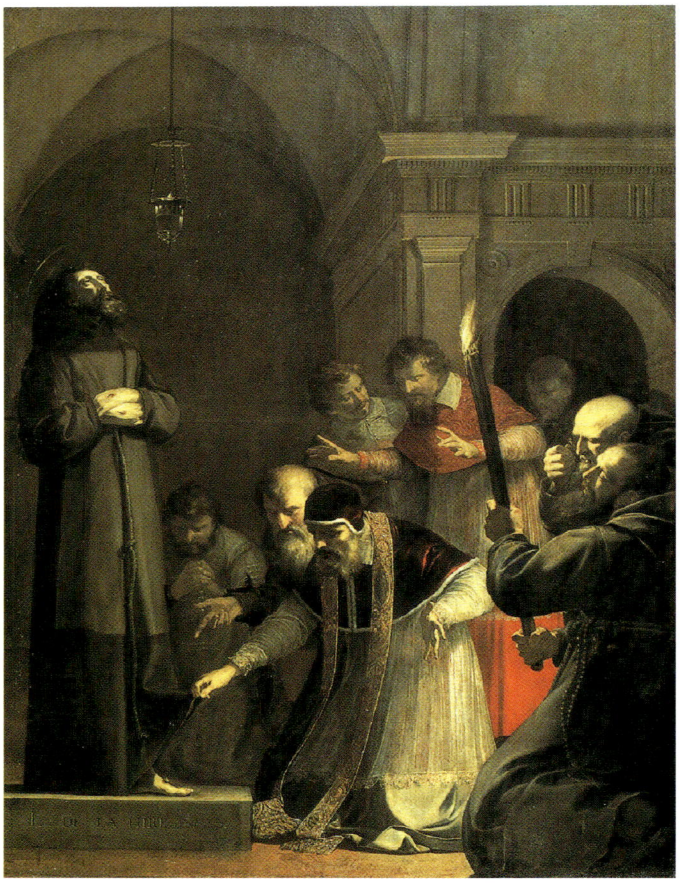

Fig. 1
Laurent de La Hyre,
Nicolas V au caveau de Saint François d'Assise, 1630.
Paris, Musée du Louvre.

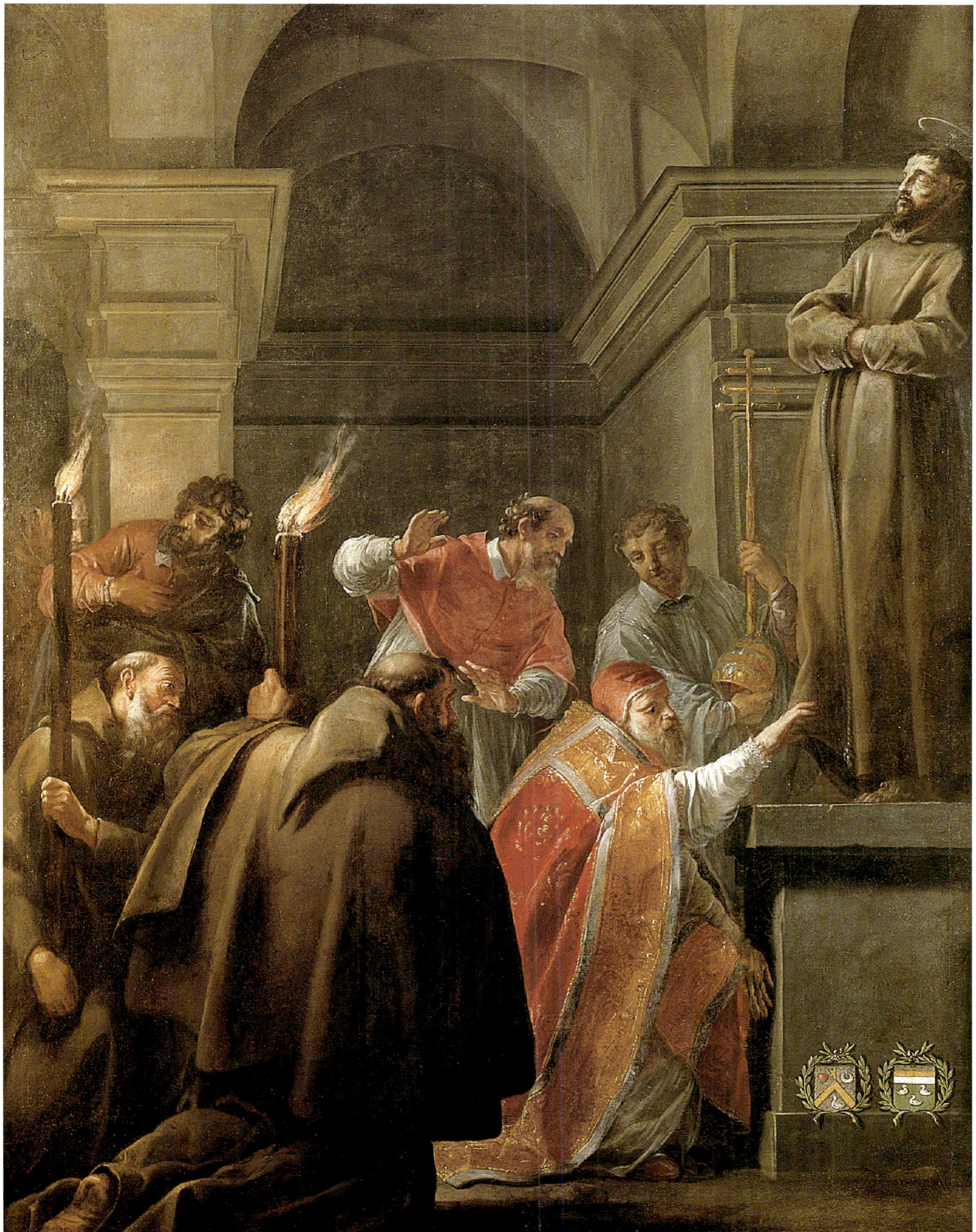

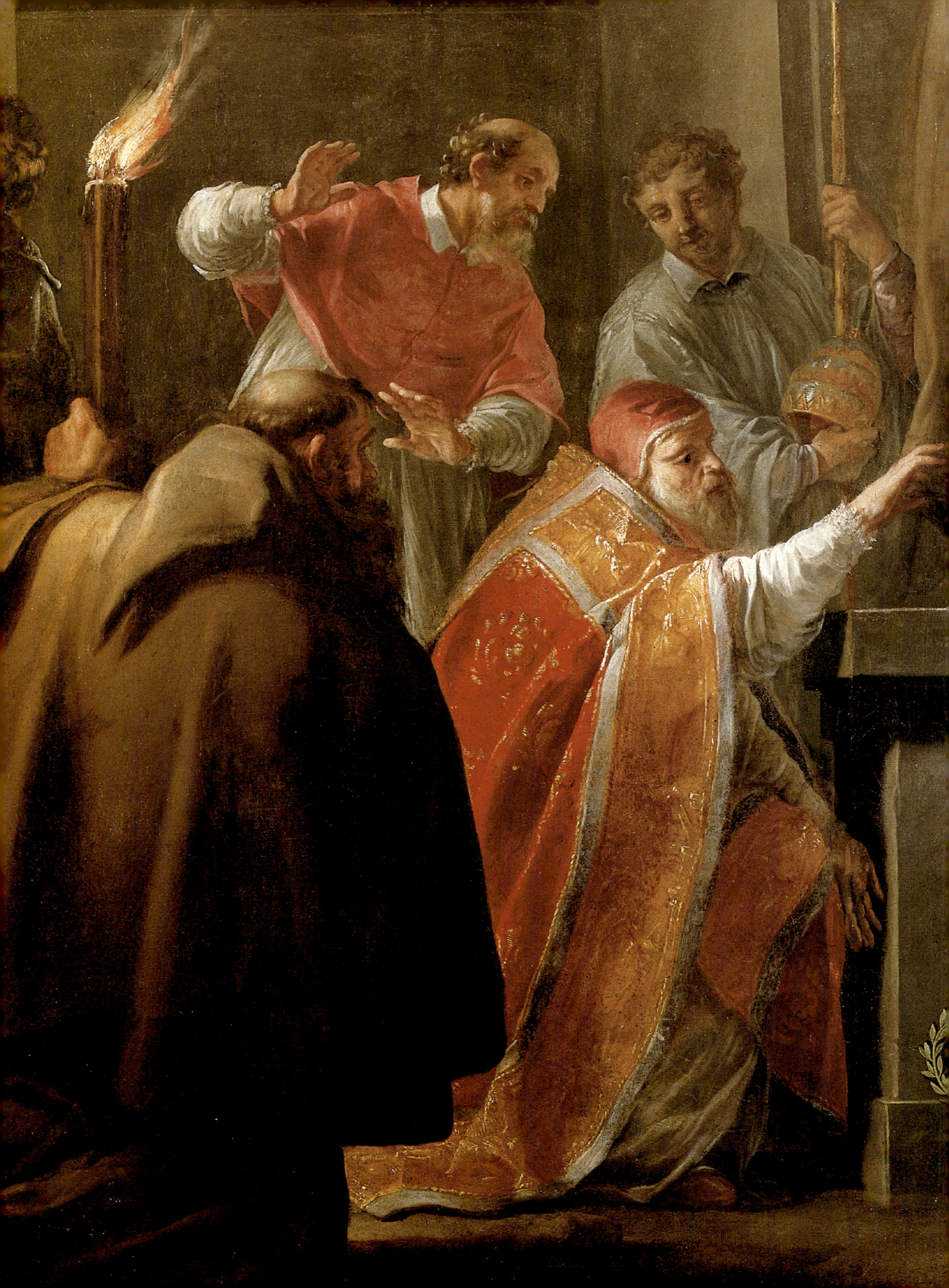

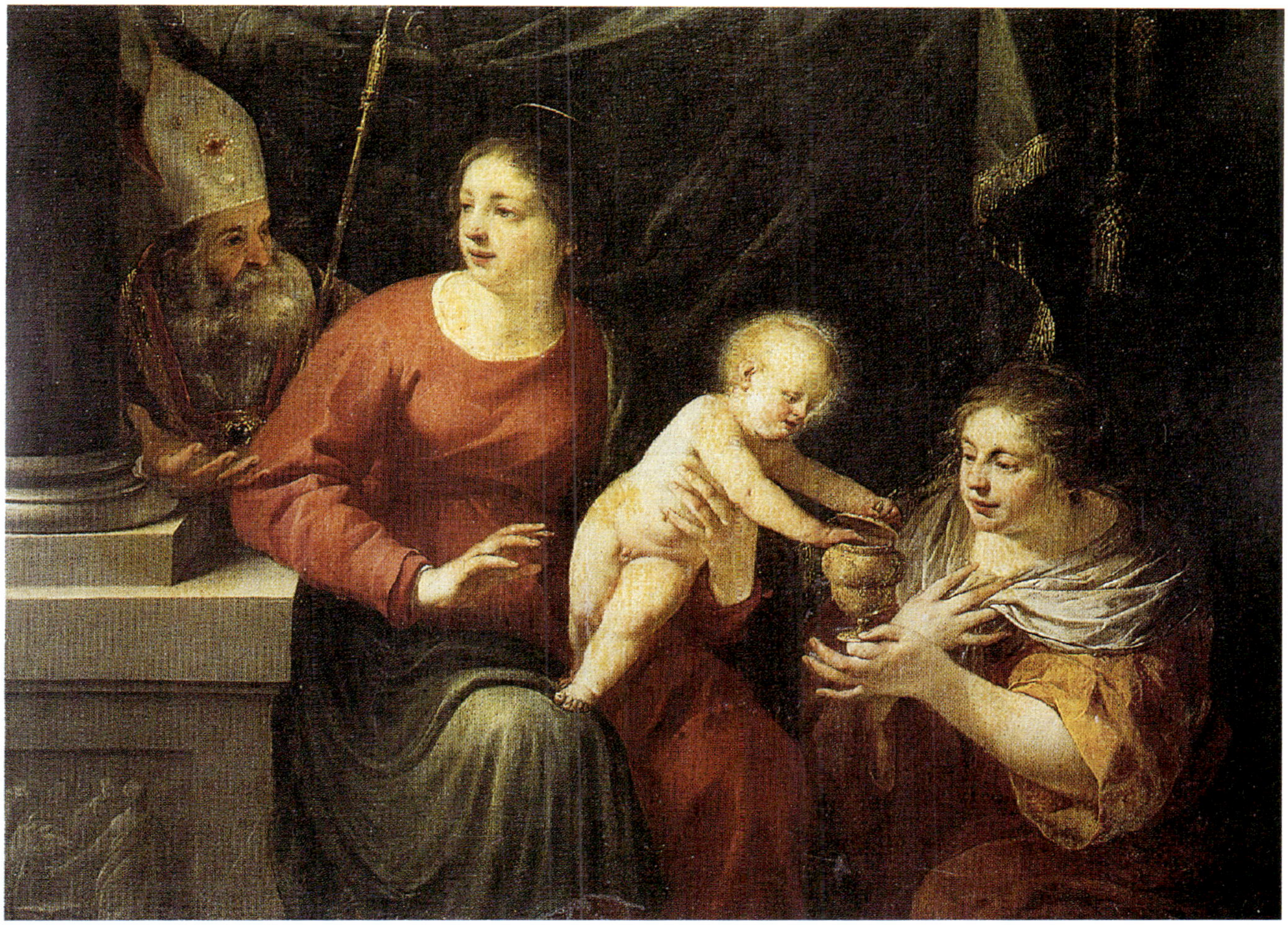

12. La Vierge à l'Enfant avec la Madeleine et un saint évêque

H. toile marouflée sur contreplaqué ; 1,00 x 1,32 m.
Localisation actuelle inconnue.

HIST.
1975 : publié par Pierre Rosenberg, comme dans une collection particulière allemande.
1991, 9 avril : vente à Paris, hôtel Georges V (étude de Me Tajan), n° 28, reprod. couleurs.

BIBL.
1975, Rosenberg, p. 220, reprod. fig 136 ; 1992, Bongiu, p. 80-81.

Lors de la vente à l'hôtel Georges V, le tableau fut désigné comme « La Vierge à l'Enfant avec la Madeleine et saint Siméon » : iconographie singulière. Il s'agit évidemment, non du vieillard Siméon, mais d'un saint évêque, que l'absence d'attributs ne permet guère d'identifier.

Nous n'avons pas pu retrouver la trace du tableau, et ne le connaissons que par photographie. Mais la composition, assez conventionnelle avec la grosse colonne servant de repoussoir, le bas-relief de gauche, la construction axée sur une diagonale descendante, semblent se situer très près du tableau d'Albi (n° 7). De leur côté, le type assez lourd des deux femmes, l'enfant menu, en équilibre instable, paraissent bien renvoyer à la même période.

13. Vierge à l'Enfant avec saint Jean-Baptiste & sainte Élisabeth (quatre figures, au chardonneret)

H.t. ; 0,94 x 1,224 m.
Chicago, The Art Institute, Inv. 63.43.

HIST.
1963 : Don Sam Salz au musée. Le tableau aurait été acquis par Sam Salz, New York, sans doute en 1961, de Rosa Maria Breuder de Berenbau (de Montevideo, Uruguay).

BIBL.
1961, Sterling, p. 86-87, reprod. (coll. particulière aux Etats Unis) [Cat. n° 22] ; 1964, *Chicago, The Art Institute, Annual Report*, 1963-1964, reprod. p. 18 ; 1982, Rosenberg, reprod. p. 345 ; 1985, Wright, p. 142 ; 1996, Wise, p. 5-8, reprod. p. 7.

La représentation de l'Enfant tenant maladroitement le chardonneret mort ou blessé, fort ancienne, n'a guère eu de succès dans le XVIIe siècle français : on préfère alors l'image moins cruelle de l'oiseau voletant, bien vivant, au bout d'un fil. La composition est assez conventionnelle, le paysage installé dans une échancrure arbitraire reste sommaire, l'espace du tableau mal défini. Ce qui semble renvoyer au tableau d'Albi (n° 7) ; le présent tableau pourrait bien se situer à une date proche. L'Enfant, quoique déjà plus grand que dans le tableau précédent, apparaît aussi mal assuré sur ses jambes. Cette recherche, qui permet de renouveler le thème trop multiplié de la Vierge tenant l'Enfant sur ses genoux, semble par la suite assez vite abandonnée.

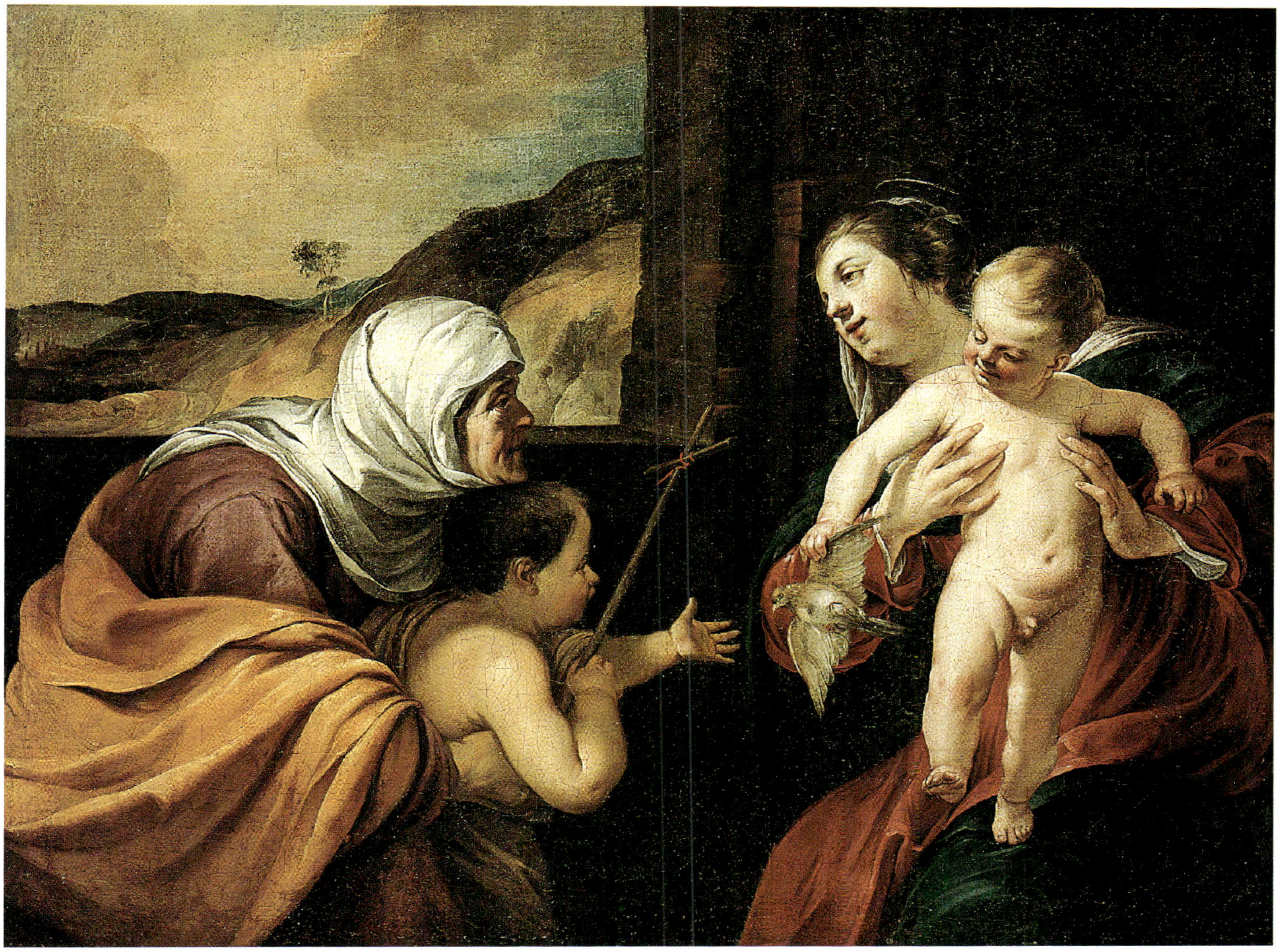

14. Le Temps dévoilant la Vérité

TABLEAU
H.t.; 1,21 x 1,43 m.
France, collection particulière.

HIST.
1994 : révélé lors d'une exposition à la galerie parisienne Jean-Claude Serre (Société Labatut).

EXP.
1994-1995, Paris, Serre, n° 11, reprod. couleurs.

BIBL.
1994, Serre-Baron, p. 28-31, reprod. couleurs; 1995, Baron, p. 99-100, reprod. couleurs.

COPIE (?) (fig. 1)
H.t.; 1,25 m 1,47 m.
Kiiv (Kiev), Musée d'art occidental, n° 108 (sous le nom de Philippe de Champaigne).

HIST.
À fait partie de la collection de Bogdan et Varvara Khanenko, qui est à l'origine du musée. Le tableau aurait été acquis d'un particulier à Saint-Pétersbourg. Auparavant, et jusqu'à 1854, il aurait appartenu à la collection impériale à l'Ermitage.

Cette toile, récemment revenue au jour et passée dans la collection d'un amateur français averti, semble proche de l'*Assomption* de Cognac : elle montre la même inclination pour les rythmes contrastés, les grandes courbes, les draperies agitées. Mais une certaine incertitude dans la construction de l'espace pourrait suggérer qu'elle fut peinte alors que Blanchard se trouvait encore à Lyon. Le coloris est très titianesque, et l'hypothèse même d'une composition remontant au séjour turinois n'est pas entièrement exclue.

C'est tardivement que nous a été signalé l'exemplaire de Kiiv (figure ci-dessous), qui avait entièrement perdu son identité. Nous ne l'avons pas vu et ne le connaissons que par une photographie en noir. La composition est en tous points identique à celle du tableau, mais nous avons l'impression nette d'une copie ancienne.

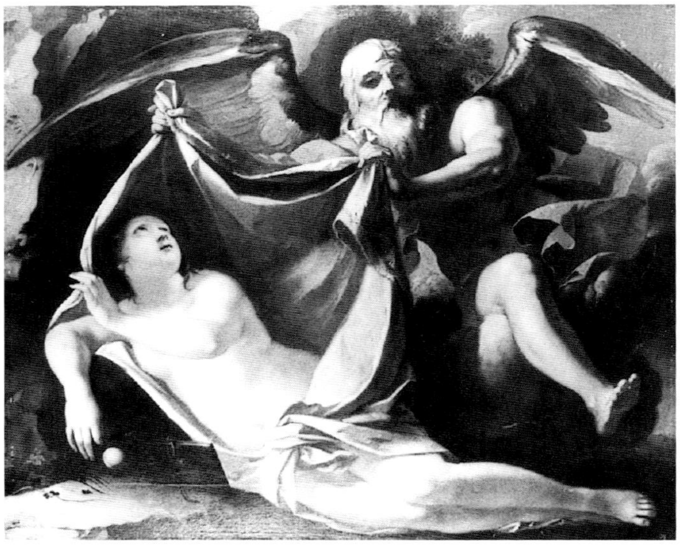

Fig. 1

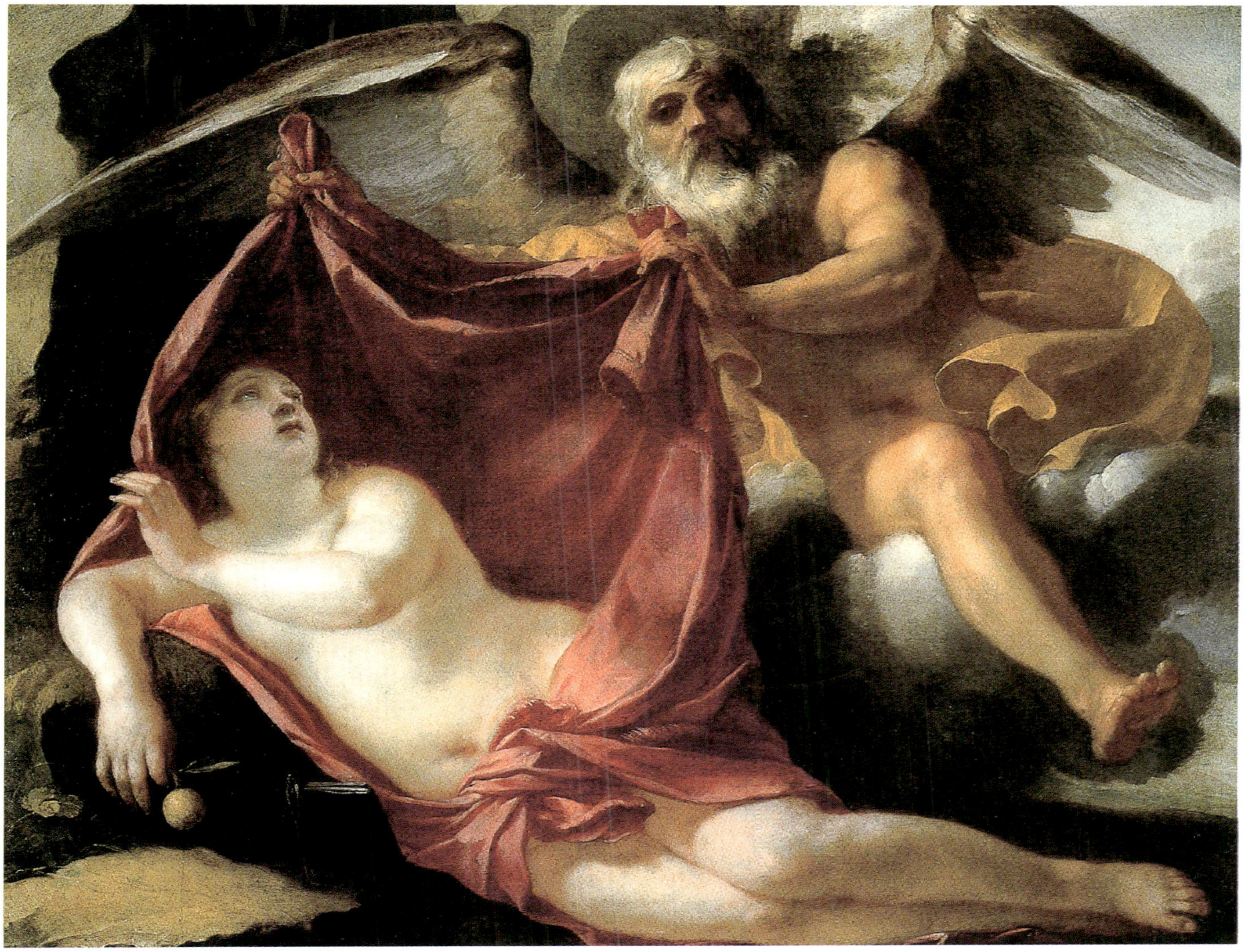

15. Vénus et l'Amour surpris par deux satyres

H.t.; 1,08 x 1,44 m.
Nancy, Musée des Beaux-Arts, Inv. 1135.

HIST.
1910 : offert au musée par Camille Mathis. L'histoire antérieure du tableau n'a pu être reconstituée.

BIBL.
1975, Rosenberg, p. 218, reprod. fig. 132.

Nous croyons ce tableau de la main de Blanchard. Mais il est entièrement ruiné, et les interventions récentes (1994) n'ont pu lui rendre toute sa qualité. La poitrine de Vénus, son épaule gauche, notamment, sont des restitutions, et le sein gauche, qui avait entièrement disparu, a été mal redessiné. Le fond n'a guère moins souffert, en particulier dans toute la partie gauche, où le paysage, les pieds de Vénus et surtout le visage du satyre étaient entièrement usés et repris. Cependant les parties bien conservées offrent tous les caractères des originaux de Blanchard, et leur radiographie confirme qu'il ne peut s'agir d'une copie.

On sait que le thème est fréquent au XVIIe siècle; le Titien en avait donné, avec la *Vénus du Pardo*, un modèle que Blanchard ne fait qu'adapter. Mais le prétexte mythologique, ici, ne déguise guère l'intention graveleuse. Pareil sujet n'est supportable qu'allié à la plus haute expression plastique. On peut croire que le présent tableau avait jadis la même qualité que la *Vénus et les Grâces* du Louvre. Réduit à l'état de ruine, il apparaît d'une vulgarité toute contraire à l'art de Blanchard. Du moins vient-il rappeler l'abondance, dans cette première période, des grands nus féminins, que la pudibonderie a pour la plupart dégradés ou fait disparaître.

Cette série des nus allongés commença certainement dès le second séjour à Lyon, avant de se poursuivre à Paris. Arrivé dans la capitale, Blanchard dut reprendre, répéter et développer les modèles élaborés sans doute dès Turin et qui avaient plu aux amateurs de Lyon. Cette *Vénus* est évidemment toute proche par le dessin de la *Danaé* gravée par La Court; mais la composition plus simple, le coloris plus terne permettent de supposer qu'elle se situe assez tôt dans cet ensemble.

16. Portrait d'Horace Le Blanc

TABLEAU, perdu.
Dimensions inconnues.

HIST.
1685, Félibien, *éd. cit.*, p. 179 : «*...Ayant résolu de revenir en France, il se rendit à Lyon (...) Il fit le portrait d'Horace Le Blanc, sous lequel il avoit peint avant que d'aller à Rome. Horace fit aussi celuy de Blanchart* ».

Ce tableau, qui apparemment datait du début de 1629, est perdu. Nous n'avons pas découvert de mention d'archive qui pût le concerner. Or il n'existe aucune effigie sûre d'Horace Le Blanc, ce qui interdit de l'identifier parmi les innombrables portraits d'homme du début du XVIIe siècle. Le portrait de Blanchard par Horace Le Blanc semble lui-même avoir rapidement disparu.

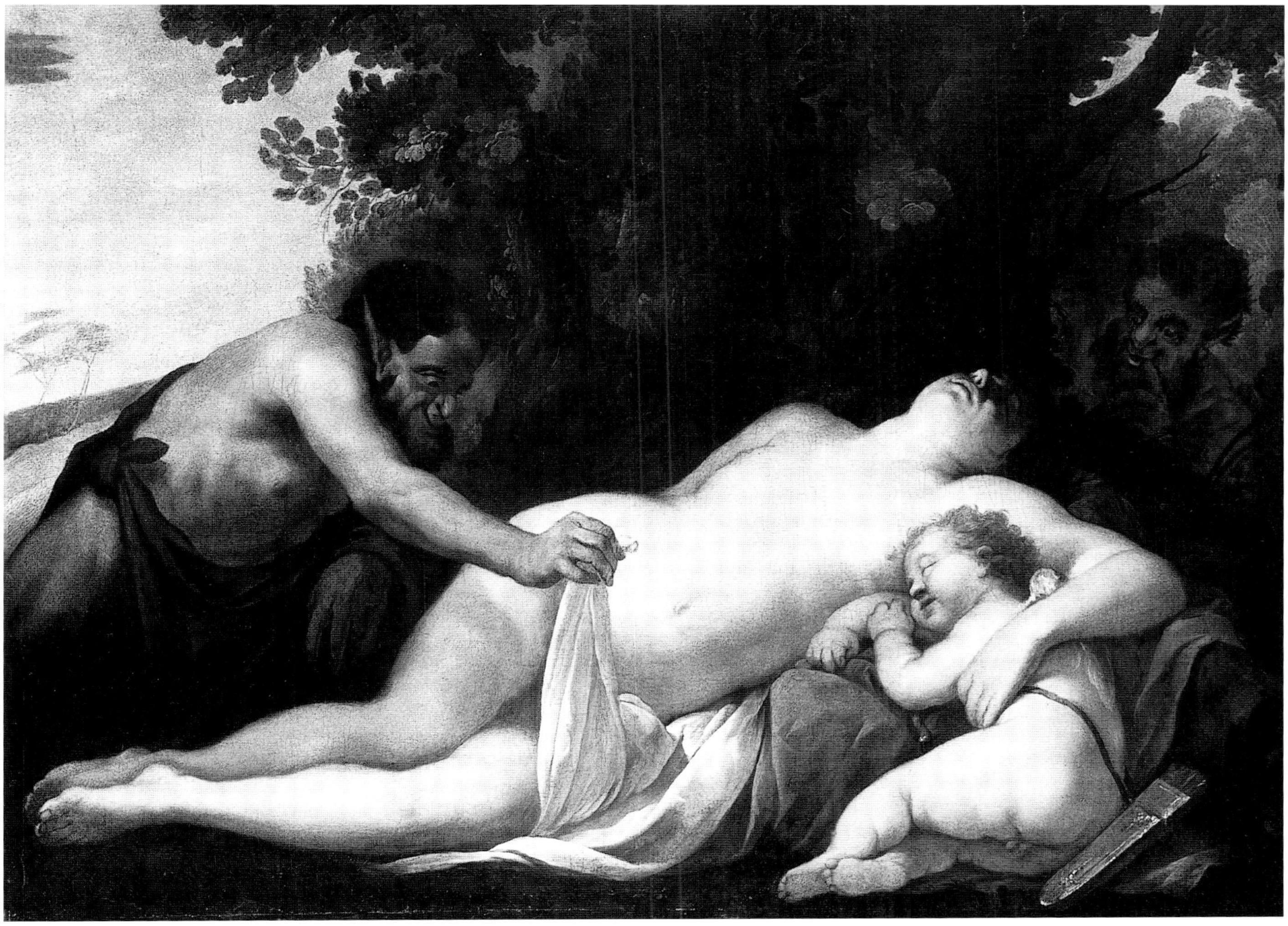

II
1629 – 1631
La réinstallation à Paris

Le retour de Blanchard à Paris semble avoir été suivi de deux ou trois années fort actives. Les tableaux furent certainement nombreux et variés. Si le changement de lieu ne provoque pas chez lui une brusque rupture de style, on sent pourtant de multiples recherches qui fixent vite les grandes composantes de son art.

Le Paris qu'il retrouve a bien changé. Vignon s'y est solidement installé, Vouet, arrivé depuis peu, y tient déjà le premier rang. Blanchard doit être intéressé par les recherches de ce dernier, mais plus encore, peut-être, par celles de Vignon, comme lui fortement marqué par Venise. Surtout, il doit découvrir les œuvres parisiennes de Rubens, bien différentes de celles qu'il avait pu apercevoir en Italie : la galerie Médicis, mise en place en 1625, est encore très facilement accessible (la fuite de la Reine mère, qui va rendre moins facile l'entrée du Luxembourg, ne se produit qu'en 1631). L'opulence des nus, la richesse des carnations semblent l'avoir particulièrement frappé.

Petit-fils du vieux Baullery, élève et neveu de Nicolas Baullery, l'un des jurés de la corporation parisienne des peintres parisiens, Blanchard n'a pas grand mal à faire sa place dans la capitale. Mais il lui faut s'y imposer. Pour se mettre en règle avec la corporation, il brosse un *Saint Jean à Patmos* qui semble exposé aussitôt dans la salle de la Communauté. D'autre part il obtient commande d'un grand retable, destiné à un couvent de province, sans doute, mais qu'il prend bien soin de montrer à Paris. Félibien nous a conservé un écho de ce « lancement » : « *ces deux tableaux furent les premiers qui lui acquirent l'estime des savants* », écrit-il. La date de 1629, retrouvée sur l'*Assomption* de Cognac, prouve qu'il était parfaitement renseigné. Les deux œuvres montrent un style mouvementé, qui s'inscrit sans peine dans la tradition des Varin et des Lallemant, mais qui ajoute une puissance d'expression, une saveur du pinceau, une force de coloris qui durent frapper les amateurs parisiens, encore habitués aux séquelles du Maniérisme, et placer d'emblée Blanchard au côté de Simon Vouet.

C'est évidemment à partir de ces deux œuvres sûres qu'il faut tenter de reconstruire les premières années parisiennes. Ce qui n'est guère commode. Nulle autre date ne nous vient en aide. Or, dans ces trois années, la production semble prompte. Blanchard cherche ses amateurs, fait ses preuves dans les toiles d'inspiration religieuse, mais aussi dans les nus destinés aux cabinets des « curieux ». Leur succès est considérable. Ses figures féminines, par leur grâce, leur sensualité, leur carnation subtile, qu'il s'agisse de sujets profanes ou de Vierges, de Madeleines, semblent particulièrement appréciées. Elles doivent être de bon rapport, et il ne paraît pas que Blanchard soit conduit à quêter les commandes officielles, retables d'église ou décor des maisons royales.

17. L'Assomption, 1629.

H.t.; 3,32 x 2,54 m.
Signé *Blanchart [fecit ?] 1629.*
Cognac, église Saint-Léger, bras droit du transept.

HIST.
1685, Félibien (*éd. cit.* p. 180), à propos des débuts de Blanchard à Paris : « *Il fit* [pour la Communauté des peintres un *Saint Jean*] *et pour un Couvent de Religieuses de la ville de Cognac en Gascogne une Assomption de la Vierge. Ces deux tableaux furent les premiers qui luy aquirent l'estime des sçavans* ».
1960 : la toile, entièrement oubliée, est identifiée à Cognac par Pauline Reverchon, conservatrice du musée, sur les indications de Charles Sterling; elle se trouvait encore dans Saint-Léger, église paroissiale de nos jours, mais ancienne église du prieuré bénédictin.
1961, 15 mars : classée Monument Historique; la toile est par la suite restaurée et révèle sa signature et sa date.

BIBL.
1685, Félibien, *éd. cit.*, p. 180; 1745, d'Argenville, p. 265 (d'après Félibien); 1926, Dimier, p. 39 (d'après les textes); 1961, Sterling, p. 84, reprod. [Cat. n° 6]; 1969, Gebelin, p. 84; 1985, Wright, p. 142; 1990, Jouannet, p. 42, reprod. couleurs p. 43.

Il ne saurait y avoir aucun doute sur l'identité de la toile, non gravée, mais signée, datée et retrouvée à l'endroit même où Félibien la signalait à la fin du XVIIe siècle. Les armes qu'on voit dans le bas, vers la droite, sont celles de la famille des Montbron, qui joua un rôle important dans le développement de la Contre-Réforme à Cognac. C'est grâce à l'appui financier de Jean de Montbron, comte de Fontaine-Chalandray, et de sa femme Louise d'Aubépine que le vieux prieuré bénédictin Saint-Léger, ruiné par les guerres de religion, put être rénové et affecté à des bénédictines sous le nom de prieuré Notre-Dame-de-Grâce. La prise de possession eut lieu en vertu d'une ordonnance de Louis XIII du 16 janvier 1623 et d'un acte du Parlement du 8 avril (Jouannet, 1990, p. 42). Les travaux, qui concernaient principalement la reconstruction du cloître et la remise en état de l'église, semblent avoir été conduits rapidement, sous la direction de Louise de Montbron, la première prieure de la communauté.

La seconde, Marie de Montbron, devenue sœur Louise de la Purification, fut à la tête du couvent de 1626 à 1666. C'est de son temps que fut commandé le tableau, certainement conçu pour occuper le centre du retable majeur de la vieille église du prieuré désormais placé sous l'invocation de Notre-Dame-de-Grâce (le beau cadre actuel est de date postérieure et n'a dû être adapté au tableau qu'après la destruction du maître-autel du XVIIe siècle). La transformation du prieuré bénédictin en maison de bénédictines, et surtout la difficile récupération de ses antiques droits et privilèges par les religieuses, très contestée par le corps de ville, nécessitèrent certainement de nombreuses démarches à Paris. On s'explique ainsi tout à la fois le choix du sujet et le choix d'un jeune artiste, brillant et bien introduit, mais qui, tout juste revenu à Paris et n'ayant pas encore de clientèle, ne pouvait sans doute se montrer très exigeant.

La redécouverte de cette toile, non gravée, et qui n'était plus connue que par les deux lignes de Félibien, puis l'apparition de la signature et surtout de la date, encore ignorées de Charles Sterling, ont fourni un jalon essentiel dans la carrière de Blanchard. C'est ici qu'on peut saisir le style du jeune peintre au moment où il se réinstalle à Paris, soit très probablement la fin de 1629.

L'œuvre est d'autant plus intéressante que Simon Vouet, revenu un peu plus tôt dans la capitale, signe et date de cette même année 1629 l'*Assomption* du grand retable de Saint-Nicolas-des-Champs, sa première grande œuvre destinée à être présentée à Paris dans un lieu public. La phrase de Félibien donne à penser que Blanchard, de son côté, ne manqua pas de montrer son œuvre aux amateurs parisiens. Comparaisons et commentaires durent aller bon train. C'est de ce moment que doit dater l'opinion – bien réductrice, à dire vrai – qui associe Vouet et Blanchard comme restaurateurs de la peinture française, et dont Félibien n'a pas craint de se faire l'écho : « *L'on peut dire que ces deux hommes qui ont travaillé en mesme temps & de manières bien différentes (...) ont beaucoup contribué à remettre en France le bon goust de la Peinture, & à élever cet Art au point où il est aujourd'huy. Car lorsqu'ils revinrent d'Italie, ils firent voir des tableaux d'une manière toute autre que celle dans laquelle l'on estoit alors tombé en France...* » (*Entretien VII*, 1685).

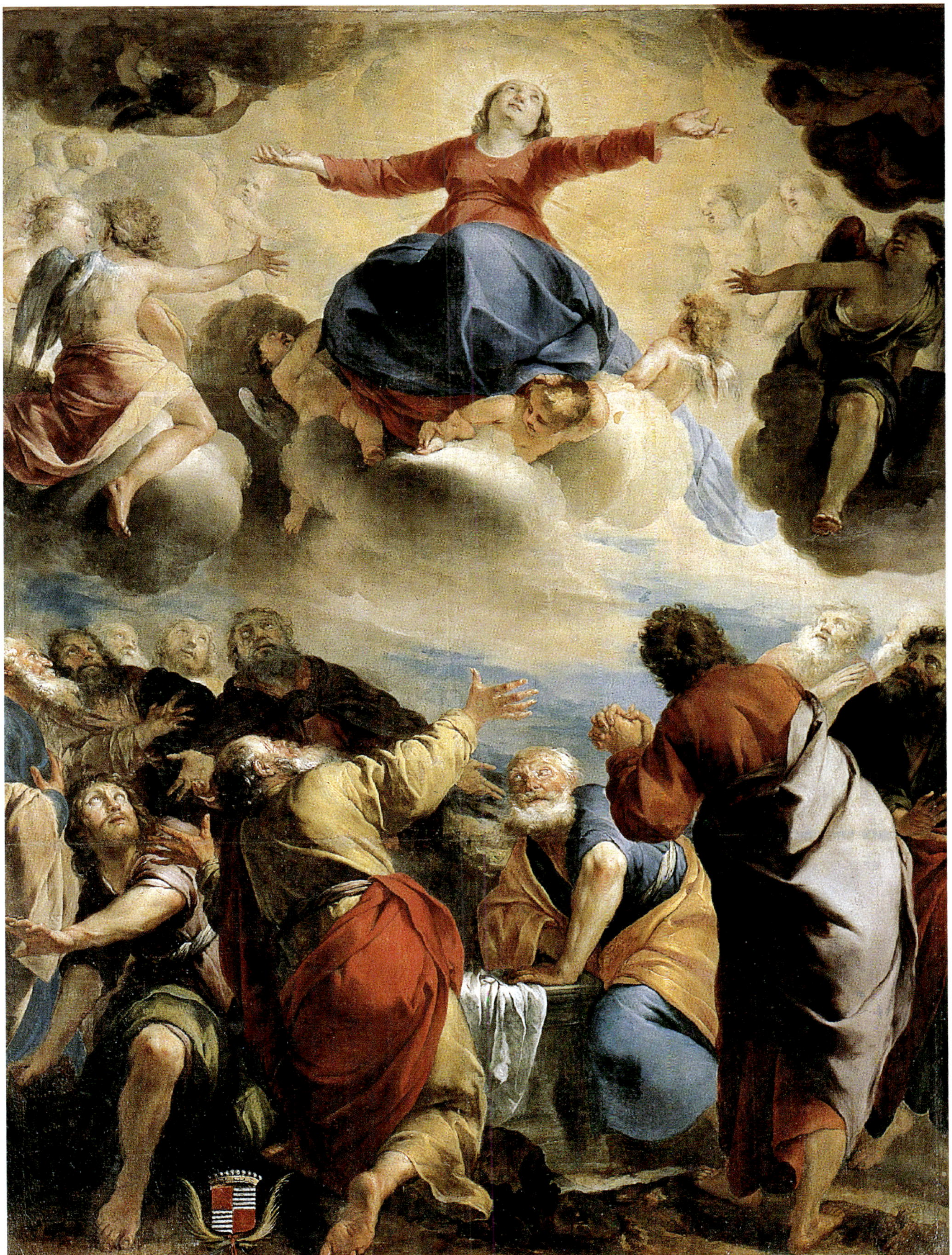

18. Saint Jérôme

I. TABLEAU
H.t.; 1,14 x 0,77 m.
Signé en bas à droite : *J.-B.*
Musée de Grenoble.

HIST.
1990 : acquis par le Musée de Grenoble de la Galerie Pardo, à Paris, qui conservait ce tableau depuis de longues années et l'avait bien souvent utilisé pour sa publicité (*Burlington Magazine*, septembre 1957, p. VI ; *ibidem*, février 1961, p. XXI ; *Revue du Louvre, etc.*).

EXP.
1958, Stockholm, n° 42 (Galerie Pardo, Paris) ; 1989, Paris, *Galerie Pardo*, p. 36-37, reprod. couleurs.

BIBL.
1961, Sterling, p. 89, reprod. [Cat. n° 37] ; 1975, Rosenberg, p. 222 ; 1985, Wright, p. 144 ; 1990, Salomé, p. 414, reprod. couleurs ; 1992, Thuillier, p. 124, reprod. couleurs ; 1993, Hilaire, p. 206.

COPIE
H.t.; 1,20 x 0,97 m, classée Monument Historique en 1980.
Charenton-le-Pont, église Saint-Pierre.
Offerte par Mme Vve Chantelat de Cottin, la copie a été attribuée au peintre Antoine-François Callet.
BIBL.
1975, Rosenberg, p. 222.

II. GRAVURE au burin, dans le même sens, anonyme (fig. 1) publiée chez Ganière (Weigert 103).
Burin ; 0,267 x 0,194 m.
Dans la marge :
Au centre : *S. HIERONIME*
Sur les côtés :

Vir pietatis amans mollis solatia vitae,
Falaces carnis deliciasque fugit./
Et solum casto meditatur pectore Cristum,
Hinc sibi praesidium, subsidiumque petens

[Celui qui aime la piété fuit les agréments d'une vie de mollesse,
Et les délices trompeuses de la chair.
Son chaste coeur ne songe qu'au seul Christ
Et cherche auprès de lui sa garde et son soutien]
Au-dessous :
Ganière excudit Cum/privilegio Regis/J. Blanchard pi.

BIBL.
1961, Sterling, p. 89, reprod.

Ce magnifique morceau a récemment rejoint à Grenoble, grâce à M. Serge Lemoine, le chef-d'œuvre de même sujet de La Tour. La vue de face, le réalisme qui mêle la vision caravagesque à la richesse de la pâte et du coloris, l'intensité de l'expression psychologique semblent développer avec assurance, sur un thème fréquent et un schéma traditionnel, les solutions que proposait l'*Assomption* de 1629. Ce *Saint Jérôme* s'apparente directement à l'Apôtre qui se trouve au centre du tableau de Cognac, une main posée sur le rebord du tombeau (*cf.* fig. 2), et paraît de date très voisine. Blanchard pourrait bien chercher à rivaliser avec Claude Vignon, rétabli à Paris et qui depuis plusieurs années multipliait ces figures de vieillards aux larges barbes ébouriffées où se joue la lumière (*cf.* fig. 3). Il l'égale ici pour le pittoresque, et l'emporte à coup sûr pour la subtilité du coloris.

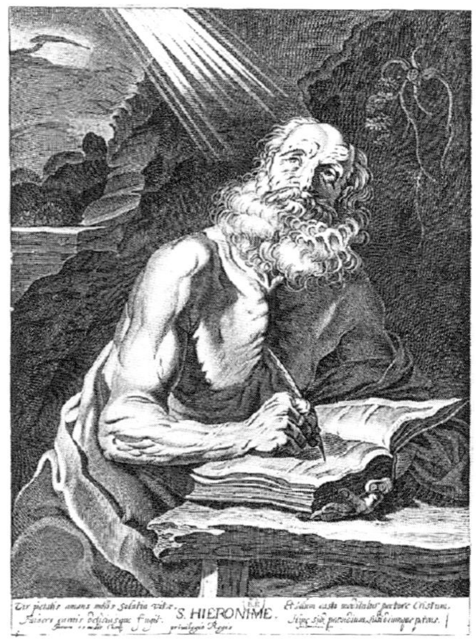

Fig. 1

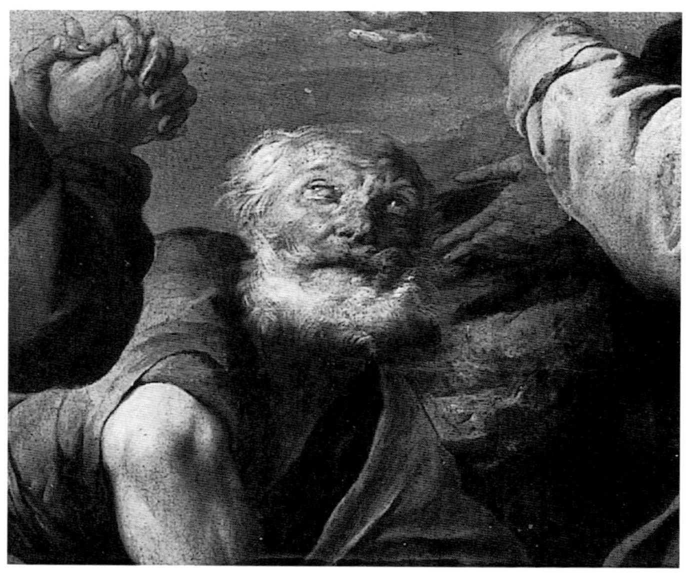

Fig. 2
L'Assomption, détail

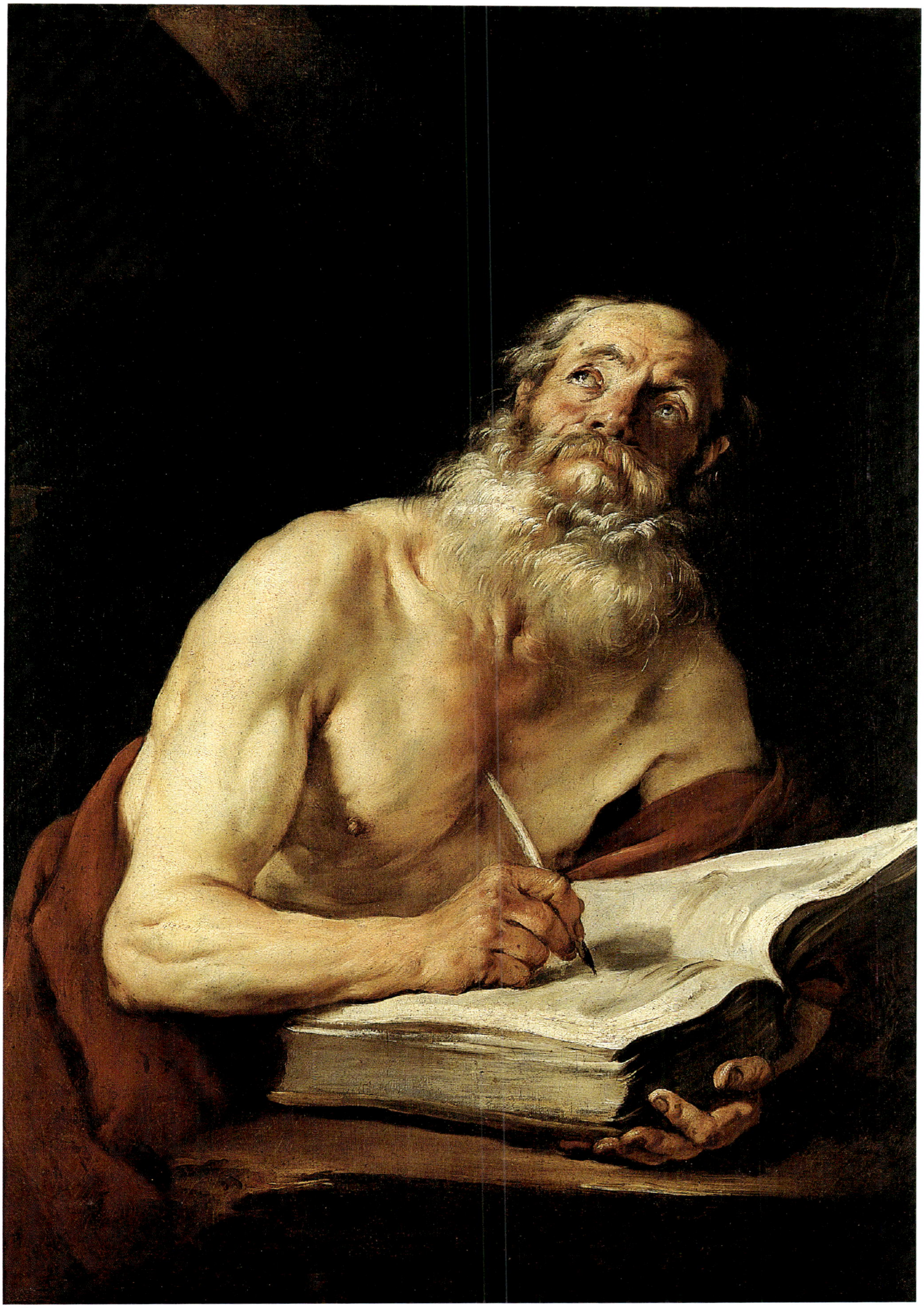

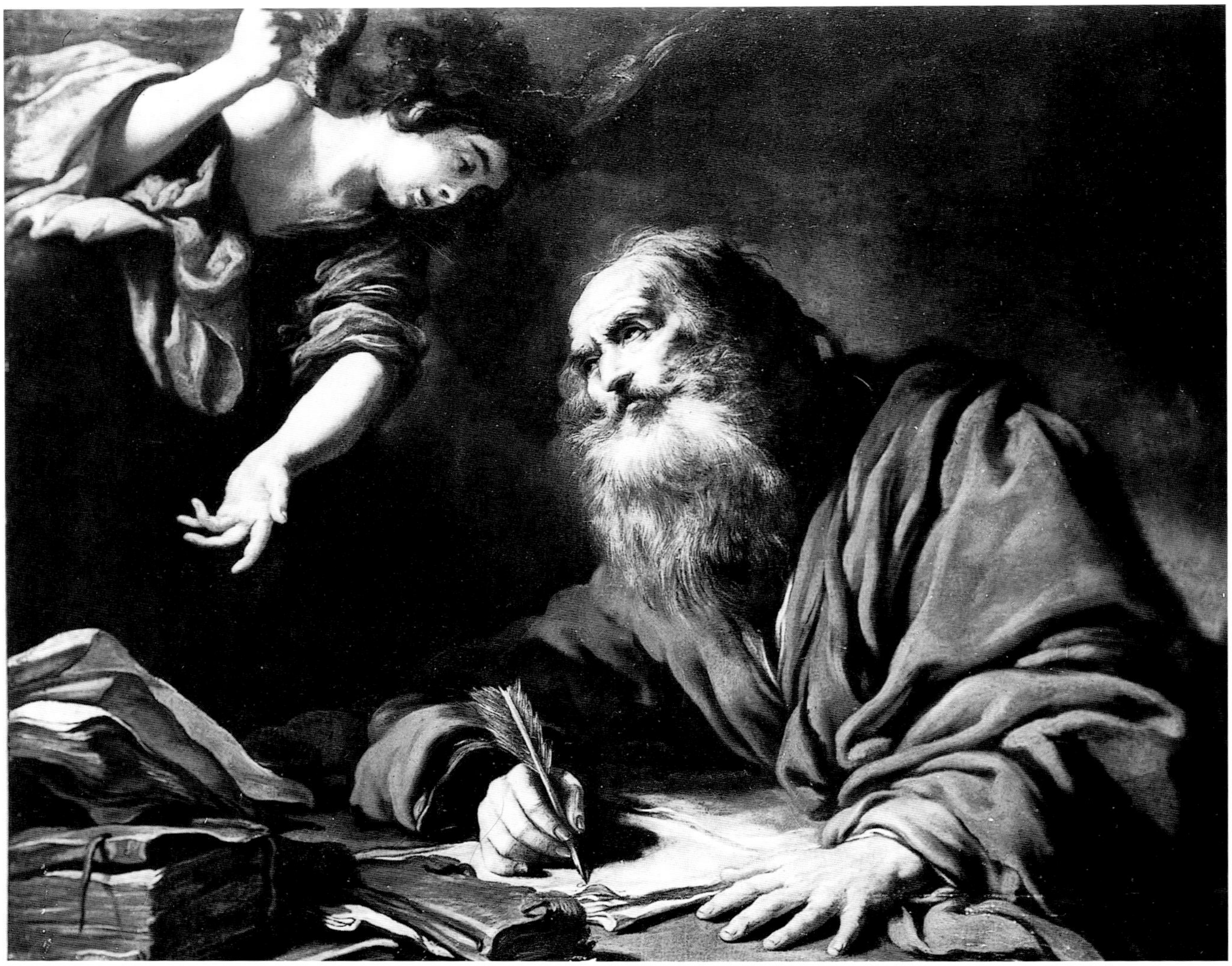

Fig. 3
Claude Vignon,
Saint Mathieu et l'ange (vers 1623).
Turin, Galleria Sabauda.

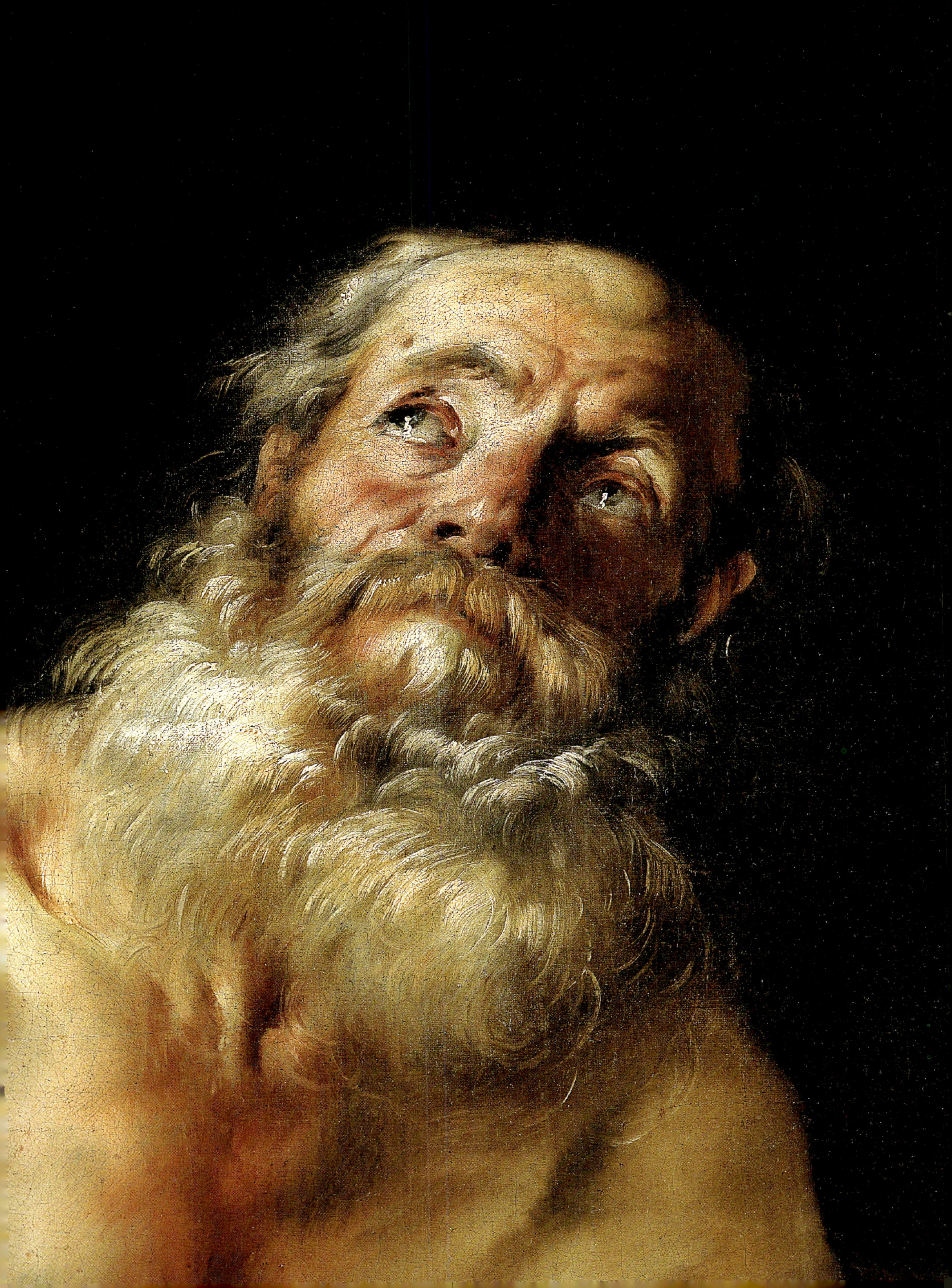

19. Saint Jean à Patmos

I. TABLEAU, perdu
H.t.; *ca.* 1,80 x 1,40 m.

HIST.
1685 : Félibien, *éd. cit.*, p. 180, à propos des débuts de Blanchard à Paris : « *Il fit pour la Communauté des Peintres un Saint Jean dans l'Isle de Pathmos* (et pour Cognac une *Assomption*). *Ces deux tableaux furent les premiers qui luy aquirent l'estime des sçavans* ».
1745 : d'Argenville (p. 265) déclare que le tableau « (se) *voit dans la salle de l'Académie de Saint Luc* ».
1776 : l'inventaire de l'Académie de Saint Luc mentionne le tableau et précise qu'il mesure 5 pieds 1/2 sur 4 pieds 3 pouces (environ 1,80 x 1,40 m; *cf.* Guiffrey, 1915, *Saint-Luc*, p. 96).
1794 : sous la Révolution, le sort du tableau est peu clair. Une *Note des tableaux français dont le Musée central des arts a besoin* (vers le 1er mars 1794) mentionne en premier : « *Blanchard, Saint Jean dans l'isle de Pathmos, provenant de l'Académie de Saint Luc* ». Lenoir indique : « *Je n'ai rien reçu de Saint Luc* ». *Cf.* Plon, 1886, t. II, p. 130.

BIBL.
1685, Félibien, *éd. cit.* p. 180; 1745, d'Argenville, p. 265; 1757, d'Argenville, p. 19; 1765, Mery, p. 263; 1862, Blanc, p. 3 ;1886, Plon, II, p. 130 (mentions du tableau); 1910, Vial, p. 92; 1915, Guiffrey, *Saint-Luc*, p. 96, 126; 1926, Dimier, p. 39; 1933, Lavallée, p. 147; 1935, Leroy, p. 100; 1961, Sterling, p. 83-84 [Cat. n° 5], reprod. gravure; 1969, Gebelin, p. 84.

COPIE
Epinal, collection particulière (en 1933).
H.t.; 0,70 x 0,50 m.
Signalée (mais non reproduite) par Lavallée, 1933, p. 147.

II. GRAVURE, par Pierre Daret (Weigert 373)
Burin; 0,330 x 0,260 m.
Dans la marge :
Ioannes aetheram coeli sublatus in arcem
Vllo mortali non referenda videt
Ille sub obscuris arcana latentia verbis
Implicat indoctis penetrenda viris
[Jean, transporté dans les hauteurs célestes,
Voit ce qui ne se doit rapporter à nul mortel.
Mais il enveloppe sous des paroles obscures les mystères cachés
Pour les faire pénétrer à l'ignorance humaine]
En bas à gauche : *Joan Valet ex. Avec privilege du Roy.*
A droite : *Jacq. Blanchard In. Daret sc.*

Il est probable que ce tableau, malheureusement disparu, mais gravé, ne fut pas seulement, comme le dit Félibien, l'un des deux premiers qui lui acquirent l'estime des connaisseurs parisiens, mais l'une des toutes premières œuvres qu'il exécuta lors de son retour à Paris, vers la fin de 1629. Bien introduit à la corporation des maîtres peintres et sculpteurs par sa parenté Baullery (son oncle Nicolas Baullery est encore vivant), il dut pourtant se mettre promptement en règle avec cette compagnie, fort soupçonneuse durant ces années.

L'œuvre est d'un style mouvementé, qui s'accorde assez bien avec celui de l'*Assomption* de Cognac (le saint Jean reprend, dans une attitude différente mais un esprit voisin, la belle figure d'apôtre qui se trouve à droite dans ce retable). La gravure de Daret montre tout un jeu de contrastes lumineux, une arcade rocheuse ouverte sur le ciel, des rayons perçant les nuages, des livres à demi cachés dans l'ombre. On peut croire qu'ici, ne trouvant pas à faire admirer l'éclat de ses carnations, Blanchard s'était reporté sur les effets de clair-obscur, sans doute habilement combinés à la richesse des couleurs. Il reste qu'une comparaison avec le *Saint Jean l'Evangéliste* et le *Saint Marc* peints vers 1620 par Georges Lallemant à la voûte de la chapelle de Vic, dans l'église Saint-Nicolas-des-Champs, suffirait à montrer que ce tableau s'inscrivait directement dans la tradition parisienne, toujours bien vivante (rappelons que Lallemant ne mourra qu'en 1636, deux ans avant lui). Cette continuité pourrait bien être l'une des clefs du succès rapide de Blanchard dans la capitale.

Exposé en permanence dans la salle de la Communauté des peintres, le tableau dut être très vu et très admiré. Un témoignage évident de cet intérêt nous semble le *Saint Jean l'Évangéliste* de Laurent de La Hyre (vers 1637) gravé par Gilles Rousselet (fig. 1).

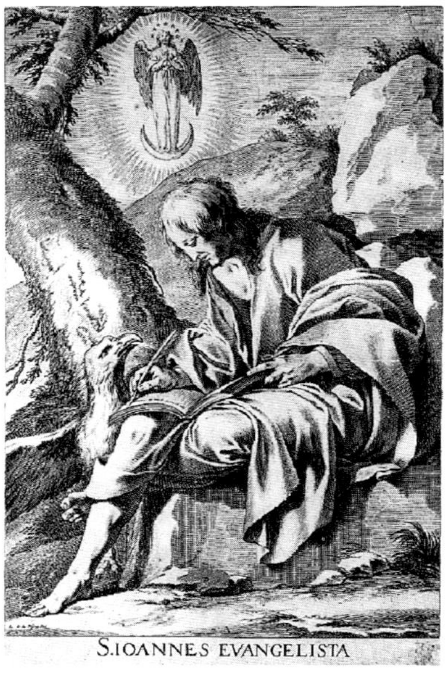

Fig. 1
Laurent de La Hyre,
Saint Jean l'Évangéliste
(vers 1637 ?), gravé par
Gilles Rousselet.
Paris, coll. part.

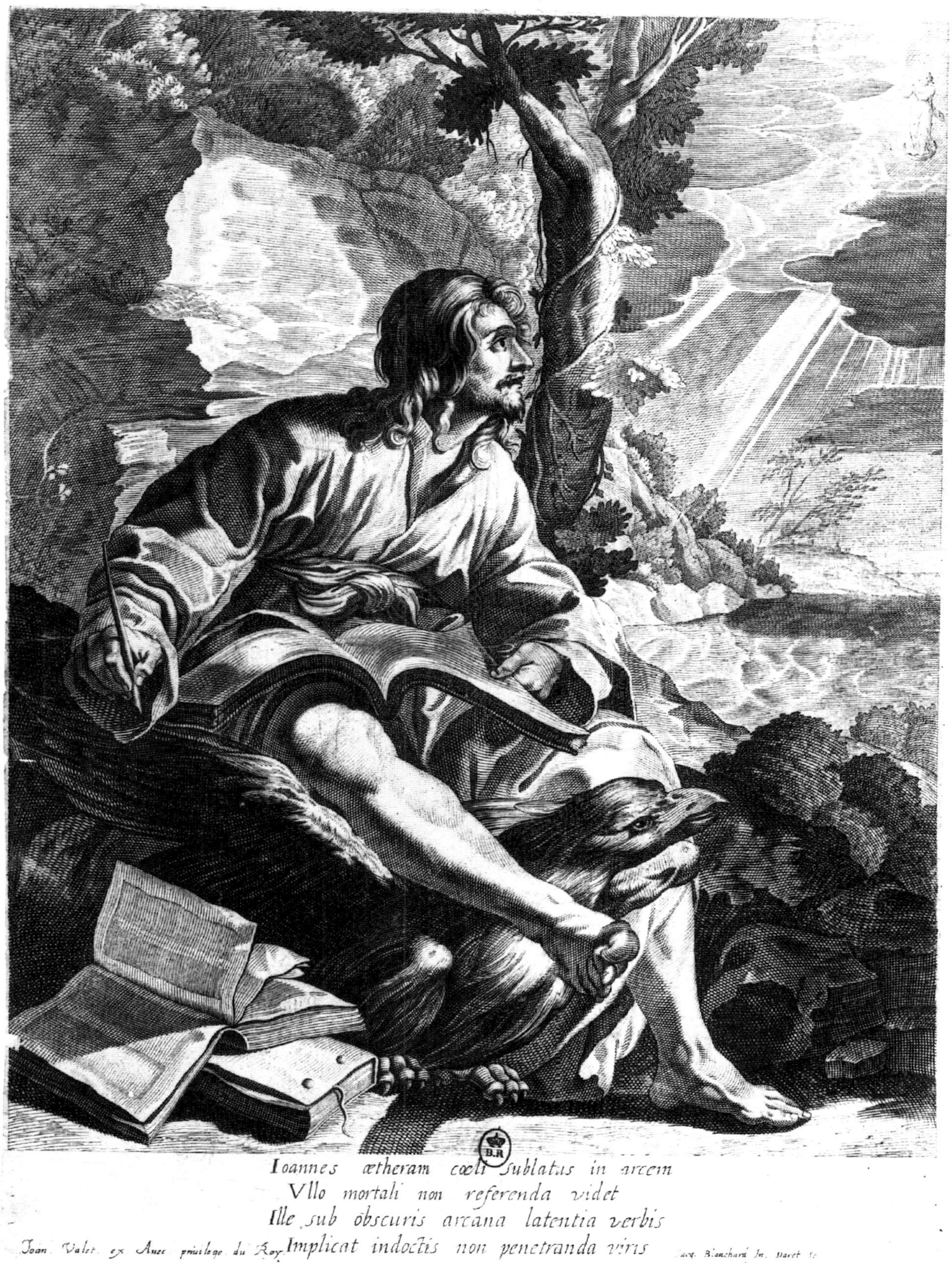
B.R
Ioannes ætheram cœli sublatus in arcem
Vllo mortali non referenda videt
Ille sub obscuris arcana latentia verbis
Implicat indoctis non penetranda viris
Ioan. Valet. ex Avec priuilege du Roy.
Iacq. Blanchard In. Daret Sc.

20. Le Calvaire

I. TABLEAU ou **DESSIN**, perdu.

II. GRAVURE
Eau-forte et burin ; 0,581 x 0,356 m.
En bas, dans la marge : *VIRGO VIRGINI VIRGINEM A PATRE COMMENDARI/EXPOSCIT.*
[Jean demande que le Père lui confie la Vierge comme épouse mystique. Le texte est pratiquement impossible à rendre en français du fait que *virgo*, en latin, peut désigner le jeune homme aussi bien que la jeune fille]
A gauche : *Jacq ; Blanchard in.*
A droite : *Ganiere ex. cum Pri. Regis*
2e état après coupure du cuivre : 0,531 x 0,353 m.

BIBL.
XVIIIe siècle, Mariette, notes manuscrites : « *gravé à l'eau forte et terminé ensuite au burin par un anonyme* » ; 1961, Sterling, p. 91, reprod. gravure [Cat. n° 47].

On ignore tout de cette œuvre, qui pourtant parut digne d'être gravée. La composition est des plus traditionnelles. Mais la gravure montre des plis tourmentés, une musculature accusée, des effets de clair-obscur qui suggèrent une date proche du *Saint Jean à Patmos*.

21. Jésus retrouvé à la porte du Temple

I. TABLEAU, perdu.

COPIES
- A. Madrid, Prado (fig. 1).
À gauche sur la marche : s. et d. *C. COELLO/MDCLX* ; cat. 1952, p. 145, n° 2583.
- B. Localisation actuelle inconnue.
H.t. ; 1 ; 06 x 1,12 m.
Passé en vente à Paris, le mercredi 2 mars 1983, n° 80, reprod.

BIBL.
1958, Thuillier, p. 95, reprod. de la gravure fig. 28 ; 1961, Sterling, p. 96-97 [Cat. n° 72], reprod. de la gravure et commentaire de la toile du Prado ; 1963, Sterling, p. 113-114, reprod. pl. LXV (gravure et tableau du Prado).

II. GRAVURE (Robert-Dumesnil 8) par Antoine Garnier, 0,363 x 0,286 m.
Au bas, la légende latine : *Omne datum optimum, et omne donum perfectum, desursum est. Ep. Jacob.1.* [Toute donation excellente, et tout don parfait, vient d'en-haut. Epître de saint Jacques, I.17].
Plus bas : *Herman Weyen excudit cum Privilegio Regis.*

L'hypothèse selon laquelle le tableau du Prado serait l'original de Blanchard, transformé en Coello par une fausse signature, semble difficile à soutenir. La signature est réapparue lors d'un nettoyage, et d'autre part un faussaire eût sans doute choisi une date plus avancée dans la carrière du peintre (en 1660, Coello n'a que dix-huit ans...). Surtout, la facture n'évoque guère le pinceau de Blanchard.

On ne sait rien sur l'histoire de cette œuvre. Mais la gravure, publiée chez Herman Weyen, donc à Paris, évoque irrésistiblement le style d'Antoine Garnier, à qui on peut l'attribuer sans grande possibilité d'erreur. Le nom de Blanchard n'y figure pas : mais il semble également s'imposer ; c'est sous ce nom que l'estampe, assez rare, figure dans l'album de la Bibliothèque Nationale, et qu'elle est classée par Robert-Dumesnil – Antoine Garnier, n° 8, « *d'après Jacques Blanchard* »).

Nous sommes d'accord avec Charles Sterling pour y voir une production de Blanchard peu de temps après son retour à Paris.

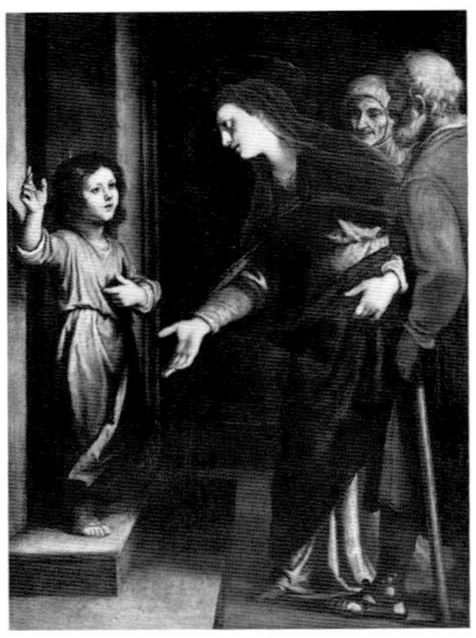

Fig. 1
Jésus retrouvé à la porte du Temple, signé et daté *C. Çoello 1660*, Madrid, Musée du Prado.

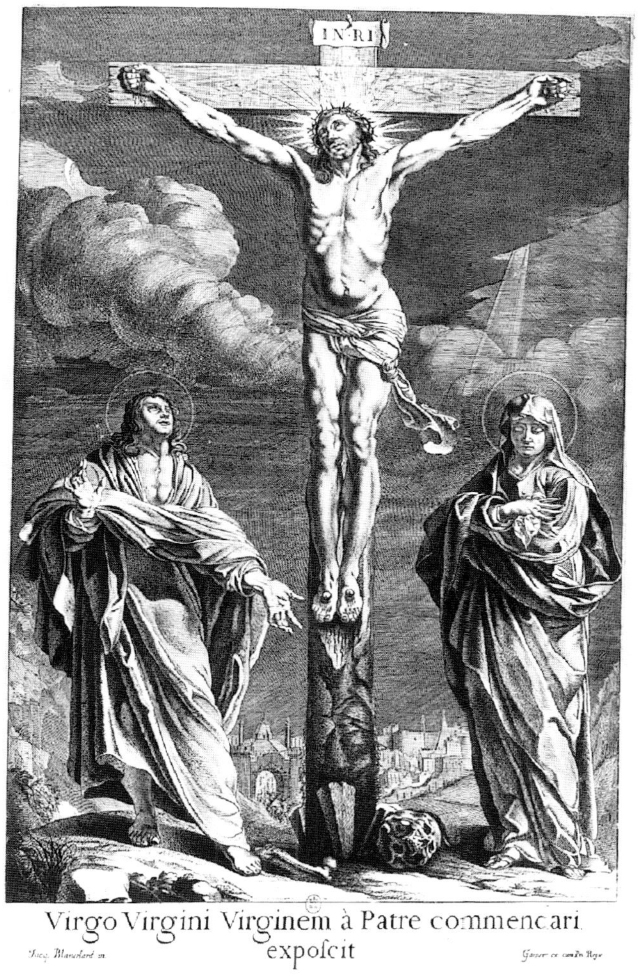
INRI
Virgo Virgini Virginem à Patre commencari
expoſcit

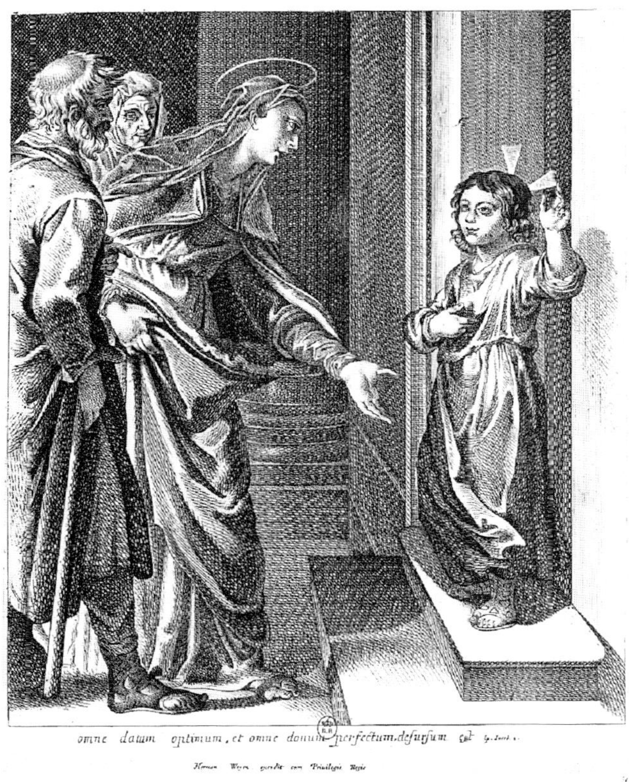
omne datum optimum, et omne donum perfectum desursum est

22. Danaé (avec l'Amour debout)

I. TABLEAUX

1. Lyon, Musée des Beaux-Arts, Inv. 1990.71.
H.t.; 0,93 x 1,30 m (après restauration et suppression d'agrandissements sur les côtés; format lors de la découverte : 1,15 x 1,47 m.).

HIST.
1984 : le tableau apparaît dans une collection particulière de la région parisienne; il est cédé à la galerie Serre-Leegenhoek de Paris.
1990 : il est acquis par le musée des Beaux-Arts de Lyon.

EXP.
1990, Paris, Serre-Leegenhoek, n° 10, reprod. couleurs.

BIBL.
1990, Leegenhoek, p. 39-42, reprod. couleurs; 1991, Durey, *Bull. Mus. Lyon*, n° 1, p. 38-40, reprod. couleurs; 1991, Durey, *Revue du Louvre*, p. 130-131, reprod. couleurs; 1993, Hilaire, p. 206.

2. Tsarskoïe-Selo (fig. 1 et p. 123).
(Palais Pouchkine)
H.t.; 0,99 x 1,69 m (agrandi : 1,41 x 1,71 m.).

HIST.
Dès le XIXe siècle au moins dans la collection du Palais de Tsarskoïe-Selo (dit ensuite Palais Pouchkine).

BIBL.
1939, Ernst, p. 219, note 1 (« depuis toujours dans la galerie des tableaux du grand palais de Tsarskoïe-Selo »); 1961, Sterling, p. 88-89 [Cat. n° 33]; 1963, Thuillier, p. 206; 1969, Gebelin, p. 84; 1985, Wright, p. 144; 1990, Leegenhoeck, p. 39-40, reprod. fig. 2; 1991, Durey, p. 131.

3. Localisation actuelle inconnue.
H.t.; 0,93 x 1,64 m.

HIST.
Vendu chez Christie's, Londres, 8 décembre 1989, n° 82, reprod.

BIBL.
1990, Leegenhoek, p. 39-40, reprod. fig. 3.

COPIE, par Lucas Conrad Pfanzelt (1716-1786), restaurateur à l'Ermitage, Château de Pavlovsk (provenant du château de Gatchina; mentionnée par Charles Sterling, 1961, p. 88).

II. GRAVURE, par Nicolas de La Court (fig. 2).
0,215 x 0,335 m.
En bas, dans la marge : *Blanchard pinxit/De la Cour fecit/Durand excu.*

BIBL.
1925, Demonts, p. 166, note 2; 1990, Leegenhoek, p. 39, reprod.

La gravure est l'une des trois seules pièces signées par Nicolas de La Court qui aient jusqu'ici été identifiées (les deux autres ayant été exécutées d'après des compositions de La Hyre). Ce graveur est longtemps demeuré tout mystérieux. En fait nous avons pu rétablir une partie de sa biographie et de sa personnalité (*Laurent de La Hyre, l'homme et l'œuvre*, 1988, p. 70-71, p. 87). Il avait été mis en apprentissage auprès de La Hyre le 24 février 1639 et devait le quitter en février 1642. C'est probablement vers ce temps que furent gravées l'*Assomption* (1635) et la *Bethsabée* (vers 1641) de son maître, ainsi que la présente *Danaé*. Ce qu'on sait de Claude Durant, éditeur et marchand d'estampes parisien, s'accorde à une semblable datation; on le trouve établi paroisse Saint-Germain-l'Auxerrois en 1641, puis quai des Augustins en 1649.

D'autre part on trouve mention dans les ventes anciennes de diverses *Danaé* : mais à l'ordinaire la description est trop succincte pour qu'on puisse deviner de quelle version il s'agit. Nous renvoyons sur ce point aux listes publiées *infra*, p. 342-343. Seuls le n° 206 de la vente Heinecken (1757) et le n° 60 de la vente Parizeau (1789) se rattachent sans conteste à la présente version.

Or on connaît de celle-ci trois exemplaires peints, très voisins, et correspondant tous trois à la gravure.

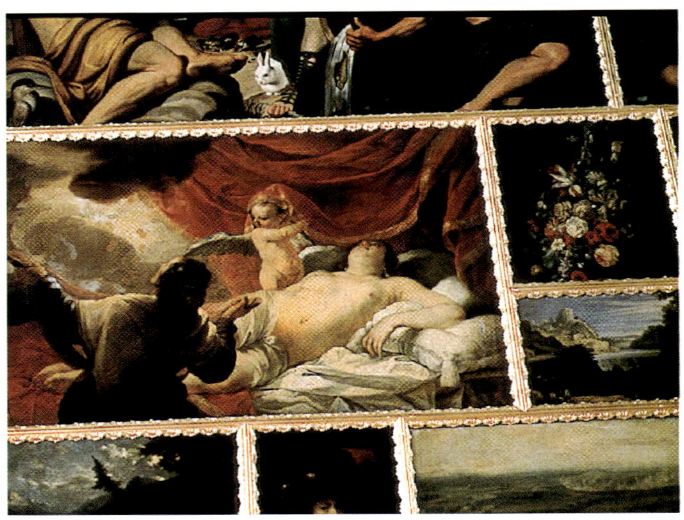

Fig. 1
Danaé, Palais de Tsarskoïe-Selo (présentation actuelle)

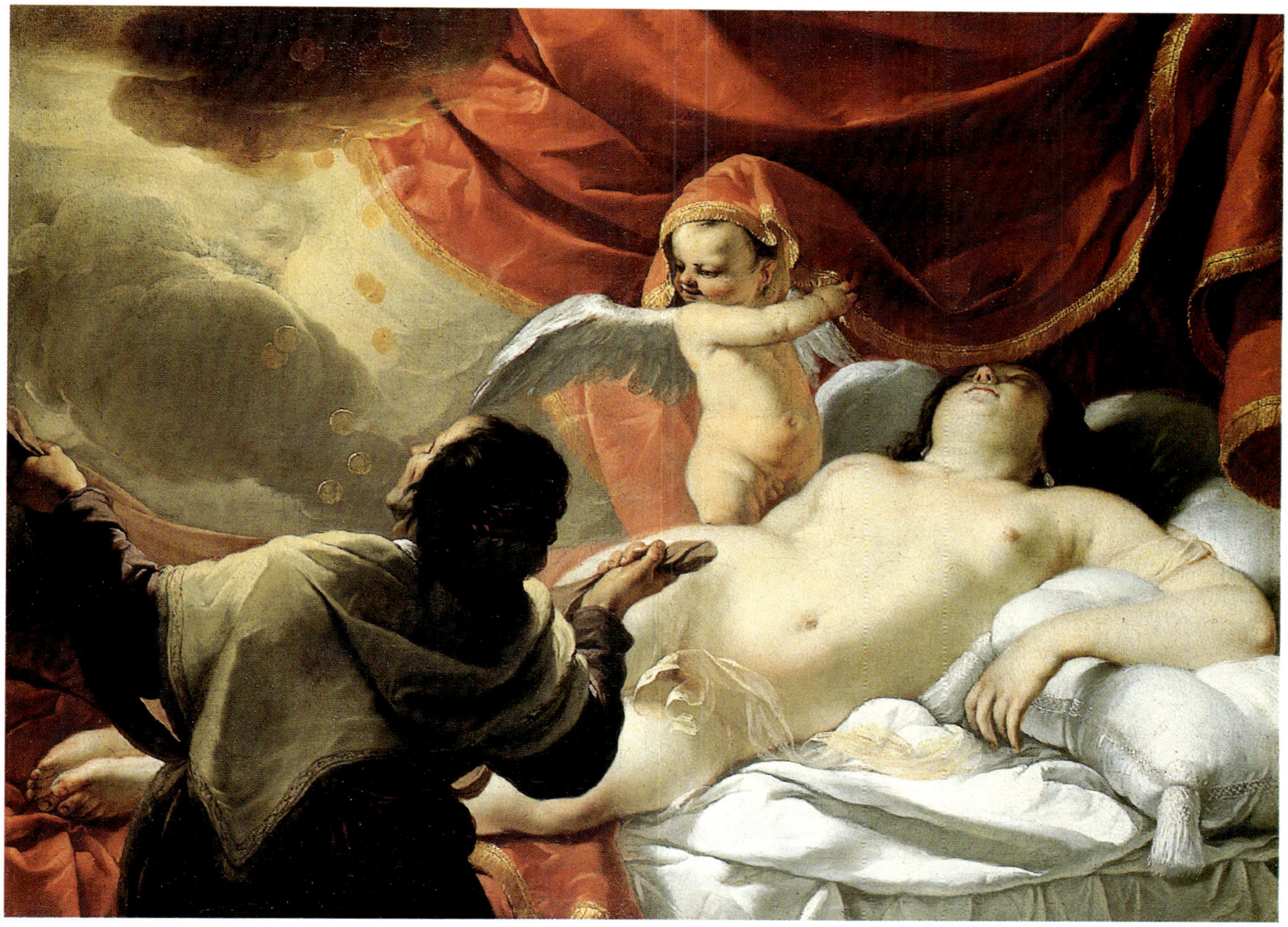

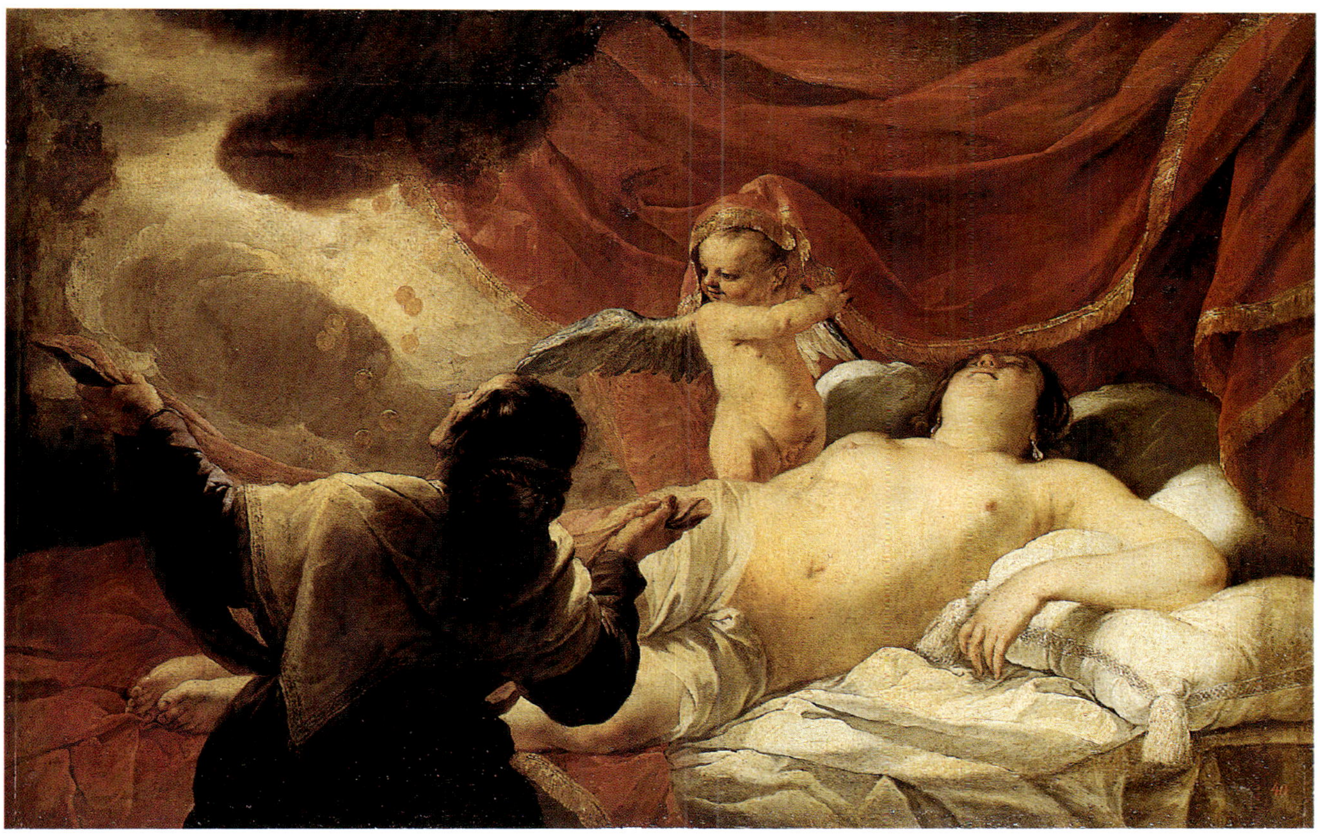

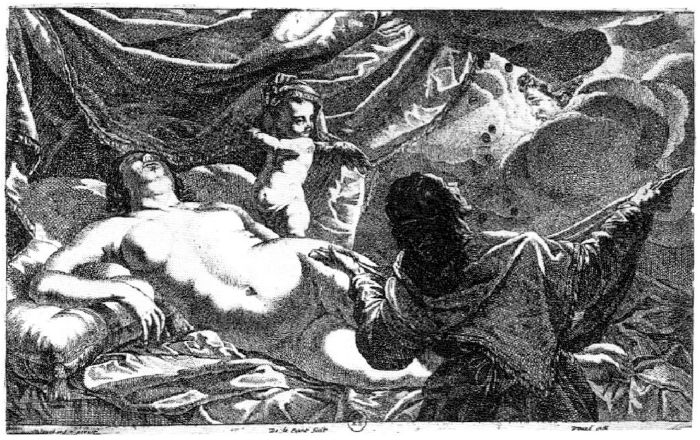

Fig. 2
Nicolas de La Court,
d'après Jacques Blanchard, *Danaé* ;
gravé vres 1639-1642.
Paris, Bibliothèque Nationale,
Cabinet des Estampes.

Pour notre part nous ne saurions tenir grand compte des voiles de pudeur, que nous estimons tous des additions plus ou moins habiles et plus ou moins tardives, ni des écarts de dimensions (le tableau de Lyon, par exemple, comparé à la gravure, semble avoir été quelque peu réduit à droite et à gauche). L'éclat du coloris, la matière, les craquelures nous ont paru désigner dans cet exemplaire lyonnais un original incontestable. Celui de Tsarskoïe-Selo paraît lui-même de très haute qualité. Mais il est couvert d'un vernis jaune qui rend l'examen difficile, tout en laissant apparaître d'importants repeints, notamment sur le ventre. À en juger par la photographie, celui qui est passé en vente à Londres en 1989, et que nous n'avons pu examiner directement, nous semble quelque peu inférieur aux deux autres. Mais il est évident que cette œuvre, si violemment sensuelle et d'un effet si somptueux, dut faire paraître sévères les Titiens et les Véronèses, et séduire bien des amateurs ; le jeune peintre fut sans doute conduit à la répéter plusieurs fois.

La composition a été située par Charles Sterling vers 1631-1633. Mais la date de 1633 découverte sur la *Charité* du Louvre lui eût fait reconnaître qu'on ne pouvait songer à une production de ce moment. Pour notre part nous en rapprocherions l'éclat violent, les effets de clair-obscur et les rythmes agités du *Saint Jean* gravé (n° 19), soit l'un des premiers tableaux peints par Blanchard après son départ de Lyon, vers la fin de 1629. Ce passage de Lyon à Paris ne dut pas marquer une rupture soudaine. Bien au contraire. Or Perrault (1700) déclare qu'à Lyon Blanchard peignit pour son maître et ami Horace Le Blanc, « *et pour plusieurs Curieux de cette ville divers Tableaux, la plûpart de femmes nuës, et de sujets tirez de la Métamorphose* », ajoutant : « *la fraischeur de son pinceau estoit merveilleuse pour les carnations, et pour en exprimer vivement la teinte naturelle* ». La version récemment devenue lyonnaise grâce à M. Philippe Durey, pourrait donc avoir été peinte à Lyon, sous l'influence persistante de Venise (*cf.* fig. 3 et 4), dans la lignée des *Amours de Vénus et Adonis* brossées à Turin. Mais le fait que cette *Danaé* ait été gravée précocement à Paris semble bien désigner une œuvre destinée à un amateur de la capitale. Nous croyons prudent d'y voir une des premières productions parisiennes, peut-être reprenant plus ou moins directement une création lyonnaise.

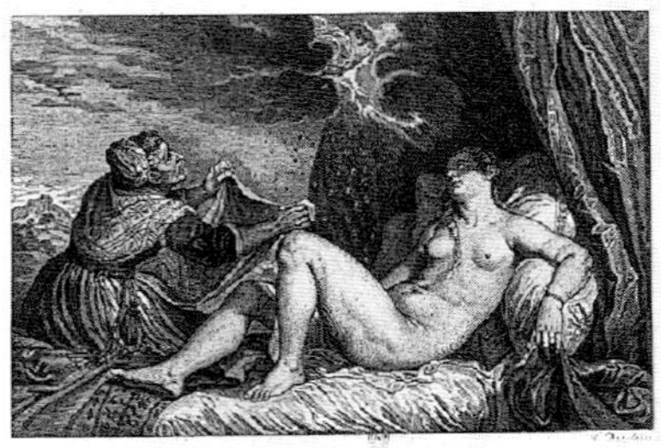

Fig. 3
Danaé,
par le Titien, gravée par
Cornelis Cort.

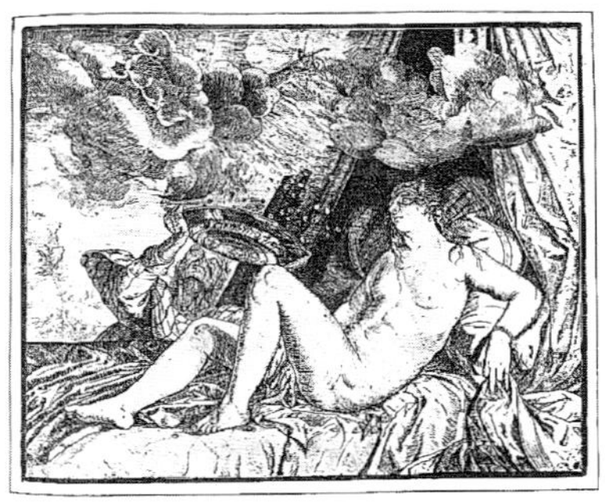

Fig. 4
Danaé,
par le Titien, gravée par
Louis Desplaces.

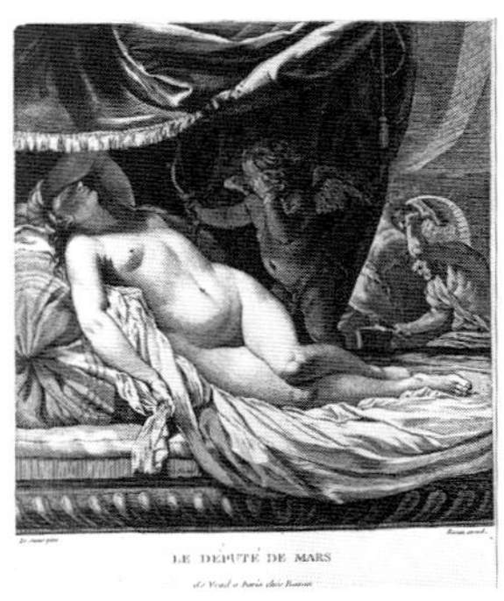

Fig. 5
Vénus endormie,
par Le Sueur (vers 1637-1640 ?) gravée par Pierre
Daret.

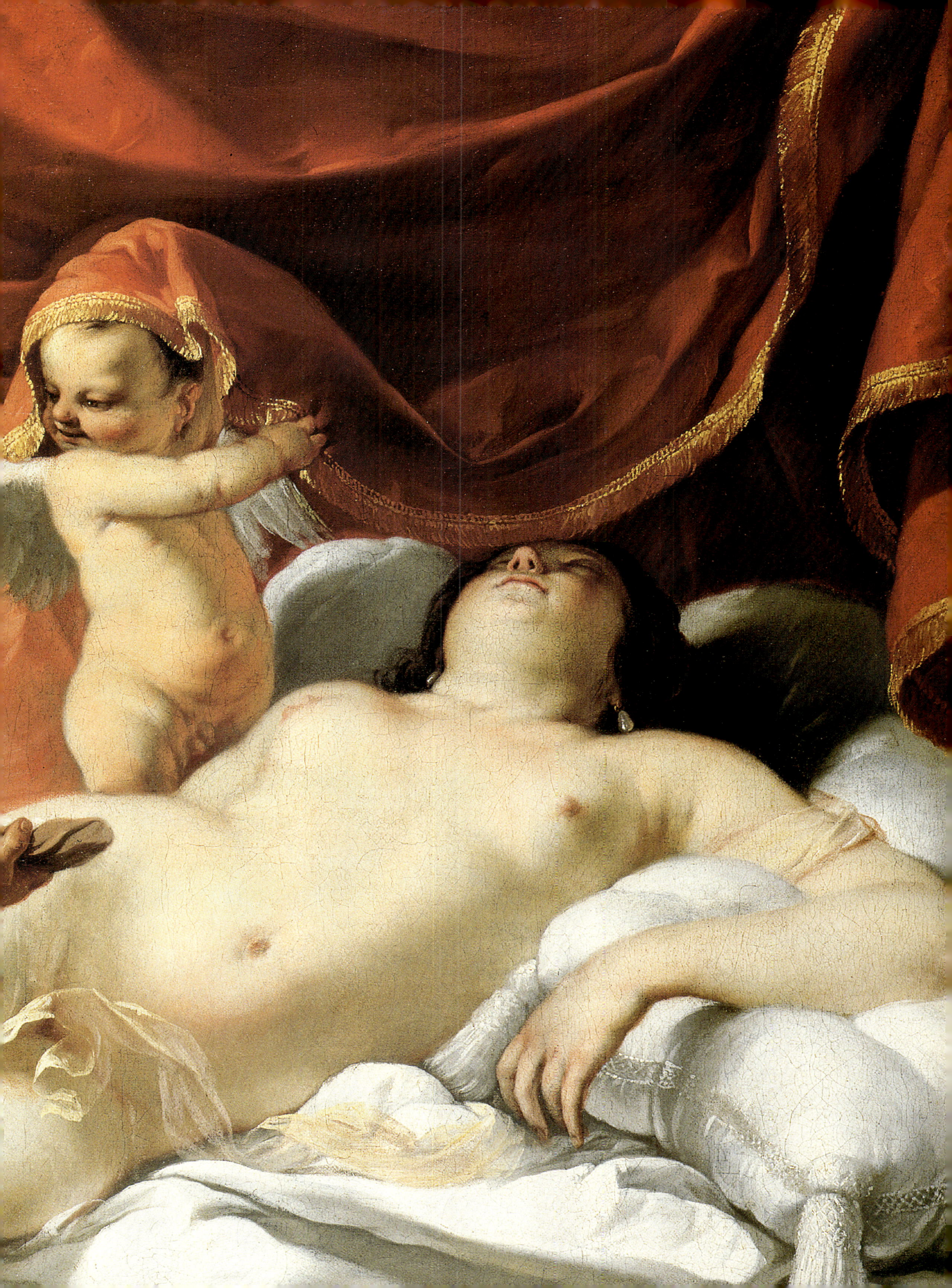

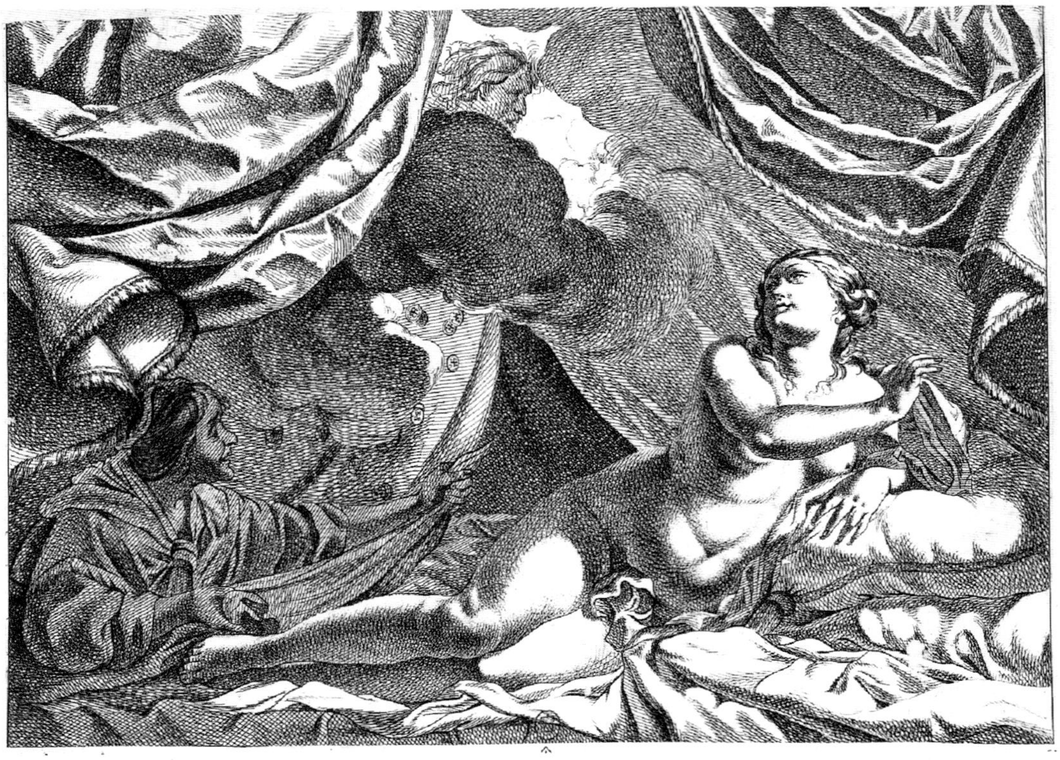

23. Danaé (sans l'Amour)

I. TABLEAU, perdu.

II. GRAVURE, par Antoine Garnier (Robert-Dumesnil 50).
0,284 x 0,371 m.
Pièce sans lettre.

BIBL.
1850, Robert-Dumesnil, p. 215 (n° 50) ; 1961, Sterling, p. 88, reprod. gravure (par erreur attribuée à La Court) [Cat. n° 32] ; 1994, Serre-Baron, p. 28-31, reprod. p. 30 (gravure) ; 1995, Baron, p. 100, reprod.

On ne saurait se prononcer avec certitude à partir d'une gravure. Mais elle suggère la même composition aux rythmes mouvementés, la même somptuosité vénitienne que dans la précédente *Danaé*. On notera qu'ici la draperie, par un de ces jeux fréquents à l'époque, devait à la fois représenter les rideaux de l'alcôve où Danaé s'éveille, et ceux, tout réels, qui cachaient les tableaux de nudités chez bien des amateurs.

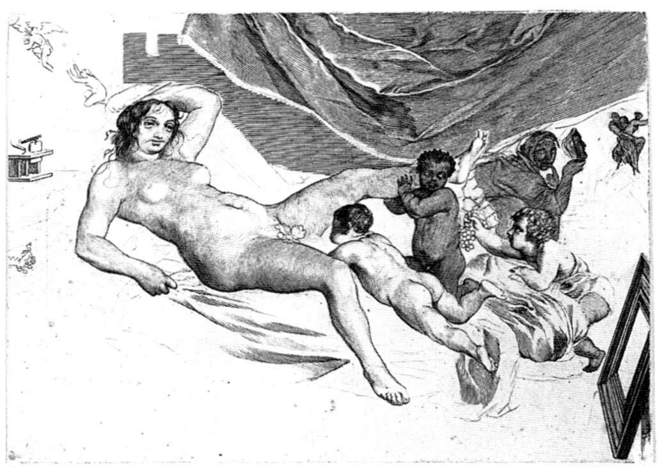

Fig. 1
Claude Mellan, *La Souricière*, gravure inachevée (2e état)
Paris, coll. part.

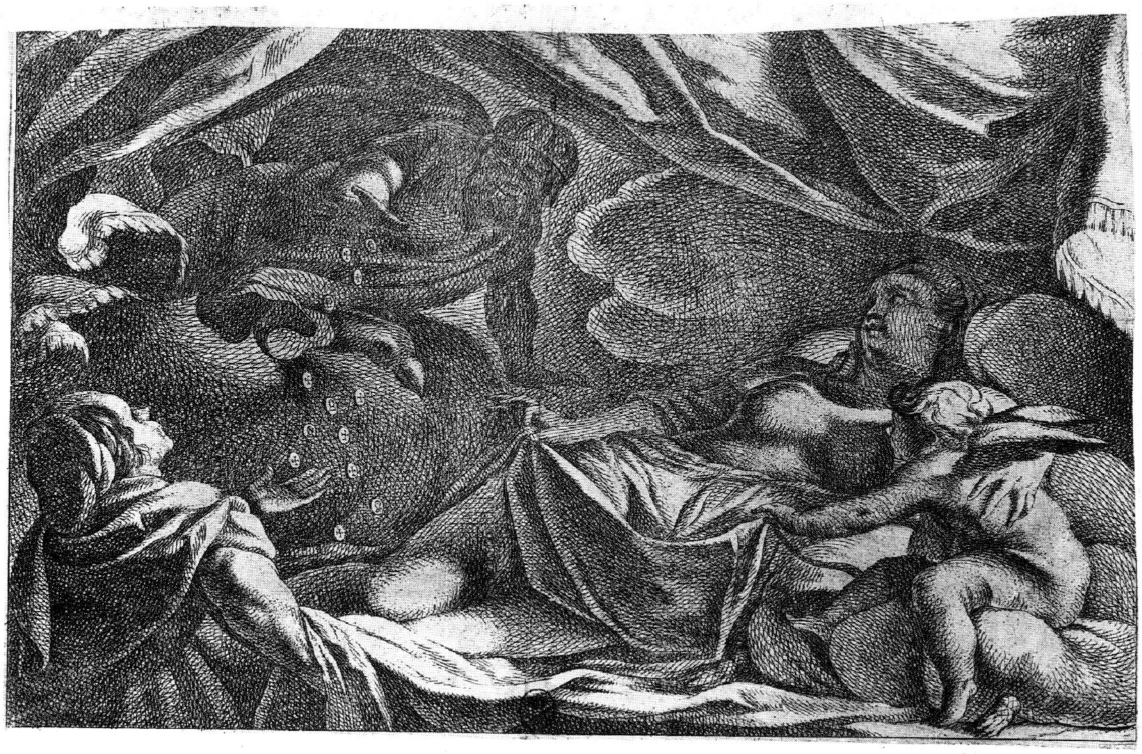

24. Danaé (avec l'Amour assis au premier plan)

I. TABLEAU, perdu.

II. GRAVURE, par Antoine Garnier (Robert-Dumesnil 49).
0,210 x 0,287 m.
Sans lettre, mais donnée sans restriction par Robert-Dumesnil comme d'Antoine Garnier et d'après Blanchard.

BIBL.
1850, Robert-Dumesnil, p. 215 (n° 49).

Charles Sterling a omis cette troisième *Danaé*, pourtant mentionnée comme de Blanchard par Robert-Dumesnil. Les remarques faites à propos des deux précédentes valent, croyons-nous, pour celle-ci, que nous proposons de dater pareillement vers 1628-1630.

C'est assurément avec ces « *tableaux de femmes nuës* » (Perrault) qu'il est le plus facile de rattacher Blanchard au Titien et à la tradition vénitienne. Il est clair que ces *Danaé* s'inspirent directement de la composition célèbre du maître et s'autorisent de son audace.

On ne saurait guère préciser, vu les multiples répliques existantes et leur dispersion dès le XVIe siècle, les exemplaires que Blanchard put connaître, ni même où il les vit : ce n'est pas nécessairement à Venise. Mais on croirait volontiers qu'il avait à la fois pu admirer le type de la *Danaé avec l'Amour* (*cf.* le tableau Farnèse, aujourd'hui au musée de Capodimonte) et le type de la *Danaé avec la servante* (*cf.* les tableaux du Prado et de Vienne) : car il combine lui-même les deux motifs et reprend également celui de la tête de Jupiter s'esquissant parmi l'éclat des nuages dorés (*cf.* p. 122, fig. 3 et 4). D'autre part il put disposer, pour rafraîchir sa mémoire, des estampes qui existaient déjà et furent certainement très répandues. Rappelons aussi que dans les deux inventaires des biens de Blanchard figure « *un tableau peint sur thoille avec sa plate-bande où est représenté une Danaé* ». Prisé vingt livres seulement et sans mention d'auteur, il ne saurait être un grand nu de la main de Blanchard ; plutôt que d'une esquisse, ne s'agissait-il pas de quelque copie, plus ou moins ébauchée, d'une *Danaé* du Titien, rapportée d'Italie et conservée dans la maison parmi ce qui paraît des souvenirs de la famille et des amis ?

25. La Madeleine pénitente (dans la grotte, en largeur)

I. TABLEAU, perdu.

II. GRAVURE, par Charles David (Weigert 34).
0,270 x 0,356 m.
Dans la marge du bas un quatrain (identique à celui qui figure sur la *Madeleine* gravée par Daret; voir n° 87) :
Quid me saxa loci tenebrosi squallida? quid me
Conscia nullius luminis antra juvent?
Quaerere, Mortales absistite. sydera quaero,
Spectarj sola sydera nocte queunt.
[Pourquoi me plaire aux rochers arides de ce lieu ténébreux; pourquoi me plaire
A ces antres qui jamais ne connurent la lumière?
O mortels, ne cherchez pas. Ce sont les astres que je cherche,
Et ce n'est que de nuit que l'on peut voir les astres.]
A gauche : *I. Blanchard Pinxit / C. David fecit.*
A droite : *Mariette excud/cum Privilegio Regis.*

BIBL.
1952, Brière-Misme, p. 314, fig. 9; 1961, Sterling, p. 89, reprod. gravure [Cat. n° 36].

Le violent contraste de clair-obscur habilement ménagé, la tension de la pose, le pittoresque de la composition rapprochent cette *Madeleine* du *Saint Jean à Patmos*. Il devait s'agir d'une œuvre suivant de peu le retour à Paris. Il est fort possible que Blanchard ait connu la très belle gravure de la *Madeleine pénitente*, elle aussi étendue dans une grotte, que venait de publier à Rome Claude Mellan, et qui semble de peu antérieure (fig. 1). On peut tenir pour moins probable (et nullement indispensable) qu'il ait vu l'un des exemplaires de la *Madeleine pénitente* d'Orazio Gentileschi, un artiste avec qui il ne semble avoir pas eu d'affinités particulières.

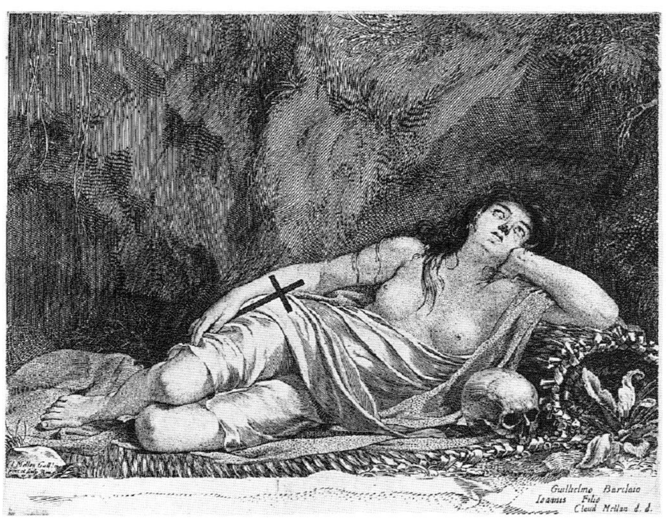

Fig. 1
Claude Mellan,
La Madeleine pénitente
(vers 1629 ?)
Paris, coll. part.

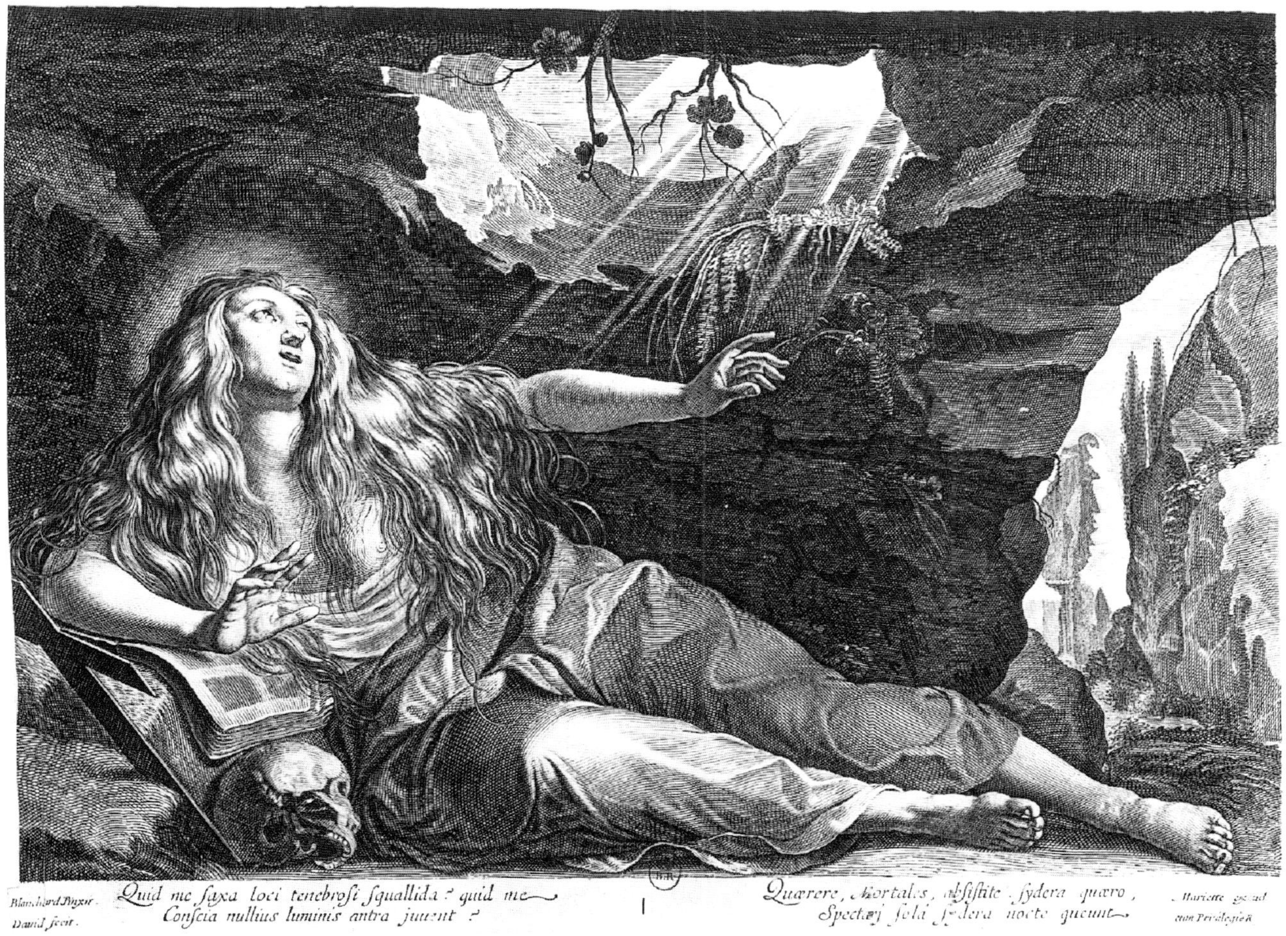
Blanchard Pinxit.
David fecit.
Quid me saxa loci tenebrosi squallida : quid me
Conscia nullius luminis antra jucent :
Quærere, Mortales, absistite. sydera quæro,
Spectarj sola sydera nocte queunt.
Mariette
cum Privilegio R

26. Le Repas de l'Enfant Jésus, dit aussi la Sainte Famille à la bouillie

I. TABLEAU
H.t.; 0,91 x 1,24 m.
Karlsruhe, Staatliche Kunsthalle, Inv. 1939.

HIST.
1803 : acquis avec la collection du comte Lucchesi pour la galerie du château de Mannheim (cat. 1914, n° 307).
1937 : passé avec l'ensemble de la Staatliche Galerie du château de Mannheim à la Staatliche Kunsthalle.

EXP.
1963, Karlsruhe, n° 5, reprod.

BIBL.
1863, Parthey (Mannheim Gallerie), p. 119; 1925, Demonts, p. 166-167, note 3 (à Mannheim); 1961, Sterling, p. 85, reprod. tableau et gravure [Cat. n° 14]; 1963, Poensgen, reprod. fig. 3; 1985, Wright, p. 144.

II. GRAVURE, anonyme (fig. 1).
Burin; 0,159 x 0,212 m.
En bas, à droite, sur la pierre : *Blanchard Pinxit.*

Quoiqu'il convienne à la dévotion envers l'enfance qu'affectionne l'époque, le sujet du « Repas de Jésus » est rarement traité par les peintres français. L'interprétation de Blanchard conserve du reste une certaine ambiguïté. Jésus quitte-t-il les bras de la Vierge pour aller prendre la bouillie que lui a préparée saint Joseph, rappelant ainsi qu'en acceptant l'Incarnation il s'est abaissé jusqu'aux plus humbles besoins de la nature humaine ? Ou au contraire se réfugie-t-il dans le giron de sa mère, refusant la nourriture toute matérielle que lui offre l'affection du vieux charpentier ?

La gravure n'est pas signée et ne porte pas de nom d'éditeur. Sa facture assez rude, qui mêle curieusement l'eau-forte et le burin, semble désigner la main de quelque graveur encore inexpert. On ne s'étonne pas trop qu'elle soit demeurée anonyme. Pourtant la planche a été assez répandue, et l'on en rencontre des tirages tardifs (voir *supra*, p. 26-27).

Le tableau de Karlsruhe, quoiqu'assombri et un peu usé dans certaines parties, reste une œuvre imposante, et certainement originale. Nous avions songé d'abord à une date précoce, antérieure au retour à Paris. Mais la puissance des formes, la recherche de luminosité dans les chairs semblent plutôt s'accorder avec le début des années parisiennes.

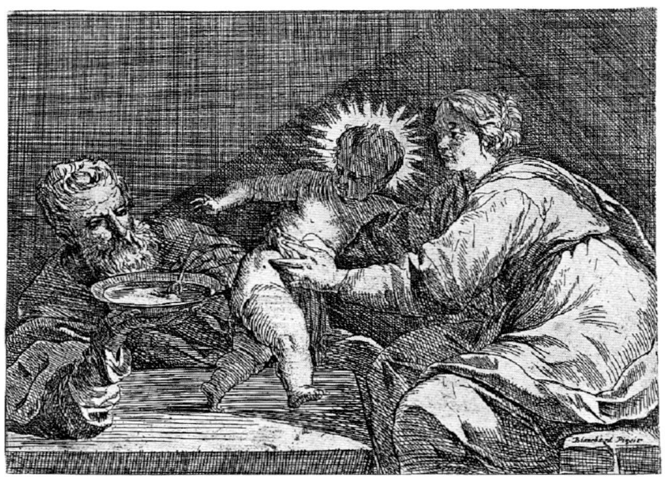

Fig. 1

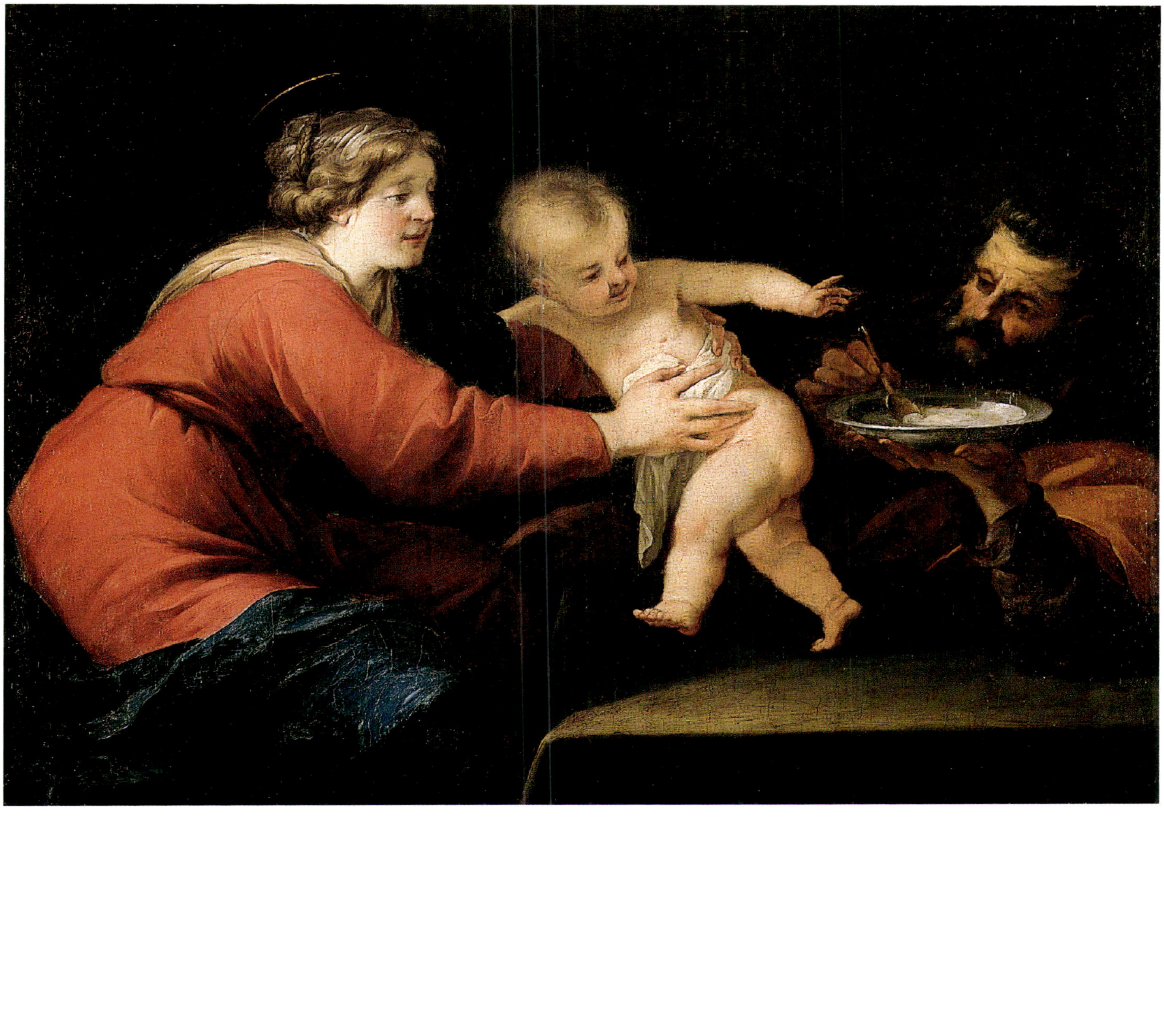

27. Sainte Famille avec sainte Elisabeth et saint Jean (cinq figures)

I. TABLEAU
H.t. ; 0,76 x 1,09 m.
Paris, Musée du Louvre, Inv. 2606 ; cat. Villot n° 14.

HIST.
Le tableau fit certainement partie des œuvres confisquées lors de la Révolution et réservées pour le Louvre. C'est peut-être celui que Lenoir désigne sous le titre « *Les familles de Jésus et Jean réunies* » et dit provenir de Port-Royal. Il figure au musée Napoléon, mais par la suite il sera mis longuement en dépôt à Fontainebleau et restera peu connu.

EXP.
1920, Fontainebleau, n° 6.

BIBL.
1862, Blanc, p. 4 ; 1879, Berger, p. 110 ; 1900, Merson, p. 21 ; 1924, Brière, p. 283-284 ; 1925, Demonts, p. 166, note 3 ; 1961, Sterling, p. 86, reprod. [Cat. n° 18] ; 1963, Thuillier, p. 206 ; 1965, Janneau, p. 54 ; 1985, Wright, p. 144 ; 1993, Hilaire, p. 129, reprod. p. 206.

II. GRAVURE, par Pierre Daret (fig. 1).
Weigert 354 et 361 (doublon).
Burin ; 0,244 x 0,325 m.
Dans la marge du bas :
Christus ad Joannem :
Ecce tuam vis alme puer mihi pendere vitam,
Et tibi trado meae signa cruenta necis/
Ne timeas, fausti crux haec erit ominis olim
Perque meam dabitur tum tibi vita necem.
[Le Christ à Jean :
Voici donc, doux enfant, que tu veux suspendre à moi ta vie
Et que je te remets le symbole sanglant de mon supplice
Mais ne crains rien : un jour cette croix sera signe de félicité
Et alors par mon supplice mortel te sera donnée la vie]
À gauche, *Ganiere excudit.*
À droite : *Jacob. Blanchard In. P. Daret scu.*
Cet état avec le nom de Ganière est le seul signalé ; mais il dut exister un état antérieur avec une autre adresse.

Le tableau a également été gravé au trait dans Landon, t. 1, pl. 2.

Le tableau provient des saisies révolutionnaires ; mais il serait imprudent de vouloir désigner son origine parmi tant de compositions qu'on se contentait le plus souvent de désigner sous le terme commun de « Sainte Famille ». Rappelons seulement que figurait à l'hôtel Lambert, dans la collection de Lambert de Thorigny et de Marie de Laubespine, un tableau sur toile inventorié au décès de cette dernière, en août 1679, sous la désignation plus explicite d'une « *Vierge avec son fils, sainte Elisabeth et saint Jean, original de Blanchard* », et prisé la somme très considérable de 200 livres (voir *infra*, p. 334). Toutefois il n'est pas fait mention du saint Joseph, et l'on peut donc songer aussi au n° 38.

Briser avec la présentation traditionnelle, présenter paradoxalement la Vierge de dos et à profil perdu, multiplier les directions psychologiques, allier le réalisme expressif au mouvement : autant de traits qui mettent cette *Sainte Famille* à part parmi tant d'autres peintes au cours du siècle, et qui désignent chez Blanchard une période encore proche de l'*Assomption* de Cognac.

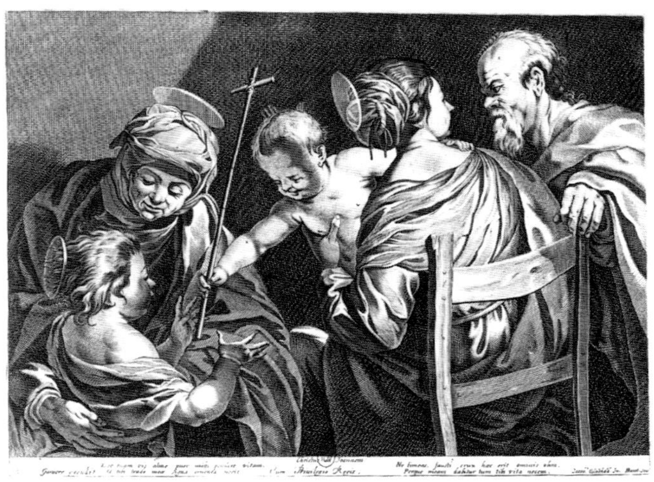

Fig. 1

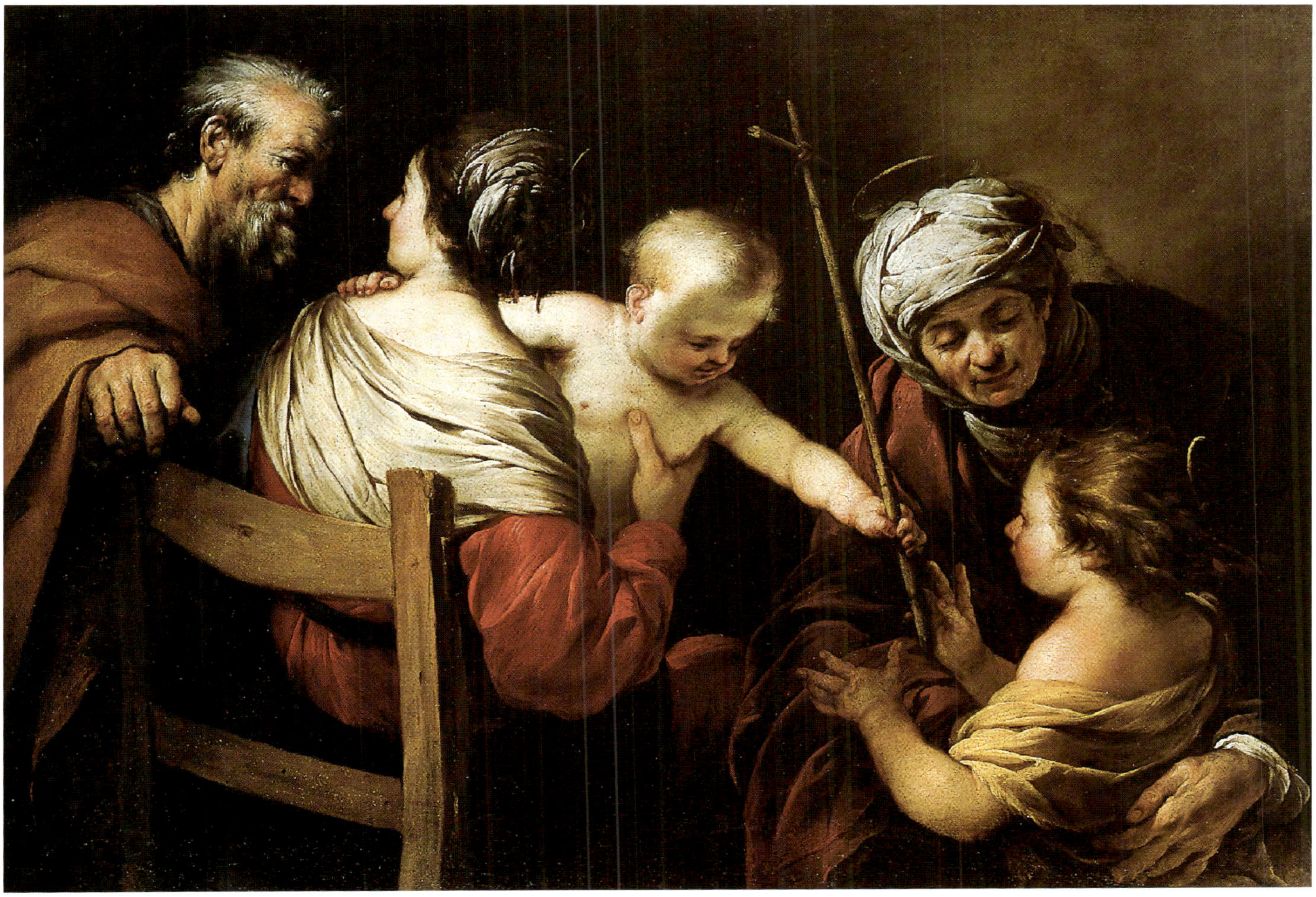

28. La Mort de Cléopâtre

H.t.; 1,10 x 1,46 m.
Reims, Musée des Beaux-Arts, Inv. 976.7

HIST.
Fin XVIIIe-XXe s. : à Chatsworth, dans la collection du duc de Devonshire dès avant 1761. Le tableau y est mentionné dans R. et J. Dodsley, *London and its Environs described,* vol. II, 1761, p. 229, comme une *Mort de Didon* par « Paris Bordon », qui devint par la suite Sébastien Bourdon.
1958, 27 juin : vendu chez Christie's, Londres, n° 7 (attribué à La Hyre); retiré de la vente.
1976, 21 mai : remis en vente chez Christie's, Londres, n° 53 (attribué à La Hyre); acquis par le musée de Reims.

EXP.
1948-1949, Sheffield, Graves Art Gallery; 1978, Reims, Musée Saint-Denis (sans catalogue); 1988-1989, Meaux, n° 53, reprod.; 1993, Montréal-Rennes-Montpellier, n° 30, reprod. couleurs; 1995-1996, Düsseldorf-Darmstadt, n° 135, p. 286, reprod. couleurs.

BIBL.
1961, Sterling, p. 86, n° 19, et reprod. couleurs p. 79 [Cat. n° 19]; 1976, *La Revue du Louvre et des Musées de France,* n° 5-6, p. 340; 1988, Sophie Biass, notice dans le catalogue 1988-1989, Meaux, p. 183-184; 1993, Hilaire, p. 127-128, reprod. couleurs; 1993, Hilaire, *Beaux-Arts,* reprod. couleurs, p. 26.

La mort de Cléopâtre a été souvent représentée au XVIIe siècle : la belle reine d'Égypte dont les charmes avaient troublé le destin de Rome faisait partie des « Femmes illustres » qui fascinaient ce temps épris à la fois de galanterie et de tragédie. Mais Blanchard ne se contente pas, comme le Guide ou le Guerchin, de montrer une femme à demi-nue piquée au sein par un serpent (fig. 1). Il met en scène le récit de Plutarque. La reine prisonnière d'Auguste et ses deux suivantes se sont donné la mort. Un soldat arrive : il découvre Cléopâtre expirante, sa fidèle Iras déjà livide au pied du lit, et Charmion, quoique mourante, essayant encore de retenir le diadème sur la tête de sa maîtresse. L'interprétation érotique s'efface au profit du drame.

On ignore tout sur l'origine de ce tableau, qui n'est pas cité par les textes et semble avoir tôt perdu son identité. Il n'a pas été gravé : ce qu'il faut d'autant plus regretter que l'estampe nous eût permis de nous faire une idée plus juste de l'ensemble du tableau. Car malgré sa taille, cette *Mort de Cléopâtre* n'est évidemment qu'un fragment découpé dans une composition nettement plus vaste. Tout suggère qu'à l'origine le format était en hauteur, ou du moins en carré. Les mesures devaient être assez voisines de celles d'une œuvre comme la *Mort de Didon* de Vouet conservée au Musée de Dole (2,15 x 1,70 m).

On se gardera donc de commentaires sur la « modernité » de la mise en page ou sur la construction « baroque » de l'espace. On peut croire que Blanchard s'était contenté de jouer de façon à la fois très savante et très simple sur l'opposition des trois femmes, Cléopâtre étendue, la servante debout, la suivante évanouie de biais. Mais la puissance dramatique de la composition, la richesse du coloris, les dimensions importantes et la perfection de la facture devaient faire de cette œuvre l'une des plus ambitieuses de l'artiste.

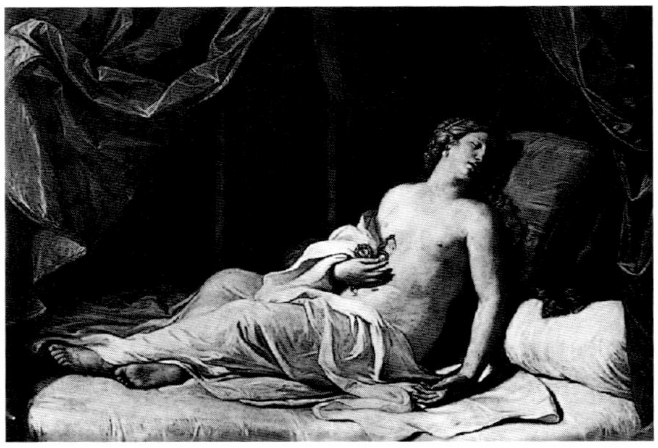

Fig. 1
La Mort de Cléopâtre,
par le Guerchin (*ca.* 1647-1648)
Gênes, Palazzo Rosso.

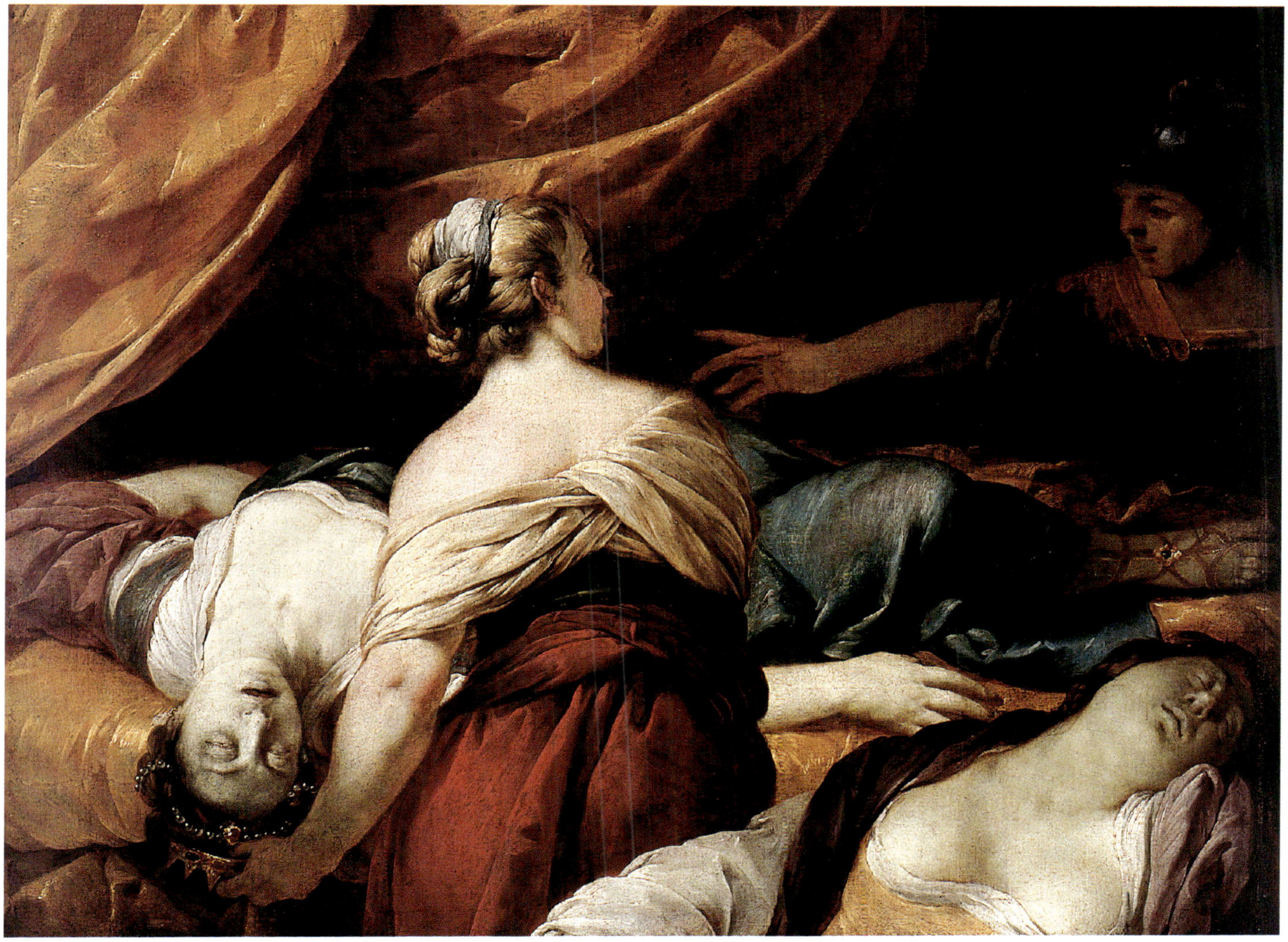

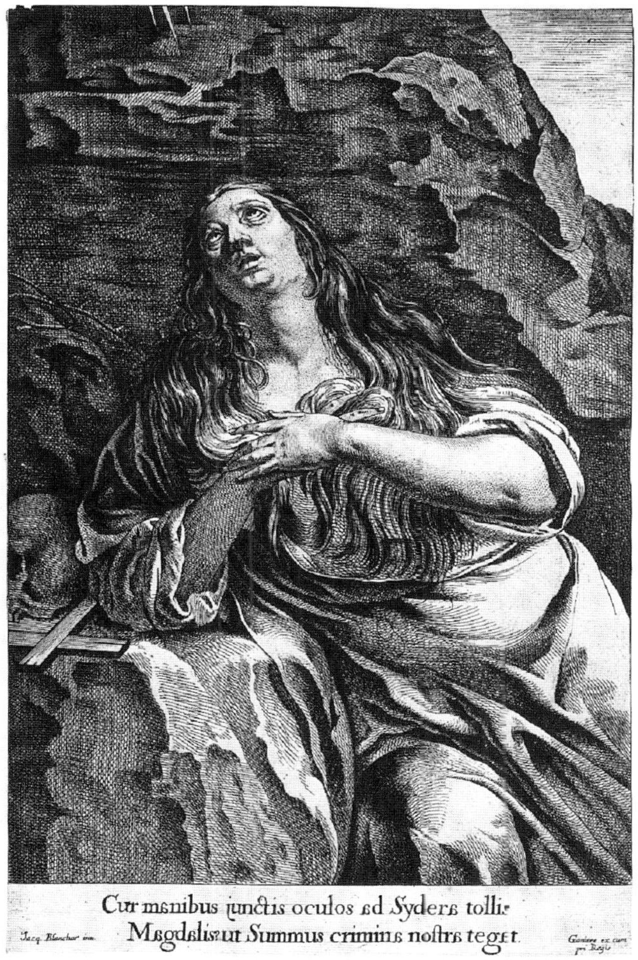

29. La Madeleine pénitente (dans la grotte, en hauteur)

I. TABLEAU, perdu.

II. GRAVURE, anonyme, éditée par Ganière (Weigert 113)
0,331 x 0,215 m.
En bas, dans la marge, le distique latin :
Cur manibus junctis oculos ad Sydera tollis
Magdalis? ut Summus crimina nostra tegat
[Pourquoi, les mains jointes, lever les yeux vers le ciel,
Ô Madeleine? Pour que le Très-Haut voile les crimes que nous commettons]
et en petits caractères :
Jacq. Blanchar inv./Ganiere ex cum/pri Regis

BIBL.
1961, Sterling, p. 90, reprod. gravure [Cat. n° 38].

Le thème convenait à Blanchard, qui l'a plusieurs fois traité (*cf.* n°s 43, 44, 86, 87) La gravure, publiée par Ganière mais non signée par Garnier, n'a pas la qualité de celles qui sont sorties des mains de ce dernier. Le jugement est donc difficile. Il semble pourtant que les formes puissantes et la recherche expressionniste invitent à placer cette composition vers 1630.

Ici encore le tableau semble renvoyer à l'une des créations les plus célèbres du Titien, la *Madeleine pénitente*, dont il existe de multiples répliques et variantes (les exemplaires les plus fameux sont conservés au Palais Pitti et à l'Ermitage). Il est très probable que Blanchard avait rencontré l'une de ces peintures lors de son séjour italien, et il se pourrait aussi qu'il ait possédé l'une des diverses gravures qui en avaient assuré la célébrité (fig. 1).

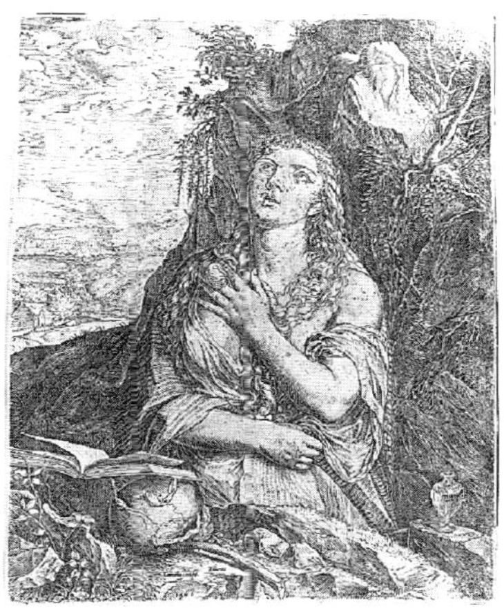

Fig. 1
La Madeleine pénitente, par le Titien ; gravure par Cornelis Cort, 1560.

30. La Madeleine repentante (retirant ses bijoux)

I. TABLEAU, perdu.

II. GRAVURE, par Charles David (Weigert 33).
Burin ; 0,231 x 0,173 m.
En bas, un distique latin :
Gemmarum generosa decus de corpore tollit
Scilicet hoc mentes perdidit omne decus
[Dans sa vertu, elle détache de son corps sa parure de pierres précieuses
C'est que pareille parure mène toujours l'esprit à sa perte]
et au-dessous l'indication :
I Blanchar inven et pinxit/C David fecit/Mariette ex Cum privilegio.

BIBL.
1961, Sterling, p. 90, reprod. gravure [Cat. n° 41] ; 1992, Thuillier, p. 158, reprod. gravure.

Même s'il a été moins souvent représenté que la pénitence dans le désert, le thème de la *Madeleine repentante* détachant ses bijoux et parures diverses était bien connu des artistes. On sait que La Tour et Le Brun en tireront deux de leurs œuvres les plus célèbres (*cf.* fig. 1).

Le tableau de Blanchard a disparu, et le burin de Charles David, bien moins souple que la pointe de Garnier, durcit probablement l'œuvre et alourdit le visage. La curieuse auréole semble une addition du graveur. Mais les formes devaient être massives, avec, semble-t-il, une facture soignée, et des raffinements subtils dans la nature morte de bijoux, qui rappelle le vase ciselé placé au premier plan dans la *Suzanne et les Vieillards* (*cf.* n° 32). Les deux œuvres semblent avoir été de dates assez voisines.

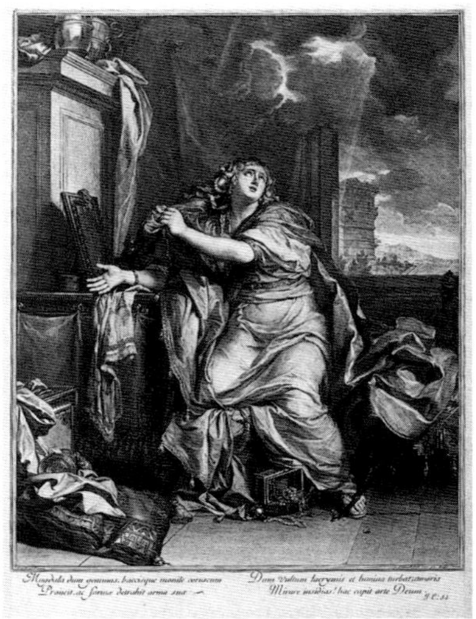

Fig. 1
Charles Le Brun,
La Madeleine repentante,
(vers 1656-1657),
gravée par Gérard Edelinck
Paris, coll. part.

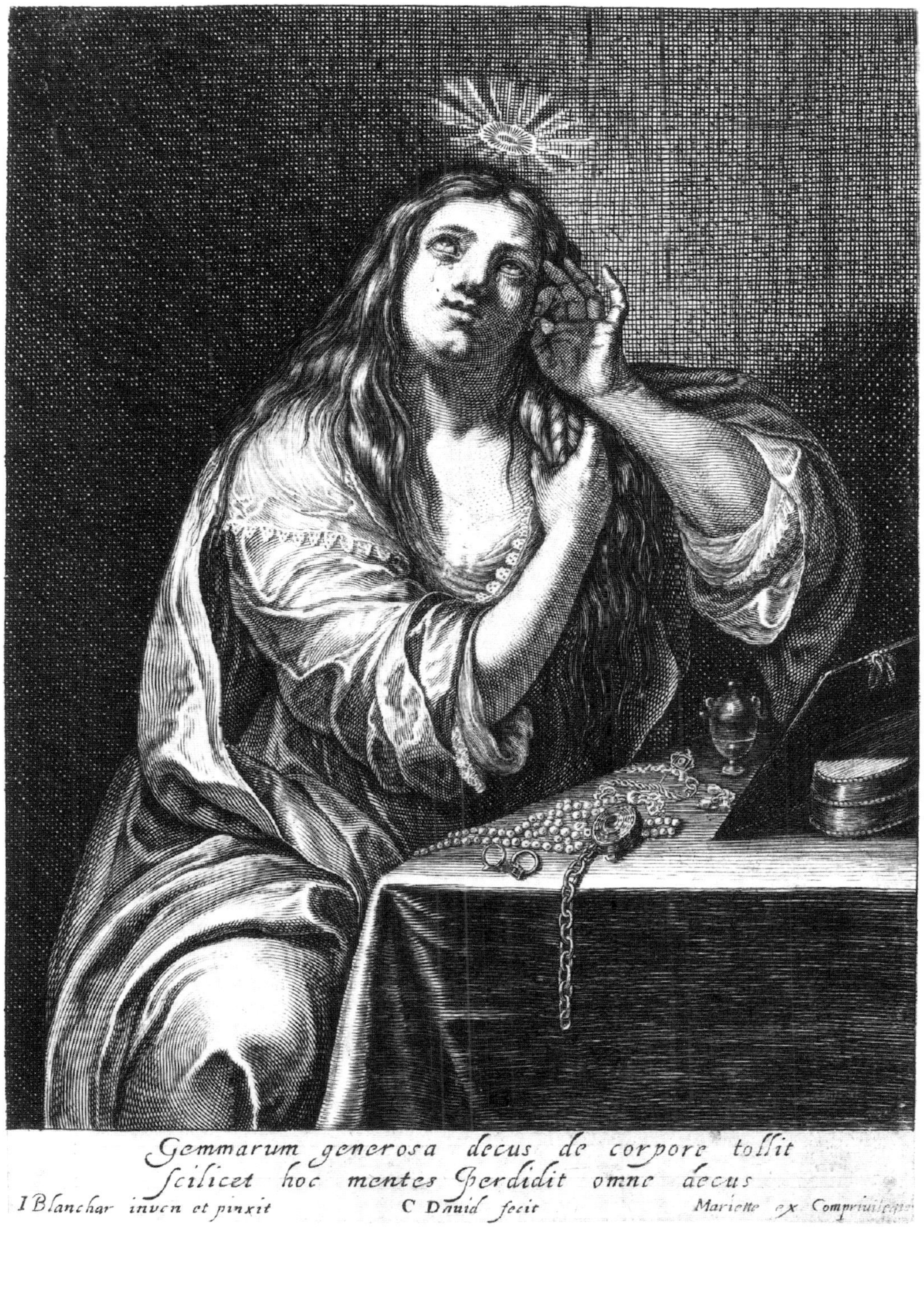
Gemmarum generosa decus de corpore tollit
ſcilicet hoc mentes Perdidit omne decus
I Blanchar inven et pinxit
C Dauid fecit
Mariette ex

31. La Mort de Lucrèce

H.t. ; 0,74 x 0,61 m.
Nantes, Musée des Beaux-Arts, Inv. 989.6.1.P.

HIST.
1975 : mentionné par Pierre Rosenberg comme appartenant à une collection new-yorkaise (*cf.* p. 220). Il s'agissait de l'ancienne collection Paul Ganz.
1987, 14 janvier : à la suite du décès de Paul Ganz le tableau passe en vente chez Sotheby's à New York, lot n° 148.
1989, septembre : acquis par le musée de Nantes.

EXP.
Jamais exposé.

BIBL.
1975, Rosenberg, p. 220, reprod. fig. 138 ; 1990, *La Revue du Louvre et des Musées de France*, I, p., reprod. (mention de l'achat) ; 1993, Hilaire, p. 206.

Malgré une certaine usure, et sans doute diminuée sur les côtés, cette œuvre encore peu connue a gardé une belle force d'expression et un coloris brillant. Elle semble à placer dans les premières années parisiennes.

Lucrèce fait partie des « Femmes fortes » célébrées par le XVIIe siècle, et à ce titre elle a été souvent représentée par les peintres de l'époque. Désormais la scène de viol qu'évoquaient au XVIe siècle Luca Penni ou le Titien pour illustrer l'épisode de l'histoire romaine conté par Tite-Live est rarement représentée (Ficherelli, Rome, Académie de Saint Luc). On préfère montrer l'héroïne isolée, souvent en buste, plongeant dans son sein le poignard qui vengera son honneur. Guido Reni et Simon Vouet (gravé par Mellan vers 1625) tireront de ce thème des chefs-d'œuvre (*cf.* fig. 1 et 2), comme plus tard Cagnacci (Lyon, Musée des Beaux-Arts). C'est ce parti très simple et très fréquent que choisit ici Blanchard, contrairement à celui qu'il avait suivi avec la *Mort de Cléopâtre*. On notera toutefois qu'il est, à notre connaissance, le seul qui introduise un détail significatif en dépit de sa discrétion : la fourrure d'hermine qui apparaît en bas, à droite, et qui désigne la vertu sans tache de la belle Romaine.

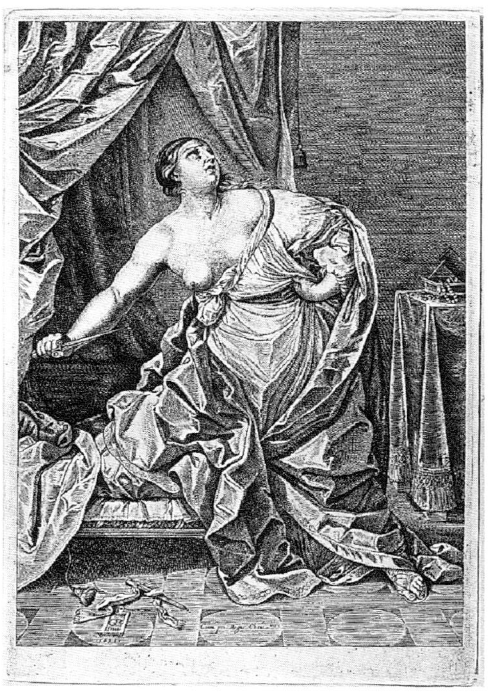

Fig. 1
La Mort de Lucrèce, par Guido Reni (vers 1625-1626) gravée par Sébastien Vouillemont en 1638.
Paris, coll. part.

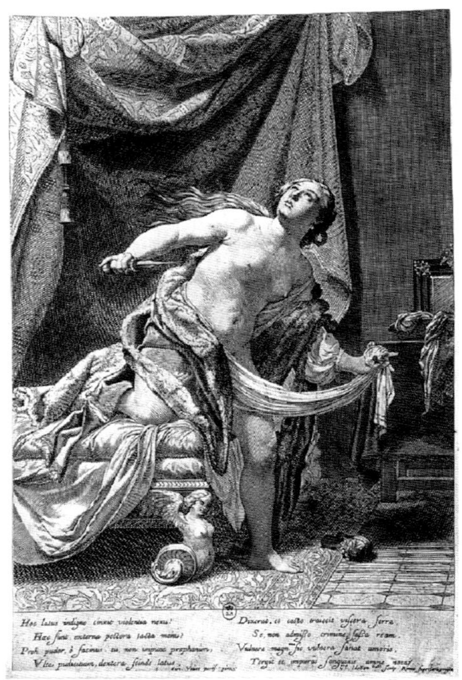

Fig 2
La Mort de Lucrèce, par Simon Vouet, gravée par Claude Mellan vers 1625.
Paris, Bibliothèque Nationale, Cabinet des Estampes.

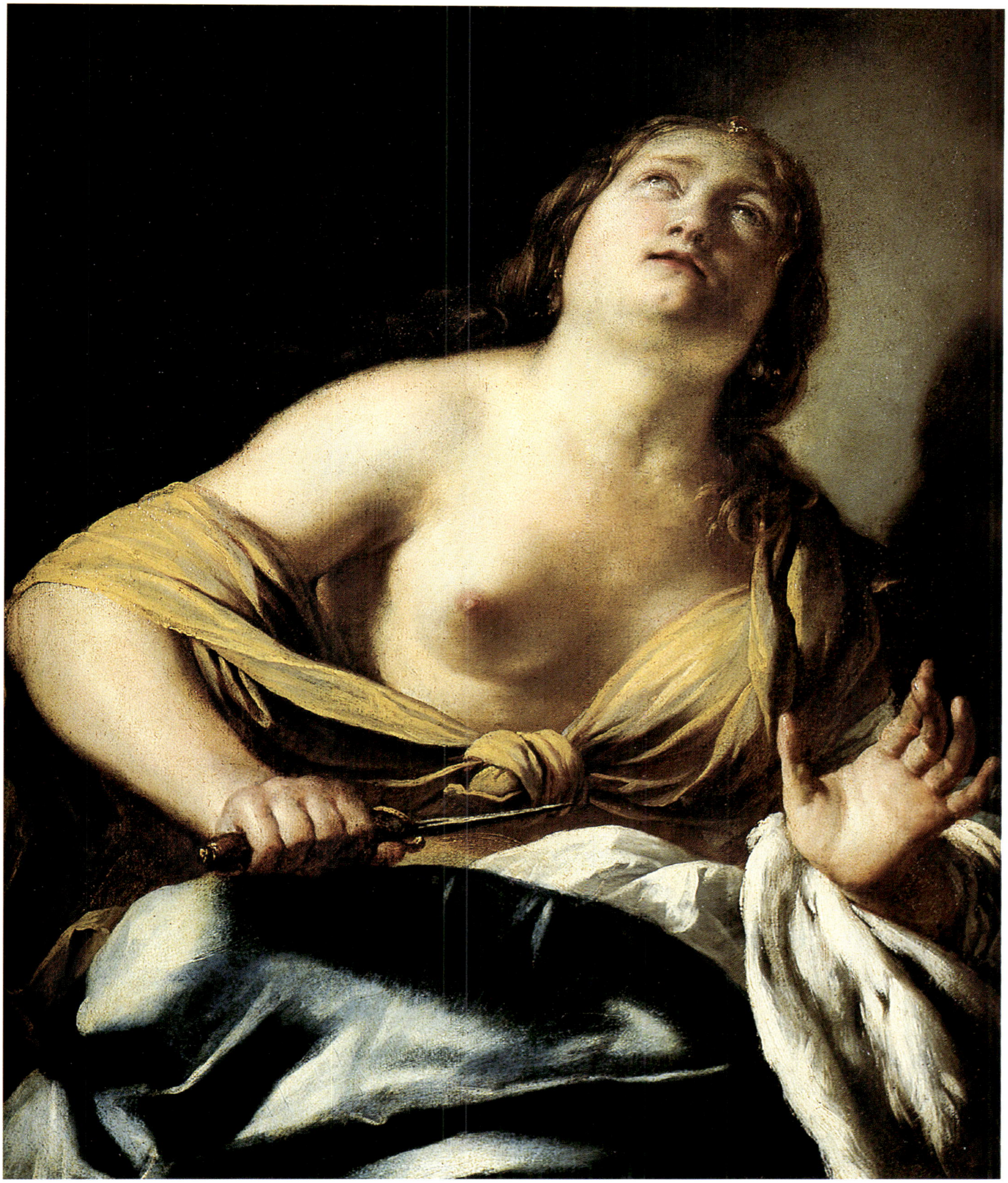

32. Suzanne et les vieillards

I. TABLEAU
H.t.; 1,02 x 1,35 m.
Richmond, Virginia Museum of Fine Arts, Inv. 93.15.

HIST.
1990, 9 avril : passé en vente à Londres, chez Christie's, n° 51, reprod. en couleurs au catalogue, p. 80; passé chez Agnew's.
1993 : acquis par le Virginia Museum of Fine Arts sur le fonds Adolph D. et Wilkins C. William.

BIBL.
1995, Beresford, p. 388.

II. GRAVURE, par Pierre Daret (Weigert 340) (fig. 1).
Burin; 0,340 x 0,418 m.
En bas, sur la tablette, en deux colonnes :

Que ce Tableau contient de miracles divers!
Le vice & la Vertu font voir leur violence,
Dans le plus beau Jardin de ce grand Univers
La Vérité triomphe & punit l'Insolence!/
Adorable Vertu des Anges & d'un Dieu,
Divine Chasteté, grande & rare merveille.
Avec tant de beautés, SUSANNE, *dans ce lieu,*
A bien fait voir aux cieux qu'elle estoit sans pareille!

à gauche : *Jacobus Blanchard pinxit*
au centre *: avec privilège du Roy*
à droite : *Daret sc.*

BIBL.
1961, Sterling, p. 83 [Cat. n° 2], reprod. gravure.

Une fois de plus Blanchard choisit pour thème une « Femme forte ». Mais cette fois il l'emprunte à la Bible. Suzanne ne fut guère moins représentée par les peintres du XVIIe siècle que Judith. Cette dernière, héroïne par le péché, ne prêtait guère qu'à des images sévères, voire farouches, et l'on ne voit pas que Blanchard se soit soucié de la célébrer par son pinceau. Au contraire Suzanne, héroïne par la chasteté, invitait paradoxalement aux évocations les plus sensuelles, et il n'est guère de peintre de nus qui ne se soit emparé du sujet, du Carrache à Gentileschi, au Guerchin, à Bourdon, à Antoine Coypel... Avec ce tableau, Blanchard figure désormais en bonne place.

Charles Sterling n'a pas hésité à placer cette composition, qu'il ne connaissait que par la gravure, vers 1628. La peinture, récemment réapparue, montre une puissance de formes, une franchise dans l'opposition des chairs avec les volumes brutaux de la fontaine, une solidité de la touche qu'on ne rencontre ni dans la toile d'Albi (1628) ni dans celle de Cognac (1629). C'est à Paris, semble-t-il, que s'affirme ce style. Reconnaissons toutefois que s'il y a dans l'œuvre de Blanchard quelque trace de l'œuvre de Fetti (ce qui nous paraît bien moins fréquent qu'à Charles Sterling), c'est ici qu'on peut la désigner, avec le magnifique turban et le large drapé du vieillard placé au premier plan.

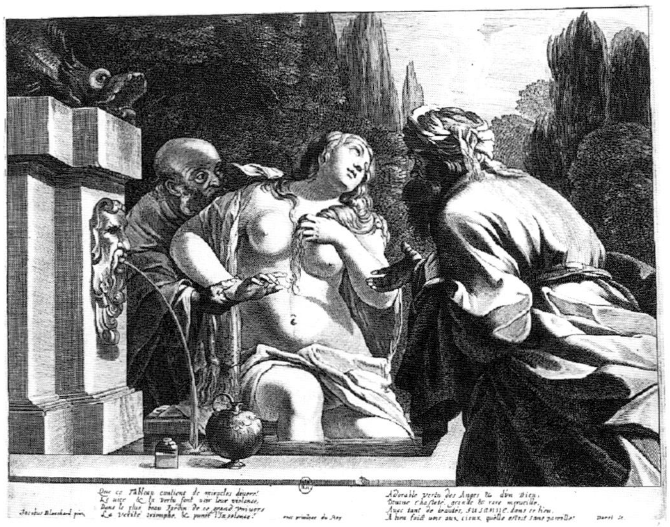

Fig. 1

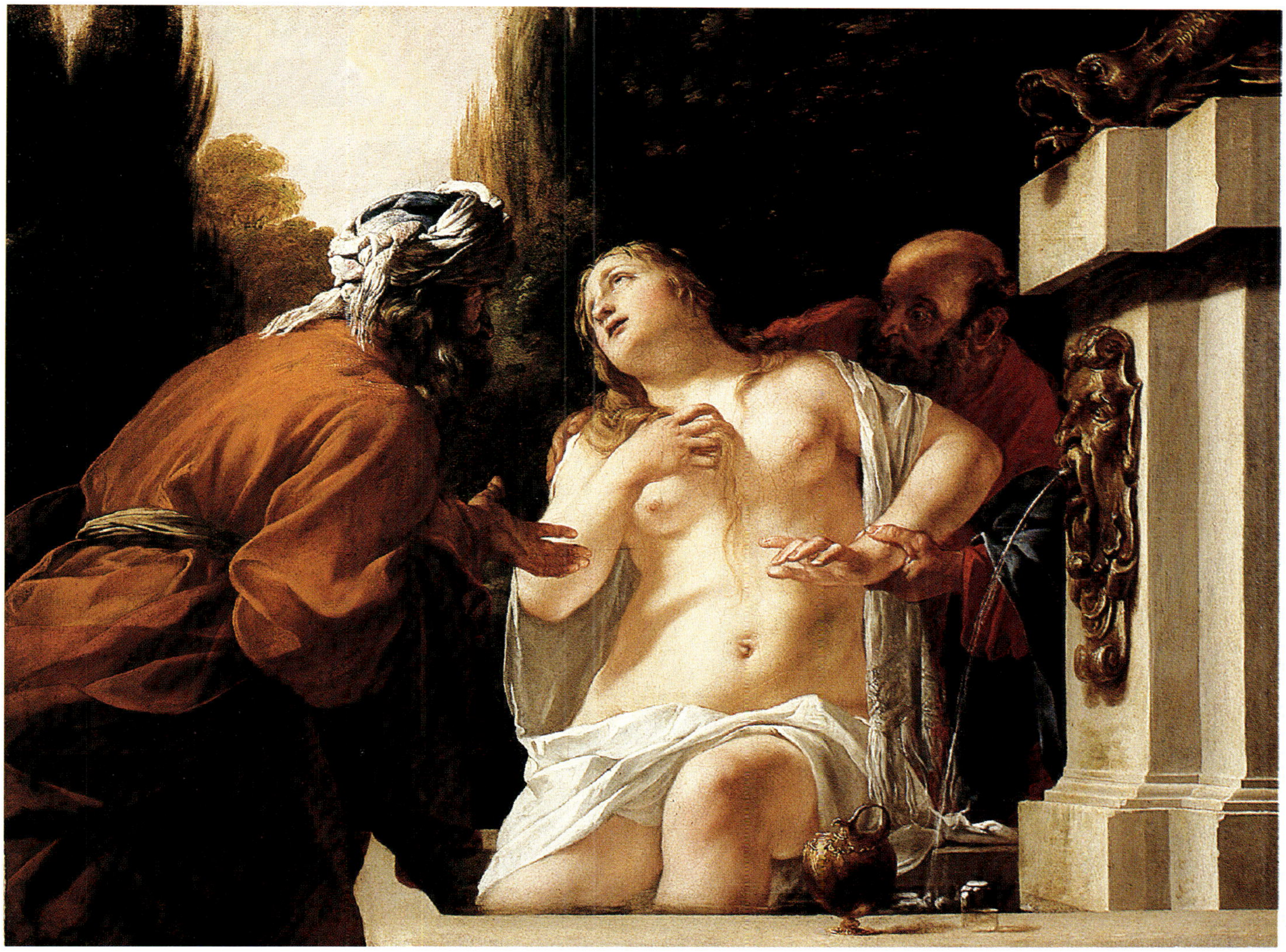

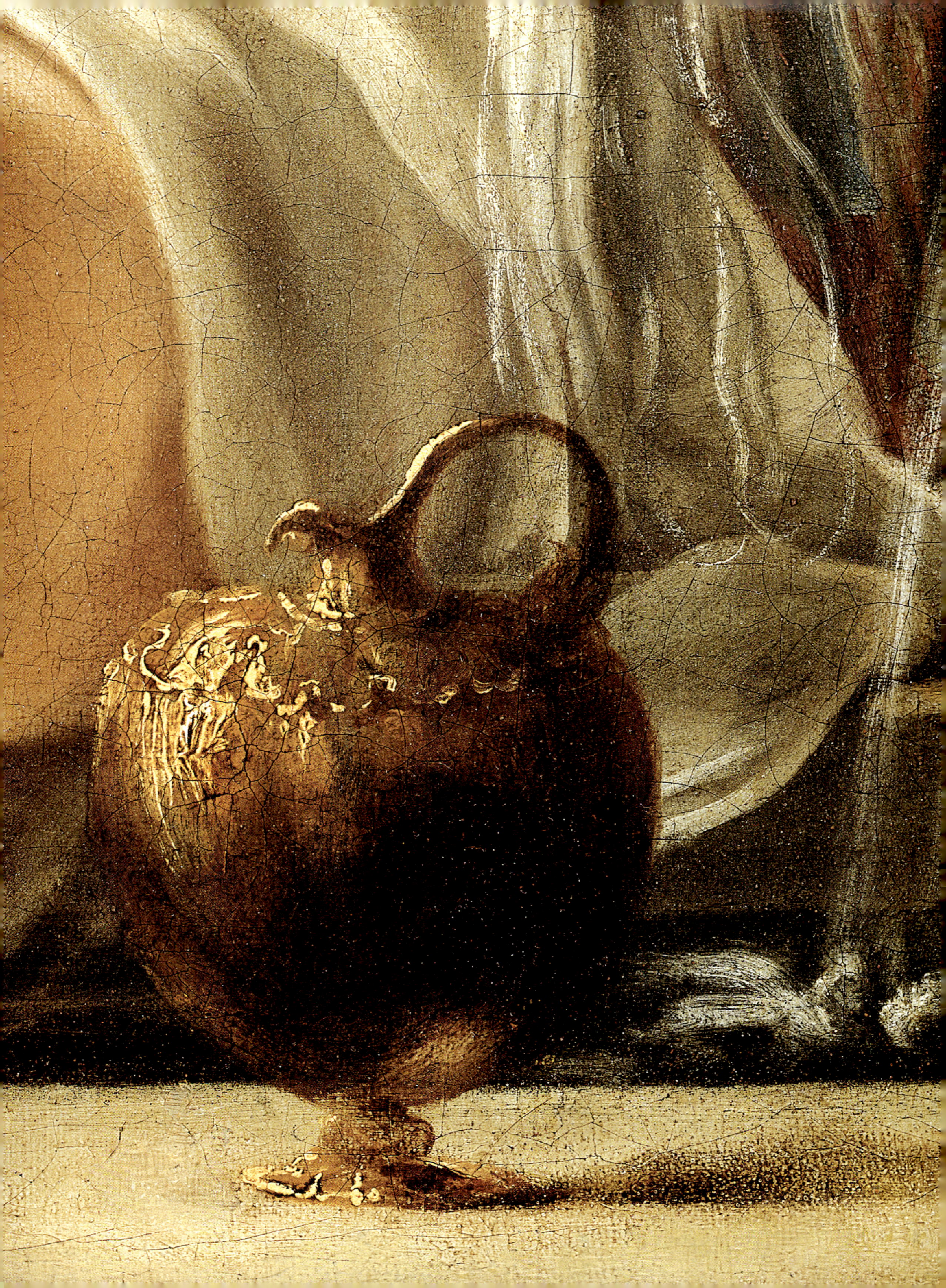

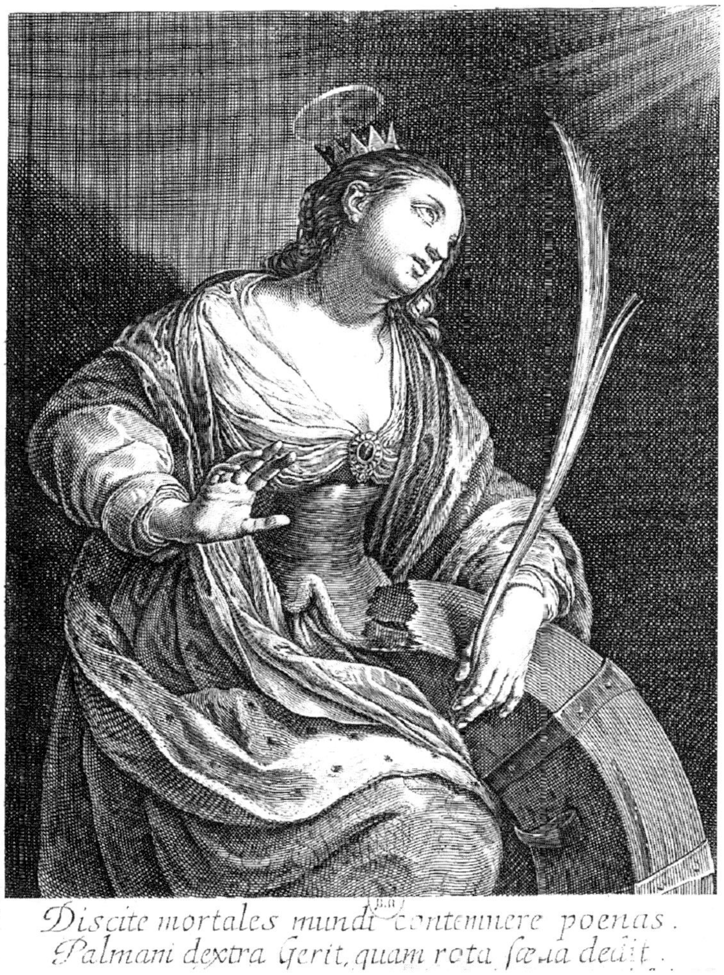

33. Sainte Catherine d'Alexandrie

I. TABLEAU, perdu.

II. GRAVURES

A. par Charles David (Weigert 28), au burin.
0,248 x 0,179 m.
En bas, dans la marge, le distique latin :
Discite mortales mundi contemnere poenas
Palmam dextra gerit, quam rota saeva dedit
[Apprenez, ô mortels, à mépriser les souffrances du monde :
Si sa main porte la palme, c'est la roue cruelle qui la lui a donnée]
et plus bas :
Blanchar pinx./Cum privilegio Regis/C. David sculp : et exc.

B. anonyme, également au burin (fig. 1).
0,232 x 0,176 m.
En sens inverse de la gravure de David (la sainte tournée vers la gauche), mais avec la même légende ; à gauche : *blanchar pinx*, à droite le nom de l'éditeur (*Cl... ex.?* presque entièrement effacé dans l'épreuve de la Bibliothèque Nationale).
Copie trompeuse, de bonne qualité, mentionnée par Mariette, qui lui-même la dit faite « par un anonyme » et ne donne pas le nom de l'éditeur.

BIBL.
1961, Sterling, p. 90, reprod. gravure de David [Cat. n° 40].

L'iconographie est conforme à la tradition ; mais malgré le réalisme, assez rare, de la roue, Blanchard ne semble nullement se référer à la *Sainte Catherine* du Caravage (jadis dans la collection Barberini, aujourd'hui dans la collection Thyssen). Manifestement le présent tableau offrait un écho direct de l'expérience vénitienne. L'expression du visage, le jeu élégant des mains renvoient au Véronèse (*cf.* la Vierge du *Couronnement* dans la sacristie de San Sebastiano à Venise) ; plus encore, les cheveux tirés en

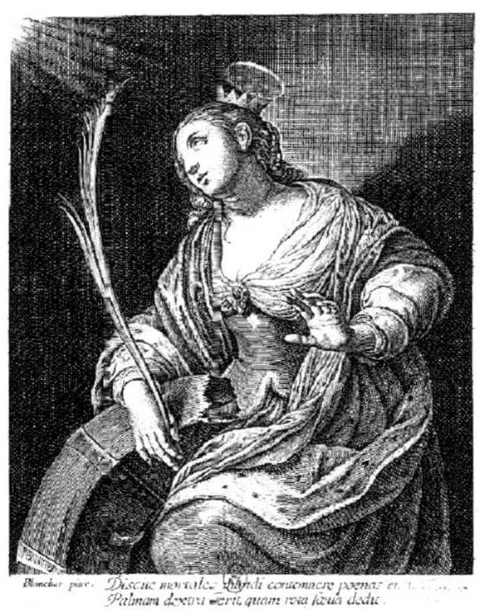
Fig. 1

arrière, la petite couronne posée sur le dessus de la tête, le justaucorps et le gros bijou ovale posé au centre du décolleté, la longue écharpe jetée sur les épaules et le manteau de soie brochée doublé d'hermine : tout cela dérive du langage de ce peintre (*cf.* le *Mariage mystique de sainte Catherine* de la Galerie de l'Académie à Venise, autrefois au maître-autel de l'église Santa Caterina, etc.). Il ne s'agit pourtant ni de copie littérale, ni de pastiche : mais plutôt d'un hommage à l'élégance suprême du maître vénitien. La disparition du tableau interdit de savoir si le coloris lui-même reflétait celui du Véronèse.

34. La Vierge à l'Enfant endormi

I. TABLEAU
H.t. ; 0,816 x 0,686 m.
Coll. Asbjorn R. Lunde, New York.

HIST.
1934, 20 juillet : Christie's, Londres, vente anonyme, lot n° 137, comme Van Dyck (non vendu à 8 guinées).
1985, 13 décembre : Christie's, Londres, vente anonyme, lot n° 100 (« Blanchard ») ; reprod. couleurs au catalogue.
1988, 22 avril : Christie's, Londres, vente anonyme, lot n° 42, comme Blanchard ; reprod. couleurs.
1991, 9 octobre : Christie's, New York, vente anonyme, lot n° 81, comme Blanchard ; reprod. couleurs. Acquis par le présent propriétaire.

II. COPIES
- A. Paris, coll. privée. Sans doute française et du XIXe siècle.
- B. vente Sotheby, New York, 17 janvier 1986, lot n° 141, reprod. couleurs ; repassé en vente à New York, 5 mai 1990, lot n° 116, reprod. H.t. ; 0,685 x 0,545 m.
- C. église de Bonnard, Yonne. Classé Monument Historique le 2 mars 1967 ; H.t. ; 0,77 x 0,63 m (ovale remis au rectangle).

BIBL.
1975, Rosenberg, p. 223 (copie de l'église de Bonnard).

II. GRAVURE, par Pierre Daret, 1638 (Weigert 20) (fig. 1).
En bas, sur deux lignes, le quatrain latin :
Virgo mortali quem cernit lumine natum,
Hunc oculis mentis, detegit esse Deum/
Depositaq. omni prorsus ratione parentis,
Divino illius numen honore colit.
[Celui en qui la Vierge, d'un regard de mortelle, reconnaît son enfant,
Par les yeux de l'esprit lui apparaît Dieu ;
Et quittant jusqu'à la moindre attitude maternelle,
Elle rend à sa divinité les honneurs divins]
Plus bas :
Jacques Blanchard pinxit/Cum privilegio Regis/Daret sculp. parisi. 1638.

BIBL.
1961, Sterling, p. 94, reprod. gravure [Cat. n° 61].

Il s'agit d'une des plus belles Vierges de Blanchard. Elle fut souvent copiée, et dans certains cas, semble-t-il, devant l'original. À en juger sur photographie, le tableau qui se trouve aujourd'hui dans une belle collection new-yorkaise est très probablement de la main de l'artiste. Le raccourci du visage de l'Enfant, le drapé à la fois complexe et calme, le jeu mouvant de la lumière semblent placer l'œuvre vers 1631.

Cette date paraîtra peut-être trop précoce. On lui opposera une certaine ressemblance avec la *Vierge à la colonne* et surtout avec la *Vierge au lange* de Simon Vouet, toutes deux gravées par Daret avec la date de 1640. Mais précisément il semble bien que Blanchard soit ici le précurseur, et que Vouet, fort occupé par ses grands décors, lui laissa longtemps le champ libre dans ce domaine. La série de ses *Vierges* (dont les douze gravées sous son nom) remonte au plus tôt à 1638 et on les voit se succéder surtout après la mort de Blanchard.

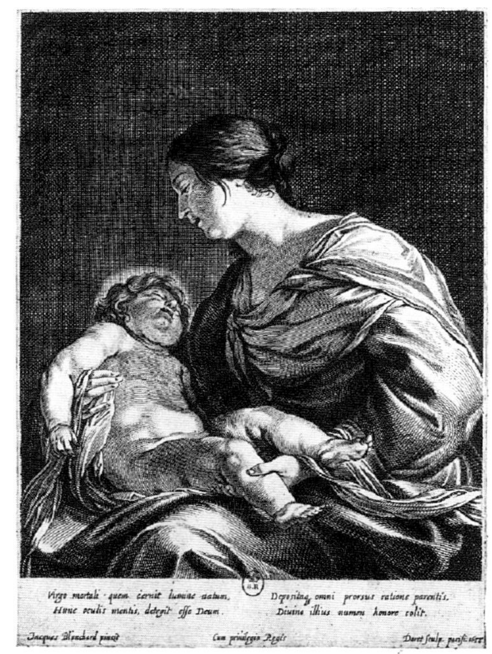

Fig. 1

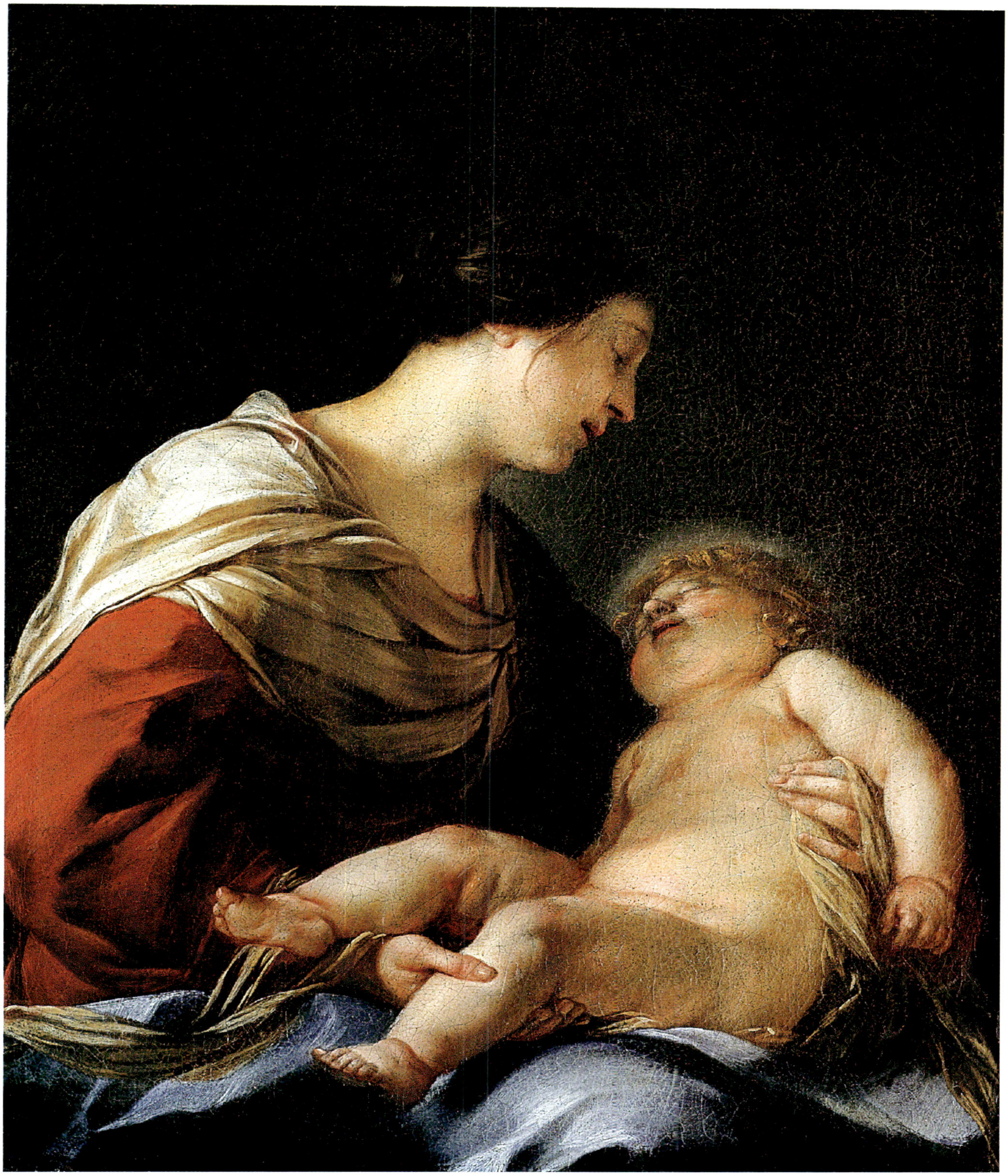

35. Un saint Évêque adorant Jésus dans les bras de sa mère

I. TABLEAU
H.t. ; 1,08 x 1,40 m.
S. d. à mi-hauteur, à gauche : *J... ard F...*
Paris, Musée du Louvre, Inv. RF 1947.20

HIST.
1941, octobre : le tableau apparaît lors de la dispersion de la collection de Margam Castle (Port Talbot, Glamorganshire) ; dans cette collection, pour une bonne part formée en Italie avant 1775, l'attribution à Blanchard était depuis longtemps perdue ; le tableau est présenté à la vente sous une attribution à Savoldo.
1942 : passé en collection particulière, il est nettoyé, et la signature apparaît, mais mutilée, et suivie d'une date entièrement illisible.
1947 : le tableau est acquis par le Louvre à la séance du Conseil du 16 octobre. On lui attribue alors la date de 1634.

EXP.
1960, Paris, *Réserves*, n° 268 (Jean Blanchard).

BIBL.
1942, Anonyme, p. 211-212, reprod. en frontispice ; 1950, Adhémar, p. 77-79, reprod. tableau et gravure ; 1961, Sterling, reprod. gravure p. 85, reprod. tableau p. 97 [Cat. n°s 13 et 75].

II. GRAVURE (fig. 1).
0,24 x 0,307 m. (au trait carré)
par Antoine Garnier (Robert-Dumesnil 26)
En bas, dans la tablette, la citation de l'Evangile selon saint Luc : *Nunc dimittis servum tuum Domine : secundum verbum tuum in pace. Quia viderunt oculi mei salutare tuum* [Maintenant, Seigneur, tu laisses ton serviteur s'en aller en paix, selon ta parole. Car mes yeux ont vu ton salut].
Plus bas : *F Bourlier excudit Parisiis c. P.R.C. Blanchard inve.*
1er état (connu) : sans la lettre.
2e état (connu) : avec la lettre.

Il semble que cette composition ait connu – comme nombre d'œuvres de Blanchard – de multiples malheurs. En premier lieu la gravure doit susciter une certaine méfiance. Elle ne porte pas le nom du graveur. Il s'agit certainement d'Antoine Garnier, même si le métier est plus lourd qu'à l'ordinaire. Robert-Dumesnil (1850, p. 207-208) n'a pas fait de difficulté pour la lui attribuer. Mais l'*excudit* de Bourlier a de quoi surprendre. Rappelons que François Bourlier était né entre 1617 et 1626, qu'il était à Rome entre 1642 et 1644, n'obtint la maîtrise qu'en 1651, et le permis d'imprimer et graver que le 21 juin 1660. Une grande partie des estampes qu'il édita furent gravées par Jean Le Pautre, avec qui il paraît lié d'amitié. Mais bien des indices donnent à croire qu'il racheta aussi des planches anciennes dont il fit changer la lettre, souvent en introduisant sans scrupule des noms d'artistes célèbres : attributions toutes fictives, et qui pourtant ont souvent trompé les historiens. Dans le cas présent nous pensons que le nom de Blanchard est exact, mais que la planche a dû être un de ces réemplois et que la lettre n'est pas d'origine. Il se pourrait même que la composition ait été légèrement rognée dans le bas pour donner plus de place à la tablette. Nous n'avons pas perdu espoir de retrouver un jour une épreuve portant le nom d'un éditeur des années quarante, et une lettre différente. Mais nous convenons que Robert-Dumesnil n'en avait apparemment jamais rencontré.

En second lieu le tableau a très longuement disparu, caché dans un château anglais sous une attribution à... l'Italie. Il n'est pas exclu qu'il n'y soit venu à la suite des bouleversements de la Révolution : les *Sainte Famille* semblent avoir été nombreuses dans les églises parisiennes et deux seules sont parvenues au Louvre. À la suite d'une vente où il figura comme attribué à Savoldo, il subit un nettoyage qui semble avoir été vigoureux. C'est un reste de signature qui réapparut, et la trace d'une date « *which... has become so faint that not even a conjectural reading of it can now be put forward* » (*The Burlington Magazine*, 1942, p. 211). Le tableau acquis par le Louvre en 1947, on y releva une signature complète, avec la date de 1640. Or en 1640 Jacques Blanchard est mort. Charles Sterling en conclut qu'il s'agit d'une copie par Jean Blanchard.

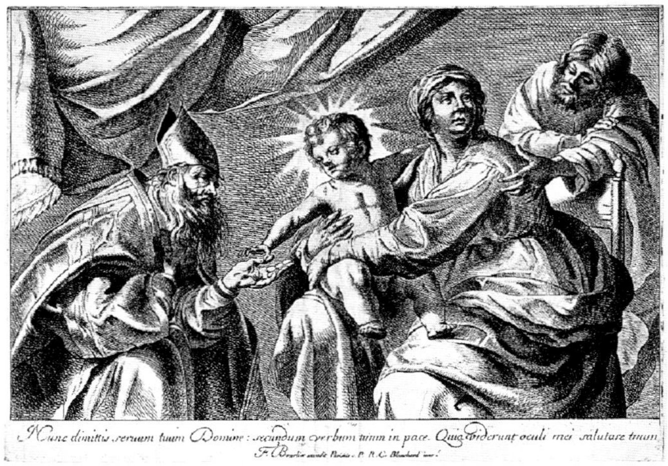

Fig. 1

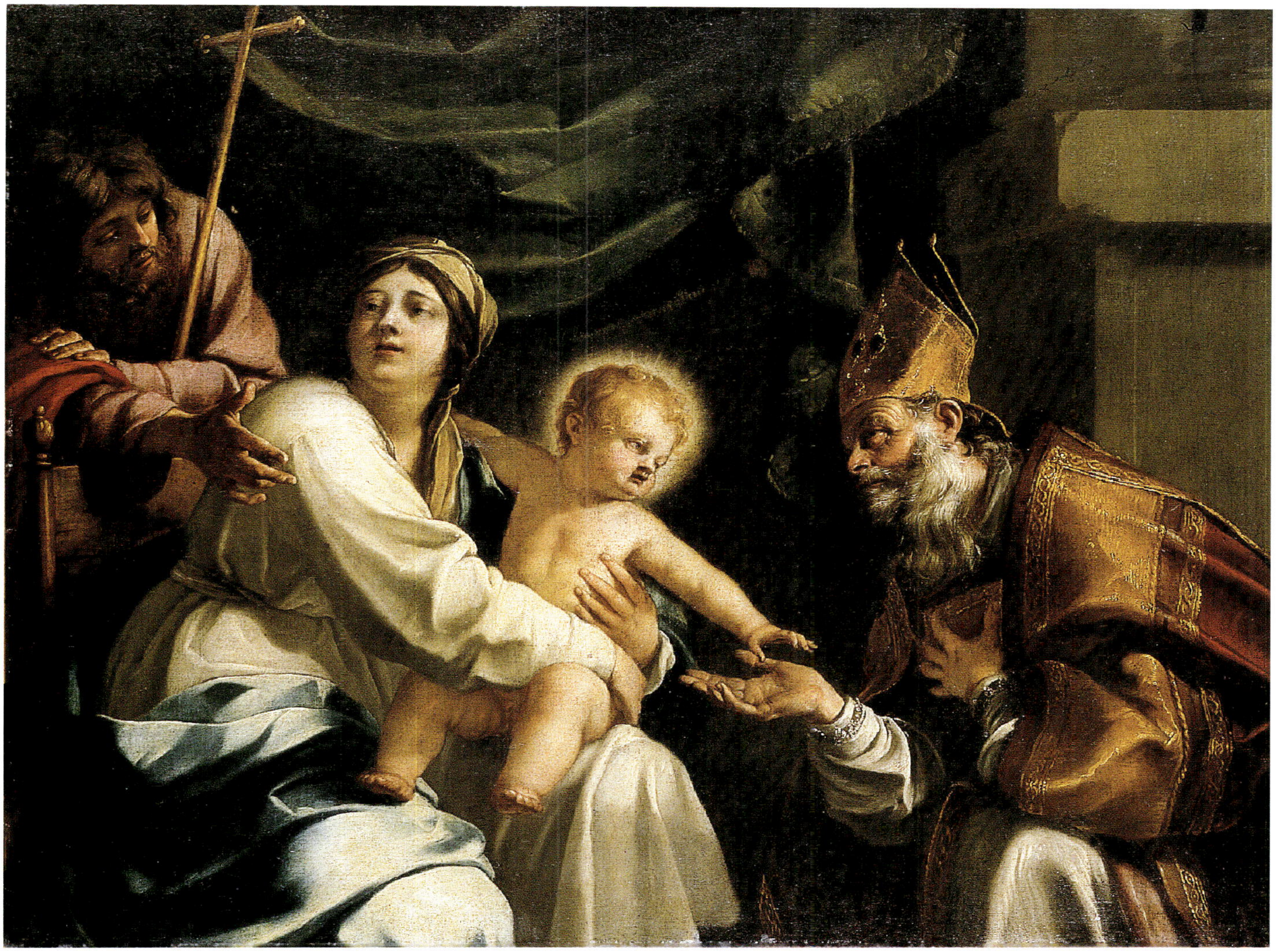

Cette date illisible en 1942 et déchiffrable à l'œil nu en 1947 nous a toujours paru bien suspecte. Un examen attentif, appuyé sur les moyens de laboratoire, a montré que cette zone était gravement usée et reprise, que seules les traces lues en 1942 avait chance d'être authentiques, et que la troisième et quatrième lettre de la date sont plus que suspectes. Il n'y a aucune raison de ne pas revenir tout bonnement à Jacques, d'autant que la graphie des traces relevées en 1942 correspond à celle des signatures authentiques de ce dernier (voir *supra*, p. 37-38).

En troisième lieu l'iconographie a suscité de singulières dérives. Le tableau est catalogué actuellement au Louvre comme *La Vierge à l'Enfant avec saint Jean-Baptiste et le vieillard Siméon* (*cf.* catalogue 1986). Nous n'apercevons, pour notre part, ni Siméon ni saint Jean-Baptiste.

L'identification du saint personnage habillé en évêque a été guidée par les paroles fameuses de Siméon inscrites sur la tablette. Mais Siméon, « homme juste et pieux », ne peut être confondu avec le grand-prêtre, et le grand-prêtre lui-même n'apparaît jamais vêtu en évêque. Nous ne connaissons pas d'exemple où Siméon soit représenté enveloppé d'une chape et coiffé d'une mitre. Nous l'avons dit, la lettre doit être de Bourlier, et aussi faussement choisie que les inscriptions portées sur la plupart des estampes qu'il édita. Elle n'a aucune autorité. Du reste, l'« hymne de Siméon » a une valeur très générale et ne s'applique pas nécessairement à ce personnage du tableau. Robert-Dumesnil, qui transcrit en entier cette lettre, n'en parle pas moins d'un « saint Évêque ». C'est la sagesse. Disons cependant que le geste est celui qui est souvent attribué à saint Augustin, et que, malgré l'absence du cœur enflammé, nous accepterions sans trop de peine cette identification. Un autre saint est souvent représenté à Paris, dans la première moitié du XVIIe siècle, en grand costume d'évêque, et cette fois sans attribut : saint Germain (qu'on regarde plutôt la grande figure qu'en a peinte Champaigne et qui est passée de Saint-Germain-l'Auxerrois au musée de Bruxelles).

Le personnage placé derrière la Vierge offre une difficulté supplémentaire. Dans la gravure, il ne porte aucun attribut, et sa manière de s'adresser à la Vierge en s'appuyant familièrement sur le dossier de son siège ne convient qu'à saint Joseph. Dans le tableau une longue croix est glissée entre ce dossier et son épaule. Un examen direct, en bonne lumière, semble indiquer qu'il ne s'agit pas d'une addition plus ou moins tardive, mais que sa partie haute, qui transforme le bâton en croix, est entièrement repeinte. De toute façon cette croix ne peut suffire à désigner saint Jean-Baptiste. On ne rencontre jamais le prophète confortablement vêtu d'une veste à manches bien fermée sous le cou, et complétée par un lourd manteau de draperie. De plus, saint Jean adulte peut figurer dans une *Sacra conversazione* entourant la Vierge à l'Enfant : mais dans une scène comme celle-ci, un peintre du XVIIe siècle évite de montrer Jésus âgé de quelques mois, et Jean de trente ans. Personne n'oublie alors que le fils d'Elisabeth a été conçu quelque six mois avant le Christ... Dans toutes les autres compositions de Blanchard où saint Jean apparaît près de l'enfant Jésus, il est lui-même enfant. En fait cette croix très longue et bien solide – au lieu d'être faite de deux roseaux attachés par un lien – est l'attribut de l'apôtre Philippe. Il n'est pas impossible qu'elle ne désigne la dévotion de quelque client envers son saint patron. Mais répétons-le : nous croyons plutôt reconnaître ici un saint Joseph.

L'ampleur des silhouettes, le type puissant et lourd de la Vierge semblent indiquer une date encore voisine de 1630-1631.

36. Le Mariage mystique de sainte Catherine

I. TABLEAU, perdu.

COPIE :
cuivre, 0,205 x 0,260 m. , forme octogonale
Caen, Musée des Beaux-Arts (ancienne collection Mancel)
D'après la gravure ?

II. GRAVURE, par Antoine Garnier. (Robert-Dumesnil 30).

0,251 x 0,288 m.

1er état : au bas d'une marge assez grande et vide :
I. Blanchard. Inventor Pinxit. F.L.D. ciartres excud. cum Priv. Regis.

2e état : le nom *F.L.D. ciartres* a été remplacé par *P. Mariette le fils*.

BIBL.
1961, Sterling, p. 85, reprod. grav. [Cat. n° 12].

L'effet décoratif de la draperie subsiste, mais la composition est désormais plus calme et calculée, la Vierge est présentée dans une pose plus digne et son profil commence à devenir plus régulier. Il semble que cette belle planche de Garnier désigne un tournant dans l'inspiration de Blanchard.

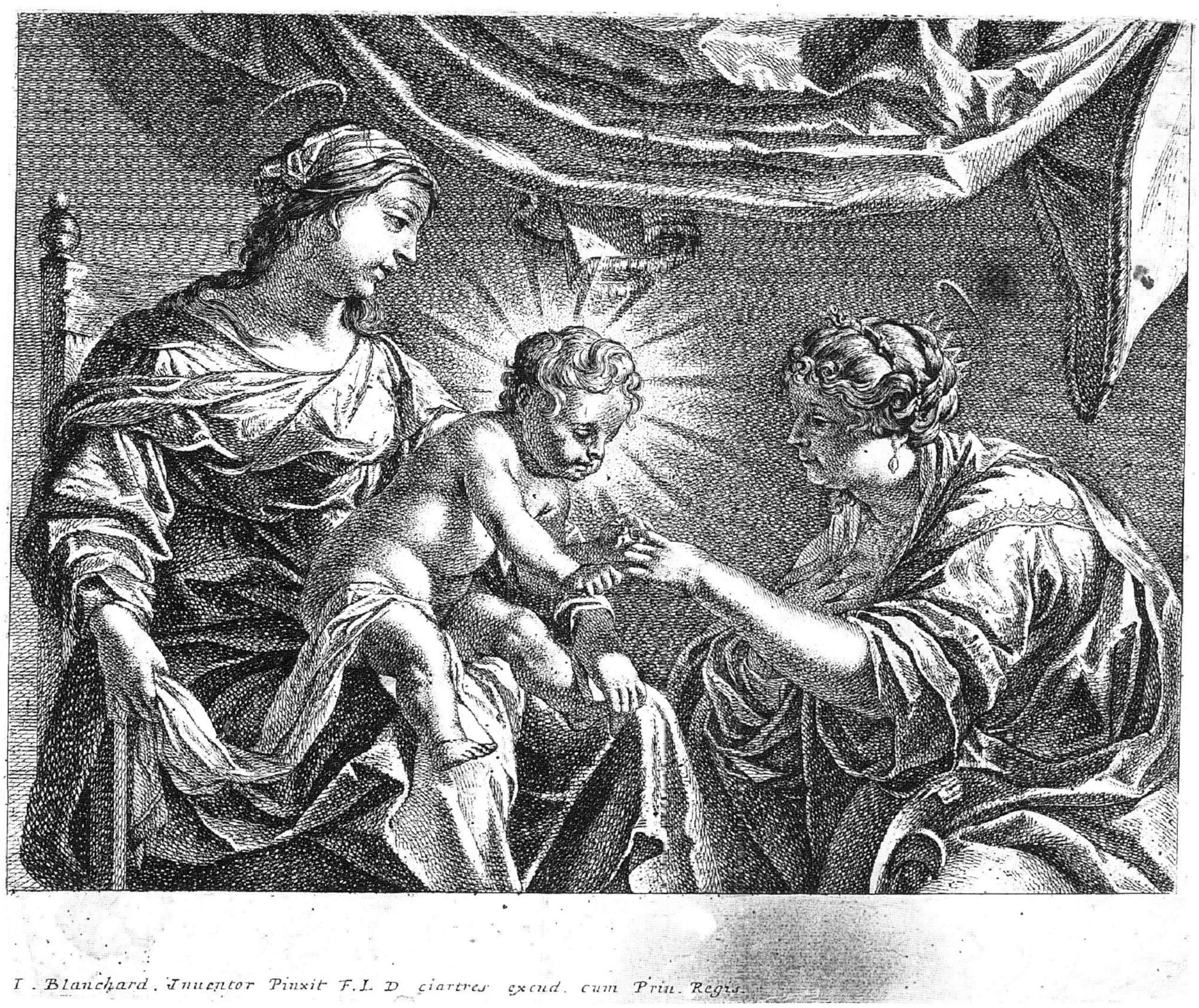
I. Blanchard. Inuentor Pinxit F. L. D ciartres excud. cum Priu. Regis.

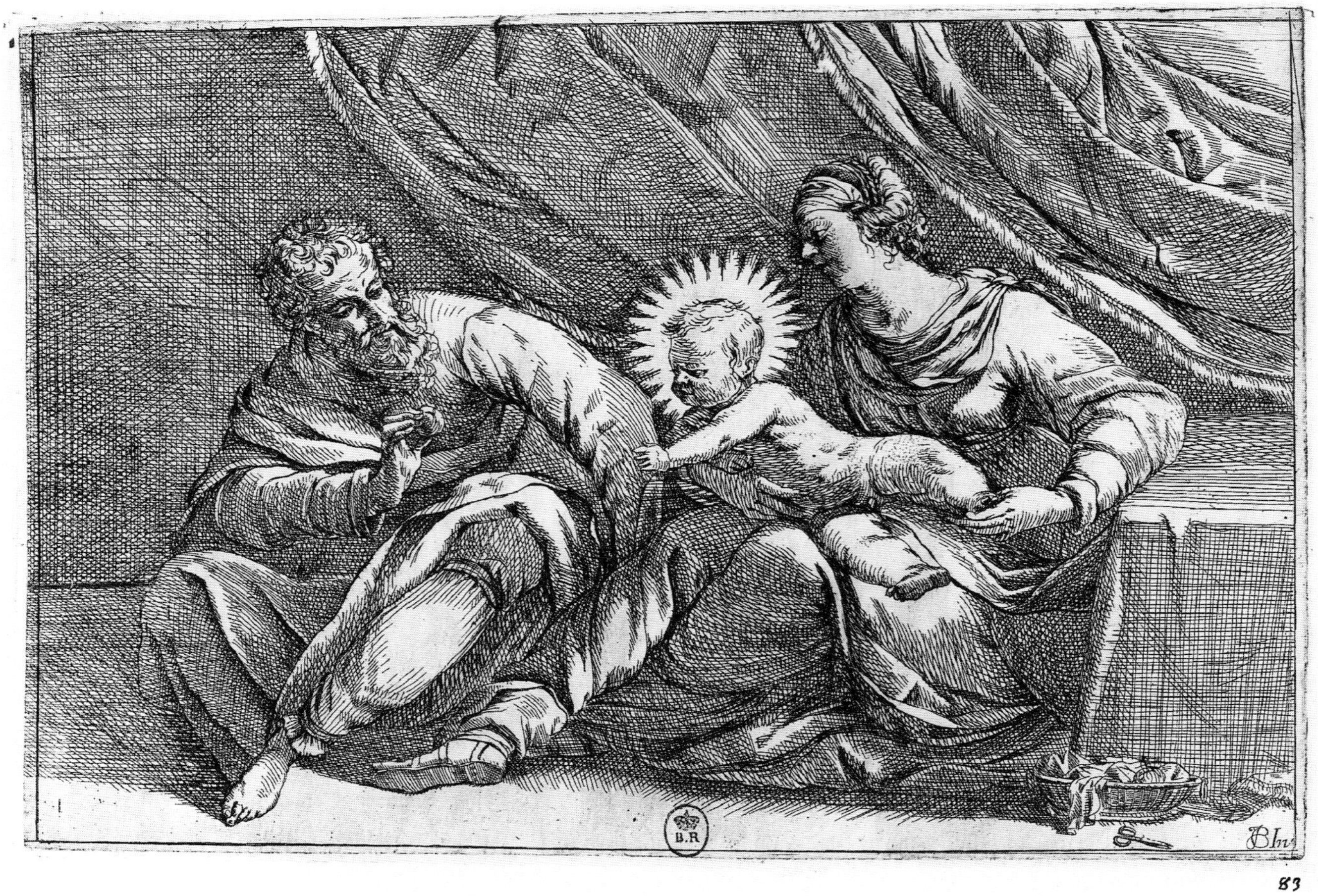

37. Sainte Famille (à la corbeille à ouvrage)

I. TABLEAU, perdu.

II. GRAVURE, anonyme.
0,177 x 0,261. En bas, à droite, monogramme *JB. Inv*

BIBL.
1961, Sterling, p. 86, reprod. gravure [Cat. 15].

Il est évidemment téméraire de juger et dater un tableau à partir de sa traduction gravée, surtout lorsque l'interprète demeure anonyme. Il semble pourtant que cette œuvre ait été conçue dans un esprit qui la rattache au petit groupe des *Sainte Famille* très habilement construites, mais encore présentées dans un intérieur conventionnel, simplement animé par une large draperie, et plus soucieuses d'organiser des couleurs et des rythmes que de placer les personnages dans une atmosphère vivante.

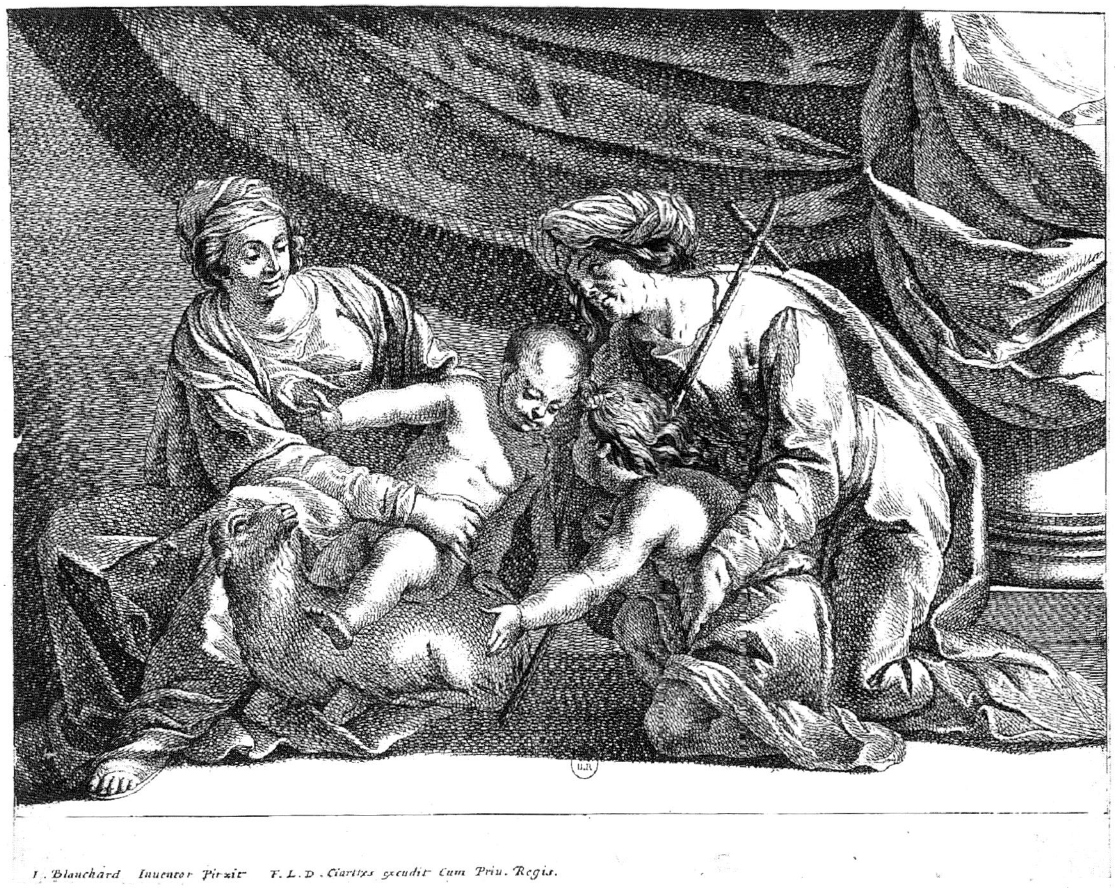

38. La Vierge à l'Enfant avec sainte Élisabeth et saint Jean-Baptiste (au mouton)

I. **TABLEAU**, perdu.

II. **GRAVURE**, par Antoine Garnier (R.D. 18).
0,300 x 0,364 m.
Large tablette blanche, avec tout en bas, à gauche :
I Blanchard Inventor Pinxit. F.D.L. Ciartres excudit. Cum Priv. Regis.

BIBL.
1961, Sterling, p. 86, reprod. gravure [Cat. n° 16].

Cette belle composition, savamment organisée sur un jeu de diagonales et de courbes, semble l'aboutissement de la série des *Sainte Famille* de cette période parisienne. La puissante colonne de droite lui donne désormais une tranquille assise, et la vaste draperie, éclairée sur le côté, devait permettre une tache de couleur éclatante.

Parmi les *Sainte Famille* dont nous conservons le souvenir, celle-ci pourrait renvoyer au tableau inventorié à l'hôtel Lambert en 1679 (voir sous le n° 27) ; mais l'inventaire ne fait pas mention du mouton que s'efforce de chevaucher l'enfant, détail rare et qui aurait dû retenir l'expert (en l'occurrence Gabriel Blanchard-lui même).

39. ## La Vierge avec l'Enfant & sainte Anne à la pomme (trois figures)

H.t. ; 0,81 x 1,14 m.
Paris, Musée du Louvre, Inv. 2607 ; cat. Villot n° 15.

HIST.
Le tableau, désigné d'ordinaire par le seul terme de *Sainte Famille*, n'est pas facile à distinguer parmi les compositions du même thème. Comme son destin semble lié depuis la Révolution à la *Sainte Famille* cinq figures (n° 27), il y a grand chance qu'il s'agisse du tableau que Lenoir désigne comme « *autre Sainte Famille* » et dit provenir également de Port-Royal. Longuement mis en dépôt au Palais de Fontainebleau, il restera à peu près inconnu des historiens. Jusqu'à aujourd'hui, il n'a été étudié que par Charles Sterling.

GRAVURE
gravé au trait dans Landon, t. 1, pl. 2.

EXP.
1920, Fontainebleau, n° 7 ; 1982, Pékin-Shangai.

BIBL.
1862, Blanc, p. 4 ; 1879, Berger, p. 110 ; 1924, Brière, p. 284 ; 1925, Demonts, p. 166, note 3 ; 1961, Sterling, p. 86, reprod. [Cat. n° 20] ; 1963, Thuillier, p. 206 ; 1985, Wright, p. 144.

Ce beau tableau ne saurait guère s'éloigner dans le temps du groupe précédent, dont il conserve le fond neutre et la draperie décorative. Mais le réalisme s'atténue, les visages deviennent plus fins, l'enfant moins conventionnel, et sur les lèvres de la Vierge s'esquisse un léger sourire.

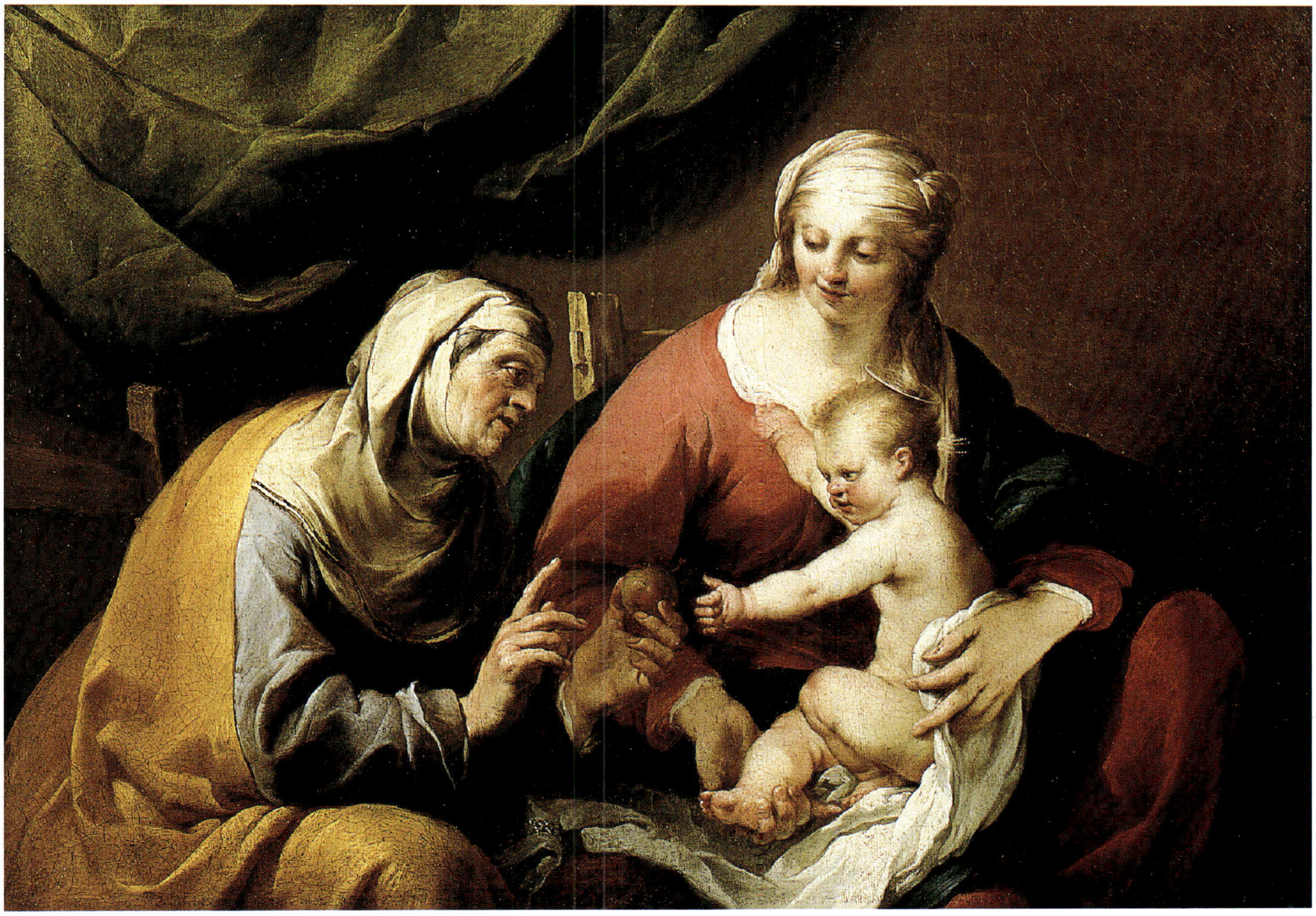

40. La Vierge offrant le sein à Jésus

I. TABLEAU ou DESSIN?

II. GRAVURE anonyme
0,153 x 0,110; les quatre coins laissés blancs.
En bas, dans la marge : S. *Maria Mater Dei.*
À gauche : *Blanchard Inven.*
À droite : *De Fer ex./cum privil.*

BIBL.
1961, Sterling, p. 85, reprod. gravure [Cat. n° 10].

Cette gravure est des plus rares ; nous ne connaissons que l'exemplaire de la Bibliothèque Natinale, qui lui même n'est pas intact. Mariette, dans ses *la dit « gravée à l'eau-forte par un anonyme »*. De fait, on ne reconnaît pas cette main, intelligente, juste dans son dessin et discrète dans ses effets, avec par endroits des maladresses qui sentent l'amateur, ou du moins le graveur amateur. Rappelons qu'on a pu penser à Blanchard lui-même (voir *supra*, p. 27-28).

On a l'impression que le modèle fut un tableau, apparemment de petit format : mais nous n'en avons pas retrouvé trace. L'hypothèse d'un simple dessin n'est pas exclue. L'aspect d'instantané, l'absence de toute convention dans l'attitude de l'enfant peuvent faire penser à un portrait transformé en *Vierge à l'Enfant*. Rappelons que le fils aîné de Blanchard naquit en décembre 1630.

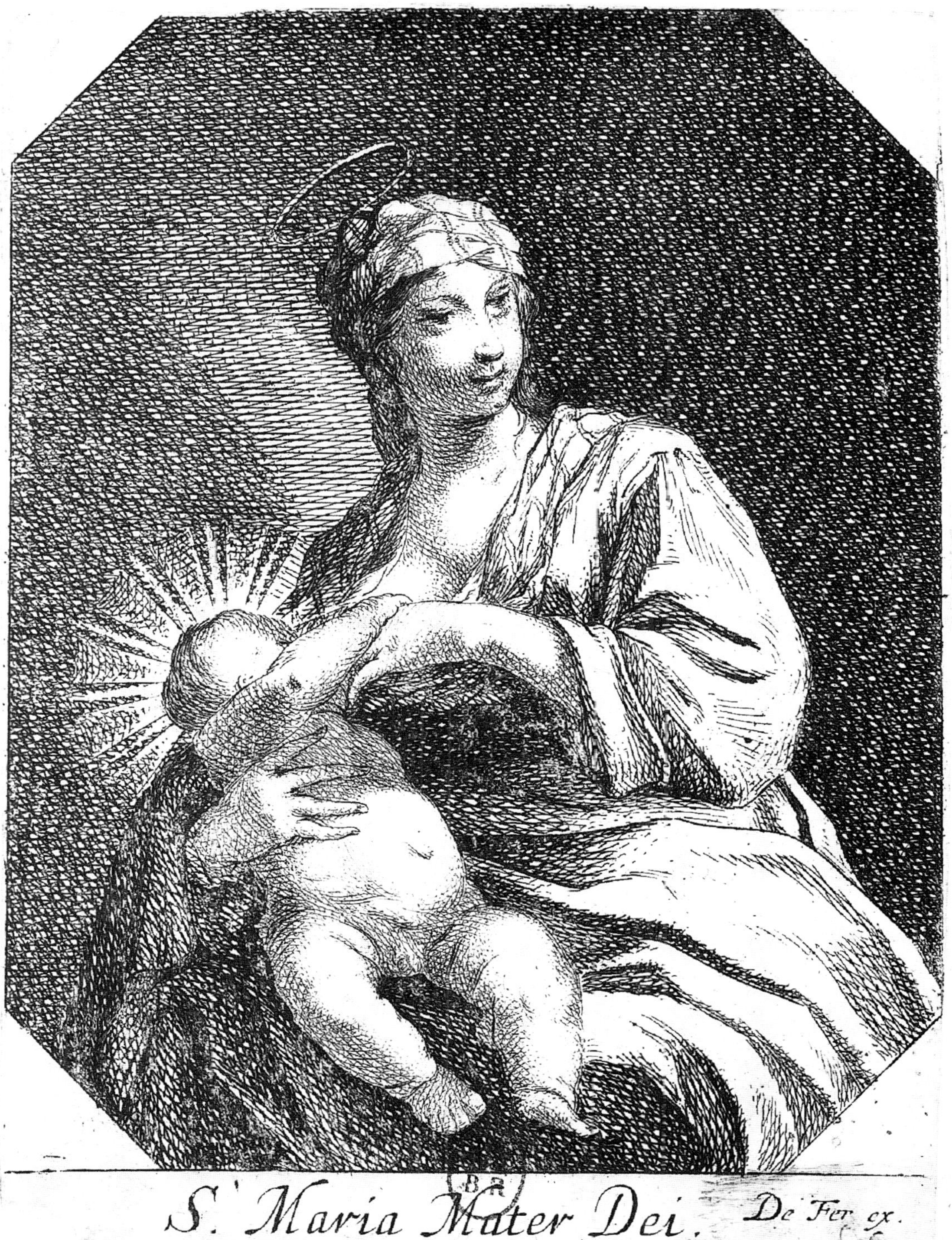
S. Maria Mater Dei.
De Fer ex.

41. Joseph et la femme de Putiphar

I. TABLEAU, Perdu.

COPIES
A.
1704, 17 mars, Paris :
Inventaire après décès de Gabriel Blanchard, fils de Jacques Blanchard (Archives Nationales, Minutier Central, XCIX, 365) : *Item un tableau peint sur toille représentant un Joseph et Putifar d'après l'ancien Blanchard, prisé trente livres.*
Apparemment copie d'après le tableau gravé par Cornelis Bloemaert; peut-être avait-elle été exécutée par Gabriel Blanchard lui-même ? Mais on ne saurait écarter entièrement l'hypothèse d'une variante, car Blanchard put traiter ce sujet plusieurs fois.

B.
H.t.; 1,00 x 1,48 m.
Localisation actuelle inconnue.

HIST.
1979, 18 juin : passé en vente à Paris à l'hôtel Drouot.

C.
H.t.; 0,86 x 1,12 m.
Localisation actuelle inconnue.

HIST.
1989, 19 avril : passé en vente à Paris, à l'Hôtel Drouot, n° 39 du catalogue, avec reprod. en couleurs.
1994, 19 juin : passé en vente chez Sotheby's Monaco, n° 448, reprod. couleurs (« attribué à Jacques Blanchard »). La notice indique : « (ce tableau) paraît être une réplique exécutée par Blanchard, avec sans doute l'aide d'assistants, d'après le tableau original disparu ».

II. GRAVURES
A. par Cornelis Bloemaert.
Burin; 0,214 x 0,282 m.
En bas le quatrain latin :

Haec non vos moveat lascivo foemina vultu,
Quae foedo tantum flagrat adulterio :/
Sed Joseph potius, casto qui pectore firmus
Tam molles potis est vincere blanditias

[Que par son visage lascif ne vous émeuve pas cette femme,
Toute brûlante qu'elle est d'un hideux adultère :
Mais bien plutôt Joseph, dont le cœur chaste
Est assez ferme pour vaincre de si charmants attraits]
et à gauche : *Blanchar inven et pinxit*
à droite : *Cornelis Bloemaert sculp./Mariette ex cu privil : Regis Christ^{mi}.*

B. anonyme
Manière noire
Dans la marge, le titre : *Castitatis exemplum* et les indications : *Blanchard inv./P. Tempest ex.*

BIBL.
1808, Gault de Saint-Germain, p. 24 (gravure); 1961, Sterling, p. 87, reprod. gravure [Cat. n° 24]; 1975, Rosenberg, p. 222 (signale l'existence de deux copies et de la reprise de la gravure sur le couvercle d'une montre conservée au musée Paul Dupuy, reprod.).

Cornelis Bloemaert est à Paris en 1630 et y travaille assez longuement (jusque vers 1634-1635); c'est alors qu'il dut graver cette composition. La grande draperie, les larges rythmes invitent à voir ici l'une des compositions relevant des premières années parisiennes de Blanchard.

De nouveau le peintre s'intéresse au thème de la chasteté : mais dans une affabulation inversée par rapport à l'histoire de Suzanne. Cette fois, c'est la femme qui est enflammée par la concupiscence, et l'homme qui veut se garder du péché. Le XVIIe siècle a souvent présenté les deux épisodes de la Bible comme des leçons de morale adaptées respectivement à l'un et l'autre sexe. Mais en peinture la symétrie n'est qu'apparente : dans les deux cas, le tableau est prétexte à un beau nu féminin.

On notera la curieuse ressemblance du Joseph avec l'autoportrait de Blanchard, quoique le visage soit plus jeune et imberbe. Est-ce pure coïncidence, ou faut-il imaginer que le tableau ait pu contenir quelque allusion, ironique le cas échéant, à la vie personnelle de l'artiste ? En se mariant, au début de 1630, Blanchard espérait sans doute échapper à une existence plus ou moins désordonnée... Ce type d'allusion paraît normal au XIXe siècle; en fait, il n'est aucunement étranger au XVIIe.

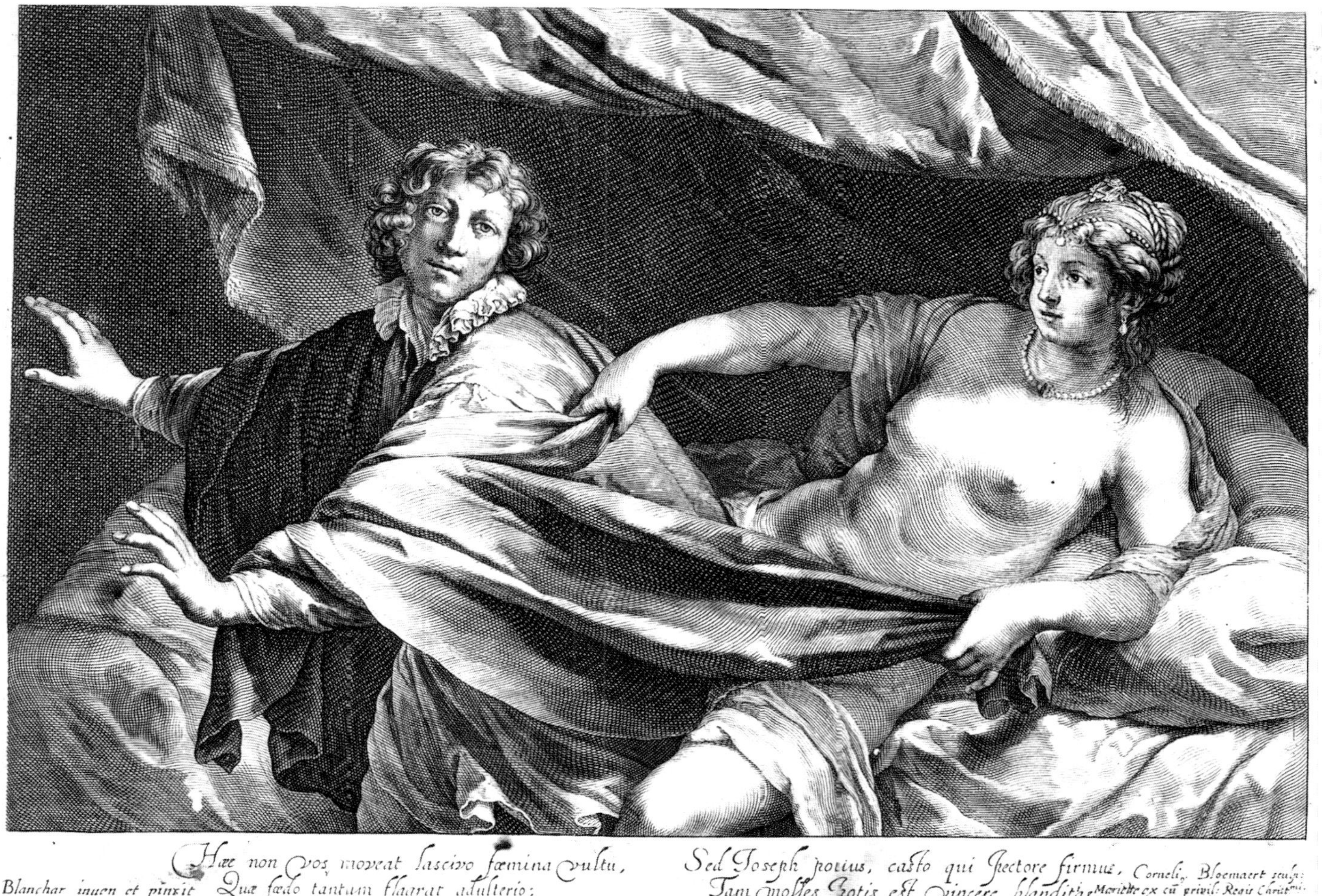
Hæc non vos moveat lascivo fœmina vultu,
Quæ fœdo tantum flagrat adulterio:
Sed Joseph potius, casto qui pectore firmus,
Tam molles potis est vincere blanditias.
Blanchar inuen et pinxit
Corneli. Bloemaert sculp:
Mariette ex cũ privil: Regis Christmi.

42. Vénus et les Grâces surprises par un mortel
dit autrefois Cimon et Éphigène

H.t.; 1,71 x 2,16 m. Signé *(J.) BLANCHAR FECIT*
Paris, Musée du Louvre, Cat. Brière, 1924, n° 3007.

HIST.
1921 : acquis pour 20 000 F par le musée du Louvre de M. d'Astri, sans provenance définie. Le tableau, qui venait d'être restauré (en 1920, selon Fontaine), doit alors être « dérestauré ».

EXP.
1946, Paris, n° 255; 1956-1957, Rome, n° 19; 1960, Paris, *Réserves*, n° 267 ; 1993, Kobé-Yokohame, p. 212, reprod. p. 213.

BIBL.
1923, Fontaine, p. 27-30; 1925, Demonts, p. 166-168, reprod. p. 163; 1926, Dimier, p. 39 (« trop ruinée et trop repeinte pour qu'on puisse y prendre intérêt »); 1929, Terrasse, dans Marcel-Terrasse, p. 7-8, reprod. p. 6, pl.7; 1932, Weisbach, p. 58; 1934, Lavallée, p. 183-186, reprod.; 1935, Gillet, p. 9, reprod.; 1935, Leroy, p. 100-103, reprod.; 1942, Anonyme, p. 211; 1946, Dorival, p. 58, reprod. pl. XXVIII; 1953, Blunt, p. 171; 1961, Sterling, p. 89, reprod. couleurs p. 80 [Cat. n° 34]; 1963, Thuillier, p. 206; 1965, Janneau, p. 54; 1969, Gebelin, p. 84; 1979, Dorival, p. 225, reprod. couleurs pl. 40, p. 221; 1985, Wright, p. 144; 1993, Hilaire, p. 206 et p. 129, reprod. fig. 1; 1994, Mérot, p. 98, reprod. couleurs p. 99 ; 1995, Chastel, t. III, p. 128, reprod. couleurs.

GRAVURE
Reproduit par Jean Charles Le Vasseur (1734-1816) dans une grande estampe intitulée : *Le repos de Diane.*

Il semble bien que ce tableau ne soit autre que la composition intitulée *Nymphs sleeping from Boccacio* (soit le sujet de Cimon et Éphigène) qui passa sous le nom de Blanchard dans une vente Paris's, en 1738-39, 4e jour, n° 42, fut vendue pour 72.0.0 S. et se retrouva ensuite dans la collection Jac. Desbouverie (*cf. Anonyme*, 1944, p. 231).

Qu'il en soit ou non ainsi, il est certain que son appellation, au moment où il entra au Louvre en 1921, était également *Cimon et Éphigène* et qu'on y reconnaissait le sujet de Boccace. La ressemblance de la composition avec le tableau de Rubens conservé à Vienne (Janson n° 446; *ca.* 1617) est frappante. Mais d'un autre côté, on ne reconnaît pas ici les deux femmes et l'homme qui acccompagnaient Éphigène, ni la fontaine proche. L'Amour, ailé et muni de son carquois, semble bien blotti contre sa mère Vénus. Plutôt que de conclure à une confusion, nous croirions volontiers que Blanchard s'est diverti à mêler poétiquement les deux sujets, empruntant à Boccace le thème de l'homme fruste découvrant la beauté et grâce à elle s'éveillant à l'esprit, mais en même temps incarnant la beauté, non dans une dormeuse quelconque, mais dans Vénus elle-même entourée de ses Grâces. Le tableau perdait peut-être sa référence littéraire; mais il répondait bien au goût d'une société qui faisait de l'*Astrée* sa lecture préférée.

L'œuvre est difficile à dater. Sa liberté, mais aussi son élégance, la grâce que le pinceau confère à un tableau qui pourrait être simplement graveleux, les grandes courbes qui scandent si heureusement l'instant du réveil, tout cela suggère une date un peu plus tardive que les *Danaé*. Mais point trop lointaine non plus. Peut-être peut-on songer à un effort de Blanchard, peu après son arrivée à Paris, vers 1630-1631, pour montrer aux amateurs de la capitale son talent dans la peinture des « femmes nues ». Un tel tableau ne pouvait que le désigner pour peindre des galeries mythologiques comme celle de Le Barbier.

Après avoir été accablée de soupçons méprisants par Fontaine et Dimier (peut-être choqués par l'extrême sensualité de l'œuvre?) et avoir suscité des polémiques qui eurent l'heureux effet de reporter l'attention sur Blanchard, cette toile est sans doute aujourd'hui la plus admirée. À bon droit. Elle apparaît comme le lien nécessaire entre les nudités du Primatice (*cf.* fig. 1) et celles de Boucher et d'Ingres, entre la célébration de la chair féminine par Ronsard et l'*Après-midi d'un faune* de Mallarmé. Avec une évidence plus forte sans doute que l'audace des autres toiles, elle oblige à repenser le problème du goût pour la couleur au cours du XVIIe siècle, du rôle exact de Rubens et des Italiens, de la fameuse Querelle du coloris des années soixante-dix...

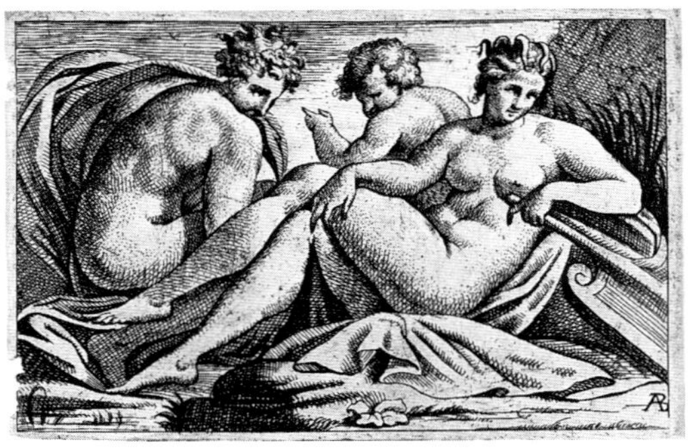

Fig. 1
Le Primatice, panneau d'une embrasure des croisées de la *Salle de bal* à Fontainebleau, gravé par Alexandre Betou (R.-D. 19). Paris, coll. part.

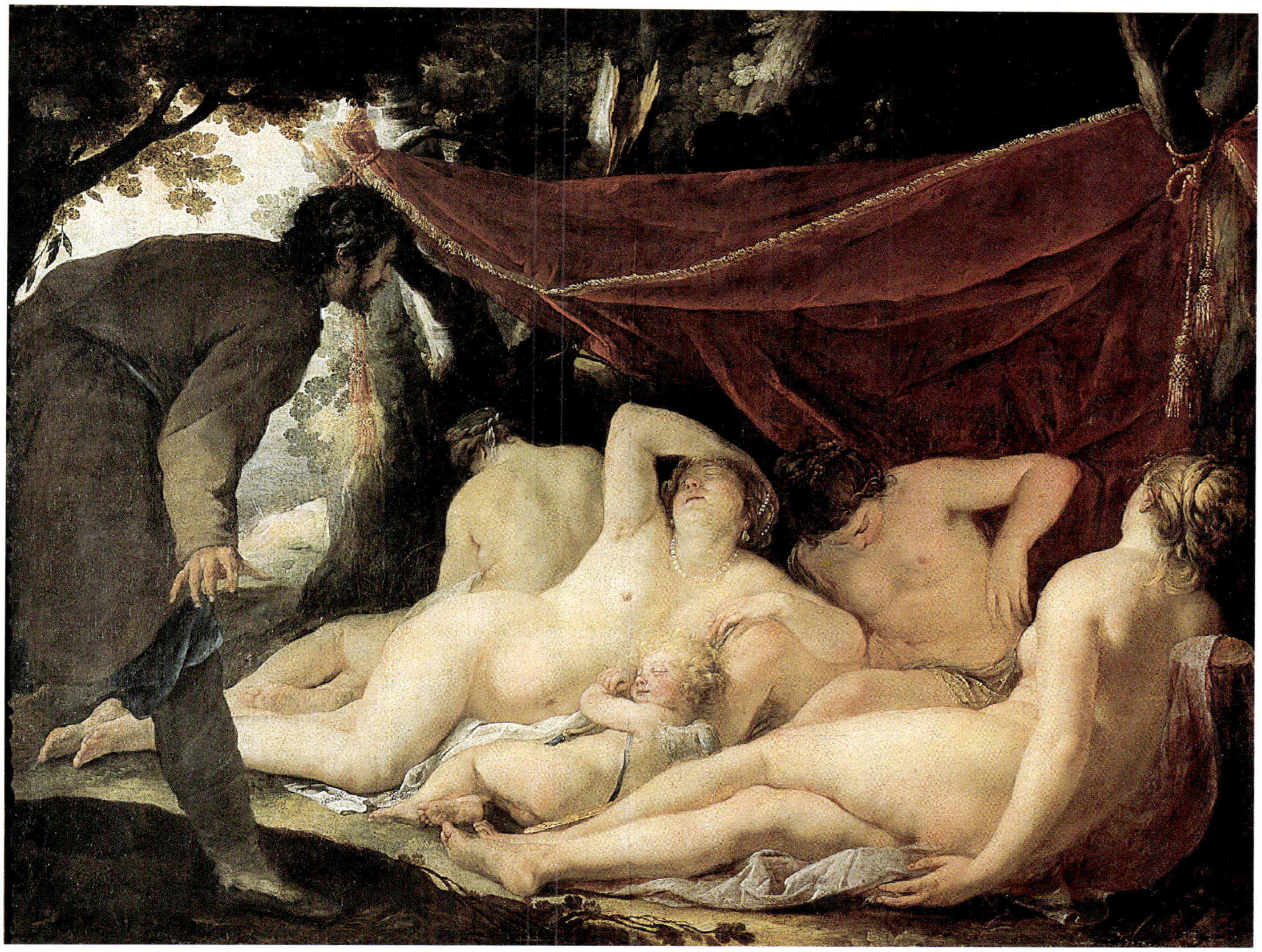

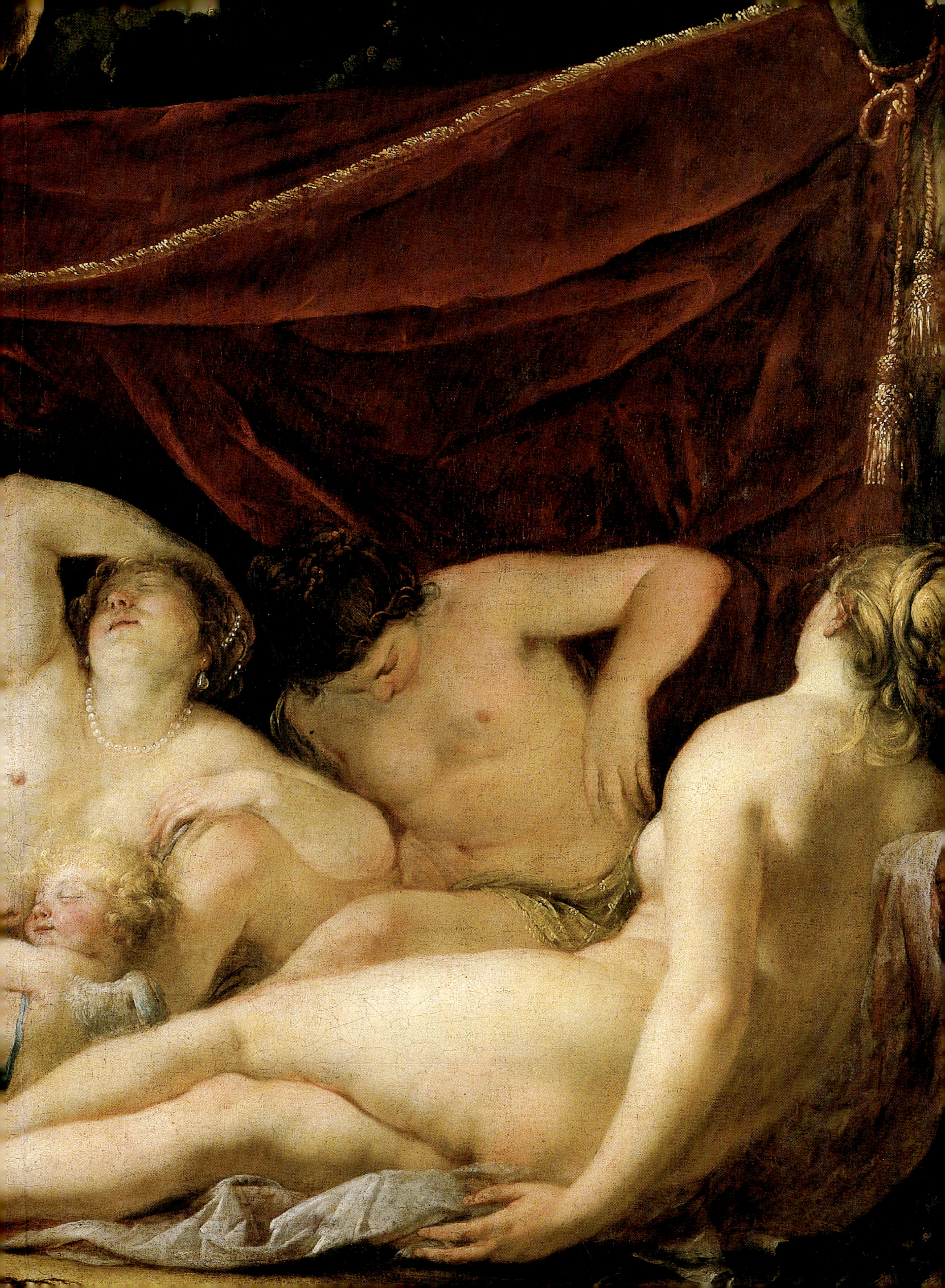

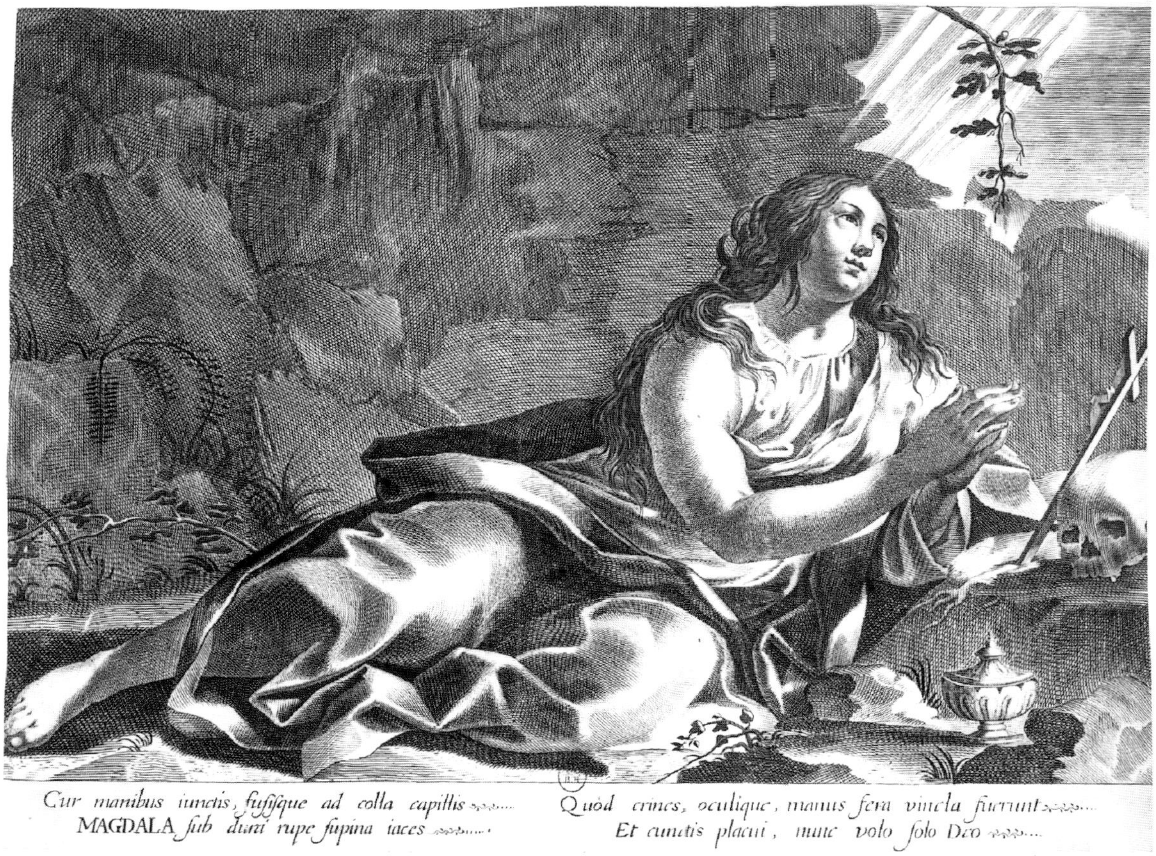

43. La Madeleine en prières

I. TABLEAU, perdu.

II. GRAVURE au burin
Anonyme.
0,278 x 0,365 m.
En bas, dans la marge, sur deux lignes, le quatrain latin :
Cur manibus junctis, fusisque ad colla capillis,
MAGDALA sub dura rupe supina iaces
Quod crines, oculique, manus fera vincla fuerunt
Et cunctis placui, nunc volo solo Deo
[Pourquoi donc, les mains jointes et les cheveux épars sur le cou,
Ô Madeleine, gis-tu sous un âpre rocher ?
C'est parce que ces cheveux, ces yeux, ces mains furent autant de liens cruels,
Et j'ai plu à tous ; à présent je ne veux plaire qu'à Dieu seul]

BIBL.
Inédit

L'anonymat de cette gravure, et sa qualité très moyenne, ont fait oublier jusqu'à son existence. Charles Sterling n'en parle pas. C'est pourtant le souvenir d'une œuvre importante de Blanchard. La puissance des formes, le décor assez rudimentaire de la grotte, semblent suggérer une date proche de la *Suzanne et les vieillards*, soit vers 1630-1631.

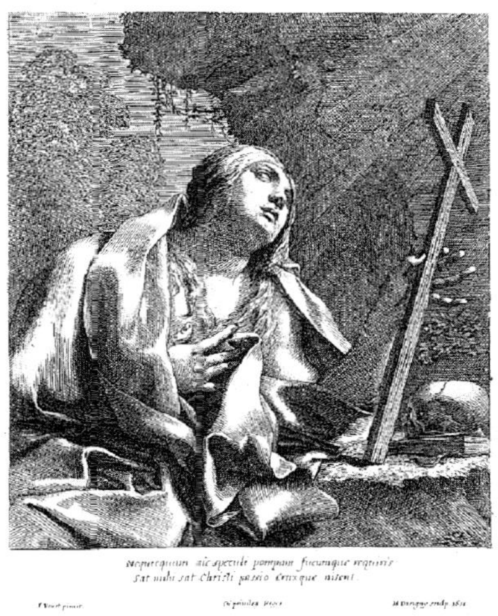

Fig. 1
Simon Vouet,
La Madeleine en prières
(vers 1634 ?), gravée par
Michel Dorigny en 1651.
Paris, coll. part.

44. La Madeleine repentante en méditation

H.t. ; 0,825 x 0,88 m.
France, collection particulière.

HIST.
Ca. 1996, acquis dans le commerce d'art parisien par le présent propriétaire.

BIBL.
Inédit

La toile a certainement été coupée dans sa largeur : la Madeleine devait être représentée en entier, telle qu'elle figure dans les diverses gravures qui la montrent étendue dans sa grotte. En dépit de cette mutilation regrettable, l'œuvre offre tous les caractères de l'authenticité et garde tout son pouvoir d'émotion.

Nous n'avons trouvé aucun document qui se rapporte à elle avec quelque certitude. Malgré sa sobriété, nous croyons qu'il faut songer à une date proche de 1631.

On notera que cette *Madeleine* doit avoir été peinte à peu près dans le même temps que la célèbre *Madeleine* du Guide (Rome, Galerie Corsini), proche de pose et d'expression, mais représentée assise, et que Stephen Pepper situe vers 1631-1633. La confrontation souligne tout le lyrisme brillant du Bolonais, et par contraste la gravité sensuelle de Blanchard.

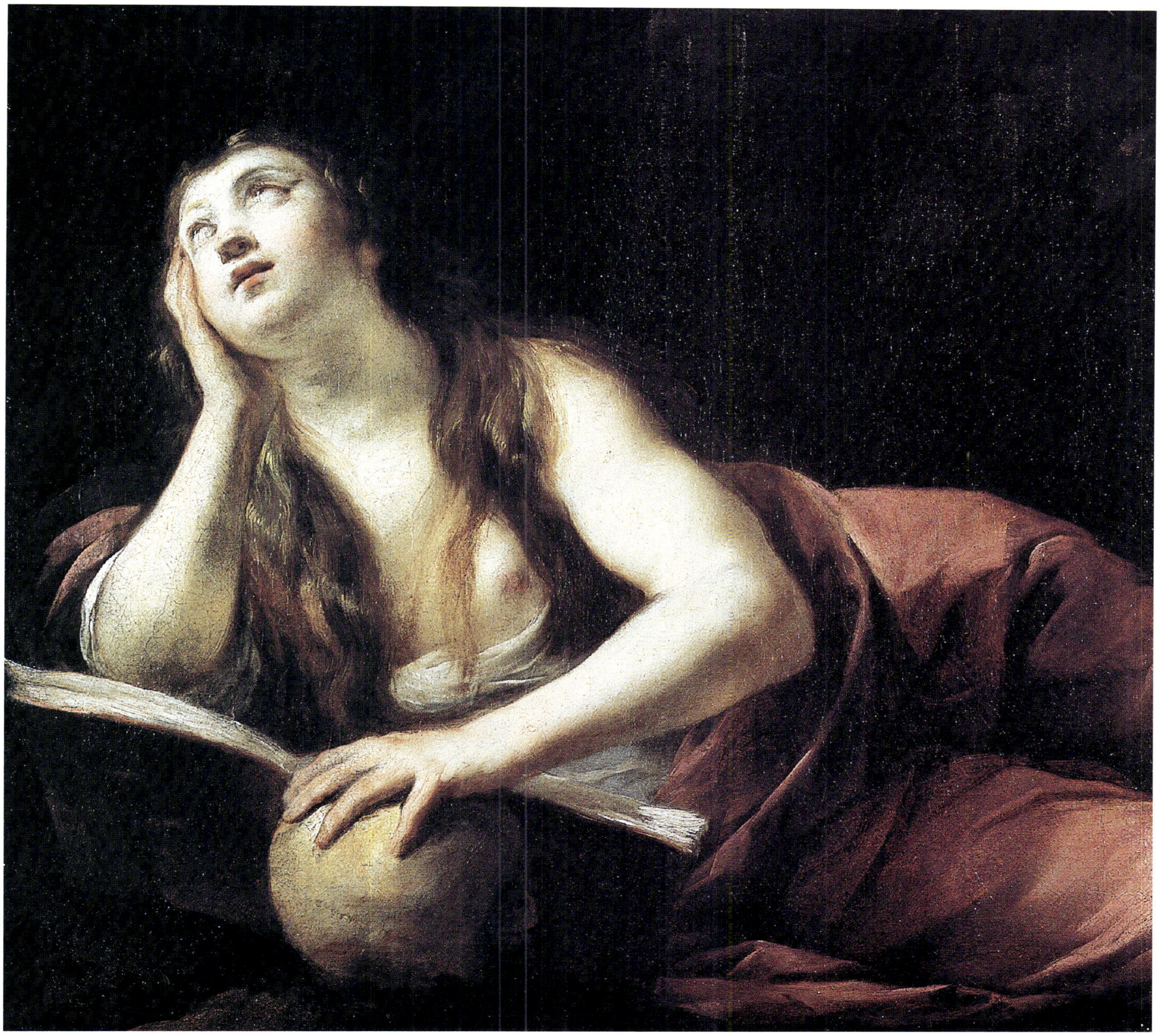

45. Portrait d'homme, 1631.

H.t. ; 0,73 x 0,59 m.
Inscription : *A° 1631 Aet. 27.*
Detroit, The Detroit Institute of Arts, Inv. N° 5915.

HIST.
1959 : donné à l'Institute par John S. Newberry en souvenir de sa mère Edith Stanton Newberry ; le tableau aurait été acquis par lui avant 1937 de Colin Agnew à Londres.

EXP.
1937, Detroit, n° 30 ; 1939, New York, n° 13 (collection Colin Agnew ; 1941, Detroit, n° 2 (prêt de Mrs. John S. Newberry, Detroit) ; 1946, New York, n° 2 (*idem* ; reproduction erronée) ; 1949, Detroit, n° 1 ; 1951, Pittsburgh, n° 50, reprod. (prêt de Mrs. John S. Newberry) ; 1964-1965, Detroit, p. 14 ; 1965, Detroit, p. 91 ; 1969-1970, Jacksonville-St Petersburg, n° 12, reprod. ; 1982, Paris-New York-Chicago, n° 3, reprod. p. 189.

BIBL.
1937, Valentiner, p. 100-102, reprod. p. 100 ; 1953, Blunt, p. 215, note 126 (coll. Mrs. John S. Newberry, Detroit) ; 1960, Payne, p. 84-85, reprod. ; 1961, *Gazette des Beaux-Arts*, « La Chronique des arts », février, p. 26, fig. 90 ; 1961, Sterling, p. 88, reprod. [Cat. n° 31] ; 1965, Sterling, p. 181, note 2 ; 1975, Rosenberg, p. 22, n° 31 ; 1985, Wright, p. 144 (attribution).

COPIE
Pierre Rosenberg a signalé (1975, p. 222 ; 1982, p. 223) qu'un exemplaire de ce portrait, un peu plus petit (h.t. ; 0,60 x 0,535 m) et autrefois attribué à Dujardin, était passé en vente, à Vienne, en 1973 (Dorotheum, 18 septembre 1973, n° 9, reprod. pl. X : « Jacques Blanchard ; verkleinerte Replik »).

Ce portrait est daté de 1631 et le costume comme la coiffure ne semblent pas en contradiction avec la mode parisienne. La paternité de Blanchard n'est donc pas impossible. D'autre part on nous affirme que celui-ci excellait dans le portrait et qu'il en avait peint de fort beaux à Lyon. Or en 1631 la peinture parisienne de portrait, qui ne semble pas avoir été profondément bouleversée par le retour de Vouet à la fin de 1627, n'a pas encore commencé l'évolution brillante qui conduira aux chefs-d'œuvre de Champaigne, Bourdon ou Lefebvre.

Reste que pour connaître l'art de Blanchard portraitiste nous ne disposons que d'un point à peu près sûr : la gravure de l'*Autoportrait*, qu'on peut dater vers 1633-1634. C'est bien peu qu'une estampe, et l'autoportrait est un genre particulier, qui souvent tranche avec le reste de la production. Disons d'emblée qu'à notre sens, en dépit des affinités qu'ont cru sentir bien des auteurs, cet *Autoportrait* nous paraît d'une conception entièrement différente. La recherche d'élégance, l'animation que le peintre obtient par l'inclinaison de la tête, par le regard détourné du spectateur, par les détails complexes du costume, l'effort pour faire oublier la particularité des traits et de la psychologie, tout conduit vers la formule mondaine qui est celle de Van Dyck et qui va s'affirmer en France au cours du siècle. Au contraire, dans le portrait de Detroit, l'extrême simplicité de la présentation, l'expression boudeuse, les yeux sombres fixés droit sur celui qui regarde le tableau, tout désigne un parti bien plus tradionnel.

Ce ne saurait donc être cette comparaison qui permette d'attribuer le portrait de Detroit à Blanchard ; et l'on doit même convenir que jusqu'à la découverte d'un autre portrait de ce type dûment signé le doute subsistera. Cependant nous croyons pouvoir, au moins provisoirement, conserver ce nom. La simplicité des masses s'accorde parfaitement avec l'art de Blanchard. La douceur du clair-obscur, la fluidité du modelé, dans le visage comme dans le drapé du manteau, rachetée par quelques touches en rehaut dans la dentelle et les galons, la manière à la fois souple, précise et large de traiter la chevelure : autant de traits qui paraissent désigner sa main.

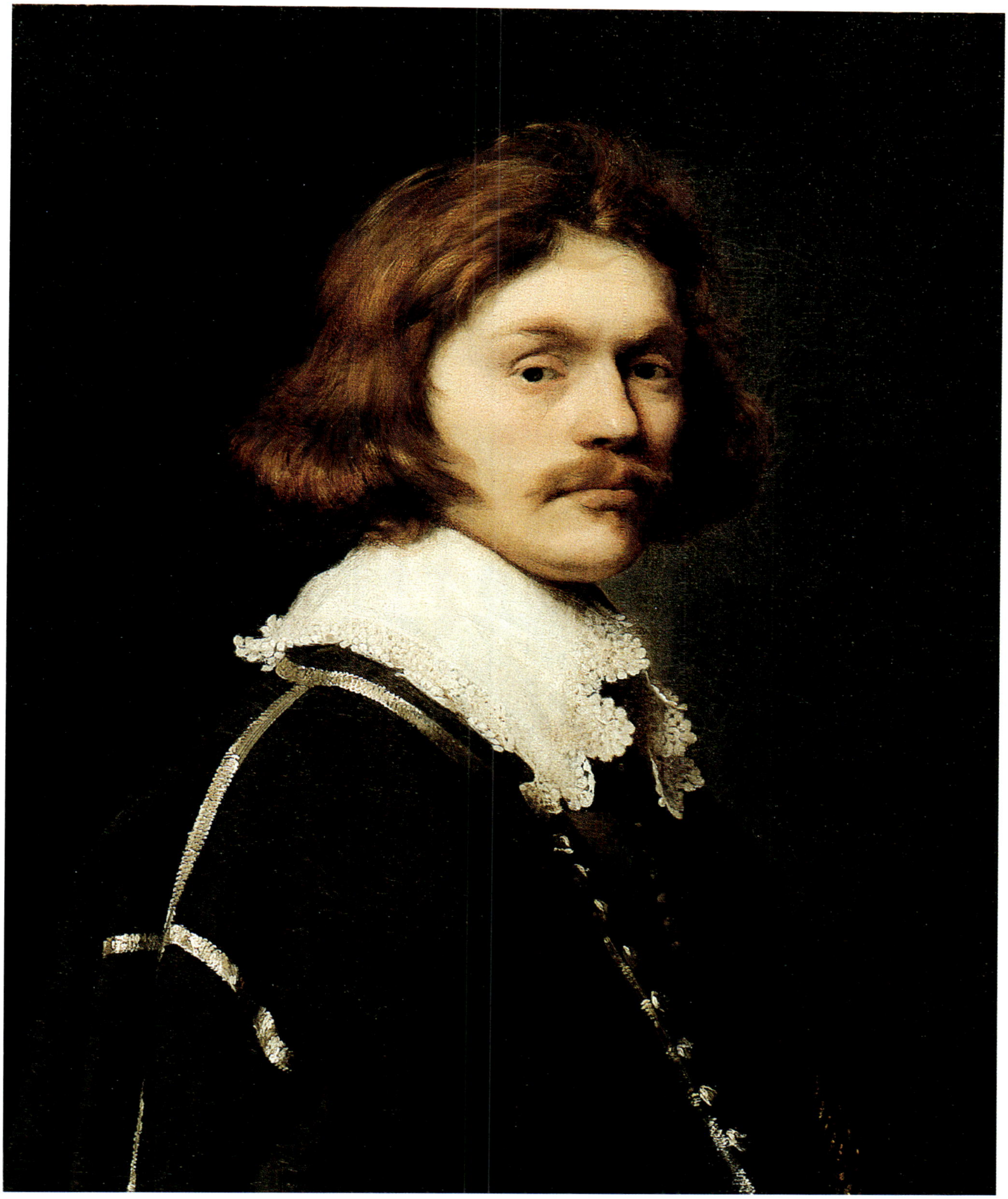

III
1631 – 1634
Le temps des grands décors

Vers la fin de 1631 ou le début de 1632, Blanchard commence une carrière de grand décorateur. Au moins n'avons-nous rencontré jusqu'ici dans les textes ou les archives qui le concernent aucune trace antérieure de participation à quelque chantier, tant parisien que provincial. Les « histoires » et tableaux à multiples personnages semblent avoir été assez contraires à son tempérament, même s'il est capable de s'y risquer (l'*Assomption* de Cognac, la *Pentecôte* de Notre-Dame). Peut-être aussi gardait-il mauvais souvenir de son expérience malheureuse à Venise où « *un de ces Messieurs l'(avait) mal payé de son travail, après l'avoir occupé fort longtemps à peindre son Palais à la campagne* » (Perrault, 1700, p. 93).

Et cependant, au cours des années 1632, 1633 et 1634 on le trouve constamment accaparé par d'importants ensembles décoratifs. D'abord au service d'un des hommes d'affaires parisiens les plus en vue à ce moment, Louis Le Barbier, qui recourt à son pinceau pour orner son hôtel, sa chapelle des Augustins et jusqu'à ses fameux jardins (1632-1633) ; puis d'octobre jusqu'à la fin de décembre 1634, au service du fastueux surintendant des finances, Claude de Bullion, pour qui il réalise ce qui fut l'une des galeries les plus admirées de Paris.

Nul doute que cette expérience n'ait profondément affecté l'art de Blanchard. Le grand décor l'obligeait à se surpasser, et en même temps il lui imposait un pinceau rapide, des effets d'ensemble. Il exigeait une incessante variété d'invention – même si le peintre des *Danaé* et des *Charité* profite des plafonds à caissons étroits et des lambris à compartiments séparés, encore de mode à ce moment, pour conserver presque toujours des compositions à deux ou trois personnages sans plus. En revanche, il trouvait sur ces murs quantité de prétextes pour donner libre cours à son goût des belles nudités mythologiques.

À cet ensemble de décors il faut ajouter une grande commande, celle du *May* de Notre-Dame de 1634, qui dut l'occuper durant le début de cette année (à tout le moins). Ce n'est guère que de mai à la fin de septembre 1634 que Blanchard eut quelque liberté lui permettant de se consacrer aux tableaux pour amateurs. Il ne laissa pas d'en peindre quelques-uns au long de ces trois années, et la date de 1633 retrouvée sur la *Charité* du Louvre suffit à le prouver. Mais peu. On aurait tort, croyons-nous, d'en glisser un trop grand nombre dans cette période. Et comme les décors ont tous disparu sans être gravés, on suit assez mal le développement de son style.

46. Décor de la galerie de l'hôtel Le Barbier

Décor détruit

HIST.
1685 : mentionné par André Félibien, *éd. cit.*, p. 180 : « *(Blanchard) peignit pour le sieur Barbier une petite gallerie dans la maison qui appartient aujourd'huy au Président Perrault* ». Le fait est confirmé par Brice (1687) et Charles Perrault (1700, p. 94), etc., mais aucun acte d'archives n'a encore pu être retrouvé.
1762 : dans la seconde édition de son *Abrégé*, p. 53, Dézallier d'Argenville déclare que la galerie « *a été coupée en une salle et un salon boisés* » et que la plupart des peintures ont été enlevées. Il précise pourtant que « *parmi les menuiseries on voyoit vingt-un morceaux* », et il en donne une liste, qui en fait en contient vingt-trois.

BIBL. SOMMAIRE
1685, Félibien, p. 180 ; 1687, Brice, p. 246 ; 1700, Perrault, p. 94 ; 1762, Dézallier d'Argenville, p. 53 ; 1978, Thuillier, p. 83-84, 88.

Louis Le Barbier, qui à l'époque porte les titres de Conseiller secrétaire du Roi et maître d'hôtel ordinaire de Sa Majesté, était l'un des hommes d'affaires les plus actifs de Paris. Tallemant des Réaux écrivait : « *(il) vint à Paris avec des sabbots et y fit fortune* », puis « *mourut insolvable* ». Cette fortune, un temps l'une des plus considérables de la capitale, lui venait des fermes et de la spéculation immobilière, notamment sur les grands lotissements de la rive gauche et les travaux du Pont Rouge.

On ne s'étonne pas que ce financier ait voulu s'offrir une demeure somptueuse, sur le lieu même de ses principales activités. L'hôtel Le Barbier, qui devait par la suite passer aux mains du Président Perrault, puis de la duchesse de Portsmouth, avait été édifié sur le quai des Théatins à partir de 1622, et le terrain agrandi jusqu'à la rue de Bourbon par acte du 16 juin 1625. Après l'avoir loué un temps au Président Jean Tambonneau, Le Barbier vint l'habiter personnellement vers le milieu de 1629, et, sa fortune croissant, l'agrandit d'une aile en 1631. Dans l'inventaire établi après la mort de sa femme, en 1641, il figure pour « plus de cent mille livres » ; à sa propre mort, il fut en effet acheté cent cinq mille livres. Il existe encore, 11-13 quai Malaquais, mais privé de ses décors et de son environnement.

Les documents d'archives qui concernent cet hôtel Le Barbier et plus généralement les biens de Louis Le Barbier sont nombreux ; mais nous n'avons pas trouvé d'actes relatifs à la galerie. C'est pourtant la seule pièce que mentionnent les auteurs anciens, Félibien en premier. Or on ne peut imaginer une confusion entre galerie et grand cabinet : passée au Président Perrault, cette belle demeure était accessible et connue de l'élite parisienne.

Il faut donc se reporter à la seule description que nous possédions, celle – relativement tardive – que Dézallier d'Argenville a introduite dans l'édition révisée de son *Abrégé*, en 1762. Elle suggère une galerie de petites dimensions, non voûtée, avec un plafond à solives sobrement décoré, et en revanche des murs animés par 14 compositions mythologiques. Le plafond aurait offert seulement un rond central, montrant *Diane sur son char*, et 8 cartouches contenant chacun un enfant. Soulignons que Le Barbier, pour le Grand Cabinet, réclamera également, sans doute par souci d'unité, qu'« *aux petits cadres [du] plafonds [soient] faicts des petits enfans* ».

Sur les murs se trouvaient 8 tableaux « *de même grandeur et presque quarrés* » et « *6 autres [tableaux] de même grandeur [mais] en hauteur* ». Rien ne nous permet de juger s'ils alternaient sur les parois ou se faisaient vis-à-vis.

La liste donnée par Dézallier s'établit ainsi :

A. tableaux « presque carrés » :

1. *Jupiter et Sémélé*
2. *Vénus en Satyre et l'Amour avec brandon* (*sic*; doit-on lire Vénus, *un* Satyre et l'Amour, et songer, par exemple, à un Jupiter et Antiope ?)
3. *Vertumne et Pomone*
4. *Renaud et Armide*
5. *Jupiter et Ganymède*
6. *Vénus et Adonis*
7. *Borée et Orithie*
8. *Vénus qui commande à Vulcain des armes pour son fils*

B. tableaux en hauteur :

9. *Apollon et Daphné*
10. *Léda et le cygne*
11. *Vénus et Adonis*
12. *Angélique et Médor*
13. *L'Enlèvement d'Europe*
14. *Diane et Endymion*

Ces titres n'inspirent pas tous une pleine confiance : Dézallier (et beaucoup de ses contemporains) sont peu attentifs à l'iconographie. Il semble clair que la galerie illustrait les amours des dieux. On est surpris de voir s'introduire un *Renaud et Armide* et un *Angélique et Médor*, avec deux *Vénus et Adonis* : dans ces quatre cas il s'agit de couples de jeunes amoureux, et l'interprétation est allée au plus simple. Quelques détails érudits devaient au contraire permettre de reconnaître des épisodes mythologiques moins courants : Apollon et Coronis, etc. De même, pour la seconde composition, nous imaginerions plutôt un *Jupiter et Antiope*, et pour la huitième, *Thétis* plutôt que Vénus...

Contrairement au parti qui sera choisi pour la future galerie de l'hôtel Bullion, mais conformément à l'habitude parisienne, les tableaux étaient peints à l'huile sur toile et pris dans des lambris de « menuiserie ». Dézallier mentionne que de son temps « *la plûpart de ces morceaux ont été enlevés* » : il y a donc chance qu'ils n'aient pas été détruits. Mais jusqu'ici deux compositions seules peuvent être rapprochées de la liste de Dézallier. Une *Thétis dans la forge de Vulcain* a été gravée par Daret, et on en rencontre un exemplaire mesurant environ 1,10 m sur 0,90 m dans une vente parisienne, le 1er mars 1781 (voir *infra*, n° 48) : il pourrait s'agir du tableau mentionné sous le nom de *Vénus qui commande à Vulcain des armes pour son fils*. D'autre part un *Diane et Endymion* mesurant 1,425 m sur 0,835 m, réapparu sur le marché d'art viennois et entré dans une collection française il y a quelques années, composition déjà connue par une copie dessinée, pourrait de son côté correspondre à l'un des tableaux (voir *infra*, n° 47) en hauteur. Charles Sterling (1961, p. 98, reprod.) voyait dans le dessin la copie du même sujet à la galerie Bullion, ce que semble interdire à la fois la description de Sauval et le style ; la galerie Le Barbier conviendrait mieux. Mais en tout état de cause, il ne saurait s'agir là que de simples hypothèses.

La question essentielle est la date de cette grande entreprise, qui certainement décida de la carrière parisienne de Blanchard. Félibien la place expressément avant la galerie Bullion, peinte à la fin de 1634, et il la mentionne aussitôt après le *Saint Jean à Patmos* et l'*Assomption* de Cognac, datée de 1629. D'autre part les documents nous montrent Blanchard en relations constantes et apparemment confiantes avec Le Barbier depuis au moins le milieu de 1632 (commande de 900 livres de tableaux qui sont remis en novembre et décembre) juqu'en mars 1634 (fin de la décoration du grand cabinet du bord de l'eau). Le décor de l'hôtel Bullion, à partir d'octobre 1634, marque le début d'un autre mécénat.

Blanchard, qui en 1622-1623 avait vu son maître et ami Horace Le Blanc appelé de Lyon à Paris pour travailler au château de Grosbois, ne pouvait guère refuser d'entreprendre l'un de ces grands décors de galerie qui faisaient la réputation d'un peintre et qui, durant ces années, établissaient la préséance de Vouet (1630-1631, galerie du château de Chilly pour le maréchal d'Effiat; 1631, galerie du château de Chessy pour le surintendant aux bâtiments, le Président de Fourcy). D'autre part le premier souci des grands personnages désireux de marquer leur rang par une demeure « noble » était d'y installer une galerie, laquelle ne prenait son sens que par un décor peint. Presque toujours ce décor accompagne celui de l'appartement privé, ou du moins précède les autres aménagements : chapelle, jardin, etc. Le Barbier était venu habiter l'hôtel au cours de 1629. Il fit construire l'aile occidentale en 1631. Ces diverses considérations conduisent toutes à la date de 1631 – début 1632. Il s'agirait de la première grande tâche confiée à Blanchard par le grand homme d'affaires, et d'une réalisation qui suit de fort près celles de Vouet – avec moins d'éclat sans doute, mais au cœur même de Paris et non dans quelque château des environs.

47. Diane et Endymion

TABLEAU
H.t.; 1,425 x 0,835 m.
France, collection particulière.

HIST.
1975, 17-18 juin : passé en vente à Vienne, au Dorotheum, sous le n° 14 (reproduit en couleurs au catalogue), sans provenance précise. Acquis par un amateur français.

EXP.
Jamais exposé.

BIBL.
Jamais publié.

COPIE DESSINÉE, DR 1 (fig. 1)
Pierre noire avec rehauts de blanc sur papier gris; 0,393 x 0,220 m.
À gauche, en bas, annotation : *Blanchart.*
Paris, Musée du Louvre, Cabinet des dessins, Inv. 23775.

HIST.
Entré au Louvre avec la collection Saint-Morys lors des saisies des biens des émigrés.

BIBL.
1961, Sterling, p. 98, reprod. (dessin).

L'œuvre est nettement liée à la première production parisienne de Blanchard. La composition très resserrée, le parti décoratif des draperies font songer à un tableau inséré dans les lambris d'un cabinet ou d'une galerie. Blanchard avait traité ce sujet à la galerie de l'hôtel Le Barbier, justement dans une composition en hauteur (voir *supra*), et tout donne à penser que nous avons là un débris du décor, lequel ne fut dispersé qu'au cours du XVIIIe siècle. Sa réapparition relativement récente permet d'espérer que resurgissent un jour quelques-unes au moins des 14 toiles mythologiques...

En dépit de quelques variantes insignifiantes, le dessin du Louvre ne peut passer que pour copie d'après la peinture : le trait est mou, les formes lourdes, l'effet de nocturne entièrement manqué. Du moins indique-t-il que le format du tableau retrouvé n'a pas été modifié : au plus peut-il manquer quelques centimètres en haut et en bas. Si notre hypothèse est exacte, l'hôtel Le Barbier ne comportait donc qu'une « *petite galerie* » (Félibien, 1685) où les lambris avaient une place prépondérante, et

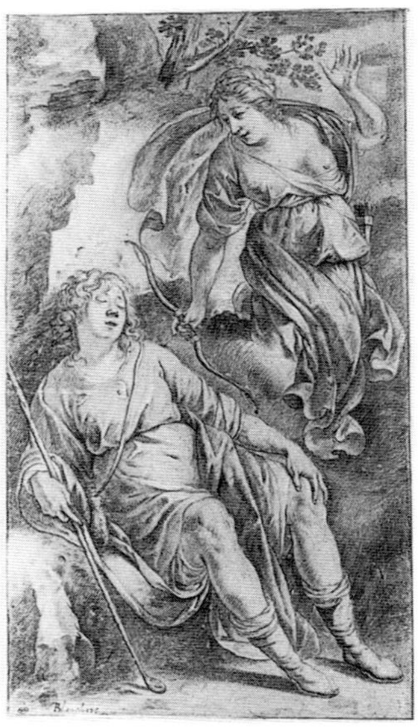
Fig. 1

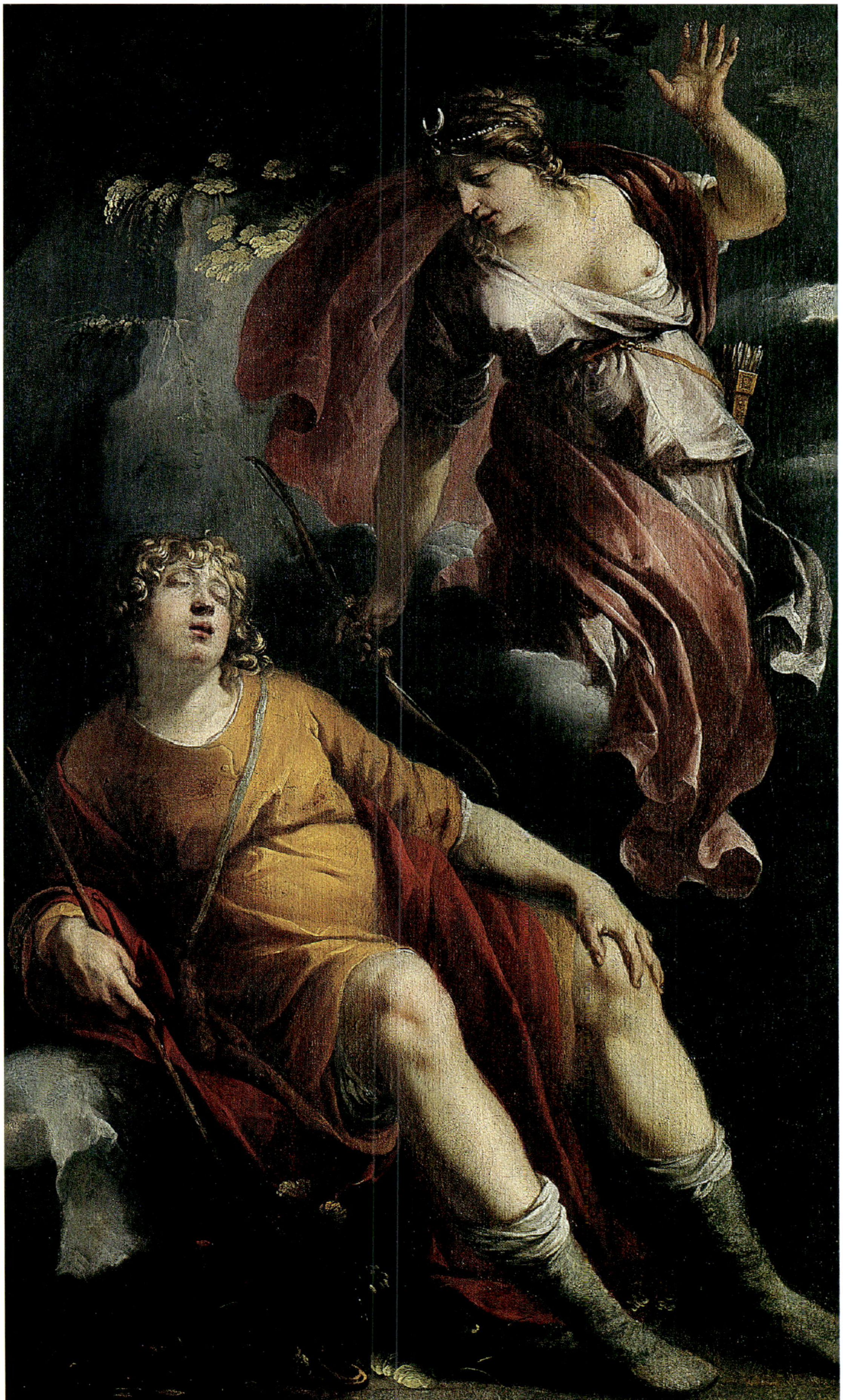

où les six tableaux « en hauteur » n'atteignaient au plus qu'un mètre et demi.

La toile réapparue à Vienne (comme bon nombre d'œuvres du XVIIe siècle français passées en Autriche en raison des alliances entre familles nobles des deux pays), bien conservée, offre une sûreté de facture qui ne permet pas de douter de sa qualité d'original. Son sentiment poétique, qui mêle à une inspiration raffinée une sorte de lourdeur encore réaliste, ne doit pas être comparé à l'art parisien des années 1645-1655, tout de grâce fine et déliée ; il faut, pour en sentir l'originalité, en rapprocher le Claude Vignon des alentours de 1630, le Simon Vouet du cycle de l'*Histoire de Renaud et Armide* peint pour le château de Chessy vers 1631 (éléments conservés et remontés, Paris, coll. part.). Une comparaison avec l'épisode d'*Armide découvrant Renaud endormi*, par exemple, soulignerait les affinités des deux artistes. Mais aussi ce qui peut les séparer. Soucieux toujours de coloris, Blanchard a profité du sujet pour traiter le tableau dans une gamme argentée, que ne vient briser aucune tache trop vive, et dont on trouverait peu d'exemples dans la peinture parisienne du temps.

48. Thétis dans la forge de Vulcain

I. TABLEAU,
Original perdu?
H.t. ; *ca.* 1,10 x 0,89 m.

HIST.
Vendu à Paris en 1781 ; disparu depuis. *Cf. Catalogue d'une collection de tableaux de trois écoles... du Cabinet de M. P***, jeudi 1er mars 1781* ; p. 20. *Jacques Blanchard. « 71. Thétis, déesse de la mer, commande à Vulcain des armes divines pour Achille. Elle est vêtue de couleur d'or & d'azur ; Vulcain, avec une draperie couleur de feu, est occupé à battre sur l'enclume une lame de métal étincelante ; un Cyclope est occupé à la forge ; de belles armures sur le devant. Ce tableau est peint sur T. & porte 3 pieds 4 pouc. 6 lig. de h. sur 2 pieds 9 pouc. 2 l. Il a été anciennement gravé par Daret ».*

COPIES
1. 1964, 13 mai, vente hôtel Drouot, salle I, « École française vers 1700 », n° 98 (1,34 x 0,83 m.). Cf. 1975, Rosenberg, p. 222.
2. 1970, en vente à Bruxelles (0,76 x 0,65 m). Sans doute le même exemplaire que celui qui passe en vente à Christie's Monaco le 20 juin 1992 (n° 79, *Vénus demandant des armes pour Achille dans la forge de Vulcain* ; (fig. 1) et qui est dit provenir d'une collection privée de Lille (1823).

3. Des copies plus ou moins grossières apparaissent souvent dans les ventes sous des attributions diverses : ainsi le 13 décembre 1989 à Paris (« Suiveur des frères Le Nain, *Vénus dans la forge de Vulcain* », bois, 0,25 x 0,22 m.) ; le 13 septembre 1990 chez Christie's (« Manner of Polidoro Caldara, *Vénus at the Forge of Vulcan* », h.t., 0,546 x 0,737 m, grisaille) ; *etc.*

À ces copies il convient d'ajouter une très belle statuette de marbre, où le sculpteur – peut-être un contemporain, voire un ami de Blanchard – s'est directement inspiré de la figure de Thétis (Fig. 2).

II. GRAVURE, par Pierre Daret.
Burin ; 0,275 x 0,198 m.
En bas, dans la marge : *Vulcanus arma fabricat Achilli, iussu Thetidis.*
Jaq Blanchard In/Daret scul./P. Mariette excu. cum privilegio.

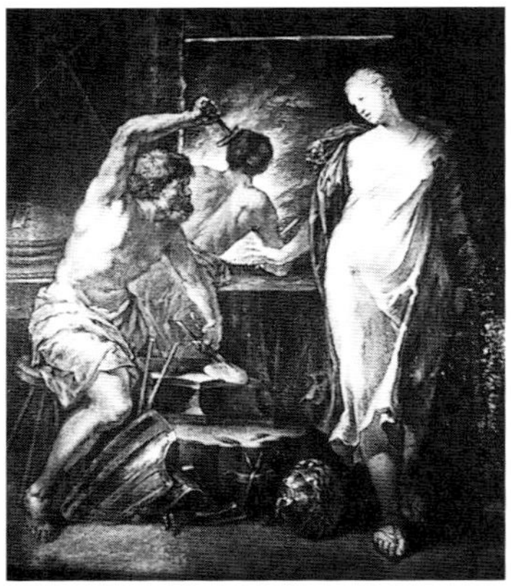

Fig. 1
D'après Blanchard,
Thétis dans la forge de Vulcain,
coll. part.

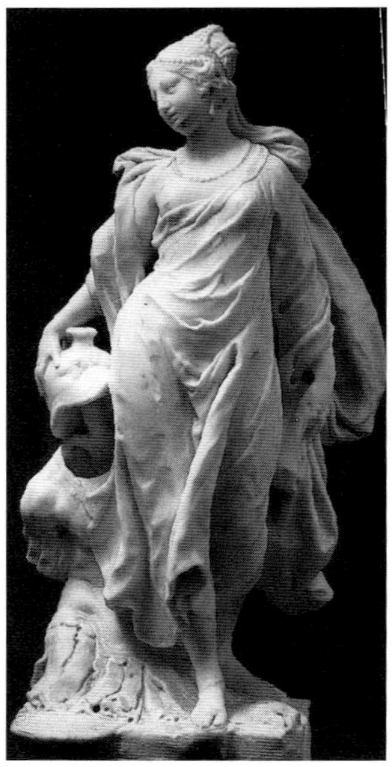

Fig. 2
Anonyme français, XVIIe siècle,
Thétis avec les armes d'Achille,
d'après Blanchard. Marbre
blanc, h. 0,57, l. 0,23, p. 0,20.
Paris, coll. part.

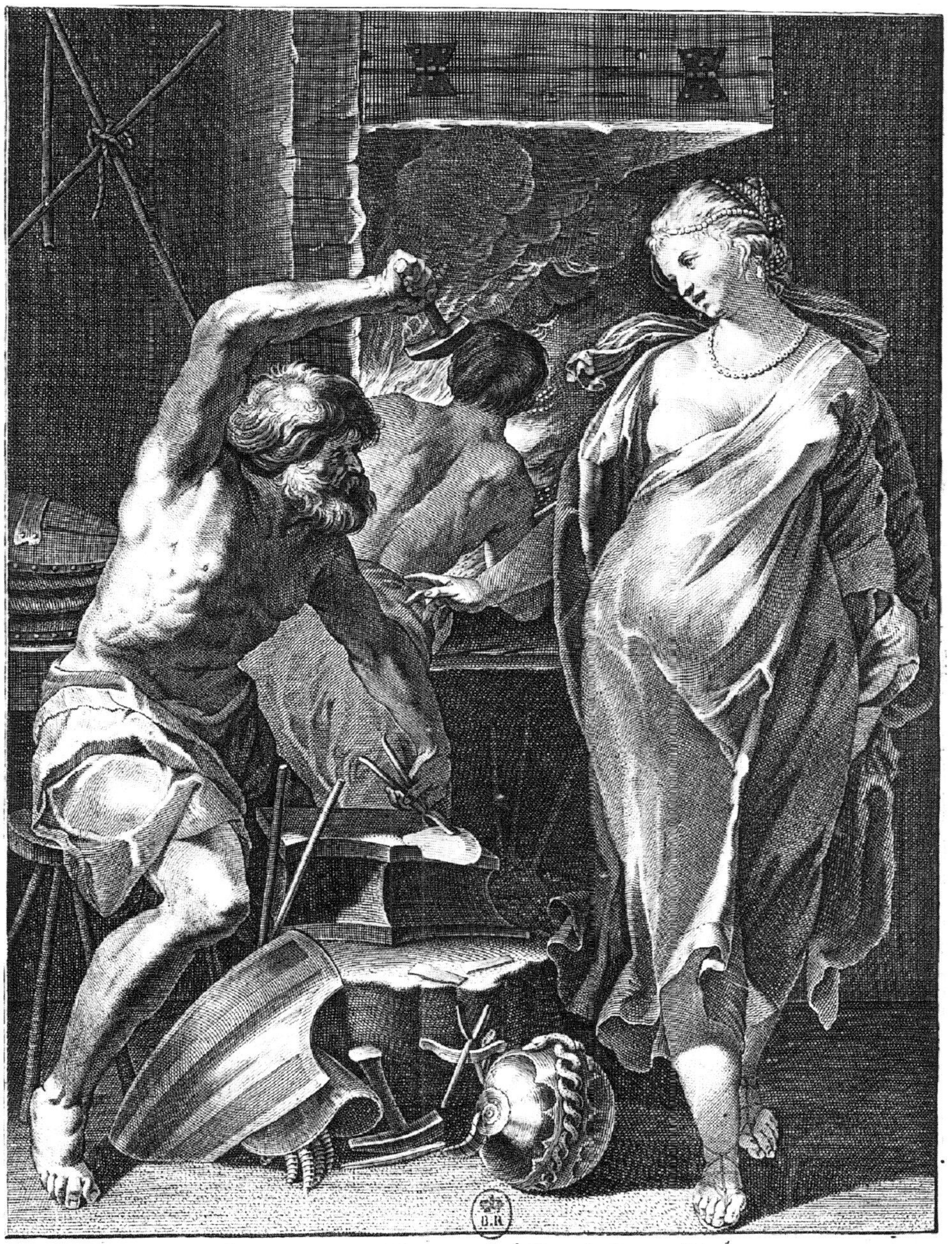

Vulcanus arma fabricat Achilli, iussu Thetidis.

BIBL.
1808, Gault de Saint-Germain, p. 24; 1939, Pierre du Colombier, *Gazette des Beaux-Arts*, I, p. 38, reprod. (gravure); 1958, Thuillier, II, p. 92 et 95, reprod. fig. 30 (gravure); 1961, Sterling, p. 84 [Cat. n° 7], reprod. (gravure).

Gravée par Daret et mainte fois copiée (mais souvent d'après la gravure de Daret...), cette composition fut sans doute l'une des plus admirées de Blanchard durant ses premières années à Paris. L'estampe, de très belle qualité, et les copies peintes permettent de nous en faire quelque idée. Charles Sterling la plaçait vers 1630, et nous croyons qu'il ne faut pas s'éloigner trop de cette date. La pose de Vulcain garde une sorte de maladresse qui n'est pas sans rappeler la gesticulation des Apôtres dans l'*Assomption* de Cognac, datée de 1629. Le drapé collant de Thétis et sa silhouette allongée, son hanchement accentué, sont des souvenirs du Maniérisme qui bientôt disparaissent de l'œuvre; ils renvoient peut-être aux tableaux mythologiques que Blanchard avait exécutés à Turin vers 1628. Un lien direct n'est donc pas exclu avec la galerie de l'hôtel Barbier, où Dézallier signalait une « Vénus qui commande à Vulcain des armes pour son fils » parmi les tableaux de format « presque quarrés ».

49. La Toilette de Vénus

H.t.; 0,622 x 0,511 m.
France, collection particulière.

HIST.
1994 : acquis dans le commerce d'art parisien par l'actuel possesseur.

EXP.
1995, Rennes, n° 2, reprod. couleurs (« Femme à sa toilette ou Madeleine au désert »).

BIBL.
1995, Sylvain Laveissière, notice dans le catalogue de 1995, p. 12.

Cette toile, usée par endroits, est certainement un fragment découpé dans un ensemble plus considérable. Il convient donc de rester prudent sur l'interprétation. On distinguera ici le motif, qui est évidemment celui de la femme au miroir, si fréquent en tous temps, et le sujet, qui paraît mythologique. Nous ne croyons nullement qu'il puisse s'agir d'une Madeleine. La complaisance avec laquelle la femme se regarde dans le miroir, la préciosité avec laquelle elle tresse (et non défait) la longue mèche de cheveux semblent incompatibles avec tout sentiment religieux; le décor d'arbre feuillu ne serait pas moins insolite pour une *Vanitas*. Blanchard a traité tout autrement les diverses *Madeleine repentante* connues par la gravure et celles qui ont récemment réapparu. Nous n'hésitons pas à voir ici une *Toilette de Vénus*, thème fréquent au XVIIe siècle. Sans doute ne peut-on exclure l'idée que, lorsqu'elle était complète, la toile figurait, par exemple, une *Suzanne au bain*, sujet que Blanchard a traité sous une autre forme et dans un style différent (voir n° 32), ou une *Bethsabée*; mais le collier et les pendants de perles, les perles mêlées à la chevelure, semblent nettement désigner Vénus, de même que les fleurs d'églantine placées près de son cou.

Ce problème de l'interprétation iconographique n'est pas, dans ce cas, d'importance secondaire. Il s'agit de l'une des œuvres les plus sensuelles de Blanchard, et il serait regrettable qu'une interprétation faussée vînt en dissimuler l'audace. Au début des années trente, à Paris, la lutte contre les libertins de pensée et de mœurs est en plein développement. Nous ne croyons pas que Blanchard ait voulu heurter de front les dévots, qui accueillaient avec tant de faveur ses toiles religieuses; au contraire, il a conçu avec sévérité ses *Saint Jérôme*, et plus encore la *Pentecôte* de Notre-Dame. Mais d'un autre côté, avec ses *Danaé* ou des toiles comme la *Vénus et les Grâces* du Louvre, il a plus que tout autre affirmé le droit du peintre à évoquer la beauté charnelle et la volupté.

La datation d'un fragment est toujours risquée. On remarquera que le visage est très proche de celui de la *Thétis* gravée par Daret, et que le fil de perles mêlé à la chevelure se retrouve dans l'*Angélique et Médor* de New York. La richesse des détails, la finesse du coloris ne s'opposeraient pas à une datation précoce, vers 1632.

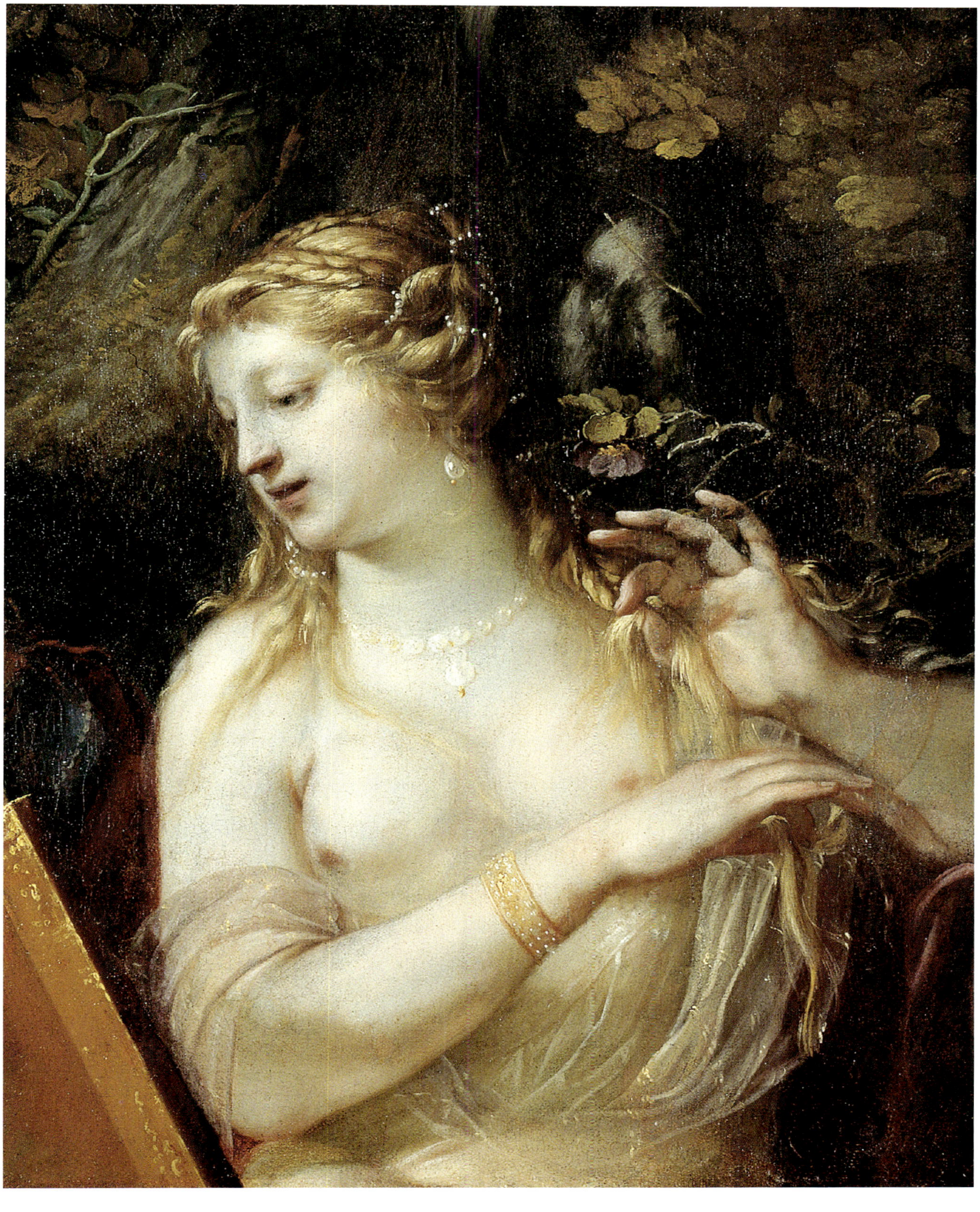

50. Tableaux pour la chapelle Le Barbier aux Augustins réformés, 1632.

Décor perdu.
Aucune description ancienne.

HIST.
1632 : payement à Blanchard, par Louis Le Barbier, de 900 livres, en deux versements (16 novembre et 28 décembre), pour une série de tableaux destinés à sa chapelle des Petits-Augustins. Les quittances sont perdues, mais mentionnées dans l'inventaire des biens de Louis Le Barbier dressé à la suite du décès de sa femme Louise Potier, le 17 août 1641 :
« deux quittances escriptes de suitte l'une et l'autre faictes audit Sr Le Barbier par ledict Blanchard peintre les 16 novembre et 28 décembre 1632, l'une montant à 450 livres et l'autre à pareille somme faisant en tout 900 livres, pour la vente et delivrance de tableaux y mentionnés qui ont été mis en la chapelle dudit Sr Le Barbier en l'église des petits augustins réformés, selon qu'il est contenu par lesdistes deux quittances signées dudit Blanchard ».
(Paris, Archives Nationales, Minutier Central, XXI, 204.)

BIBL.
1978, Thuillier, p. 92.

Il semble que l'un des premiers soucis de Le Barbier, dès que s'amplifia sa fortune et se consolida son ascension sociale, fut d'avoir sa chapelle personnelle. Il choisit tout naturellement l'église des Petits-Augustins fondée par la reine Marguerite, église proche de sa demeure, et au centre même des vastes terrains dits du Pré-aux-Clercs dont il dirigeait le lotissement : soit l'actuelle chapelle de l'École des Beaux-Arts. Par un « *contrat passé par devant Le Roy et Moret notaires audit Châtelet en date du 27 novembre 1631* » il fit « *fondation d'une chapelle en l'église des augustins réformés dudit Saint Germain des Prés, dottée de 50 livres de rente pour la célébration d'une messe tous les dimanches* ». Des travaux de menuiserie furent aussitôt entrepris et menés rondement : le marché, d'un montant de 500 livres, est passé le dernier jour de décembre 1631 ; la quittance date du 24 avril 1632. La commande des peintures dut suivre de près, puisque les quittances de Blanchard datent du 16 novembre et 18 décembre 1632.

Ni les marchés, ni les quittances n'ont pu être retrouvés ; on conserve seulement leur mention dans l'inventaire Le Barbier de 1641. Le détail des travaux, notamment le nombre des tableaux fournis par Blanchard et leur sujet, nous échappe donc. Aucune description ancienne n'a été repérée. La fortune de Louis Le Barbier dura peu. De ses deux filles, élevées dans le plus grand luxe, l'une mourut jeune (elle s'était mis en tête, raconte Tallemant « *que pour estre belle il falloit estre pasle. Pour cela elle mangea tant de citrons qu'elle en mourut* ») ; l'autre, « *brune mais agréable* », épousa un conseiller au Parlement nommé Fenestreaux (« *Cette femme a fait la coquette tout son saoûl, puis la dévote, après le bel esprit* »). « *Madame de Fenestreaux* » fut assez connue dans Paris, et malgré la ruine de son père, conserva « *du bien* ». Mais une fois vendu l'hôtel du quai des Théatins, elle dut se soucier assez peu de la chapelle des Petits-Augustins. Sans doute le décor fut-il assez vite démembré ou remanié. On peut seulement conjecturer qu'il comportait un ensemble de lambris où s'inséraient un tableau d'autel et plusieurs tableaux latéraux, tableaux qui formaient la part propre de Blanchard.

Au début de la Révolution les chapelles latérales des Petits-Augustins ne semblent pas mériter un inventaire détaillé. La visite du 30 septembre 1790, alors qu'aucune confiscation n'a encore eu lieu, se contente de relever, pour l'ensemble de ces chapelles, quelques tableaux anonymes « *foiblement peints* » et huit tableaux de Vignon. Il s'y ajoute toutefois une « *Education de la Vierge, peinte dans l'école de Blanchard* », et surtout « *quatre délicieux tableaux représentant plusieurs passages de la vie de saint Denis, peints par Blanchard* ». On notera que dans la grande « *chapelle des évêques* », inventoriée à part, figure une « *Sainte Geneviève, par Blanchard* » (*cf.* Stein, 1890, p. 78). Y avait-il, parmi ces six tableaux, des débris de la décoration de la chapelle Le Barbier ?

On ignore malheureusement le destin de ces diverses œuvres. Les listes de Lenoir ne mentionnent que la *Sainte Geneviève*, dont on précise qu'elle est représentée « en buste », et une suite de quatre compositions représentant des épisodes de la vie de saint Augustin qui semblent être les « *quatre délicieux tableaux* » considérés en 1790 (à tort ?) comme épisodes de la vie de saint Denis (*cf. infra, Mentions anciennes,* p. 339). On ne retrouve ensuite plus de trace de ces cinq tableaux.

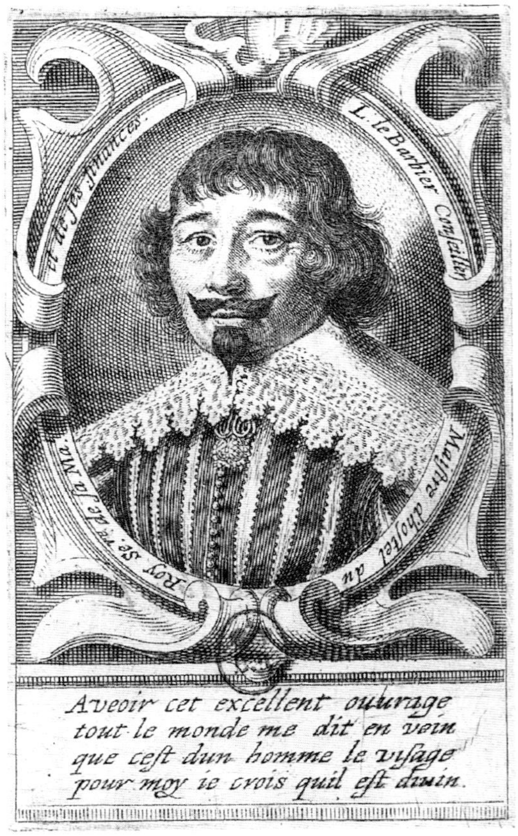

51. Portrait de Louis Le Barbier

I. TABLEAU, perdu (?)

II. GRAVURE anonyme (en fait, de Michel Lasne).
0,108 x 0,065 m.
Autour du portrait :
L. le Barbier Conseiller Maistre d'hostel du Roy
Se (cretai) re de Sa Ma (jesté) et de ses finances
Sur la tablette du bas :
À veoir cet excellent ouvrage
tout le monde me dit en vein
que c'est d'un homme le visage
pour moy je crois qu'il est divin

Les notes de Mariette permettent de donner avec assurance cette gravure anonyme à Michel Lasne (*cf.* IV, 171 ; 188 v°). Lasne fréquentait la société la plus riche, et il était fort capable de dessiner un bon portrait sur le modèle avant de le graver. Mais il semble bien qu'il ait généralement trouvé plus expéditif de copier un portrait déjà peint ou dessiné, sans se soucier pour autant d'en indiquer l'auteur dans la lettre. À plus forte raison quand il ne portait même pas son propre monogramme sur le cuivre. Il y a grand chance qu'ici il reproduise plus ou moins fidèlement un tableau préexistant. Sans doute en réduisant à un simple buste ce qui devait être un tableau à mi-corps.

Or le costume situe le portrait vers le début des années trente : soit le moment où Louis Le Barbier est en relations constantes avec Blanchard. La pose, l'expression calme et pourtant vivante, la part donnée au jeu décoratif de la dentelle et des crevés permettent une attribution à cet artiste. Seule, évidemment, la réapparition ou l'identification du tableau permettraient de confirmer ce qui ne saurait être qu'une hypothèse.

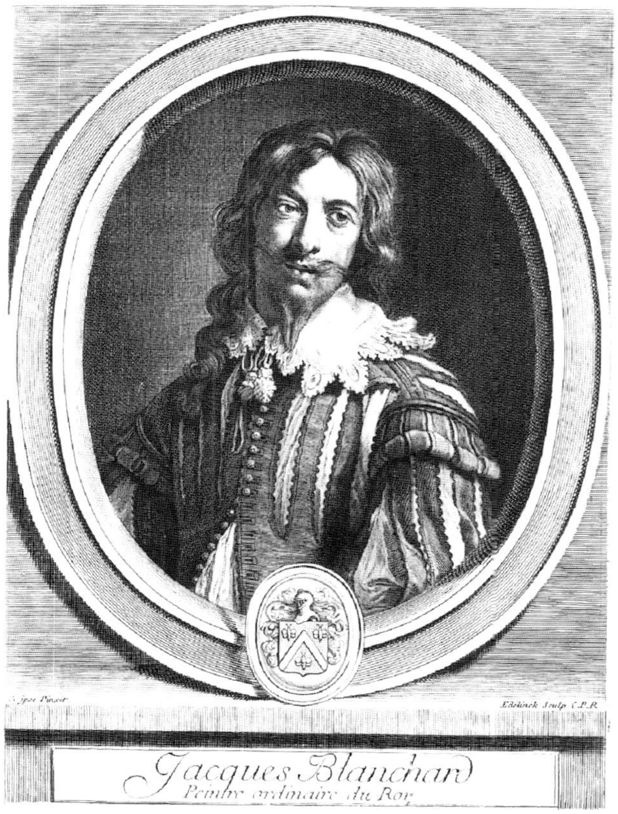

52. Autoportrait

I. TABLEAU, perdu.

II. GRAVURE, par Gérard Edelinck (1640-1707) (Robert-Dumesnil 154).
0,256 x 0,190 m.
En bas : *Jacques Blanchard/Peintre ordinaire du Roy*
Sur le rebord de la tablette de pierre :
à gauche : *se ipse pinxit*
à droite : *Edelinck sculp. C.P.R.*

HIST.
Exécutée pour être placée en frontispice de la notice concernant Blanchard dans le tome II des *Hommes illustres* de Charles Perrault, 1700, p. 92.
Reproduite en gravure sur bois en tête de la notice de Charles Blanc, 1862.

BIBL.
1700, Perrault, p. 94; 1862, Blanc, p. 2 ; 1867, Jal, p. 222; 1910, Vial, p. 93; 1934, Sterling, p. 8; 1961, Sterling, p. 90, reprod. gravure [Cat. n° 43]; 1963, Thuillier, p. 205; 1993, Hilaire, p. 206.

Perrault déclare le portrait exécuté cinq ou six ans avant la mort de l'artiste : ce qui conduit aux années 1632-1633. Les détails du costume, de la chevelure et de la barbiche pointue confirment pleinement cette datation.

Il est facile de songer ici à l'élégance des portraits de Van Dyck, que Blanchard dut connaître. Le costume même favorise la comparaison. Mais pareille figure se rattache tout autant aux vieilles traditions du portrait parisien. Le regard nuancé de mélancolie et qui se détourne du spectateur, l'importance donnée au jeu savant des crevés et des dentelles, font oublier que Blanchard devait avoir un nez assez fort et de grosses lèvres sensuelles. Un souci discret d'idéalisation souligne au contraire la régularité des traits, la distinction sociale et spirituelle du personnage. Le parallèle s'établit nécessairement avec un autre autoportrait de peintre, de date toute voisine : celui de Jacques de Létin, de trois ans seulement l'aîné de Blanchard, mais revenu d'Italie dès 1626, et dont l'art n'est pas sans affinités avec celui de son collègue parisien. Le parti est très voisin, la finesse et la discrétion psychologique identiques.

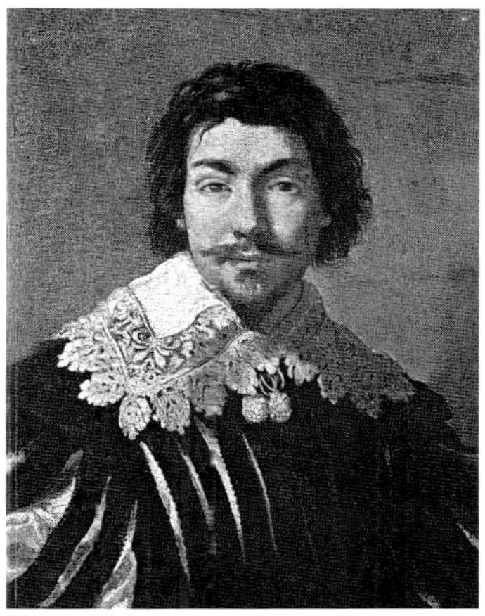

Fig. 1
Jacques de Létin,
Autoportrait,
Troyes, Musée des Beaux-Arts.

53. Saint Jérôme, 1632.

H.t.; 1,455 x 1,116 m.
Signé sur la page du livre : *Jac. Blanchard F. 1632.*
Budapest, Musée des Beaux-Arts, Inv. 681; cat. 1916, n° 815; cat. 1991, p. 135, reprod.

HIST.
1870 : acquis de la collection Esterhazy par le musée; le tableau aurait été acheté en 1808 chez l'antiquaire D. Artaria à Mannheim.

EXP.
1934, Paris, Orangerie, n° 6, reprod.; 1993, Milan, n° 71, reprod. couleurs; 1994, Helsinki, n° 1, reprod. p. 15 et couleurs p. 30.

BIBL.
1863, Parthey, p. 119 (Vienne, coll. Esterhazy); 1934, Sterling, p. 8-9; 1961, Sterling, p. 90, reprod. [Cat. n° 42]; 1963, Thuillier, p. 206; 1967, Pigler, p. 66; 1975, Szigethi, p. 6, reprod. couleurs; 1985, Wright, p. 142; 1993, Agnès Szigethi, notice dans le catalogue de Milan, p. 177; 1994, Agnès Szigethi, notice dans le catalogue d'Helsinki, p. 14.

Selon toute apparence ce tableau, non gravé et que la tradition dit acquis en 1808 chez un antiquaire de Mannheim, n'est autre que celui qui fut vendu en 1806 à Paris lors de la dispersion du fonds amassé par le célèbre marchand d'art Lebrun. On trouve en effet dans le catalogue publié à cette occasion la notice suivante :

Catalogue d'objets rares et curieux, provenant du Cabinet & fond de marchandises de M. Lebrun, par cessation de commerce. Par J.B.P. Lebrun, lundi 29 septembre 1806; p. 30. *Jacques Blanchard. 1622 (sic). 99. St Jerôme vu de proportion naturelle, & à mi-corps, en contemplation devant une croix; il a la tête appuyée sur sa main gauche, & le coude sur un livre ouvert placé devant lui. Son corps est enveloppé d'une draperie d'un rouge-brun. Ce Tableau, l'une des belles productions de ce maître, qui fut surnommé le Titien français, est d'une légereté de couleur étonnante, & d'une touche qui honore l'école française. Ce tableau a déjà été jugé digne du Muséum. hauteur 4 pieds 4 pouces, largeur 3 pieds 4 pouces. T.*

Le tableau fut adjugé la somme considérable de 451 livres à Constantin.

Il s'agit de l'un des rares tableaux que Blanchard prit soin de signer et dater. Il offre un repère sûr pour l'évolution de son style dans cette période d'intense activité. La comparaison avec le *Saint Jérôme* de Grenoble (fin 1629 ?) est des plus significatives. La couleur reste vive et claire. Les contours onduleux et les volumes puissamment modelés avec des reflets chauds dans les ombres indiquent que l'influence de Rubens n'est pas oubliée. Mais la mise en page se veut simple et stable, le réalisme cherche moins le pittoresque, les gris et les blancs calment la grande tache de rouge cardinalice. Face au grand lyrisme de Vouet, à la liberté gaspilleuse de Vignon, Blanchard semble revenir à la mesure italienne (qu'on songe aux grandes figures du Guide...).

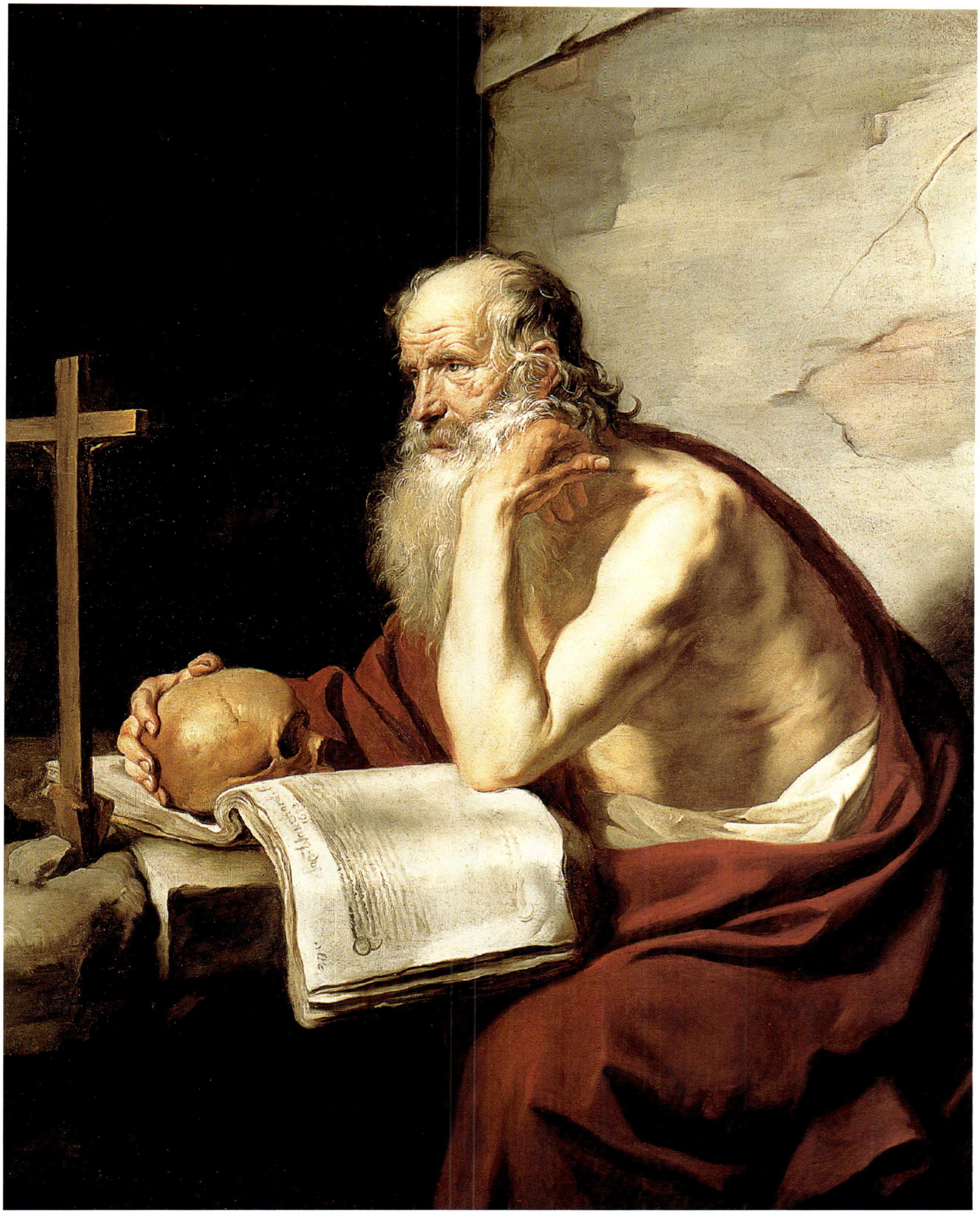

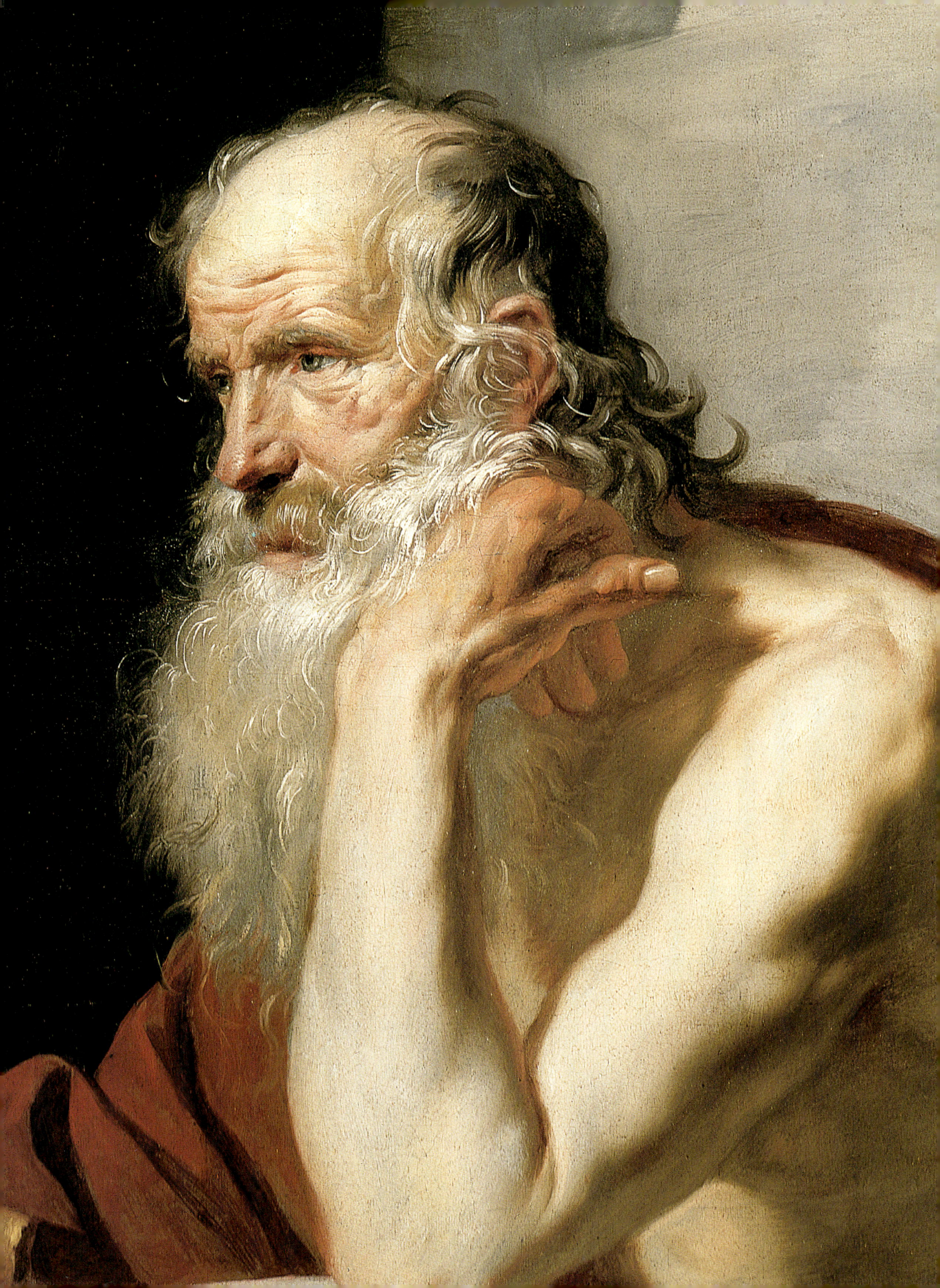

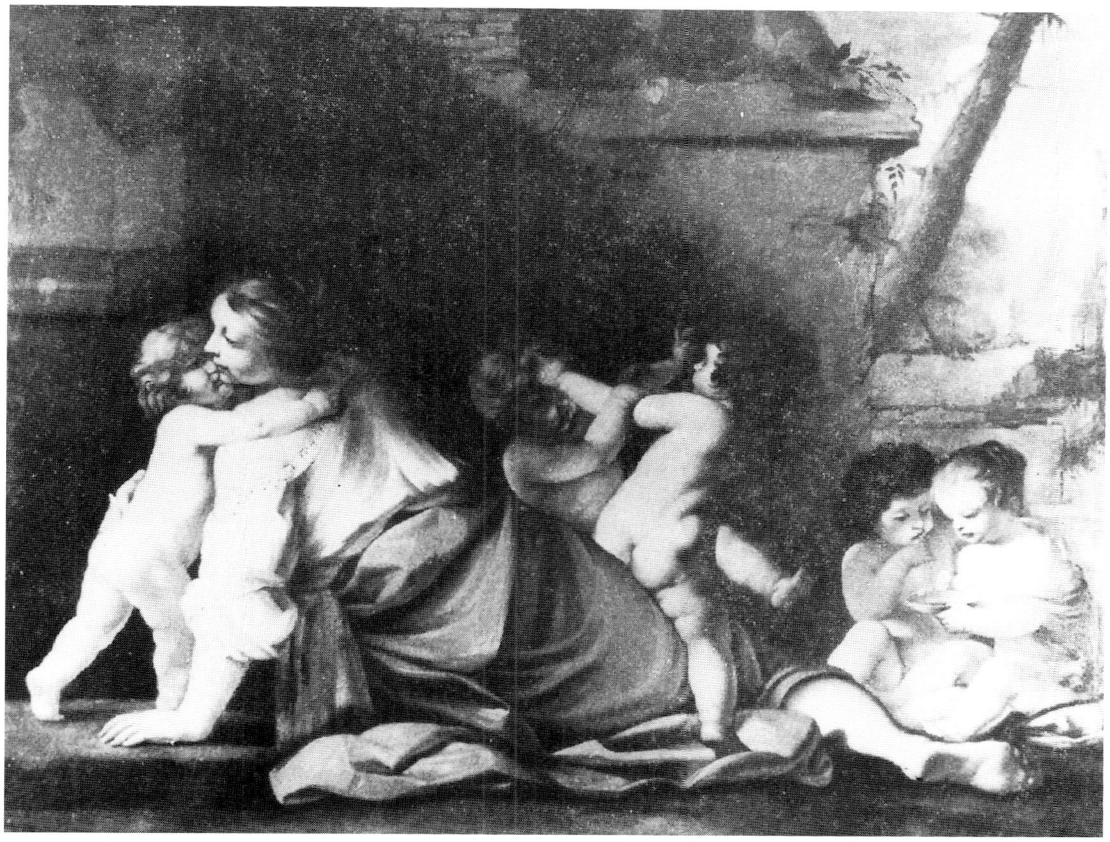

54. La Charité (six figures)

H.t.; 1,145 x 1,480 m.
Localisation actuelle inconnue.

HIST.
1979, 2 décembre : vendu a Versailles, Hôtel Rameau, n° 61 ; sous le titre *Jeux d'enfants*; reproduit au catalogue.

BIBL.
Inédit.

Nous ignorons où le tableau se trouve actuellement, et nous ne le connaissons que par une médiocre photographie. Pourtant tout indique que la composition est de Blanchard, et la facture semble celle d'une œuvre originale. Provisoirement, nous placerions volontiers cette œuvre avant la *Charité* du Louvre, vers 1632.

55. La Vérité et l'Ignorance

H.t. ; 0,85 x 0,70 m.
France, collection particulière.

HIST.
1978 : acquis par le présent propriétaire dans le commerce parisien sous une attribution à l'École de Fontainebleau.

EXP.
Jamais exposé.

BIBL.
Inédit.

Mlle Marie-Catherine Sahut nous a fait remarquer que l'iconographie de cette toile suivait directement les indications de Ripa. Le personnage principal, à peu près nu, est la Vérité : « *Les agréemens & les beautez qui se descouvrent sur le visage de cette Dame, font assez voir quels sont les appas de la Vérité, & combien elle est charmante. Aussy luy fait-on tenir un Miroir d'une main, pour montrer qu'elle n'a point d'objet que soy-mesme ; & de l'autre une Balance, qui signifie qu'en ses paroles elle est tousiours inviolable & incorruptible* » (*Iconologie du Chevalier Caesar Ripa, Seconde et dernière partie*, éd. Jean Baudoin, Paris, 1643, p. 145). Quant à l'enfant, il signifie l'Ignorance : « *Les Grecs la representoient... par la figure d'un Enfant tout nud, qui a les yeux bandez ; & qui monté sur un Asne, en tient le licol d'une main, & une canne de l'autre. L'Enfance & la Nudité signifient que l'Ignorant n'a non plus d'esprit qu'un enfant, & qu'il est denué de toute sorte de connaissances. Et d'autant que l'Ignorance n'est nullement clairvoyante, mais stupide et fragile au possible, toutes ces choses ensemble sont dénotées par le Bandeau qui couvre les yeux de cet Enfant, comme encore par l'Asne sur qui il est monté, & par la Canne qu'il porte* » (*ibidem*, p. 160). La vignette qui illustre cette allégorie est extrêmement proche de la représentation offerte par le tableau. Rappelons que précisément l'inventaire après décès de Blanchard, en 1638, nous apprend que parmi ses nombreux livres figurait une *Iconologie*, prisée 25 sols... (*cf.* p. 69).

De toute évidence, nous sommes devant un élément d'un de ces décors dispersés où une suite d'allégories, en partie peintes par les aides, accompagnait probablement des « histoires » avec figures « de la dimension du naturel ». Il n'est guère possible de préciser lequel, l'allégorie ayant une application très générale. Mais la marque de Blanchard est indéniable. La tête de la *Vérité* peut même être tenue pour l'un des morceaux les plus charmants qu'il nous ait laissés.

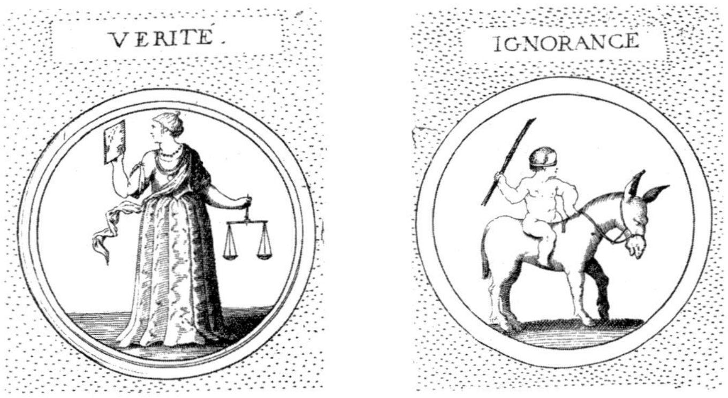

Fig. 1

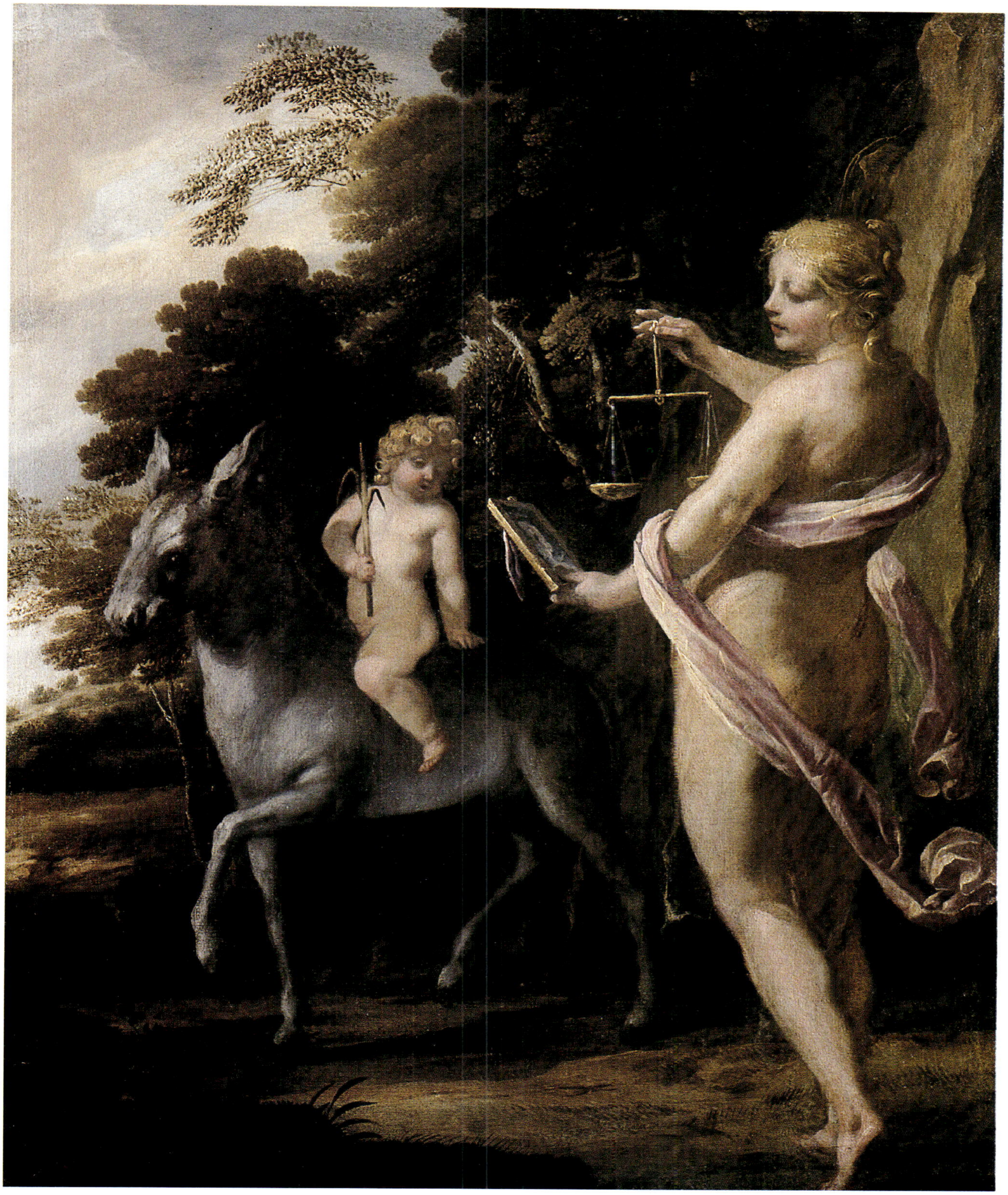

56. Flore

H.t.; 1,46 x 1,07 m.
Paris, collection particulière.

HIST.
Acquis à Paris même, vers 1970, par le présent propriétaire, sans attribution et sans provenance précise.

EXP.
Jamais exposé.

BIBL.
1975, Rosenberg, p. 221.

La présence d'un enfant portant une corbeille de fleurs où se mêlent roses, œillets, jonquilles et anémones, et dans le fond, la vue d'un jardin à la française ne permet pas de douter qu'il ne s'agisse ici d'une Flore. Mais le sujet est évidemment un grand nu de femme, dont le modelé subtil est mis en valeur par la puissante tache rouge de la draperie.

L'œuvre put appartenir à un ensemble – un cabinet plutôt qu'une galerie – et s'accompagner d'autres figures de même taille : allégories des saisons, allégories des mois, figures de la Fable semblent avoir été pour Blanchard des prétextes commodes pour ces nus féminins. Mais aucun des documents conservés ne permet de faire quelque hypothèse sur l'origine de cette *Flore*. Nous avions songé à rapprocher cette toile de la mention chez Le Vau, en 1676, dans son antichambre et bien en vue, d'« *un tableau représentant une Vénus avec un Cupidon qui porte des fleurs (...) du Sr Blanchard* » prisé 150 livres ; mais l'expertise est de Jean-Baptiste de Champaigne et de Nicolas de Plattemontagne, et l'expression *du sieur Blanchard*, de leur part, semble bien désigner Gabriel... (voir *infra*, p. 344).

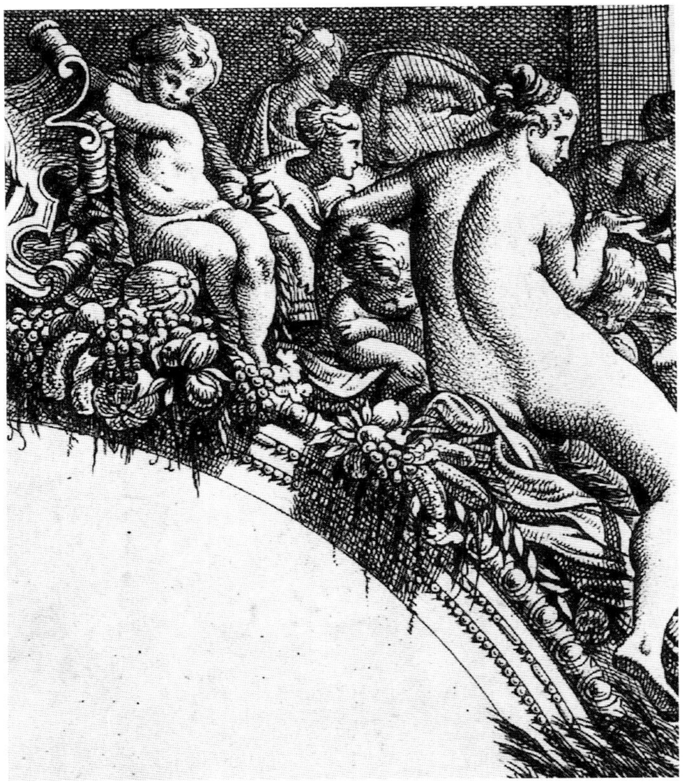

Fig. 1
Fontainebleau,
décor de la Salle de bal,
L'Été présidant aux moissons,
détail. Gravé par Alexandre
Bétou, R. D.14.
Paris, coll. part.

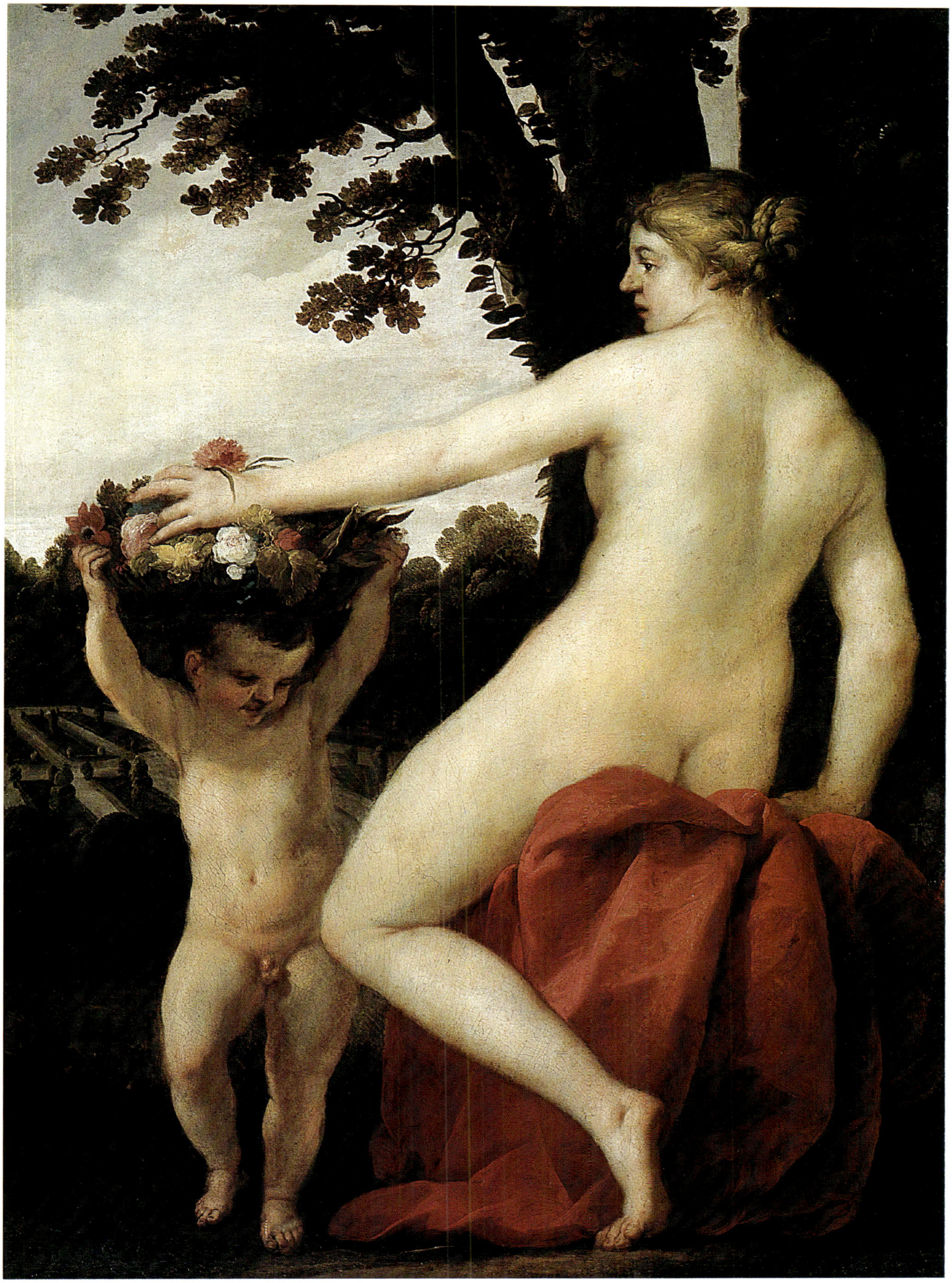

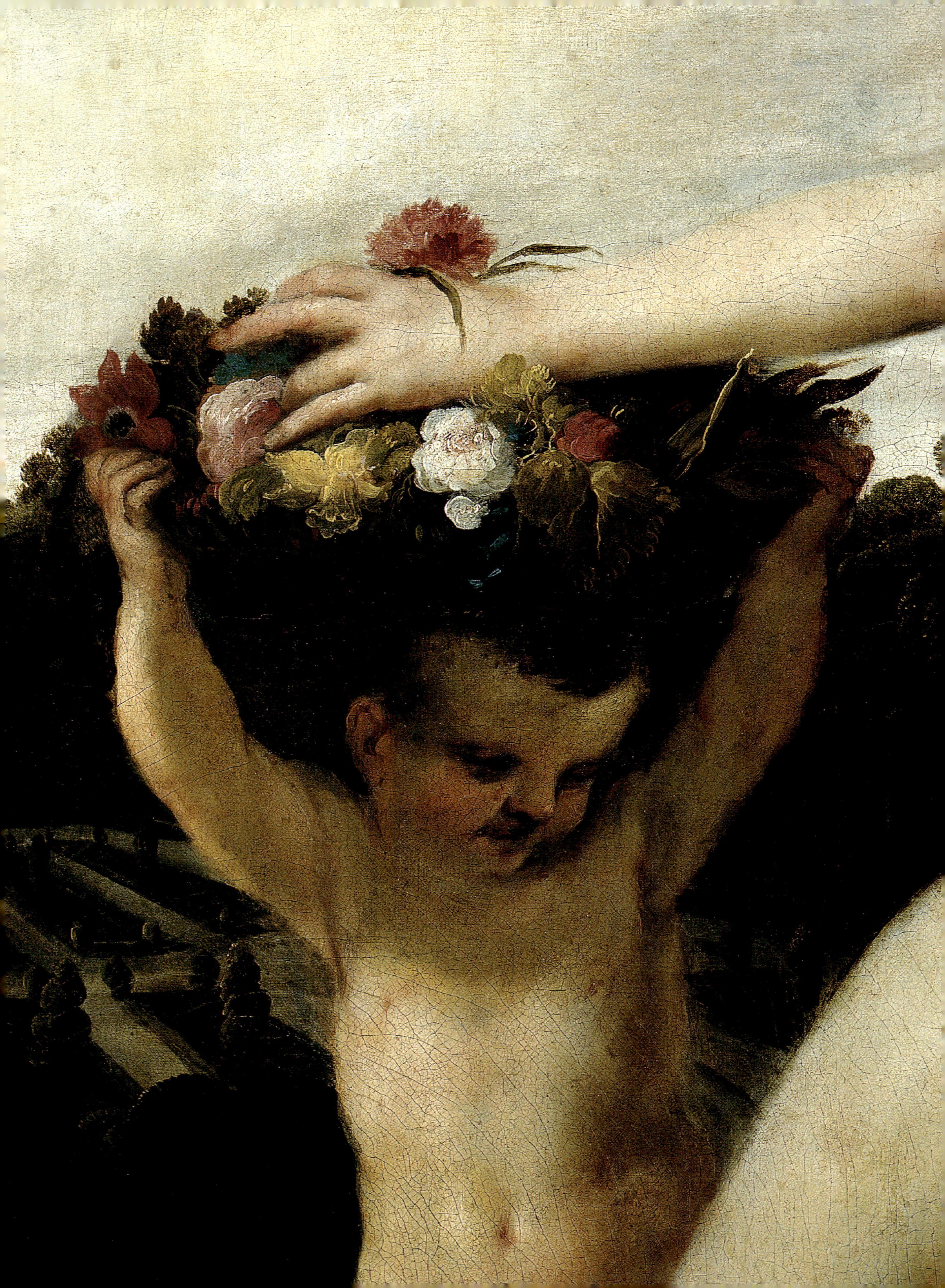

Il semble que ce tableau soit à placer tout près de l'*Angélique et Médor* du Metropolitan Museum. Il est un peu à ce chef-d'œuvre ce qu'est au Louvre la *Grande Baigneuse* d'Ingres à sa *Grande Odalisque* : une étude de femme assise vue de dos par rapport à une étude de femme couchée pareillement vue de dos. Nous sommes ici très loin des premières *Danaé* et de leur sensualité mouvementée. Blanchard dégage du corps de longues arabesques élégantes et calmes, et tout rappel des anatomies rubéniennes est exclu. On dirait qu'aux prises avec les grands décors, il se retourne vers Fontainebleau et ses divinités éternellement jeunes et pures (Fig. 1). Non sans leur infuser un sang nouveau. Des ombres bleutées, et les reflets chauds de la draperie rouge animent la peau de multiples nuances tout en conservant aux volumes leur solidité. Lors du séjour en Italie, lui qui allait réaliser à Turin une suite de toiles contant l'histoire de Vénus et Adonis, avait-il vu l'une des nombreuses répliques ou copies de la *Vénus retenant Adonis partant pour la chasse* que le Titien avait exécutée en 1553 ? C'était sans doute le plus beau dos, la plus belle jambe de femme nue assise qui eûssent été peints jusque là, et l'on s'étonnerait que Blanchard fût resté indifférent à tant de sensualité si subtilement exprimée. En tout cas, c'est devant le modelé de cette *Flore* qu'on peut comprendre pourquoi le XVIIe siècle avait surnommé Blanchard « le Titien français ».

57. Angélique et Médor

I. TABLEAU
H.t. ; 1,217 x 1,759 m.
New York, Metropolitan Museum of Art, Inv. 06.1268.

HIST.
1906 : donné au musée par George A. Hearn sous le titre de *Vénus et Adonis*. Le tableau avait très probablement été acquis par lui à New York même à la vente Blakeslee, American Art Galleries, 7 avril 1904, n° 71.
1930 : une restauration débarrasse le tableau de vieux repeints. Le nettoyage fait également disparaître en haut, à droite, les feuillages épais, que vient remplacer une large échancrure de ciel traversée par deux arbres grêles.

EXP.
1937, Paris, n° 62 ; 1946, New York, Wildenstein, n° 1, reprod. ; 1982, Paris-New York-Chicago, n° 4, reprod. p. 110.

BIBL.
1857-1858, Blanc, II, p. 14 (vente Poullain), p. 126 (vente d'Orsay) ; 1862, Blanc, p. 4, ill. p. 1 ; 1923, Fontaine, p. 28 ; 1925, Demont, p. 166, reprod. hors texte ; 1926, Dimier, p. 39, reprod. pl. XXVIII ; 1932, Weisbach, p. 58, reprod. pl.6 ; 1935, Gillet, p. 9 ; 1937, Sterling, reprod. pl.45 ; 1946, Dorival, p. 58 ; 1953, Blunt, p. 171 ; 1955, Sterling, p. 63-65, reprod. ; 1961, Sterling, p. 89, reprod. [Cat. n° 35] ; 1963, Poensgen, reprod. fig. 2 ; 1963, Thuillier, p. 206, reprod. couleurs p. 204 ; 1965, Janneau, p. 54 ; 1969, Gebelin, p. 84, reprod. pl. XXIX ; 1979, Dorival, p. 225 ; 1982, Rosenberg, p. 223-224 ; 1985, Wright, p. 144 ; 1993, Hilaire, p. 206 ; 1994, Mérot, p. 98.

COPIE
Localisation actuelle inconnue ; jadis Angleterre, coll. Earl of Mount Edgcumbe.
H.t. ; 1,13 x 1,60 m.

HIST.
1938 : apparue à l'exposition 17 th Century Art in Europe de Londres.
1958, 27 juin : vendue chez Christie avec une série de tableaux provenant de Mount Edgcumbe, Plymouth ; n° 51 du catalogue ; le tableau est dit avoir été donné par M. Bulteel au 4e comte de Mount Edgcumbe comme œuvre du Guerchin.

EXP.
1938, Londres, n° 325, Album, reprod. p. 79 (Earl of Mount Edgcumbe).

BIBL.
1955, Sterling, p. 63 (bonne copie du XVIIe siècle) ; 1961, Sterling, p. 89 (bonne copie d'atelier).

Nous ne connaissons cette œuvre que par la reproduction ; l'impression de copie est encore accentuée par un ample repeint de pudeur qui couvre la hanche et la cuisse d'Angélique.

Il existe par ailleurs de multiples copies de qualité plus ou moins haute sur le marché ou en collection particulière ; *cf.* vente à Genève, 28 avril 1992, h.t., 0,675 x 0,91 m ; vente à Paris, h.t., 1,07 x 1,57 m ; etc.

II. GRAVURE
Par Nicolas Joseph Voyez (1742, Abbeville-1806, Paris) dit Voyez l'aîné :
dans la marge du bas : « *Angélique et Médore, gravé par d'après le Tableau Original de Jacques Blanchard* »
et sur les côtés : *J. Blanchard Pinxit/Voiez Lainé sculpsit 1771*
Cette estampe a été reprise et gravée sur bois par F. Guillaume pour illustrer le texte de Charles Blanc (1862, p. 1).

Tout semble indiquer que ce chef-d'œuvre est bien l'*Angélique et Médor* qui fut acquis pour la somme considérable de 700 livres par le comte d'Orsay, en 1780, à la célèbre vente de Poullain, receveur général des domaines du Roi, et qui avait été à cette occasion gravé – assez librement – par Voyez (Paris, 15 mars 1780, n° 105 : *Angélique et Médor gravant leurs noms sur un chêne au pied duquel ils sont assis ; 39 pouces sur 62*) (fig. 1). On retrouve ce tableau à la vente du comte d'Orsay (Paris, 14 avril 1790, n° 2 : « *Angélique et Medor, figures de grosseur naturelle, dans un fond de paysage ; la figure de femme est vue par le dos assise au pied d'un arbre, sur lequel elle écrit ; ce sujet est connu par l'estampe qu'en a gravé le Sieur Voyès. Ce tableau a passé dans le cabinet de M. Poullain. T. 5 pieds et demi, sur 3 pieds 4 pouces de haut* ».

Il reste à savoir si ce tableau Poullain-Orsay est celui qui était passé à la vente Verrier de 1776, et si ce dernier était bien le même que le tableau de la vente Bouchardon de 1762 et celui qu'avait possédé Philippe Vignon en 1701. Rappelons les trois notices :

– 1701, 13 septembre : inventaire après décès de Philippe Vignon (Archives Nationales, Minutier Central, LXXVI, 125 ; renseignement communiqué par M. Arnauld Bréjon de Lavergnée) : *Item, un tableau original de Blanchard le père représentant Angélique et Médor, de cinq pieds de large sur quatre de haut avec sa bordure dorée, estimé cinquante livres.*

– 1762, Paris, Vente Edme Bouchardon, novembre 1762, n° 13 : *Angélique et Médor peint par Blanchard, de 5 pieds de large sur 3 et demi de haut.*

– 1776, Paris, Catalogue de Tableaux..., jeudi 14 novembre (corrigé en lundi 18)... Se distribue chez Paillet (vente Verrier) ; p. 19. *Laurent de La Hyre.* 58. *Un tableau représentant Angélique et Médor, au pied d'un arbre, sur lequel ils gravent leurs noms. Le fond est un paysage. Largeur 5 pieds 6 pouces : hauteur 4 pieds 4 pouces. T.* (adjugé à Silvestre).

Le croquis dessiné en marge par Gabriel de Saint-Aubin renvoie sans équivoque à la composition de Blanchard (*cf.* Emile Dacier, « Catalogues et livrets de salons illustrés et annotés par Gabriel de Saint-Aubin. 12. Catalogue de la vente Verrier (1776) », *Gazette des Beaux-Arts*, mai-juin 1952, p. 297-334, *cf.* p. 314) et le nom de La Hyre ne saurait se justifier que par une éventuelle, mais très improbable copie. On y verra plutôt une simple confusion – ou une tricherie consciente.

Il reste que dans les ventes anciennes semblent se croiser deux exemplaires, de dimensions quelque peu différentes, sans que dans l'état présent de la question il soit possible de décider s'il s'agit bien de l'exemplaire de New York, original incontestable, ou de l'exemplaire Edgcumbe, bonne copie ancienne...

Nous laissons au tableau le titre que lui avait donné le XVIIIe siècle. La nudité de la jeune femme, accoudée sur le sol dans l'attitude souvent donnée aux fleuves et aux nymphes, à la lisière d'une forêt, pourrait aussi faire penser aux amours du berger Pâris avec la nymphe Œnone, sujet tout voisin, et qui dans les deux cas montre

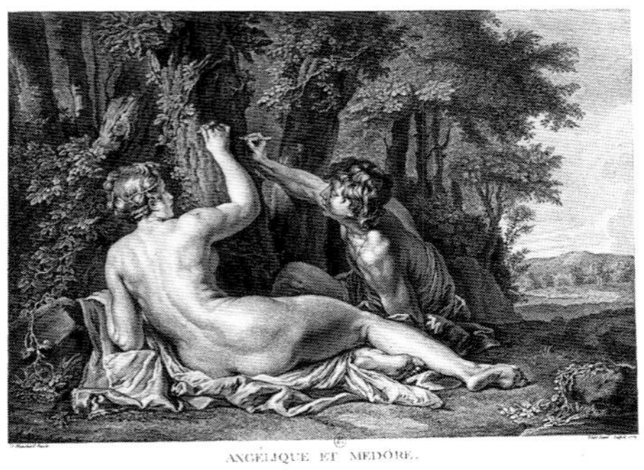

Fig. 1
Angélique et Médor,
Gravure par Nicolas-Joseph Voyez, 1771.

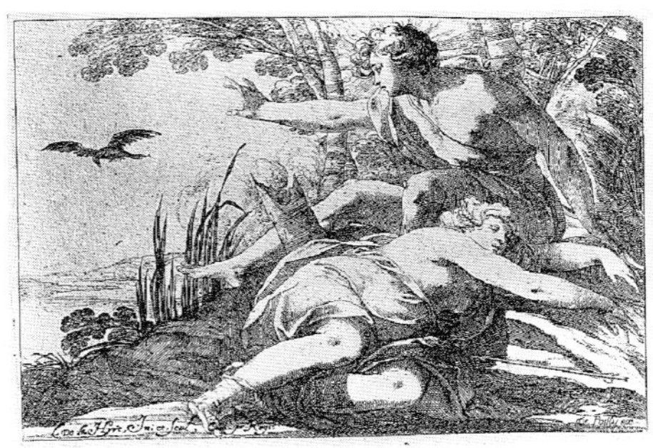

Fig. 2
Laurent de La Hyre,
Apollon et Coronis,
eau-forte, vers 1626.
Paris, coll. part.

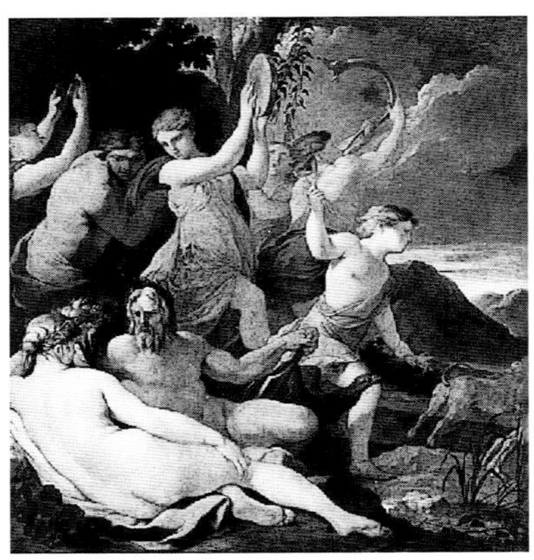

Fig. 3
Lubin Baugin,
L'Enfance de Jupiter
(vers 1645-1650),
Troyes, Musée des Beaux-Arts.

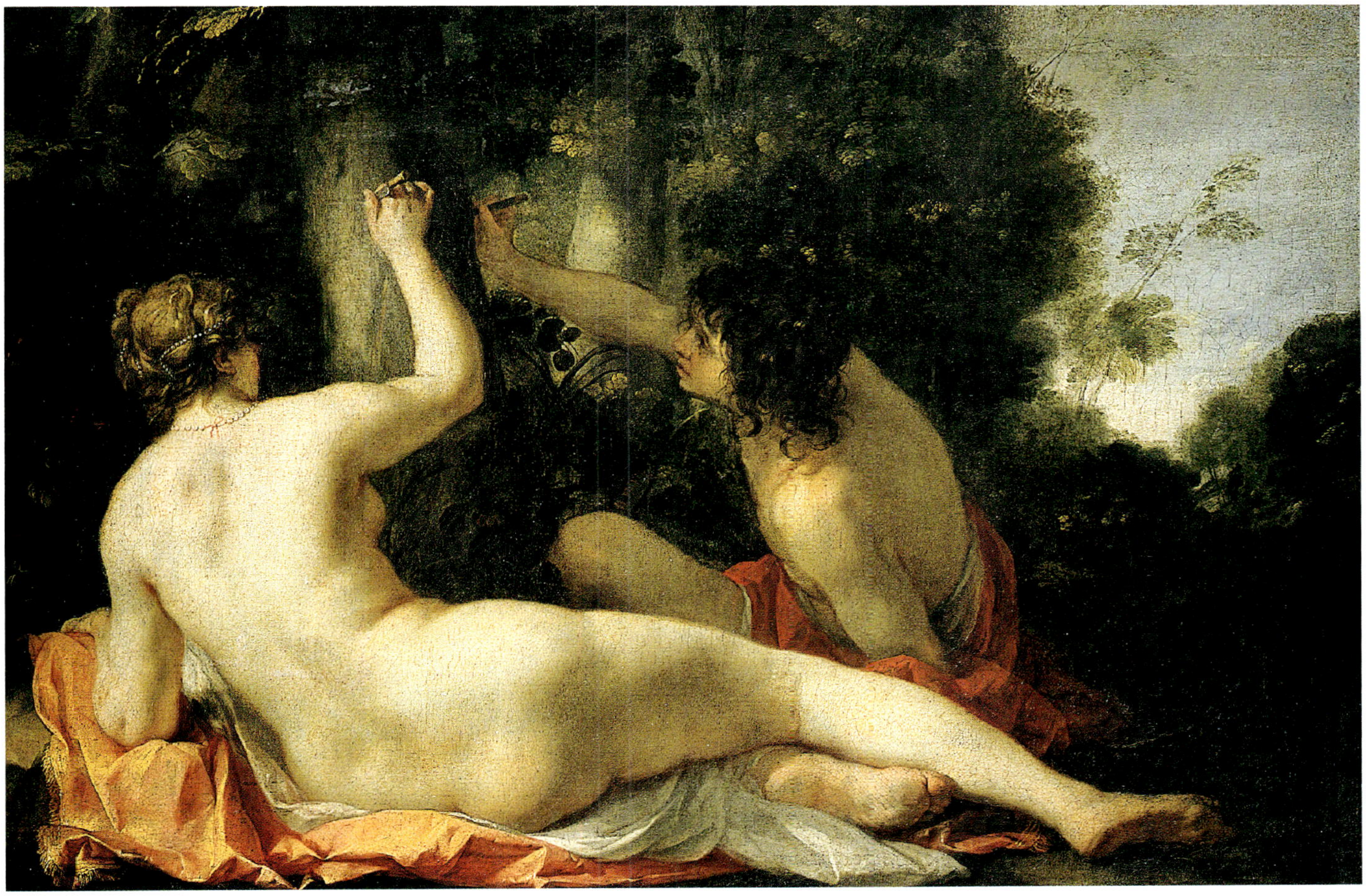

les deux jeunes gens gravant leur nom sur l'écorce d'un arbre. Mais vers 1630 ce sujet semble, en France comme en Italie, fort peu commun. L'épisode de l'*Orlando furioso* de l'Arioste (XIX, 36), il est vrai, n'est guère plus fréquent dans la peinture française. On a vu plus haut qu'en fait Blanchard, en pareil cas, cherche moins à illustrer un texte qu'à en tirer prétexte à un tableau qui offre aux yeux une scène gracieuse et sensuelle. Rien n'assure qu'il ait été beaucoup plus à l'aise dans la mythologie et la poésie romanesque que la plupart de nos contemporains, et plus soucieux d'en respecter la lettre. Il est clair que dans ce tableau l'histoire compte peu ; il s'agit d'abord et essentiellement, comme dans la *Flore*, d'un beau nu féminin.

La présence du tableau, à une date précoce, dans les collections du Metropolitan Museum (bien avant la *Vénus et les Grâces* dans celles du Louvre, et de la *Charité* dans celles de Toledo...) lui a valu une grande célébrité. Elle est méritée. Depuis que les nus du Primatice ont tous disparu, celui-ci apparaît, après l'*Eva Prima Pandora* de Cousin, au début de cette longue lignée française qui passe par Boucher, Ingres, Manet et Renoir et qui célèbre la beauté d'un corps de femme allongé, tout entier livré au regard et défendu par sa beauté seule. Tous le font différemment (*cf.* fig. 2 et 3).

Il est évident que l'on retrouve ici un souvenir direct des élégances de Fontainebleau : tête très petite, hanches puissantes, jambes sans fin, lignes pures glissant de la ceinture jusqu'au bout des pieds. Il suffit de considérer l'une des grandes figures couchées que le Primatice avait peintes au quatorzième compartiment de la voûte de la Galerie d'Ulysse, et dont le beau dessin des Offices nous conserve le souvenir, pour retrouver – mais en vue *di sotto* – les mêmes proportions et presque la même pose. Mais ce qui, dans les décors du Primatice et de Niccolo dell' Abate, reste d'ordre intellectuel, s'anime ici d'une sensualité franche. Les chairs sont lumineuses, fortement sculptées, et des reflets subtils font sentir leur poids et leur présence. En installant au premier plan la longue courbe de la jambe, insensiblement modulée, Blanchard se souvenait-il de la *Vénus endormie* de Giorgione, qu'il avait pu voir à Venise, ou de la *Vénus d'Urbin* du Titien ? C'est chose possible. Mais une simple comparaison montre comment il transforme le motif stylisé en un nu « moderne ». Curieux paradoxe : mieux encore qu'Ingres avec sa *Grande Odalisque*, si parfaite et parée, c'est Corot, avec sa *Marietta* du Petit Palais, qui – assurément sans le savoir, et sur le mode mineur – retrouve un schéma proche et une sensualité voisine.

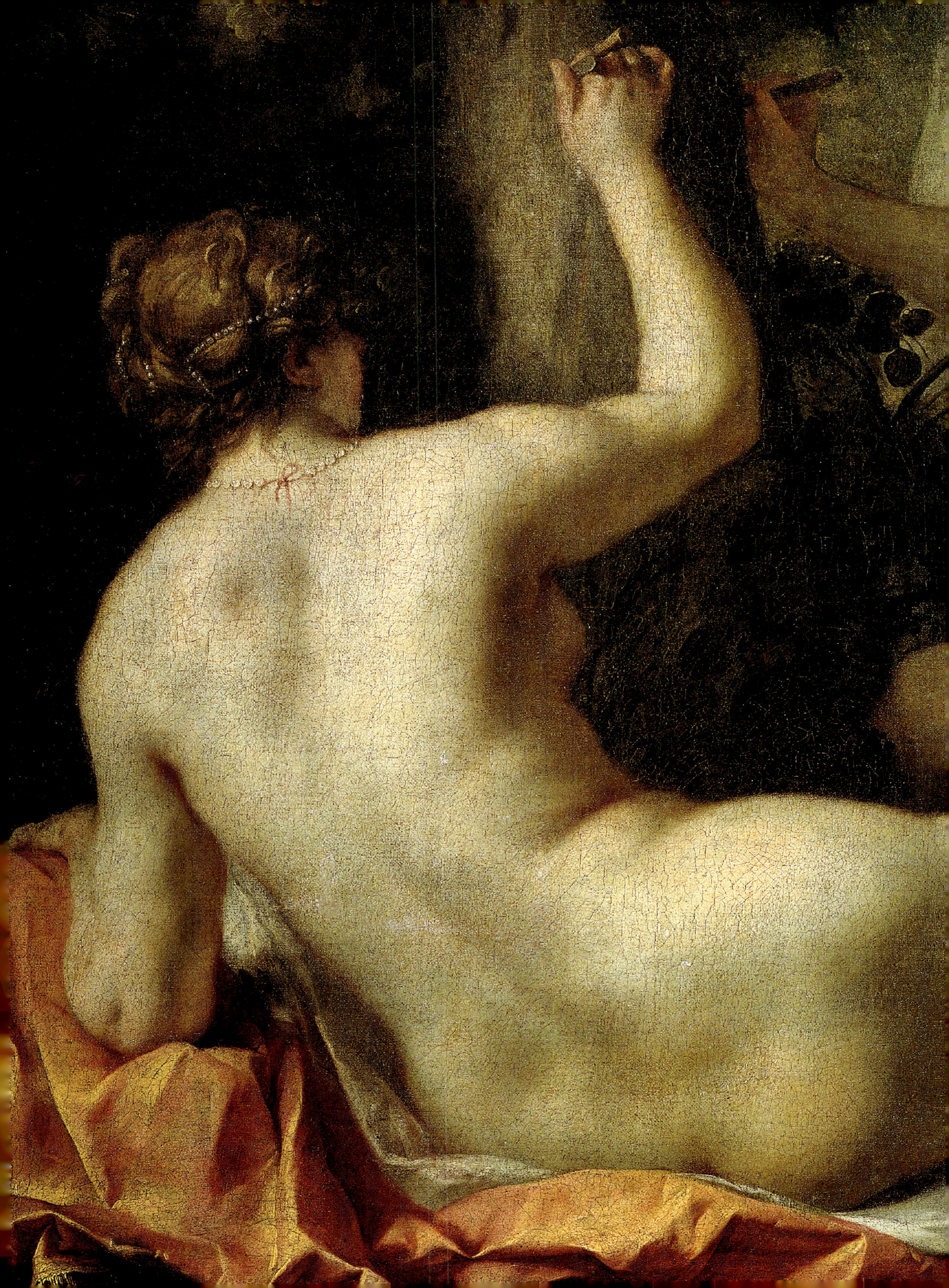

58. Décor du cabinet du bord de l'eau à l'hôtel Le Barbier, 1633-1634.

Décor détruit.

HIST.
Le décor du cabinet fut certainement réalisé en plusieurs étapes.

Ca. début 1633 ? : commande de tableaux destinés à orner le cabinet. Le marché est perdu. Les quittances sont également perdues, mais mentionnées dans l'inventaire des biens de Louis Le Barbier dressé après la mort de sa femme Louise Potier le 17 août 1641 : « *trois autres quittances dudit Blanchard escriptes ensuitte l'une de l'autre les 13 avril et 8 août 1633 et 12 mars 1634; la première et la seconde chacune de 200 livres et l'autre de 50 livres pour vente de tableaux pour mettre dans ledit cabinet* » (Paris, Archives Nationales, Minutier Central, XXI, 204). La remise des tableaux et leur paiement (450 livres en tout) semblent donc s'être étagés d'avril 1633 à mars 1634.

31 septembre 1633 : un devis des travaux suivi d'un marché avec Blanchard montre que l'on a changé de conception : les tableaux seront intégrés dans un décor complet de lambris, avec plafond peint, paysages, mauresques et ornements divers. Le marché se monte cette fois à la somme de 1 600 livres (indépendamment des 450 livres prévues pour les grands tableaux et déjà versées pour la plus grande part). Ces devis et marché ont pu être retrouvés au Minutier Central :

dernier Septembre [1633]
Devis des ouvrages de peinture qu'il convient faire pour Monsr Lebarbier Con^{r} m^{e} d'hostel ord^{re} du roy en ung grand Cabinet qui a veüe sur le Quay ou il y a ung balcon deppendant de la maison en laquelle il est demeurant. Premierement sera faict toutte la taille et relief du lambry dudit Cabinet y compris les Cadres du plafond et cul de lampe d'or bruny et or matte.

Plus sera faict trois tableaux dans les trois grands Cadres du plafond ou seront representé des histoires advenantes aux tableaux quy sont de present faicts dans les grands Cadres dudit lambris. Et aux petits Cadres dudit plat fonds seront faicts des petits enfans.
Plus sera faict dans tous les panneaux de tous les lambris des paysages et en tout le reste sera faict des moresques et ornemens partout ou besoing sera, en sorte que tous le dit Cabinet portes et fenestres d'iceluy soient entierement peincts bien et duement comme il appartient.

Fut present en sa personne Jacques Blanchard M^{e} peintre/a paris y dem^{t} rue de la Tixeranderye, parroisse sainct Jean en Greve, lequel a recongnu et confessé avoir faict marché promis et promect a Mre Louis Le Barbier Con^{r} M^{e} d'hostel ord^{re} du Roy et Secretaire de ses finances, a ce present et acceptant, de faire et parfaire bien et duement comme il appartient aux dire de gens a ce cognoissans tous et chacuns les ouvrages de peintures contenuës et déclarees au devis d'autre par descrit et pour ce faire fournira ledit Entrepreneur de tout ce qu'il conviendra pour la perfection desdits ouvrages, et commencer a y travailler des lundy prochain et continuer sans discontinuer avec bon nombre d'ouvriers, et le tout rendre faict et parfaict bien et duement comme dit est au plus tost que faire ce pourra. Ce marché faict moyennant la somme de seize cens livres t^{s}, que pour ce ledit Sieur Lebarbier a promis et promect bailler et payer audit Sr Blanchard ou au porteur etc. au fur et mesure que ledit Sr Blanchard travaillera auxdits ouvrages. Car ainsi etc. Promect etc. obligeans chacun en droict soy, renoncans... Faict et passé en l'hostel dudit Sieur Lebarbier l'an mil six cens trente trois le trente ung^{e} et dernier jour de septembre apres midy et ont signé
Lebarbier J. Blanchard
Poictevin Marreau
(Paris, Archives Nationales, Minutier Central, XCVIII, 114).

13 mars 1634 : dernier versement à Blanchard de 400 livres pour reste des 1 600 livres dues en vertu du marché du 31 septembre 1633.
La veille avait été fait le dernier versement concernant les tableaux *(cf. supra)*. Il semble donc que le décor du cabinet soit alors entièrement achevé.
La quittance n'est pas conservée, mais elle est mentionnée dans l'inventaire de 1641 :
« *quittance du payement fait audit Blanchard par ledit Sieur Le Barbier d'une somme de 400 livres pour le reste et parfaict payement de la somme de 1 600 livres contenue audit marché, la quittance signée dudit Blanchard en datte du 13 mars 1630* » (*sic*; lapsus manifeste pour 1634).
Paris, Archives Nationales, Minutier Central, XXI, 204.

BIBL.
1978, Thuillier, p. 92-93.

Le « *grand Cabinet qui a veüe sur le Quay où il y a ung balcon* » était manifestement la pièce d'apparat de la demeure. Il est intéressant de voir qu'on se contente d'abord de l'orner d'une série de tableaux, puis qu'on se décide pour un décor d'ensemble. On se gardera toutefois d'en tirer des conclusions pour l'histoire du goût parisien : les choix sont séparés par quelques mois et le décor à lambris représente plutôt la solution traditionnelle.

Ce « grand Cabinet » fut très admiré. Un an plus tard, Bullion le citera comme référence dans son marché avec Blanchard pour le décor de son propre hôtel. Pourtant l'on n'en conserve aucune description. Le marché et le devis ne nous indiquent pas le programme traité par le peintre et le sujet des tableaux « *faicts dans les grands Cadres* ». On ne sait donc si parmi les tableaux profanes que nous conservons de Blanchard se trouvent quelques épaves de ce décor.

59. Les cinq perspectives de l'hôtel Le Barbier, 1633.

Décor extérieur disparu.

HIST.
1633, 31 octobre : Blanchard reçoit un paiement de 300 livres pour cinq perspectives faites dans les jardins de l'hôtel Le Barbier. On ne connaît pas le marché, et la quittance est elle-même perdue ; mais elle est mentionnée sans équivoque dans l'inventaire des biens de Louis Le Barbier dressé à la suite du décès de sa femme Louise Potier, le 17 août 1641 : *« une autre quittance dudit Blanchard de 300 livres pour cinq perspectives qu'il auroit faites dans le jardin dudit sieur Le Barbier, dattée du 30 octobre 1633 »*. (Paris, Archives Nationales, Minutier Central, XXI, 204).

BIBL.
1978, Thuillier, p. 93.

L'hôtel Le Barbier fut aussitôt célèbre pour ses jardins non moins que pour son décor intérieur. Il comportait en effet une cour intérieure avec une fontaine « *qui prend son eau à la pompe du pont des tuilleries* », et par derrière un jardin avec bassin et « *deux petits pavillons couverts d'ardoise servant de cabinets* ». Ce jardin était malheureusement borné par la rue de Bourbon (l'actuelle rue de Lille). Le Barbier aménagera de l'autre côté de la rue une « basse-cour », et en juin 1636 il fit établir un passage souterrain voûté, ingénieusement conçu « en façon de grotte », « *par dessous et de travers en ladite rue Bourbon* », de sorte qu'on pouvait passer la rue sans s'apercevoir qu'on quittait l'hôtel.

Avec une fort belle vue sur le quai, l'hôtel, sur le derrière, donnait donc sur une rue encore en chantier. Comme on le faisait alors dans un grand nombre de demeures parisiennes, la mise en scène du jardin fut complétée par cinq « perspectives » destinées à dissimuler les murs mitoyens et la présence trop proche de la rue de Bourbon. Ce fut Blanchard qui fut chargé sans doute de leur conception, à tout le moins de leur exécution. Il est fort probable qu'il se fit aider par son frère Jean. Mais on aurait tort de croire qu'il s'agissait là de morceaux secondaires laissés à des ouvriers : le raffinement du décor, l'ingéniosité du trompe-l'œil pouvaient contribuer à la réputation d'un peintre bien davantage qu'un tableau de chevalet.

Peintures d'extérieur, d'ordinaire exécutées à la fresque, ces perspectives ont toutes disparu. Elles n'ont été gravées que très exceptionnellement, et il n'en subsiste que de rares descriptions. Les « perspectives » de Blanchard n'eurent pas même cette chance. Il est possible que certaines aient disparu très vite, dès 1636, avec la construction de la grotte.

60. La Charité (six figures), 1633.

I. TABLEAU
H.t. ; 1,10 x 1,36 m.
Signé et daté en bas à droite *Jacques Blanchard 1633*.
Paris, Musée du Louvre, Inv. 2610.

HIST.
1662 : acquis par le roi de Jabach.
1683 : mentionné dans l'inventaire des tableaux du roi dressé par Le Brun (3 p. 4 p. x 4 p. 3 p.).
1709 : Inventaire Bailly : « *Blanchard le père. Un tableau représentant une Charité avec cinq enfans autour d'elle ; figures de petite nature ; ayant de hauteur 2 p. 8 p. sur 4 p. 9 p. ; il est replié de six pouces par le haut* ». Versailles, Cabinet des tableaux.
1742 : mentionné par Pigagnol de La Force comme dessus-de-porte dans le Salon de Mercure à Versailles.
1983-1984 : un nettoyage découvre la signature et la date.

EXP.
1985, Paris, reprod. p. 3 ; 1985, Budapest, n° 3, reprod. ; 1985, Dublin, n° 3, reprod. ; 1986, Caen, n° 33, reprod. couleurs.

BIBL.
1742, Piganiol ; 1745, Dézallier d'Argenville, p. 265 (à Versailles, « dessus de porte admirable ») ; 1862, Blanc, p. 4 ; 1879, Berger, p. 110 (donné avec insistance à Gabriel Blanchard) ; 1893, Lemonnier, p. 265 ; 1899, Engerand-Bailly, p. 296 ; 1900, Merson, p. 21 ; 1921, Lemonnier, p. 221, reprod. ; 1923, Fontaine, p. 28 (incontestable) ; 1925, Demonts, p. 166 ; 1926, Dimier, p. 39, reprod. pl. XXIX ; 1932, Lundberg, reprod. fig. 6 ; 1935, Gillet, p. 9 ; 1961, Sterling, p. 92, reprod. ; 1963, Cogniat, reprod. pl.147 ; 1963, Thuillier, p. 206 ; 1965, Janneau, p. 54 ; 1976, Constans, p. 169 note et fig. ; 1985, Laveissière, p. 4-6 ; 1985, Wright, p. 144 ; 1986, Mérot, préface du catalogue Caen 1986, p. 16 ; 1986, Tapié, notice dans le catalogue Caen 1986, n° 33 ; 1987, Bréjon, p. 143 ; 1993, Hilaire, p. 206 ; 1994, Mérot, p. 98.

COPIES

1. Paris, Musée du Louvre, Inv. MNR 625
H.t. ; 1,00 x 1,31 m.
1951 : attribué au Musée par l'Office des biens privés ; conservé dans les réserves. Copie qui ne semble pas remonter au delà du XVIIIe siècle.

2. Paris, Musée du Louvre, Inv. 2611
H.t. ; 0,87 x 1,31 m.
1876 : mis en dépôt à La-Roche-sur-Yon, Inv. 876.1.1.

3. Varsovie, Musée National, Inv.424, cat. 1969, n° 95 reprod.
H.t. ; 0,843 x 1,017 m.

4. Londres, coll. Diana Watson

5. New York, coll. Manning, exposition *Vouet to Rigaud*, New York, Finch College, Museum of Art, n° 23, reprod.

VARIANTES

1. avec le mur plus élevé
H.t.
France, coll. particulière.

HIST
L'œuvre provient d'Angleterre (elle a d'ailleurs un châssis anglais).

BIBL.
1961, Sterling, p. 92, reprod.

La qualité de l'œuvre n'avait pas échappé à Charles Sterling, qui pensait à une réplique d'atelier.

2. trois figures, dans un paysage, transformé en *Vierge à l'Enfant avec saint Jean* ; h. b. ; 0,21 x 0,30 m.
Paris, collection particulière.

HIST.
Acquis par le présent propriétaire dans le commerce parisien vers 1970-1975.

Il s'agit ici moins d'une copie que d'une adaptation, puisque le sujet même est modifié et que la grande toile devient un petit tableau de piété. Mais le groupe principal reste dans le sens du tableau, et la qualité du paysage est assez fine pour que l'on puisse songer à l'ouvrage d'un membre de l'atelier.

COPIE DESSINÉE, DR 2

Pierre noire avec rehauts de blanc sur papier gris ; 0,277 x 0,361 m.
Paris, Musée du Louvre, Cabinet des dessins, Inv.23778 (anonyme) ; cat. Guiffrey-Marcel n° 299.

HIST.
1671 : entré dans le Cabinet du roi avec la collection Jabach, dans la série dite « du rebut ».

Copie fidèle du tableau du Louvre, d'une main attentive, mais très médiocre.

II. GRAVURES

A. par Pierre Daret (Weigert 9). (fig. 1)
Burin ; 0,320 x 0,420 m.
Sur la base de colonne, à droite : *Daret scul. ex. cu. pri. Regis/Christianisimi.*
En marge, de part et d'autre des armes huit vers sur deux lignes :

Miracle nonpareil ! Amour mystérieux
Qui surmontes l'Enfer, & soutiens les Empires,
Qui fais chanter les Saints au milieu des martyres
Divine Charité qui ioins la terre aux Cieux
Princesse des Vertus, fille d'humilité
Chère soeur de la Paix, Mère de la Nature
Ces beaux trais font bien voir par l'artiste Peinture
Qu'on se pert dans les pleurs loin de la Deité.

et la dédicace :
Gravée et dédiée à Monsieur de Vaquieulx avocat au

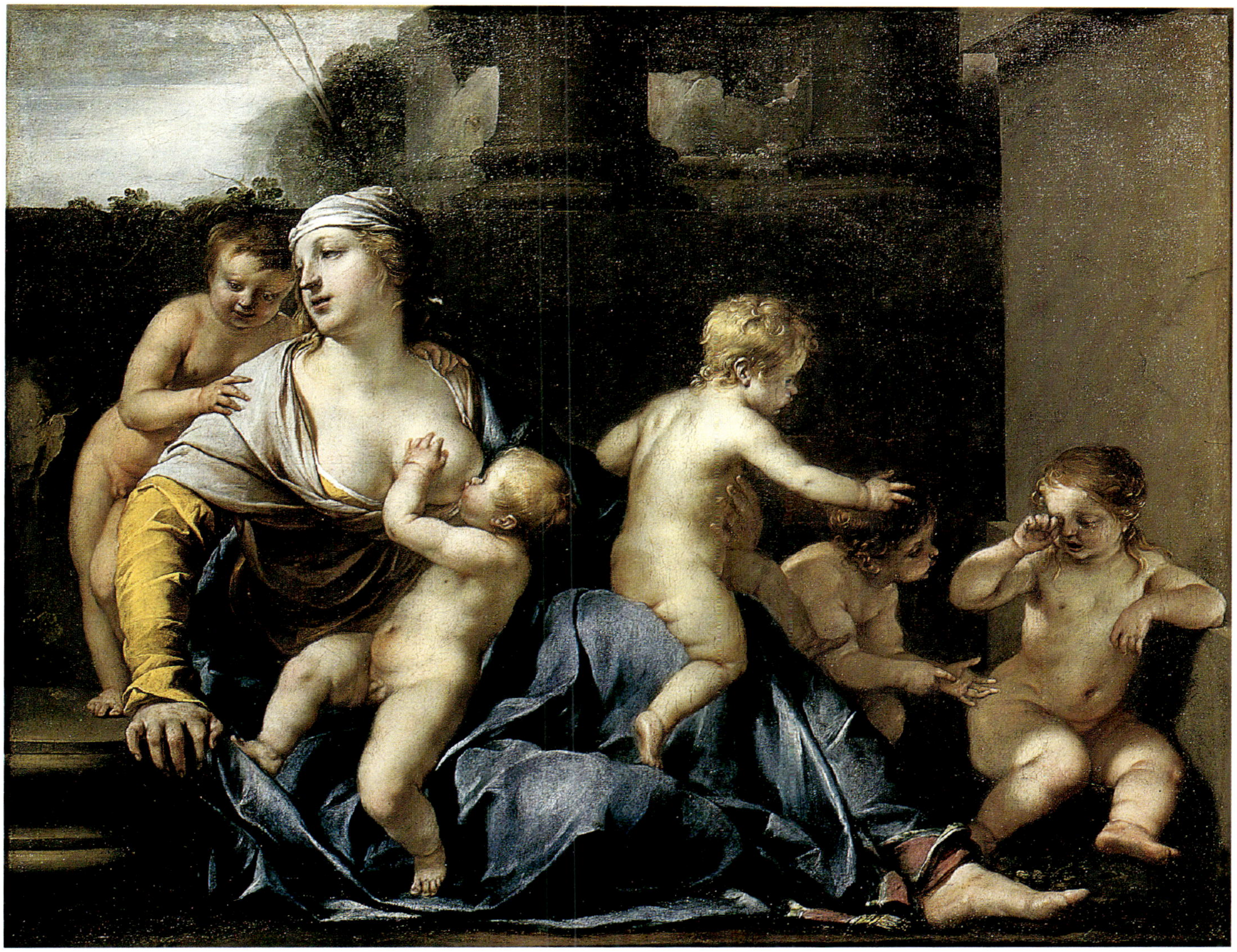

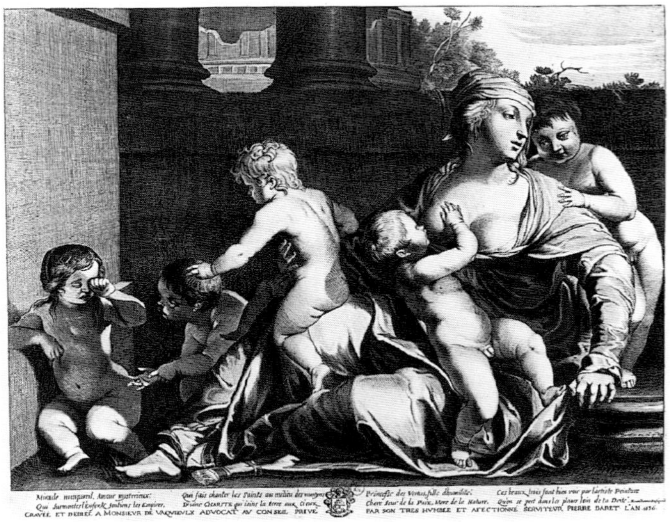

Fig. 1

Conseil privé/par son très humble et afectionné serviteur Pierre Daret. L'an 1636.

La planche de cette gravure est inventoriée en 1639 parmi les biens de Pierre Daret comme "*la Charité de Blanchard*", avec une prisée de 64 livres.

B. par Normand (au trait), pour Landon, *Annales du Musée... Ecole française ancienne.* I (1829).

Il s'agit d'un des rares tableaux de cabinet exécutés par Blanchard qu'on puisse suivre depuis le XVIIe siècle. Il fut en effet acquis par le roi dès 1662 et depuis n'a pas quitté les collections royales puis nationales. La date de l'acquisition incline même à penser qu'il pourrait s'agir de cette « *charité du sieur Blanchard, de trois pieds de hault sur quatre de large ou environ, peint sur thoille* » qui figure en tête de l'inventaire après décès de la collection de Jean Pointel, les 20-22 décembre 1660, et qui fut prisée 150 livres par Philippe de Champaigne (1978, Thuiller-Mignot, p. 47 ; voir *infra*, p. 344).

Le chef-d'œuvre est donc resté toujours connu, célèbre et visible. Mais, obscurci par les vernis accumulés, il contribuait à donner l'image d'un Blanchard se tournant vers un coloris modéré et une composition classique. Charles Sterling le situa vers 1635-1636, sans doute en se fondant sur la date de la gravure de Daret. Un nettoyage récent a révélé des tonalités plus fortes et une signature qu'accompagne la date de 1633.

Le thème de la Charité, qui va inspirer à Blanchard quelques-unes de ses plus belles toiles, a trouvé dès le XVIe siècle son expression plastique, aussi bien en sculpture (ainsi avec Dominique Florentin au jubé de la collégiale Saint-Etienne à Troyes, aujourd'hui à l'église Saint-Pantaléon, vers 1550, et au tombeau de Claude de Lorraine à Joinville, 1551-1552, musée de Chaumont) qu'en peinture avec Andrea del Sarto (la *Charité debout* du chiostro dello Scalzo et la *Charité assise* du Louvre, en 1517, conservée dès l'origine dans les collections royales et source iconographique majeure pour la France). En principe, il s'agit simplement de la traduction allégorique d'une des trois Vertus cardinales. Mais comme tous les grands thèmes dont les artistes se sont emparés, il s'enrichit de multiples significations. À l'une des extrémités, il y a simplement la femme, belle, placide, fière de sa fécondité : image même du bonheur pour un siècle où l'enfantement reste un danger de mort et où la stérilité est tenue pour une malédiction de Dieu. À l'autre, il y a une réflexion sur l'amour divin, miraculeusement offert tout entier à chacun, et sur le don spirituel et la générosité de l'esprit.

Mais Blanchard n'a pas seulement multiplié ces images de plénitude et de paix : il en a tiré une méditation plastique dont il importe de sentir toute l'originalité. Vers cette même année 1633 un Poussin, à Rome, cherche à mettre en scène toute une foule dans de vastes paysages (*La traversée de la Mer Rouge,* Melbourne ; *Le frappement du rocher,* Golspie). Blanchard va tout à l'inverse. Il isole un motif (on est tenté de dire un personnage), l'inscrit dans un espace limité et qui lui est savamment proportionné, l'installe dans le plan même du tableau, devant un écran lui aussi parallèle, qui joue des orthogonales et découpe le champ de la toile en rectangles solidement articulés. Il en résulte une puissance plastique exceptionnelle. Souligné par un canon encore tout maniériste, et qui réduit la tête et les extrémités à une petitesse paradoxale, cette grande figure féminine à demi couchée rejoint la monumentalité des dieux-fleuves antiques.

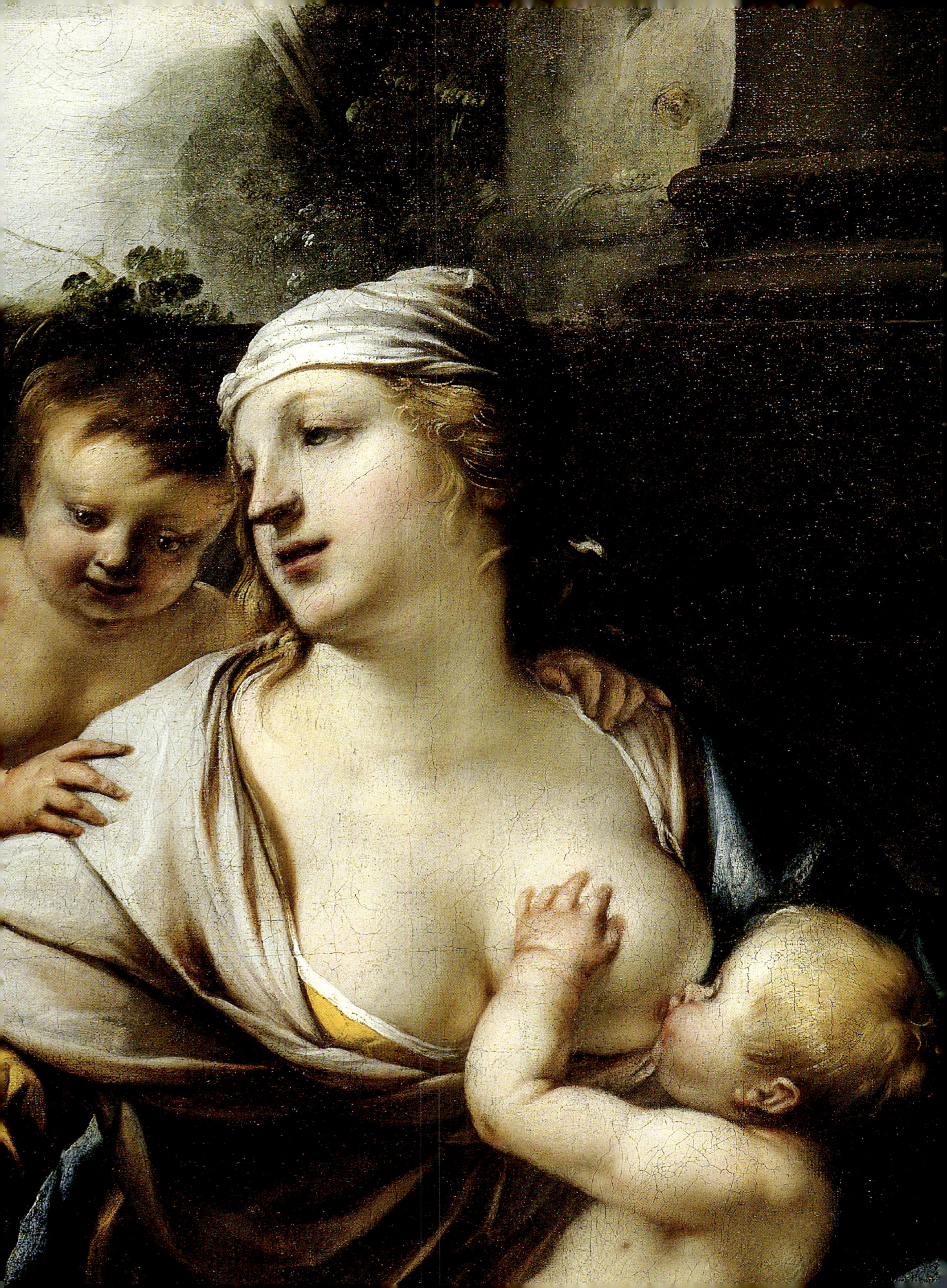

61. La Descente du Saint Esprit, 1634.

I. TABLEAU
H.t.; 3,40 x 2,45 m *ca.*
Paris, Cathédrale Notre-Dame.

HIST.
1634, 1er mai : présenté à Notre-Dame comme « May » de la corporation des orfèvres; le tableau est ensuite placé au second pilier de la croisée.
1790, 18 novembre : l'inventaire dressé en l'église Notre-Dame mentionne, à la « croisée du cloître », « *La Descente du Saint Esprit sur les apôtres, magnifique tableau peint par Blanchard* » (*cf.* Stein, 1890, p. 23).
1793, 17 décembre : Lenoir accueille au dépôt provisoire des Petits-Augustins la *Pentecôte* de Blanchard, en même temps que le *Saint Paul à Ephèse* de Le Sueur et le *Saint Pierre guérissant Tabithe* de Testelin (*cf.* Plon, 1886, II, p. 98). Il les remet le même jour aux conservateurs du Museum (*Ibidem*, p. 99 et p. 146).
1821 : mentionné comme de retour à Notre-Dame.
1876 : mentionné à Notre-Dame « *dans la sacristie de la paroisse* ».
1943-1945 : restauré par G. Chauffrey.
1947 : après son exposition à la Sorbonne, le tableau est installé dans la chapelle des fonts baptismaux.
1961-1962 : nettoyé par P.-A. Moras.

EXP.
1947, Paris, n° 96.

BIBL. SOMMAIRE
1685, Félibien, éd. cit., p. 180; 1687, Brice, II, 253; 1699, de Piles, p. 464; 1700, Perrault, II, p. 94; 1742, Piganiol, I, p. 383; 1745, Dézallier d'Argenville, p. 264, 265; 1752, d'Argens, p. 99-100, 102; 1765, Mery, p. 94, 223; 1783, Pahin de la Blancherie, p. 218; 1808, Gault de Saint-Germain; 1862, Blanc, p. 4; 1867, Jal, p. 222; 1879, Lemonnier, p. 265; 1886, Plon, II, p. 98, 99; 1890, Stein, p. 23; 1910, Vial, p. 92; 1925, Demonts, p. 166-167, note 3 (roulé dans les réserves du Louvre); 1926, Dimier, p. 39; 1935, Leroy, p. 100; 1948, Auzas, « Des toiles célèbres reviennent à Notre-Dame de Paris », *Arts*, 9 janvier ; 1949, Auzas, p. 179-180, reprod.; 1951, Dorival, reprod. n.p.; 1961, Sterling, p. 91, reprod. p. 115 [Cat. n° 44]; 1963, Thuillier, p. 205; 1965, Janneau, p. 54; 1979, Dorival, p. 225; 1985, Wright, p. 144; 1993, Hilaire, p. 130; 1994, Mérot, p. 114, reprod. p. 113.

COPIES PEINTES

1. Providence, Rhode Island School of Design

BIBL.
1961, Sterling, p. 99 (« paraît être une copie d'atelier »).

2. Meaux, Musée Bossuet. (fig. 4).
H.t.; 1,81 x 1,30 m; copie inversée avec quelques variantes; mise sous le nom de Senelle.

Jean Senelle est né à Meaux (vers 1605) et il a certainement subi l'influence de Blanchard, comme celle de Vouet ou Vignon. Sans doute est-ce la seule raison qui a pu conduire à lui attribuer cette copie, médiocre et molle, exécutée en sens inverse du tableau et certainement d'après la gravure; on n'y remarque aucun des traits qui caractérisent son art personnel.

II. COPIES DESSINÉES

1. vente Julienne, 1778.
Pierre noire; 0,309 x 0,230 m ca.
« *La Descente du Saint Esprit sur les Apôtres, ou la Pentecôte. Dessin à la pierre noire 11 pouces 6 lignes, 8 pouces 6 lignes. Le tableau est dans l'église Notre-Dame de Paris* ».

2. Leipzig, Cabinet des Estampes. DR 3 (fig. 2)
Pierre noire; 0,308 x 0,231 m.

HIST.
1858 : donné au musée par Emilie Dörrien, qui le tenait de son père, le conseiller Otto Gehler (Leipzig).

BIBL.
1933, Lavallée, p. 147-148; 1934, Lavallée, p. 184 (préparation de gravure; vraisemblablement de Blanchard); 1935, Demonts, p. 166-167, note 3 (un dessin sous le nom de Le Brun); 1961, Sterling, p. 91 (n'a pu l'examiner); 1965, Rosenberg, p. 222 (« très fini », « sans doute original »).

Ce dessin a les mêmes dimensions que celui qui était passé dans la vente Julienne. Il n'est pas impossible que ce ne soit celui-là même qui est décrit dans le catalogue. Il offre un trait ferme, un modelé précis, assez dur; on n'aperçoit aucune différence avec le tableau achevé. Sa qualité a pu incliner à y voir une œuvre de Blanchard lui-même; mais nous hésitons à le croire. Avait-il, à cette date, le temps d'exécuter de semblables copies d'après ses propres œuvres, ou ne confiait-il pas ce soin à quelque collaborateur ?

3. Paris, Musée du Louvre, Inv. 23774. DR 4 (fig. 3).
Plume, rehaussée de sanguine et lavé de bistre; forme ronde; 0,232 x 0,232 m (Guiffrey-Marcel, n° 297, reprod.).

BIBL.
1934, Lavallée, p. 184 (copie); 1961, Sterling, p. 91 (« très médiocre copie d'après une gravure »).

Il s'agit d'une copie inversée, réduite au format circulaire, déjà cataloguée par Guiffrey-Marcel dans la catégorie « attribution ».

III. GRAVURES
- par Nicolas Regnesson (fig. 1).
Burin; 0,515 x 0,377 m.
En bas, dans le sujet : *Peint par Jacques Blanchard / A Paris ruë St Jacques, au Seraphin, avec privilege du Roy*, et sur la tablette, des deux côtés des armes, dédicace de N. Regnesson À *Messire Mre Dreux D'aubray, Chevalier/comte d'Offemont, Seigneur de Villiers, et autres lieux,/conseiller du Roy en ses Conseils d'Estat et privé et/Lieutenant Civil de la ville, Prevosté, et Vicomté de Paris.*
- par Nicolas Tardieu

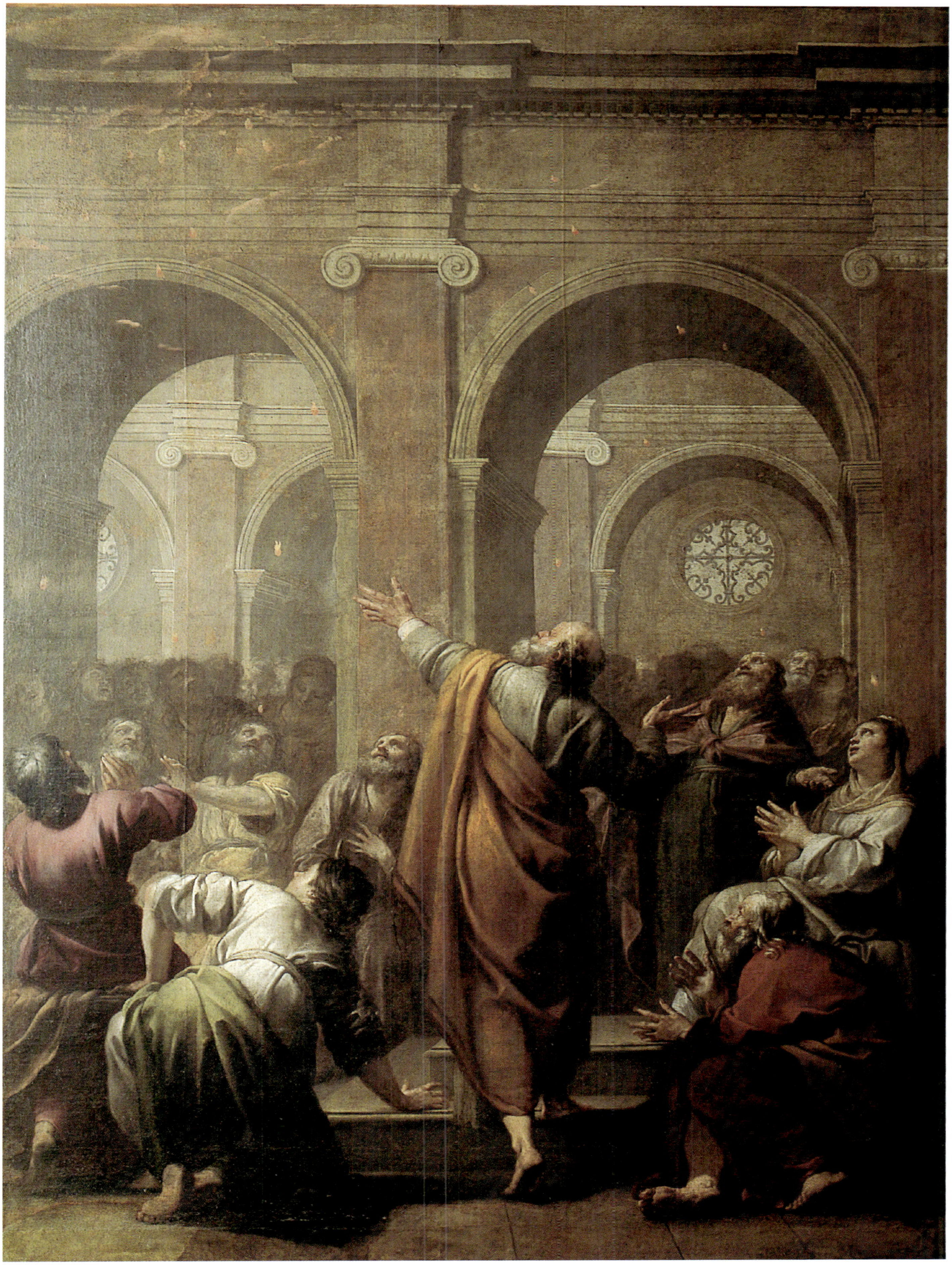

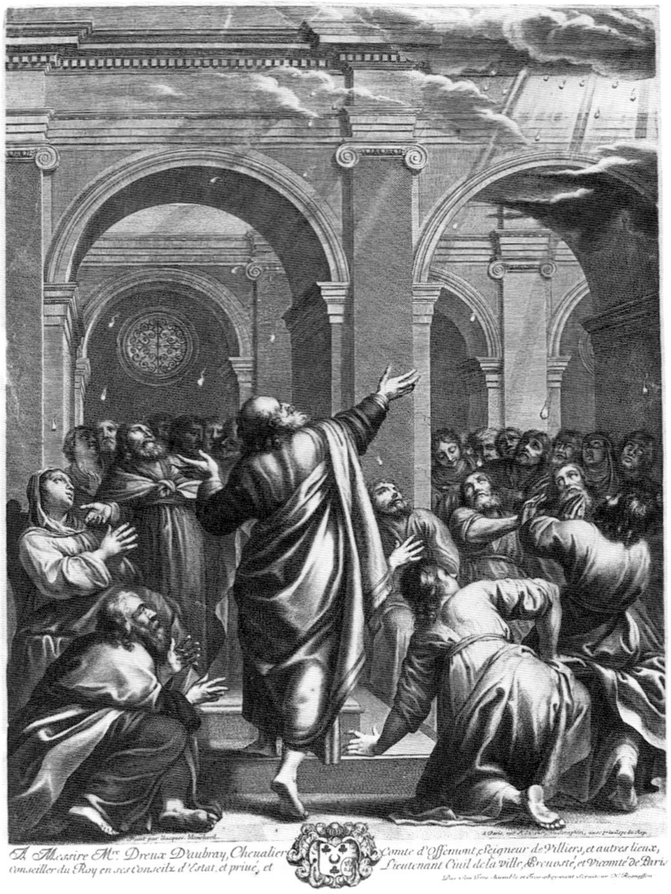

Fig. 1

offre un canon qui se souvient des déformations maniéristes : Charles Sterling, à son propos, ne pouvait s'empêcher de songer au Tintoret. Elle contraste avec les deux personnages trapus (saint Jean et saint Paul ?) gauchement recroquevillés des deux côtés. La coupure du tableau en quatre parties à peu près égales, deux vides et deux pleines, a quelque chose de primaire et de gênant. Les réminiscences du XVIe siècle associées à la volonté d'extrême dépouillement ne laissent pas de déconcerter.

Il faut, pour en retrouver l'importance, le replacer à

Ce *May* fut extrêmement célèbre. En 1699, Roger de Piles n'hésite pas à écrire : « *De tous [l]es ouvrages [de Blanchard], celuy qui a le plus soutenu sa réputation, c'est le tableau qu'il fit à Nôtre-Dame pour le premier de May. Il représente la Descente du Saint Esprit, & cette Eglise le conserve chèrement, comme le plus beau de tous les Tableaux que l'on y voit* » (p. 464).

Pareil éloge reparaît sous les plumes les plus diverses et à toutes les époques. Il peut surprendre. Félibien, en 1685, se contentait d'une simple mention. De nos jours l'œuvre est difficile à juger. Des nettoyages successifs ont certainement usé la couche picturale, fait disparaître la subtilité du pinceau, et même ruiné certaines parties de la toile (notamment les têtes à l'arrière-plan et la partie haute, où les nuées et l'indispensable éclat de lumière ont été effacés). Elle reste imposante.

C'est peut-être le plus sévère de tous les *Mays*, et Blanchard, si sensuel d'ordinaire, semble avoir renchéri sur l'austérité. Les quelque huit mètres carrés de la toile sont presque entièrement partagés entre une architecture triste à pilastes gris et des draperies de bure, entre lesquels se glissent quelques visages barbus. La silhouette centrale, vue de dos, avec une tête et des extrémités minuscules,

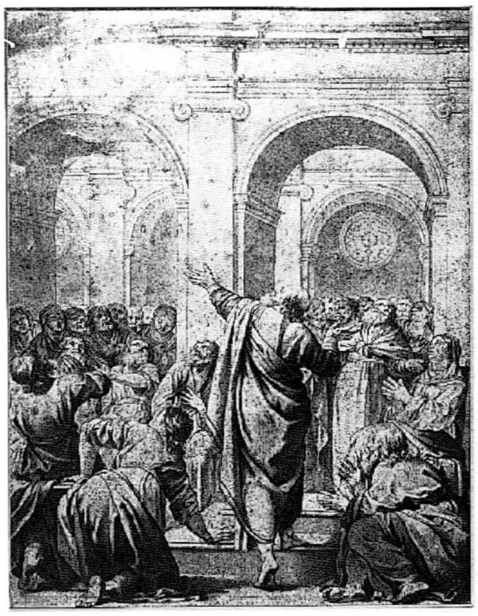

Fig. 2
Anonyme,
dessin à la pierre noire
Leipzig, Cabinet des Estampes.

sa date précise : le début de 1634. La série des grands *Mays* vient seulement de commencer, la peinture religieuse parisienne hésite encore sur le parti à suivre. La plus grande réalisation qui suivra sera à coup sûr le retable commandé par Bullion pour le maître-autel de Saint-Eustache et réalisé en 1635 par Simon Vouet. Ce dernier y poussera à ses limites le grand lyrisme à l'italienne, avec mouvements violents, couleurs vives, construction oblique, puissants contrastes de valeurs, ciel trouant la composition. En regard le tableau de Blanchard proposait la symétrie, la lisibilité des plans, les nuances d'une atmosphère claire qui joue des gris et une expression mesurée des passions, qui suggère l'intervention céleste plus qu'elle ne la fait voir. Leçon toute contraire à celle de Vouet, mais qui – un peu comme celle d'un Sacchi pour la peinture romaine – allait se révéler d'une grande utilité dans la suite du siècle.

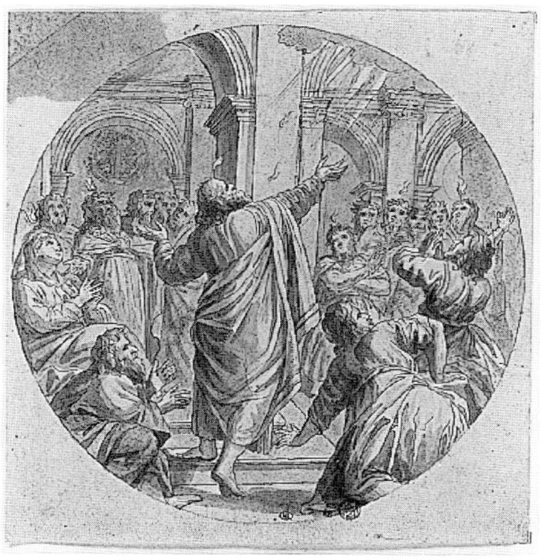

Fig. 3
Anonyme,
dessin à la plume et au lavis, Paris,
Musée du Louvre, Cabinet des dessins

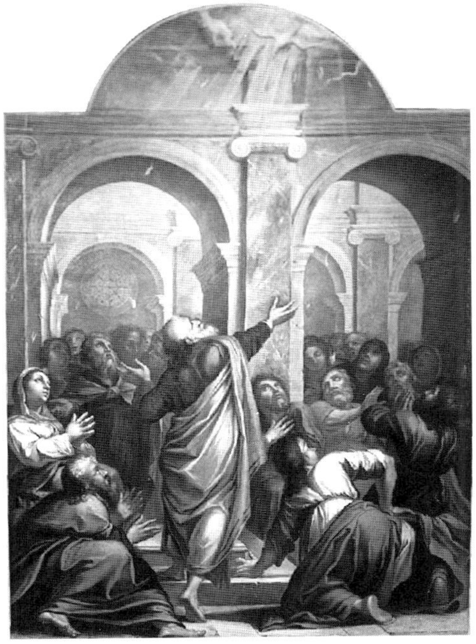

Fig. 4
Anonyme, copie peinte,
Meaux, Musée Bossuet.

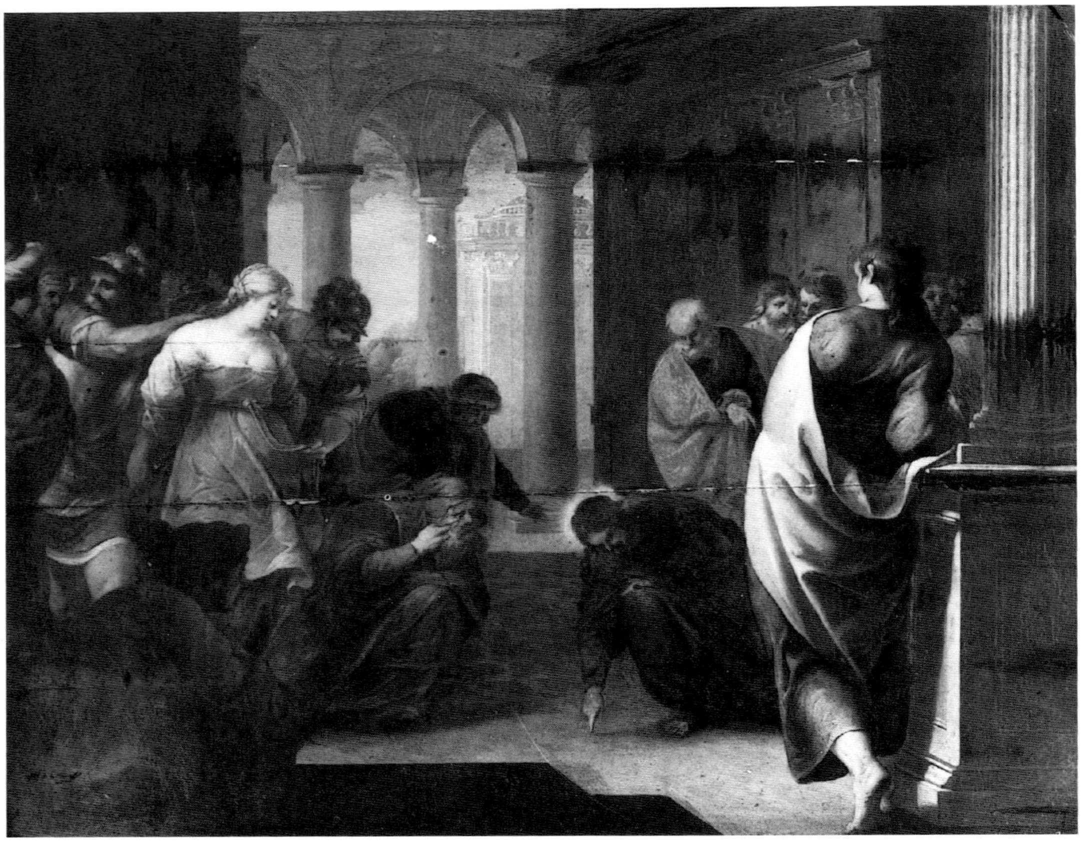

62. Le Christ et la femme adultère

H. b.; 0,76 x 0,96 m; manque au coin droit du bas.
Signé (?) en bas à droite : *JB...* (le reste disparu).
Paris, Musée du Louvre, Inv. RF 1938-57.

BIBL.
1981, *Revue du Louvre*, n° 5-6, p., reprod. fig. 14.

HIST.
1938 : don William Rossel. Le tableau était réputé provenir de la collection Lazareff à Saint-Pétersbourg (2e moitié du XVIIIe siècle). À la mort du dernier Lazareff, il serait passé au gendre du général Lazareff, le marquis d'Abzac. Ce dernier l'aurait présenté en vente à l'Hôtel Drouot sous le nom d'Otto Vœnius, le 20 janvier 1875, et racheté aux prix de 1 400 f. Le tableau passa à la mort du marquis d'Abzac à une cousine russe, puis à William Rossel, qui lui était directement apparenté.
1981 : offert au Louvre comme Otto Vœnius, puis inventorié dans l'école française du XVIIIe siècle, puis glissé dans l'école italienne du XVIIe, le tableau est enfin attribué à Blanchard par Michel Laclotte.

L'attribution à Jacques Blanchard est récente. On devine ce qui a pu l'attirer : la grande courbe de l'homme debout au premier plan, qu'on rencontre dans l'*Assomption* de Cognac ou le *May* de Notre-Dame, le décolleté sensuel de la femme, certaines têtes d'hommes barbus... En revanche on peut être surpris par la conception de l'espace, l'utilisation d'un « repoussoir » au premier plan à gauche, la division dramatique en deux groupes affrontés, le choix des architectures, sans parler de l'utilisation du bois comme support. Il se pourrait que nous fussions ici devant l'élément conservé de quelque décor de chapelle exécuté sans doute avec l'aide de Jean Blanchard ou de quelque autre collaborateur.

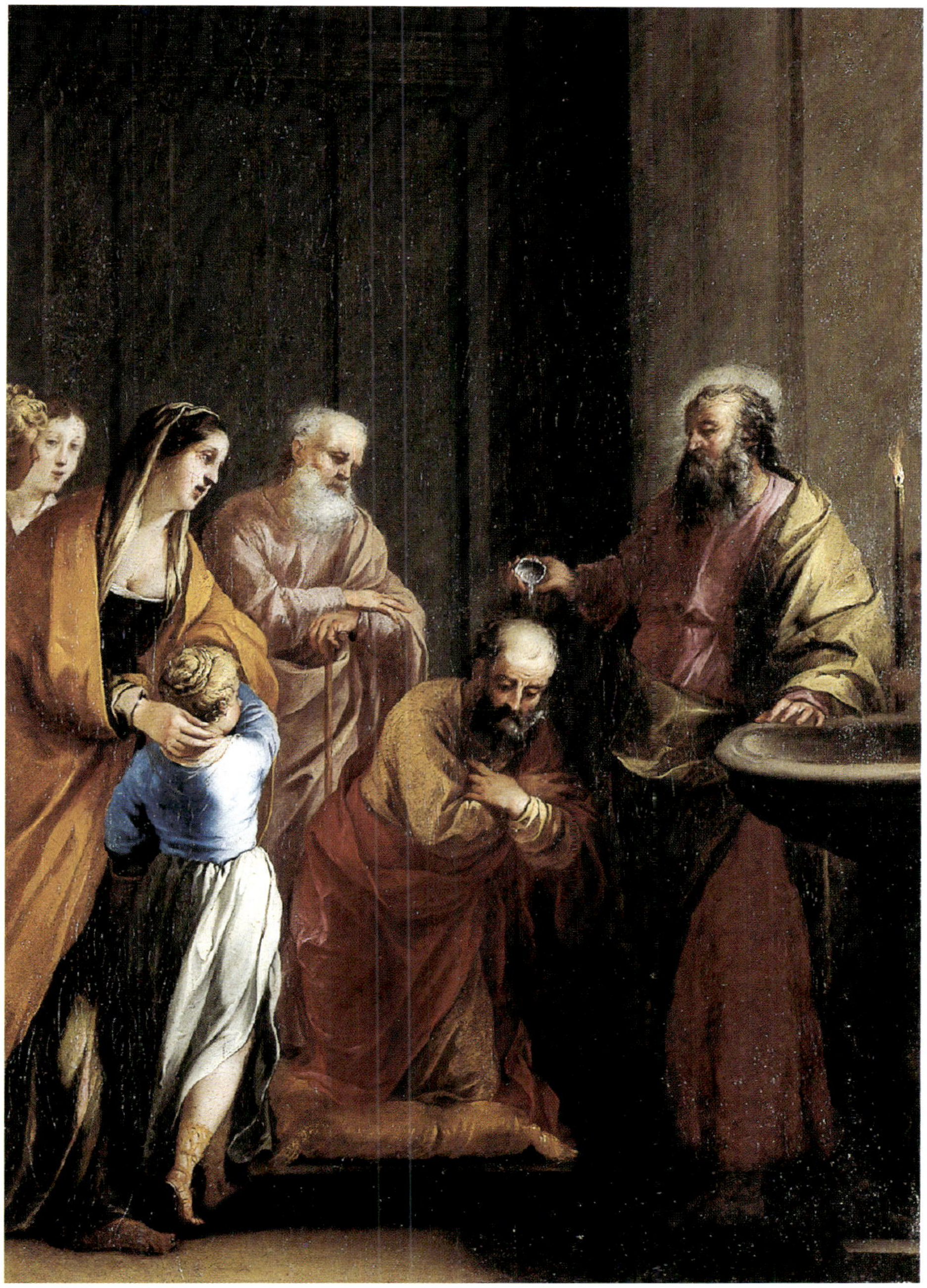

63. Baptême

H.t. ; 1,27 x 0,88 m.
Rouen, Musée des Beaux-Arts, Inv. 973.7 ; cat. 1978, p. 10.

HIST.
1973, 7 mai : vendu à l'Hôtel Drouot, n° 149, comme « attribué à Jacques Blanchard » (reprod. au catalogue) ; acquis par le musée des Beaux-Arts de Rouen.

BIBL.
1975, Rosenberg, p. 219, reprod. fig. 134.

COPIE DESSINÉE :
Paris, musée du Louvre, Cabinet des dessins
Signalée par M. Arnauld Brejon de Lavergnée parmi les « anonymes français ».

Le sujet du tableau n'est pas clair. Il doit représenter le baptême d'un adulte, sans doute devant sa femme et sa fille et quelque vertueux vieillard. Ce qui écarte Augustin. L'absence de toute marque de dignité royale exclut pareillement l'histoire de Clovis. À première vue, il semble donc qu'on ne se trouve pas devant un débris des ensembles jadis conservés à l'église des Augustins.

Pourtant ce morceau paraît bien venir d'un décor démembré. Le tableau acquis par Rouen semble apparaître lors d'une vente de 1798 où il était accompagné de deux autres compositions religieuses de mêmes dimensions. En effet, dans le catalogue de la vente des « ...*Tableaux précieux... composant le fonds de commerce du Citoyen La fontaine, peintre et marchand de tableaux* Paris, « Maison de Bullion », 4 ventôse au 6 [jeudi

22 février] 1798, vieux style) », avec A.J. Paillet comme expert, on rencontre sous les nos 126, 127 et 128 les notices suivantes :

Blanchard – 126. Le martyre d'un évêque, très-beau tableau par la richesse de la couleur & la savante exécution. Haut. 48 pouc. Largeur 33. T [oile].

Par le même. 127. Un autre tableau représentant le sujet d'un baptême, composition de cinq figures principales, même proportion.

Par le même. 128. Un autre tableau, sujet de Jésus-Christ prêchant dans le temple ; même mesure que les précédents.

Le support (toile) et les dimensions correspondent parfaitement. Le baptême comprend bien cinq figures « principales », même si un visage supplémentaire apparaît à gauche. La « prédication de Jésus au temple » a pu être confondue avec la prédication d'un saint, et l'ensemble des trois œuvres avoir fait partie d'un ensemble cohérent. Faut-il songer à la chapelle de Le Barbier ? Ou à celle de La Chevrette ? Il dut exister d'autres décors religieux, où des aides eurent plus ou moins large part. Or ce qui apparaît ici est plus l'influence de Blanchard que son pinceau...

64. La Charité (six figures)

H.t. ; 1,35 x 1,03 m.
Signé et daté en bas, à droite, sur la pierre, *J Blanchard 163.*
Localisation actuelle inconnue.

HIST.
1961 : passé en vente à Lucques, le tableau se trouve dans le commerce d'art londonien (reproduit dans *Combat Art*, n° 83, 6 novembre 1961) ; acquis par la Bob Jones University (cat. 1968, p. 39, n° 287, reprod. p. 134), il est vendu avant la fin de 1973 comme n'appartenant pas en propre à l'inspiration religieuse, et revient ensuite dans le commerce américain.
1981, 11 juin : passé en vente à Londres, Sotheby's, n° 128 (reproduit dans le catalogue en couleurs).
1994, 10 juin : le tableau repasse une nouvelle fois en vente à Londres, Christie's, « French Pictures of the 17 th., 18 th. and 19 th. Centuries », n° 3, reprod. couleurs.

BIBL.
1975, Rosenberg, p. 220-221 ; 1982, Rosenberg, p. 225 ; 1985, Laveissière, p. 5 ; 1985, Wright, p. 144 (Greenville, Bob Jones University).

Nous n'avons jamais eu l'occasion d'examiner cette œuvre au destin mouvementé. À en juger par la photographie, la composition garde grande allure. Elle devrait se situer vers 1633, à une date proche de la *Charité* du Louvre.

Exceptionnellement, Blanchard choisit pour ce sujet favori un format en hauteur, avec la femme debout. C'était sans doute se souvenir du parti souvent suivi au XVIe siècle (fig. 1), notamment à Fontainebleau : ainsi la belle *Charité avec cinq enfants* du Louvre (R.F. 1970-31, fig. 2), restée anonyme, ou même le marbre de l'atelier de Germain Pilon, *La Charité avec trois enfants*, également conservé au Louvre.

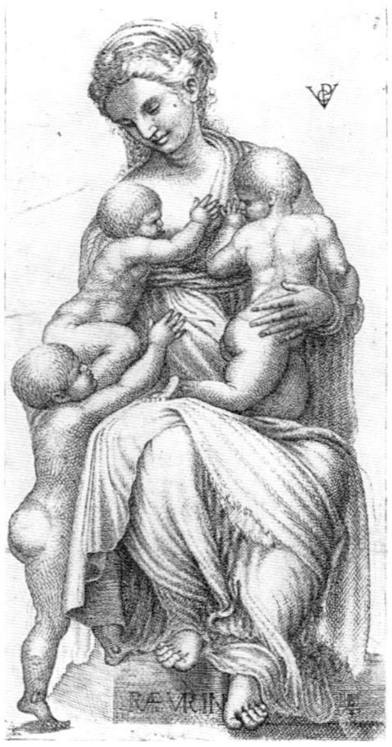

Fig. 1
Graveur anonyme, 1643,
La Charité,
attribuée à Raphaël.
Paris, coll. part.

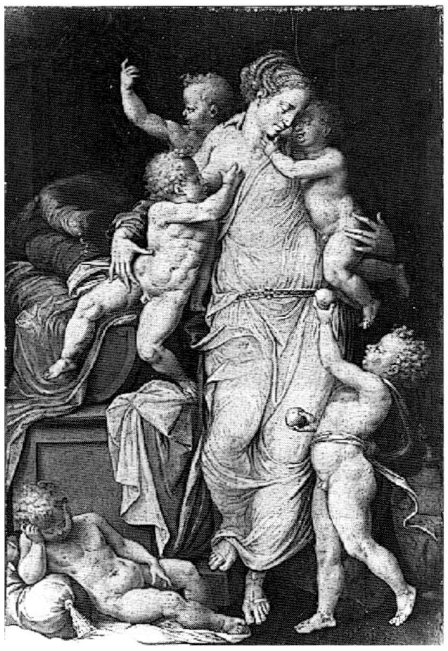

Fig. 2
École de Fontainebleau,
milieu du XVIe siècle,
La Charité.
Paris, Musée du Louvre.

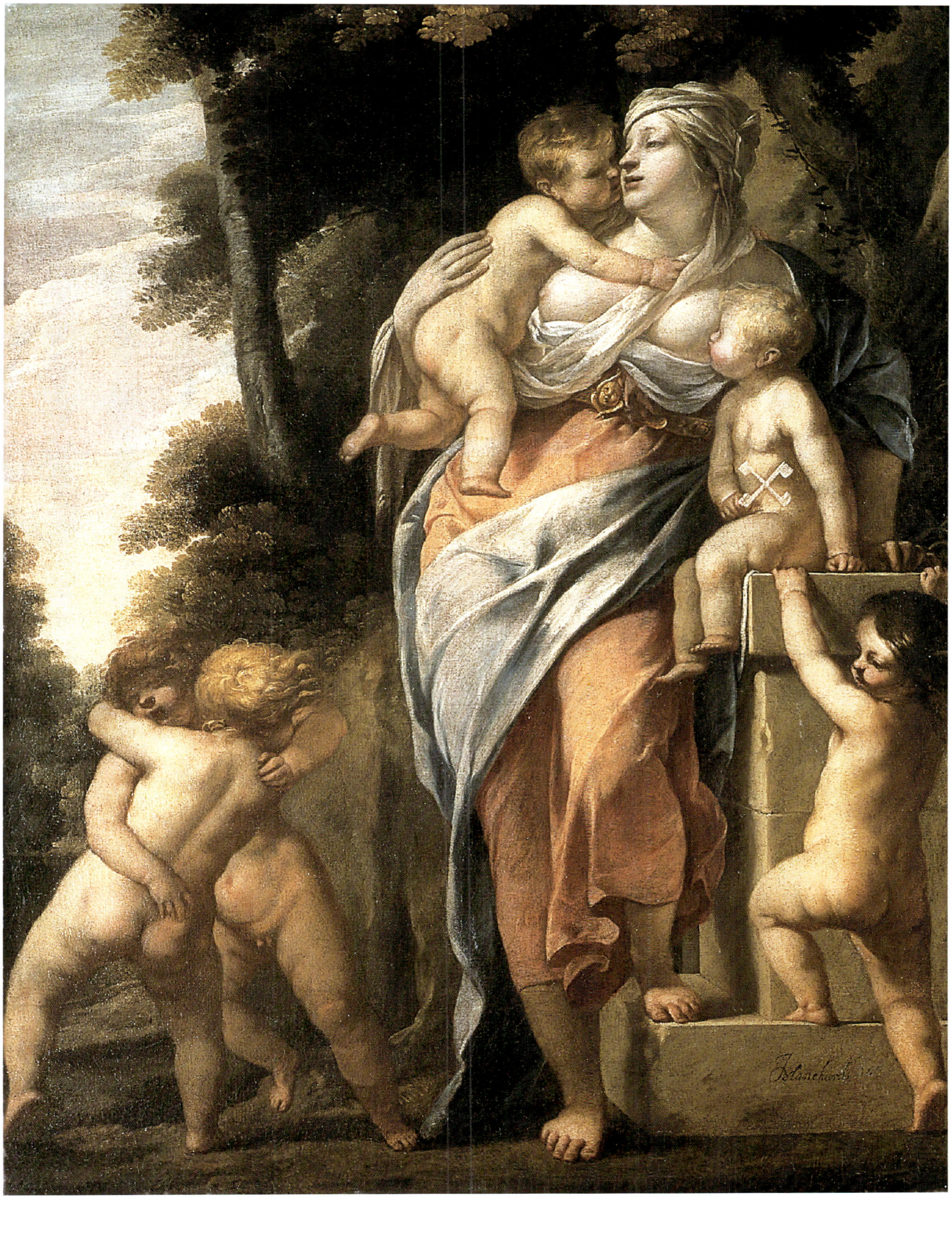

65. Sainte Véronique

I. TABLEAU
H.t. ; 1,27 x 0,98 m.
Saint-Pétersbourg, Musée de l'Ermitage, Cat. 1958 (Vouet) ; Cat. 1976, n° 2557, reprod.

BIBL.
1961, Sterling, p. 91, reprod. [Cat. n° 45] ; 1965, Rosenberg, p. 222 (signale l'existence d'une copie) ; 1974, Glickman, pl. couleurs n° 11 ; 1985, Wright, p. 144.

COPIE (?)
H.t. ; 1,49 x 1,02 m.
Paris, coll. part.

BIBL.
1961, Sterling, p. 91 « réplique d'atelier ».

II. GRAVURE, par Pierre Daret (Weigert 369) (fig. 2).
Burin ; 0,265 x 0,195 m.
Au dessous de la composition, sur trois lignes, en latin, la dédicace de Pierre Mariette :
Clarissimo et nobilissimo viro Jacobo Goislard Regis Cristianissimi Consilario/atque Secretario Integerrimo bonarum artium Picturisque in primis/amatori D.D. deditissimus servus Petrus Mariette.
Tout au bas, à droite : *Daret fecit* ; au centre : *Blanchar pinxit* ; à gauche : *Mariette ex Cum privil.*

BIBL.
1961, Sterling, p. 91, reprod.

Il existe un état de la planche où le nom de Blanchard ne figure pas (premier état ? ; non mentionné par Weigert).

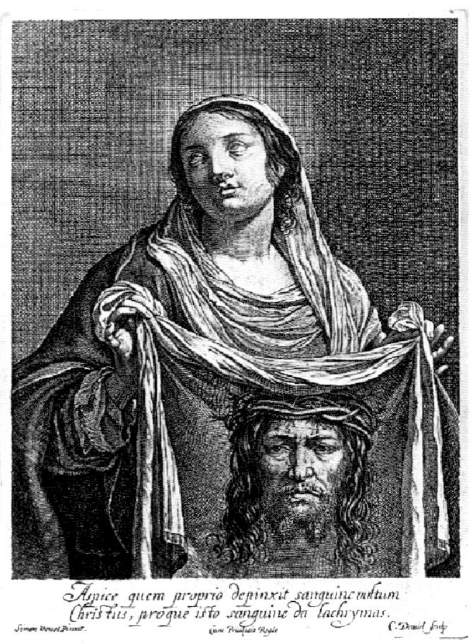

Fig. 1
Simon Vouet,
Sainte Véronique,
gravée
par Charles David.

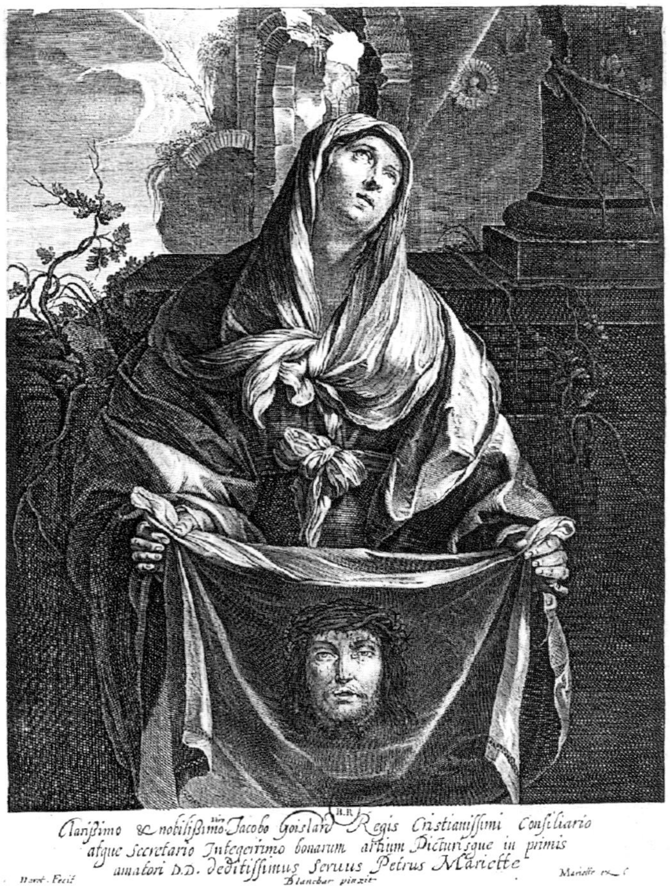

Fig. 2

Placé autrefois sous le nom de Vouet, le tableau de l'Ermitage a été rendu à Blanchard en 1961 par Charles Sterling, qui l'a rapproché de la *Descente du Saint Esprit* et lui a assigné une date voisine (« vers 1633-1634 »). N'ayant pas été à même d'étudier directement cette œuvre, nous croyons devoir lui faire confiance.

La gravure semble avoir été commandée par Mariette, qui l'a dédiée à Jacques Goilard, secrétaire du roi et grand amateur d'estampes. Marolles ne craignait pas d'écrire :

En ce genre Goilard fut curieux terrible ;
Il étendit ses soins de l'un à l'autre bout ;
Et s'il en eust la force, il s'emplissoit de tout ;
Pour son avidité rien n'estoit impossible.

La précision de la dédicace « *bonarum artium* Picturisque *in primis amatori* » semble bien suggérer que le tableau lui appartenait.

Le thème de la Véronique présentant le voile de la Sainte-Face n'est pas ignoré de la peinture française du XVIIe siècle. À une date très proche Vouet peignit précisément une *Véronique* voisine de pose et d'expression, qui fut gravée par Charles David dans une planche qui peut passer pour son chef-d'œuvre (fig. 1).

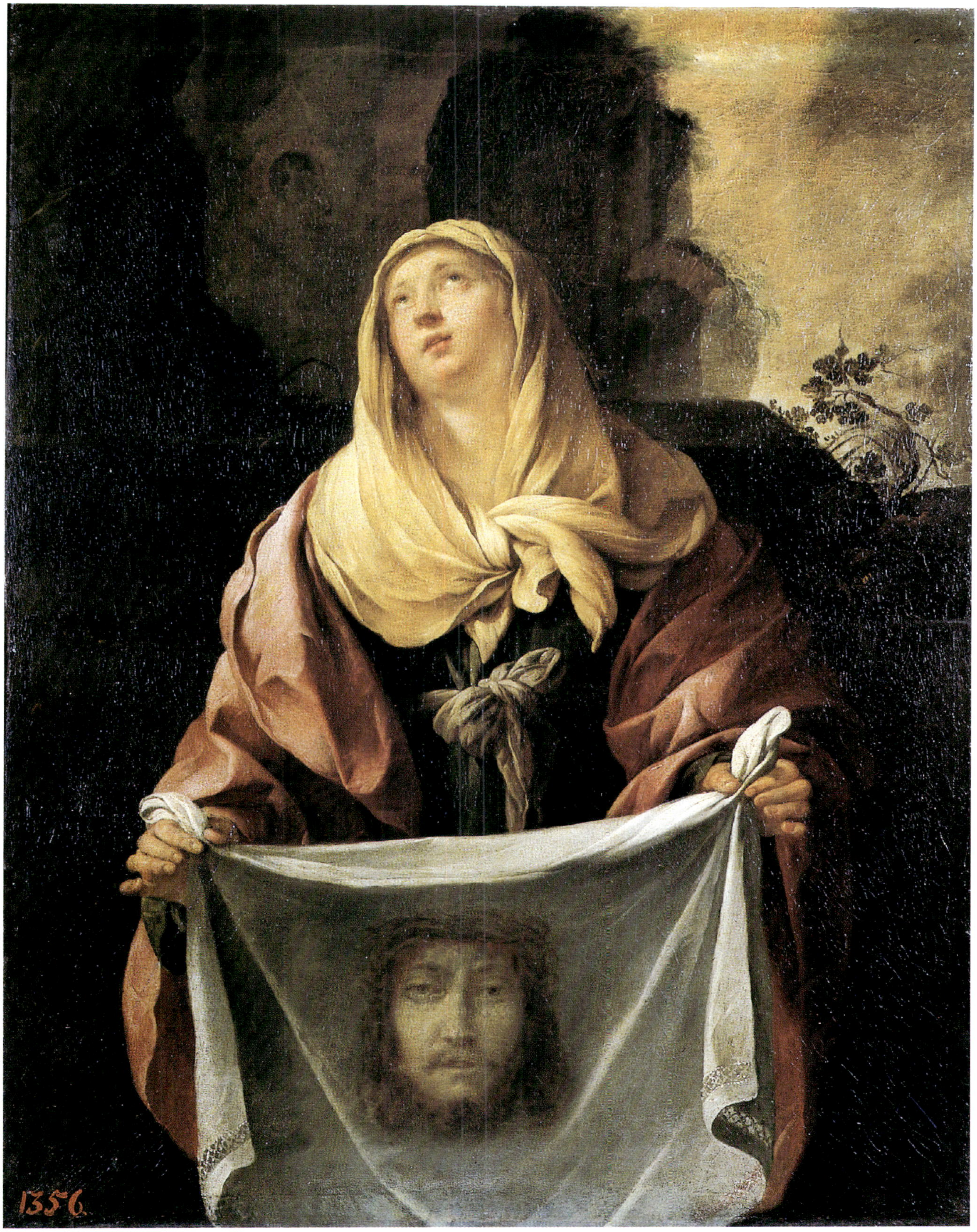
1356.

66. Saint Jérôme

H.t. ; 1,41 x 1,04 m.
Bar-le-Duc, Musée (disparu).

HIST.
Nous n'avons pu établir l'origine de ce tableau, ni sa date d'entrée dans les collections nationales ; des confusions répétées avec un *Ermite* provenant de l'ancienne Académie (en fait de 3 pieds 8 pouces sur 2 pieds 10 pouces) semblent avoir dissimulé sa véritable provenance.
XIXe siècle : le tableau fait partie des collections du Louvre (Inv. 2609), mais pratiquement n'y a jamais été exposé. Il fut successivement mis en dépôt à Meudon, puis au musée de Bar-le-Duc (1876).
Août 1985 : volé dans le musée.

BIBL.
1925, Demonts, p. 166, note 3 ; 1961, Sterling, p. 91, reprod. [Cat. 46] ; 1962, Vergnet-Ruiz-Laclotte, p. 226 ; 1963, Thuillier, p. 206 ; 1985, Wright, p. 142.

Le thème de saint Jérôme est ici repris dans un style plus austère. Comme Charles Sterling, nous pensons à une date proche de celle de la *Descente du Saint Esprit*, soit le début de 1634. Toutefois nous n'avons jamais vu le tableau, et nous ne saurions fonder une certitude sur la simple photographie en noir... Nous sommes aussi tenté de placer à une date tardive, proche de la *Sainte Famille* de Cherbourg (*cf.* Cat. 85) et de la *Madeleine pénitente* parisienne (*cf.* Cat. 86).

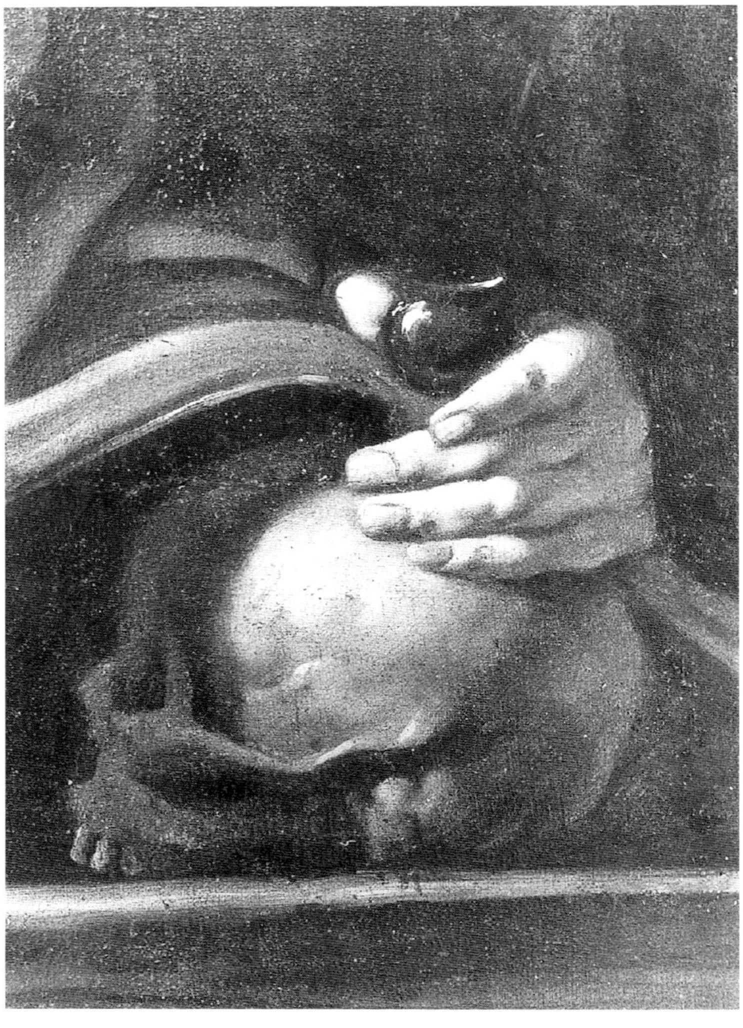

Détail.

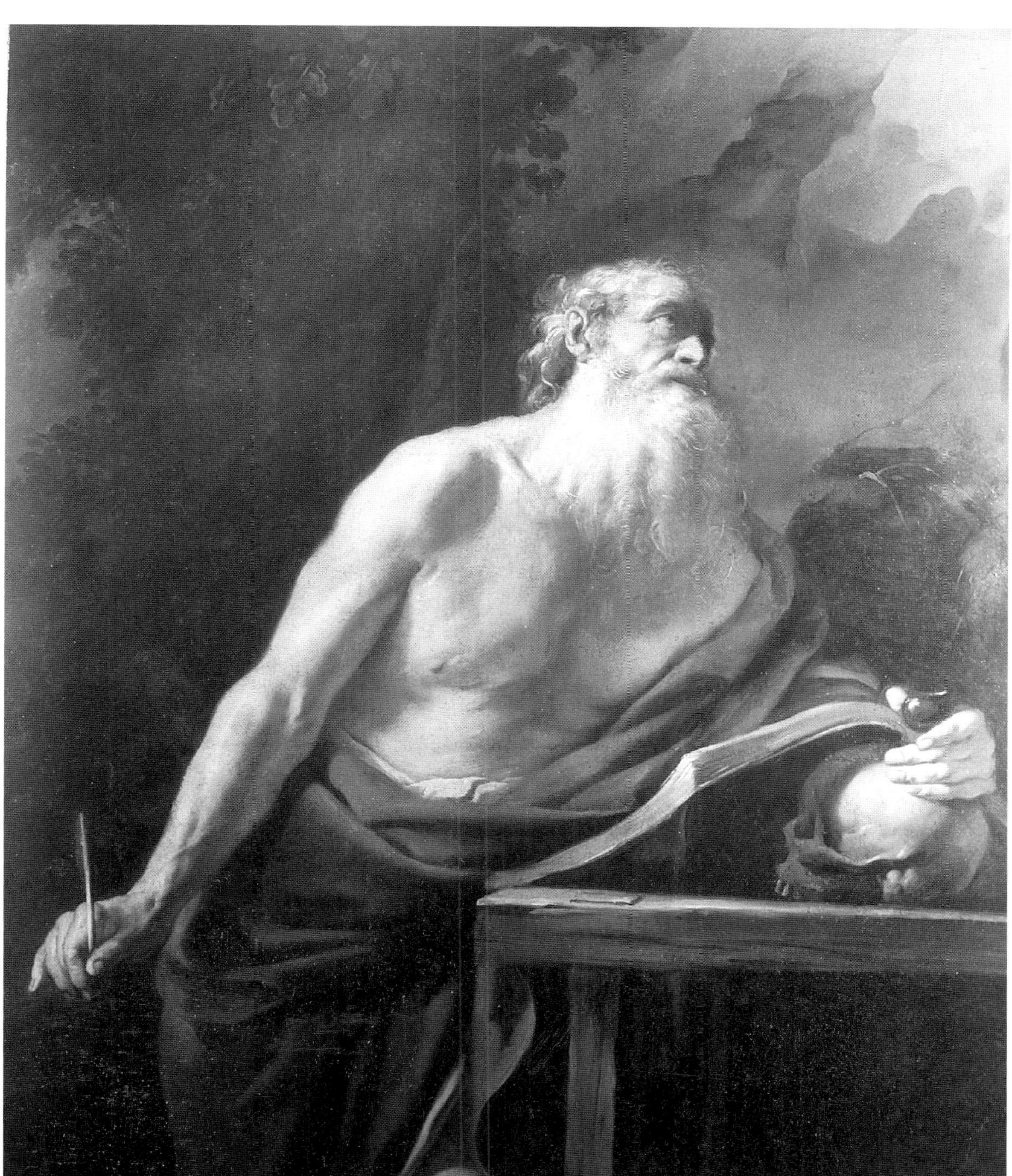

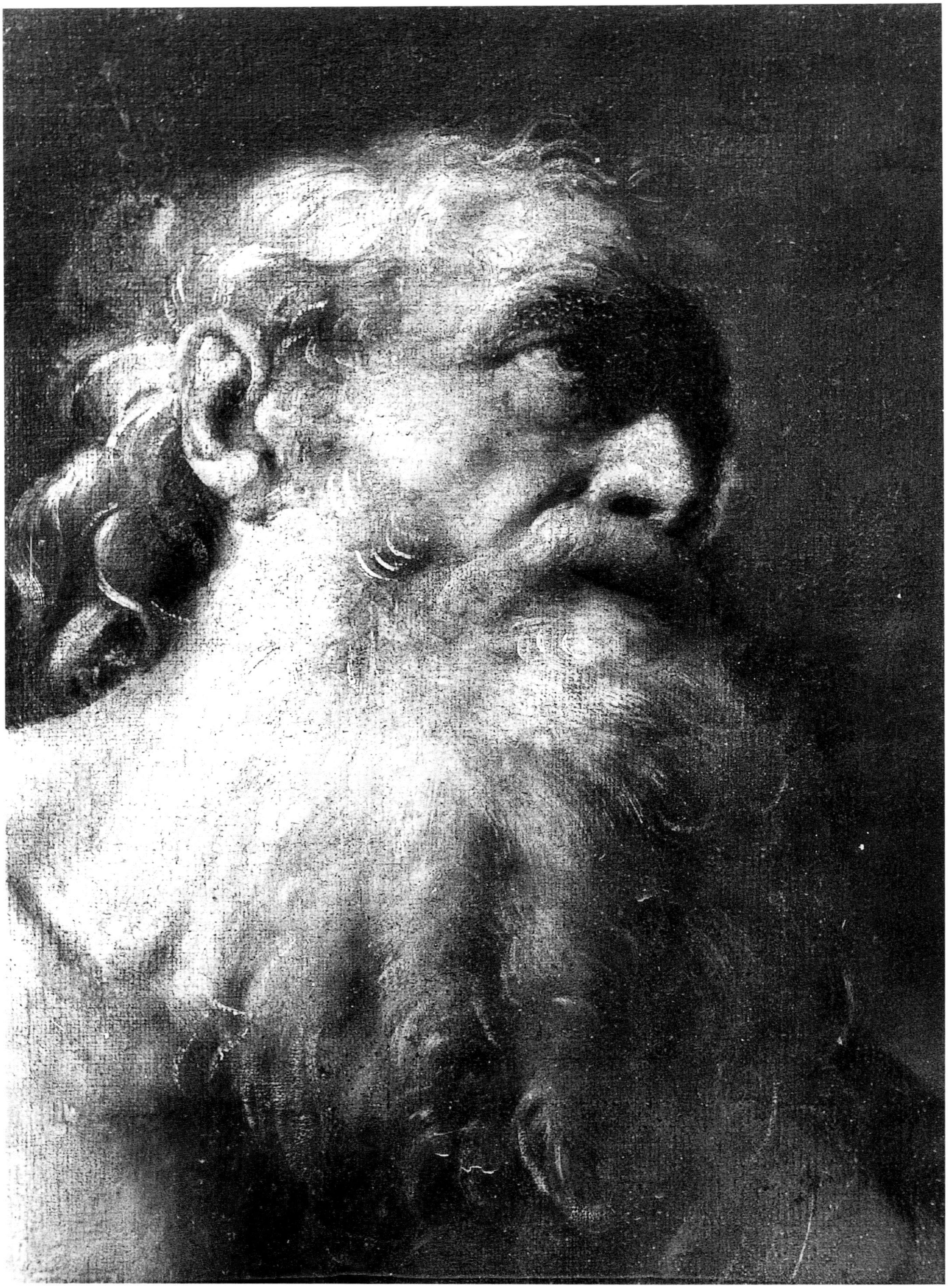

67. Travaux à l'hôtel Bullion, 1634.

HIST.
1634, 1er octobre : le marché est passé avec Claude de Bullion moyennant 6 000 livres, dont 1 000 versées sur le champ. Le document a pu être retrouvé au Minutier Central :

1er octobre
Devis des ouvrages de peinture qu'il convient faire pour Monseigneur le Surintendant en sa Maison de paris.

Premierement en une gallerie basse respondant sur le jardin le plancher se feindra tout de maçonnerie les solive seront ouvrées de cartouches et moresques tant dessus, costez que entredeux dudit plancher
Les poultres dudit plancher seront ouvrées de cartouches, petits Enfans, gros fleurons, et Camahieux.
Sera feint tout autour de ladicte gallerie ung lambris de maçonnerie de quatre a cinq pieds de hault, avecq les ornemens selon l'ordre de l'architecture, sur lequel lambris sera eslevé des termes feintz de sculpture soubz chaque poultre, tous differends representans le contenu des Tableaux, entre deux termes sera feint un cadre de maçonnerie avecq les ornemens necessaires, et au dessus desdicts cadres une corniche regnant au tour de ladicte gallerie le tout selon l'ordre de l'architecture.
Dans la longueur de ladicte gallerie et aux costez d'icelle il convient faire douze Tableaux dans lesquelz sera representé les douze mois de l'année par figures qui en peindront le subiect et selon les saisons avecq paysages derriere lesdictes figures.
Plus sera faict trois perspectives au bout du Jardin dudict Seigneur y compris les ornemens qu'il conviendra faire au tour pour les separer l'une d'avecq l'autre avecq les figures necessaires qui doibvent estre dedans.
Le tout sans dorure.
Sera faict en oultre la peinture d'une salle basse estant au bout de ladicte gallerie dans le grand corps de logis tant au lambris autour d'icelle, plancher, que cheminee avecq les tableaux necessaires de mesme que le cabinet estant proche de la petitte salle du logis de monsieur Le Barbier.

Fut present en sa personne Jacques Blanchard Me Peintre a paris y demeurant Rue Sainte croix de la Bretonnerie parroisse Sainct Mederic lequel a recogneu et confessé avoir promis et promet a Monseigneur Mre Claude de Bullion Conr du Roy en ses Conseils Chanr de ses ordres et Surintendant des finances de france de faire et parfaire bien et deuement, du moins aussi bien que les ouvrages de peinture qu'il a faict au grand cabinet dudict sieur le Barbier ayant veüe sur l'eau, les ouvrages de peinture mentionnez au devis cy devant escript, et pour ce fournir de toutte matiere et peines d'ouvriers nécessaires, et rendre le tout faict et parfaict dans trois mois. Ce marché faict moiennant la somme de six mil livres ts, laquelle somme sera payée par ledict seigneur de Bullion audict Blanchard au fur et a mesure que lesdictz ouvrages s'en feront. Sur et en moins de laquelle somme a esté (presentement) payé audict Blanchard la somme de mil livres a desduire sur ladicte somme de six mil livres (promises) Dont etc. quite etc. promettant etc. obligeant etc. renoncant etc.
Fait et passé en l'estude des notaires le premier jour d'octobre mil six cens trente quatre avant midy et a signé

Jacques Blanchard
Poictevin Marreau

(Archives Nationales, Minutier Central, XCVIII, 117).

1634, 25 novembre : à cinq semaines du terme fixé par le contrat, Jacques Blanchard doit craindre que les travaux ne puissent être terminés à temps. Il sous-traite l'exécution de la partie proprement décorative, soit le plafond à la française, déjà commencé par lui, au peintre Jacques Duchemin qui avec son équipe devra peindre les neuf travées restantes sur le modèle des deux qu'il a déjà achevées.
Le marché, conservé, a été publié par Richard Beresford :

XXVe novembre
Fut present et comparut personnellement honnorable homme Jacques du Chemin, maistre peintre bourgeois de Paris y demeurant rue Bourtibourg parroisse St. Paul, confesse avoir faict marché, promis et promect à honnorable homme Jacques Blanchard, aussy maistre paintre bourgeois de Paris y demeurant rue [de la Verrerye paroisse, rayé*] Ste. Croix de la Bretonnerye paroisse St. Jehan en Grève, à ce present et acceptant de faire et parfaire bien et deuement ce qui reste à faire des ouvrages [encomm...,* rayé*] de painture encommencée par ledit Blanchart et par luy entreprise pour Monsieur de Bulion en l'hostel dudit Seigneur soubz une galleryе d'icelluy hostel et ce en travées de plancher de ladite galleryе, suivant et au desir du desseing qui en a esté faict que led. duchemin a dit bien sçavoir et conformement à ce qui est, comme dit est, encommencé par ledit Blanchart, et pour ce faire y fournir de ce qu'il conviendra, à commencer à y travailler avecq ouvriers dès lundy prochain et continuer assiduement sans discontinuer pour rendre le tout faict et parfaict bien et deuement comme dit est au dire d'ouvriers et gens à ce congnoissans, dans le plus bref temps que faire se poura au desir dudit desseing à peyne de tous despens, dommage et interests, le tout moyennant et à raison de*

quatre vingts livres ts. pour chacune travée desdits ouvrages, lequel prix ledit Blanchart promest et s'oblige bailler et payer audit du chemin ou au porteur etc., au feur et à mesure qu'il fera et advancera lesd. Ouvrages. A esté convenu entr'eulx que les ouvrages qui sont faicts par led. Blanchart, lesquelles ledit du chemin a dit avoir veues, luy seront comptées pour deux travées seullement, ausquelles ledit du chemin ne pourra pretendre aulcune chose, et neanmoings sera icelluy Duchemin tenu de repasser sur lesdits ouvrages encommences par ledit Blanchart pour les parfaire au desir dudit desseing. Seront toutte les travées desdits ouvrages de painture payés sur le pied du prix cy dessus audit duchemin, à l'exception desdits deux travées, à quoy ilz ont accordes et reduits lesdits ouvrages encommencez, lesquelles, comme dit est, appartiendront audit Blanchart. Car ainsy etc., promettant, obligeant, chacun en droit soy etc., renonçant de part et d'autre. Faict et passé à Paris ès estudes etc. L'an mil six cens trente quatre le vingt cinquiesme jour de novembre après midy et ont signé

J. Blanchard   *J. Duchemin*
Bergeon   *De Turmenyes*

(Archives Nationales, Minutier Central, LIV, 533).

1634, 31 décembre : terme fixé par Bullion pour la décoration des deux galeries de son hôtel, la galerie haute confiée à Simon Vouet (marché du 1er mars 1634) et la galerie basse confiée à Blanchard (marché du 1er octobre 1634). Il semble que les délais aient été tenus par les deux peintres mis en concurrence. À tout le moins, Bullion dut être satisfait de Blanchard. Si l'on en croit Perrault (1700, p. 94) « *ce travail lui valut une pension de 1 200 livres, dont il a esté payé jusqu'à sa mort* ». Il faut sans doute l'entendre comme complément des 6 000 livres promises, car le 17 février 1635 Blanchard achetait une maison située rue Pastourelle pour cette même somme de 6 000 livres, ce qui paraît bien le placement de la somme à lui remise. Bullion était généreux ; mais poussa-t-il la magnificence jusqu'à ajouter à ces 6 000 livres comptant une pension qui représentait un capital d'environ 20 000 livres ? Les travaux de 1638 (*cf. infra* p. 281) ont pu provoquer la formation d'une légende. Seul un document permettrait d'ajouter foi aux dires de Perrault.

XVIIIe siècle : l'hôtel Bullion devient une loge maçonnique, puis la salle de vente aux enchères de Paris. Les peintures disparaissent peu à peu. Il semble que les compositions latérales de la galerie haute, peintes par Vouet sur toile, furent enlevées au plus tard sur la fin des années 1770 et passèrent dans la collection de l'architecte de Wailly. On n'en connaît plus trace, et il faut restituer le décor de Vouet à partir des dessins préparatoires et de la tenture réalisée d'après cet ensemble. Dézallier d'Argenville affirme que les décors de Blanchard étaient *« peints à l'huile sur le mur »*. S'il en fut bien ainsi, rien n'en put échapper à la dégradation progressive des lieux.

1780 : selon Dulaure (1785, p. 315), l'hôtel Bullion est détruit par *« un particulier qui l'acheta (et) le fit reconstruire conformément à ses intérêts »*. Même si elles avaient pu subsister durant près d'un siècle et demi, les peintures de Blanchard disparaissent définitivement,

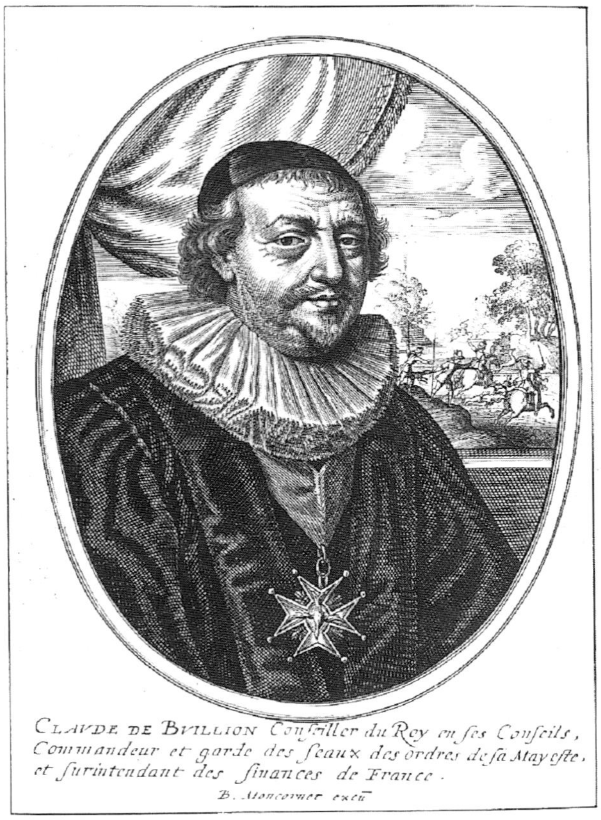

Fig. 1
Portrait de Claude de Bullion, Surintendant des Finances,
gravure tirée de la suite de portraits publiée par Balthazar Moncornet.

sans avoir été gravées ni même dessinées.
Il va de soi que les trois perspectives devaient avoir péri depuis longtemps.

BIBL. SOMMAIRE
Sauval, *cf. éd. cit.* 1724, p. 192-193 ; 1685, Félibien, p. 180 ; 1687, Brice, I, p. 111 ; 1745, Dézallier d'Argenville, p. 265 ; 1749, Dézallier d'Argenville 1978, Thuillier, p. 85-87, 94 ; 1985, Beresford, p. 109-110, 117.

Claude de Bullion (fig. 1) fut l'un des hommes les plus riches de son temps. En 1632 il obtint la place de Surintendant des finances, ce qui fit aussi de lui l'un des personnages les plus puissants du royaume : mais dès 1640 la mort allait interrompre cette brillante carrière. Petit, gros, ami de la bonne chère et grand connaisseur en vins, il affichait peu de goût pour les bâtiments et pour les arts ; mais il se devait d'avoir des maisons convenables à son rang et décorées par les artistes à la mode.

Il confia la galerie haute de son hôtel parisien à Vouet et Sarrazin : il s'agissait de la partie noble du bâtiment, vaste, voûtée, et qui exigeait d'être décorée avec faste. La dépense prévue était de 26 000 livres. Le décor de l'hôtel Le Barbier semble l'avoir séduit : il demanda à Blanchard de décorer la partie basse, galerie, salle et cabinet et d'exécuter trois « perspectives » dans le jardin.

Mais le marché ne s'élevait pas à plus de 6 000 livres : moins du quart de la galerie haute.

Blanchard, peut-être poussé par l'émulation, réalisa un ensemble qui fut très admiré. Mais on ne saurait admettre la légende colportée par les ennemis de Vouet, selon laquelle Bullion aurait voulu confier à Blanchard tout l'ensemble. Sauval écrit en effet : « *(Blanchard) n'a (...) jamais couru sur le marché d'autrui, et même n'essaya pas de s'opposer à Vouet, lorsque le Surintendant parloit de lui abandonner la Gallerie haute, quoiqu'il fût fort bien dans son esprit, qu'il eût déjà peint sa Galerie basse & ne manquât pas d'amis pour traverser les desseins de ce nouveau venu, qui tout au contraire de lui, jamais, à ce qu'il sembloit, n'avoit assés d'ouvrage, & qui en enlevoit le plus qu'il pouvoit aux autres...* ». Les archives démontrent la fausseté du bruit : le contrat avec Vouet avait été signé six mois avant celui qui concerne la galerie basse, et Vouet, qui avait regagné Paris en 1627 et déjà peint plusieurs galeries, ne pouvait passer pour un « nouveau venu » en regard de Blanchard réinstallé à Paris en 1629... Ce dernier était du reste si accaparé qu'il eût été bien embarrassé par une commande aussi lourde...

La célébrité de l'hôtel Bullion fut assez grande pour que le programme de la galerie basse nous ait été conservé. Sauval, Félibien, Brice, d'Argenville ont parlé d'elle. Cette galerie basse, située sous la galerie haute, n'était pas voûtée, mais couverte d'un plafond à la française, avec de grosses poutres transversales déterminant autant de travées. Peut-être parce que Bullion souhaitait que le chantier ne durât pas plus de trois mois, on écarta l'idée de stucs ou de sculptures sur les parois. Tout le décor devait être peint en trompe-l'œil, depuis le lambris jusqu'à la corniche. Le parti arrêté fut simple : un lambris d'un mètre trente à un mètre soixante peint de fausse maçonnerie ; au-dessus, des termes de fausse sculpture (donc en grisaille) feignant de soutenir chaque poutre, et séparant de faux cadres de stuc contenant les « histoires » (en couleurs), enfin une corniche feinte régnant tout autour de la galerie et un plafond de fausse maçonnerie, avec des poutres ornées de cartouches, petits enfants et ornements divers. On excluait expressément la dorure, soit par souci d'économie, soit plutôt pour accentuer le contraste avec la galerie haute.

La partie noble était évidemment la peinture des douze tableaux réservés sur les parois entre chaque terme. Le contrat prévoit qu'y seront représentés : « *les douze mois de l'année par figures qui en peindront le subiect et selon les saisons avecq paysages derrière lesdictes figures* » : programme anodin, qui d'avance décourageait toute interprétation politiquement dangereuse.

En combinant les indications fournies par les diverses sources, on peut reconstituer ainsi la suite des sujets :

janvier : *Saturne qui mange ses enfants et sa femme Rhéa qui sauve Jupiter.*

février : *Neptune et Amphitrite* (grand tableau en largeur au fond de la galerie, « trois fois long comme les autres »).

mars : *Mars et Vénus avec l'Amour au dessus.*

avril : *Diane à la chasse.*

mai : *Flore environnée de quatre figures*

juin : *Ixion parle d'amour à Junon ; et Jupiter dans le haut du ciel est prêt à l'en punir.*

juillet : *Jupiter poursuivant deux nymphes.*

août : *Cérès assise sur des gerbes de blé et coiffée d'épis mêlés de fleurettes, accompagnée de Flore, assiste au défi de Pan et d'Apollon* (vis-à-vis de la porte d'entrée)

septembre : *Silène soutenu de deux figures, avec un satyre.*

octobre : *Vertumne et Pomone.*

novembre : *Diane, sortant d'un nuage qui la cache à demi et ayant l'Amour derrière elle, vient voir Endymion assis et dormant sur une pierre.*

décembre : *Un paysage avec une figure dans un nuage.*

Avouons toutefois que cette liste est sujette à caution. Il faut pour la plupart des sujets recourir aux Dézallier d'Argenville qui se recopient l'un l'autre, semblent ignorer la correspondance des sujets et des mois (que Sauval, lui, connaît fort bien), comptent treize sujets, et à coup sûr lisent la galerie à l'envers. Ils renoncent à interpréter le dernier sujet, et pourraient bien mal comprendre celui de juillet. Or nous n'avons aucune représentation figurée : nul dessin préparatoire, nulle gravure, nulle copie dessinée ou peinte.

Il en va de même pour la salle basse : mais là, nous ne possédons aucune description. On ne sait même s'il s'agissait, comme dans la galerie, d'un décor entièrement peint sur les parois, ou, comme dans le cabinet de l'hôtel Le Barbier donné en référence, de tableaux insérés dans un décor de lambris sculptés. Aucune indication n'est donnée pour les sujets.

IV
1635 – 1638
Le fondateur de l'« Atticisme »

Les quatre dernières années de Blanchard, du 1er janvier 1635, date où devait être achevée la galerie de l'hôtel de Bullion, au 10 novembre 1638, jour de son enterrement, furent passablement agitées – mort de son père, mort de sa femme, remariage, déménagement –, et fort occupées. On sait en particulier qu'il travailla pour le fastueux Montauron, et de nouveau pour Bullion, sans parler d'autres amateurs comme Goulas. Pour nous, elles sont pleines d'incertitudes.

De ces divers décors, tout a disparu. Ils n'ont même pas été décrits et, si par miracle des débris ont subsisté, on ne peut actuellement les identifier avec certitude. Les autres repères sont rares : pratiquement, seuls trois tableaux sont datés, la *Charité* à quatre figures (1635), la *Bacchanale* de Nancy (1636), la *Charité* du Courtauld Institute (1637). Or cette période fut très riche. On constate maint changement de style sans pouvoir vraiment saisir les articulations. Ou plutôt mainte nuance, car c'est le moment où le peintre est en pleine possession de son génie.

Nous sommes loin désormais de l'*Assomption* de Cognac, des premières *Sainte Famille* ou des premières *Danaé*. La composition, le plus souvent, s'installe sur un schéma très simple, et dans le plan même de la toile. L'espace s'étage sur deux ou trois plans successifs, bien distincts, ou disparaît au profit d'un fond sombre à peine modelé. La gamme des couleurs se réduit jusqu'à n'accepter qu'une tache vive, ce beau rouge chaud et velouté que Blanchard semble avoir toujours eu en affection. La touche reste variée ; mais de plus en plus les carnations sont traitées avec une sorte de *sfumato* imperceptiblement nuancé de lumières froides et de reflets chauds qui supprime presque tout modelé par les valeurs. La sensualité devient moins provoquante qu'insinuante ; elle se nuance même d'une légère mélancolie. La femme – qui de plus en plus est la mère – règne sur un univers paisible, sans drame et sans péché. Tout est désormais tendresse, élégance. Blanchard va disparaître à la fin de 1638, soit quatre ans avant Louis XIII. En pleine gloire. Il laissait à ses contemporains une grande leçon ; d'elle procèdera, pour une bonne part, ce qu'on a pu nommer l'« atticisme » de la Régence.

68. La Vierge à l'Enfant (assis sur son bras, vêtu, avec une gloire d'angelots)

I. TABLEAU, perdu.

COPIE

Localisation actuelle inconnue.

HIST.
Vers 1968 : dans le commerce d'art parisien.

BIBL.
1975, Rosenberg, p. 223.

II. GRAVURES

1. anonyme, à l'eau-forte.
0,242 x 0,170 m.
Sans aucune lettre ; mentionnée par Mariette : « *La Ste Vierge en demie-figure, portant entre ses bras l'enfant Jésus qui met la main sur son sein, gravé à l'eau forte par un anonyme* ». Mais une épreuve conservée à la Bibliothèque Nationale porte l'inscription manuscrite : *J. blanchard In. Philipon ex. /c privil.* Il n'est pas impensable qu'en effet Adam Philipon ait pu un moment s'intéresser à autre chose qu'aux « morceaux d'ornements » ; la facture de cette pièce n'est pas très éloignée de certaines feuilles des « *Curieuses recherches...* » de 1645.

2. par Séquenot, au burin, copie en sens inverse (fig. 1).
0,202 x 0,145 m.
au-dessous du trait carré, sur la tablette :
à gauche : *Blanchar jn.*
à droite : *I Sequenot fecit/F LeFebure exc.*

BIBL.
1961, Sterling, p. 95, reprod. gravure 1 [Cat. n° 65].

Séquenot n'a pas laissé de nom dans l'histoire de la gravure, et de son côté François Lefebure, mentionné à Paris de 1640 à 1664, ne fut guère qu'un éditeur occasionnel. Ces deux noms ne sauraient donc apporter aucune lumière touchant le tableau.

Nous sommes réduit à juger à partir de la première gravure, aussi fine et sensible que la seconde est sèche et heurtée. Elle suggère une œuvre jouant sur l'effet lumineux et sur le rythme complexe des draperies. Alors que d'ordinaire Blanchard se plaît à nuancer les tendres carnations de l'Enfant nu et du col de la Vierge, il adopte ici le type archaïque de l'Enfant habillé et de Marie entièrement voilée, avec deux grandes auréoles et une couronne d'angelots. Il faut y voir, non pas une spéculation personnelle, mais une interprétation moderne des images byzantines toujours vénérées à Rome et Venise (cf. fig. 2).

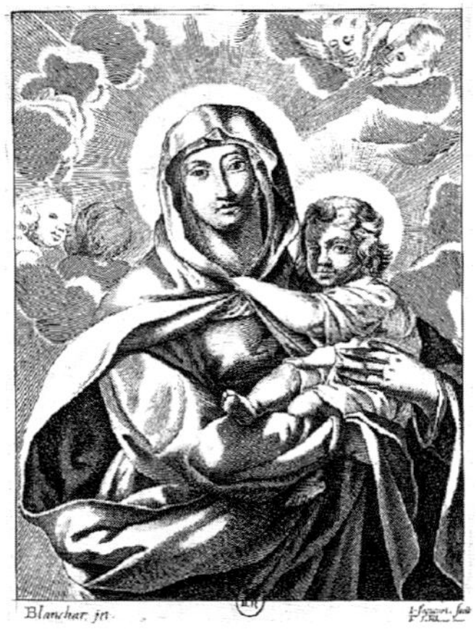

Fig. 1

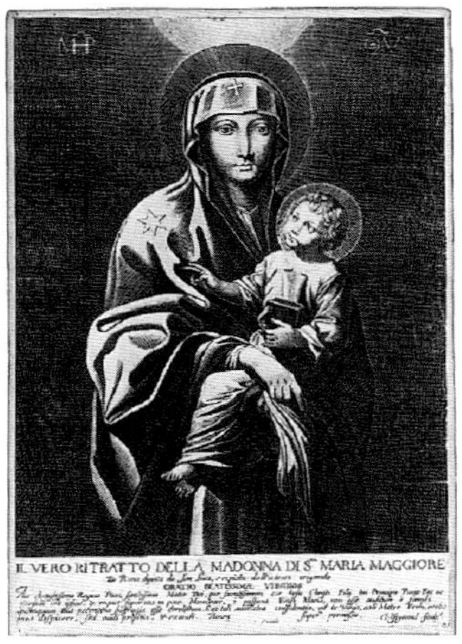

Fig. 2
La Vierge de Santa Maria Maggiore, dite de saint Luc, gravée par Claude Goyrand. Paris, coll. part.

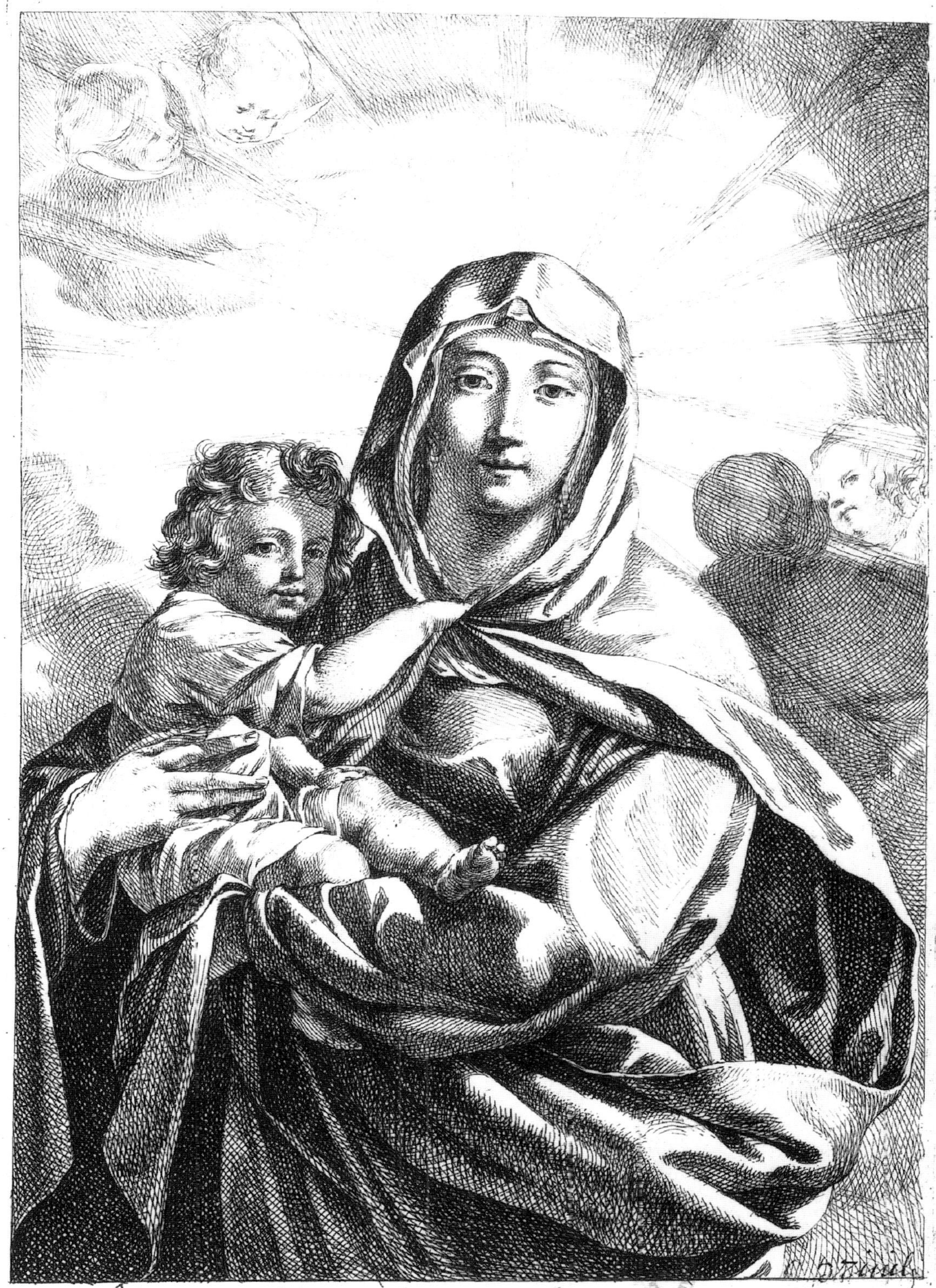

69. La Vierge à l'Enfant (debout et nu)

I. TABLEAU
H.t. ; 0,82 x 0,65 m.
France, coll. particulière

HIST.
Acquis par le possesseur actuel sur le marché d'art parisien vers 1970-1975, sans attribution ni provenance.

BIBL.
Inédit.

COPIE
Localisation actuelle inconnue.
H.t. ; 0,82 x 0,655 m.
Vente à Versailles, Palais des Congrès, 19 mai 1974, Catalogue n° 74, reprod. (« *atelier de Jacques Blanchard* »). *Cf.* Rosenberg, 1975, p. 225.

BIBL.
1961, Sterling, p. 94 [Cat. n° 62], reprod. de la gravure 2.

II. GRAVURES
1. par Blanchard lui-même ? (fig. 1)
A. 0,185 x 0,145 m.
Sans aucune lettre ; « *d'une pointe forte avec un grand style* » (Robert-Dumesnil), la pièce a visiblement des parties mal venues à l'eau-forte.
B. 0,252 x 0,175 m.
C. 0,258 x 0,191 m.
D.0,280 x 0,205 m (avec reprises au burin).

Les deux premières versions sont signalées comme « répétitions » par Robert-Dumesnil et « *à l'eau forte d'une pointe fine* ». La troisième, également traitée en grande partie à l'eau-forte et d'une pointe fine, pourrait n'être qu'une épreuve plus complète. Nous n'avons jamais réussi à les réunir.
Mariette pensait que Blanchard n'avait jamais gravé. Robert-Dumesnil lui donnait, sans trop de certitude, ces essais. Ils offrent une grande liberté, qui ne fait pas penser à la main d'un traducteur, et témoignent de recherches complexes et encore maladroites sur les possibilités de l'eau-forte (voir *supra*, p.27-28).

2. **GRAVEUR INCONNU**. (fig. 2)

En bas, deux quatrains :
Cet enfant marque avec le doit,
Sur ce beau sein digne de gloire,
Comme sur un quadran dyvoire
L'heure que le monde attendoit.

C'est l'heure d'un heur sans pareil
Que toute la nature adore
Depuis quune si sainte Aurore
Nous porte un si divin soleil.

et plus bas, à gauche : *I Blanchard pin (xit)*

Le montant de la chaise (qui figure sur le tableau) apparaît sur le côté gauche, alors qu'aucun siège n'est visible sur la première gravure.

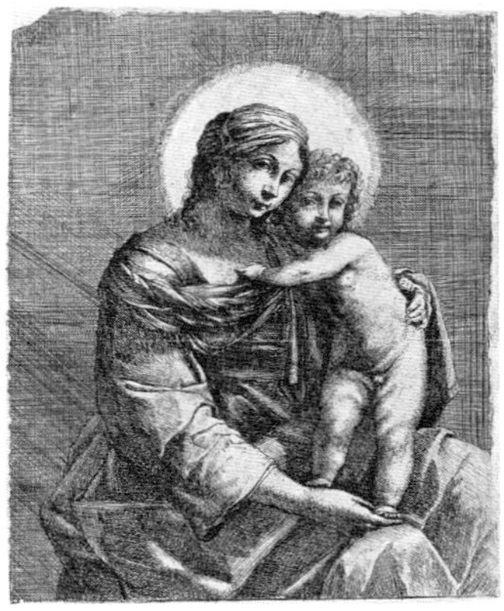

Fig. 1

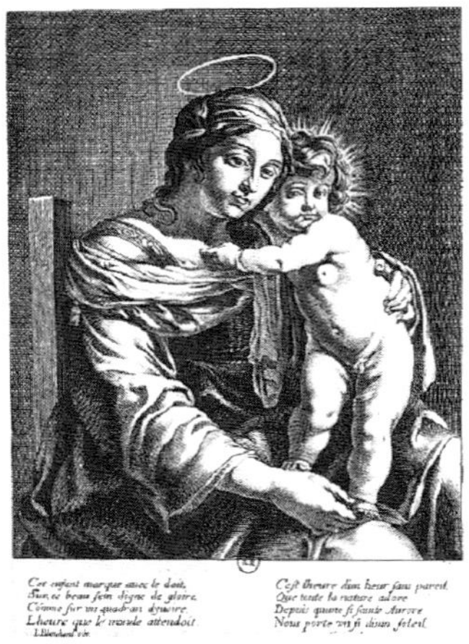

Fig. 2

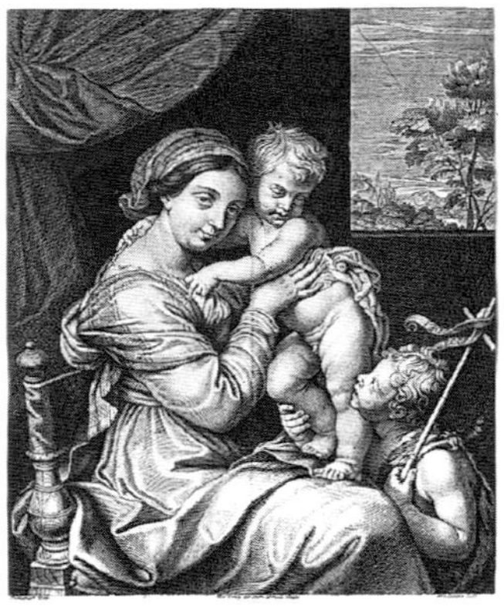

Fig. 3
Pierre Mignard,
La Vierge à l'Enfant avec saint Jean-Baptiste, gravée par Jean Boulanger.
Paris, coll. part.

Blanchard, écrivait Félibien, « *a fait quantité de Vierges à demi-corps ; et comme il sçavoit leur donner des expressions fort agréables, plusieurs personnes estoient bien-aises d'en avoir de sa main* ». Il semble qu'en effet cette production se multiplie dans les dernières années. Leur nombre, des mesures très voisines et l'existence de nombreuses copies ne permettent guère de les distinguer dans les collections où elles sont mentionnées. En revanche la gravure donne dans bien des cas la possibilité de les attribuer avec une entière assurance. Mais non de les dater avec précision.

Celle-ci nous semble à situer vers 1635. Elle offre la version la plus grave. Les attitudes calmes, l'expression rêveuse de la Vierge, le bambin aux mèches blondes ébouriffées, déjà fort et joufflu (un repentir est venu diminuer légèrement la joue droite), le fond sombre, tout s'éloigne ici des formes convenues de la dévotion qu'avaient perpétuées les dernières élégances maniéristes aussi bien que des traditions archaïsantes. Une sorte de réalisme sans prétentions doctrinales rend à l'image son poids de vérité.

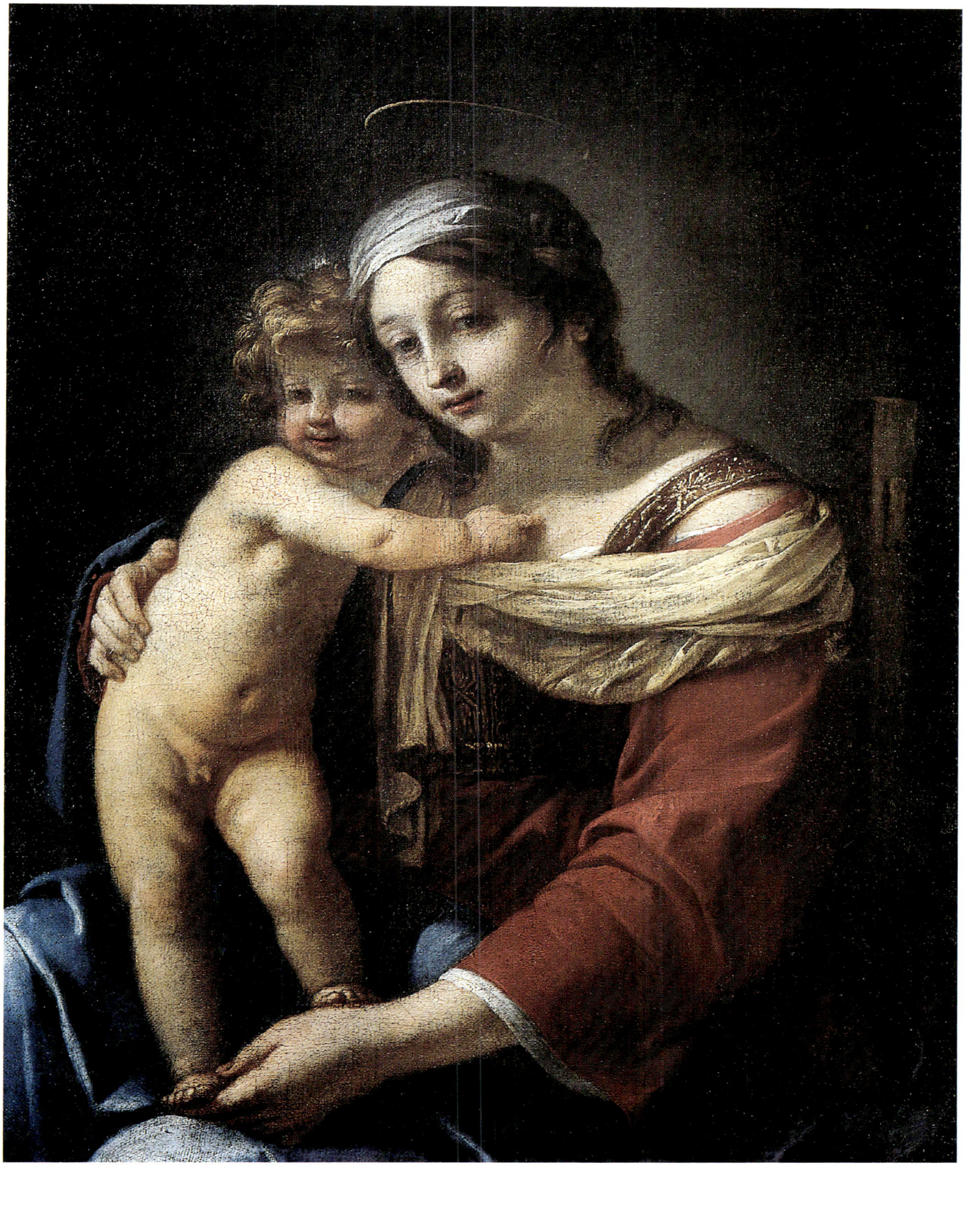

70. La Charité (quatre figures), 1635.

I. TABLEAU
H.t. ; 0,56 x 0,86 m.
S.d. *J. Blanchard 1635*.
Localisation actuelle inconnue.

HIST.
1988 : apparu lors de l'exposition inaugurale de la galerie Charles et André Bailly à Paris.
1991, 24 mai : passé en vente à Londres, chez Christie's, n° 97, reprod. couleurs.
1992, 15 avril : passé en vente à Londres, chez Christie's, n° 142, reprod. couleurs.

EXP.
1988, Paris, *Bailly*, p. 32-33.

BIBL.
1988, notice du catalogue Paris, Bailly, p. 32-33, (reprod. couleurs).

RÉPLIQUE D'ATELIER (fig. 1)
Cuivre ; 0,19 x 0,27 m.
Saint-Pétersbourg, Ermitage, cat. 1958, I, n° 2566

HIST.
1755 : mentionné dans le catalogue de la collection Crozat, p. 52.
1771 : figure dans l'inventaire établi par François Tronchin en vue de l'acquisition de la collection par Catherine II sous le n° 331 : « *Une femme et des enfants représentant la Charité, cuivre, hauteur 7 pouces, largeur 10 pouces* ».
1774 : figure dans le catalogue de l'Ermitage sous le n° 980.

BIBL.
1757, Dézallier D'Argenville, p. 135 (M. Crozat, Baron de Thiers) ; 1968, Stuffmann, p. 126, reprod. ; 1985, Laveissière, p. 5 ; 1988, notice « Blanchard » dans le catalogue Paris, Bailly, 1988, p. 32 ; 1993, Hilaire, p. 206.

II - GRAVURE (fig. 2) par Antoine Garnier (Robert-Dumesnil n° 69).
Eau-forte, 0,287 x 0,362 m.
En bas, dans la marge, quatre vers latins sur deux lignes :

Expansis brachijs nostras cur tnedis [sic, pour tendis] ad ulnas
Haec non lacte carent ubera, pando sinum
Nunquid tu cernis quod sugant ubera fratres
Alternis vicibus, quae tibi plena dabo ?

[Pourquoi t'élancer, les bras tendus, vers notre poitrine ?
Ces seins ne manquent pas de lait, et je t'ouvre les bras.
Ne vois-tu pas que tes frères sucent tour à tour
Des seins que tu trouveras pleins quand je te les donnerai ?]

et plus bas :

I. Blanchar pin./Garnier sculp./A Paris, chez Ganiere rue St Jacques proche la fontaine St Severin à limage Ste Catherine

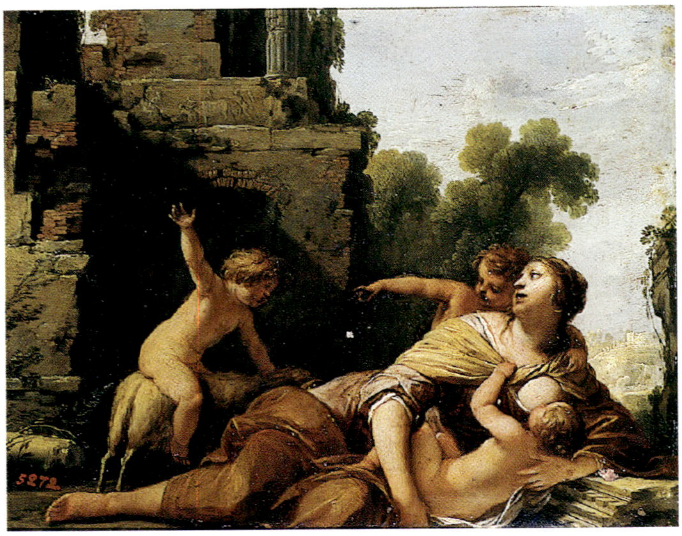

Fig. 1
Atelier de Jacques Blanchard,
La Charité, version Crozat,
Saint-Pétersbourg, Musée de l'Ermitage.

BIBL.
1961, Sterling, p. 92, reprod. gravure ; 1988, notice « Blanchard » dans le catalogue de l'exposition Paris, Bailly, 1988, p. 32, reprod.

III - DESSIN, DR 6.
Pierre noire ; 0,20 x 0,30 m.

HIST.
Apparu à la Galerie Arnoldi-Livie de Munich.
Exposé au Salon du dessin, à Paris, avril 1996.
Sans nulle spontanéité, ce dessin correspond de trop près à la gravure (quoique dans le sens du tableau) pour être retenu comme une esquisse de la main de Blanchard.

L'histoire du tableau réapparu en 1988 n'est pas connue. La seule mention précise d'une *Charité* en largeur avec seulement trois enfants est celle de la vente du Prince de Conti en 1777 :

Catalogue d'une riche collection de tableaux... qui composent le cabinet de Son Altesse Sérénissime Monseigneur le Prince de Conti, Prince du Sang et Grand Prieur de France... Cette vente se fera le mardi 8 avril 1777. p. 179, n° 562 :

Jacques Blanchard
La Charité composée d'une femme & de trois enfants : hauteur 21 pouces, largeur 33 pouces.
adjugé à Silvestre pour 64 livres un sol.

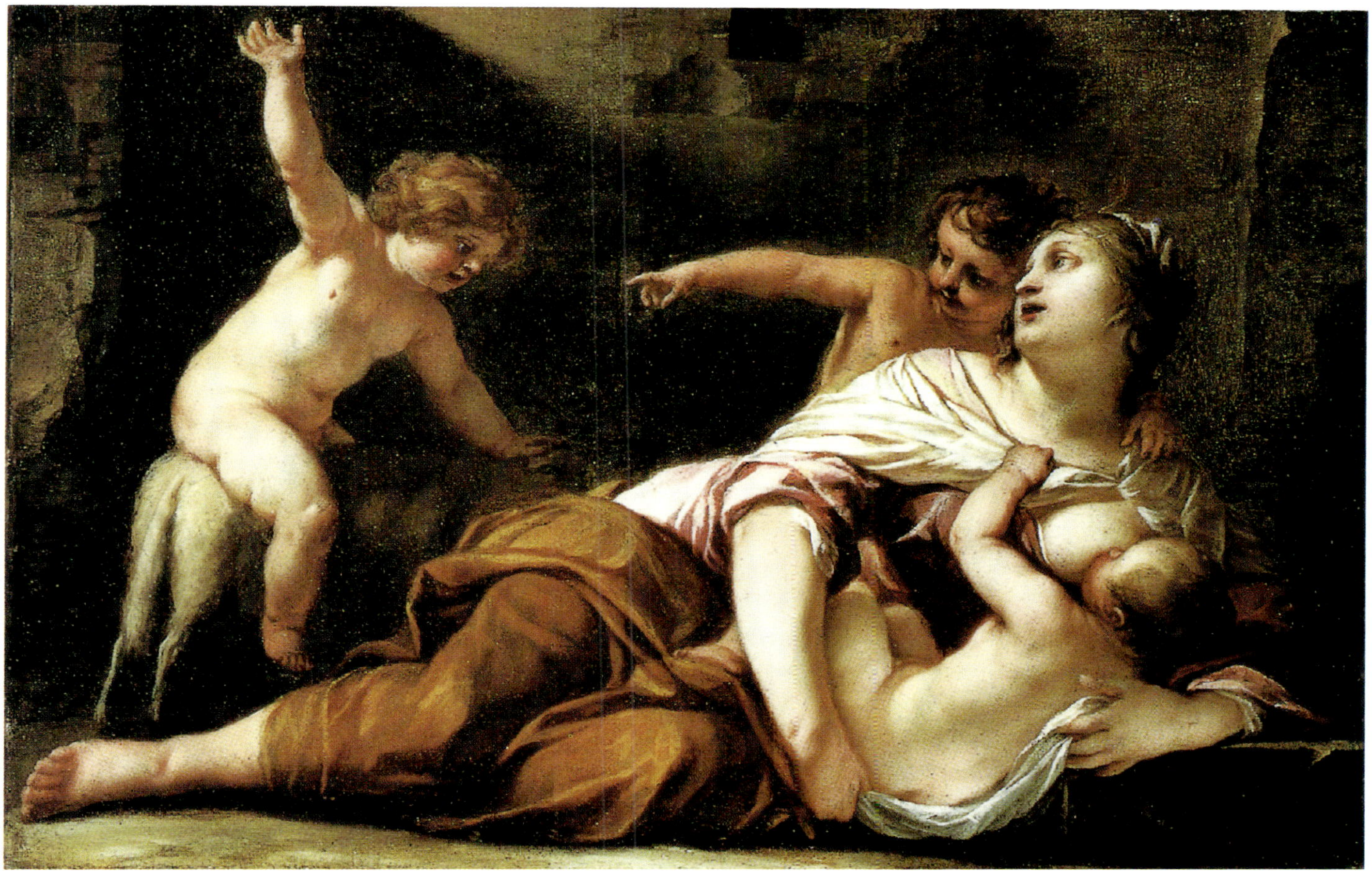

Il ne pouvait s'agir de la *Charité* de Toledo, elle aussi avec trois enfants, mais nettement plus grande (1 m x 1,385 m) et qui du reste est dite provenir de la vente à Londres du Prince de Carignan en 1765 et n'avoir pas quitté l'Angleterre jusqu'en 1974. Rien n'empêche au contraire que la mention ne s'applique au présent tableau : les dimensions sont pratiquement les mêmes (0,56 m. pour 0,567, sur 0,86 m. pour 0,891), la signature et la date s'accorderaient avec la présence dans cette collection illustre.

L'œuvre, quoiqu' assombrie et usée par endroits (notamment dans les fonds), reste impressionnante. Pour ce sujet de la *Charité* Blanchard, cette fois, n'hésite pas à reprendre le motif de la femme étendue à terre dans une grotte qui lui a servi déjà pour les *Madeleine repentante*. Il tire de cette longue diagonale un effet saisissant. Mais lorsqu'on songe aux *Charité* de Toledo et de Londres il faut bien s'étonner de ce parti de clair-obscur qui pratiquement exclut tout effet de couleur. Curieusement, la très belle gravure de Garnier place le groupe en pleine lumière, devant trois pans de ruines fortement éclairés. Il en résulte un jeu plastique tout différent. Est-ce simple liberté du traducteur ? On imaginerait plutôt que le tableau réapparu, de dimensions relativement réduites (la moitié environ de celles des tableaux du Louvre ou de Toledo), fut suivi d'un exemplaire plus grand et traité dans une lumière et un style plus proche de ceux du cuivre de l'Ermitage. C'est de cette seconde version que Garnier aurait tiré sa gravure.

Le petit cuivre de l'Ermitage (fig. 2) a figuré dans la collection Crozat et il a été retenu au nombre des tableaux acquis par Catherine II. Il est en effet d'excellente qualité. Ce n'est pas une simple copie « en petit » : le motif principal se trouve cette fois inséré dans un paysage de ruines et de verdure largement développé, avec à droite une échappée sur un lointain pittoresque. Le cadre de pierre et de brique, agrémenté d'une petite frise à l'antique, a été finement traité ; non moins les feuillages, et les collines à la Paul Bril. Doit-on vraiment reconnaître ici la main de Jacques Blanchard ? On croirait plus volontiers à une adaptation due à son frère Jean, spécialiste des architectures et fort capable d'avoir peint, dans l'atelier même, ce joli chef-d'œuvre.

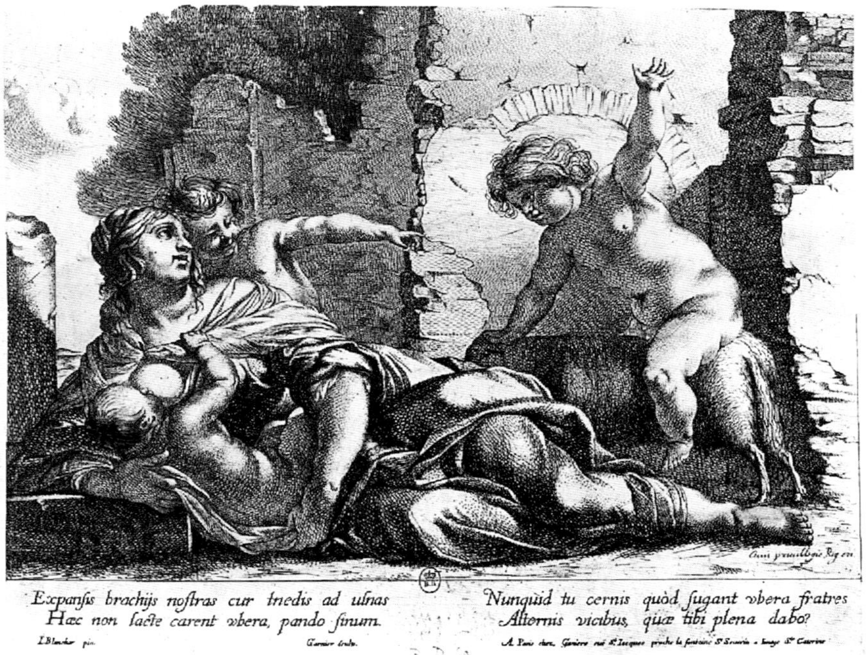

Fig. 2

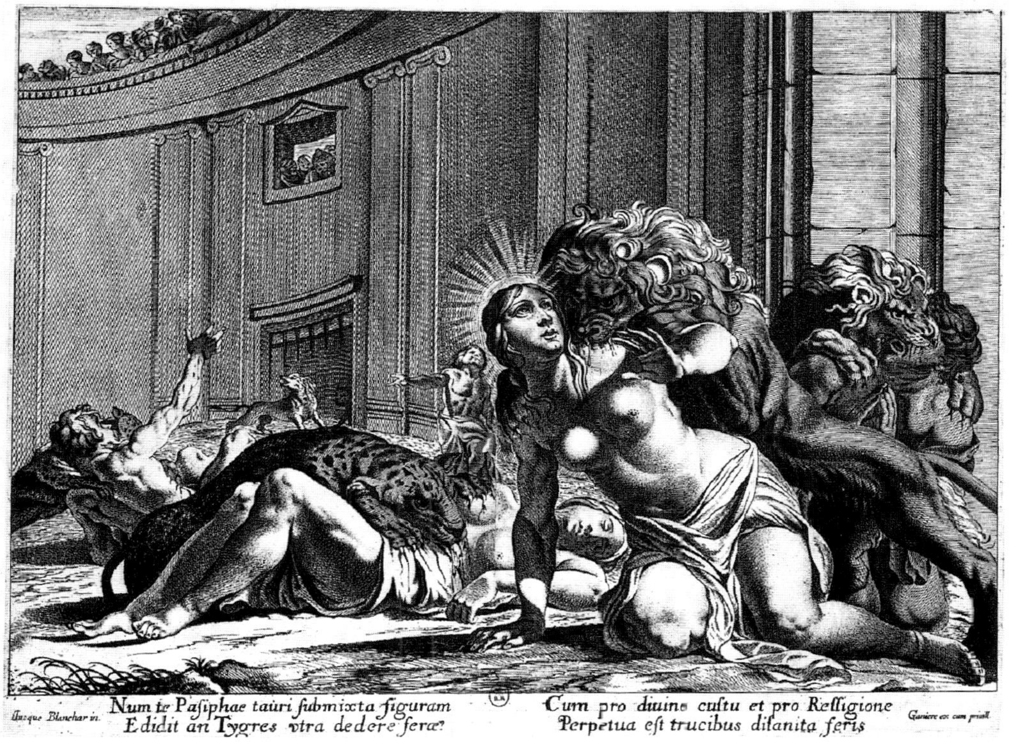

71. Le Martyre de sainte Perpétue

I. TABLEAU, perdu.

II. GRAVURE, par Antoine Garnier ? (Robert-Dumesnil 31 ; Weigert 32), édité chez Ganière (Weigert 111).
0,346 x 0,445 m.

1er ÉTAT :
Dans la marge du bas :
Num te Pasiphae tauri submixta figuram
Edidit an Tygres utra dedere ferae?/
Cum pro divino cultu et pro Relligione
Perpetua est trucibus dilanita feris.
[Est-ce Pasiphaé dissimulée sous l'image du taureau
Qui t'a donné naissance, ou bien quelque tigresse cruelle,
Pour qu'ainsi, en retour de son adoration de Dieu et de sa piété,
Perpétue soit déchirée par des bêtes féroces ?]
A gauche : *Jacque Blanchar in.*
A droite : *Ganière ex. cum privill.*

2e ÉTAT :
La marge est coupée ; sur le bas du terrain, à gauche, a été reportée l'inscription : *Jaque Blanchart invenit.*

BIBL.

1932, Mâle (Emile), *L'art religieux après le Concile de Trente,* chap. III ; *cf.* éd. Gilles Chazal, Paris, 1984, p. 125 ;
1961, Sterling, p. 94, reprod. gravure [Cat. n° 60].

L'interprétation de la scène n'a pas été sans soulever quelques problèmes. Blanchard illustre fidèlement le récit de la *Légende dorée* qui évoque le martyre de Perpétue et ses compagnons Félicité, Satire, Saturnin et Révocat : Satire et Perpétue sont dévorés par des lions ; Révocat et Félicité par des léopards, et Saturnin a la tête tranchée. Mais l'histoire de Perpétue était souvent confondue avec celle de Blandine ; les attaches de Blanchard avec Lyon ont permis de se demander si en l'occurence il n'a pas songé à la sainte lyonnaise, ou s'il n'y a là qu'une coïncidence.

En tout cas, pour autant qu'on puisse juger d'après la simple gravure, la composition n'a pas été peinte durant l'un des deux séjours à Lyon. L'aisance du style faisait proposer à Sterling la date de 1637. Nous préférerions une date légèrement plus précoce. Il semble que vers 1635 Blanchard traverse une période où il affectionne les formes sculpturales, puissantes jusqu'à la lourdeur, transformant toutes ses figures – y compris l'enfant Jésus – en athlètes musclés à l'antique. La disparition de ce tableau nous a probablement privés d'une des expressions les plus singulières de l'art de Blanchard.

72. Danaé

Dimensions inconnues
Localisation actuelle inconnue

HIST.
Autrefois coll. D. Speck, Bridgend, Angleterre.

EXP.
Jamais exposé

BIBL.
Inédit

Cette toile, apparemment fort importante, nous a été signalée par Jean-Pierre Cuzin, qui y a reconnu l'œuvre de Blanchard sous la mention vague et bien évidemment erronée de « *Flemish School, 17th. century* ».

Il s'agit d'une reprise, avec des variantes considérables, d'une des deux *Danaé* gravées par Garnier (Robert-Dumesnil 49) et que nous situions assez tôt dans la carrière de l'artiste. Ici, au contraire, les formes plus rondes, le modelé plus accentué semblent désigner une date nettement plus tardive. Nous ne saurions nous risquer à aucune affirmation touchant un tableau que nous n'avons pu examiner : mais nous inclinons à rattacher cette œuvre au *Martyre de sainte Perpétue* qui dut proposer un canon féminin très voisin.

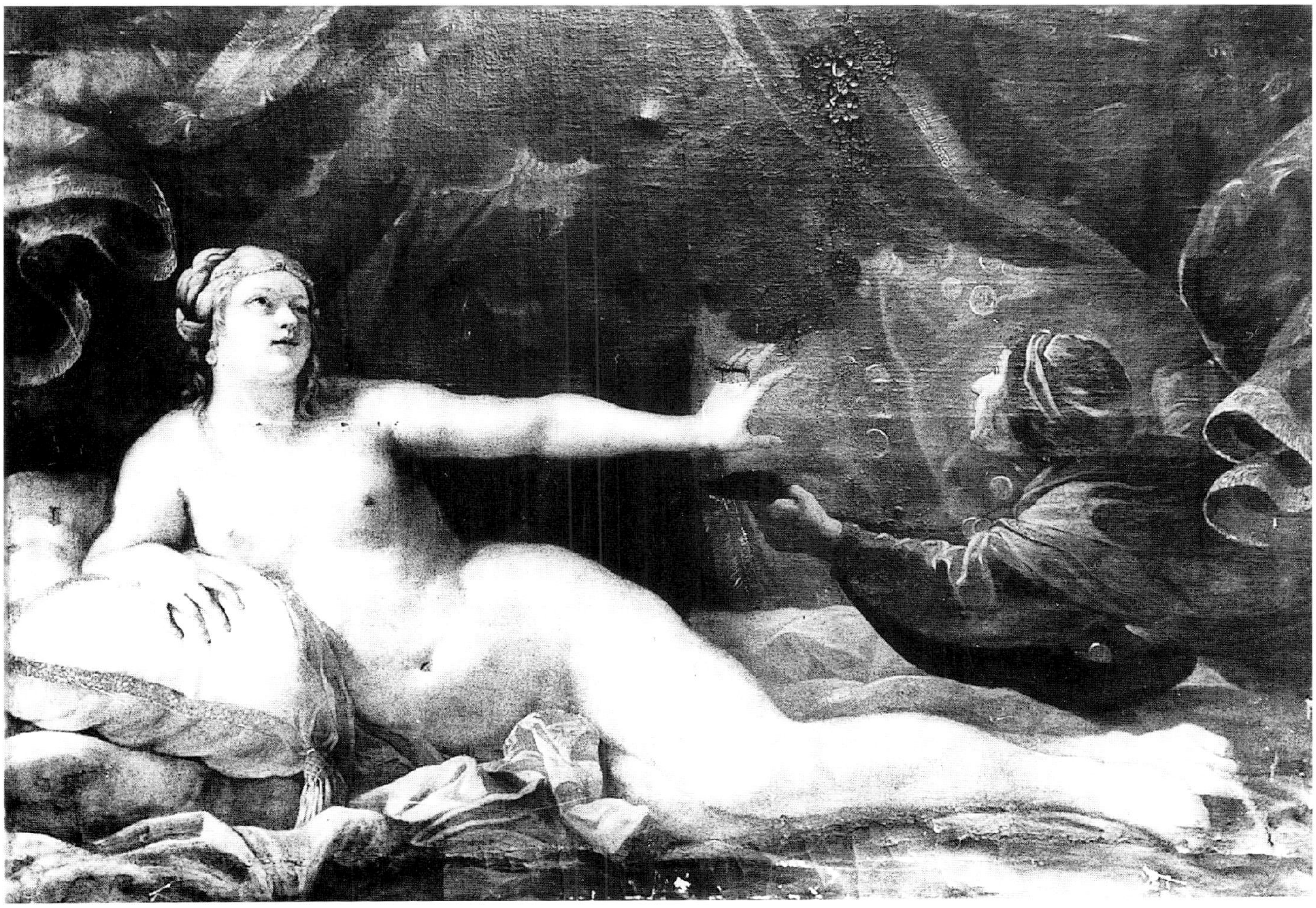

73. La Vierge à l'Enfant (au bras étendu)

I. TABLEAU
H.t. ; 0,78 x 0,66 m.
Paris, collection particulière.

HIST.
1995, 3 avril : passé en vente à Paris, Hôtel Drouot, salle 5-6, n° 13 ; reprod. en couleurs au catalogue.

BIBL.
Inédit.

COPIE
H.t. ; 0,48 x 0,385 m.
Localisation actuelle inconnue.

HIST.
1974, Londres, Heim, n° 2, reprod.

BIBL.
1961, Sterling, p. 95 [Cat. n° 66].

II. GRAVURES

1. édition de Montcornet (l'Enfant à droite ; fig. 1).
0,327 x 0,235 m.
Sur la tablette l'inscription en capitales : *ENIXA PUER/PERA REGEM* [La jeune mère est accouchée d'un roi].
Au centre les armes de Jean Balesdens avec une dédicace latine sur trois lignes de Balthazar Moncornet, et, tout au bas, à gauche, *Blanchar Pinxit,* et à droite : *Balthazar Moncornet Excudit Cum Privilegio Regis.*

BIBL.
1961, Sterling, p. 95, reprod.

2. par François de Poilly (l'Enfant à gauche ; fig. 2).
0,282 x 0,208 m.
Avec l'inscription latine sur trois lignes :
Ego quasi officina aegrotantibus : Ego fons perennis curationum :/
Ego remedium adversus doemones : Ego civitas refugii omnibus/
ad me confugientibus. ex S. Damascéno.
[Je suis comme l'hospice pour les malades ; je suis la source intarissable des guérisons
Je suis le remède contre les démons ; je suis la cité du refuge
Pour tous ceux qui cherchent recours auprès de moi].
Et plus bas :
Blanchart pinxit. F. Poilly fecit/Cum privilegio Regis/Mariette excudit.

BIBL.
1961, Sterling, p. 95, reprod.

Il existe entre les deux gravures des différences importantes. Les deux exemplaires retrouvés correspondent à l'estampe de Poilly ; mais curieusement la tête de la Vierge, et surtout sa chevelure, se rapprochent davantage de l'estampe dédiée à Balesdens. Il faut peut-être supposer que graveurs ou restaurateurs ont pris certaines libertés ; mais on ne saurait exclure qu'aient été peints plusieurs exemplaires très proches sans être identiques.

Si l'on considère l'original retrouvé, on n'hésitera pas à le placer relativement tard. La puissance des formes, la vue frontale, un sentiment qui cherche à unir simplicité et majesté semblent bien renvoyer vers 1635.

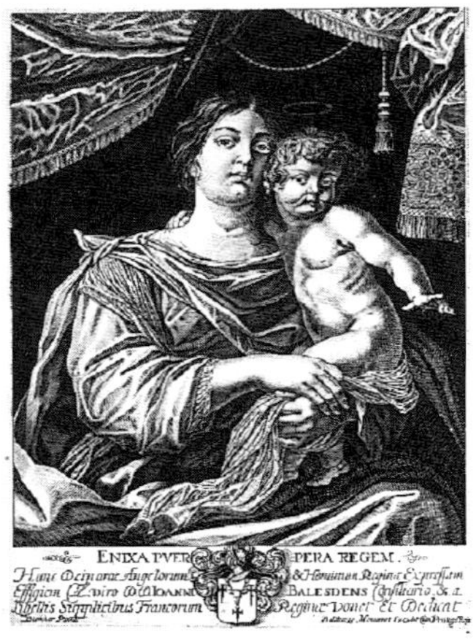

Fig. 1

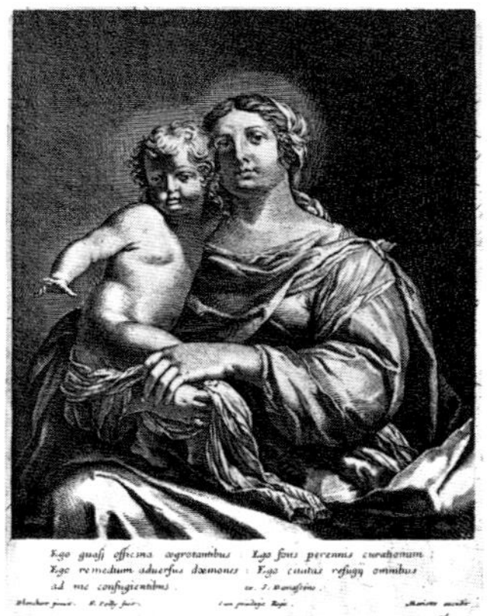

Fig. 2

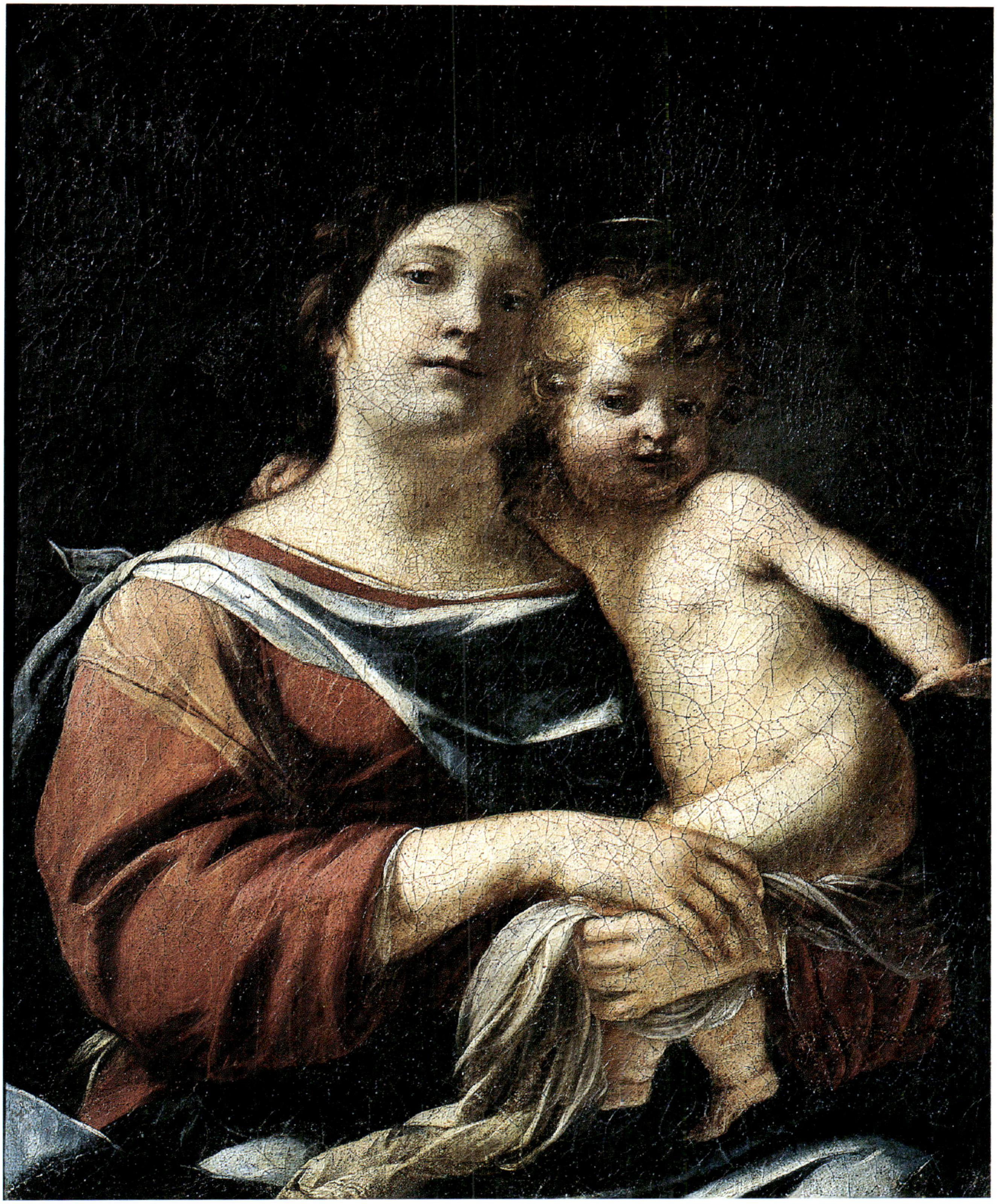

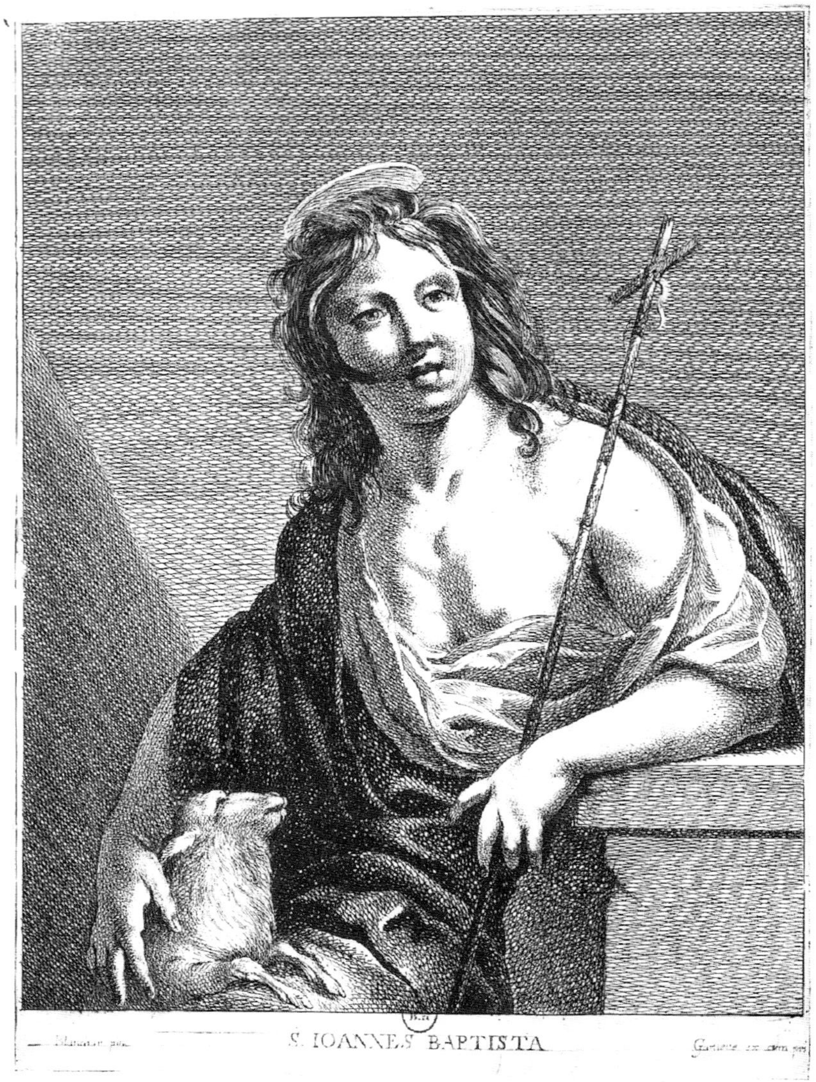

74. Saint Jean-Baptiste

I. TABLEAU, perdu.

II. GRAVURE, par Antoine Garnier (Mariette), éditée chez Ganière (Robert-Dumesnil 21 ; Weigert 105).
0,272 x 0,197 m.
Dans la tablette du bas, au-dessous du trait carré, le titre en capitales S. *IOANNES BAPTISTA*, à gauche *Blanchar pin*, et à droite *Ganière ex cum pri.*
Robert-Dumesnil mentionne un second état avec un écusson gravé sur le fond, à gauche, et sur le socle l'inscription : *Jacobus Blanchard pinx. Garnier f. Ganiere ex cum privil. Regis.*

BIBL.
1961, Sterling, p. 94-95, reprod. gravure [Cat. n° 64].

Les formes rondes et amples, la simplicité de la mise en page semblent à nouveau indiquer les alentours de 1635.

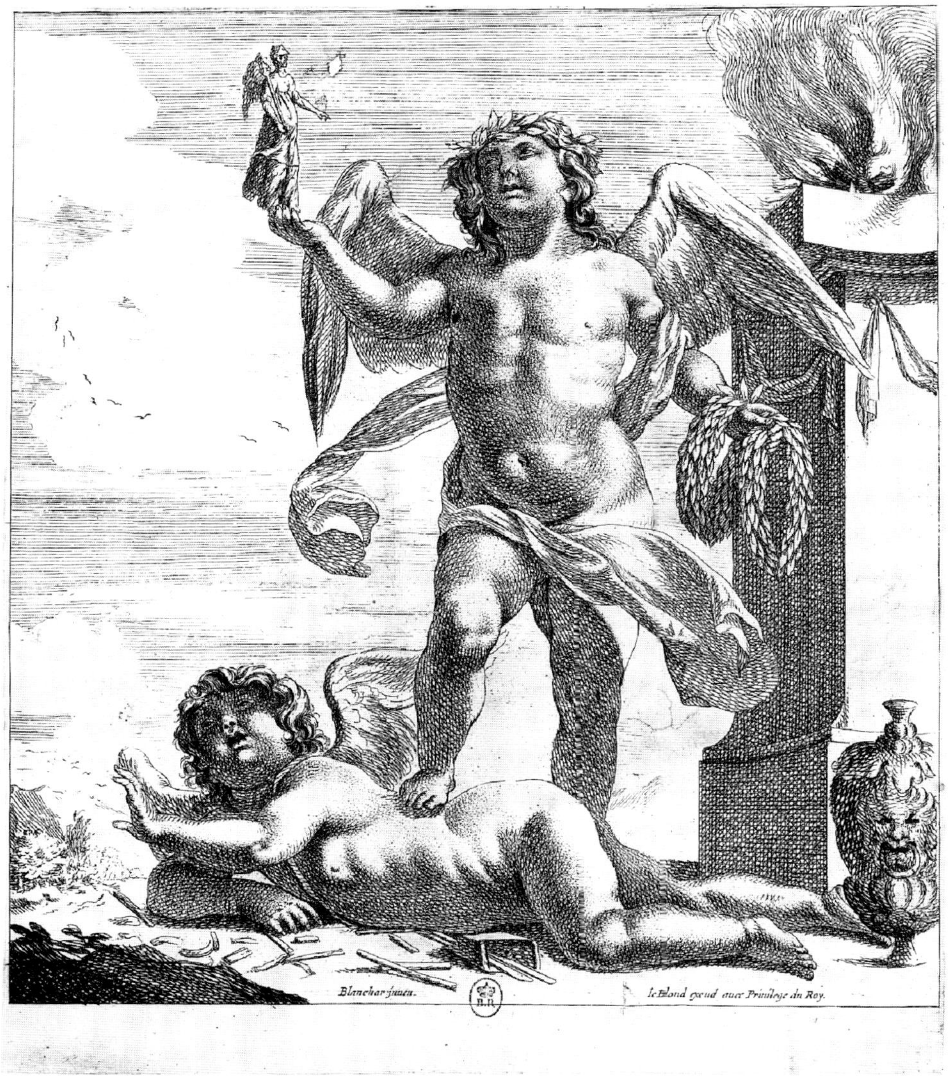

75. L'Amour de la vertu victorieux de l'amour charnel

I. TABLEAU ? Perdu.

II. GRAVURE, par Antoine Garnier (Robert-Dumesnil 85). Eau-forte ; 0,307 x 0,256 m. (dont 20 mm de marge blanche)
À l'intérieur du trait carré, en bas, les mentions *Blanchard inven./Le Blond excud. avec Privilège du Roy.*
Seul état cité.

BIBL.
1961, Sterling, p. 94, reprod. gravure [Cat. n° 63].

L'allégorie morale, fort simple, sert à l'un de ces combats d'enfants si fréquents dans l'art de l'époque, et dont Blanchard a donné bien des exemples, soit dans ses *Charité*, soit seuls. La mention *Blanchard inventor* peut du reste renvoyer seulement à un dessin. Mais le format presque carré et le style (compte tenu de l'interprétation propre à Garnier) sont très proches du *Combat d'amours* (*cf. infra* n° 78). Il n'est pas impossible de penser à un décor de cabinet.

76. La Flagellation

H.t.; 1,40 x 1,58 m.
Rennes, Musée des Beaux-Arts, Inv. 801.1.28 (cat. 1884, n° 206).

HIST.
1797, 29 décembre : parmi les tableaux remis à Naigeon, conservateur du Dépôt de la rue de Beaune, est mentionné (sous le n° 101) *Le Christ à la colonne, par Blanchard*, qui devrait être la présente *Flagellation (cf.* Plon, 1886, p. 344).
1803 : remis au musée de Rennes par l'Etat; le tableau fait partie du premier envoi : « Blanchard, *La Flagellation*, 4.5 x 4.10 » (*cf.* Clément de Ris, 1872, p. 498).

EXP.
1958, Londres, n° 84; 1958, Paris, n° 6; 1993, Montréal-Rennes-Montpellier, n° 31, reprod. couleurs.

BIBL.
1872, Clément de Ris, p. 498; 1886, Plon, II, p. 344; 1910, Vial, p. 93; 1925, Demonts, p. 166, note 3; 1961, Sterling, p. 84, reprod. [Cat. 6 a]; 1962, Vergnet-Ruiz-Laclotte, p. 226; 1965, Janneau, p. 54; 1979, Bergot-Ramade, p. 8, n° 3; 1985, Wright, p. 144; 1993, Hilaire, p. 129-131; 1993, Hilaire, *Beaux-Arts*, p. 26, reprod. couleurs; 1996, Salomé, p. 52, reprod. couleurs.

La mention de 1797 donne à penser que le tableau provient des églises de Paris, mais n'indique pas son origine précise. On peut s'étonner de ne pas le voir mentionner dans les autres listes. En fait le sujet, dans les églises de Paris, semble avoir été assez rarement traité, au moins en peinture. Les *Archives du musée des Monuments Français* mentionnent un *Christ à la colonne* du Frère André à la Charité, un autre de Coypel à Saint-Louis du Louvre, un autre d'après Véronèse aux Jacobins, une *Flagellation* « peinte dans l'école de Le Brun » aux Madelonnettes, et deux *Christ à la colonne* « d'auteur inconnu », l'un provenant de l'église Saint-Paul et l'autre du couvent des Grands-Augustins. Ces deux derniers sont répertoriés sous les numéros respectifs 1483 et 292 dans l'*Etat général des tableaux... qui se trouvent déposés provisoirement dans le musée de la rue des Petits Augustins*, recension où précisément n'apparaît pas le *Christ à la colonne* de Blanchard. On croirait volontiers qu'il se cache sous l'une de ces deux mentions. Or la vieille église Saint-Paul, en dehors d'un Le Brun, d'une *Pâque des Juifs* de Jean-Baptiste Corneille et d'une *Ascension* de Jou-

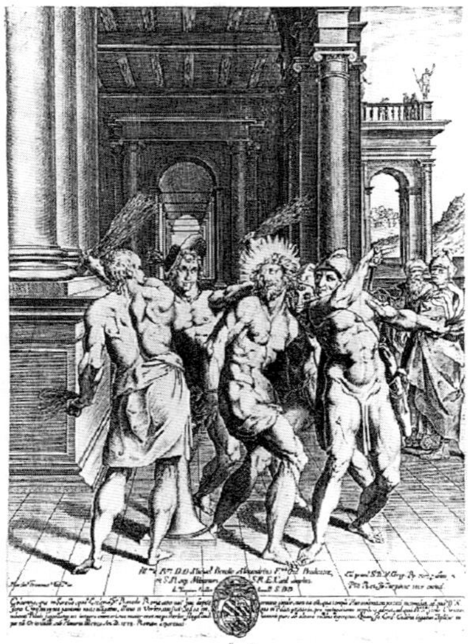

Fig. 1
Martin Fréminet,
La Flagellation, gravée par
Philippe Thomassin.
Paris, coll. part.

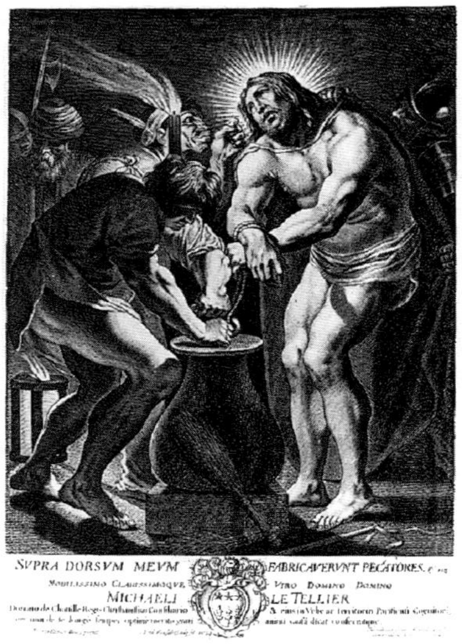

Fig. 2
François Perrier,
Le Christ aux outrages,
gravé par
Gilles Rousselet, en 1634.
Paris,
Bibliothèque Nationale,
Cabinet des Estampes.

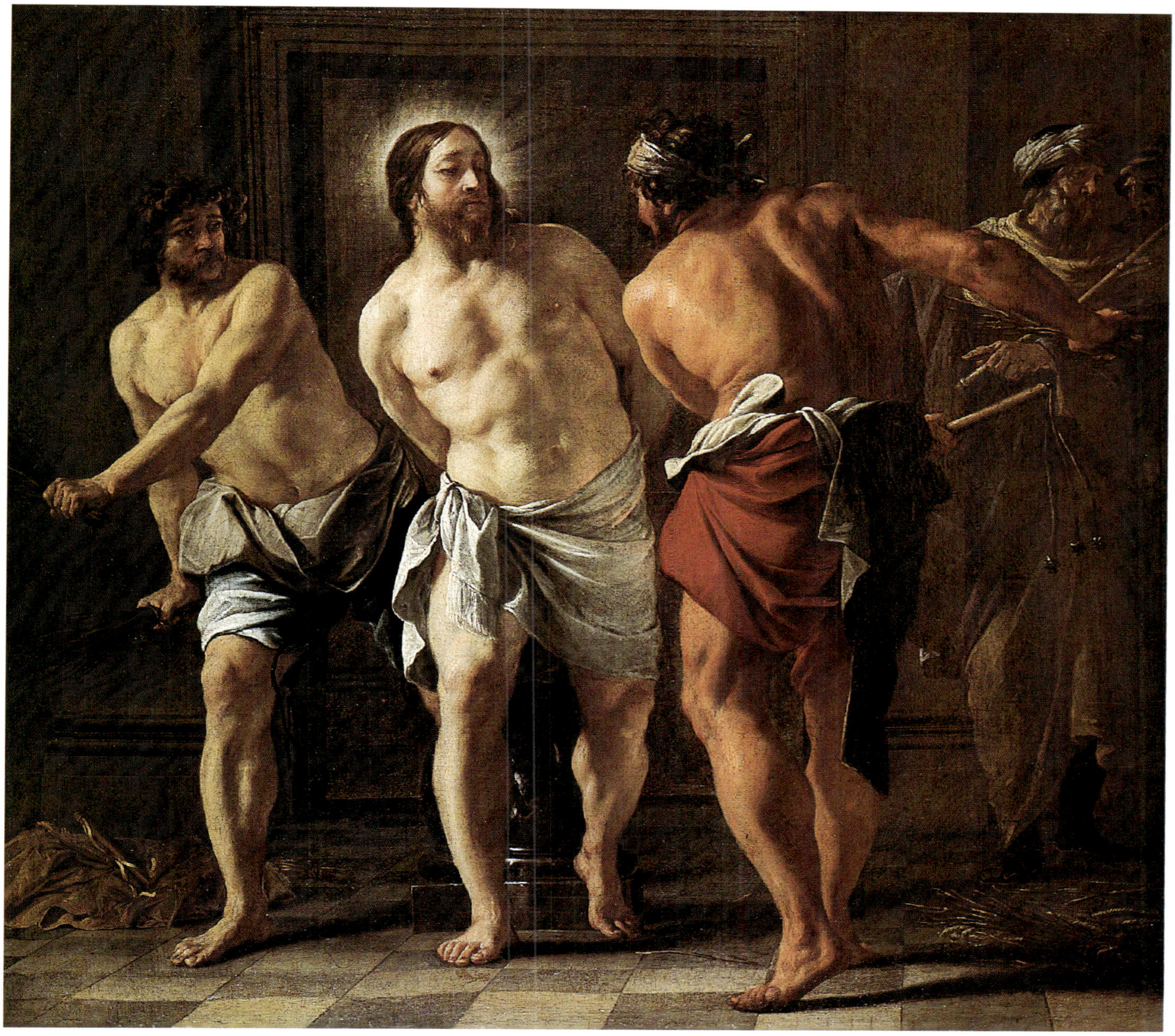

venet, ne contenait guère de tableaux : « *Il y a peu de choses dans cette église qui puisse attirer les curieux* », assurait la *Description de la Ville de Paris* de Brice. Au contraire la multitude de tableaux divers accumulés au couvent des Grands-Augustins expliquerait sans trop de peine que parmi eux le Blanchard ait perdu un temps son identité. Nous inclinons donc à penser que la *Flagellation* de Rennes en provient. Ce qui, à vrai dire, n'apporte aucune précision sur sa date et les circonstances de la commande.

Si l'on met à part les deux œuvres monumentales que constituent le retable de Cognac et le *May* de Notre-Dame (et naturellement les multiples *Vierges*), cette grande toile est le plus important témoignage qui nous demeure touchant la production religieuse de Blanchard.

On ne s'étonne pas trop de voir le peintre, même pour cette scène de violence, se limiter à quatre personnages et simplifier au maximum la mise en scène. Il reprend, sans chercher outre, le schéma rendu fameux par la composition de Sebastiano del Piombo à San Pietro in Montorio (fig. 3 et 5) et par celle, guère moins admirée sous le nom de Giulio Romano, qui se trouve toujours à Sainte-Praxède (fig. 6). Il ne cherche ni à accentuer le mouvement ni à insister sur les gestes et les expressions. Tout au contraire, il insère le ballet des jambes et des bras dans un schéma géométrique précis et il exclut toute grimace. Les bourreaux sont calmes, le Christ impassible. Pas de sang : l'instant choisi est celui qui précède immédiatement le supplice. Insistant sur la beauté que Sebastiano donnait à Jésus, Blanchard le représente comme un athlète trapu, aux muscles puissamment sculptés par la lumière. Il est curieux de constater qu'il rejoint avec cette figure – sans le savoir, assurément – l'étude préparatoire de Sebastiano conservée de nos jours au British Museum fig. 4), soit une des pages les plus michelangelesques de l'artiste.

Ce parti répond peut-être à une idée mystique, celle du Christ athlète divin. Mais surtout il permet au peintre de réaliser un morceau surprenant, guère moins rubénien que vénitien, où clartés et reflets donnent vie à la chair et lui enlèvent cette froideur de marbre si reprochée aux nus du XVIe siècle.

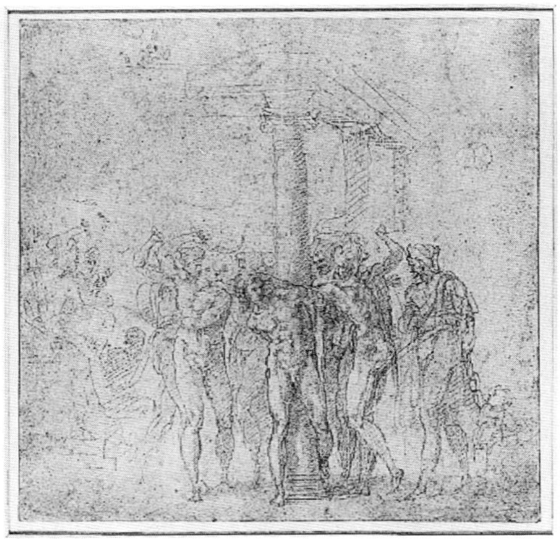

Fig. 3
Sebastiano del Piombo,
Étude pour *La Flagellation*.
Londres, British Museum.

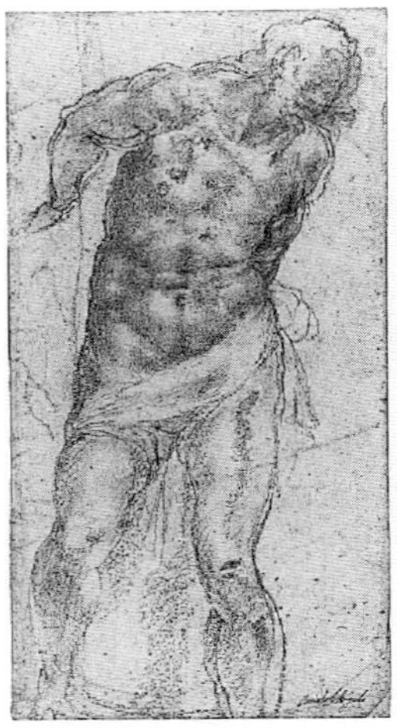

Fig. 4
Sebastiano del Piombo,
Étude pour *La Flagellation*.
Londres, British Museum.

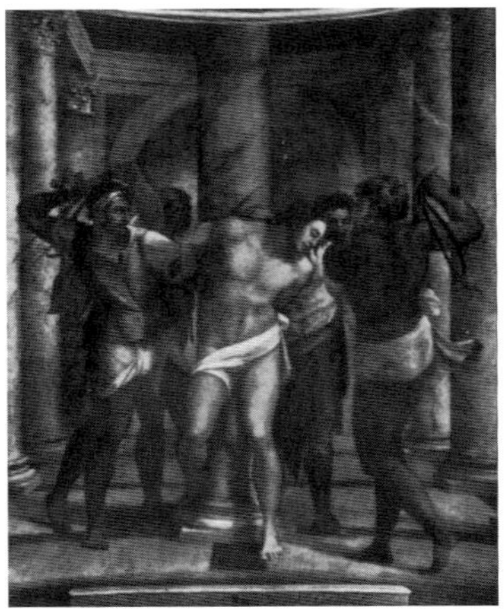

Fig. 5
Sebastiano del Piombo,
Étude pour
La Flagellation.
Rome, San Pietro in
Montorio.

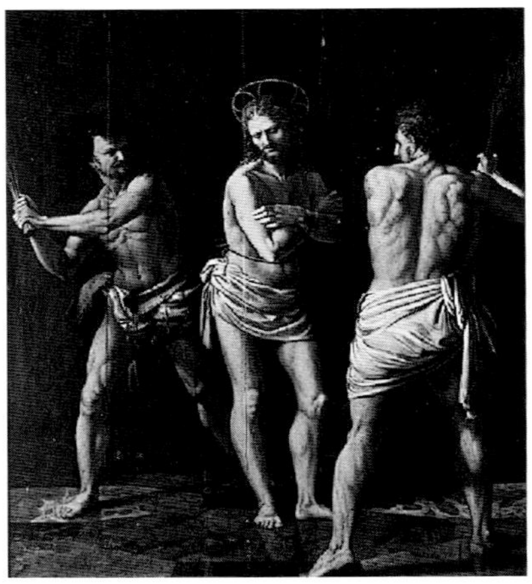

Fig. 6
Anonyme,
au XVIIe siècle sous le nom
de Giulio Romano,
La Flagellation.
Rome, église Sainte-Praxède.

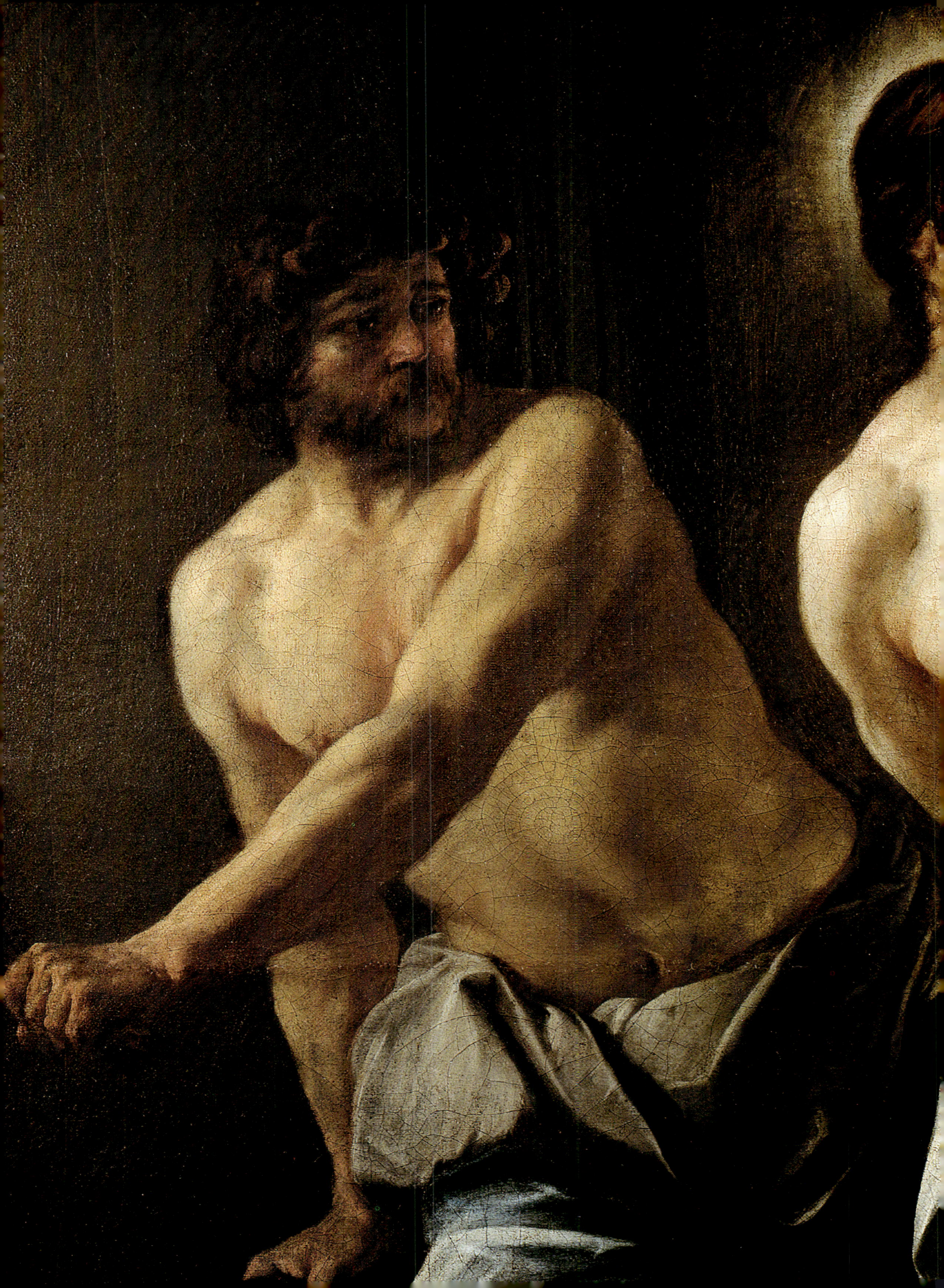

77. ## Le Christ bénissant
La Vierge

Deux pendants formant regard.

I. TABLEAUX, perdus.

II. GRAVURES, par Daret, 1635 (Weigert 6-7).
Burin ; 0,335 x 0,260 m.

en bas, dans la marge, pour le *Christ* :
Ego primus et ego novissimus et absque me non est deus quis sicut ego. Isajae cap. 25
[C'est moi qui suis le premier, c'est moi qui suis le dernier, et hormis moi il n'est dieu d'aucune sorte qui soit pareil à moi]
et au-dessous :
Jacobus Blanchard pinxit/Petrus Daret sculsit Parisijs/ Cum privileg. Regis 1635.
et pour la *Vierge* :
Dextera excelsi. quae. ex te incarnata est per tua sufragia virtutes multas operatur. ô virgo deipara. S. Ioa. Damasi. in Oratione ad Deiparem.
[O Vierge mère de Dieu, la main droite du Très-haut, qui te doit son incarnation, a par ton suffrage produit bien des vertus]
et au dessous :
Blanchard pinx/Petrus Daret sculpsit Parisi./Cum privil. Regis 1635.

Deux états :
a/avec la date de *1635*.
b/avec l'adresse de Mariette ; la date est supprimée et on lit à droite : *Typis Petri Mariette sub signo Spei.*

Les deux cuivres semblent ceux qui figurent en 1639 dans l'inventaire des biens de Daret comme « *deux planches appelées le regard de Blanchard* », avec la prisée considérable de 72 livres (voir p. 75).

BIBL.
1961, Sterling, p. 91-92, reprod. gravures [Cat. nos 48-49].

Gravés par Daret avec la date de 1635, ces deux pendants ont quelque chance d'avoir été peints dans la même année. Il semble qu'on puisse y discerner un penchant vers plus de simplicité et d'élégance que les autres compositions religieuses.

Les deux tableaux pourraient encore exister. Nous croyons pouvoir rapprocher de ces deux estampes cette mention d'un catalogue de vente anglaise, en 1738-1739, publiée en 1944 (Anonyme, p. 231) : « *Paris's. Fourth day, lot 3. Our Saviour, half length. Blanchard. Lot 4. The Virgin, its compassion. Ditto.* » Vendus ensemble pour 3. 6. 6 (*cf. infra*, p. 337).

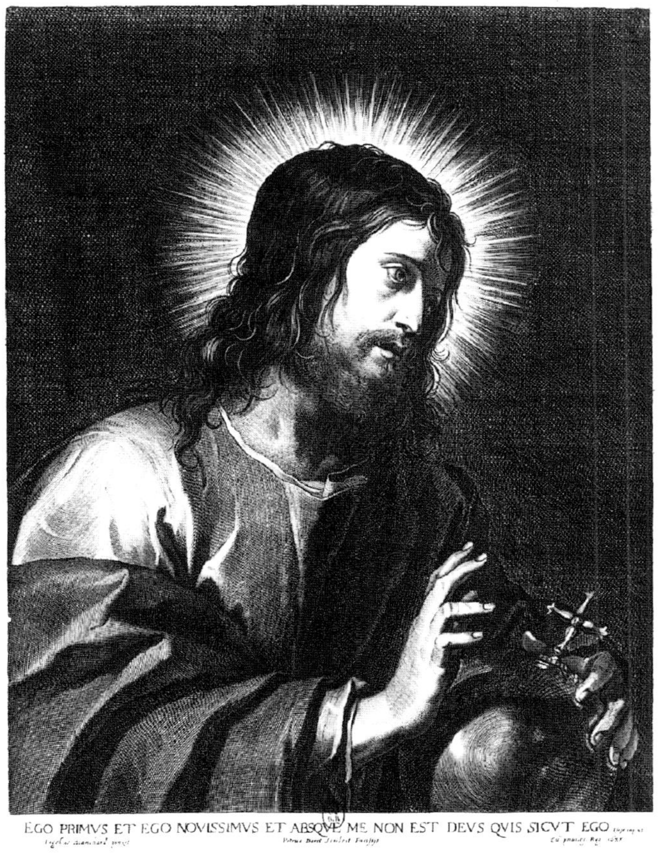
EGO PRIMVS ET EGO NOVISSIMVS ET ABSQVE ME NON EST DEVS QVIS SICVT EGO

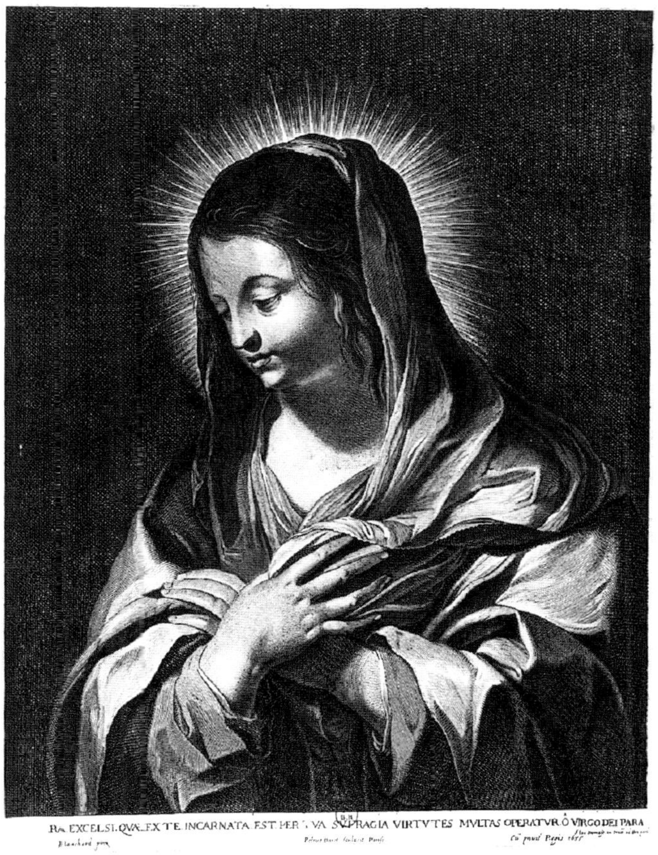
RA EXCELSI QVÆ EX TE INCARNATA EST PER VA SVFRAGIA VIRTVTES MVLTAS OPERATVR Ô VIRGO DEI PARA
Blanchard pin
Cū privil Regis 1655

78. Le Combat de deux amours

H.t. ; 0,96 x 0,81 m.
France, collection particulière.

HIST.
1977, 13 juin : vendu à Paris, Hôtel Drouot (n° 57, « Jeux d'amours », non reproduit au catalogue) sous une attribution à Francesco Albani ; acquis par le présent propriétaire.

EXP.
1988-1989, Meaux, n° 54, reprod.

BIBL.
1988, Sophie Bias, notice dans le catalogue Meaux 1988-1989, p. 186.

Nous n'avons rencontré aucune mention ancienne de ce tableau, réapparu intact, mais sans provenance et sous une attribution absurde. Il pourrait s'agir d'un élément d'une grande décoration détruite. Mais nous croyons téméraire, jusqu'à nouvelle découverte, d'en préciser l'origine.

L'interprétation du sujet doit elle-même rester prudente. On ne saurait parler du combat entre l'amour céleste et l'amour vulgaire, ou d'Éros et Antéros : ici les attributs des deux amours sont identiques. Le tableau relève plutôt de ces « jeux d'amours » très en vogue à l'époque, et qui ne dissimulent aucun sens « mystérieux » : les multiples combats de *putti* ou d'enfants qu'offrent les reliefs de Du Quesnoy ou les frises gravées de Brébiette montrent des motifs semblables, et il semble qu'on les introduisait fort volontiers dans le décor des galeries.

Bien conservée, l'œuvre peut être regardée comme l'une des plus sûres et des plus délicates qui aient été retrouvées depuis 1961. Les tonalités discrètes, l'importance donnée au paysage conduisent à une datation relativement tardive : vers 1635-1636 ?

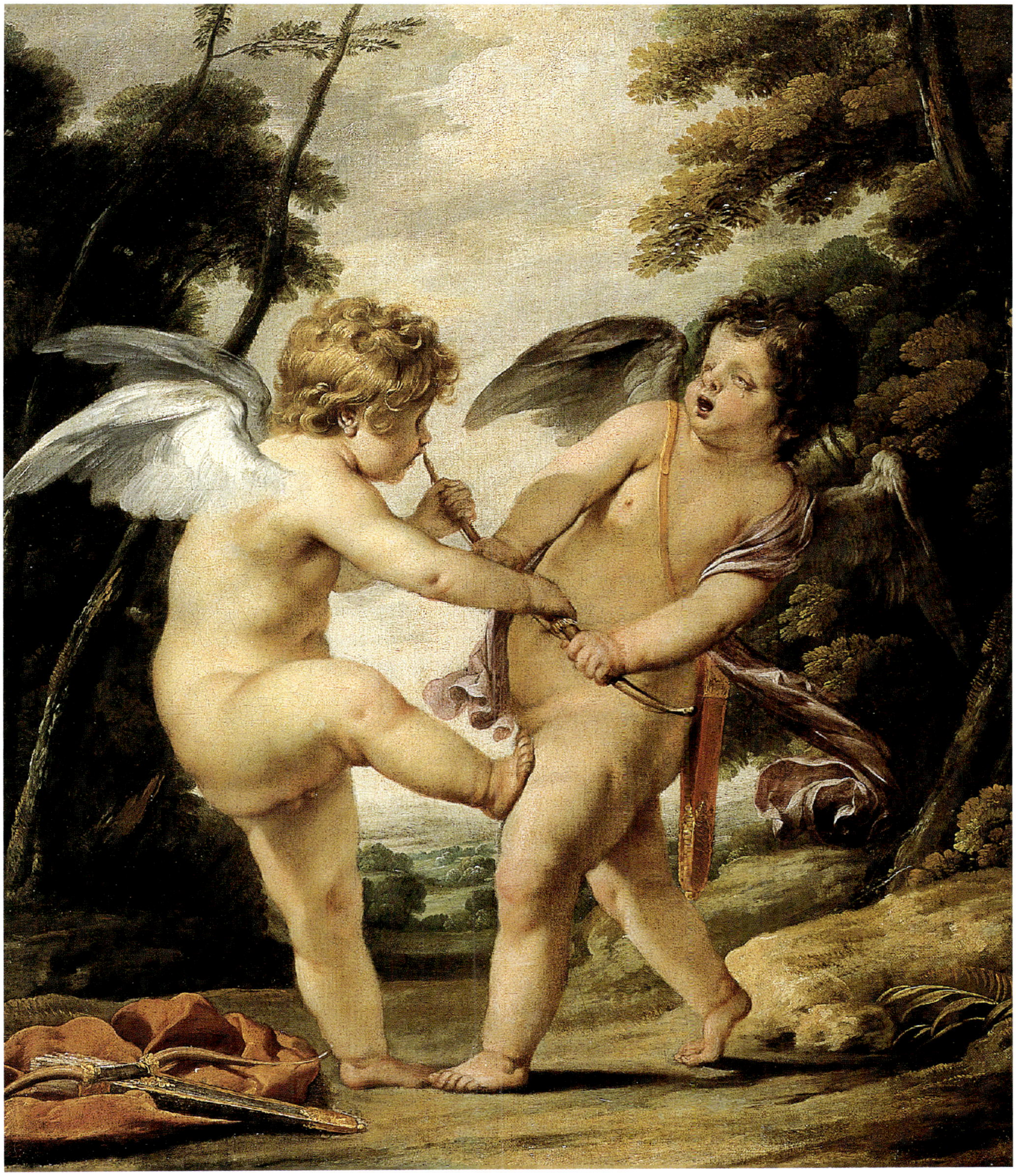

79. Bacchanale, 1636.

H.t. ; 1,38 x 1,15 m.
S. et d. en bas à droite : *Blanchard f. 1636*
Nancy, Musée des Beaux-Arts, Inv. 709 ; cat. 1909, n° 325.

HIST.
1884 : acquis de la collection Jules Renauld lors de son décès par la Commission du musée.

EXP.
1958, Londres, n° 45, reprod. pl.19 ; 1958, Paris, n° 5, reprod. pl. 15 ; 1959, Berne, n° 5, pl.5 ; 1960-1961, Washington-Toledo-New York, n° 48, reprod. ; 1985, Paris, reprod. p. 2 ; 1985, Budapest, n° 4, reprod. ; 1985, Dublin, n° 4, reprod. ; 1993, Montréal-Rennes-Montpellier, n° 32, p. 132-135, reprod. couleurs ; 1994, Japon ; 1997, Parme, n° 27, reprod. couleurs.

BIBL.
1923, Fontaine, p. 30 ; 1925, Demonts, p. 166 ; 1932, Weisbach, p. 57 ; 1934, Demonts, I, p. 186 ; 1934, Lavallée, I, p. 183-186 ; 1935, Gillot, p. 10 ; 1946, Dorival, p. 58 ; 1951, Dorival, n.p., reprod. ; 1957, Laclotte, p. 45, reprod. p. 41 ; 1961, Sterling, p. 93, reprod. p. 76 [Cat. n° 55] ; 1962, Huyghe, reprod. couleurs p. 28 ; 1962, Vergnet-Ruiz – Laclotte, p. 46, reprod. fig. 41, p. 226 ; 1963, Thuillier, p. 206 ; 1965, Janneau, p. 54 ; 1969, Gebelin, p. 84-85 ; 1979, Dorival, p. 225 ; 1985, Laveissière, p. 6 ; 1985, Wright, p. 144, reprod. couleurs p. 143 ; 1989, Pétry, p. 51-53, reprod. couleurs ; 1991, Munière, p. 99-100, reprod. couleurs ; 1993, Hilaire, p. 132-133 ; 1994, Mérot, p. 98.

Ce tableau de Blanchard, signé et daté de 1636, mais qu'on ne suit que depuis son entrée au Musée des Beaux-Arts de Nancy et qui n'a pas été gravé, demeura fort peu

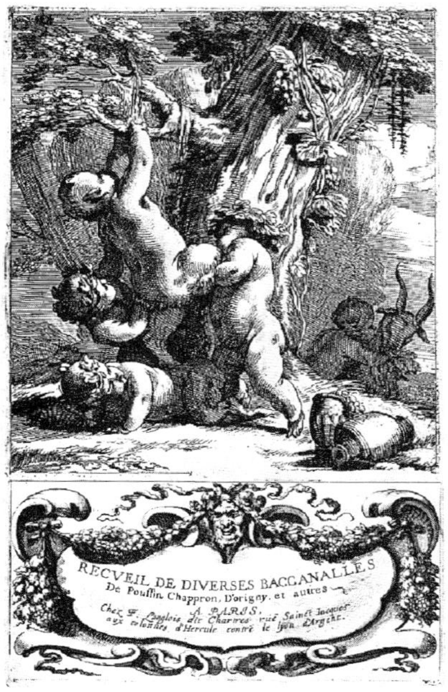

Fig. 1
Michel Dorigny,
frontispice pour le *Recueil de diverses Bacchanales...*, vers 1638.
Paris, coll. part.

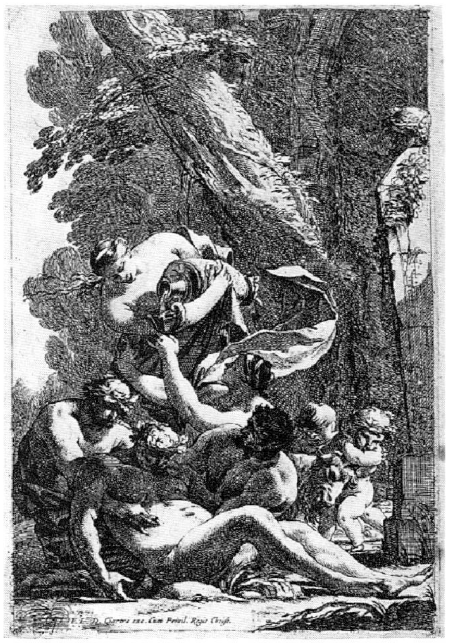

Fig. 2
Michel Dorigny,
Silène ivre, pièce du même recueil.
Paris, coll. part.

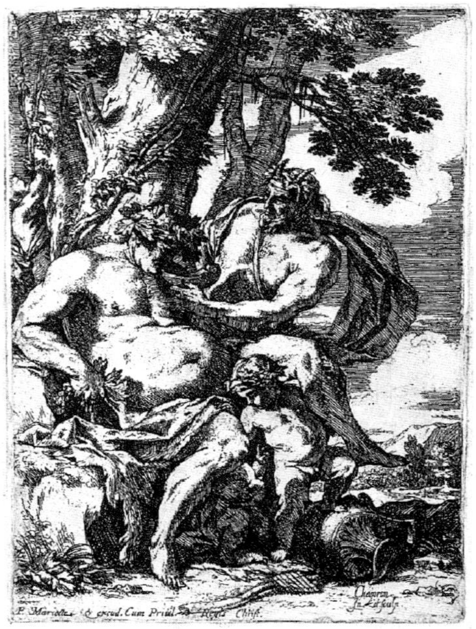

Fig. 3
Nicolas Chaperon,
Un satyre abreuvant Silène, pièce du même recueil.
Paris, coll. part.

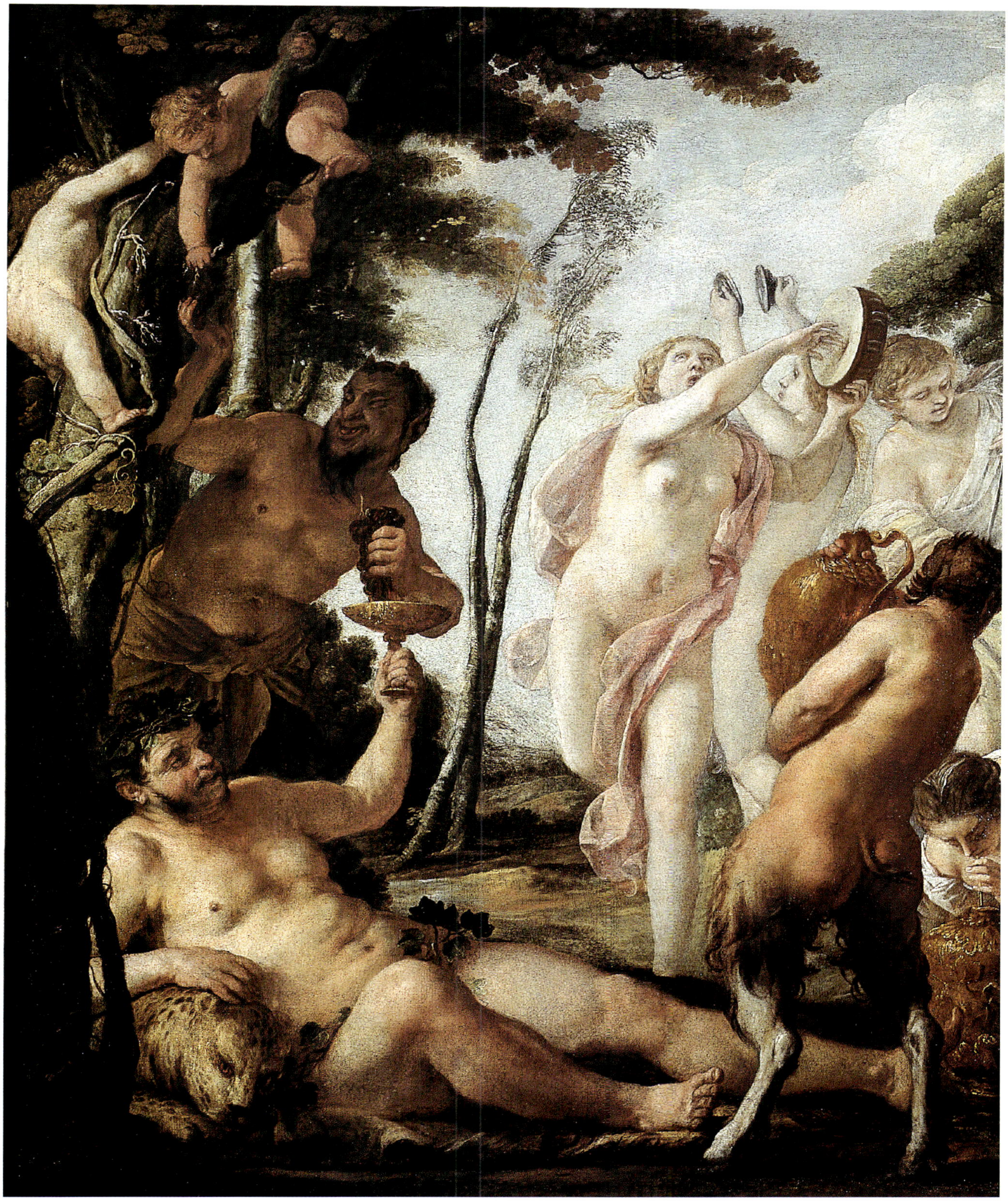

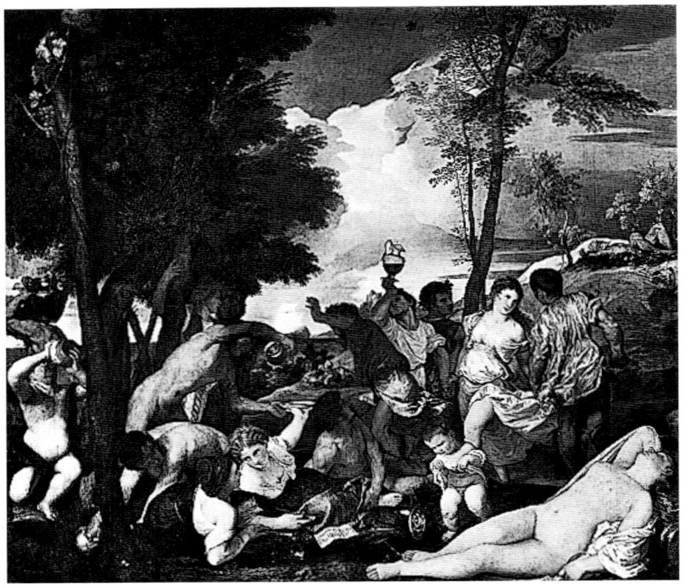

Fig. 4
Le Titien,
Bacchanale (dite *Les Andriens*)
Madrid, Musée du Prado.

connu jusqu'à l'exposition organisée par Michel Laclotte à Londres et à Paris en 1958 ; il est depuis le plus souvent reproduit et peut-être le plus admiré.

Rien ne permet pour l'instant d'y reconnaître l'un des quatre « grands tableaux » représentant des Bacchanales dont le peintre, aux dires de Perrault, avait orné le salon de Morin. Le thème dut être assez souvent traité par Blanchard (*cf. infra*, p. 341-342). Les gravures de Brébiette, depuis dix ans, avaient familiarisé le public avec ce type de sujet. Il avait pu voir à Rome, en 1626, au palais Aldobrandini où allaient étudier tous les peintres (Poussin et Du Quesnoy en particulier), la célèbre *Bacchanale* du Titien, dite *Les Andriens*, qui ne partira pour l'Espagne qu'en 1639 (fig. 4). Il n'est pas davantage besoin de mettre en relation ce tableau de 1636 avec les *Bacchanales* peintes par Poussin pour Richelieu et expédiées de 1634 à 1636 : elles semblent avoir gagné le Poitou directement, et il est fort probable que Blanchard n'ait jamais eu l'occasion de les voir. En revanche la suite des *Bacchanales* gravées par Chaperon et Dorigny et publiées à Paris vers 1638 pourrait bien avoir été fortement influencée par des œuvres de Blanchard telles que celle-ci (*cf.* fig. 1-3).

Le tableau n'en est pas moins exceptionnel chez Blanchard par sa construction complexe (neuf figures, réparties autour d'un vide souligné par deux petits troncs d'arbres) que par son coloris : nulle grande tache de rouge, nulle draperie outremer, mais une série de nuances allant du bleu pâle au rose violine, une sorte de jeu compliqué entre teintes chaudes et teintes froides, qui donnent à la toile un aspect presque nacré.

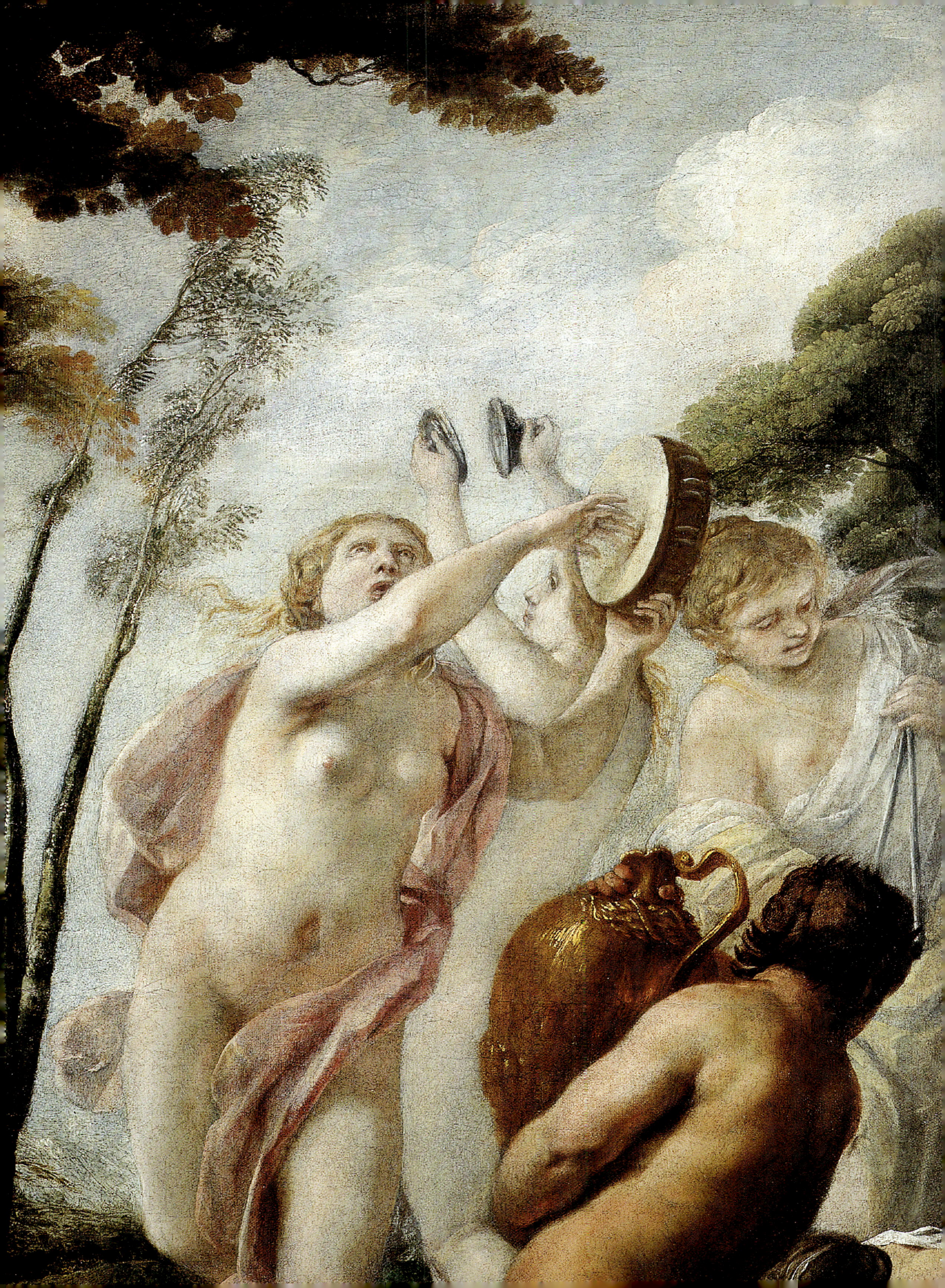

80. La Charité (quatre figures)

I. TABLEAU
Toledo, The Toledo Museum of Art, don Edward Drummond Libbey, Inv. 1975.9.
H.t.; 1,08 x 1,385 m.

HIST.
Dès avant 1822 le tableau se trouve dans la collection des ducs de Richmond à Goodwood House, Sussex; il y demeure jusqu'en 1974. On l'y trouve régulièrement catalogué sous le nom de La Hyre : *cf.* D. Jacques, *A visit to Goodwood...*, 1822, p. 38; W.H. Mason, *Goodwood... with a catalogue raisonné of the pictures*, 1839, p. 21, n° 3; Lady March, *Catalogue of the Pictures at Goodwood*, 1877, n° 223.
1974 : Londres, vendu chez Sotheby's le 27 mars, n° 61, reprod.
1975 : acquis par le musée de Toledo grâce au fonds Edward Drummond Libbey.

EXP.
1938, Londres, n° 324 (c. La Hyre); 1961-1962, Canada, n° 30 reprod. (c. La Hyre); 1982, Paris-New York-Chicago, n° 5, reprod. couleurs p. 111.

BIBL.
1953, Blunt, p. 171, reprod. pl.112 B (Blanchard); 1961, Sterling, p. 93-94, reprod. couleurs [Cat. n° 58]; 1963, Thuillier, p. 206, reprod. couleurs p. 205; 1975, Rosenberg, p. 223; 1982, Rosenberg, p. 224-225, reprod. couleurs; 1985, Laveissière, p. 5; 1985, Wright, p. 144, reprod. couleurs p. 143; 1986, Mérot, préface au catalogue de l'exposition de Caen 1986, p. 16; 1993, Hilaire, p. 206; 1994, Mérot, p. 98.

COPIE
H.t. ; 1,05 x 1,35 m.

HIST.
1930 : vente Christie's, 14 mars, n° 132.
1981 : vente Sotheby's, 16 décembre, n° 34, reprod. (comme ancienne collection de M. Basté de Saint-Pallaye, de Paris), $42^{1/2}$ x $53^{1/4}$ inches.

II. GRAVURE, par Antoine Garnier (Robert-Dumesnil 67) (fig. 1)
0,330 x 0,285 m. (dont 30 mm de marge)
1er état : dans la marge, en bas : CHARITAS
Plus bas : *Blanchard jnvent. Pinxit/Garnier sculp./FLD Ciartres excudit Cum Privil. Regis Christianis.*
2e état : le nom de *FLD Ciartres* est remplacé par *Pierre Mariette.*

EXP.
1986, Caen, « Gravures et dessins », n° 36, reprod.

BIBL.
1900, Merson, p. 21, reprod. (mal légendée); 1961, Sterling, p. 93-94, reprod.; 1975, Rosenberg, p. 223 (signale la reprise de la gravure dans une peinture d'intérieur hollandais, le *Concert* attribué à Egidius Van Tilborch conservé à l'Université de Glasgow), reprod. n° 142.

Le tableau des ducs de Richmond semble celui qui fut vendu à Londres même avec la collection du Prince de Carignan (Londres, Prestage, 26 février 1765, n° 40 : *Charity and Her Children...* 3 ft 5 in x 4 ft 3 in). Il s'agit de l'un des chefs-d'œuvre de Blanchard.

La puissance du groupe pyramidal, qui se détache de profil sur deux plans successifs parfaitement parallèles à la surface du tableau, la grande draperie qui réapparaît ici pour fermer la composition, le lien établi avec le spectateur par le regard de la jeune femme, la subtilité des carnations opposée à la fermeté et l'ampleur des draperies, l'étude des gradations lumineuses et des reflets colorés, tout désigne la parfaite maîtrise des moyens, et la volonté d'atteindre à un style d'une science sans défauts et d'une apparente simplicité. Force est de reconnaître ici l'une des premières affirmations décisives de l'« atticisme » français appelé à triompher sous la régence d'Anne d'Autriche; mais cela bien avant la fin du règne de Louis XIII, car le tableau semble à dater vers 1636-1637.

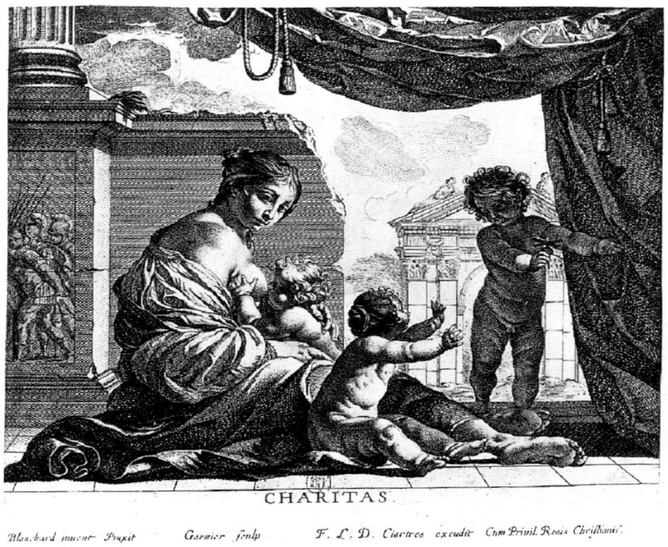

Fig. 1

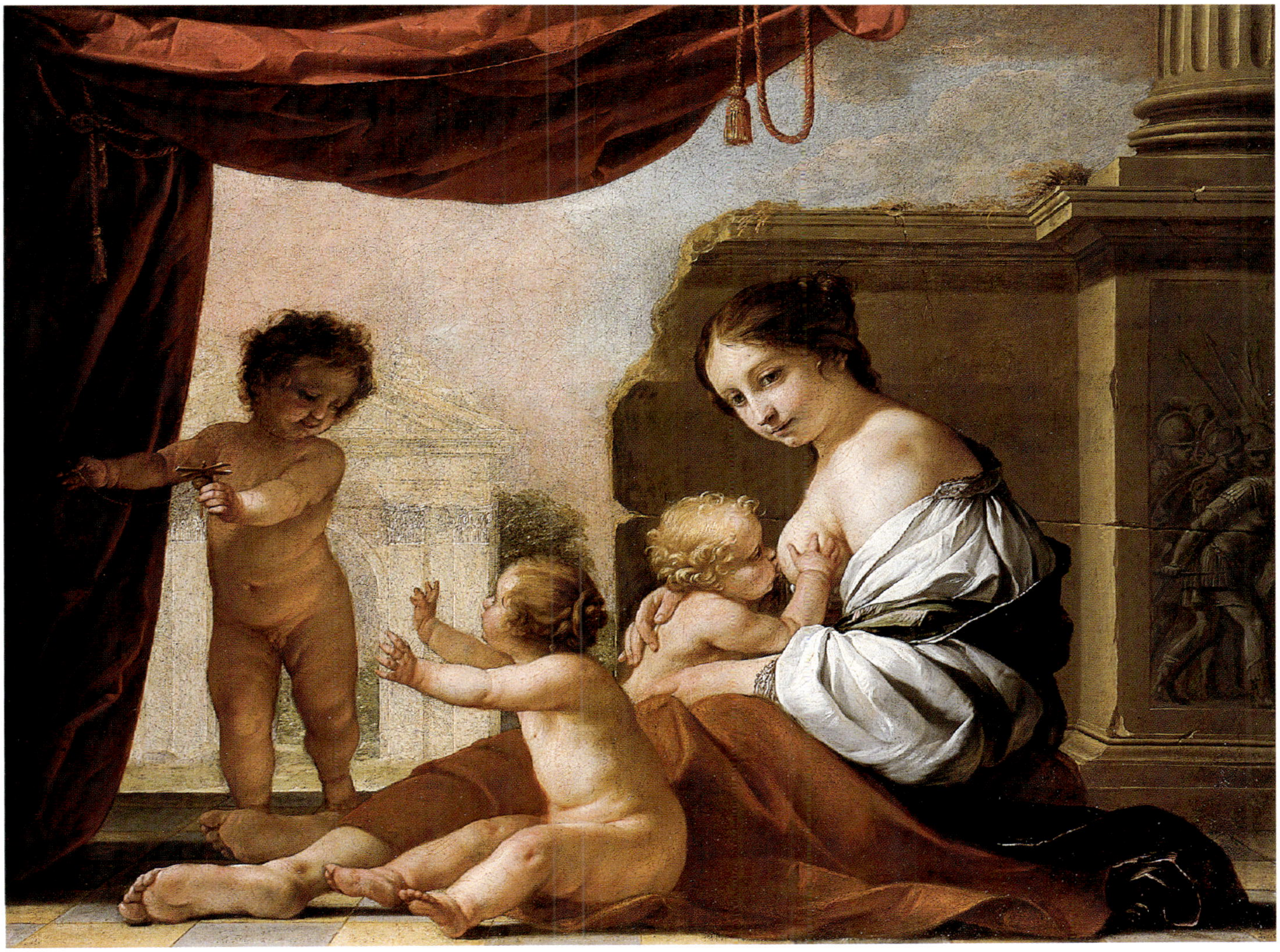

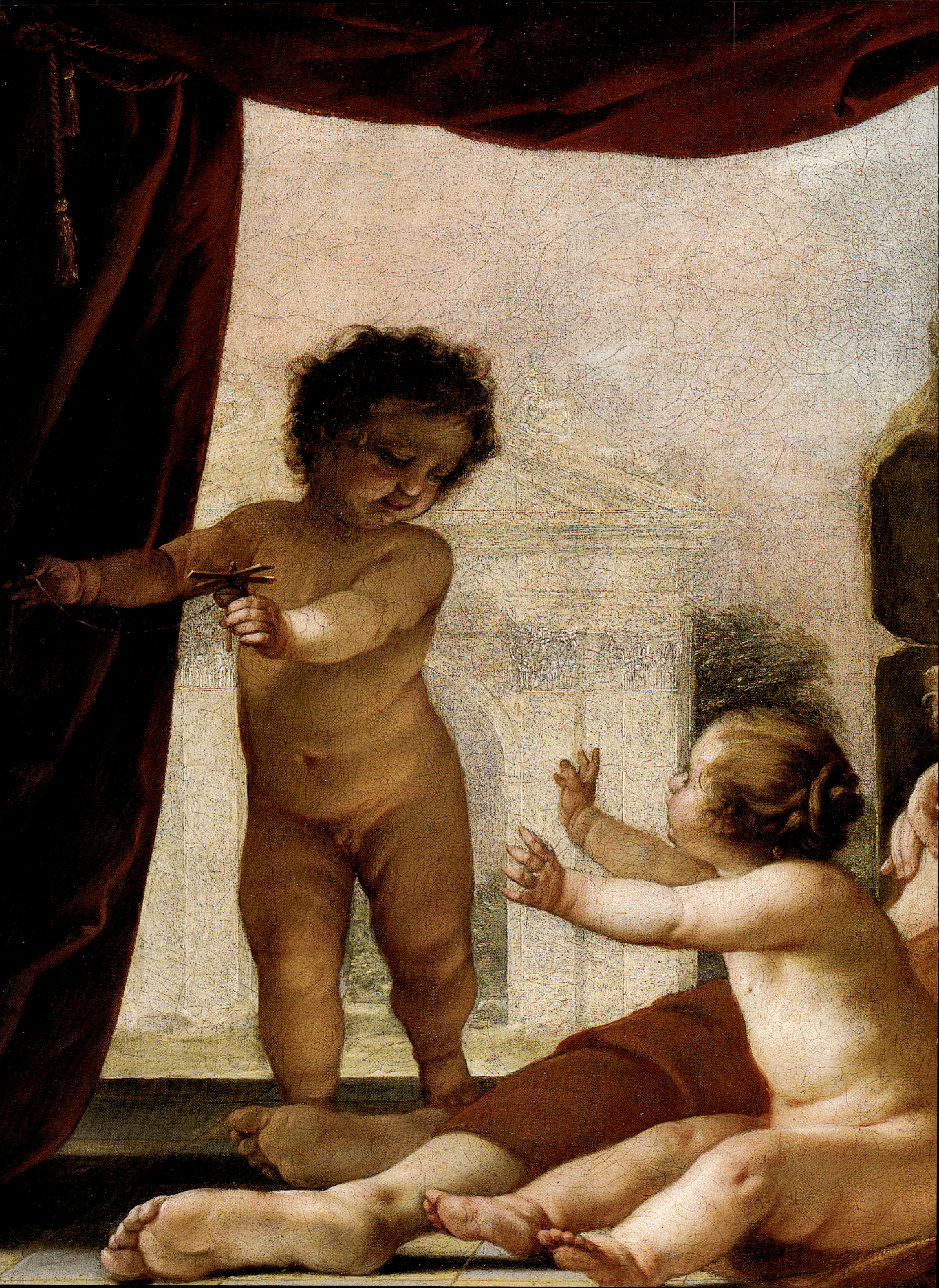

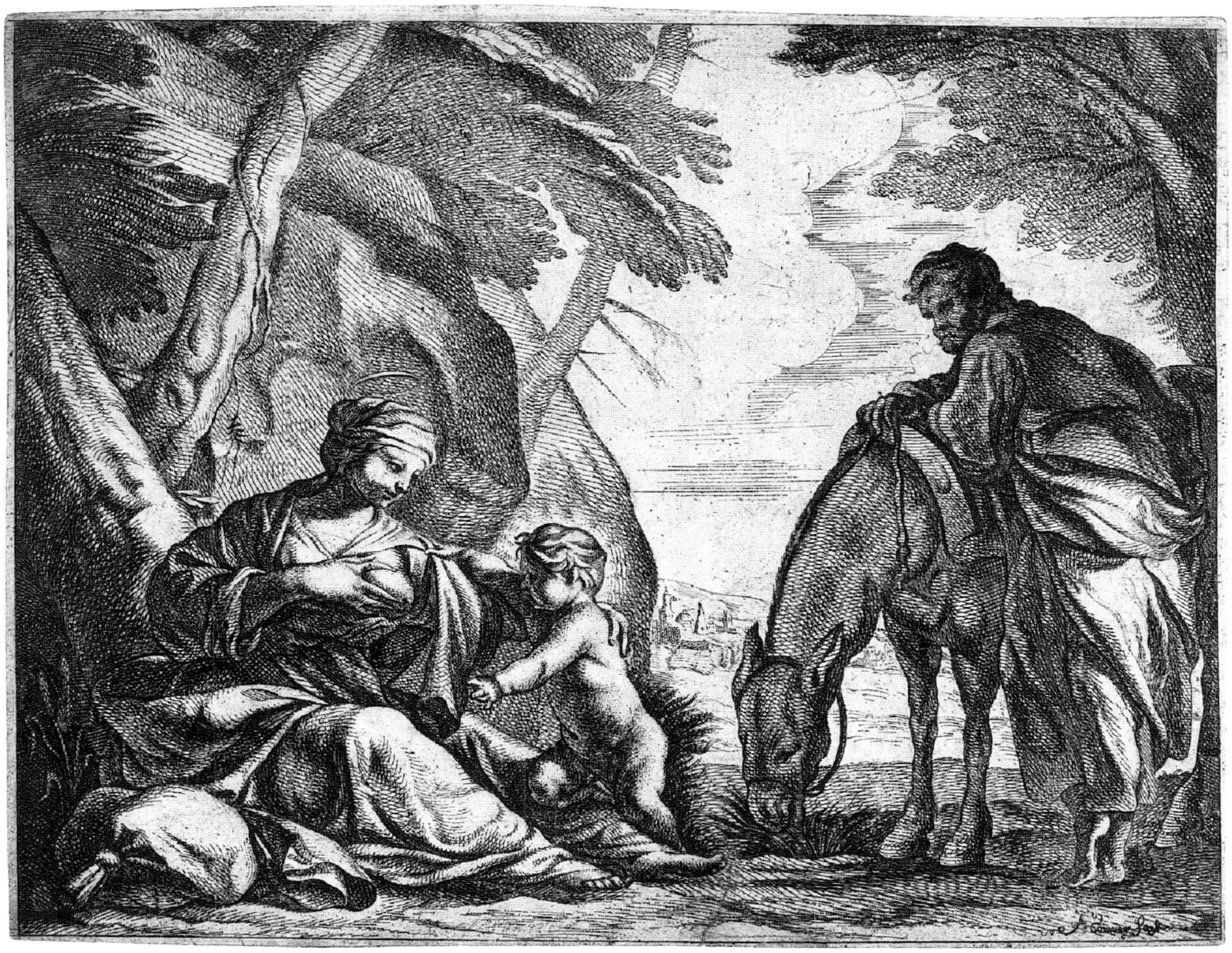

81. Le Repos pendant la fuite en Égypte (au grand rocher)

I. TABLEAU, perdu.

COPIE
H.t. 0,30 x 0,25 m.
Localisation actuelle inconnue.
Sur le marché d'art français vers 1960-70; la composition était réduite au groupe seul de la Vierge avec l'Enfant.

II. GRAVURE, par Antoine Garnier (Robert-Dumesnil 7).
0,283 x 0,226 m.
En bas, à droite, sur le terrain, à l'intérieur du trait carré : *A. Garnier fecit.*

BIBL.
1961, Sterling, p. 84-85, reprod. [Cat. n° 8].

Voir notice suivante.

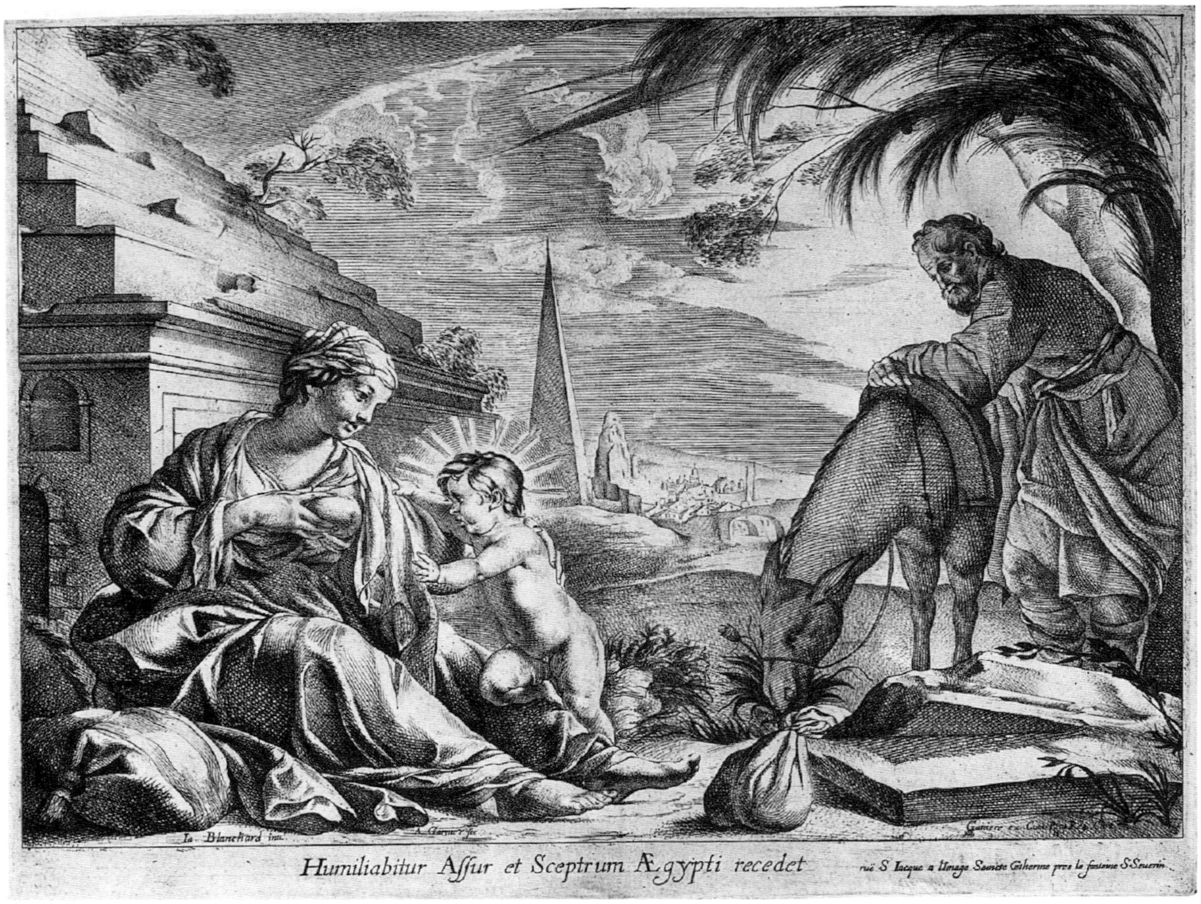

82. Le Repos pendant la fuite en Égypte (à la pyramide)

I. TABLEAU, perdu.

COPIE
H.t. ; 0,430 x 0,635 m.
Localisation actuelle inconnue.

HIST.
1991, 31 mai : passé en vente chez Christie's, New York, n° 74 ; reproduit en couleurs au catalogue.
La petite dimension de cet exemplaire, et la qualité bien faible de la partie gauche, ne permettent que d'y reconnaître une copie.

II. GRAVURE, par Antoine Garnier (Robert-Dumesnil 6).
0,284 x 0,359 m.
En bas, à l'intérieur du trait carré :
Ia. Blanchard inv./A. Garnier fec./Ganiere ex. Cum Priv. Regis Chris.
Dans la marge la légende :
Humiliabitur Assur et Sceptrum Aegypti recedet
[Assur sera humilié, et le sceptre de l'Égypte s'écartera]
et l'adresse :
rue S. Iacque a l'Image Saincte Catherine près la fontaine S. Severin.

Il faut sans doute voir deux versions différentes (et toutes deux perdues) dans les deux compositions que nous a transmises Antoine Garnier, ici à son meilleur. Les différences sont trop nombreuses et trop importantes pour être le fait du graveur. Qu'il ait fait deux gravures du même sujet et d'ordonnance voisine indique tout l'intérêt qui dût s'attacher à ces œuvres.

La parenté avec les *Charité* de Toledo et de Londres suggère une date voisine, sans doute 1637.

83. La Charité (cinq figures), 1637.

I. TABLEAU

A. partie gauche :
Londres, The Courtauld Institute of Art, Courtauld Gallery, inv. P. 1947.LF.31
H.t. ; 1,04 x 0,79 m.
S.d. en bas à gauche : *J. Blanchard 1637*.

HIST.
1923 : publié par Tancred Borenius dans le *Catalogue of the Collection Lee of Fareham*, n° 98.
1947 : offert à l'Institut Courtauld par le vicomte Lee of Fareham.

EXP.
1937, Paris, n° 61 (*Viscount Lee of Fareham*) ; 1938, Bristol, n° 1 (*idem*) ; 1947, Londres, Wildenstein, n° 3 (*idem*) ; 1985-1986, Leicester, p. 86.

BIBL.
1923, T. Borenius, *Catalogue of the Lee Collection*, n° 98 ; 1925, *Apollo*, mars, reprod. p. 131 ; 1932, Lundberg ; 1937, Sterling, reprod. pl.44 ; 1958, Thuillier, p. 61 et reprod. fig. 25 (détail) ; 1961, Sterling, p. 93, reprod. [Cat. n° 56] ; 1963, Thuillier, p. 206 ; 1965, Janneau, p. 54 ; 1985, Laveissière, p. 5 ; 1985, Wright, p. 144.

B. partie droite :
Perdue ou détruite.

COPIE
Anciennement à Bruxelles, collection I. Pripp (le groupe de gauche seul, en ovale).
Cf. 1932, Lundberg, reprod. fig. 3.

II. GRAVURES, par Antoine Garnier (Robert-Dumesnil 68 ; fig. 1).

0,335 x 0,285 m. (dont 25 mm de marge).
En bas, dans la marge : CHARITAS
Au-dessous : *Blanchart jnvent. Pinxit./Garnier sculp./F.L.D. Ciartres excudit Cum Privil. Regis Christianis.*
Cf. 1961, Sterling, p. 93, reprod.

par P.G. Floding, 1766
Avec la mention : *Peint à Paris par J. Blanchard 1637 / Gravé à Stockholm par P. Floding 1766*
Cf. 1932, Lundberg, reprod. fig. 4.

III. DESSIN (copie), DR 7
Boston, collection Sachs (composition complète).
Cf. Cat. EXP. 1947, Londres, Wildenstein, sous le n° 3.
Pour un dessin qui a été considéré comme étude préparatoire, voir *Dessins rejetés*, n° DR 38, p. 327-328.

Le tableau du Courtauld Institute, signé et daté de 1637 et d'une qualité picturale éclatante, est certainement l'original. Mais l'original mutilé : la gravure montre que toute la partie droite, soit plus d'un tiers de la composition, a été coupée. On aperçoit encore, près de la main de la Charité, la pointe de la baguette que tendait l'un des deux enfants. Comme la partie retranchée, avec ces deux enfants, le paysage, la colonne et les ruines, forme un motif complet en soi, on peut suspecter une mutilation volontaire dictée par l'appât du gain, et non par la ruine de la couche picturale. Le fragment a chance d'avoir été conservé et réapparaîtra peut-être un jour... On notera que dans le tableau du Courtauld les feuillages ont été attentivement repeints et épaissis en haut, dans le coin droit, de façon à « refermer » la composition et rendre moins sensible la coupure.

Ce traitement barbare semble remonter à une date très ancienne. Le tableau de Londres pourrait bien provenir de la vente du cardinal Fesch, où figura la même composition, avec des dimensions fort voisines (1,06 x 0,84 m), et déjà mutilée. Le catalogue de la vente romaine de 1844 la décrit ainsi :

JACQUES BLANCHARD

NÉ À PARIS EN 1600, MORT EN 1638.

ÉLÈVE DE NICOLAS BOLLERY ET D'HORACE LE BLANC.

328-1695. LA CHARITÉ

T. H. 3 P. 3 P. 6 L. L. 2 P. 7 P. 2 L.

Sous les traits d'une jeune femme assise au pied d'une ruine, la Charité s'offre à nous soutenant sur son sein un jeune enfant qui s'attache à son cou, et qu'elle baise avec amour. Le coude de la jeune femme s'appuie sur un morceau de sculpture, et sa main droite couvre la tête d'un autre enfant couché à côté d'elle, dans les plis de son manteau.

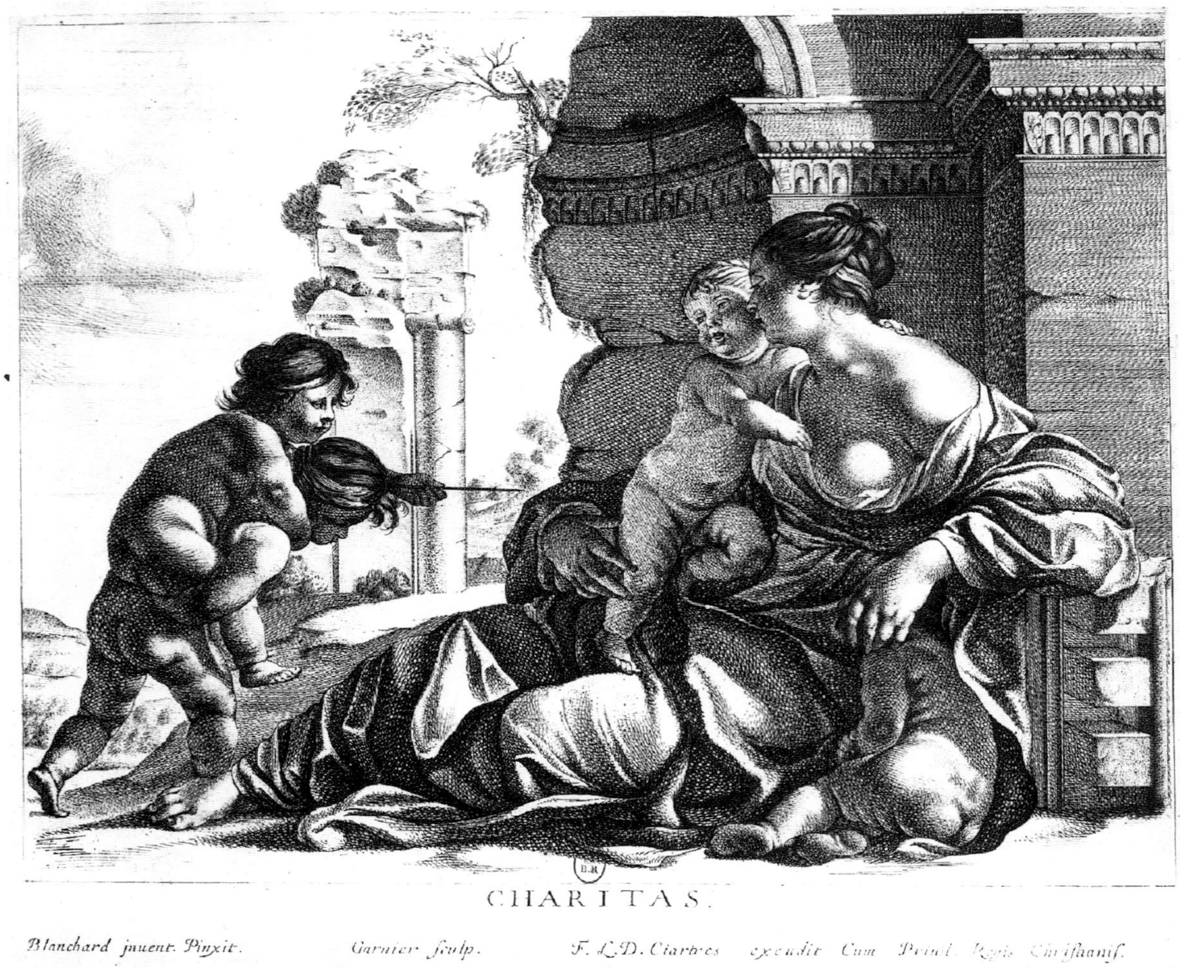

Fig. 1

Elle est vêtue d'une robe jaune décolletée qui laisse à nu une partie de son corps et vient couvrir ses genoux ; ses cheveux relevés en tresses derrière la tête sont retenus par un ruban rose.

C'est surtout dans les sujets de ce genre, et lorsqu'il avoit l'occasion de peindre le nu, que cet artiste déploie son pinceau gracieux et son excellent ton de couleur que relève encore, dans cette aimable composition, un piquant effet de clair-obscur.

Il est fort probable que c'est le même tableau, mais encore entier, qui avait figuré à la vente du sculpteur Bouchardon, à Paris, en 1762. Il avait alors été acquis par le graveur suédois Floding qui l'emmena à Stockholm et le grava avec la date de 1766. Selon Lundberg (1932), c'est vers la fin du XVIIIe siècle, et en Suède, qu'aurait eu lieu la mutilation.

L'œuvre a perdu l'harmonie et la puissance de sa mise en page, en même temps que sa luminosité, toute la vaste partie de ciel très clair servant de contrepoint à l'ombre des ruines ayant disparu. Mais elle a conservé sa qualité picturale et la subtilité de ses carnations. Jamais le style de Blanchard n'avait été plus savant. Et sa date de 1637 offre un repère capital pour les dernières années de Blanchard.

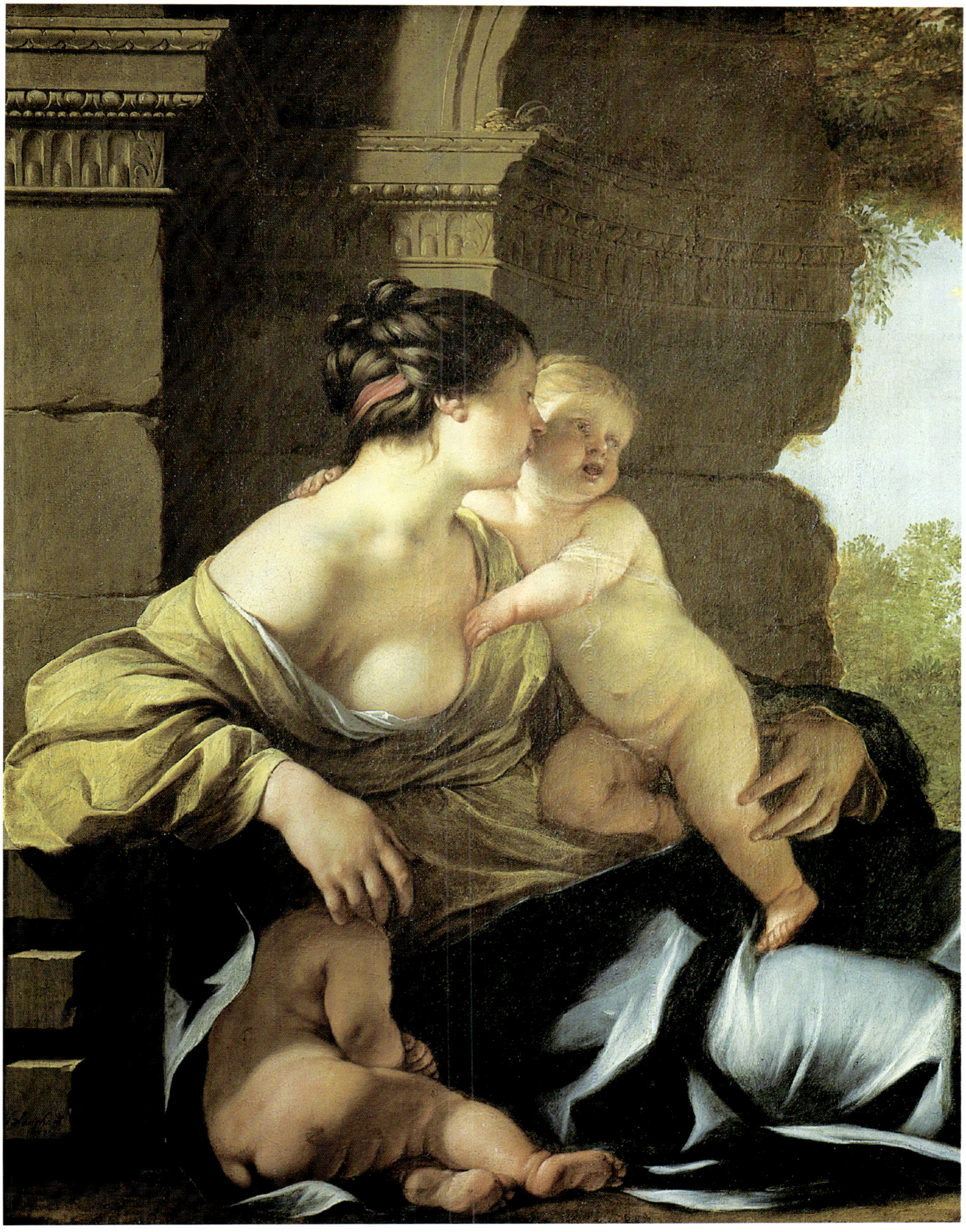

84. Saint Antoine

H.t. ; 1,07 x 1,40 m.
Tours, Musée des Beaux-Arts, Inv. 825.1.33.

HIST.
1790-1794 : selon les recherches de Jean Aubert, rapportées par Pierre Rosenberg (1975, p. 137), le tableau proviendrait probablement du Petit Couvent de La Riche, à Tours même. Saisi à la Révolution, il figure dans l'inventaire de l'an II sous le n° 48, puis de l'an X sous le n° 32 et le nom de Valentin (Fohr, 1982, p. 25).

EXP.
1994, Japon (exposition itinérante), *Chefs-d'œuvre du musée des Beaux-Arts de Tours* ; notice par A. Gilet.

BIBL.
1975, Rosenberg, p. 220, reprod. fig. 137 ; 1982, Fohr, p. 25-26, reprod. (attribué) ; 1985, Wright, p. 144 (attribution).

La mise en page, des plus traditionnelles, et la conception même de l'œuvre font tout naturellement penser aux figures à mi-corps de saints, d'Évangélistes et de prophètes que Vignon avait affectionnées, notamment au début de sa carrière (*cf.* reprod. p. 114). Mais le traitement est différent, et son moelleux permet d'accepter l'attribution à Blanchard, due à Pierre Rosenberg. La gravité de l'expression et la présentation très dépouillée semblent désigner les alentours de 1636.

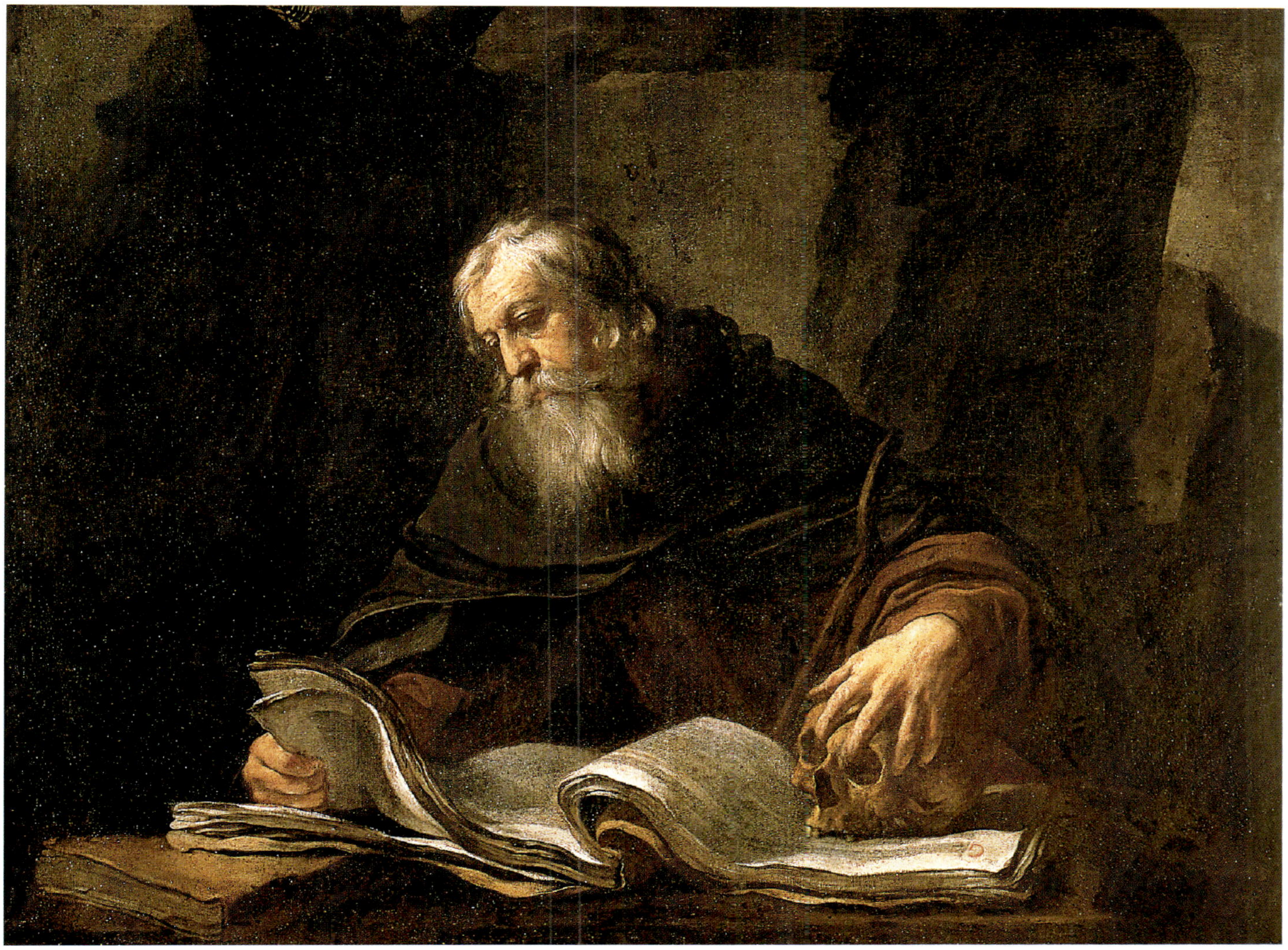

85. Sainte Famille (trois figures)

I. TABLEAU
Cherbourg, Musée Thomas Henry ; cat. 1870, n° 93.

HIST.
1835 : donné au musée par Thomas Henry ; cat. 1835, n° 93.

EXP.
1949, Genève, n° 14 ; 1958, Londres, n° 74 ; 1958, Paris, n° 7 (attribué).

BIBL.
1910, Vial, p. 93 ; 1925, Demonts, p. 166, note 3 ; 1932, Weisbach, p. 58, reprod. p. 57 ; 1934, Sterling, p. 8 ; 1935, Gillet, p. 10 ; 1942, Anonyme, p. 211-212 ; 1950, Adhémar, p. 79, note 1 ; 1961, Sterling, p. 86, reprod. tableau [Cat. n° 21] ; 1962, Vergnet-Ruiz-Laclotte, p. 226 ; 1963, Thuillier, p. 206 ; 1965, Janneau, p. 54 ; 1985, Wright, p. 142 ; 1993, Hilaire, p. 206 ; 1996, Wise, p. 6, reprod.

II. GRAVURES,
1. par Antoine Garnier (fig. 1).
eau-forte, 0,212 x 0,250 m. (Robert-Dumesnil 14, Weigert 15).

Deux états signalés :
A. En bas, à gauche dans la marge : *I. Blachard inv.* (sic) *A. Garnier fec.*
À droite : *A Paris chez Ganiere ruë S. Iacque/proche la fontaine S. Severin. avec priv./du Roy.*
Au centre les deux vers :
Oscula danda patri Josepho tradit IESVM
Monstret ut Humanis, Quid sit Amicitia
[Pour lui donner des baisers elle confie Jésus à son père Joseph
Afin qu'il montre aux humains ce qu'est l'amitié]
B. La marge a été coupée et à la gauche du bas a été portée l'inscription *Chez Gailliard exc.*

2. par un graveur anonyme, début XIXe siècle (reprod. p. 35, fig. 12).
0,182 x 0,228 m.
dans la marge, au centre, la légende : *La Sainte Famille.*
À gauche : *J. Blanchard pinx.*
Tout en bas, au centre : *A Paris, chez Lenoir Suc^r de Pillot, Rue Saint-Jacques, n° 6.*

Le mur en ruines du fond a été remplacé par la base d'une pyramide et une échappée de paysage avec deux palmiers, sans doute pour signifier que la Sainte Famille se trouve en Égypte. Mais il semble que cette modification soit entièrement due au graveur et ne puisse suggérer l'existence d'une autre version.

La *Sainte Famille* de Cherbourg diffère profondément des premières *Sainte Famille*, non seulement par le sentiment plus recueilli, mais par un drapé plus simple et souple, une lumière moins contrastée, un pinceau qui caresse les formes et modèle très doucement les chairs. Elle témoigne d'un style nouveau et qui se veut tout différent de celui d'un Vouet.

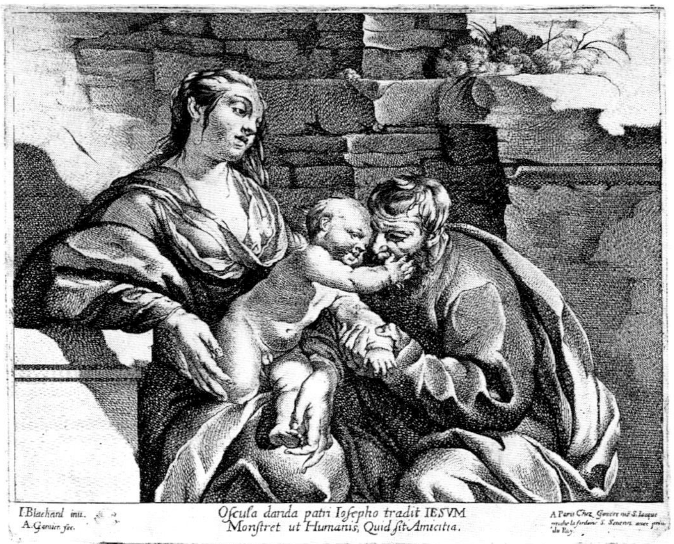

Fig. 1

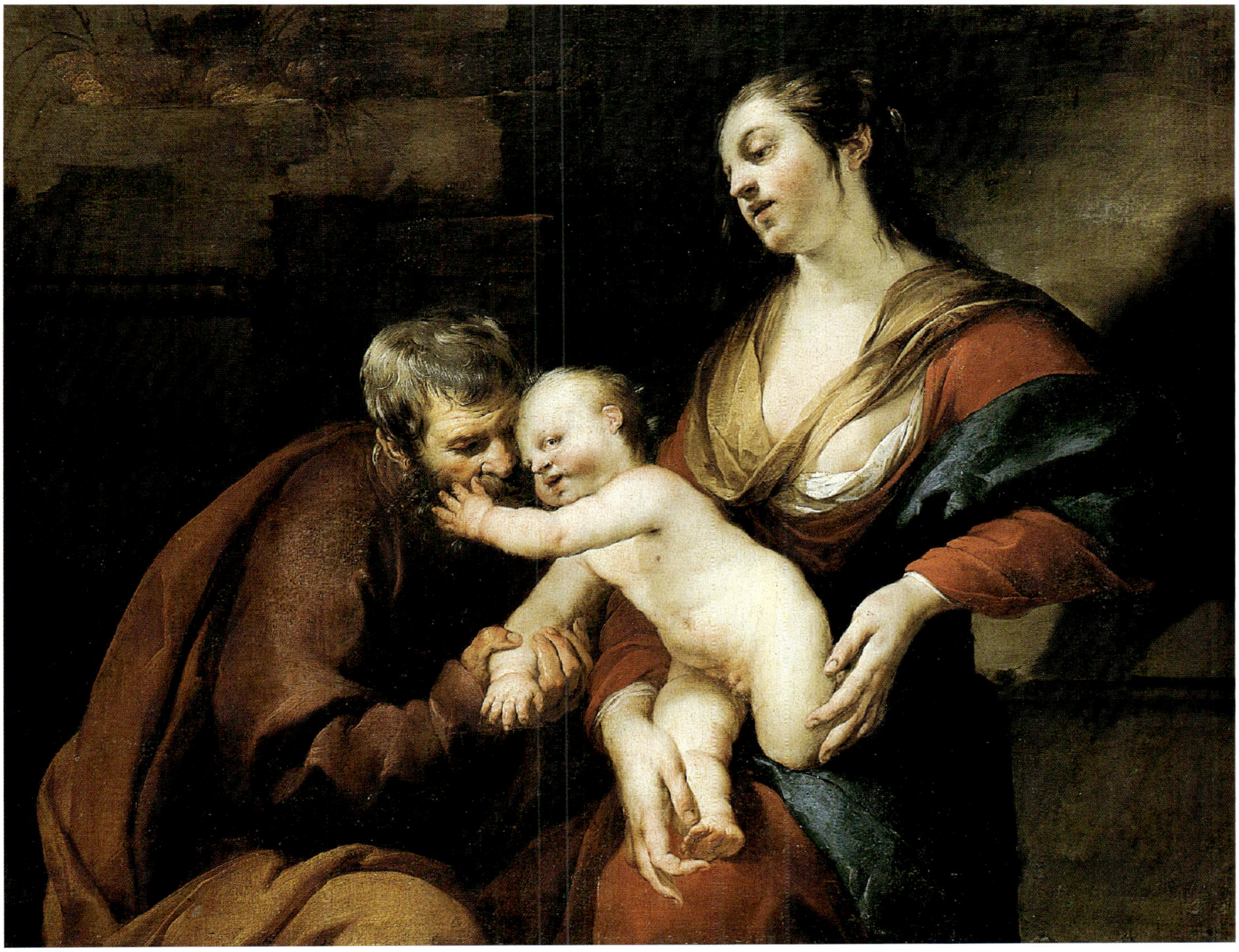

86. La Madeleine pénitente

I. TABLEAU
H.t. ; 1,305 x 1,00 m.
France, collection particulière.

HIST.
Acquis ces dernières années sur le marché d'art parisien par ses actuels propriétaires.

EXP.
Jamais exposé.

BIBL.
Inédit.

II. GRAVURE, par Claude Charpignon (Weigert 6 ; fig. 1).
Burin ; 0,350 x 0,252 m.
Sancta Maria Aegyptiaca
Plus bas : *Peccatum meum contra me est semper, Psalmo. 50*
[Contre moi, à jamais, il y a mon péché].
Au dessous : *Blanchard pinxit carpion fecit/Herman Weyen excudit cum Privilegio Regis.*

BIBL.
1961, Sterling, p. 90, reprod. gravure [Cat. n° 39].

Le tableau représente sans conteste la Madeleine, facilement identifiable par le livre, le crâne et la croix. La gravure montre au contraire Marie l'Égyptienne, avec deux de ses trois pains et le caillou de la pénitence. S'agit-il de deux versions très proches d'un même tableau, ou le graveur a-t-il modifié ce détail de son propre chef, pour offrir à sa clientèle une représentation moins commune ?

L'œuvre réapparue est de fort belle qualité. La délicatesse presque corrégienne du modelé, la simplicité de la mise en page, la réduction du coloris à une grande tache de rouge qui tranche sur le fond gris-brun, n'enlèvent rien à une sensualité qui se veut désormais moins provoquante que persuasive. Le modelé du cou, tout en nuances impalpables, est en soi un chef-d'œuvre.

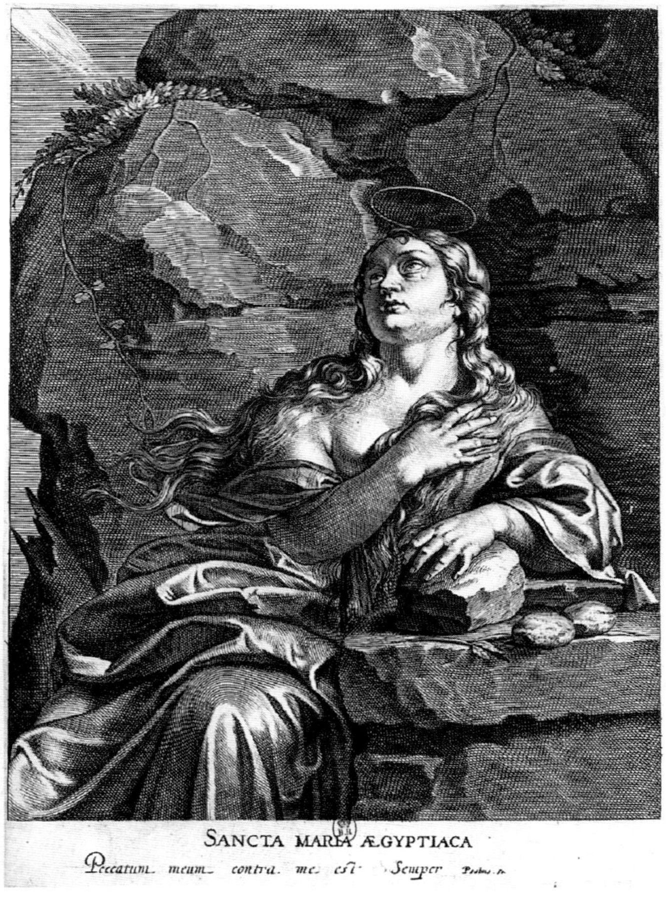

Fig. 1

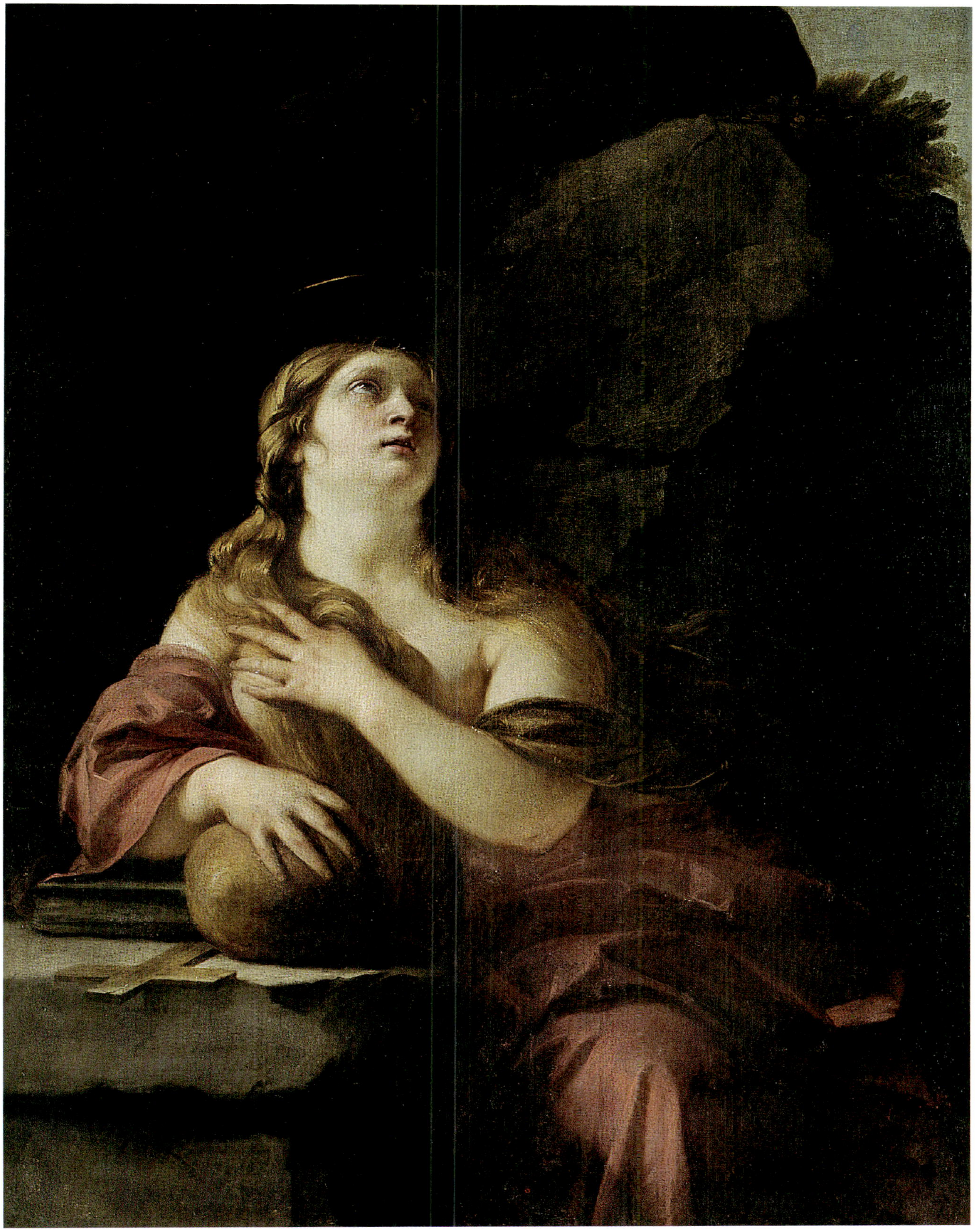

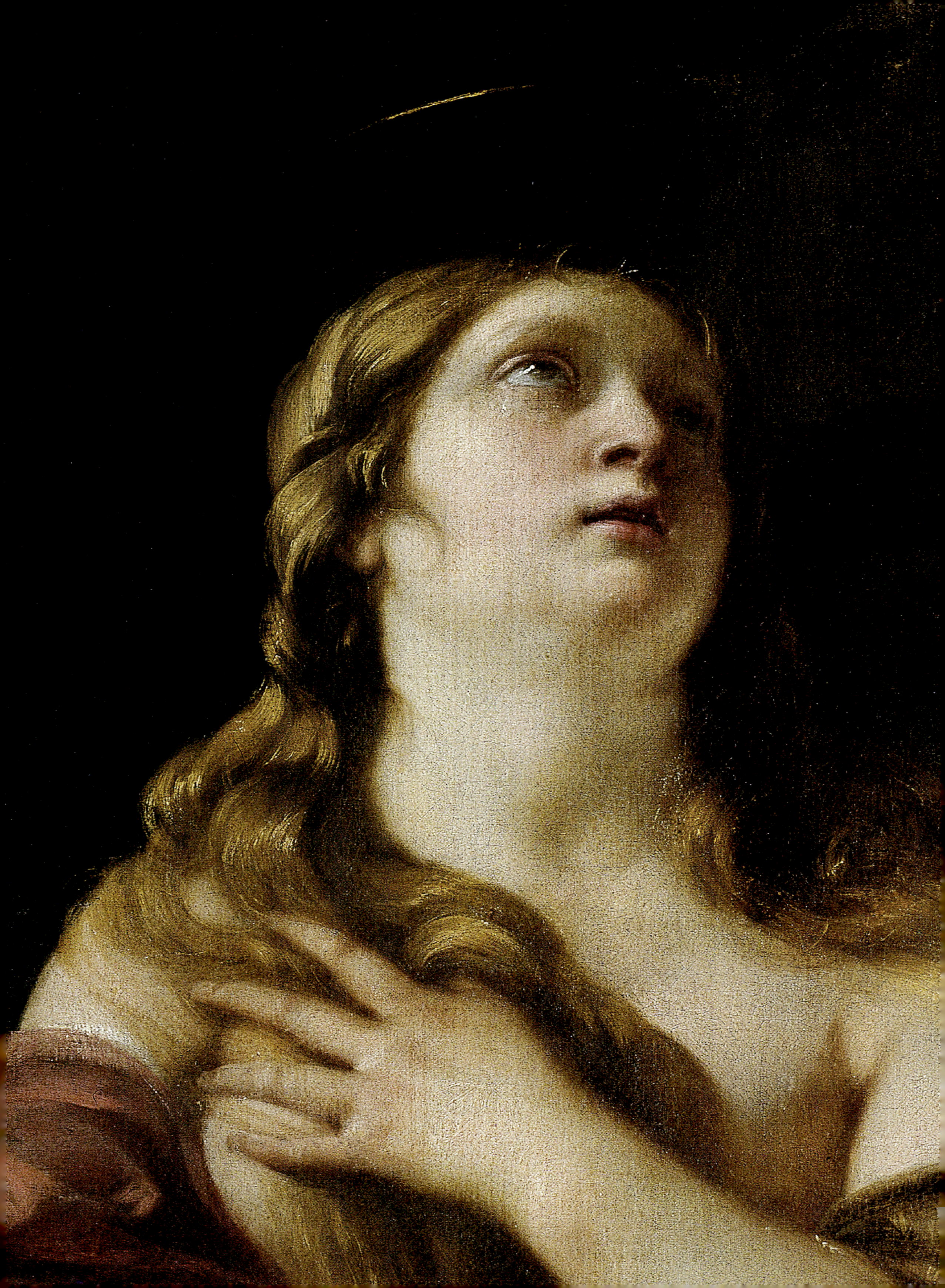

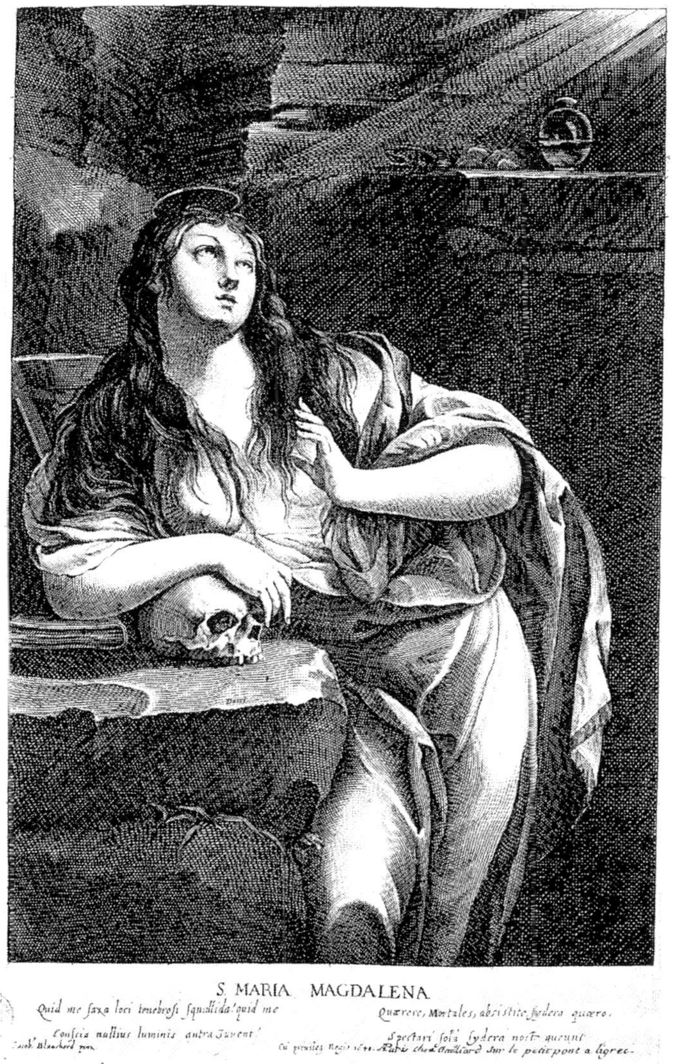

87. La Madeleine pénitente

I. TABLEAU, perdu.

II. GRAVURE, par Pierre Daret.
Signé sur le rocher : *Daret*
Deux états :
1. non retrouvé
2. avec l'adresse de Gaillard
En bas le titre : S. MARIA MAGDALENA.
Un quatrain latin :

Quid me saxa loci tenebrosi squallida? Quid me
Conscia nullius luminis antra Juvent?
Querere, Mortales, absistite sydera quaero.
Spectari sola sydera nocte queunt

[Pourquoi me plaire aux rochers arides de ce lieu ténébreux, pourquoi me plaire
À ces antres qui jamais ne connurent la lumière?
Ô mortels, ne cherchez pas. Ce sont les astres que je cherche,
Et ce n'est que de nuit que l'on peut voir les astres]
et au dessous :
Jacobs Blanchard pin./Cum privilegio 1640/
À Paris chez Gailliard sur le petit pon a l'igrec.

BIBL.
1992, Thuillier, p. 158, reprod. (gravure).

Cette gravure est signalée par Mariette « *S*[e] *Madeleine en demie figure pleurant ses péchés dans le désert où elle s'est retirée pour y exercer la pénitence* » ; mais Roger-Armand Weigert paraît n'avoir pu la retrouver dans les fonds de la Bibliothèque Nationale (article « Daret », n° 47, n° 385) et Charles Sterling l'a également ignorée.

La date de 1640 concerne évidemment la gravure ; mais elle suggère une œuvre tardive, et probablement des toutes dernières années de l'artiste.

88. Portrait d'homme

H.t. ; 0,622 x 0,495 m.
Localisation actuelle inconnue.

HIST.
1853 : catalogué dans la collection de Thomas Jefferson Bryan (1802-1870) comme œuvre de Karel Dujardin ; *cf. Bryan Catalogue*, 1853, p. 9, n° J.103, et *Bryan Companion Catalogue*, 1853, p. 65, n° 103.
1867 : donné par Bryan à la New York Historical Society, le tableau figure dès lors dans ses collections sous le n° d'inventaire 1867-126 ; *cf.* Catalogue 1915, p. 73, B.126.
1995, 12 janvier : passé en vente à Sotheby's, New York, parmi les 183 peintures mises en vente par la New York Historical Society ; *cf.* catalogue Sotheby's, n° 80, sous une attribution à Jacques Blanchard.
1997, 6 février : de nouveau passé en vente sous le n° 53.

BIBL.
1926, C. Hofstede de Groot, *A Catalogue Raisonné of the Works of the Most Eminent Dutch Painters of the Seventeenth Century*, vol. IX, p. 406, n° 397 (Karel Dujardin) ; 1986, P.C. Sutton, *A Guide to Dutch Art in America*, p. 117 (attribution douteuse) ; 1995, Catalogue de la vente Sotheby's, New York, 12 janvier, *Important Old Master Paintings. The Property of the New York Historical Society*, n° 80, reprod. couleurs (sous le nom de Jacques Blanchard).

Quoique l'origine de ce portrait soit entièrement inconnue, et qu'aucun élément positif ne permette d'identifier le modèle, nous croyons nous-même pouvoir avancer que l'auteur en est Blanchard, et même que, de tous les portraits attribués, il n'en est pas de plus probable. Le costume, avec le col souple, sans dentelles, attaché par des glands assez longs, mais aussi les manches conservant un grand crevé et le justaucorps déboutonné très haut, semble conduire à la seconde moitié des années trente. Une date très tardive, vers 1637-1638, s'accorderait précisément à la franchise de la présentation, à la discrétion du coloris qu'avive seul un rouge vermillon, et à la facture rapide des cheveux et du manteau.

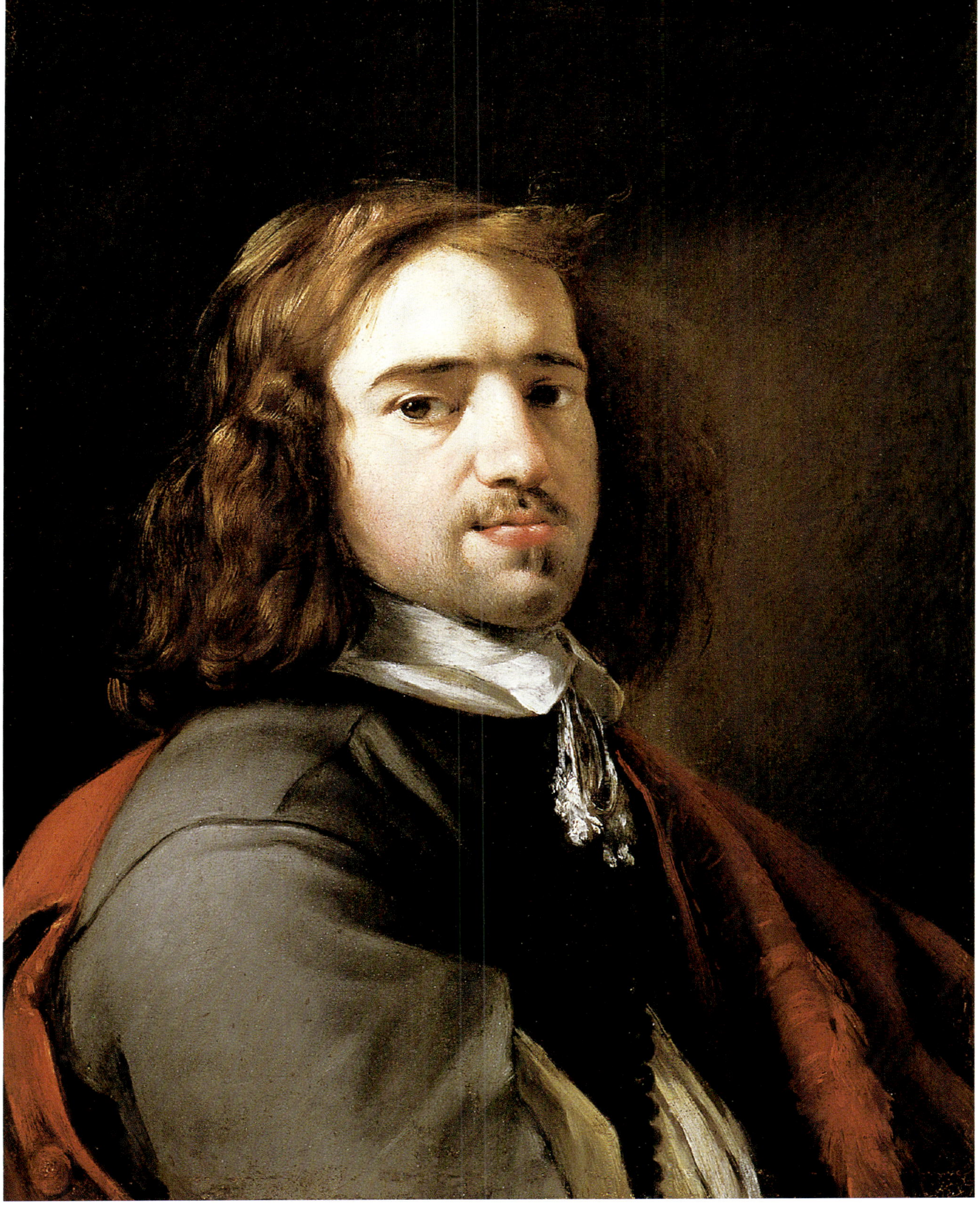

89. Épisodes de l'histoire de la Vierge, 1637-1638.

Suite de tableaux, perdus.

HIST.
1700, Perrault, p. 94 :
« *Il peignit pour M. de Montoron sa chapelle de la Chevrette, où il a représenté l'histoire de la Vierge en plusieurs Tableaux tout autour de la chapelle* ».

BIBL.
1961, Sterling, p. 99 (texte).

Ce mécène est évidemment le célèbre financier Montauron, soit Pierre Puget, sieur de Montauron, de Carles et Caussidières, de La Marche et de La Chevrette. On sait qu'il fut aussi le mécène de Corneille. « *Il estoit si magnifique en toute chose, qu'on l'appelloit son Eminence gasconne et tout s'appelloit* "à la Montauron"... » écrit Tallemant des Réaux.

La Chevrette, domaine situé vers Saint-Denis, avait été acquise le 14 août 1636. Montauron y fit construire un château où il reçut les plus grands personnages ; le jardin fut dessiné par Le Nôtre. Les difficultés politiques, après la mort de Richelieu et Louis XIII, et la crise financière de l'État entraînèrent Montauron dans une ruine rapide. Le 19 mars 1645 il dut vendre La Chevrette à Particelli d'Emery moyennant une rente de 18 666 livres. Ce fut le début d'une débâcle retentissante.

Il est naturel qu'au sommet de sa fortune Montauron ait fait appel à Blanchard, lui-même en pleine gloire. Mais on voit que ce ne peut guère être qu'en 1637 ou 1638. Si la chapelle de La Chevrette n'existait pas avant le château (ce qu'il nous a été impossible de déterminer), il faut, même compte tenu de la hâte avec laquelle semblent avoir été conduits les travaux, placer les peintures tout à la fin de la vie de Blanchard. On s'explique alors que les papiers concernant cette commande récente apparaissent parmi les rares « mémoires et devis d'ouvrages de peinture » mentionnés dans l'inventaire après décès de l'artiste.

De cet ensemble, assez considérable pour que Perrault ait soin de la mentionner, il ne nous reste aucune description, et apparemment aucun débris. Seuls trois épisodes de la vie de la Vierge nous ont été conservés par la gravure. Ils semblent d'une date voisine, mais aucun indice décisif ne nous permet de les rattacher directement au cycle de La Chevrette. En conservent-ils au moins quelque écho ?

90. L'Annonciation

I. TABLEAU, perdu.

II. GRAVURE, par Antoine Garnier (Robert-Dumesnil 1).
0,358 x 0,226 m.
En bas, dans les marges, sur deux lignes le quatrain latin :

Pone metum Virgo, celsi tibi nuncius adsum
Missus ab arce poli, paries intacta stupente/
Natura ut veterum cecinêre oracula vatum,
Teq. Dei matrem totus venerabitur orbis.

[Cesse de craindre, ô Vierge, je viens à toi comme le messager du Très Haut
Envoyé depuis les profondeurs célestes. Tu enfanteras immaculée,
Pour la stupeur de la nature, comme l'ont chanté les oracles de vieux prophètes
Et en toi la terre entière vénérera la mère de Dieu]
et au-dessous :
Blanchard jnven./Le Blond excud Cum Privilegio Regis.

BIBL.
1961, Sterling, p. 87 [Cat. n° 25], reprod. (inversée).

Baignée dans un large espace lumineux tout couru d'amples courbes, cette composition fut sans doute l'une des plus belles de Blanchard. Nous n'en avons relevé nulle trace en dehors de cette gravure.

On notera que cette *Annonciation,* à en juger par le format similaire et la disposition de la lettre, semble avoir été gravée en même temps que l'*Adoration des bergers* (voir notice suivante).

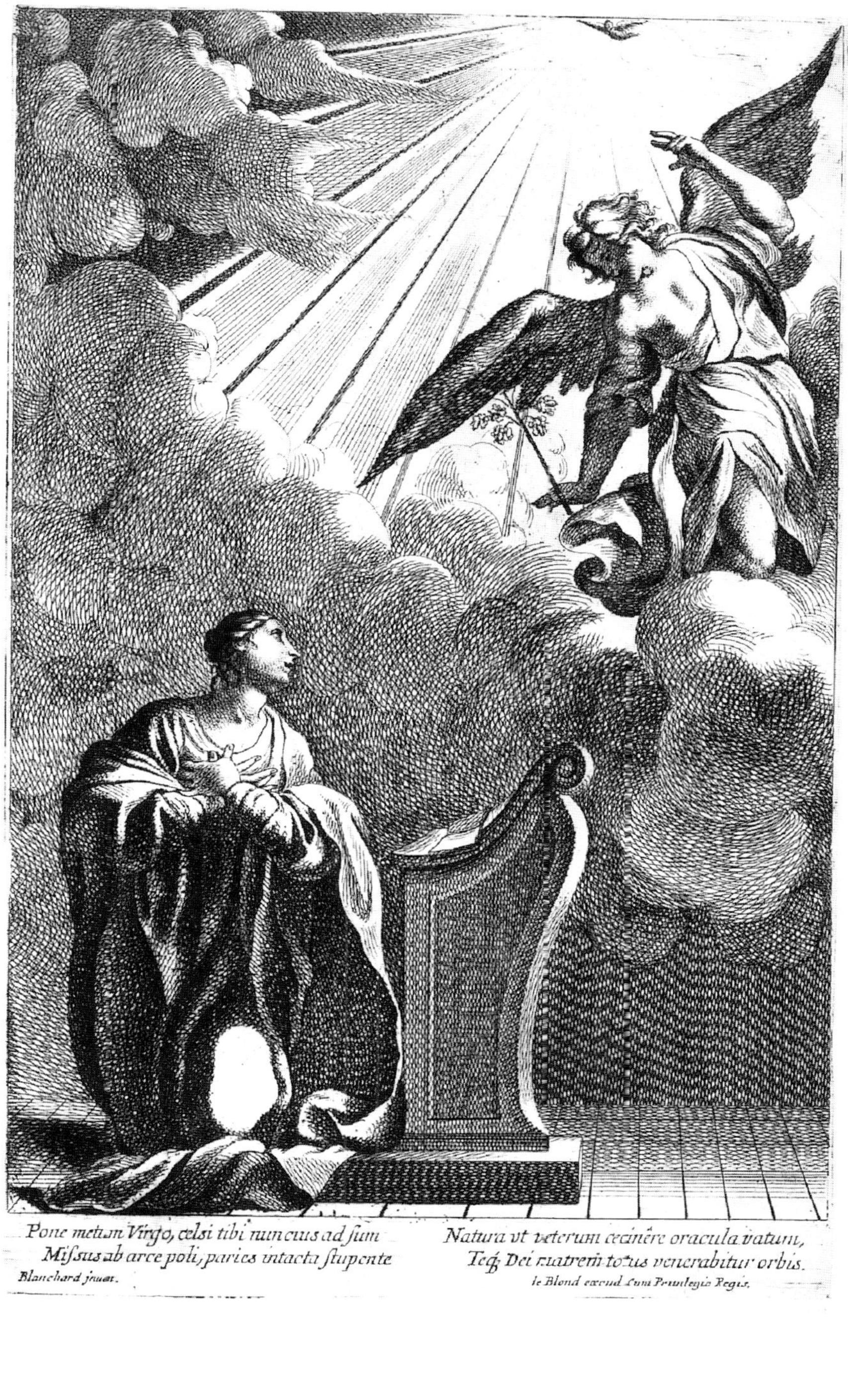
Pone metum Virgo, celsi tibi nuncius ad sum
Missus ab arce poli, paries intacta stupente
Blanchard inuen.
Natura ut veterum cecinêre oracula vatum,
Teq; Dei matrem totus venerabitur orbis.
le Blond excud. Cum Priuilegio Regis.

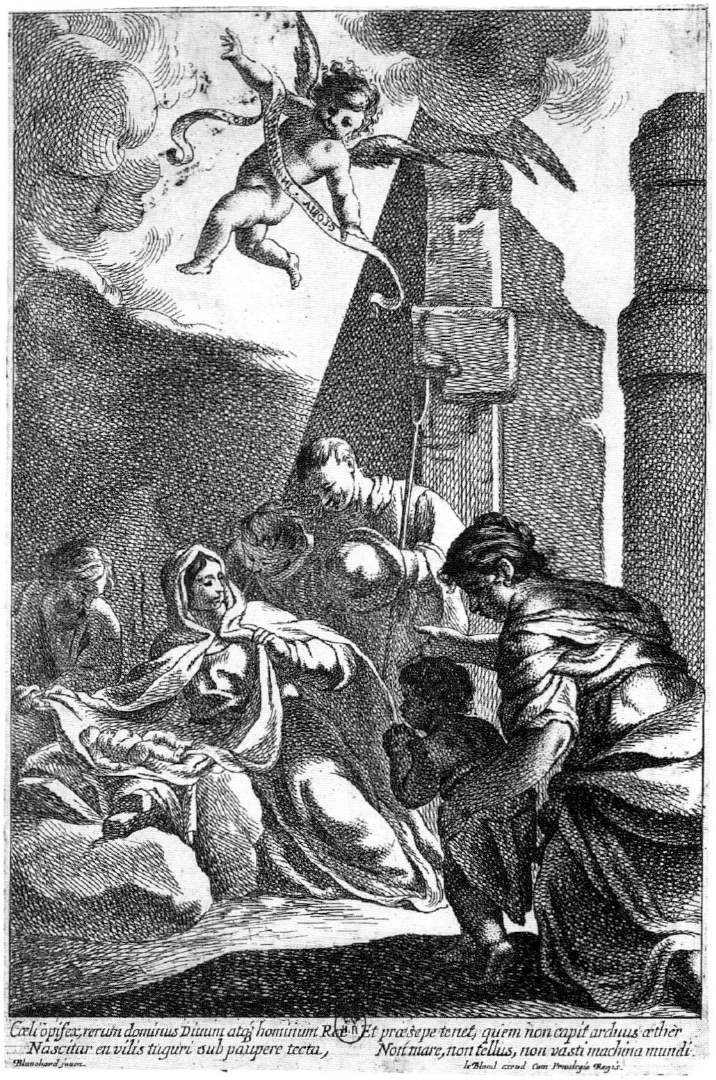

91. L'Adoration des bergers

I. TABLEAU, perdu.

II. GRAVURE, par Antoine Garnier (Robert-Dumesnil 3).
0,312 x 0,202 m.
En bas, dans la marge, sur deux lignes, le quatrain latin :
Caeli opifex, rerum dominus Divum atq. hominum Rex
Nascitur en vilis tuguri sub paupere tecta,
Et praesepe tenet, quem non capit arduus aether
Non mare, non tellus, non vasti machina mundi
[Celui qui créa le ciel, celui qui est le maître des choses divines et le roi des humains.
Voici qu'il naît sous le pauvre toit d'une humble chaumière
Une crèche contient celui que ne peuvent embrasser ni les hauteurs du ciel,
Ni la mer, ni la terre, ni la machine du vaste monde]

et plus bas,
à gauche : *Blanchard jnven.*
et à droite : *Le Blond excud Cum privilegio Regis.*

BIBL.
1961, Sterling, p. 88, reprod. gravure [Cat. n° 30].

Reflétant bien le style de Garnier dans ses jours de hâte, la gravure est savoureuse, mais sans raffinement, et permet difficilement de situer dans la carrière de Blanchard cette œuvre sur laquelle on ne possède aucune indication.

La composition surprend. D'ordinaire Blanchard évite de cantonner ses personnages dans le bas du tableau, en laissant vide la moitié de l'espace. S'agissait-il d'un grand retable ? Ou au contraire d'un élément d'une suite, ou même d'un petit cuivre ? Le sentiment familier, la mise en scène de huit personnages – chose rare chez Blanchard –, le jeu contrasté des plans, sont-ils suffisants pour renvoyer l'œuvre aux dernières années du peintre ? Doit-on songer ici à l'*Histoire de la Vierge* en plusieurs tableaux peinte pour la chapelle de La Chevrette ?

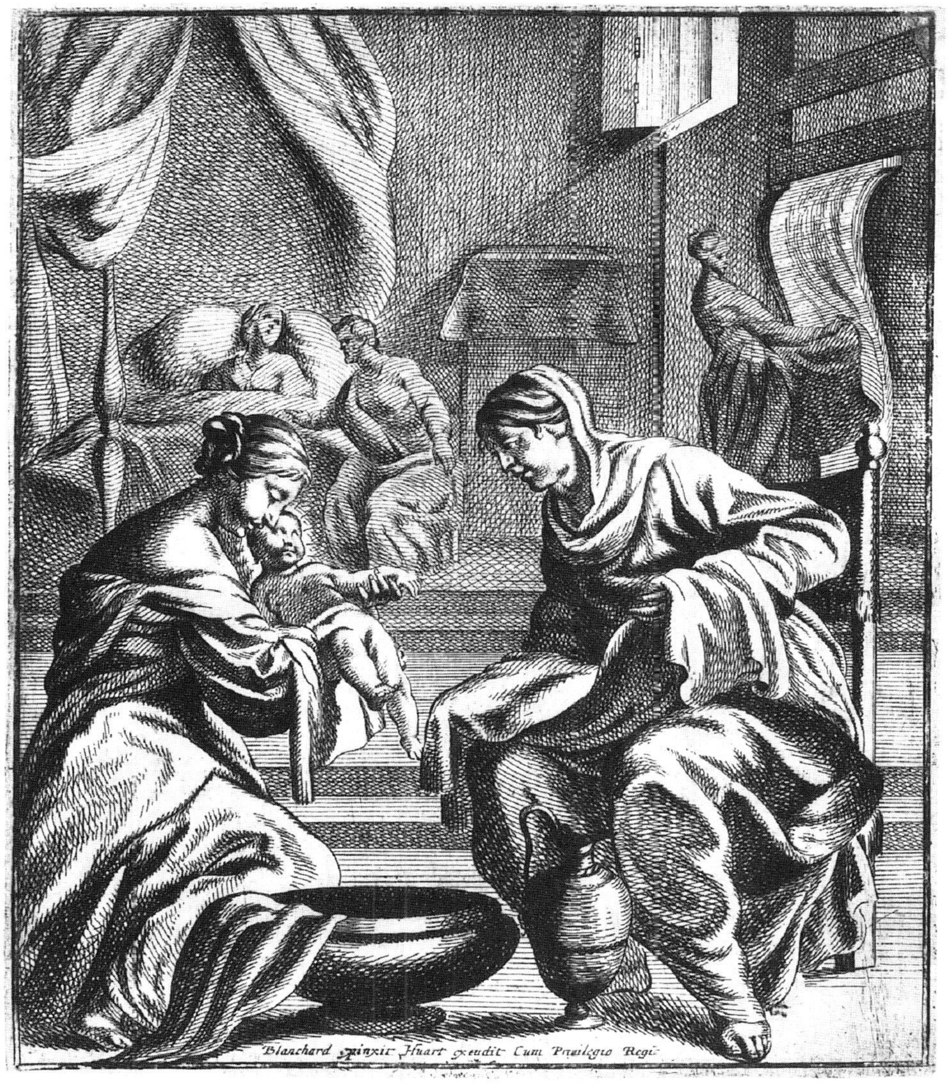

92. La Naissance de la Vierge

I. TABLEAU, perdu.

II. GRAVURE, par Antoine Garnier (Robert-Dumesnil 11).
Eau-forte ; 0,248 x 0,209 m.
En bas, au centre, à l'intérieur du trait carré :
Blanchard pinxit. Huart excudit Cum Privilegio Regis.

BIBL.
1958, Thuillier, p. 92, reprod. gravure fig. 26 ; 1961, Sterling, p. 85, reprod. gravure [Cat. 11].

Le métier de Garnier, expressif mais sommaire dans cette gravure quelque peu négligée et qu'il n'a pas signée, risque d'égarer sur la date du tableau qu'il reproduit. L'harmonie de la composition, la mise en scène à la fois familière et subtile, ne nous semblent pas renvoyer à la jeunesse de Blanchard, mais plutôt à l'époque du *Saint Sébastien.*

93. Saint Sébastien soigné par Irène

I. TABLEAU
H.t.; 1,53 x 2,02 m.
Amsterdam, Rijksmuseum, Inv. A 4091.

HIST.
Avant 1920 : dans une collection particulière sous le nom de Vouet; il y est acquis sous ce nom par le chanoine Petiot.
1963 : le tableau, demeuré jusqu'en 1962 dans la collection du chanoine, puis passé à la Galerie Heim de Paris, est acquis par le Rijksmuseum.

EXP.
1968, Londres, Heim, n° 14, reprod.; 1992-1993, Dijon-Paris-Rotterdam, n° 3, reprod. couleurs.

BIBL.
1961, Sterling, p. 93, reprod. [Cat. 57]; 1963, De Jongh, p. 71-79, reprod. p. 74; 1968, notice du catalogue Londres, Heim, 1968, p. 9, reprod.; 1975, Rosenberg, p. 221-222; 1985, Wright, p. 142; 1992, Jeroen Giltaij, notice dans le catalogue 1992-1993, Dijon-Paris-Rotterdam, p. 64-66, reprod. couleurs.

II. GRAVURE (fig. 1) par Antoine Garnier (Robert-Dumesnil 25)
Dans la marge sur deux lignes le quatrain latin :
Subtili, turba haec reparent ut martyris artus.
nittitur ac vane, tollere tela manu.
Non hunc immissa arcu cuspis torquet atrocj,
invisa aethereus vulnera fecit amor
[Qu'elles s'empressent délicatement à soigner les membres du martyr :
C'est en vain que leur main tente d'enlever les flèches.
Ce qui le tourmente, lui, ce n'est pas la pointe lancée par un arc cruel :
Invisibles sont les blessures que lui fit un amour tout céleste]
à gauche :
Iacobus Blanchar pin./Garnier fe.
à droite :
Ganiere ex cum privi.

BIBL.
1808, Gault de Saint-Germain, p. 24; 1961, Sterling, p. 93, reprod. 1992, Thuillier, p. 174, reprod.

Charles Blanc, en 1862, avait choisi d'illustrer sa notice sur Blanchard par une gravure sur bois reproduisant l'estampe de Garnier, mais sans parler du tableau. Celui-ci est resté inconnu jusqu'à l'article de Sterling : aucune mention ancienne ne permet de savoir pour qui il fut peint. Une familiarité inattendue récuse franchement toute l'iconographie traditionnelle de la scène et montre Sébastien, dans la force de l'âge, assis sur un matelas rayé, pansé par deux servantes sous la direction de la veuve Irène, femme âgée et grave. Visiblement Blanchard s'efforce de faire oublier tant et tant de Sébastien plus proches d'Adonis ou d'Antinoüs que du prosélyte chrétien...

La présentation pyramidale qui conduit tous les regards vers le centre géométrique du tableau, un jeu souple d'arabesques, un coloris relativement assourdi, tous nous semble suggérer ici une datation tardive. L'œuvre peut se dire audacieuse et belle. Il faut seulement oublier que bientôt La Tour, dans la version en largeur (vers 1638) et la version en hauteur (1649), à partir de la conception traditionnelle, introduira dans le même sujet une poésie qui touche au sublime.

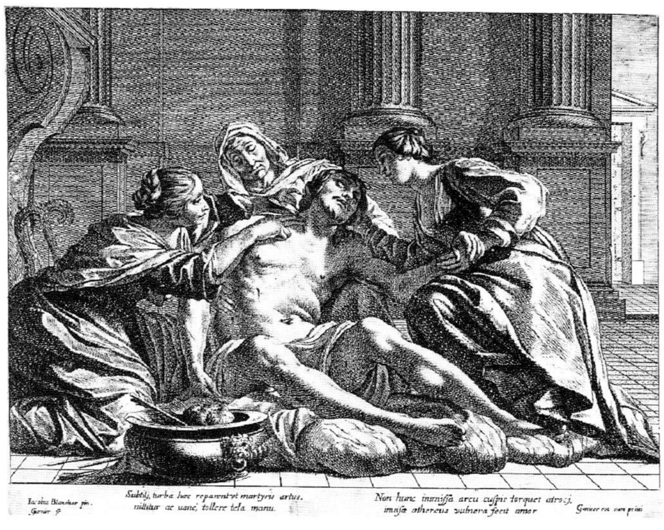

Fig. 1

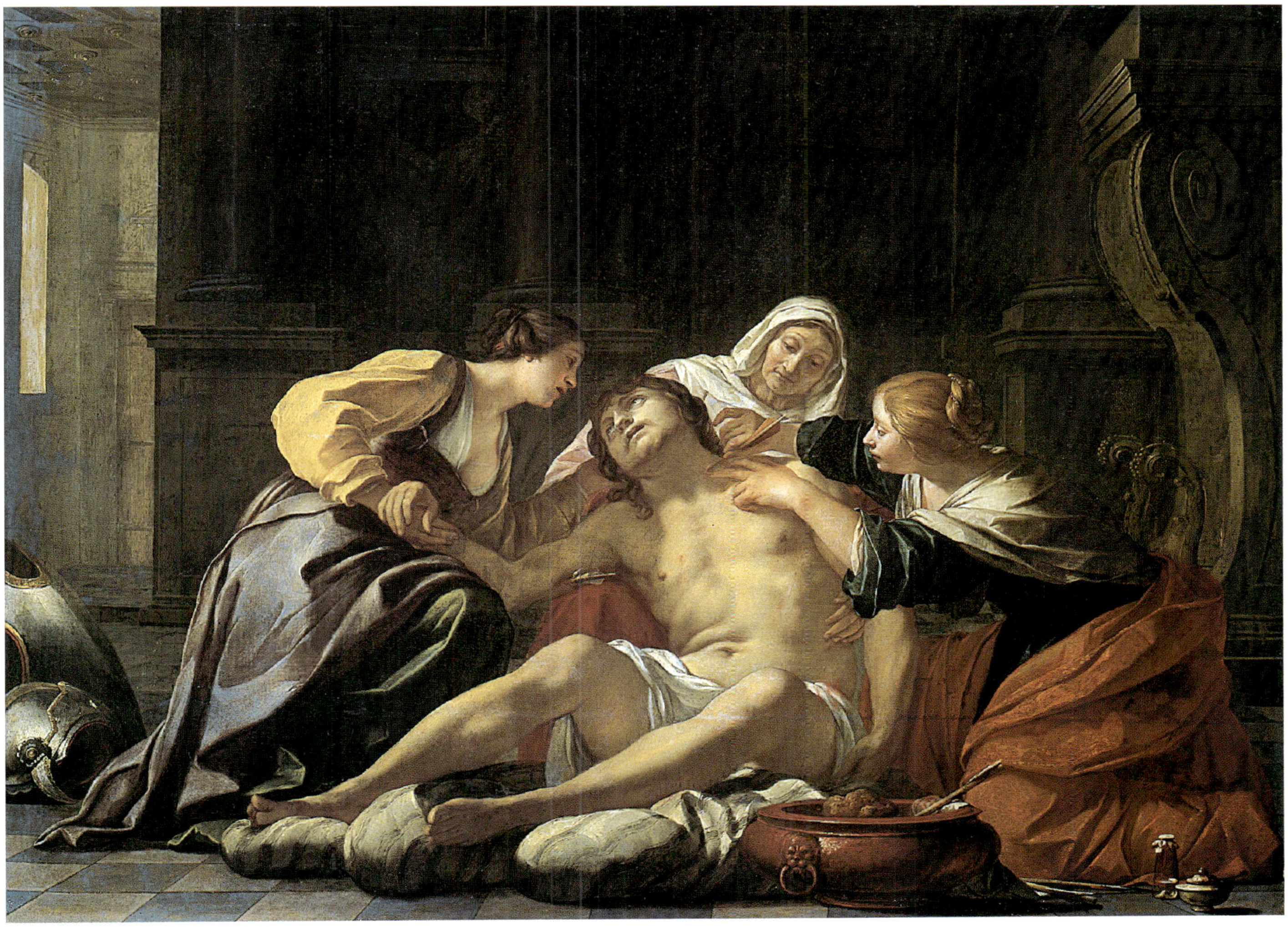

94. La Vierge à l'Enfant (de profil)

H.t. ; 0,605 x 0,528 m.
France, collection particulière.

HIST.
Sans provenance précise, sans mention retrouvée dans les textes.

EXP.
Jamais exposé.

BIBL.
Inédit

Cette Vierge, encore inédite, n'a pas été gravée, nous n'en connaissons pas de copies, et l'on ne possède sur son histoire aucune indication. Il n'y a pourtant aucun doute sur son attribution à Blanchard, ni, en dépit de quelque usure, sur le caractère autographe de la toile exposée.

C'est certainement l'une des plus charmantes inventions de Blanchard. La Vierge allie à une monumentalité due à la construction triangulaire du tableau et la rigueur géométrique des lignes un profil juvénile et précis. L'Enfant, très jeune, est traité avec une vérité exceptionnelle. Nous croirions volontiers qu'il s'agit d'une œuvre tardive, peinte au moment où Blanchard allie le sentiment le plus délicat à l'extrême simplicité des moyens.

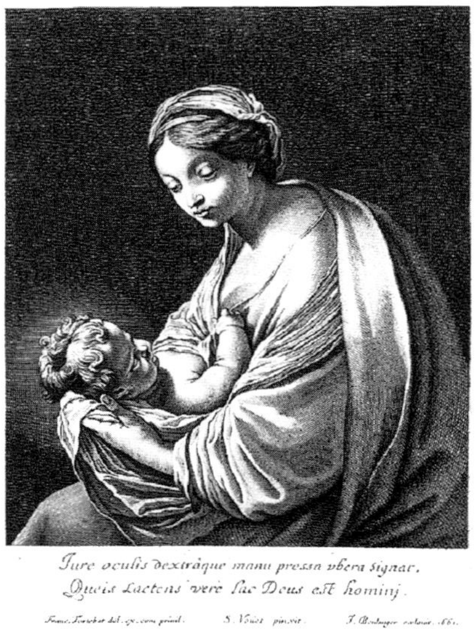

Fig. 1
Simon Vouet,
La Vierge à l'Enfant,
gravée par Jean Boulanger en 1661.
Paris, coll. part.

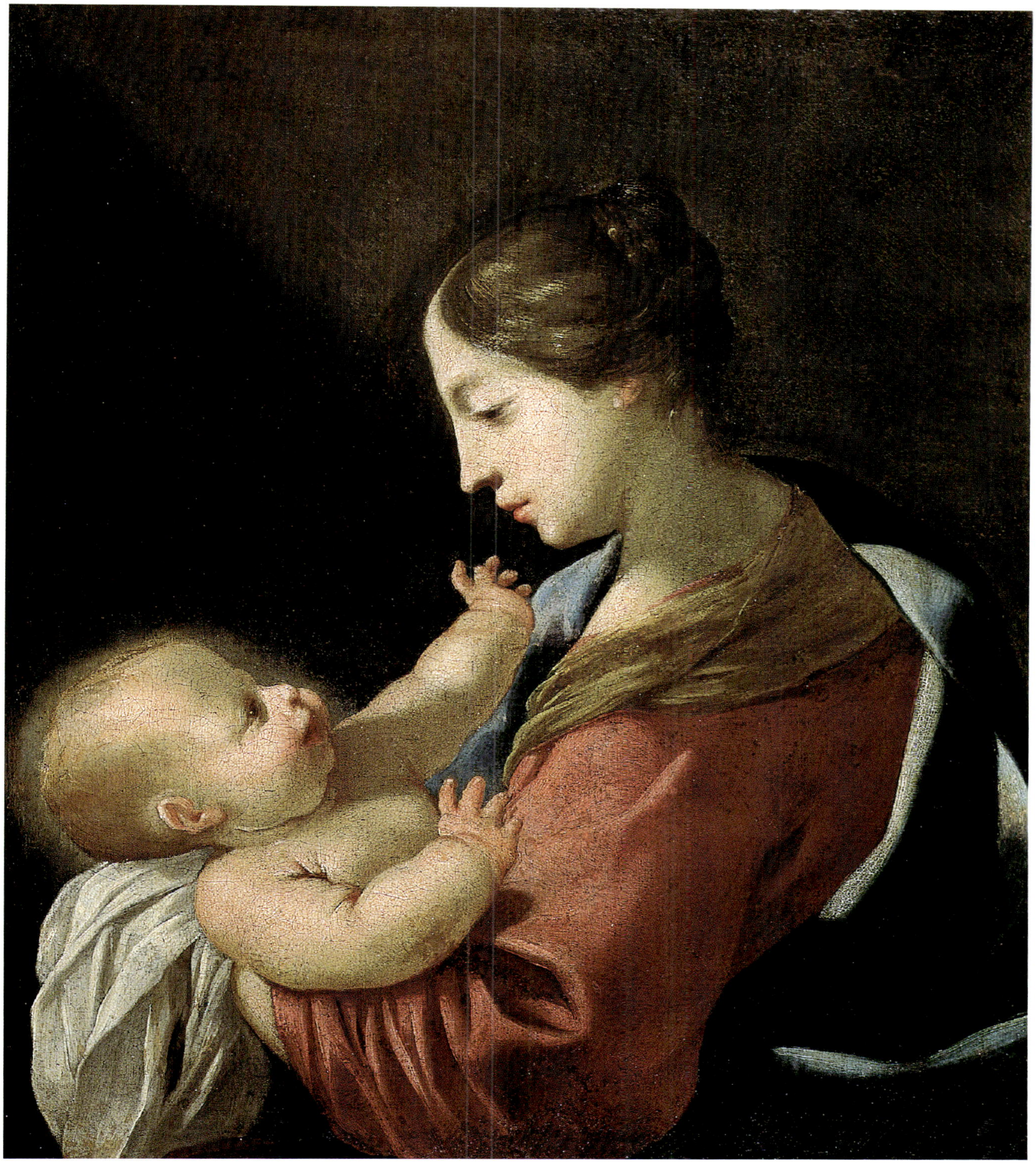

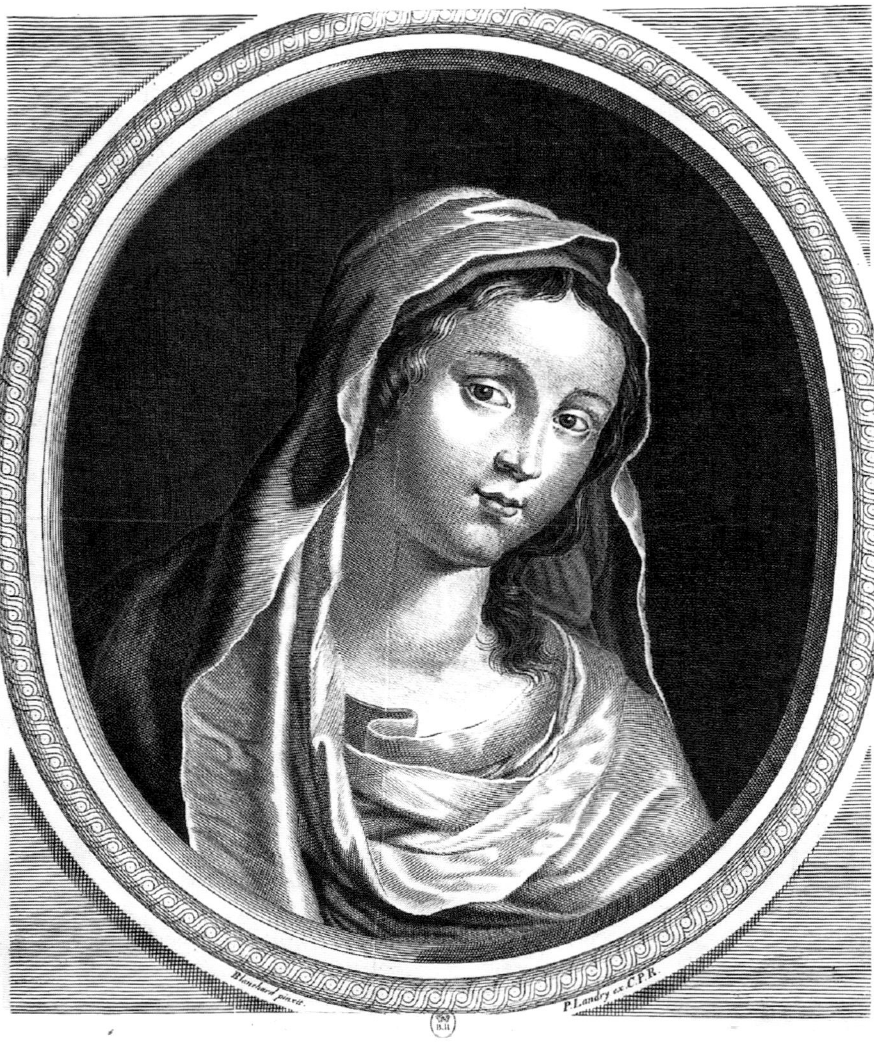

95. La Vierge en buste

I. TABLEAU ? Perdu ?

II. GRAVURE, par Pierre Landry (Weigert 273).
Burin ; 0,385 x à, 316 m ; en ovale, avec écoinçons striés.
Sur l'ovale : à gauche : *Blanchard Pinx* ; à droite :
P. *Landry ex. C.P.R.*

BIBL.
1961, Sterling, p. 97, reprod. [Cat. n° 74].

Selon Mariette (notes manuscrites) cette pièce n'est pas seulement éditée, mais « *gravée au burin par Pierre Landry* ». En tous cas elle porte la marque de son style édulcoré. Landry, qui est mort en 1701, a oublié la franchise vigoureuse du début du siècle, et tout ce qu'il touche prend un goût « mignard ».

S'agit-il ici d'une tête de Vierge peinte par Blanchard, ou tirée d'une de ses compositions ? Ce n'est pas impossible. Devant l'attribution formelle de la lettre et l'acceptation de Mariette, au bénéfice du doute, nous laissons cette figure dans l'œuvre du peintre.

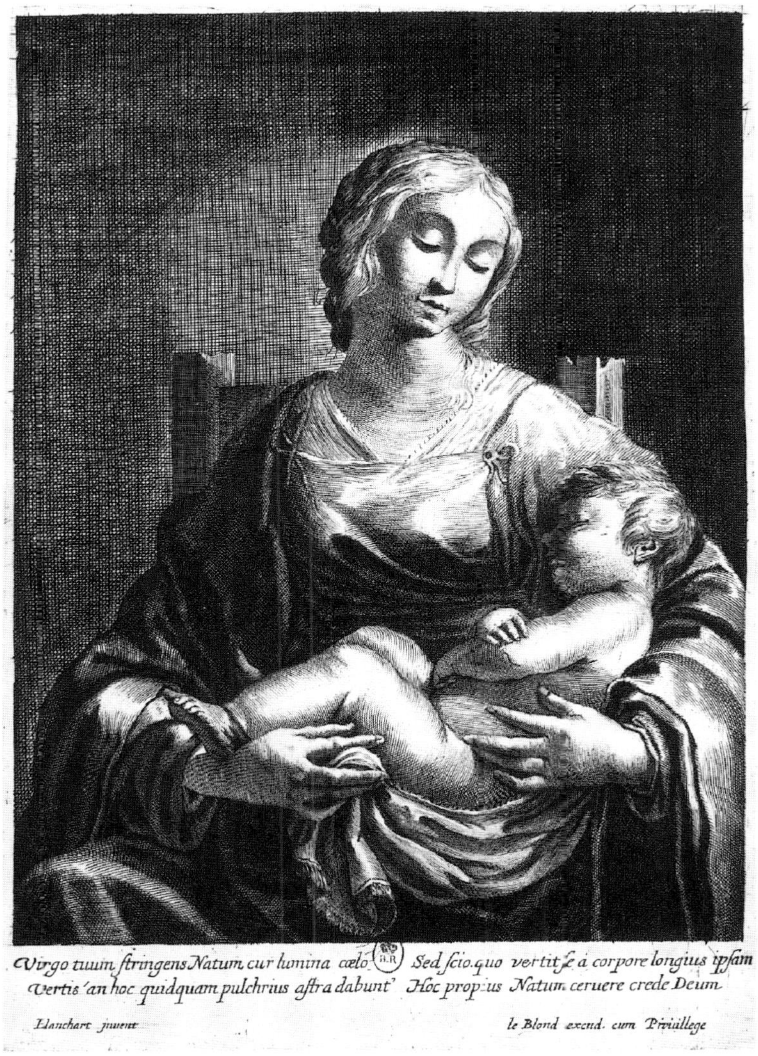

96. La Vierge à l'Enfant (endormi, à la chaise de bois)

I. TABLEAU, perdu.

II. GRAVURE,
0,318 x 0,220 m.
Anonyme, publiée chez Le Blond.
En bas, dans la marge, sur deux lignes, le quatrain latin :
Virgo tuum stringens Natum, cur lumina caelo/
Vertis? an hoc quiquam pulchrius astra dabunt?/
Sed scio. quo vertit se a corpore longius ipsam/
Hoc propius Natum cervere [= cernere] crede Deum
[Ô Vierge, quand tu serres contre toi ton fils, à quoi bon Tourner les yeux vers le ciel? Les astres t'offriront-ils rien de plus beau?
Mais je sais. Plus elle se détourne de son corps,
Et crois-le, d'autant plus proche elle distingue la divinité de son fils]
et plus bas :
Blanchart jnvenit/Le Blond excud. cum Privillege.

BIBL.
1961, Sterling, p. 87, reproc. gravure [Cat. n° 26].

Le tableau devrait appartenir à la dernière série des *Vierge à l'Enfant*. À travers l'évidente maladresse de ce graveur anonyme il faut retrouver l'une des maternités les plus simples et sensibles qu'ait créées Blanchard.

On notera le paradoxe de la légende, qui semble avoir été simplement reprise à quelque autre estampe : la Vierge, ici, ne regarde pas le ciel, mais l'Enfant...

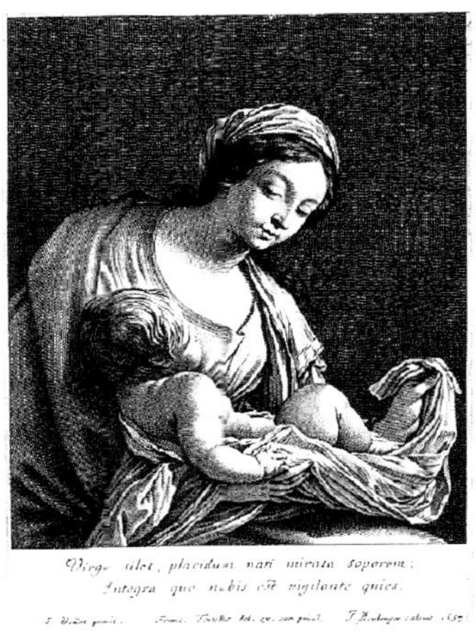

Fig. 1
Simon Vouet,
La Vierge à l'Enfant, gravée par Jean Boulanger en 1657.
Paris, coll. part.

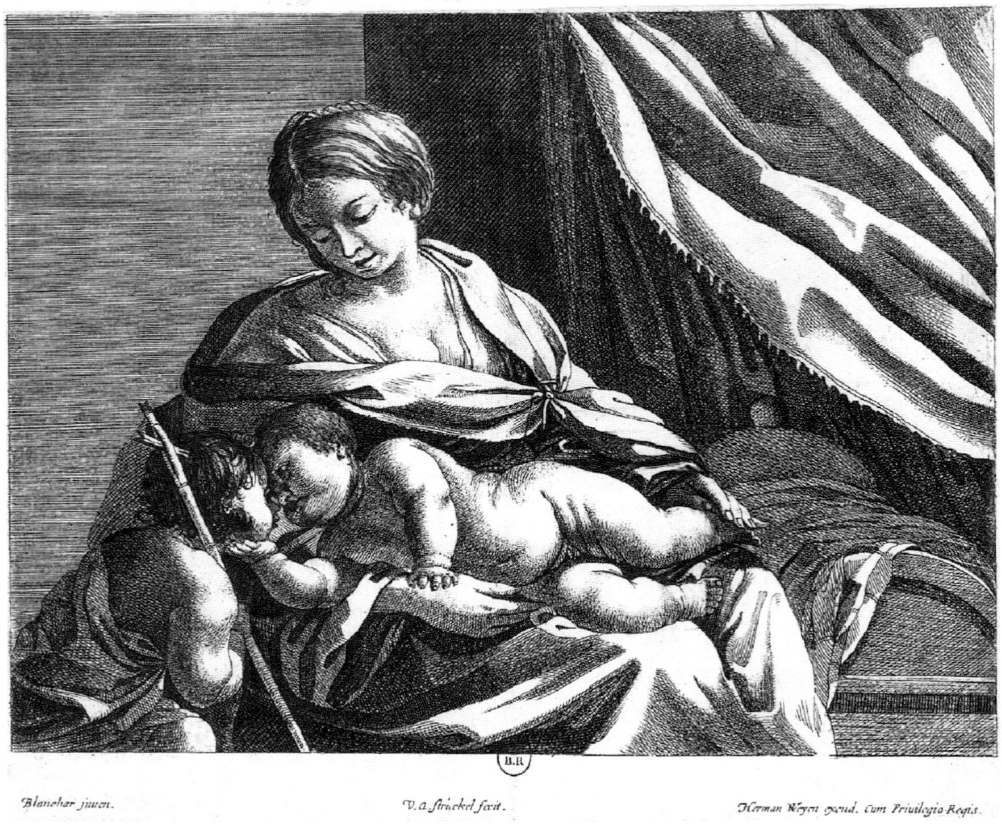

97. La Vierge à l'Enfant qui caresse le petit saint Jean

I. TABLEAU, perdu.

II. GRAVURE, par V. A. Strickel.
0,222 x 0,260 m.
en bas, dans la marge, à gauche : *Blanchar jnven.*; au centre : *V.A. Strickel fecit.*; à droite : *Herman Weyen excud. Cum Privilegio Regis.*

BIBL.
1961, Sterling, p. 88, reprod. [Cat. 29].

Nous ne savons pratiquement rien de ce Strickel, qui possédait un assez joli métier. Mais le nom de Blanchard a ici la garantie d'Herman Weyen, et Mariette a bien mentionné cette planche (« *La Vierge en demie-figure regardant l'Enfant Jésus qui est couché sur ses genoux et qui caresse le jeune st Jean, gravé à l'eau-forte par V.A. Strickel* »). D'autre part la composition évoque l'art de Blanchard dans ce qu'il a de plus personnel et de plus sensible. La simplicité de la composition et le type féminin semblent désigner ici l'une des dernières productions de l'artiste.

98. La Vierge à l'Enfant

I. TABLEAU, perdu.

BIBL.
1975, Rosenberg, p. 222 (signale que l'original pourrait se trouver dans une collection privée d'Aix-en-Provence ; nous n'avons pas trouvé trace de ce tableau).

II. GRAVURES

1. par Antoine Garnier (Robert-Dumesnil 16).
0,302 x 0,235 m.
En bas la citation latine :
Ego Mater pulchrae dilectionis, et timoris, et agnitionis, et sanctae spei. Eccl. 24
[Je suis la mère de belle dilection, et de crainte, et de connaissance, et de sainte espérance]
et au-dessous :
Blanchart jnven./Le Blond excud cum Privil. Regis

BIBL.
1961, Sterling, p. 87, reprod. ; 1992, Thuillier, p. 211, reprod.

2. par Gilles Rousselet (fig. 2).
0,273 x 0,211 m.
En bas, dans la marge, les quatre vers latins disposés sur deux lignes :
Parvule maternis satis est haesisse lacertis,/
Iam decet alternis membra locare toris./
Nec refugis, licet obijcias tua sceptra deumque/
Nasceris ut puerum fascia parva premat.
[Enfant, c'est assez t'attacher aux bras maternels.
Le temps est venu de reposer tes membres sur ta couche.
Et tu ne refuses pas, même si tu peux objecter ton pouvoir et la divinité :
Si tu es né, c'est pour que d'humbles langes enserrent un enfant]
et plus bas : :
Blanchar pinxit/Egid. Rousselet fecit/Mariette excudit cum Privilegio

Composition gravée en sens inverse de celle de Garnier, avec une grande auréole, un drapé plus complexe, et divers changements dans la coiffure de la Vierge.

3. par François Le Febure ou Le Febvre (fig. 4).
Burin.
En bas, dans le sujet, vers le centre : *F le febure*

Nous ne connaissons qu'un *F. Lefebure* : c'est François Le Febvre, l'orfèvre qui publia en 1635 un *Livre de fleurs et de feuilles pour servir à l'art d'orfévrerie* en six feuilles gravées, et en 1657 un second *Livre de fleurs et de feuilles...*, cette fois en dix feuillets. Il n'est pas impossible qu'il ait parfois employé son burin à des œuvres comme celle-ci.
La composition reprend celle de Rousselet, en sens inverse, mais en ajoutant dans le haut une large draperie et en modifiant les proportions. La sécheresse du métier supprime la douceur de l'arabesque et les nuances de la lumière.

III. COPIES DESSINÉES

1. Paris, Musée du Louvre, Inv. 23766 (Guiffrey-Marcel, n° 285). DR. 8 (fig. 3).
Pierre noire, sanguine et rehauts de blanc sur papier gris.
0,260 x 0,227 m.

HIST.
Entre au Louvre avec la collection Saint-Morys lors des saisies des biens des émigrés. Inventorié par Morel d'Arleux sous le n° 9599.

EXP.
1932, Londres, n° 711.

BIBL.
1932, Lundberg, reprod. p. 1 ; 1933, Lavallée, p. 148 ; 1934, Lavallée, p. 184 ; 1953, Vallery-Radot, reprod. pl.61 ; 1961, Sterling, p. 87, reprod. (copie) ; 1975, Rosenberg, p. 221 (copie).

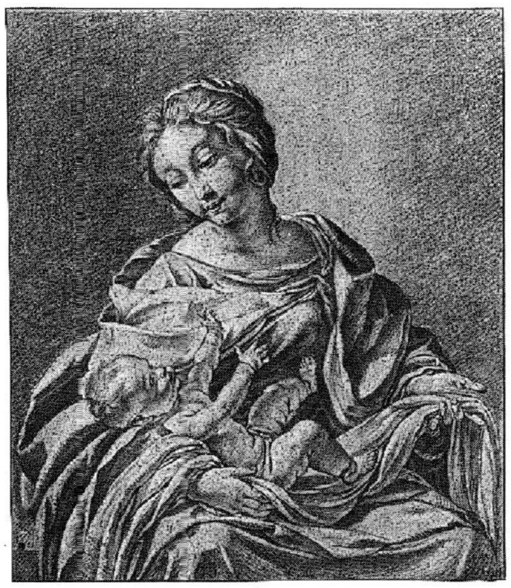

Fig. 1
La Vierge à l'Enfant,
dessin d'après la gravure de Gilles Rousselet,
Londres, British Museum.

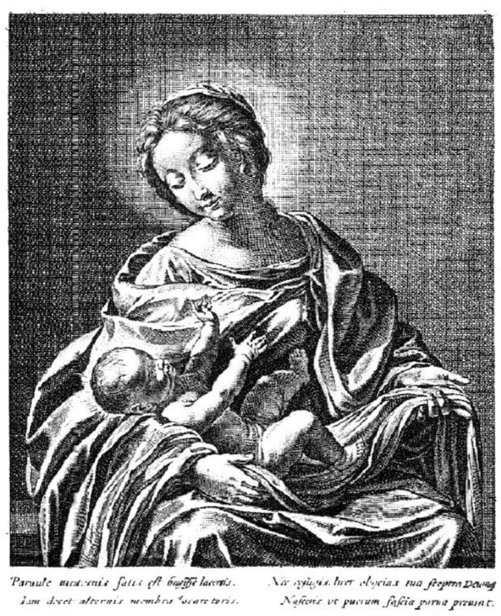

Fig. 2
La Vierge à l'Enfant,
gravure de Gilles Rousselet,
Paris, coll. part.

La feuille du Louvre, assez molle, ne saurait être tenue pour un dessin préparatoire de la main de Blanchard. Lavallée lui-même y voyait « une préparation de gravure », d'une « exécution froide et sans liberté ». Il est certain que ce dessin est en rapport direct avec la gravure de Garnier, et en sens inverse.

2. Londres, British Museum, Inv. 1860.6.16.108 D R 9. (fig. 1)
Pierre noire avec rehauts de blanc ; 0,245 x 0,205 m.
En bas, à gauche, cachet de la collection Mariette (Lugt 1852)

HIST.
1775 : apparaît dans la vente du cabinet de Mariette, p. 169, « *Dessins de l'Ecole française, partie du n° 1086 : Une Vierge tenant sur ses genoux l'Enfant Jésus, dessiné avec soin aux crayons noir et blanc* ». Le lot de cinq dessins est acquis pour 15 livres par Joubert. La feuille passe ensuite dans la collection Lagois, puis Fries.
1860 : acquis par le British Museum.

BIBL.
1934, Lavallée, p. 184 (réplique du dessin du Louvre) ;
1975, Rosenberg, p. 221, reprod. n° 145 (original).

Moins connu que le dessin du Louvre, et d'une technique sensiblement différente, le dessin a pour lui d'avoir figuré sous le nom de Blanchard dans la vente Mariette, et d'offrir des variantes nombreuses par rapport à la gravure de Garnier. Les plis sont plus compliqués, la chevelure de la Vierge est traitée de manière toute différente, avec de plus une mèche qui revient sur le bord du cou. Malheureusement il y a du fouillis et de la petitesse dans ce drapé ; dans les chairs, les ombres intérieures sont traitées avec une insistance désagréable, notamment pour les visages, et la Vierge a désormais une bouche pincée de petite maîtresse. Tous ces traits éloignent singulièrement de l'art de Blanchard. En fait les modifications se retrouvent, détail à détail, dans la gravure de Rousselet, justement publiée chez Mariette. On pourrait imaginer qu'il s'agit du dessin préparatoire de ce graveur, et que Mariette le conservait à ce titre : mais il est dans le même sens que le burin, et nettement moins sensible dans toutes ses parties. Nous croyons qu'il faut accepter d'y voir, en dépit de sa provenance, une simple copie faite d'après cette gravure.

Le tableau original dut être l'un des plus séduisants de Blanchard, l'un de ceux qui pourraient le mieux rivaliser avec les célèbres *Vierge à l'Enfant* de Vouet. La sensibilité discrète, le dépouillement de la composition, la science des rythmes permettent de le placer parmi les dernières productions de Blanchard.

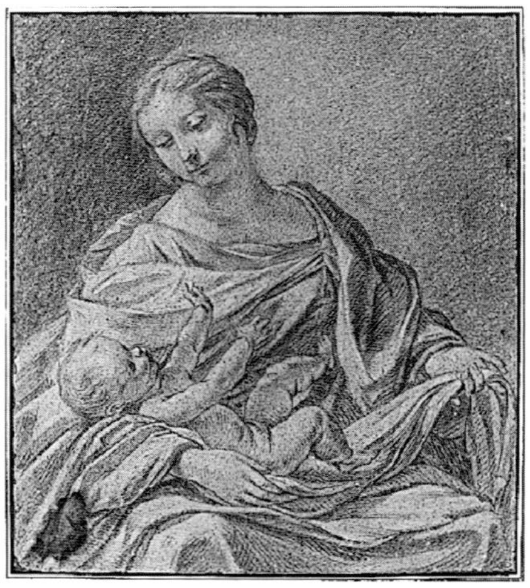

Fig. 3
La Vierge à l'Enfant,
dessin d'après la gravure d'Antoine Garnier,
Paris, Musée du Louvre, Cabinet des Dessins.

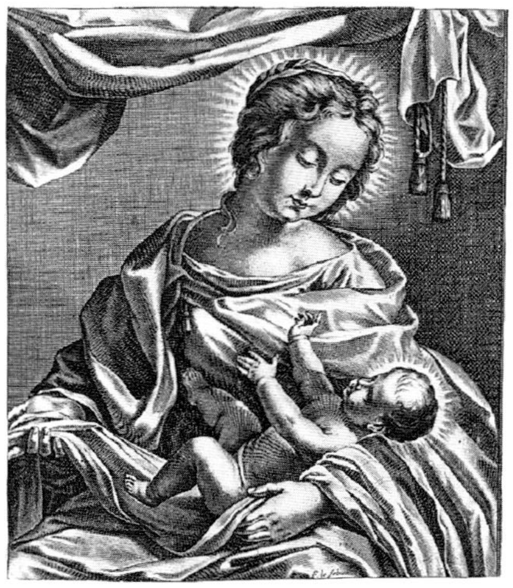

Fig. 4
La Vierge à l'Enfant,
gravure par F. Le Febure,
Paris, coll. part.

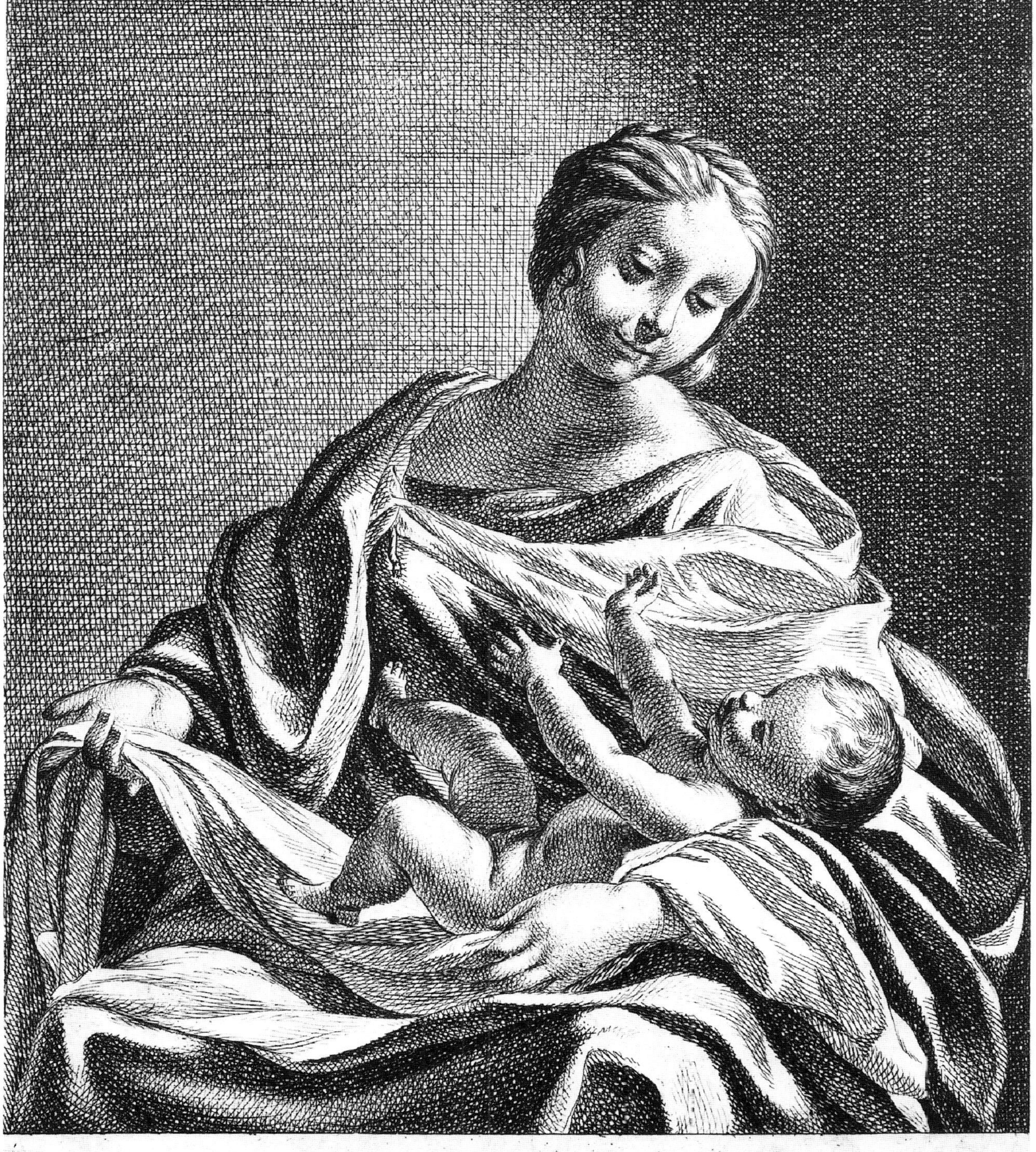
Ego Mater pulchræ dilectionis, et timoris, et agnitionis, et Sanctæ spei. Eccl. 24.
C Blanchart inuen.
le Blond. excud. Cum Priuil. Regis.

99. La Vierge à l'Enfant (au globe crucifère)

TABLEAU
H.t.; 0,813 x 0,652 m.
Signé sur le vêtement de la Vierge :...*anchard 16...*
France, coll. particulière.

HIST.
Acquis en mai 1996 sur le marché d'art par le présent propriétaire, sans provenance précise.

BIBL.
Inédit.

COPIE
Faverney (Haute -Saône), église. (fig. 1)

HIST.
Origine inconnue.
Retrouvé dans l'église lors d'une campagne de l'Inventaire.
Petite réduction, de bonne qualité.

Une fois de plus on notera, sous le pinceau de Blanchard, l'alliance réussie et comme naturelle entre l'évocation familière et l'image chargée de symboles religieux. Par quoi ce Parisien semble retrouver le vieil esprit gothique encore vivace en province

La composition, à notre connaissance, n'est pas gravée. La date est irrémédiablement effacée. Mais le tableau offre tous les caractères de Blanchard dans sa dernière période.

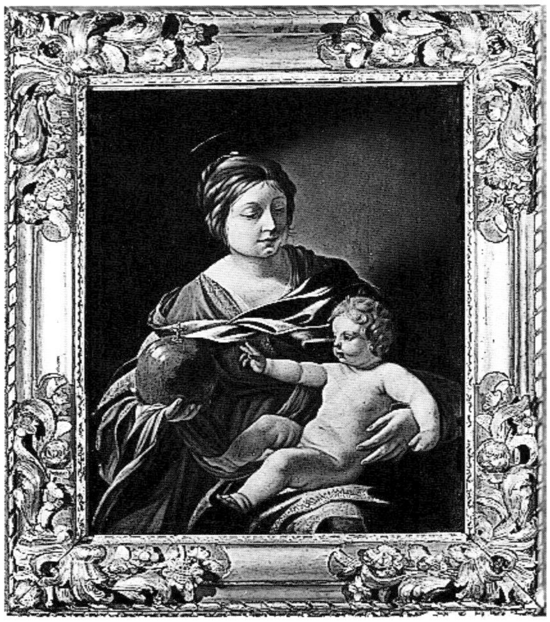

Fig. 1
D'après Blanchard.
Faverney (Haute-Saône), église.

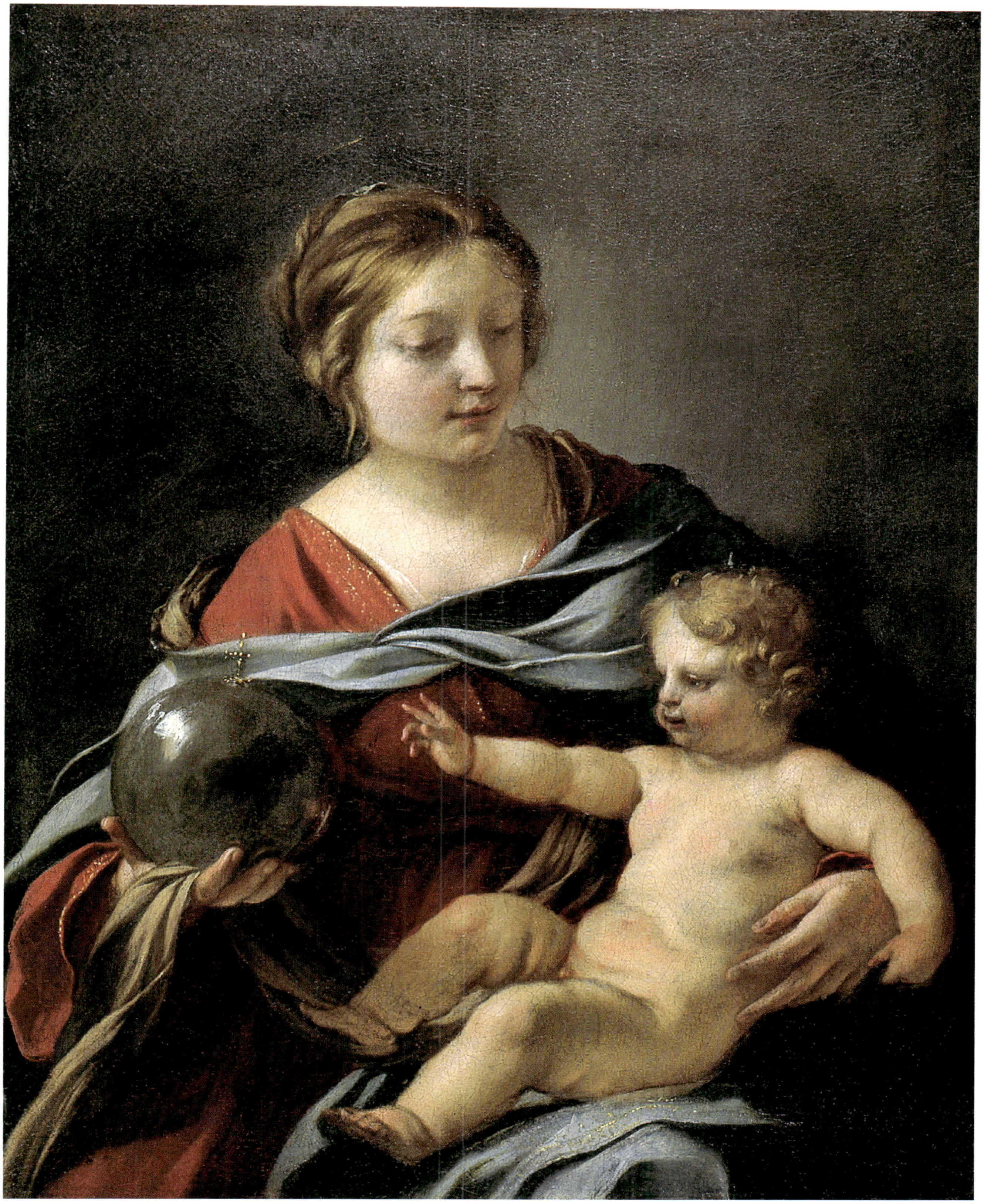

100. La Vierge à l'Enfant (endormi)

I. TABLEAU
H.t. ; 0,83 x 0,68 m.
Clermont-Ferrand, Musée des Beaux-Arts, Inv. 984.4.1.

HIST.
1804 : acquis par le collectionneur montpelliérain Jacques-Joseph Boussairolles (mort en 1814) du marchand Abraham Fontenel au prix de 400 F ; demeuré chez les descendants.
1984 : acquis directement de la famille par le musée de Clermont-Ferrand.

BIBL.
1975, Rosenberg, p. 222 (signale l'existence d'une copie) ; 1984, *La Revue du Louvre et des Musées de France*, n° 3, p. 217, reprod. (annonce l'acquisition) ; 1993, Hilaire, p. 206 ; 1995, Chevalier, p. 177, reprod.

II. GRAVURE, par Gilles Rousselet (fig. 1).
Burin ;
0,277 x 0,212 m.
En bas dans la marge, le distique latin :
Haec sunt nascentis/Cunabula prima Sophiae.
lacte opus est illi :/pasce, Maria, tuo.
[Voici à sa naissance même le premier berceau de la Sagesse.
Elle a besoin d'être allaitée : ô Marie, nourris-la de ton lait]

et plus bas :
Egid. Rousselet fecit Mariette excudit cum Privilegio Regis/Blanchar Pinxit.
(Il existerait un état sans le nom de Blanchard, peut-être rapporté après coup).

BIBL.
1961, Sterling, p. 88 reprod. [Cat. n° 28] ; 1992, Thuillier, p. 211, reprod.

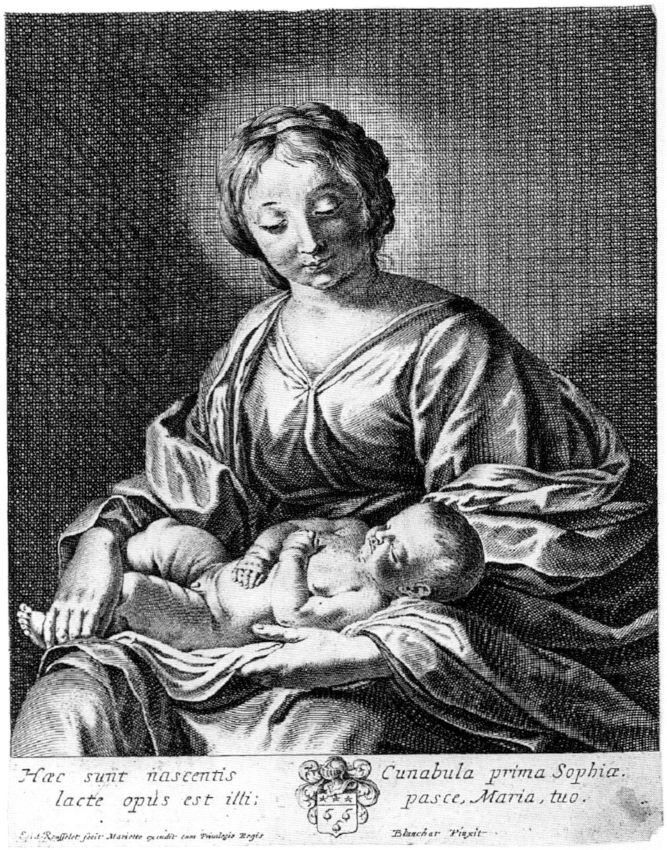

Fig. 1

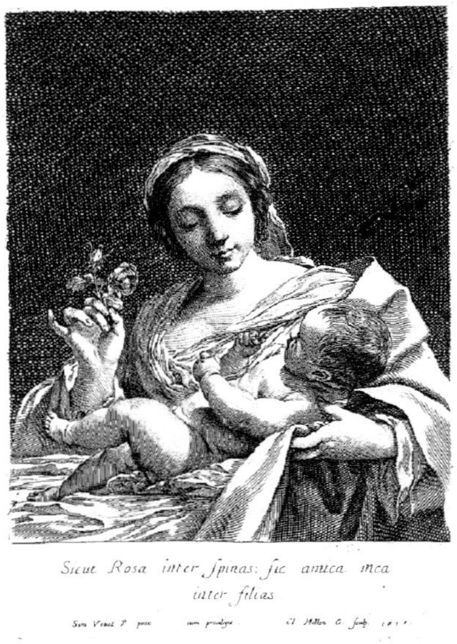

Fig. 2
Simon Vouet,
La Vierge à la rose, gravée par Claude Mellan avec la date de 1638. Coll. Part.

La parfaite simplicité de la composition, la délicate luminosité du modelé, semblent désigner l'une des dernières productions de Blanchard. Charles Sterling (qui ne connaissait encore que la gravure) pensait à la date de 1630-1631. Avec toute la prudence qui est nécessaire touchant ces *Vierge à mi-corps*, nous penserions plutôt à une date voisine de 1637-1638 : soit un peu antérieure à celle où Vouet peignit sa fameuse *Vierge à la rose* (fig. 2).

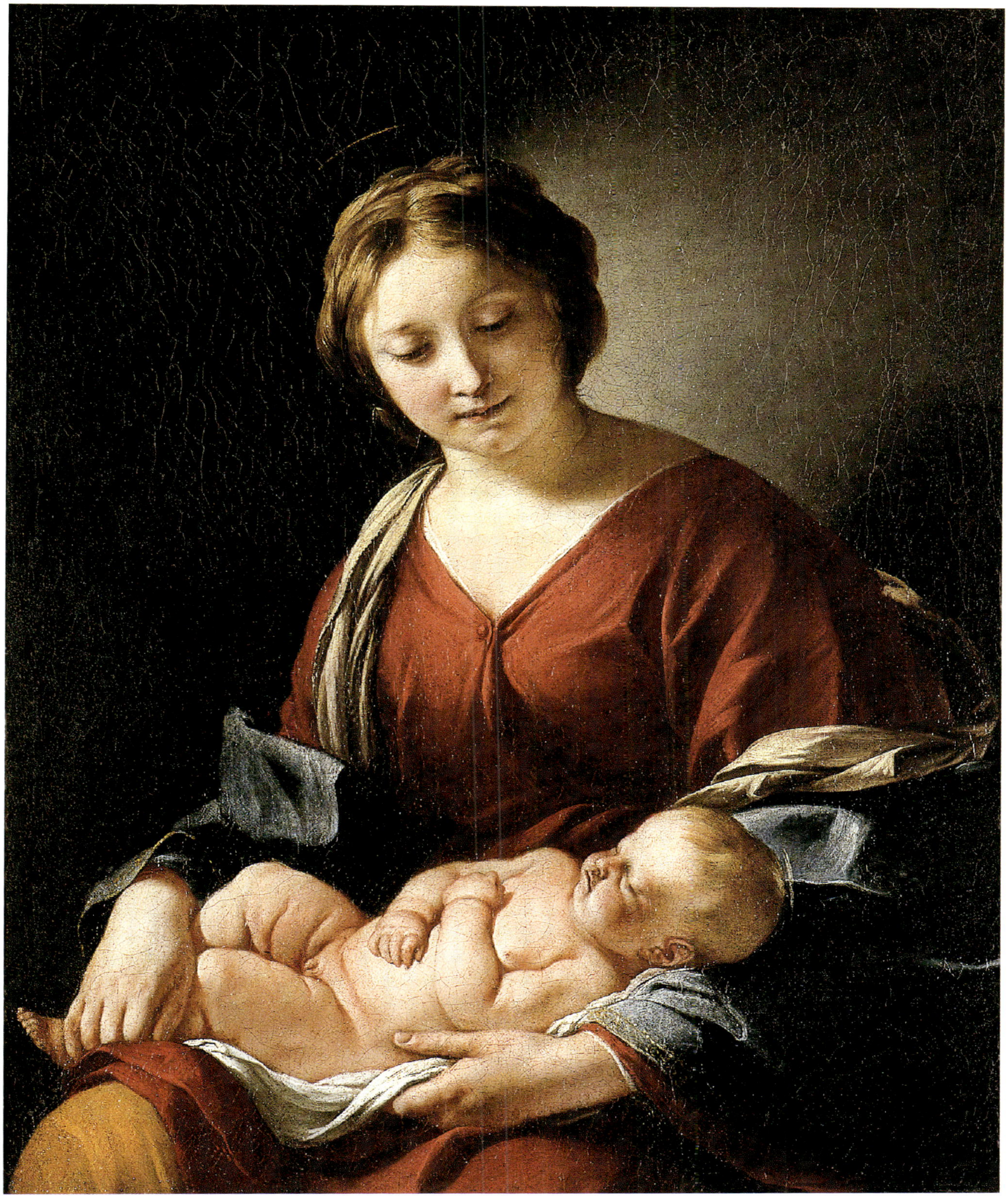

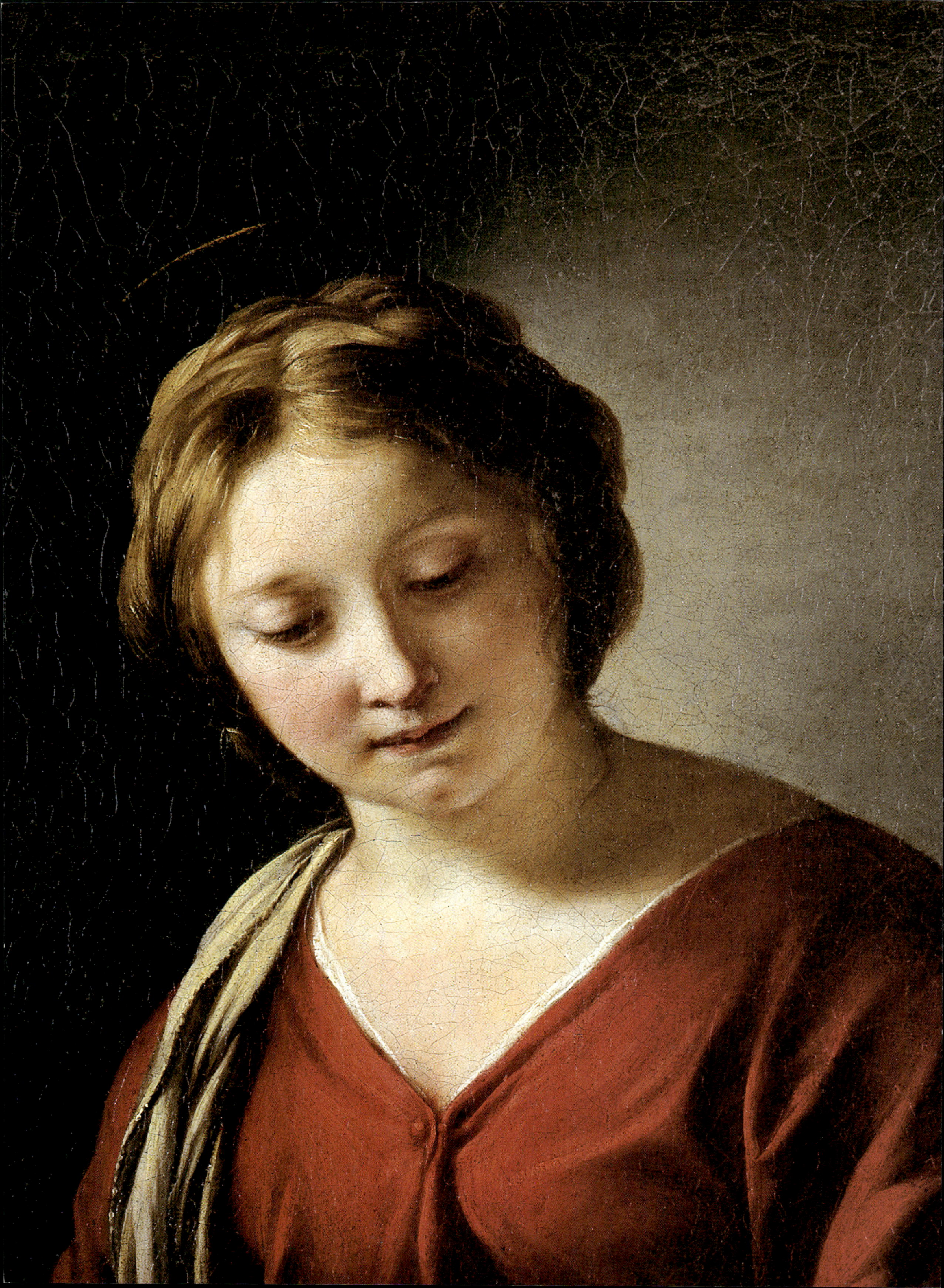

101. Décor du château de La Grange.

Disparu.

HIST.
17 mars 1638 : un marché est passé entre Blanchard et Claude de Bullion, alors Surintendant des finances, pour des travaux de peinture dans son château de La Grange, moyennant 8000 livres. À la mort de l'artiste, le 10 novembre, le travail semble avoir été conduit à terme – apparemment avec la collaboration de son frère Jean Blanchard –, mais la somme n'est pas encore entièrement payée.

Le marché et les premières quittances n'ont pas été retrouvés. Mais ils sont signalés dans l'inventaire dressé à la mort de l'artiste et publié par Richard Beresford :

« *Item un devis d'ouvrages de peinture au dessoubs duquel est un arresté faict pour le prix d'iceulx à la somme de huict mil livres ts. que Monseigneur le surintendant a promis payer aud. deffunct Blanchard, qui auroit promis de faire lesdits ouvrages pour mondit Seigneur de Bullion en sa maison de La Grange, datté du XVII*e *mars dernier, signé en fin Bullion et Blanchard. Inventorié audessoubs desdites signatures... Quatre*

En inventoriant lequel devis ledit Jean Blanchard comparant a protesté que ledit inventorié ne luy puisse nuire ne préjudicier aux droicts et actions qu'il a pour sa portion au restant deub desdites huict mil livres comme estant associé avec ledit deffunct ».
(Paris, Archives Nationales, Minutier Central, XCVI, 30).

On notera qu'aucun notaire n'est mentionné : ce qui suggère que les actes étaient passés sous seing privé.

BIBL.
1985, Beresford, p. 109, 114, 130-131.

Comme l'indique Richard Beresford, le château de La Grange était passé de Noël Brûlart de Sillery à Claude de Bullion en novembre 1633. Ce dernier fit aussitôt ajouter un corps de logis (août 1634) et diverses dépendances (avril 1638).

Les travaux confiés à Blanchard restent inconnus. On peut penser qu'ils concernaient le nouveau corps de logis et plus particulièrement l'appartement destiné à Bullion. Richard Beresford a très justement souligné l'importance de la somme convenue, plus élevée que pour la galerie de l'hôtel parisien. Mais il faut rappeler que Blanchard, en 1638, est au sommet de sa gloire, et qu'il était malaisé (nous le savons par d'autres exemples) d'obtenir d'un artiste de ce rang et si fort recherché qu'il fît de longs séjours hors de Paris.

102. La Charité (cinq figures)

I. TABLEAU, perdu.

II. GRAVURE, par Antoine Garnier (Robert-Dumesnil 66).
0,360 x 0,258 m.
En bas, dans la marge, sur deux lignes, le distique latin :
In toto nihil est quicquam me gratius orbe,/
Que stabili necto dulcissima pectora amore.
[Il n'est dans le monde entier rien qui plaise plus que moi,
Qui d'un amour durable noue les cœurs les plus tendres]
et plus bas :
Blanchart jnvent./Le Blond excud. Cum Privil. Regis

BIBL.
1961, Sterling, p. 94, reprod. gravure [Cat. n° 59] ; 1985, Laveissière, p. 5.

Il pourrait bien y avoir ici, dans le groupement des figures comme dans le choix d'une *Charité*, non plus étendue ni debout, mais assise de face et le torse droit, quelque souvenir du grand modèle des *Charité* françaises, le tableau peint par Andrea del Sarto pour François Ier en 1528 et toujours demeuré dans les collections royales (actuellement au Louvre).

L'œuvre est cette fois conçue d'une manière si différente des autres *Charité* de Blanchard, et avec un parti si délibérément contemporain, qu'on peut se demander s'il ne s'agit pas, plus ou moins, d'un portrait.

Plus encore qu'en d'autre cas, dater pareille composition à partir de la seule gravure paraît fort risqué. Certains traits évoquent les compositions précoces. Mais la stabilité de la composition, à la fois pyramidale et frontale, jointe au souci de finesse et de grâce, nous fait pencher en faveur d'une date très tardive.

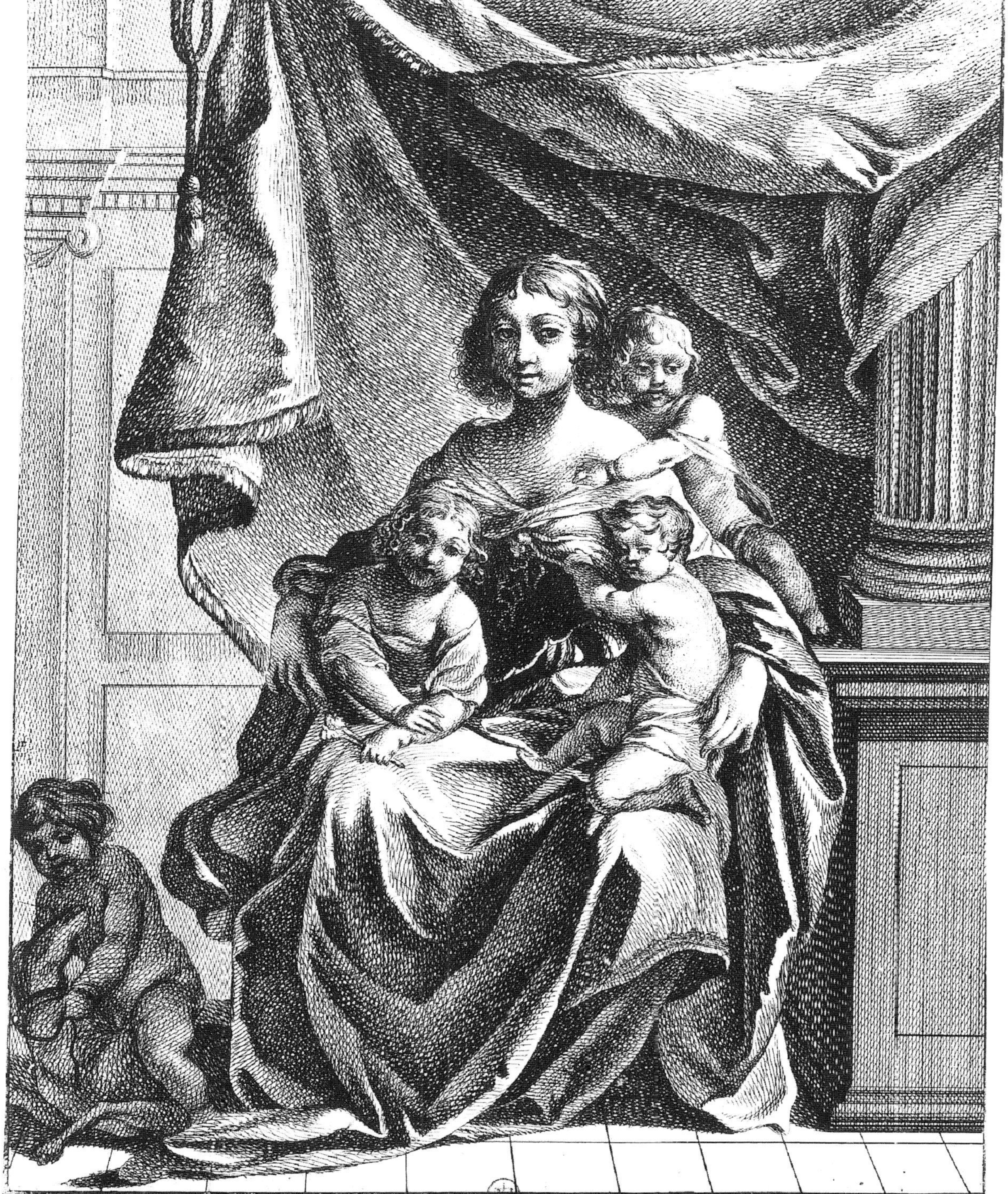

In toto nihil est quicquam me gratius orbe, Quę stabili nexto dulcissima pectora amore.

Blanchart inuent. *le Blond excud. Cum Priuil. Regis.*

103. La Vierge dévoilant l'Enfant, 1638, dite aussi la Vierge au voile ou la Vierge de Lorette

I. **TABLEAU**, perdu.

II. **GRAVURE**, par Pierre Daret, 1638 (Weigert 18).
Burin ; 0,390 x 0,269 m.
Dans la marge inférieure, un commentaire en latin tiré d'Ézéchiel : *Et tu dormies super latus tuum sinistrum, et pones iniquitates domus Israel super eo./Numero dierum quibus dormies super illud, et assumes iniquitatem eorum (Ezehi. cap. 4).*
[Et toi, couche-toi sur ton côté gauche, et mets-y l'iniquité de la maison d'Israël. Autant de jours que tu seras couché sur ce côté, tu porteras leur iniquité].
Plus bas, à gauche : *Jacobus Blanchard pinxit 1638*
À droite : *Daret sculpsit et ex. Cu privilegio Regis Christ^{mi}.*

BIBL.
1867, Jal, p. 223 (gravure) ; 1961, Sterling, p. 95, reprod. gravure [Cat. n° 67] ; 1969, Gebelin, p. 84 (gravure) ; 1983, Cuzin, p. 52 et fig. 19, p. 284 (gravure).

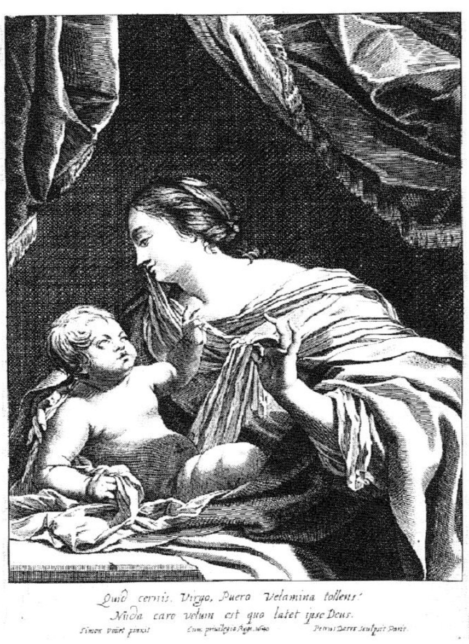

Fig. 1
Simon Vouet,
La Vierge dévoilant l'Enfant,
gravée par Daret en 1640.
Coll. part.

Il est fréquent que soit indiquée la date d'une gravure, mais bien plus rare, au XVIIe siècle, que la lettre mentionne la date du tableau que traduit le graveur. L'indication *Jacobus Blanchard pinxit 1638* semble bien désigner l'une des dernières œuvres réalisées par l'artiste, gravée peu après sa mort et avec l'intention de lui rendre hommage.

Le XVIIe siècle français a particulièrement affectionné cette représentation de la Vierge découvrant l'Enfant nu à l'adoration du fidèle, souvent en présence de saint Jean, celui qui deviendra son Précurseur. Ce sujet, gracieux en soi, rappelait et illustrait très directement le mystère fondamental de l'Incarnation. La *Vierge de Lorette* et surtout la *Vierge au diadème* de Raphaël en avaient donné des modèles qui restaient fameux, et qui offraient aux peintres des variantes particulièrement attrayantes dans la gamme infinie qui allait de la simple *Vierge à l'Enfant* (*cf.* fig. 1) aux *Sainte Famille* les plus ambitieuses. Un Sébastien Bourdon, par exemple, a souvent traité ce thème. Ici Blanchard se souvient directement des deux peintures, en choisissant la mise en page de la *Vierge de Lorette*, mais en présentant saint Jean conduit par Marie devant l'Enfant endormi, comme dans la *Vierge au diadème.*

Il s'agit d'une des plus belles gravures de Daret, dont le burin est devenu à la fois souple et varié : il se plaît désormais à différencier les matières, à caresser les chairs, à faire briller soie et velours. Mais le tableau de Blanchard dut lui-même compter parmi les plus subtils, avec le balancement alterné des courbes, l'éclat et la diversité des draperies et l'expression mélancolique de la Vierge.

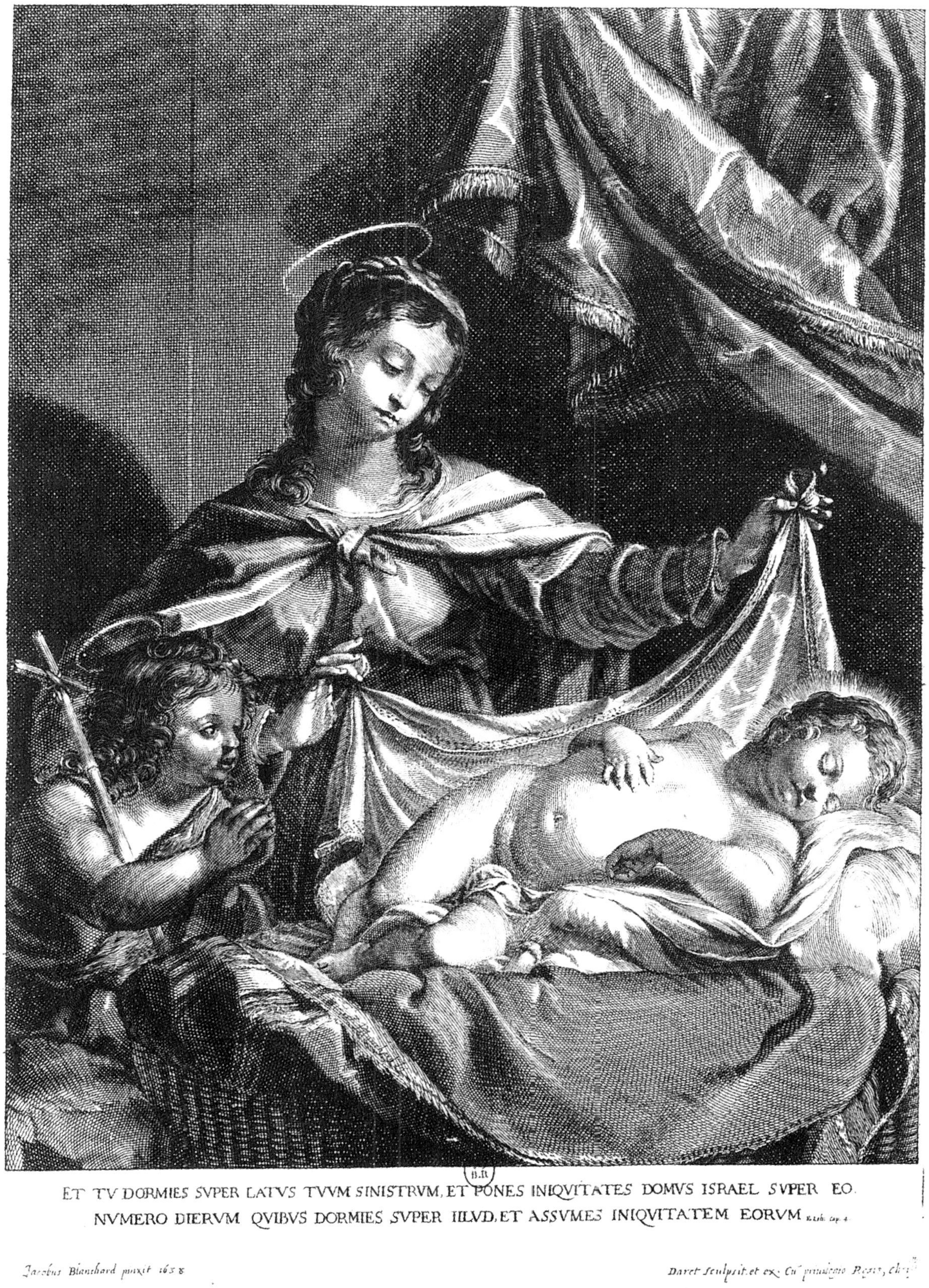
ET TV DORMIES SVPER LATVS TVVM SINISTRVM, ET PONES INIQVITATES DOMVS ISRAEL SVPER EO.
NVMERO DIERVM QVIBVS DORMIES SVPER ILLVD, ET ASSVMES INIQVITATEM EORVM
Jacobus Blanchard pinxit 1638
Daret sculpsit. et ex. Cu privilegio Regis

Tableaux refusés

Le succès que Blanchard obtint de son vivant, l'importance que le XVIIIe siècle ne cessa d'accorder à ses œuvres, joints au petit nombre des documents qui le concernaient, ont évidemment favorisé la multiplication des attributions fausses. Le désintérêt du XIXe siècle laissa subsister jusqu'aux plus grossières. Avant l'achat du « *Cimon et Éphigène* », en 1921, le Louvre n'offrait au visiteur qu'une seule référence vraiment fiable : la *Charité* héritée des collections de Louis XIV.

Les tableaux donnés à Blanchard furent donc nombreux, et les mentions anciennes, dans les catalogues de vente et les archives révolutionnaires notamment, forment un ensemble considérable. Le plus souvent, la disparition des œuvres ne permet guère de se prononcer sur la valeur de ces attributions.

Dans certains cas, pourtant, l'erreur est manifeste. Il s'agit en particulier des oeuvres de Gabriel Blanchard, si fréquemment attribuées à son père. La confusion remonte au XVIIIe siècle, et les Dézallier d'Argenville portent malheureusement une bonne part de la responsabilité. De nos jours, sur ce point, les documents ont éliminé l'équivoque. En plusieurs autres cas, l'examen direct est possible ; il permet de rejeter sans inquiétude une série d'œuvres trop longtemps placées sous ce nom de Jacques Blanchard.

En revanche l'image encore très floue qu'on se forme du peintre a permis nombre de nouvelles attributions, parfois intéressées, parfois simplement imprudentes, en tous cas visiblement fausses. Nous nous contentons de mentionner celles qui concernent des œuvres appartenant aux collections publiques ou pour lesquelles le nom de Blanchard a été proposé de façon ferme dans des publications savantes. Pour les simples copies, il a paru plus opportun d'en faire état à propos des originaux conservés ou des gravures correspondantes.

Les œuvres sont évidemment classées dans un ordre iconographique. Toutefois nous avons regroupé en tête les six œuvres de Gabriel Blanchard constamment citées comme de Jacques à partir de l'erreur commise par les Dézallier d'Argenville (section A). D'autre part nous avons cru devoir séparer quelques toiles où se reconnaît plus ou moins une personnalité intéressante, proche de Blanchard, mais que nous ne croyons pas se confondre avec lui. Il ne semble pas s'agir de Louis de Boullogne jeune, et nous proposons de le nommer provisoirement « le Maître de Tobie », du nom du tableau conservé aujourd'hui à Bordeaux (section B). Nous connaissons une autre œuvre de la même main, en collection privée, et nous pensons que peu à peu le nom de l'artiste se désignera de lui-même.

A. Œuvres de Gabriel Blanchard

R 1. La Présentation de Jésus au Temple

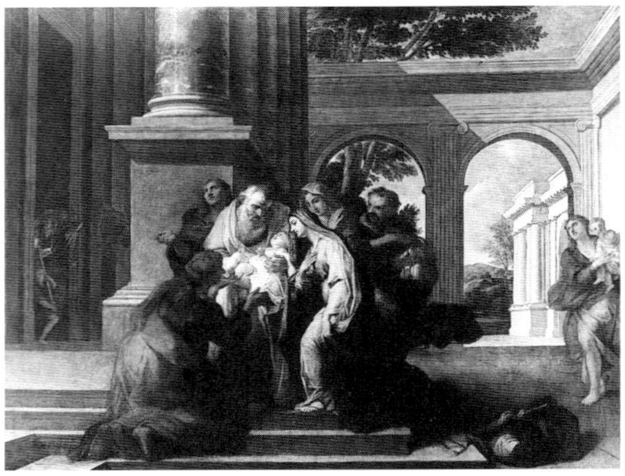

Ht.; 3,14 x 4,01 m.
Signé et daté en bas à gauche : *G A Blanchard 16(8)2.*
Toulouse, Musée des Augustins, Inv. RO 15.

HIST.
1762, Dézallier d'Argenville (addition à l'édition de 1745) : « *A Toulouse, il a peint une purification dans la chapelle de Notre-Dame du Mont-Carmel, qui est située dans l'église des Carmes* » (p. 53-54).

BIBL.
1910, Vial, p. 93; 1925, Demonts, p. 166, note 3 (Jacques Blanchard); 1961, Sterling, p. 100 (Gabriel Blanchard).

Le passage de Dézallier n'apparaît que dans l'édition de 1762 : addition malheureuse, puisque le couvent des Carmes datait de la fin du XVIIe siècle et que le tableau est en fait de Gabriel. Il avait fait partie du vaste ensemble de peintures commandé par Gabriel Vendages de Malapeire pour sa chapelle, édifiée et décorée entre 1671 et 1692 et dont d'autres débris subsistent au musée des Augustins : la *Présentation au Temple* de Charles de La Fosse, l'*Annonciation* d'Antoine Paillet, etc. Néanmoins, sous l'autorité de Dézallier d'Argenville et en dépit de la signature, il est resté placé dans tous les catalogues du musée, de 1795 à 1908, sous le nom de Jacques, et il a réussi à se glisser jusque sous la plume de Demonts…

R 2. Saint André à genoux devant la Croix

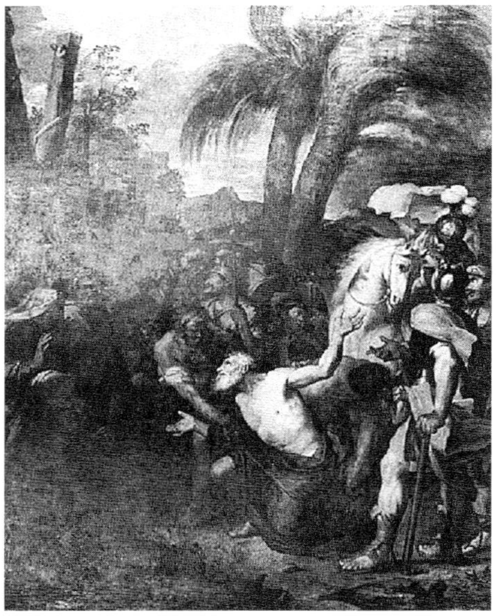

H.t.; 4,45 x 3,65 m.
Signé et daté G. *Blanchard pinx. 1670.*
Paris, Cathédrale Notre-Dame.

BIBL. SOMMAIRE
1745, d'Argenville, p. 264 et 265 (Jacques Blanchard); 1749, d'Argenville, éd. 1757, p. 4 (*idem*); 1752, d'Argens, p. 98 (*idem*); 1890, Stein, p. 23; 1961, Sterling, p. 100 (Gabriel Blanchard).

Ce tableau a été souvent cité parmi les œuvres essentielles de Blanchard. Dézallier d'Argenville prétend même que ce dernier le peignit peu après son retour à Paris avec *la Descente du Saint Esprit*, et indique qu'on peut l'admirer aussi à Notre-Dame. Il a été suivi par plusieurs auteurs. En fait il s'agit simplement du *Saint André à genoux devant la croix* de son fils Gabriel, le « May » de 1670 qu'on voyait en effet à Notre-Dame avant la Révolution, et qui fut saisi sous le nom de Jacques Blanchard (*cf.* Stein, 1890). Il est retourné à Notre-Dame depuis 1963.

R 3. Diane dans son char

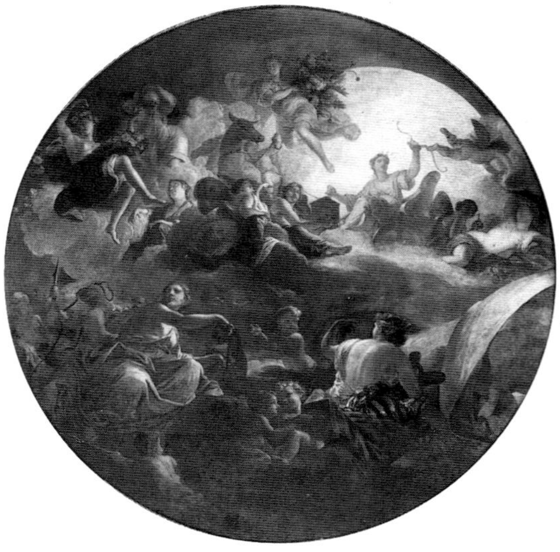

Versailles, Grand Appartement, salon de Diane.

BIBL. SOMMAIRE
1745, d'Argenville, p. 265 (Jacques Blanchard); 1752, d'Argens, p. 98 (*idem*); 1808, Gault de Saint-Germain, p. 24 (*idem*); 1961, Sterling, p. 100 (Gabriel Blanchard).

En 1745 Dézallier d'Argenville déclare à propos de Jacques Blanchard : *« On trouve dans les appartemens de Versailles, dans une des pièces d'enfilade, un plafond qui fait voir la lune sous la figure de Diane dans son char & accompagnée des heures, avec une femme qui tient le gouvernail d'un vaisseau & des enfans qui portent les instrumens nécessaires à la navigation... »* (p. 265). L'attribution a été souvent reprise. Il s'agit évidemment d'une nouvelle confusion avec Gabriel Blanchard. Ce dernier travailla aux décors de Versailles de 1671 à 1680 et le plafond – son chef-d'œuvre sans doute –, achevé en 1679, est toujours en place au Salon de Diane.

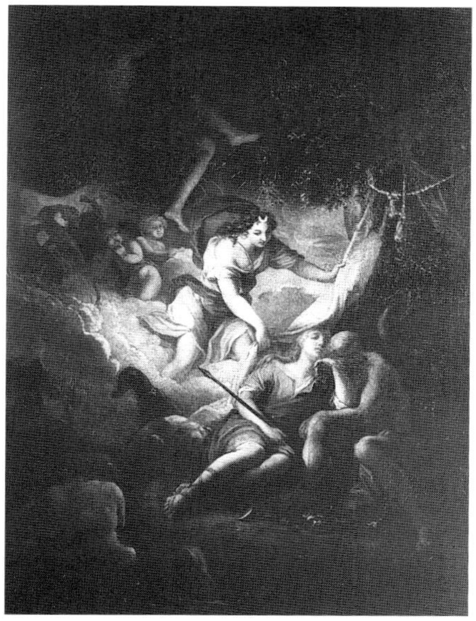

R 4. Diane et Endymion

H.t. ; 0,90 x 0,68 m.
Bergues, Musée Municipal, Inv. Th.V. 1955, n°17.

BIBL.
1961, Sterling, p. 200 (Gabriel Blanchard)

Copie du tableau du même sujet exécuté pour Versailles par Gabriel Blanchard, placé dans le Salon de Diane, retiré vers 1710-1712, envoyé en 1811 au Musée des Beaux-Arts de Lyon et revenu en 1938 à son emplacement originel. Ces vicissitudes l'ont fait longtemps oublier et ont permis de placer cette copie sous une fausse attribution à Jacques Blanchard.

R 5-6. Danses de nymphes

HIST.
1762, Dézallier d'Argenville : « *Il y a à Trianon deux danses de Nymphes de sa main* ».

En ajoutant cette mention dans l'édition de 1762 de l'*Abrégé*, d'Argenville ne confirme que trop sa confusion entre Jacques et Gabriel Blanchard : il s'agit là certainement des deux *tondi* exécutés par le fils à Trianon, des *Nymphes dansant* et des *Pasteurs changés en peupliers* peints en 1688 pour la Salle de bal et aujourd'hui disparus.

B. Œuvres du « maître de Tobie »

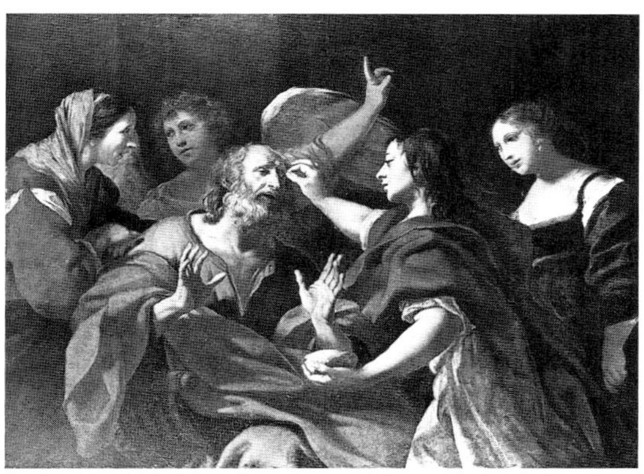

Fig. 1

R 7. Tobie rendant la vue à son père

A.
H.t. ; 1,28 x 1,67 m.
Bordeaux, Musée des Beaux-Arts Inv. Bx.D.1965.1.2. (fig. 1).

HIST.
1793, 24 juillet : remis par Lenoir aux commissaires pour être placés au Museum : « *De Saint-Chaumont, rue Saint-Denis : Tobie recouvrant la vue* (sic) *par Blanchard* ». Même jour, liste des *Tableaux remis par Lenoir aux Conservateurs du Museum*, « *Tobie, dit de Blanchard* » (*cf.* Plon, 1886, t. II, p. 72 et 144).
1820 : concédé par le gouvernement au vicomte Both de Tauzia pour être placé à l'église de Parempuyre (Gironde) ; reçu du 16 octobre (*cf.* Courajod, 1878, p. 387-388).
1965 : retrouvé par Gilberte Martin-Méry dans l'église et mis en dépôt au Musée des Beaux-Arts de Bordeaux.

EXP.
1976-1977, Nice-Rennes, n° 3, reprod.; 1985, Pau, Musée des Beaux-Arts, *Tobie vu par les peintres*.

BIBL. (outre les références citées dans l'historique)
1961, Sterling, p. 99 (concession de la Restauration); 1970, Gilberte Martin-Méry, *Bulletin d'information de la Préfecture* [de Bordeaux], 25 avril 1970; 1970, Gilberte Martin-Méry, *Les Muses*, n° 40, 22 juin 1970; 1975, Rosenberg, p. 217-218, reprod. fig. 130.

B.
H.t.
Clermont-Ferrand, église Notre-Dame-du-Port (fig. 2).

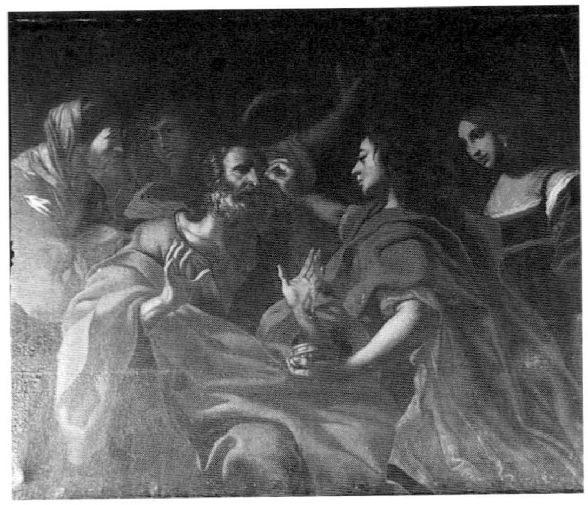

Fig. 2

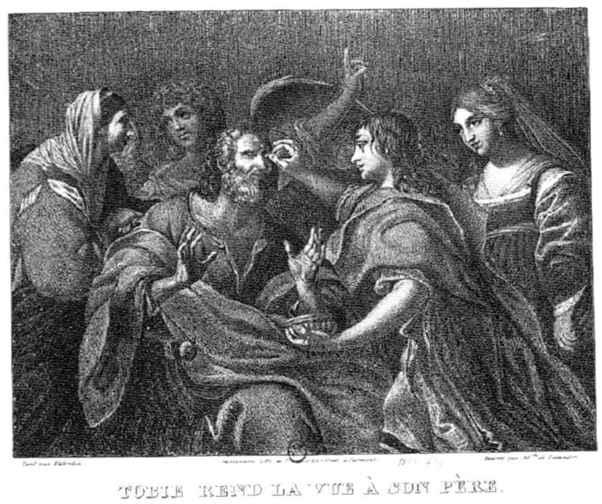

Fig. 3

Pierre Rosenberg (1975, p. 218 et note 4) a signalé également une « copie ancienne » de cette composition à l'église de Villeneuve-lès-Avignon, une autre, assez grossière, dans une collection du Puy-de-Dôme. C'est un cinquième exemplaire qui est passé en vente à l'Hôtel Drouot le 27 juin 1990 (Étude de Mes Couturier et Nicolay, n° 79; 1,30 x 1,64 m, « atelier de Jacques Blanchard », reprod. couleurs). D'autre part c'est apparemment l'exemplaire de Notre-Dame-du-Port qui fut lithographié au XIXe siècle avec la légende : *Tobie rend la vue à son père/ Peint par Valentin/ imprimerie lith. de Tileaud-Landriot à Clermont/ dessiné par Adolphe de Tissandier* (fig. 3). La célébrité de cette composition est donc certaine. Nous ne parvenons pourtant pas à nous persuader qu'il faille l'attribuer à Blanchard.

Dès sa confiscation en 1793 à Paris, le tableau conservé aujourd'hui à Bordeaux a suscité le doute ; le nom de Blanchard est constamment prononcé, mais en même temps refusé : « *dit de Blanchard* », écrit Lenoir, ou « *genre de Blanchard* ».

Cette ambiguïté se retrouve devant l'œuvre, enfin retrouvée et nettoyée. D'une part, la parenté avec l'art de Jacques Blanchard est fort sensible : il suffit de regarder la mère de Tobie, à gauche, et le modelé du visage ou du fichu. Mais d'autre part il existe des différences majeures : la composition en bas-relief, avec personnages coupés aux genoux sur fond sombre; la tonalité générale, raffinée, mais sans force, et qui traduit un goût très particulier de la couleur; le modelé des chairs, infiniment moins souple et lumineux.

R 8. Sainte Cécile

H.t.; 1,02 x 1,37 m.
Saint-Pétersbourg, Musée de l'Ermitage, Inv. 6546.

HIST.
1930 : entré à l'Ermitage, en provenance du palais Stroganov.

EXP.
1992, Moscou-Léningrad, *Cinq siècles d'art français*, n° 22.

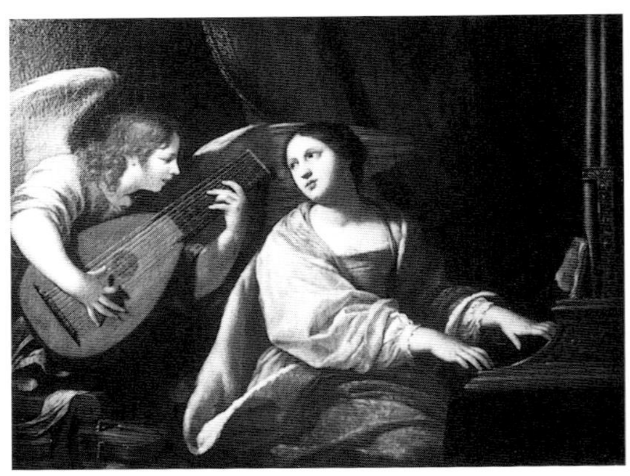

Ce beau tableau, que nous ne croyons pas de Jacques Blanchard, est certainement de la même main que le *Tobie* (voir n° R 7) et une *Annonciation* conservée en collection particulière.

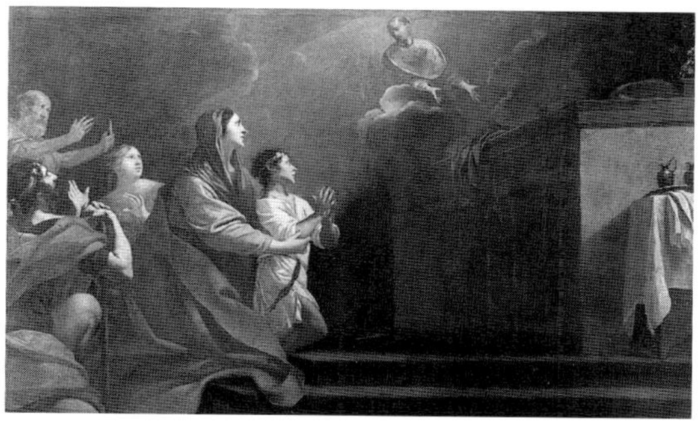

R 9. Ex-voto, dit à tort Pestiférés implorant la protection de saint Charles Borromée

H.t. ; 1,74 x 2,75 m.
Genève, Musée d'Art et d'Histoire, Inv. 1825.2.

HIST.
1793 : le tableau est saisi lors de la Révolution à Paris, au couvent des Célestins, et remis au Museum par Lenoir sous le titre *Un ex-voto, par Le Sueur.* C'est comme tel qu'il est exposé dans la galerie du Museum. Une série de documents montre que toujours sous le nom de Le Sueur, il fut ensuite retiré du Museum pour faire partie des tableaux accordés aux départements. 1802 : il est désigné pour être remis à la ville de Genève, alors chef-lieu du département du Léman. D'abord déposé à l'église Saint-Germain de cette ville, il est ensuite placé au musée (voir les références données par Renée Loche, 1996, p. 42).

BIBL.
Une bibliographie très complète est donnée par Renée Loche, 1996, p. 42-43.

Le tableau a toujours été attribué à Le Sueur. C'est récemment que ce nom a été rejeté à la fois par Alain Mérot dans son grand *Le Sueur* (1987) et par Renée Loche (1989, 1996). Tous deux ont senti des rapports avec Blanchard. Alain Mérot a suggéré prudemment de chercher l'auteur dans l'« entourage de Blanchard ». Plus hardie, et s'appuyant sur la parenté avec le *Tobie rendant la vue à son père* du musée de Bordeaux (autre envoi de Paris), Renée Loche a proposé de voir dans cette grande toile une œuvre du début de la carrière parisienne du peintre.

En fait le *Tobie* n'a été franchement donné à Blanchard que ces dernières années, et l'attribution, nous l'avons vu, est très sujette à caution. Dans l'un et l'autre tableau, on voit bien des similitudes de détail : mais rien qui renvoie au génie propre de l'auteur des *Charité.* Au lieu de confirmer la paternité de ce peintre, le rapprochement invite justement à chercher quelque personnalité de son entourage. Peut-être un jeune peintre, si les deux tableaux sont de la même main. Car le style n'est pas homogène, les formes sont tantôt lourdes, tantôt d'une élégance qui avait attiré le nom de Le Sueur, et les maladresses abondent. Mais il y a, surtout dans le tableau de Genève, de grandes beautés, et il est permis d'espérer que l'énigme se résoudra un jour d'elle-même.

C. Œuvres diverses

R 10. L'Éducation de la Vierge

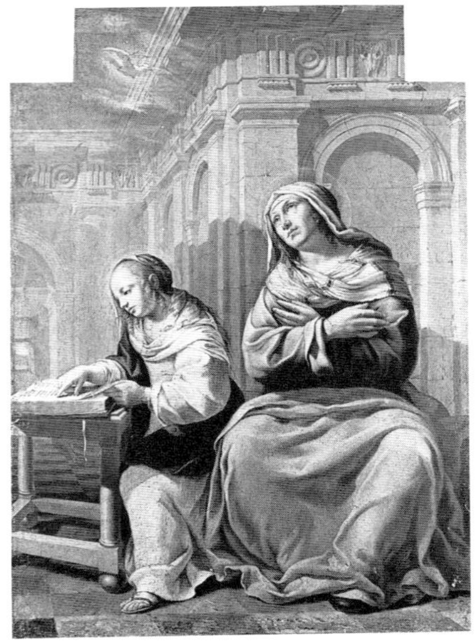

H.t.; 1,625 x 1,145 m.
Localisation actuelle inconnue.

HIST.
1969 : reproduit sous le nom de Jacques Blanchard dans le *Burlington Magazine*, décembre, pl. XXXVI, et avec la mention : *propriété de la galerie Joseph Hahn, 36 rue de Berry, Paris.*
1970 : présenté par la galerie Hahn à Florence comme *Maître français vers 1645, au carrefour d'influences aussi diverses que celles de Blanchard, de Le Nain, ou encore de Philippe de Champaigne* (reprod.).
1979, 16 novembre : passé en vente à Parke-Bernet, à New York, n° 28 (*Jacques Blanchard, The Property of a Private Collector, White Plains, N.Y.*), reprod.

Les rapports avec Jacques Blanchard sont évidents. Mais nous ne croyons pas possible de donner l'œuvre au peintre lui-même. L'exploitation de l'espace est maladroite, le modelé épais, le sentiment assez banal. Plutôt qu'un tableau d'atelier, nous verrions ici un retable destiné à un petit autel et peint par quelque artiste plus ou moins jeune qu'avaient frappé les créations de Blanchard.

Rappelons – sans vouloir suggérer davantage qu'un simple rapport – qu'en 1790 fut inventoriée à la chapelle du couvent des Augustins de la reine Marguerite (l'actuelle chapelle de l'École des Beaux-Arts) une « Éducation de la Vierge peinte dans l'école de Blanchard » (*Cf. infra, Mentions anciennes..., Nouveau Testament, B, Vie de la Vierge,* p. 335).

R 11-12. La Vierge (1)
La Vierge (2)

Bayonne, Musée Bonnat.

BIBL.
1910, Vial, p. 93

Vial est le seul à mentionner deux *Vierge* de Blanchard au musée de Bayonne. Nous n'en avons retrouvé aucune trace.

R 13. L'Adoration des bergers

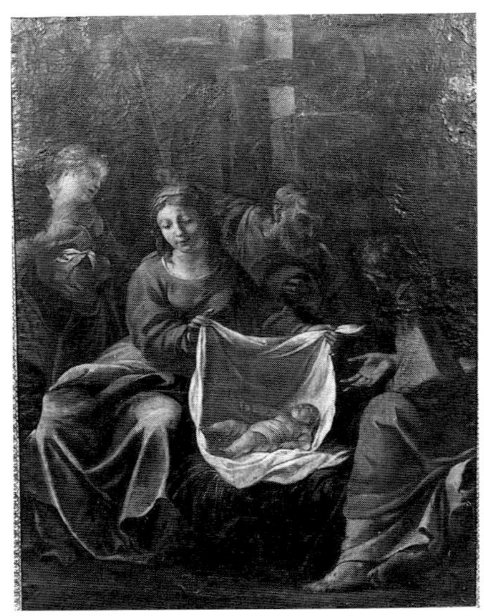

H.t.; 1,20 x 1,10 m.
Cahors, Cathédrale, sacristie.

HIST.
L'origine de la toile n'a pu être précisée; son cadre pourrait indiquer un réemploi ou un don privé fait à la cathédrale sous la Restauration.

BIBL.
1990, Bongiu, p. 170; 1991, Bongiu, p. 77, reprod. couleurs; 1992, Bongiu, p. 80-81, reprod. couleurs.

On a peut-être accepté un peu rapidement l'attribution à Blanchard de ce bon tableau si longtemps oublié dans la cathédrale de Cahors. On ne saurait nier une certaine parenté avec les œuvres du maître parisien. Mais aucun document ne suggère son nom. Et ce qui est plus grave, on voit mal comment il pourrait s'insérer dans son œuvre. Il ne faut pas oublier que

Blanchard fut très célèbre, qu'on ne connaît encore rien de bien précis sur son atelier, sur les collaborateurs qui l'aidèrent à brosser les grands décors, ni sur l'influence qu'il exerça sur ses contemporains.

Nous croyons devoir attendre des arguments plus décisifs que ceux qui ont été avancés jusqu'ici pour introduire ce tableau dans l'œuvre de Blanchard. Mais son étude apporterait probablement des éléments importants pour la connaissance de ce dernier.

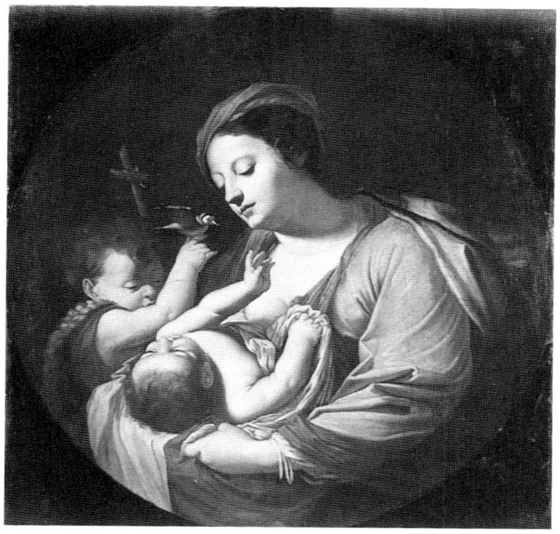

R 14. La Vierge à l'Enfant (avec saint Jean-Baptiste, à mi-corps)

H.t.; tondo, diamètre 0,88 m.
Nantes, Musée des Beaux-Arts; Cat. 1859, n° 11 (Blanchard); Cat. 1876, n° 650 (*idem*); Cat. 1913, n° 597 (*idem*); Cat. 1953, n° 597 (Dauphin).

HIST.
1660 : gravé à Turin par Jacques Thourneysen alors que le tableau se trouvait dans la collection du médecin Jacopo Francesco Arpino.
1910 : entré au musée de Nantes avec la collection de François Cacault.

EXP.
1958, Paris, Orangerie, n° 8, pl. III; 1982, Rome-Nancy, *Claude Gellée et les peintres lorrains en Italie au XVIIe siècle*, n° 137, reprod.

BIBL. SOMMAIRE
1862, Blanc, p. 4 (Blanchard; un des deux tableaux cités pour la province); 1900, Merson, p. 22, reprod. (Blanchard); 1910, Vial, p. 93; 1925, Demonts, p. 166, note 3 (Jacques Blanchard); 1933, Lavallée, p. 146-147, reprod. (Charles Dauphin); 1961, Sterling, p. 100 (*idem*).

Avant 1933 le tableau était souvent pris comme le meilleur exemple de l'art de Blanchard; il a ensuite servi de point de départ pour la reconstitution de l'œuvre de Charles Dauphin. On trouvera sur cette toile une notice complète, avec une bibliographie plus étendue, dans le catalogue de l'exposition qui s'est tenue à Rome et Nancy en 1982 (voir *supra*, EXP.) et où l'œuvre était présentée (*cf.* p. 388-389).

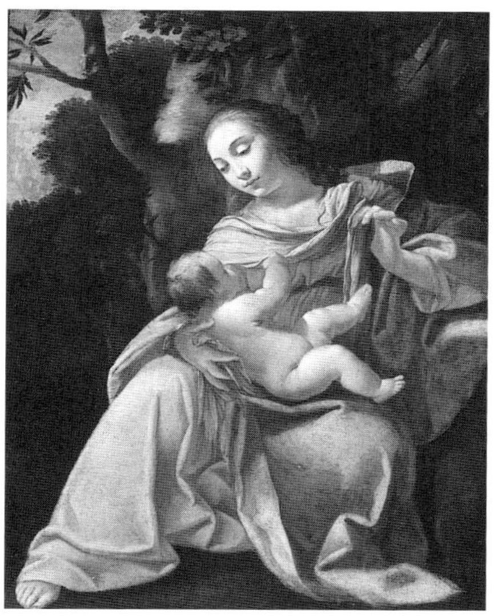

R 15. La Vierge à l'Enfant (en pied, assise)

H.t.; 0,99 x 0,79 m.
Malibu, The J. Paul Getty Museum; Cat. Fredericksen, 1972, n° 124.

HIST.
ca. 1938-39 : passé de la collection Standhope Orris, à Princeton, à la collection Gilhousen, Sierra Madre, California.
1968 : acquis de M. Gilhousen par le J.-P. Getty Museum (n°A 68 P-1).

EXP.
1973, *Baroque Masters from the J. Paul Getty Museum*, California State University et Northridge, Fine Arts Gallery, n° 3 (notice par Jean-Luc Bordeaux, reprod.).

BIBL.
1972, Burton B. Fredericksen, *Catalogue of the Paintings of the J. Paul Getty Museum*, n° 124, reprod.; 1975, Rosenberg, p. 224, note 20 (« ne nous paraît pas revenir à Blanchard »); 1982, Rosenberg, p. 345, reprod. (« attribution douteuse »); 1985, Wright, p. 144 (« attribution »).

Ce tableau passait à l'origine pour italien et avait été donné à Orazio Gentileschi. Burton Fredericksen l'a attribué à Jacques Blanchard (*Catalogue of the Paintings...*, 1972, n° 124). Il est probable que l'œuvre est française.

Mais elle reste de qualité trop modeste pour qu'on puisse user à son endroit du nom de Blanchard. Le sentiment tout à la fois délicat et naïf qui l'anime fait songer à un jeune peintre difficilement identifiable dans les ateliers si peuplés du Paris des années trente ou cinquante. À titre purement indicatif, renvoyons à la jolie *Sainte Famille* datée de 1654 et signée Lespinerie (peut-être Jean de Lespinerie, reçu maître peintre en 1639), qui apparut en 1972 à l'exposition *La peinture narrative en France 1500-1800* (Galerie Joseph Hahn, Paris, cat. n° 21, reprod. ; localisation actuelle inconnue). On y trouverait un esprit et une manière assez semblables ; mais dans l'état actuel de nos connaissances ce nom lui-même ne saurait être pris en considération.

R 16. La Sainte Famille avec un ange offrant des cerises

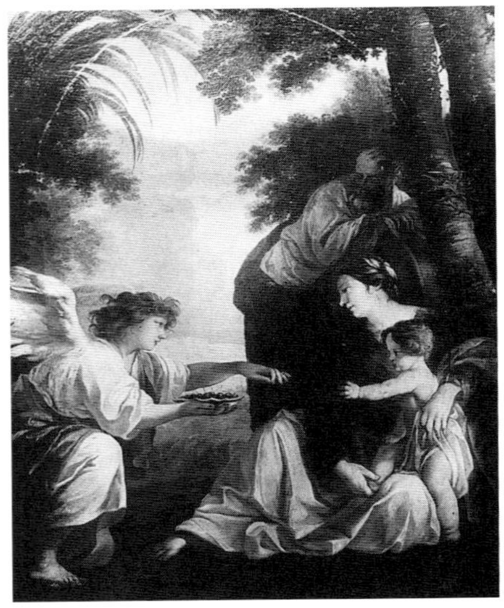

H.t. ; 1,72 x 1,42 m (la partie haute, à l'origine, semble avoir été cintrée à oreilles).
Naguère à la cathédrale de Québec.

HIST.
début du XIXe siècle : passé au Canada avec la fameuse collection de l'abbé Philippe Desjardins ; figure sous le n° 28 de l'inventaire avec attribution à Blanchard.
1922 : échappe à l'incendie de la cathédrale de Québec du 22 décembre.
1990, 11 septembre : volé dans la cathédrale.

BIBL.
1934, Gérard Morisset, *Le Canada français*, mai 1934 ; 1976, Fr. M. Gagnon et Nicole Cloutier, *Premiers peintres de la Nouvelle France*, t. I, Québec, reprod. p. 98, pl.15 ; 1995, Beresford, p. 388 (comme encore à la cathédrale).

L'œuvre est dite signée et datée de 1630. Ce qu'il est aujourd'hui impossible de vérifier, et l'on sait avec quelle circonspection il faut aborder tout ce qui touche au fonds Desjardins. À en juger par la photographie, on peut raisonnablement douter que cette composition, malgré sa poésie, ait des rapports directs avec Jacques Blanchard. Signalons pourtant qu'il existe dans l'œuvre de Daret une composition très voisine (fig. 1), avec la lettre *Daret sculp. cum pr.*, mais sans le nom de l'auteur de la composition.

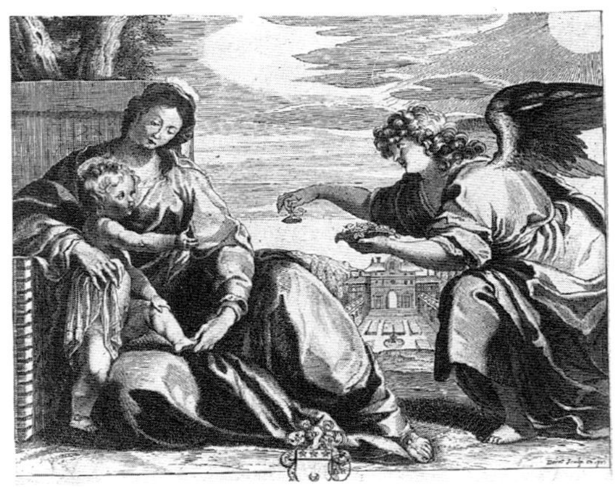

Fig. 1

R 17. La Sainte Famille

Localisation actuelle inconnue.

BIBL.
1961, Sterling, p. 96 [Cat. n° 71], reprod. (« vers 1950 dans une collection versaillaise »).

Nous ne connaissons l'œuvre que par la reproduction qu'en a donnée Charles Sterling (1961, p. 96, n° 71). Lui-même déclarait que sa trace était déjà perdue. Sans grande conviction, il indiquait que ce « *petit tableau* »... «*pourrait bien être une rapide esquisse de Jacques Blanchard exécutée à l'époque des* Sainte Famille *du Louvre et de Cherbourg* ». Il soulignait aussi que « *plus nettement que dans (celles-ci) les chairs rougeâtres et la touche libre témoign(ai)ent de l'influence de Strozzi* ».

Blanchard préparait-il ses toiles par des esquisses à l'huile ? C'est possible. En tous cas les « petits tableaux » retrouvés jusqu'ici semblent tous, non des premières pensées, mais des réductions d'atelier ou des copies.

La présente œuvre a certes plus d'un rapport avec l'art de Blanchard ; mais elle offre aussi de profondes différences : éclairage tranché, visage à la Strozzi de la Vierge, musculature de l'enfant aux jambes courtes, etc. Jusqu'à une éventuelle réapparition et un examen direct, nous ne croyons pas possible de l'intégrer au catalogue de Blanchard.

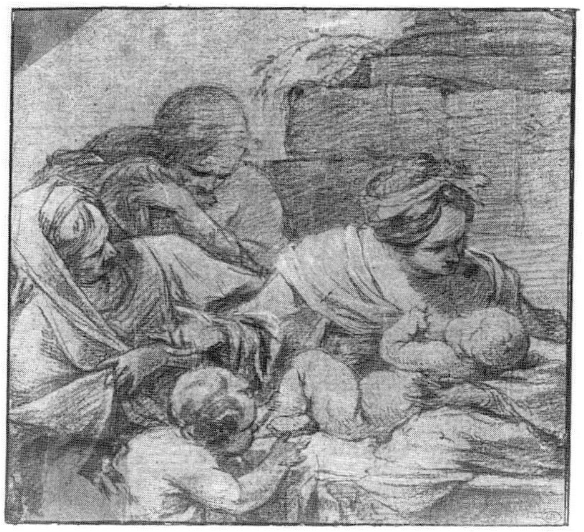

Fig. 1

R 18. La Sainte Famille avec sainte Elisabeth et saint Jean-Baptiste (cinq figures)

TABLEAU (?)
Ni mentionné, ni connu.

DESSIN PRÉPARATOIRE DR 10 (fig. 1)
Pierre noire avec rehauts de blanc ; 0,161 x 0,169 m.
Paris, Musée du Louvre, Inv. 25200.

BIBL.
1975, Rosenberg, p. 221, reprod. ; 1984, Jean-François Méjanès, dans le catalogue de l'exposition *Paris, Louvre, 1984-1985*, p. 70 (sous le n° 87).

GRAVURE
Eau-forte anonyme.
Sans aucune lettre (classé à la Bibliothèque NationaleBibliothèque Nationale dans l'œuvre de La Hyre, Da 27, p. 8).

BIBL.
1961, Sterling, p. 86 [Cat. n° 17], reprod.

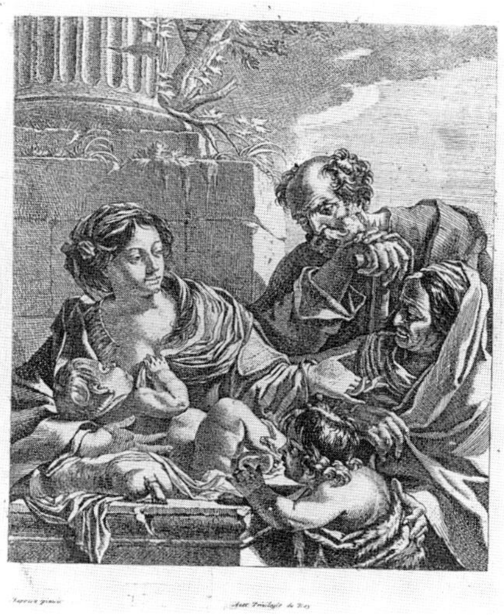

Fig. 2

La gravure, rare, ne semble pas mentionnée par Mariette parmi celles qui furent exécutées d'après Blanchard ; elle a été introduite dans l'œuvre de ce dernier par Charles Sterling (1961, p. 86, n° 17, reprod.). Non sans inquiétude pourtant : « *Tous les types sont ceux de Jacques Blanchard* », écrivait-il ; « *Mais la gravure paraît avoir été édulcorée : sur une planche reproduisant une scène conçue par le peintre comme se situant dans un intérieur... le graveur a ajouté de façon incongrue un paysage où apparaissent deux anges conduisant un âne...* »

À son tour Pierre Rosenberg (1975, p. 221) a publié un dessin du Louvre (reprod. fig. 145) classé jusque là sous le nom de Chaperon (Inv. 25200) ; et – point important si l'on songe à l'incertitude où nous sommes touchant les dessins de Blanchard – il n'a pas hésité à l'attribuer à sa main (fig. 1). De fait, la gravure correspond parfaitement, en sens inverse, au dessin ; seul le fond a été modifié, un paysage remplaçant la base d'une énorme colonne.

Nous croyons cependant que le nom de Blanchard est hors de cause. Il convient de faire intervenir ici un troisième document étroitement relié aux deux autres : une gravure fort rare, mais de belle qualité, et qui semble bien remonter aux années 1635-1650 (fig. 2). Elle reproduit exactement, en sens inverse, le dessin du Louvre, y compris la base de la colonne, mais avec un important changement dans le buste de la Vierge, qui cette fois se retourne vers sainte Elisabeth. La composition, plus conduite, prend une monumentalité nouvelle. Dans l'épreuve que nous connaissons la tablette ne porte pas de légende, mais seulement, tout en bas, l'indication « *Chappron pinxit* » et le privilège (sans adresse). Robert-Dumesnil (t. VI) ne mentionne qu'un second état où apparaît le nom de l'éditeur Guérineau, mais surtout attribue la planche à Henri Picquot, artiste fort peu connu, mais qui a gravé en 1640 la *Vierge enfant montant les degrés du temple* de Chaperon.

Ce nom de Chaperon ne saurait donc être mis en doute, d'autant qu'il correspond parfaitement au style de l'œuvre.

Il semble donc que le dessin du Louvre, simple esquisse préparatoire, doive retrouver sa première attribution. Le tableau correspondant, dont la gravure conserve le souvenir, s'insère parfaitement dans l'œuvre de Chaperon au temps où il peignait le retable de Compiègne. Seule la gravure anonyme publiée par Charles Sterling pose un problème : serait-ce un essai, antérieur au tableau, de Chaperon lui-même, qui vers ce temps devait faire ses premiers exercices dans l'art de graver, ou quelque variante d'un copiste ?

R 19. La Sainte Famille avec saint Jean-Baptiste

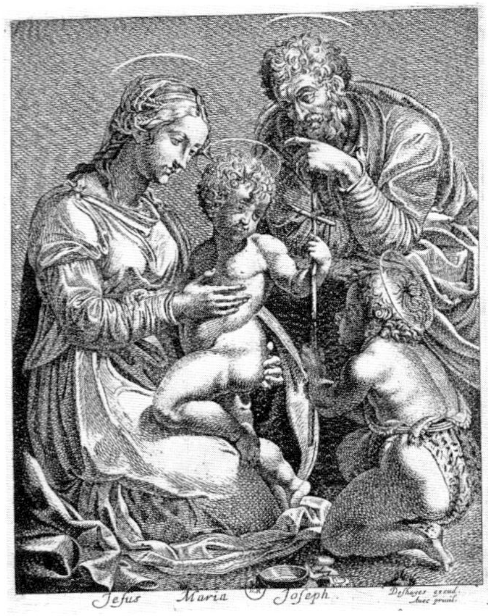

Gravure d'Antoine Garnier (Robert-Dumesnil 13, Weigert 14).
Eau-forte ; 0,265 x 0,207 m.
En bas, dans la marge : *Jésus Maria Joseph* et à droite : *Deshayes excud/ Avec privil.*
- 1er état : avec cet *excudit* de Deshayes
- 2e état : l'*excudit* a été enlevé ; on lit dans le bas : *Ant. de Fer ex. au bout du pont au Change devant l'orloge du Palais a l'âge de fer. Avec Privilège du Roy.*

Nous ne comprenons pas pourquoi Robert-Dumesnil a placé cette gravure sous l'intitulé : *Sainte Famille, d'après Jacques Blanchard.* Il a été suivi par Roger-Armand Weigert. Or le nom de Blanchard ne figure nulle part dans la lettre. La composition a tous les caractères propres aux célèbres *Sainte Famille* d'Andrea del Sarto. Même si nous n'avons pu découvrir jusqu'ici à quelle version précise la gravure se rapporte, nous n'hésitons pas à rendre le modèle de la gravure à cet artiste, présent dès le XVIe siècle dans les collections françaises.

R 20. La Sainte Famille revenant d'Égypte

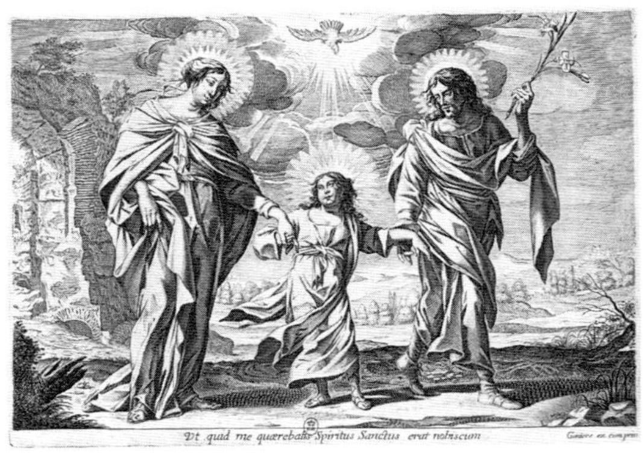

TABLEAU
Perdu.

GRAVURE
anonyme, éditée chez Ganière (Weigert 88).
0,274 x 0,383 m.
Dans la marge, au centre, la légende :
Ut quid me quaerebatis Spiritus Sanctus erat nobiscum
et à droite : *Ganiere ex. cum priv.*

BIBL.
1961, Sterling, p. 97, reprod. gravure [Cat. n° 73].

La pièce n'est pas mentionnée par Mariette dans sa liste des œuvres gravées d'après Blanchard. Le nom n'apparaît pas sur la planche, alors que d'ordinaire Ganière prend soin de le préciser. Cependant Charles Sterling, en 1961, après bien des doutes, a retenu la composition parmi les six « œuvres attribuées à Blanchard » qu'il jugeait devoir être prises en considération (*cf.* p. 97, n° 73). Il estimait que bien des détails semblent « *appartenir au répertoire de Jacques Blanchard* » et songeait à une date voisine de celle de la *Descente du Saint Esprit*, « *vers 1633-1635* ».

C'est, croyons-nous, beaucoup d'indulgence pour une gravure plutôt banale. Les affinités avec Blanchard sont réelles, mais très minces, et ne doivent pas cacher que beaucoup d'artistes du temps, dans l'entourage d'un

Grégoire Huret, par exemple, étaient capables de traiter de la sorte ce sujet, alors très répandu. D'autre part aucun tableau sûr ne montre une composition en frise, un groupe si peu lié, des silhouettes se détachant sur fond de ciel clair, un paysage si pauvre et si peu construit. Nous croyons donc prudent, jusqu'à nouvel indice, de ne pas introduire ce *Retour d'Égypte* dans l'œuvre de Blanchard.

R 21. La Communion des apôtres

H.t.; 1,17 x 0,91 m.
Auxerre, Musée des Beaux-Arts, Inv. 835.1.6.

HIST.
1835 : acquis de la collection Bernard sous le nom de Blanchard.

Le tableau porte sur son cadre un cartel qui l'« attribue » à Jacques Blanchard, et c'est comme tel qu'il a jadis été diffusé en cartes postales. Il n'a malheureusement rien à voir avec cet artiste.

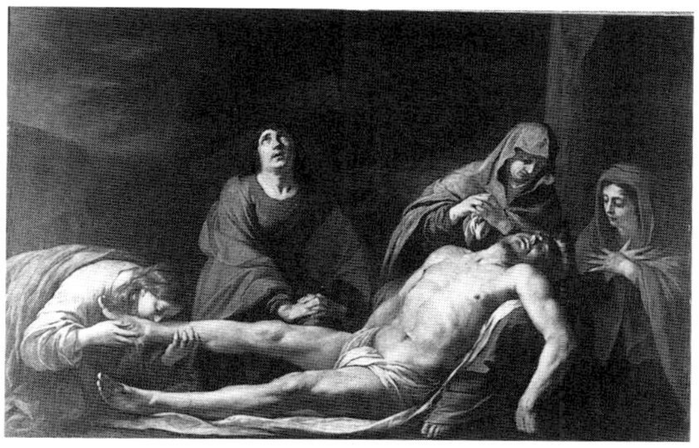

R 22. Lamentation sur le Christ mort

H.t.; 1,15 x 2 m.
Toulouse, Musée des Augustins, Cat. 1840, n° 133; Cat. 1850, n° 122; Cat. 1820, n° 45.

HIST.
1803 : envoyé de Paris au Musée de Toulouse sous le nom de Philippe de Champaigne : *« Le Christ, la Vierge, la Madeleine et saint Jean. h. 4,6 x l. 6,2. Eglise de Paris »*; *cf.* Clément de Ris, 1872, p. 506.

BIBL.
1872, Clément de Ris, p. 410, 506 (accroché à une hauteur qui rend impossible le jugement); 1975, Rosenberg, p. 219-220, reprod. fig. 135 (Blanchard); 1976, Dorival, *Philippe de Champaigne*, Paris, t. II, p. 295, n° 1660, reprod. (refus à Champaigne).

Beaucoup de traits, certes, relient ce tableau à l'art de Blanchard. Le torse et la tête du Christ, les mains de la Vierge, le visage de Jean sont tout à fait dans son style. Mais d'autres morceaux déconcertent. La composition, avec ses personnages maladroitement juxtaposés, surprend chez l'auteur du *Saint Sébastien*. La silhouette maigrichonne de la Vierge, plus ou moins inspirée de Germain Pilon, le drapé médiocre du manteau de la Madeleine, le fond vague sont peu dignes de son pinceau.

On remarquera que le tableau n'a pas été cité par les textes, et même que sous la Révolution il a été attribué à Champaigne (ce qui est encore moins acceptable...). Peut-il s'agir d'un tableau commencé par Blanchard, et complété après sa mort par Jean ou par un élève? Est-ce au contraire l'œuvre d'un jeune artiste qui avait beaucoup regardé l'un des peintres les plus célèbres du temps? Jusqu'à un examen scientifique du tableau (qui n'a jamais eu lieu) nous croyons devoir laisser le problème ouvert.

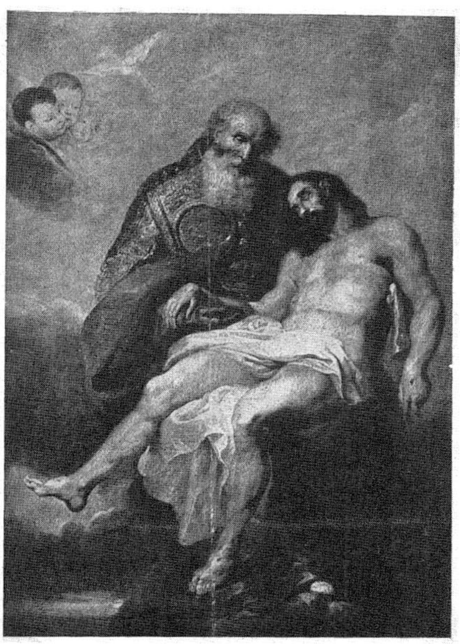

R 23. Le Christ mort sur les genoux du Père

Localisation actuelle inconnue.

BIBL.
1935, Mayer, reprod. reprod. (« Jacques Blanchard ? »); 1961, Sterling, p. 100 (refus).

À en juger par la photographie qui accompagnait l'article de A.L. Mayer, il doit s'agir d'un beau tableau dû à un peintre qui subissait l'ascendant de Van Dyck et qui avait fort peu de traits en commun avec Blanchard.

R 24. La Pentecôte

H.t.; 3,26 x 2,28 m.
Libourne, église Saint-Jean-Baptiste.

Ce tableau peut se suivre sans peine depuis le Musée spécial de l'École française à Versailles, grâce à ses grandes dimensions précisées de registre en registre. Dès le départ, il porte le nom de « Jacques Blanchard ». Il passe ensuite sous la désignation de « Jean-Baptiste Blanchard », puis sous celle, plus prudente, de « Blanchard » tout court lorsqu'il figure au Musée Royal. Renvoyé au magasin, il figure sur la liste des *Tableaux que l'on peut employer à l'ornement des Eglises*, et cette fois comme « Philippe de Champaigne (École de) ». Concédé à la ville de Libourne par décision du 15 juillet 1818, il y est envoyé sous le nom de Le Brun. Le nom de Philippe de Champaigne réapparaît ensuite, et il est admis par Bernard Dorival *(Philippe de Champaigne*, 1976, t. II, n° 80).

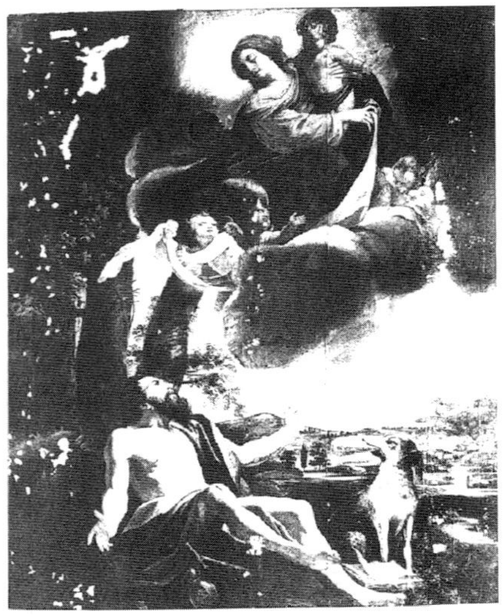

Son histoire antérieure à la Révolution permettrait sans doute d'éclairer sa véritable attribution. Malheureusement il est impossible de retrouver avec certitude sa trace au milieu des nombreuses *Pentecôte* qui firent partie des saisies, et les plus habiles déductions ne parviennent guère à persuader. Une seule chose est vraisemblable : qu'il ne s'agit pas de la *Pentecôte* signalée par plusieurs auteurs, dont Brice, à la chapelle de la Chancellerie du Palais, car on en parle comme d'un « petit tableau » (*cf. infra, Mentions anciennes,* p. 339).

Reste l'examen de la toile elle-même, rendu difficile par son emplacement, son état, et la quasi impossibilité d'en obtenir une bonne photographie. Il semble s'opposer entièrement à l'attribution initiale à Jacques Blanchard, comme à l'attribution tardive à Champaigne. On penserait plutôt à une œuvre de la génération suivante. Tant que ne sera pas éclaircie l'évolution du style de Jean et de Gabriel Blanchard, leur nom ne pourra être entièrement écarté. Et il faudra se souvenir que se trouvait à Saint-Sulpice, non loin de la *Pentecôte* de Le Brun, une *Pentecôte* estimée de Verdier.

R 25. Apparition de la Vierge à saint Antoine

Québec, église Saint-Roch.

HIST.
A fait partie de l'ancienne collection Desjardins.
Restauré en 1954.

Attribuée à Blanchard, l'œuvre, en fait, renvoie au tableau célèbre de Simon Vouet peint pour l'autel de la chapelle de Chilly vers 1630 et gravé (en sens inverse) par Michel Lasne en 1637 (fig. 1). La composition est identique ; le chien est un ajout et la clochette a été remplacée par une gourde de pèlerin, apparemment pour transformer le saint Antoine en saint Roch. L'état

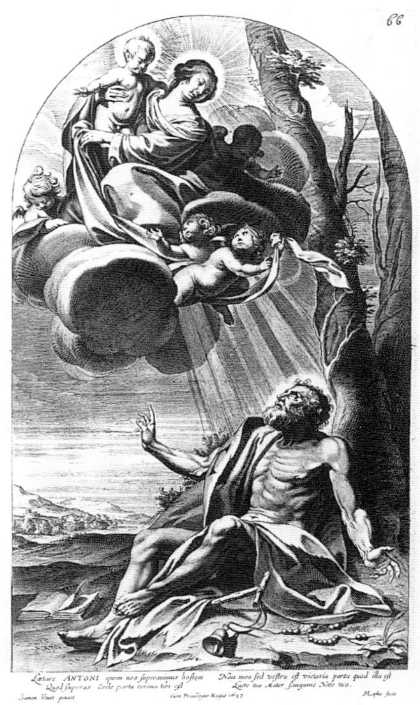

Fig. 1

actuel très précaire, ne permet pas de juger si les repeints dissimulent l'original ou sa copie.

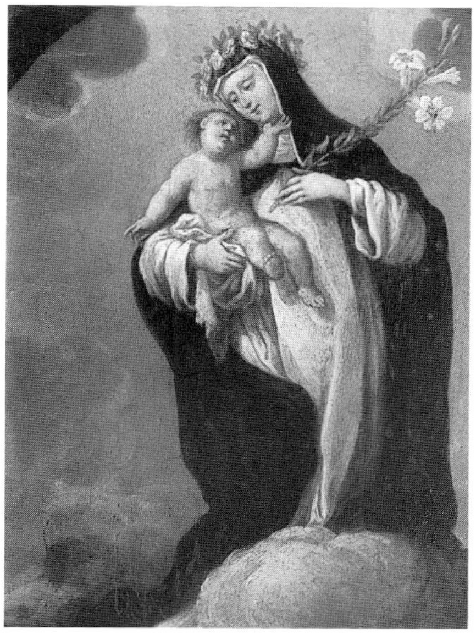

R 26. Sainte Catherine de Sienne (?)

H. Bois ; 0,33 x 0,18 m.
Mirande, Musée des Beaux-Arts, Inv. n° 409.

HIST.
1983 : acquis par le musée

On ne sait ce qui a pu attirer le nom de Blanchard sur ce petit tableau considéré comme une *Vierge à l'Enfant* et classé au départ comme « école espagnole du XVIIe siècle ».

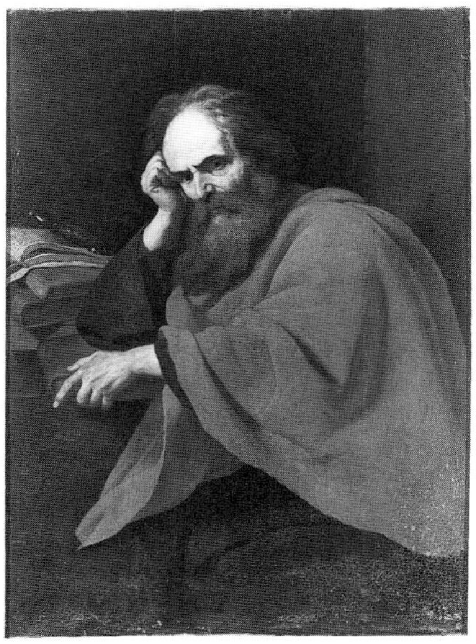

R 27. Saint Paul méditant

H.t. ; 1,31 x 0,97 m.
Paris, Musée du Louvre, Inv. 2608.

HIST.
1804 : le tableau figure au Musée Napoléon sous le nom de Jean-Baptiste Blanchard. Il est gravé au trait avec les autres tableaux du musée par C. Normand (fig. 1) avec la mention *Blanchard pinx[t]* (Recueil de Réveil, Vol.14, pl. II).
1855 : il est catalogué par Villot (n° 17) comme œuvre de Jacques Blanchard, mais avec inquiétude : « *Ce tableau provient de l'ancienne Académie de peinture, dit l'inventaire [...] Serait-ce le tableau de réception de [Jean-Baptiste Blanchard]* ?
1923 : André Fontaine propose d'y reconnaître le *Saint Paul* offert comme morceau de réception par Noël Quillerier en 1663. Le tableau passe sous le nom de ce peintre.

BIBL.
1910, Vial, p. 93 (plutôt de son frère Jean-Baptiste Blanchard) ; 1923, Fontaine, p. 27-30 (morceau de réception de Noël Quillerier en 1663) ; 1925, Demonts, p. 166-167, note (Noël Quillerier).

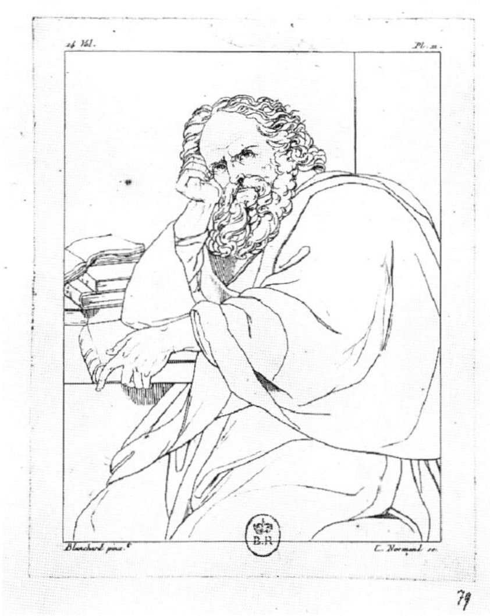

Fig. 1

À partir du moment où l'on acceptait la mention d'inventaire affirmant que le tableau provenait de l'Académie royale, il devenait difficile d'y voir une œuvre de Jacques Blanchard, mort dix ans avant la fondation de celle-ci. Dès 1855 Villot a senti la difficulté et proposé d'y reconnaître le morceau de réception de ce *Jean-Baptiste Blanchard dit le neveu* ou de *Gabriel Blanchard le fils*... Mais, peu conséquent avec lui-même, il a laissé le tableau parmi ceux de Jacques. Le rapprochement avec un passage de la *Description de l'Académie royale de peinture* de Guérin (1715) mentionnant le *Saint Paul* de Noël Quillerier, reçu le 31 mars 1663, a fait passer le tableau au compte de ce dernier artiste, et le nom de Blanchard s'est trouvé exclu de tous les catalogues récents du Louvre.

Il reste que le texte de Guérin est assez difficile à concilier avec la représentation du saint tel qu'on l'aperçoit dans ce tableau, et que le style ne correspond à rien de ce que nous savons ou croyons savoir de Quillerier. Les *Saint Paul* à mi-corps sont fréquents au XVIIe siècle, et des confusions ont pu se produire dans les inventaires de la Révolution. Le nom de Quillerier est peut-être appelé à disparaître à son tour. Mais il ne semble aucunement que ce puisse être pour rendre place à celui de Blanchard, de qui l'on ne reconnaît ici ni l'esprit, ni le pinceau.

R 28. Andromède

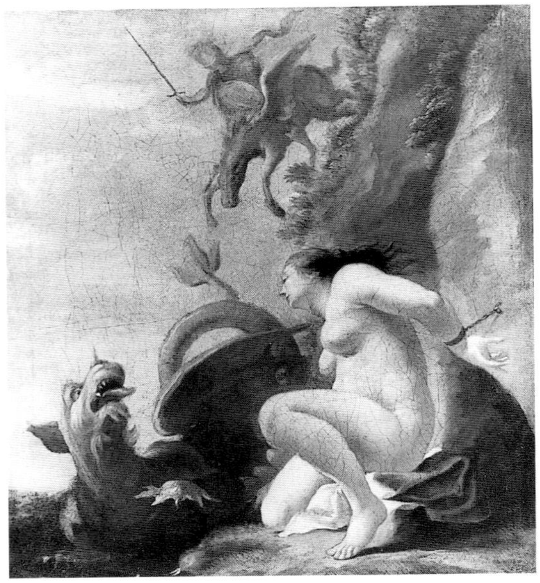

H.t.; 0,51 x 0,46 m.
Dijon, Musée Magnin, Cat. 1938, n°55.

HIST.
Acheté après 1922, sans doute à Paris, à l'Hôtel Drouot, par Maurice Magnin ou sa sœur Jeanne.

EXP.
1934, Paris, *Arts décoratifs*, n° 17.

BIBL.
1934, Paul Fiérens, *Journal des Débats*, 29 mai (*Blanchard*); 1938, Pierre du Colombier, *Candide*, 27 janvier (*idem*); 1938, Magnin, p. 25-26 (*idem*); 1961, Sterling, p. 100 (refus); 1962, William R. Crelly, *The Painting of Simon Vouet*, p. 159, cat. n° 26 (atelier de Vouet).

La séduction de ce petit tableau et son coloris nacré ne sauraient par eux seuls fonder solidement son attribution à Blanchard. Mais l'œuvre mérite de retenir l'attention.

La composition a souvent été mise en rapport avec un dessin du Louvre provenant de la collection Jabach : de nombreux détails sont identiques, et l'agencement des figures très voisin, à ceci près qu'Andromède est debout (*cf.* Barbara Brejon de Lavergnée, *Musée du Louvre. Cabinet des dessins. Inventaire général des dessins. Ecole française. Dessins de Simon Vouet*, Paris, 1987, n° 194 (p. 170, reprod. p. 171). Les liens sont évidents, mais le dessin pose lui-même des problèmes d'attribution très complexes. Barbara Brejon, sagement à notre avis, ne va pas plus loin que le donner à « un collaborateur de Vouet ». En fait la précision un peu menue du trait pourrait désigner la copie d'une grande composition perdue dont le petit tableau de Dijon serait l'esquisse, plus réaliste et plus sensuelle. Mais même en ce cas, prononcer un nom reste téméraire.

R 29. Cérès

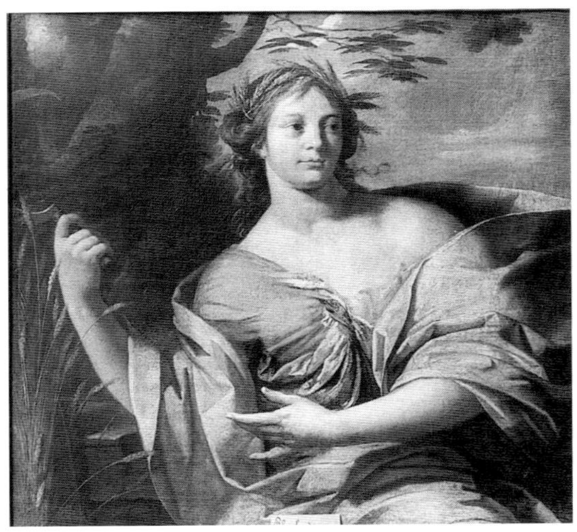

H.t.; 0,94 x 0,98 m.
Dijon, Musée Magnin, Cat. 1938, n°56.

HIST.
1935 : acquis par Maurice Magnin à la vente de la collection Alphan, le 17 janvier.

BIBL.
1938, Magnin, p. 26 (Blanchard).

L'œuvre est de belle venue, et il faut déplorer le repeint grossier qui voile le sein droit et qui empêche de goûter pleinement la qualité de la facture. Mais seule la mention d'une *Cérès* de Blanchard à l'hôtel Bullion a dû attirer ce nom : le dessin, l'esprit même du tableau, ne rappellent nullement l'inspiration et le style du peintre des *Charité*.

R 30. Cérès ou Allégorie du mois d'août

H.t.; 2,35 x 1,80 m.
Rouen, Musée des Beaux-Arts, Inv. D.819-4.

HIST.
1819 : concédé par le ministre de l'Intérieur pour envoi dans

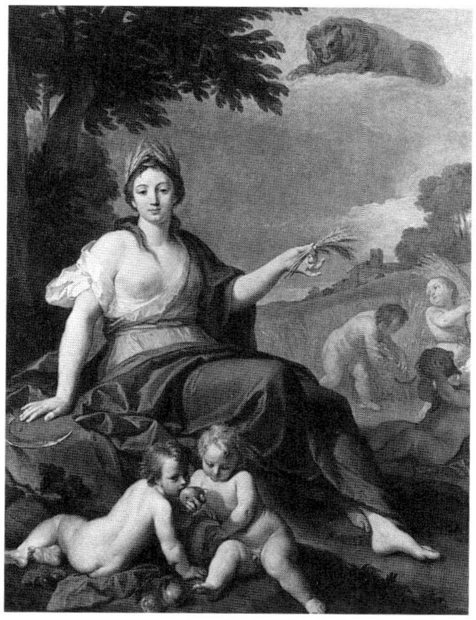

les départements (« *Blanchard. Une Cérès, 2 m 40 x 1 m 86* » ; Courajod, 1878, p. 378) et remis au musée de Rouen comme « genre de Blanchard ».
1944 : endommagé lors des bombardements de Rouen.

BIBL. SOMMAIRE
1925, Demonts, p. 166, note 3 (Blanchard) ; 1961, Sterling, p. 100 (refus).

Cette œuvre semble tôt passée sous le nom de Blanchard, et même Jacques Blanchard. On la rencontre souvent mentionnée comme telle, notamment dans la notice du Thieme-Becker et dans celle du Benezit, ou dans le texte de Lemonnier de 1921 (p. 221). Elle a enfin été écartée par Charles Sterling (1961, p. 100) et définitivement identifiée par Pierre Rosenberg (*Inventaire des collections publiques françaises, Rouen, Tableaux français du XVIIe siècle et italiens des XVIIe et XVIIIe siècles*, Paris, 1966, n° 7, p. 36, reprod.) : il s'agit d'une œuvre importante de Louis de Boullogne le jeune, ayant fait partie du décor du grand salon ovale de Marly commandé en 1699.

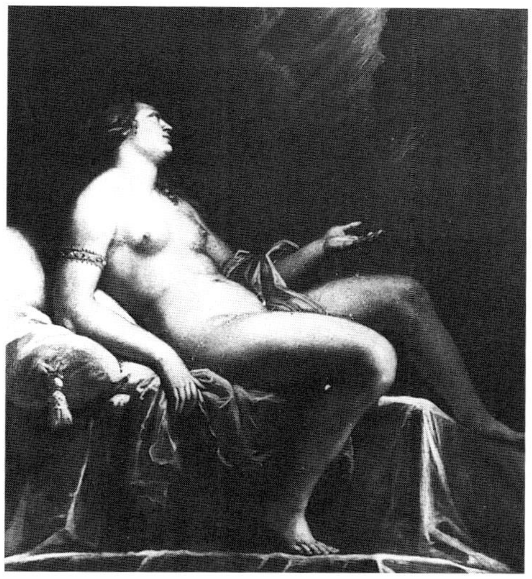

R 31. Danaé

H.t. ; 1,48 x 1,29 m.
Rouen, Musée des Beaux-Arts. Inv. 975-4. 37.

HIST.
1975 : entré au Musée des Beaux-Arts avec l'ensemble de la donation Henri et Suzanne Baderou ; on ne possède aucune indication sur l'origine de l'œuvre ni sur son histoire.

Henri Baderou avait avec sagesse laissé dans l'anonymat cette belle et grande toile, qui n'est pas le moindre ornement de sa prestigieuse donation. Elle est actuellement présentée sous une « attribution » à Jacques Blanchard, avancée sans grande conviction. De fait, pareille attribution situe assez bien l'œuvre, qui paraît francaise et probablement du deuxième tiers du XVIIe siècle ; mais il reste difficile d'y voir l'esprit et la main de Blanchard.

L'évolution de Blanchard au cours des dix années de sa production parisienne laisse évidemment place à des variations de style, et ce sujet de Danaé, qu'il s'est plu à traiter, dut être repris sous des formes encore plus diverses que ne le donnent à penser les exemplaires gravés ou actuellement connus. Mais il est difficile de croire qu'il ait pu passer à une conception de l'espace si dépouillée et glisser des grands effets de linges, de draperies et de lumières à une mise en scène si sobre. Plus encore, que son goût pour les taches de couleurs vives ait disparu au profit d'une harmonie de gris, et que sa manière vénitienne de traiter les chairs ait été abandonnée. La qualité de l'œuvre – certainement un original – jointe à son audace invite à chercher son auteur parmi les nombreux peintres encore méconnus qui, tout en s'appuyant sur les exemples de Fontainebleau, ont tenté alors de renouveler le problème du grand nu féminin.

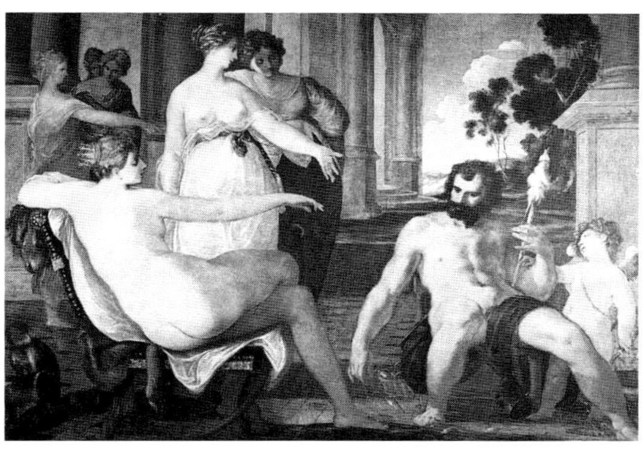

R 32. Hercule et Omphale

H.t. ; 1,50 x 2,13 m.
Heidelberg, Kurpfälzisches Museum.

HIST.
1958 : acquis par le musée de Heidelberg de l'Arcade Gallery (Londres), sous l'attribution : « School of Fontainebleau (Primatice ?) ».

EXP.
1958, Londres, The Arcade Gallery, *Italian and Spanish Paintings*, n° 13 ; 1995-1996, Düsseldorf-Darmstadt, n° 60 (p. 182 ; La Hyre), reprod. couleurs.

BIBL.
1961, Sterling, p. 100-101 (refus) ; 1967, Poensgen (Georg), *Kunstschätze in Heidelberg*, p. 62 (« Kreis des Jacques Blanchard ») ; 1974, Pigler, II, p. 122 (« Kreis des Jacques Blanchard ») ; 1985, Wright, p. 144 (Blanchard).

Ce tableau n'a jamais vraiment porté le nom de Blanchard. Il passe pour provenir de la collection Sinclair (Orpington, Kent) où il aurait été considéré comme œuvre du Titien, et fut vendu comme de l' « École de Fontainebleau ». Lorsqu'il était apparu dans le commerce londonien, en 1958, Charles Sterling avait un moment songé à le donner à Blanchard. Mais dès 1961 il y renonçait explicitement.

L'attribution à la jeunesse de La Hyre, proposée par Pierre Rosenberg et nous-même lors de l'exposition La Hyre en 1988 et appuyée sur une mention précise d'inventaire, semble avoir été universellement acceptée (*cf.* le catalogue de l'exposition *Laurent de La Hyre 1606-1656*, Skira éd., p. 130-131, avec notice complète et reproduction en couleurs ; prêt refusé).

R 33. Zéphire et Cloris

« *Zéphire et Chloris, de la main de Blanchard* » : en 1646 Scudéry publie sous ce titre, dans son *Cabinet*, un dizain qui joue à la fois de deux thèmes passés en lieu commun : la peinture, art qui surpasse la nature, et la peinture, art qui trompe la vue. Le texte, mentionné rarement, mérite d'être reproduit :

Que ces deux Amants ont d'attraits !
Que Zephire & Cloris me paroissent aymables !
Quoy que ces Dieux soient adorables,
Ils le sont plus en leurs portraits.
O Blanchard, ton beau coloris
Peint si bien Zephire et Cloris,
Des prez & des iardins divinitez suprèmes,
Que par tes trompeuses couleurs
Chacun croit que ces Dieux eux mesmes
Ont fait naistre toutes ces fleurs
(p. 23)

Cette description a fait croire à l'existence d'un tableau qui aurait appartenu à Scudéry, d'autant que l'*Angélique et Médor* du Metropolitan Museum paraissait offrir un exemple symétrique de sujet amoureux. Pour notre part, nous sommes persuadé que le gouverneur de Notre-Dame-de-la-Garde a voulu écrire un simple « Cabinet poétique » et que volontairement les titres des tableaux qui servent de sujets à ses vers sont choisis de façon plus ou moins vraisemblable, certes, mais, sauf de rares exceptions, sans rapport direct avec la réalité.

R 34. Voyageur découvrant deux femmes couchées

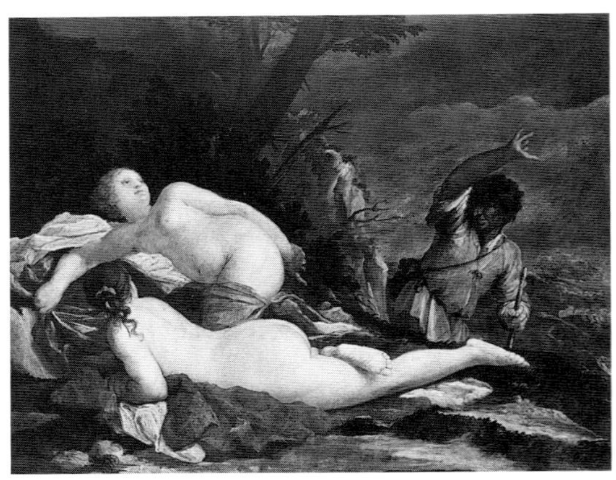

H.t. ; 1,6 x 2,04 m.
Venise, Galleria dell'Accademia.

HIST.
Entré au musée avec la donation Contarini.

EXP.
1959, Venise, n° 92, reprod. (Jacques Blanchard).

BIBL.
1961, Sterling, p. 83 (sous le n° 34 : « peintre vénitien inconnu vers 1640 »).

Comme dans le tableau du Louvre, le sujet évoque l'histoire de *Cimon et Éphigène*, mais le détail ne correspond nullement. On n'aperçoit que deux femmes (et non trois), point d homme de compagnie, point de fantaisie. Le voisinage de la mer, la tempête, le teint sombre de l'homme pourraient bien renvoyer à quelque épisode, sinon des *Éthiopiques* d'Héliodore (nous ne l'y avons pas identifié), au moins d'un autre roman plus ou moins oublié de nos jours.

L'œuvre a été présentée en 1959 à l'exposition du *Seicento Veneziano* sous le nom de Blanchard, et la notice assure que le tableau, de provenance Contarini, était exposé sous cette attribution dans le musée de l'Académie. Est-ce à dire qu'il s'agissait d'une attribution traditionnelle ? Nous n'avons pu vérifier à quelle époque elle remontait. Dussieux (1856, 1876) ne souffle mot d'un Blanchard à l'Académie. Nous n'avons pu davantage étudier la provenance Contarini : il est certain que cette famille était dans tout son éclat quand Blanchard se trouvait à Venise, et qu'elle accueillait volontiers les Français de passage (Le Clerc).

L'attribution à Blanchard est donc loin d'être absurde. Nous serions, pour notre part, moins brutal que Charles Sterling qui, dès 1961, excluait catégoriquement cette toile de l'œuvre, sans justifier autrement son opinion. Il faut bien avouer que nous ne savons pas grand chose sur l'art que Blanchard put pratiquer à Venise, au contact de tant de chefs-d'œuvre exaltants...

Mais cet argument se retourne contre la tranquille attribution à Blanchard des organisateurs de l'exposition vénitienne. Certes, la sensualité du sujet, le modelé des chairs qui use de transitions insensibles, la place secondaire donnée au décor de la scène, tout cela correspond assez bien à ce qu'on sait de l'artiste par son œuvre postérieur. Mais est-il arrivé à ce point lors de son séjour à Venise ? Ce ne peut être pour l'instant qu'une hypothèse. Le risque est grand, de profiter de quelques similitudes, dues peut-être au hasard, pour introduire dans l'œuvre un tableau qui peut en fausser la reconstruction. Nous ne croyons pas devoir en prendre la responsabilité, et jusqu'à nouvel argument nous gardons le parti de la prudence.

R 35. Allégorie de la Virginité

H.t. ; 1,02 x 1,185 m.
Localisation actuelle inconnue

HIST.
1996 : Vienne, Dorotheum, vente du 6 mars 1996, n° 66 « *Jacques Blanchard zugeschrieben* » ; reprod. couleurs dans le catalogue.

Tableau français du temps de Blanchard, mais fort médiocre et sans nul rapport direct avec lui.

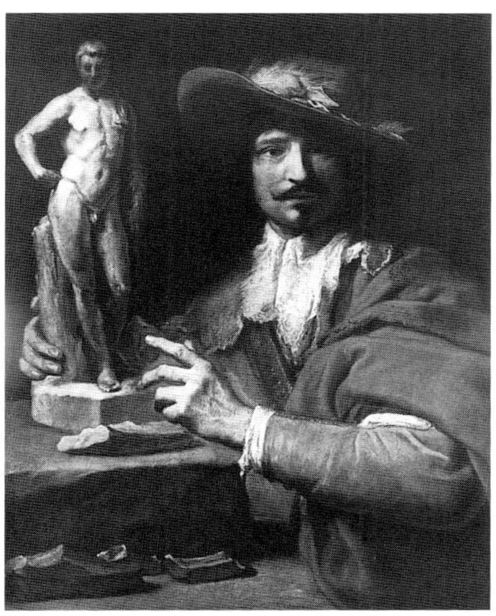

R 36. Portrait d'un sculpteur

H.t. ; 0,87 x 0,69 m.
Salzbourg, Residenzgalerie. Cat. 1955, n° 13 ; cat. 1962, n° 15.

Gravé par W. Pether (1731, Carlisle - *ca.* 1795, Londres) et édité par R. Sayer, avec l'inscription : *Le Brun pinxit.*

HIST.
Entré dans la collection Czernin au début du XIXe siècle; inv. 1844, n° 104; passé directement avec une partie de cette collection à la Residenzgalerie de Salzbourg.

EXP.
1995-1996, Berlin, n°E2, p. 96, reprod.

BIBL. SOMMAIRE
1863, Parthey, p. 119 (Blanchard, Wien, Czernin); 1925, Demonts, p. 169, reprod. p. 167 (*idem*); 1934, Sterling, p. 8 (Blanchard, authentique); 1953, Blunt, p. 171 (Blanchard); 1961, Sterling, p. 100 (Le Brun); 1985, Wright, p. 144 (Blanchard); 1995, Volker Krahn, dans le catalogue de l'exp. 1995-1996, Berlin, p. 96, reprod. (Blanchard).

Ce tableau demeure toujours catalogué au musée de Salzbourg comme portrait du sculpteur François Du Quesnoy et œuvre de Jacques Blanchard. Or il n'offre aucun des traits qui caractérisent le pinceau, le style et l'esprit de ce peintre; et depuis un tiers de siècle il semble établi, grâce notamment aux recherches de Jennifer Montagu, qu'il s'agit du portrait du sculpteur Nicolas Le Brun, exécuté par l'enfant prodige qu'était son fils, Charles Le Brun.

Ce portrait est signalé à la fois par Nivelon, le biographe du peintre de Louis XIV, et par Guillet de Saint-Georges, qui rédigea le mémoire prononcé à l'Académie. « *A l'âge de treize ans* », écrit ce dernier, « *il fit le portrait de son père et celui de son oncle, et chacun remarque dans tous les deux une grande force de pinceau; aussi ses héritiers les conservent avec soin...* » Au XVIIIe siècle une note d'Hulst indique : « *Le premier de ces deux portraits est conservé dans le cabinet de M. Bouchardon* ». Il doit passer ensuite en Angleterre, car il est gravé avec l'indication « *Le Brun pinxit* » par William Pether, né en 1731 à Carlisle, mort vers 1795 à Londres. Le célèbre marchand Lebrun dut l'acquérir : mais la tradition était interrompue, les manuscrits de Nivelon comme de Guillet restaient inédits et, semble-t-il, inconnus. Le nom de Charles Le Brun dut paraître bien singulier à qui ignorait qu'il s'agissait d'une œuvre de jeunesse.

L'attribution allait donc être arbitrairement modifiée. Le *Catalogue d'objets rares et curieux provenant du Cabinet & Fond de marchandises de M. Lebrun, Peintre...* rédigé en vue de la vente du lundi 29 septembre 1806, à Paris, « *en la galerie de M. Lebrun* », contient la notice suivante (p. 30) :

> *Par le même* (Jacques Blanchard).
>
> *100. Le Portrait du Quesnoy dit* François Flamand; *il a la tête couverte d'un chapeau gris, orné de plumes, portant un large rabat brodé, vêtu d'un habit gris & d'un manteau rouge. Il tient de la main droite l'Antinoüs, qu'il montre de la gauche : Tableau bien composé, d'une riche couleur et d'un bel accord. C'est à tort que l'on a gravé ce portrait assez grand, en Angleterre, comme étant celui du père de Charles Lebrun, & fait par lui. Hauteur 31 pouces & demi, largeur 24 pouces & demi. T.* (adjugé à Constantin pour 180 livres).

C'est à la suite de cette vente que le tableau, désormais considéré comme un Blanchard et un précieux portrait de Du Quesnoy, passa dans la collection Czernin. L'allusion à la gravure de Pether comme cette description ne laissent pas de doute sur l'origine de l'œuvre, et son assimilation avec la toile dont parlent Guillet et Nivelon.

C'est pourtant sous le nom de Blanchard que le tableau a été présenté dernièrement dans la belle exposition *Von allen Seiten schön* (Berlin, 1995-1996). L'auteur de la notice ne discute ni le style, ni l'attribution, qui lui paraît aller de soi. En fait son analyse apporte des arguments précis contre l'identification du sculpteur avec Du Quesnoy. Il s'étonne notamment que la statuette d'Antinoüs représentée par le peintre ne soit pas celle qu'avait réalisée le sculpteur flamand ami de Poussin, mais une autre version antérieure d'un demi-siècle (celle qui précisément pouvait être dans l'atelier du père de Charles Le Brun...)

Le simple jugement stylistique retiendrait de donner cette œuvre à Jacques Blanchard. Mais la convergence des faits contraint à refuser un changement d'identité imprudent et revenir sans réserve à l'attribution du XVIIe siècle.

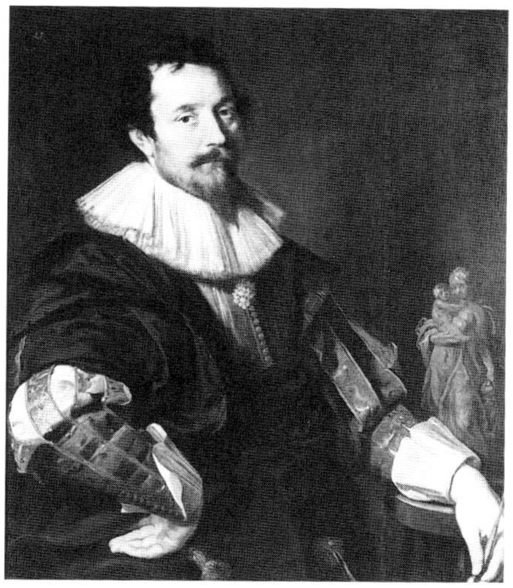

R 37. Portrait d'un sculpteur

H.t. ; 0,94 x 0,79 m.
Toledo , The Toledo Museum of Art, don Edward Drummond Libbey, Inv. 1955.32.

HIST.
Anciennement dans la collection Cowper à Panshanger, comme portrait de Du Quesnoy par Poussin.
1955 : donné au musée de Toledo par Edward Drummond Libbey.

EXP.
1954, Londres, Agnew's (Blanchard).

BIBL.
1954, Nicolson, p. 362, reprod. fig. 28 ; 1961, Sterling, p. 96, reprod. [Cat. n° 70] ; 1982, Rosenberg, p. 345, reprod. ; 1985, Wright, p. 144 (attribution).

Quelle que soit la maîtrise de ce portrait (« *[it] has the exquisite pictorial quality of Valentin...* », écrivait en 1954 Benedict Nicolson), il faut bien convenir que l'attribution à Blanchard ne repose guère que sur l'effet tiré des manches à crevés, proche de celui qu'on rencontre dans l'*Autoportrait* gravé. Est-ce bien suffisant ?

L'idée d'un portrait de Du Quesnoy paraît désormais abandonnée : la ressemblance est trop faible, la statuette visible à droite n'a guère de rapports avec son art. L'expression calme et stable, la pose assez conventionnelle, le regard fixé sur le spectateur sont-ils compatibles avec l'art de Blanchard ? Il ne semble pas que la couleur et la touche soient par eux-mêmes assez caractéristiques pour entraîner l'attribution à Blanchard tant que la date, le lieu, et si possible l'identité du modèle ne seront pas davantage élucidés. En attendant, nous croyons prudent de ne pas introduire ce très beau tableau dans l'œuvre de Blanchard.

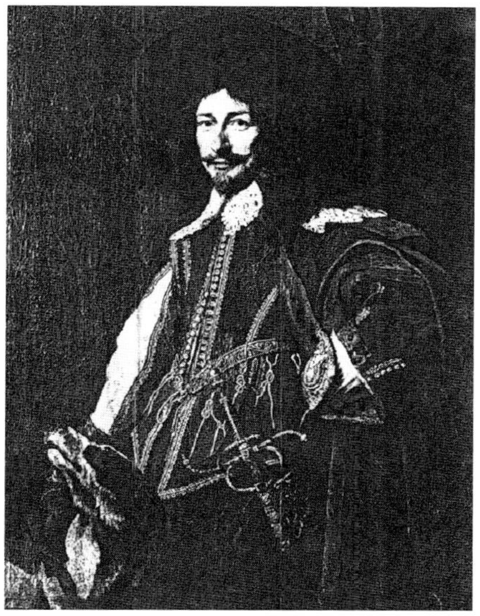

R 38. Portrait de gentilhomme tenant un chien

H.t. ; 1,18 x 0,82 m.
Munich, Alte Pinakothek, Cat. 1908, n° 1298.

HIST.
Entré dans les collections de Munich avec la gallerie de Düsseldorf.

BIBL.
1937, Valentiner, p. 102, reprod. p. 101 ; 1961, Sterling, p. 100.

Le tableau a été attribué à Blanchard avec fermeté en 1937. Il avait été auparavant placé sous divers noms : Antoine Pereda, puis Luigi Gentile, puis

Erasme Quellin. Valentiner a souligné que le costume a chance de se placer dans les années trente, et supposerait donc une production juvénile de cet artiste. Il ajoutait : « *...the execution of the costume (...) is so similar to the Detroit painting that it can scarcely be doubted that we have to do with the same artist* ». Pourtant l'attribution à Blanchard n'a été reprise par personne et Charles Sterling ne l'accepte pas.

L'opinion de Valentiner méritait mieux que ce silence. Le costume est en effet de l'époque de Blanchard, et il peut être français. Le style se rapproche bien plus de celui de Blanchard que de celui de Quellin, et des autres artistes à qui l'on avait pu songer. L'hypothèse d'un tableau exécuté à Lyon, où Dezallier affirme qu'il y avait de lui « *plusieurs portraits aussi beaux que ceux de Van Dyck* », n'est nullement à exclure. Toutefois, nous ne disposons d'aucun argument décisif, et il nous a été jusqu'ici impossible d'examiner directement cette œuvre. Nous la laissons donc parmi les œuvres refusées, mais en attirant l'attention sur l'opinion de Valentiner.

R 39. Portrait d'homme

H.t. ; 0,64 x 0,50 m.
Localisation actuelle inconnue.

EXP.
1956, Castres, n° 3 (« Portrait d'un maréchal »), reprod. reprod. pl.1.

Dans le catalogue de l'exposition de 1956, Hermann Voss déclarait : « *Primitivement attribuée à Simon Vouet, (cette tête) pourrait être plutôt de la main de Blanchard* ». Avec le recul, la suggestion ne saurait guère être retenue. Certes, nous ne connaissons qu'une photographie de l'œuvre, et d'autre part il subsiste bien peu de points de comparaison qui permettent d'attribuer ou de refuser des portraits à Blanchard. En ce cas, pourtant, il semble que nous nous trouvions trop loin de l'esprit du peintre, et que les raisons de prononcer son nom soient fort ténues.

R 40. Le Vœu d'Anne d'Autriche

1745, Vente de La Rocque, n° 168.
« *Un grand tableau peint par Blanchard, de 3 pieds et demi de haut sur 3 pieds deux pouces de large : c'est un vœu d'Anne d'Autriche qui présente à la Vierge ses deux enfants : Louis XIV et Monsieur* ».
H. 3 p. - l. 3 p. 2 p., adjugé 50 l.

Nous n'avons pas cru inutile de citer cet exemple des erreurs d'attribution flagrantes qu'on rencontre dès le milieu du XVIIIe siècle. À moins d'une lecture totalement fausse du tableau (mais à l'ordinaire ce sujet ne comporte aucune ambiguïté), Jacques Blanchard n'en peut être l'auteur : il eut le temps, avant de mourir, de fêter la naissance du futur Louis XIV, mais non celle de son frère, né en 1640. Et il est difficile de penser à Gabriel Blanchard, né en 1630. À moins qu'il n'ait voulu donner une sorte de pendant à son morceau de réception à l'Académie de janvier 1665, un « *Portrait de Louis XIV qu'un ange présente à la France en l'apportant du ciel pour justifier le nom de Dieudonné* » ? Ou que le tableau n'ait été de la main de Jean?

Catalogue des dessins

Le problème des dessins

A priori, il n'y a aucune raison de penser que Blanchard ne dessina pas ou dessina peu. Bien au contraire. Il ne s'apparente nullement à cette génération influencée par le Caravage et qui, à l'exemple du maître, rejetait le dessin jusque dans le processus de création du tableau. Le milieu parisien auquel appartenaient les Baullery semble avoir affectionné le dessin ; Horace Le Blanc, admirateur de Palma le jeune, le pratiquait certainement. Ni le bref séjour à Rome, ni l'admiration pour Venise ne durent détourner Blanchard de la pratique de la plume, du crayon ou de la sanguine. Au reste, l'inventaire des biens de Blanchard, en 1637, mentionne chez lui des « *dessins tant sur thoilles que sur cartes* » qui peuvent à la rigueur être des esquisses, mais aussi des « *estudes et dessins du sieur Blanchard* » qui sont certainement des dessins au sens actuel du terme.

Dans son *Abrégé*, Dézallier d'Argenville s'estime en mesure de parler des dessins de Blanchard avec assurance (p. 264-265). Ses dessins, écrit-il, « *sont entièrement heurtés ; la plupart sont arrêtés à la pierre noire, d'autres à la sanguine lavés au bistre & hachés de différentes hachures irrégulières avec des traits ressentis ; il y en a d'autres à la plume lavés à l'encre de la Chine. Le caractère particulier de ce maître, son goût de draper un peu coupé, ses têtes qui se ressemblent conduiront l'amateur à le reconnaître facilement : il n'a pas répandu dans ses desseins le même clair-obscur que dans ses tableaux* ».

Voilà qui semble désigner une connaissance claire et directe. Pourtant, si l'on en croit le tout récent travail de Jacqueline Labbé et Lise Bicart-Sée sur la collection d'Antoine-Joseph Dézallier d'Argenville (1996), on ne retrouve dans sa collection qu'une seule feuille : l'*Assomption* passée à l'Albertina, laquelle n'offre aucune des caractéristiques énumérées. Les rapports de cette feuille avec l'art de Jacques Blanchard sont plus que douteux ; elle peut difficilement avoir été exécutée à Paris avant 1638, elle ne porte du reste qu'une simple inscription *Blanchart*. On penserait plus volontiers à une œuvre de Gabriel, qu'en fait les d'Argenville semblent avoir toujours confondu avec son père. Ce qui enlève toute autorité au texte que nous venons de citer.

Pour ce qui est de Mariette, autre grand connaisseur dont on eût aimé la caution, nous n'avons jamais aperçu son cachet sur un dessin donné à Jacques Blanchard : sauf pour une médiocre *Vierge à l'Enfant* à la pierre noire (Londres, British Museum), qui paraît, hélas, une simple copie de la gravure exécutée par Rousselet (et précisément éditée par les Mariette...). Avait-elle fait partie des « *trois études de diverses figures aux crayons noir et blanc* » signalées à sa vente ?

Il faut donc se tourner vers les grands fonds actuels de dessins du XVIIe siècle. C'est là qu'attend une profonde déception : on n'y découvre aucune feuille qui par son histoire, par son rapport avec un tableau sûr, ou simplement par sa qualité, s'impose comme œuvre de Jacques Blanchard et point de repère pour la recherche de ses dessins. Il existe des ensembles prestigieux pour Vouet, pour Perrier, pour Stella, pour La Hyre ; rien de tel pour Blanchard. Si l'on écarte les copies manifestes d'après ses œuvres peintes (le plus souvent à partir des gravures), pièces souvent très médiocres utilisées pour combler le vide (section C I), la récolte est des plus minces.

Prenons l'exemple du Louvre. Guiffrey et Marcel, à l'article *Blanchard*, cataloguent non moins de 17 pièces (n°s 283-299). Il faut d'emblée retirer une série de copies évidentes d'après des tableaux gravés : *La Descente du Saint-Esprit*, Inv. 23774, *La Charité*, Inv. 23778, *La Vierge à l'Enfant*, Inv. 23766, *Saint Jérôme* (de La Hyre), Inv. 23776, ou d'après des peintures : *Diane et Endymion*, Inv. 23775. Une prétendue *Vierge avec l'Enfant et saint Jean*, Inv. 23777, qui provient de la collection Baldinucci (en fait une femme demandant l'aumône) semble être un morceau tiré de quelque grande composition que nous n'avons pas identifiée, mais ne saurait pas davantage prétendre à la qualité d'original.

Il n'en va pas de même pour un groupe de neuf petites sanguines (section C II) qui ont toutes la même provenance : l'ancienne collection royale, probablement à partir de la collection Jabach. Charles Sterling les avait cataloguées à la suite des peintures de Blanchard (n°s 76-84), mais non sans hésitation, et finalement en les déclarant *« copies d'après des compositions de Blanchard exécutées peut-être par La Hyre »*. En fait La Hyre est hors de cause, Blanchard également, et nous croyons reconnaître ici le style de Nicolas Prévost, peintre contemporain de Blanchard et grand protégé de Richelieu. Un *Ulysse et Circé* (Inv. 23768), de mêmes dimensions, semble bien appartenir au même groupe et au même artiste.

Ainsi, sur les 17 dessins catalogués, une seule feuille mérite d'être prise en considération : une *Sainte Famille à mi-corps* (Inv. 23767 ; Guiffrey-Marcel n° 293). En 1960 Roseline Bacou et Jacob Bean y ont ajouté une petite *Vierge dévoilant l'Enfant* de style très voisin, mais qui était jusque-là classée aux anonymes français du XVIIe siècle. Cette fois, il s'agit de pièces qui s'accordent assez bien avec l'un des sujets favoris de Blanchard. Mais ni l'une ni l'autre n'a la garantie d'une attribution illustre, ni un rapport direct avec une peinture, ni, à vrai dire, une qualité très exceptionnelle.

Les historiens, certes, n'ont pas manqué de constater cette étrange distorsion entre l'œuvre peint et l'œuvre dessiné. Ils ont cherché à identifier ces introuvables dessins. Pierre Lavallée crut avoir découvert le chef-d'œuvre de Blanchard dans les collections de l'École des Beaux-Arts de Paris dont il était le conservateur : un *Thésée abandonnant Ariane* avec un bel effet de nocturne. Mal lui en prit : il s'agissait de Birène abandonnant Olympe, et l'ancienne inscription l'attribuant à Jacques Stella était manifestement exacte. Anthony Blunt, en 1979, assigna sans hésitation à Blanchard une *Charité* qui à son tour a rejoint les collections de l'École des Beaux-Arts (P.M. 650) : mais le sujet est assez commun au XVIIe siècle, la sanguine plutôt molle, de sorte que la paternité de Blanchard demeure toute hypothétique.

La savante équipe qui prépara l'exposition des *Dessins français du XVIIe siècle dans les collections publiques françaises* présentée au Louvre en 1993 semble n'avoir rien rencontré au cours de ses investigations en province qui pût illustrer le nom de Blanchard. Trouvera-t-on davantage dans les collections d'Europe ? Inventoriant la section française du merveilleux cabinet de Stockholm, Per Bjurström a cru pouvoir modifier d'anciennes attributions au profit de Blanchard : mais sans autre argument que des rapprochements iconographiques, ce qui, pour des thèmes aussi fréquents que la Madeleine pénitente ou Angélique et Médor, n'a évidemment aucun poids.

C'est l'Amérique qui a proposé les feuilles les plus intéressantes. Un dessin du Fogg Art Museum a été donné à Blanchard par Tancred Borenius, suivi par Agnes Mongan. Ici encore c'est le sujet, une Charité, qui a conduit au nom de Blanchard : mais il faut bien convenir que cette fois le style a des affinités sensibles avec celui du peintre. Charles Stering, pour sa part, s'est ouvertement rallié à cette attribution. Le Fogg Art Museum a cru pouvoir récidiver en acquérant en 1967 une autre feuille de technique voisine. Mais dans ce cas le mode de composition, les têtes au profil prognathe, les femmes à petit chignon rond et serré invitent à se demander si le nom de Blanchard, qui certes n'est pas invraisemblable, n'a pas été accepté un peu trop vite.

*

Même si des enquêtes plus approfondies permettent un jour d'ajouter d'autres pièces probables ou plausibles, tout donne à croire que les dessins de Blanchard resteront rares. Singulièrement rares pour un peintre qui a réalisé au moins deux galeries entières et plusieurs grands décors. On ne voit pas qu'il faille accuser quelque accident, comme un incendie ayant détruit le fonds d'atelier ou d'importants portefeuilles de collectionneurs. Moins encore la négligence des héritiers : Gabriel Blanchard semble avoir toujours vénéré ce qui touchait à son père. En fait, contrairement à ce qui pouvait paraître plausible avant l'enquête, il est possible que Blanchard ait relativement peu dessiné. Le plus souvent ses tableaux se bornent à un ou deux personnages, même dans le décor de ses galeries, et il était assez savant pour mettre en place la figure sans dessin préparatoire, à partir de croquis négligeables, vite supprimés sans doute : cela, quitte à étudier l'effet coloré sur une petite toile. Il faut se méfier des indications et des chiffres livrés par les inventaires. Mais revenons à celui de 1637, qui reste notre fondement le plus sûr. Il mentionne chez Blanchard « *dix huit dessins tant sur thoilles que sur cartes, prisé XXV livres* », puis « *quantité en nombre de soixante d'estudes et de dessins du Sieur Blanchard, prisé XXX livres* ». Après tout, c'est peu. Le sort n'avait pas à s'acharner bien particulièrement pour en faire disparaître l'essentiel.

Reste que grâce à Richard Beresford, qui a publié ce texte, nous sommes sûrs que la quête n'est pas condamnée d'avance, comme dans le cas d'un La Tour ou des Le Nain. Ce qui ne veut nullement dire que l'historien doit accumuler les hypothèses et accepter les yeux fermés la moindre attribution plausible. Tout au contraire. En pareil cas, méfiance et rigueur doivent être de règle. Il faut se garder d'entériner l'attribution de feuilles séduisantes que peuvent proposer des rapprochements ingénieux. Qu'on se souvienne ici du cas de Bellange : une belle sanguine mise sous son nom par Pierre Lavallée a égaré les recherches pendant plus d'un demi-siècle et compromis la connaissance de l'artiste jusqu'au jour où l'on s'est aperçu qu'on avait réuni, non pas ses dessins, mais ceux de Saint-Igny... Il ne manque pas d'artistes, dans le Paris de Blanchard, qui, plus ou moins oubliés, puissent de même fournir leurs œuvres pour suppléer à l'absence des siennes...

Pour notre part, nous préférons pécher par trop de sévérité. Nous ne craindrons pas de rejeter les feuilles directement liées à des œuvres de Blanchard, mais qui ne montrent que le trait inexpressif du copiste : soit toutes celles que nous avons pu voir jusqu'ici. Nous rejetterons pareillement les feuilles que lui donnent la tradition ou même une inscription ancienne, mais qui nous paraissent étrangères à sa sensibilité ou à son écriture de peintre. À titre d'hypothèse, et comme simples attributions, nous ne conservons, en dehors des deux portraits de jeunesse catalogués plus haut, que trois dessins, tous trois déjà publiés (section A). Mince résultat : mais nous gardons le ferme espoir de découvertes.

A. Dessins d'attribution possible

1. La Sainte Famille (trois personnes)

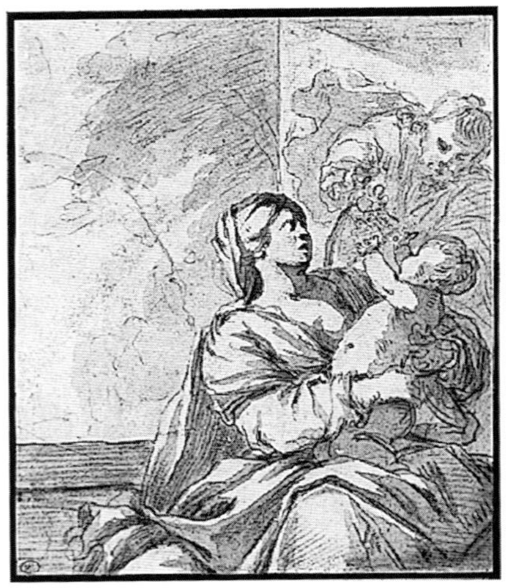

Lavis de bistre sur croquis au crayon noir, 0,171 x 0,144 m.
Paris, musée du Louvre, Cabinet des dessins, Inv. n° 23767 ; cat. Guiffrey-Marcel n° 293, reprod.

HIST.
Ancien fonds du Cabinet du Roi ; inscrit sous le nom de Blanchard dans l'inventaire manuscrit de Morel d'Arleux (1er quart du XIXe siècle).

EXP.
1929, Maisons-Laffitte, n° 30 ; 1960, Paris, Louvre, n° 18 (intitulé – par confusion ? – « La Vierge enveloppant l'Enfant d'un linge ») ; 1984-1985, Paris, Louvre, n° 87, reprod.

BIBL.
1907, Guiffrey-Marcel, I, p. 63, n° 293, reprod. ; 1933, Lavallée, p. 148 ; 1934, Lavallée, p. 184 (« le seul (dessin du Louvre) où nous retrouvons quelque chose de son tempérament ») ; 1948, Lavallée, p. 37 (« vrai dessin de peintre ») ; 1961, Sterling, p. 87, n° 23, reprod. [Cat. n° 23] ; 1995, Beresford, p. 389.

Ce dessin apparaît dès le premier inventaire sous le nom de Blanchard. Il ne se rattache à aucune *Sainte Famille* connue, mais le thème est bien de ceux qu'affectionne Blanchard. L'attitude de l'Enfant, un peu forcée, le mouvement de torsion qui anime le groupe sont assez contraires au parti choisi pour les nombreuses Vierges, aux attitudes simples et calmes ; mais des recherches de ce type apparaissent dans la première période, avec la *Sainte Famille* du Louvre (Cat. 27) ou le *Repas de l'Enfant Jésus* de Karlsruhe (Cat. 26). L'écriture est vive, franche malgré le petit format. Nous serions donc en plein accord avec Charles Sterling, Roseline Bacou et Jacob Bean pour maintenir, au moins provisoirement, le nom de Blanchard et pour voir ici un dessin qui pourrait suivre d'assez près le retour en France.

2. La Charité

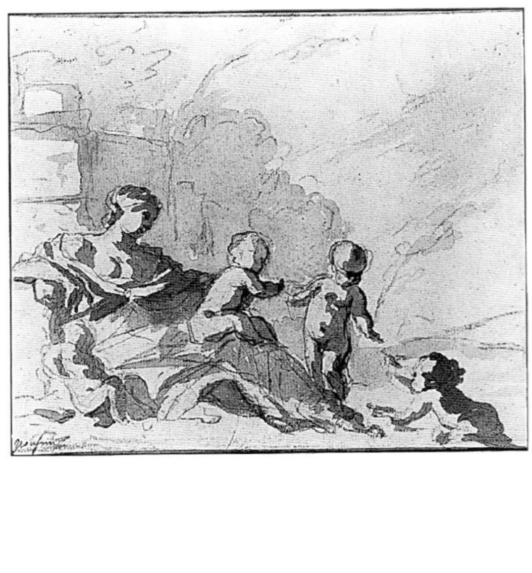

Pierre noire et lavis de bistre sur papier blanc ; 0,187 x 0,210 m.
En bas, à gauche, l'inscription *poussin*.
Cambridge, Mass., Fogg Art Museum, Harvard University, Inv. 1965.233.

HIST.
1965 : entré au Fogg Museum avec le legs Meta et Paul J. Sachs (1878-1965), qui avaient acquis cette feuille chez Colnaghi comme Poussin (Cat. Mongan et Sachs, 1940, n° 573, fig. 290).

EXP.
1951, Detroit, n° 5 ; 1958-1959, Paris, n° 15, reprod. pl.20 ; 1989, Cleveland, n° 78, reprod..

BIBL.
1940, Agnes Mongan et Paul J. Sachs, *Drawings in the Fogg Museum of Art*, Cambridge, Mass, t. I, p. 305, n° 573 ; t. III, fig. 290 ; 1947, Denys Sutton, in cat. *1947, Londres, Wildenstein*, sous le n° 3 ; 1949, Friedlaender, Blunt et Wittkower, *The Drawings of Nicolas Poussin. Catalogue raisonné*, II, p. 25, sous le n° 151 (attribué à Blanchard) ; 1960, Bacou-Bean, in Cat. *Exp. 1960*, Paris, Louvre, notice du n° 18 ; 1961, Sterling, p. 92-93, reprod. [Cat. n° 54] ; 1972, Rosenberg, dans la notice du cat. Toronto-Ottawa-San Francisco-New York, 1972-1973, p. 133, sous le n° 6 ; 1985, Laveissière, p. 5 ; 1989, Goldfard, in cat. Cleveland, 1989, p. 157-159, reprod. ; 1994, Rosenberg-Prat, t. II, p. 828, R.223 ; reprod. ; 1995, Beresford, p. 389 ; 1996, Laveissière, p. 56, note 4 (refus).

L'attribution ancienne à Poussin était évidemment erronée. Tancred Borenius a proposé de donner la feuille à Blanchard. Le sujet de la Charité y conduisait assez naturellement. Le décor de ruines et de verdure très légèrement esquissé dans le fond, la nervosité du trait de pierre noire sur lequel est posé le lavis inclinent à accepter ce nom de Blanchard, même si le dessin ne semble pas préparer directement, comme on l'a prétendu, l'une des *Charité* conservées, même si la parenté avec les deux dessins du Louvre est peut-être moins étroite qu'on ne l'a répété un peu trop facilement. Soulignons que Sylvain Laveissière, dépassant nos réserves, n'hésite pas à écrire : « *La* Charité *du Fogg est pour moi typique de Dufresnoy* » (*loc. cit.*).

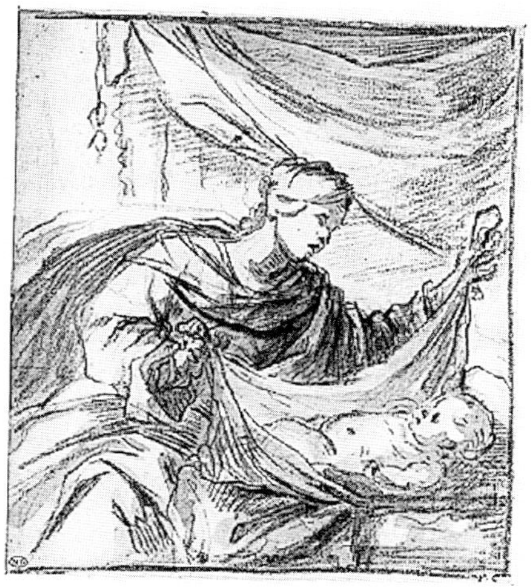

3. La Vierge dévoilant l'Enfant

Crayon noir, lavis brun sur papier beige ; 0,171 x 0,147 m.
Paris, Musée du Louvre, Cabinet des dessins, Inv. 34153.

HIST.
Entré au Cabinet des dessins avec la collection Saint-Morys lors des saisies des émigrés ; classé aux anonymes français.

EXP.
1960 : Paris, Musée du Louvre, n° 19 (intitulé par confusion « Sainte Famille »).

BIBL.
1961, Sterling, p. 95-96, reprod. [Cat. n° 68] ; 1995, Beresford, p. 389.

Le présent dessin avait perdu toute attribution lorsque Roseline Bacou et Jacob Bean, en 1960, l'ont rapproché de la *Sainte Famille* du Louvre et de la *Charité* du Fogg Museum. Il est certain que le graphisme est voisin ; il montre une décision égale et plus de légèreté. Détail qui n'est peut-être pas indifférent : les dimensions sont pratiquement identiques à celles de la *Sainte Famille* du Louvre.

Les auteurs du catalogue de 1960 ne font pas allusion à la *Vierge dévoilant l'Enfant* gravée par Daret avec la date de 1638. Ils ont dû ignorer cette estampe et la référence probable à la *Vierge de Lorette* de Raphaël, puisqu'ils comprennent à faux le geste de Marie (« la Vierge *enveloppant* l'Enfant d'un voile »). Or le fait que Blanchard ait traité le sujet du dessin dans une œuvre tardive et assez importante pour être gravée incline fortement en faveur de l'attribution proposée.

Nous n'irions pas cependant jusqu'à voir ici, à proprement parler, un dessin préparatoire. Dans le dessin, la scène est plus simple, l'enfant est éveillé et regarde sa mère. Le tableau gravé montre un remaniement complet de la partie basse, avec l'introduction des deux thèmes empruntés à la *Vierge au diadème*, le sommeil de Jésus et l'adoration de saint Jean. Reste que, le cas échéant, nous placerions cette feuille nettement plus tard que la *Sainte Famille*, dans les années 1637-1638.

B. Mentions anciennes de dessins de Blanchard dont l'attribution est probable

1638

L'Adoration des rois

1638, 22 novembre, Paris.
Inventaire après décès de Jacques Blanchard (l'expert est Simon Cornu).
Archives Nationales, Minutier Central, XCVI, 30 (*cf.* 1985, Beresford, p. 128) :

« Item quatre desseings dont deux séparés en quatre, un autre l'adoration des mages, (et l'autre un martyr de vierges avec des lyons), prisés quinze livres... XV lt. »

Il s'agit de la seule mention précise de dessins qu'on trouve dans les inventaires de Blanchard. Dans l'inventaire de 1637 les 78 dessins dont il est question sont regroupés en deux articles : « *desseings tant sur thoiles que cartes* » et « *études et desseings* ». En 1638 également il est fait état de « *six. desseings dont une toille et plattebande séparée en quatre* » . Pour qu'ici le sujet se trouve indiqué, il faut qu'il se soit agi de pièces importantes.

À dire vrai, il n'est pas entièrement sûr que ce mot de « desseings », en ce cas, ne signifie pas « esquisse ». D'autre part l'expert ne précise pas « du Sr Blanchard » comme il était écrit dans l'inventaire de 1637 (ou « de la main du défunt »). Ce qui laisse planer un doute : parmi les tableaux qui précèdent, peu sans doute reviennent à Blanchard lui-même. Toutefois la présence d'un sujet rare, le *Martyre de vierges avec des lions,* et dont une gravure témoigne que justement Blanchard l'a traité, oblige à tenir compte de cette mention.

1645

Le Christ mort

1645, 13 décembre, Paris
Inventaire de Jean Blanchard après décès de sa femme Antoinette Guespreau (l'expert est Henri Mauperché).
Archives Nationales, Minutier Central, IV, 119 (*cf.* 1969, Fleury, p. 48).

Deux dessins de défunt Jacques Blanchard garnis de leurs bordures dorées, l'un en plate-bande sur toile, representant un Dieu mort, et l'autre (?) 20 l.

1638

Martyre de vierges avec des lions

1638, 22 novembre, Paris.
Inventaire après décès de Jacques Blanchard (l'expert est Simon Cornu).
Archives Nationales, Minutier Central, XCVI,30 (*cf.* 1985, Beresford, p. 128) :

(Item quatre desseings dont deux séparés en quatre, un autre l'adoration des mages,) et l'autre un martyr de vierges avec des lyons, prisés quinze livres... XV lt.

Pour l'importance de cette mention, voir *supra*. On ne peut ici s'empêcher de songer au *Martyre de sainte Perpétue* que nous connaissons par l'estampe de Ganière (*cf.* Cat. n° 71). Précisément, la lettre porte *Blanchard in (venit)* et non *Blanchard pinx (it)* : ce qui permet de se demander si la gravure n'a pas été exécutée à partir du présent *desseing.*

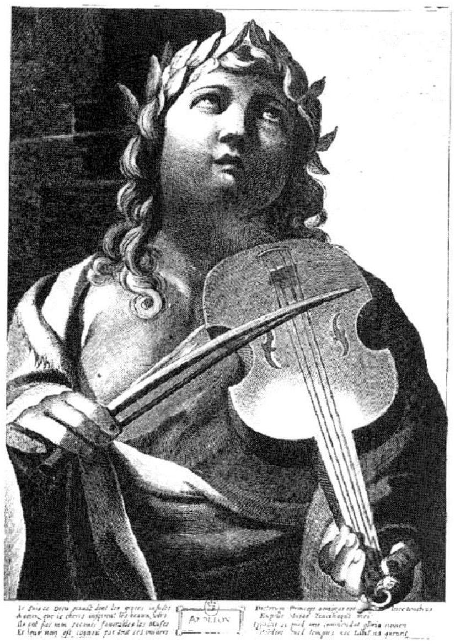

1639

Apollon et les neuf Muses (10 pièces)

1639, 8 août, Paris.
Inventaire de Pierre Daret après décès de sa femme Gillette Guynet.
Archives Nationales, Minutier Central, XLIII, 27 ; voir p. 74.

(En la quatriesme chambre de la maison)
Item dix desseings de Blanchard peintz sur carte sans chassis représentant
Apollon et les neuf muses, prisés ensemble trente livres, cy *XXX lt*

Ces dix dessins ne faisaient pas partie du fonds d'œuvres d'art de Daret : l'inventaire les mentionne à part, comme décorant, avec une série de bois et cuivres spécifiés de petits formats, une pièce de la demeure. Plutôt que de simples lavis, il pouvait s'agir de camaïeux ou même d'esquisses à l'huile.

Aucun de ces dix « desseins » n'a jamais été identifié. Il n'est pas sûr qu'ils aient tous disparu. Nous croyons pouvoir en reconnaître le souvenir direct dans une suite gravée dans l'officine de Daret et qui connut une destinée curieuse.

Il s'agit de pièces au burin, de 0,365 sur 0,270 m environ, dont nulle part ailleurs qu'à la Bibliothèque Nationale nous n'avons rencontré une suite complète. En revanche on a souvent signalé (Mariette, Duplessis, Sterling) une suite parallèle de saintes en buste, de même style et de mêmes dimensions.

Le premier regard trouve ces morceaux bien peu séduisants, même si les formes puissantes, les visages sensuels ne laissent pas de rappeler certaines figures de Blanchard. Le burin est relativement habile, mais l'effet reste sec et dur. Surtout, les figures sont d'une insigne lourdeur. On touche ici à un art semi-populaire, malgré les inscriptions latines qui doublent le texte français.

Les historiens n'ont su que faire de ces deux suites. Le plus souvent, ils les passent sous silence. Georges Duplessis (1861, p. 201-202) tient que l'*Apollon* pas plus que les *Muses* ne doivent être mises « *au nombre des bonnes planches gravées d'après Blanchard* » et qu'ils ne peuvent revenir qu'à l'atelier de Daret. Charles Sterling (1961) ignore apparemment la suite d'*Apollon et les neuf Muses*. Il mentionne et reproduit deux des saintes, *Sainte Marguerite* et *Sainte Suzanne* (n°s 50 et 51 de son catalogue), en soupçonnant qu'elles pourraient faire partie d'une suite, qu'il déclare absente de la Bibliothèque Nationale. Il accepte ces deux figures comme de Blanchard, les place à la fin de la carrière du peintre, et se dit gêné pour fixer une date précise : « aux alentours de 1635 », conclut-il. Son manque d'enthousiasme est évident. Il est vrai que de son côté Roger-Armand Weigert, cataloguant ces gravures dans l'œuvre de Daret (1954), n'avait pas fait de grandes recherches, et que ses mentions étaient aussi incomplètes que confuses. On sent que lui-même n'attachait pas grand prix à ces images d'un art assez grossier.

Cependant Blanchard était directement en cause. Dans ses *Notes*, donnant la liste des « œuvres de Jacques Blanchard » gravées, Mariette mentionne nettement un « *Apollon, dieu du Parnasse, en demie figure, gravé au burin par Pierre Daret* », et d'autre part il décrit « *cinq saintes* », toutes dites « *en demie figure, gravée au burin par Pierre Daret* » : *Sainte Marguerite, Sainte Agnès, Sainte Suzanne, Sainte Reyne, Sainte Hélène*. Pierre Daret ayant été l'un des graveurs attitrés de Blanchard et Pierre-Jean Mariette passant à juste titre pour l'homme au monde qui a le mieux connu l'estampe,

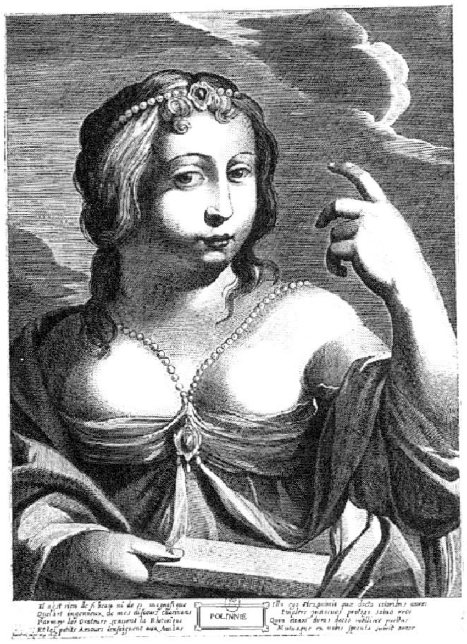

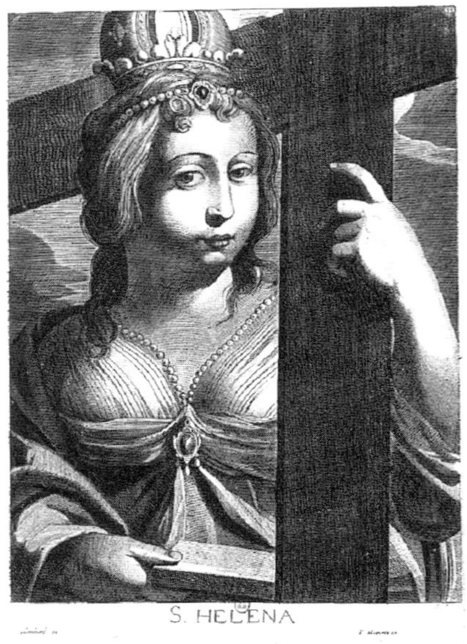
S. HELENA

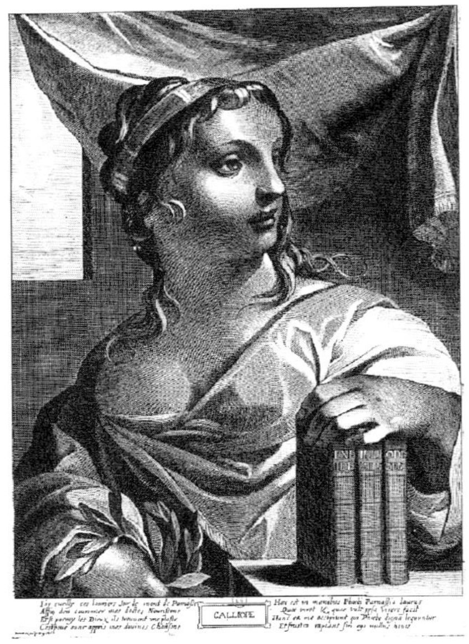

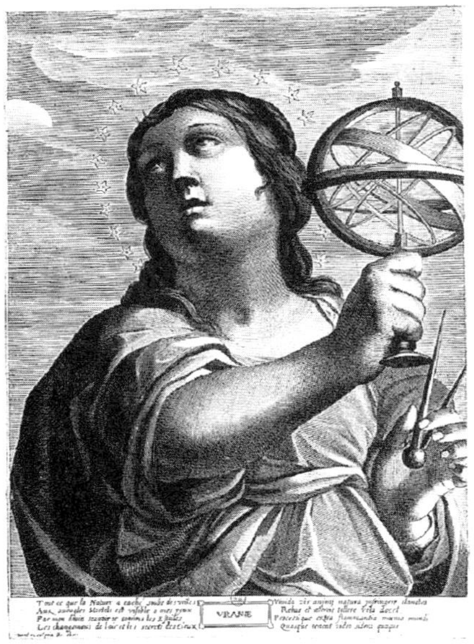

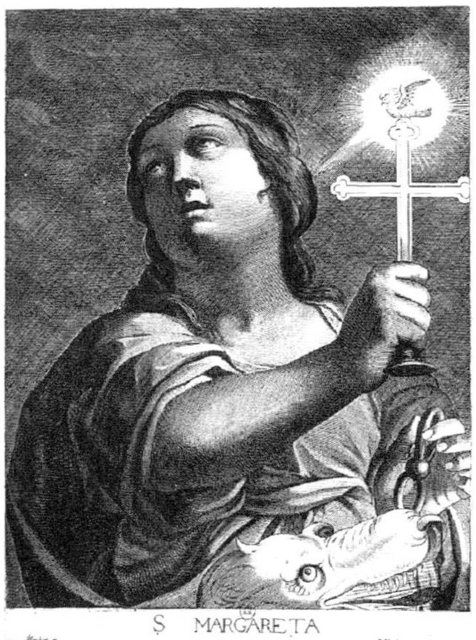
S MARGARETA

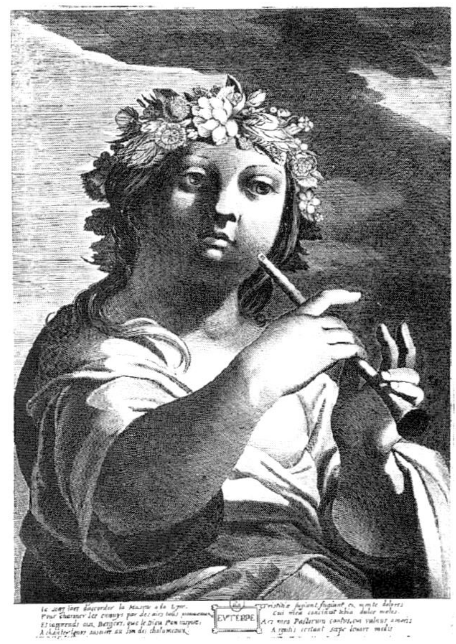

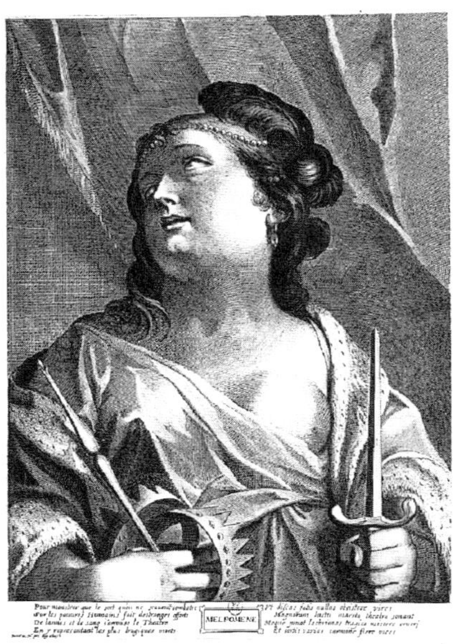

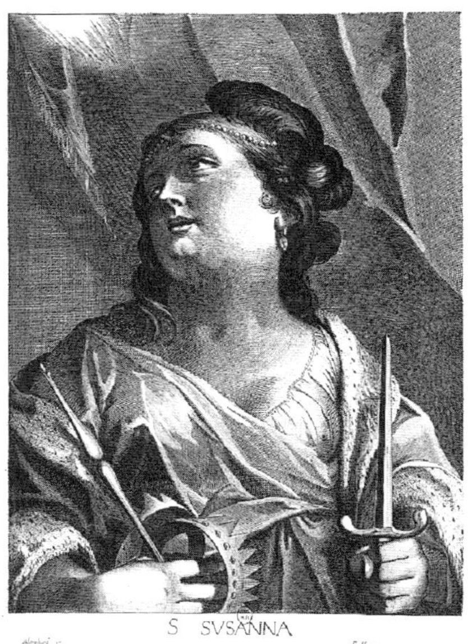
S SVSANNA

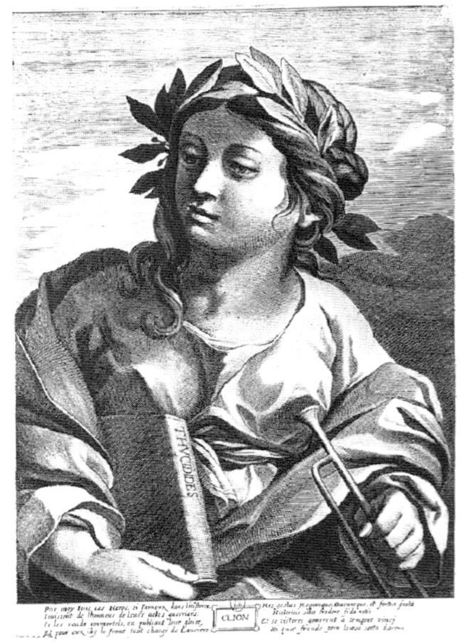

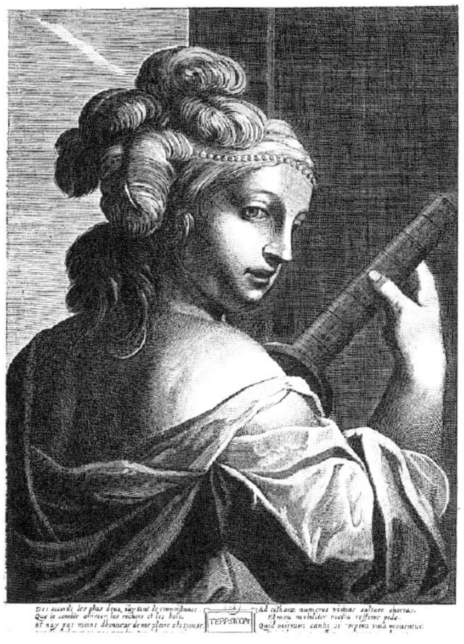

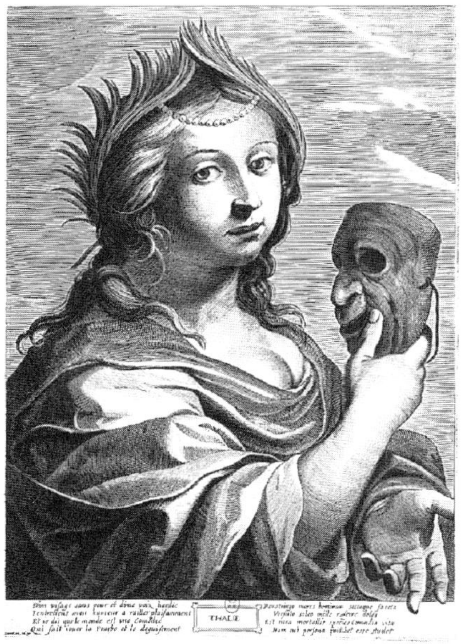

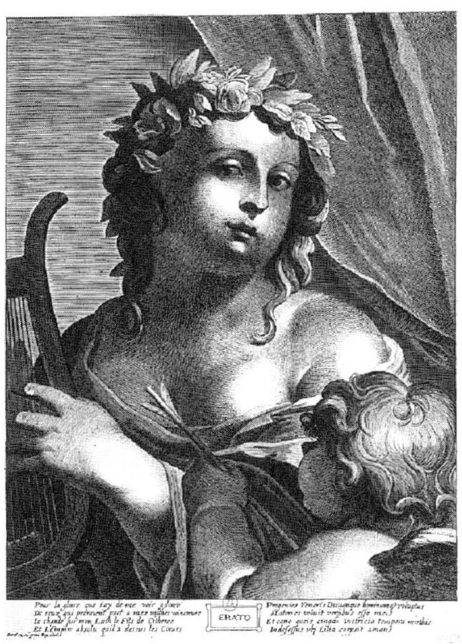

ces affirmations étaient d'un grand poids. La mention des dix dessins dans l'inventaire de Pierre Daret, dès 1639, est venue les confirmer.

Une première remarque s'impose (et l'on s'étonne que personne ne l'ait faite) : il n'y a en réalité qu'une seule série. A un certain moment, la suite d'*Apollon et les neuf Muses* n'ayant sans doute pas obtenu le succès escompté, les cuivres ont été retravaillés pour en faire des images pieuses, apparemment plus faciles à écouler. La *Sainte Marguerite* n'est autre qu'*Uranie*, avec changement d'attributs, fond obscurci, tête de dragon sommairement installée au premier plan, et nouvelle légende. Pour la *Sainte Suzanne*, on s'est contenté de reprendre la *Melpomène*, de gratter le coin gauche afin de suggérer la lumière divine et de voiler une poitrine généreuse un peu trop découverte; Charles Sterling avait bien raison de s'étonner des attributs de la sainte : on a conservé tranquillement ceux de la Muse. La grave *Sainte Hélène* risquait aussi d'offrir un décolleté agréable mais malséant : quelques coups de burin ont réparé l'indécence, barré la gravure d'une grande croix noire qui défie toute logique spatiale, et installé sur la tête une assez ridicule couronne impériale : il devenait difficile de retrouver l'ancienne muse *Polinnie* (sic). À tout cela, évidemment, Blanchard est entièrement étranger.

Les dix cuivres gravés au départ, l'*Apollon et les neuf Muses*, portent dans la marge, à gauche, l'inscription *Daret ex. cum privilegio Regis Christianissimi 1636*. Il suffit de comparer ces pièces aux pendants du *Christ* et de la *Vierge* en bustes gravés par Daret d'après Blanchard avec la date de 1635, ou la *Psyché s'efforçant de retenir l'Amour* gravée d'après Vouet en 1637, pour être sûr que ces dix burins ne sont pas de sa main. Roger-Armand Weigert a eu entièrement raison de les placer parmi les « *pièces publiées par Pierre Daret* » signalées en annexe à son œuvre propre (n°s 475-484). Aussi bien Daret n'avait pas mis *sculpsit*, comme à l'ordinaire, mais *ex (cudit)*.

Sans doute assez tôt, les cuivres doivent passer à Tavernier (certainement Melchior II, 1595-1665), qui ajoute dans la marge, à droite, son excudit (*Tavernier exc.*), mais seulement sur la première feuille, celle d'*Apollon*, et sans supprimer l'excudit de Daret. Ces mêmes cuivres font manifestement partie du fonds qu'il cède en 1644 à Pierre Mariette pour 11 200 livres. C'est dans les années suivantes que dut avoir lieu la transformation drastique dont nous avons parlé. Non seulement les planches sont retravaillées au burin pour transformer les muses en saintes, mais les nouveaux titres s'accompagnent cette fois en bas à droite, d'un *P. Mariette ex.*, et à gauche, d'un *Blanchard in.*

Lorsqu'il rédige ses listes, Pierre-Jean Mariette sait-il la vérité ? C'est probable. En tout cas il connaît le rapport entre les deux séries. Il désigne les *Saintes* comme de Daret, alors que le nom de ce dernier ne semble figurer sur aucune planche, et il reporte sur l'*Apollon et les neuf Muses* le nom de Blanchard, qu'on n'y voit nulle part. On a même l'impression qu'il cherche à cacher le fait que les planches portant le nom de Mariette ne sont que des cuivres remaniés. De la première série, il ne cite que l'*Apollon* et une des Muses (qu'il avait sans doute paru difficile de transformer en sainte), et ne mentionne pas les huit autres, qui eussent dénoncé la supercherie. Le commerce et la piété filiale ont leurs exigences. On lui en voudra davantage d'avoir fait croire que Daret avait gravé lui-même de si mauvaises planches, qui ne font pas grand honneur à son officine.

À travers elles, il n'est guère facile de se faire idée des dessins de Blanchard qui ont servi de modèles au buriniste. S'agissait-il de camaïeux rapides difficiles à traduire dans le langage serré qu'exige cette technique ? On se gardera donc de leur attribuer une date. Certains détails pourraient faire penser aux années qui suivent le retour à Paris. Mais nous ne serions pas étonné outre mesure si l'on découvrait ici des œuvres de la jeunesse de Blanchard, antérieures même à son départ de Paris, et s'inscrivant dans la production parisienne des alentours de 1620.

C. Dessins rejetés

(DR 1 à 10)

I. Dessins en rapport avec des œuvres conservées ou des gravures

Nous avons cru bon de parler de ces dessins dans le catalogue des œuvres. Nous renvoyons donc aux notices des tableaux :

A. Dessins en rapport avec des œuvres de Blanchard

Cat. 47. Diane et Endymion
DR 1. Paris, Musée du Louvre. Inv. 23775.

Cat. 60. La Charité (six figures)
DR 2. Paris, Musée du Louvre, Inv. 23778.

Cat. 61. La descente du Saint Esprit
DR 3. Leipzig, Cabinet des Estampes.
DR 4. Paris, Musée du Louvre, Inv. 23774.

Cat. 63. Le Baptême
DR 5. Paris, Musée du Louvre.

Cat. 70. La Charité (quatre figures), 1635
DR 6. Coll. part.

Cat. 83. La Charité (cinq figures), 1637
DR 7. Coll. part.

Cat. 98. La Vierge à l'Enfant
DR 8. Paris, Musée du Louvre, Inv. 23766.
DR 9. Londres, British Museum, Inv. 1860.6.16.108.

B. Dessins en rapport avec des œuvres faussement attribuées à Blanchard

Cat. R 18. La Sainte Famille
DR 10. Paris, Musée du Louvre, Inv. 25200.

II. Le groupe des petites sanguines du Louvre

(DR 11 à 21)

A. La série des *Vierge à l'Enfant* et des *Sainte Famille*

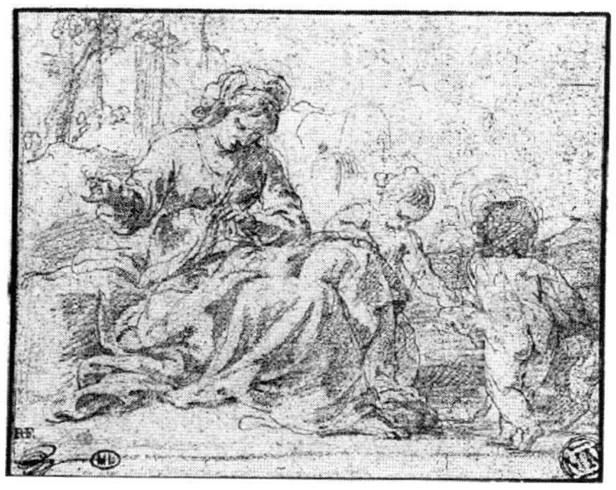

DR 11. En largeur, avec la Vierge cousant et saint Jean conduisant l'agneau à Jésus

Inv. 23770; cat. Guiffrey-Marcel 291
0,097 x 0,118 m.

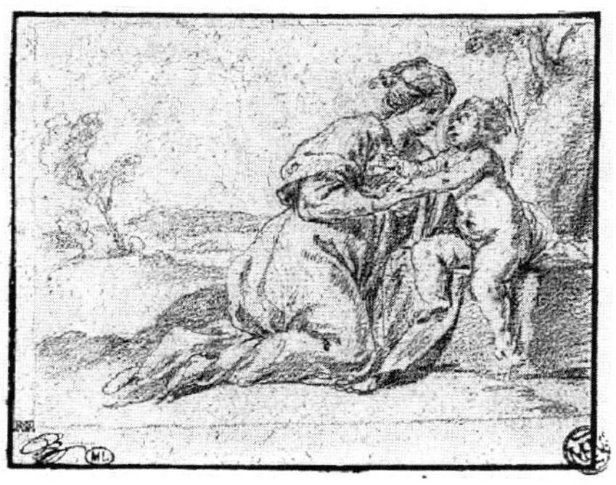

DR 12. En largeur, avec la Vierge agenouillée devant l'Enfant nu assis sur une pierre

Inv. 23770 bis; cat. Guiffrey-Marcel 286
0,095 x 0,118 m.

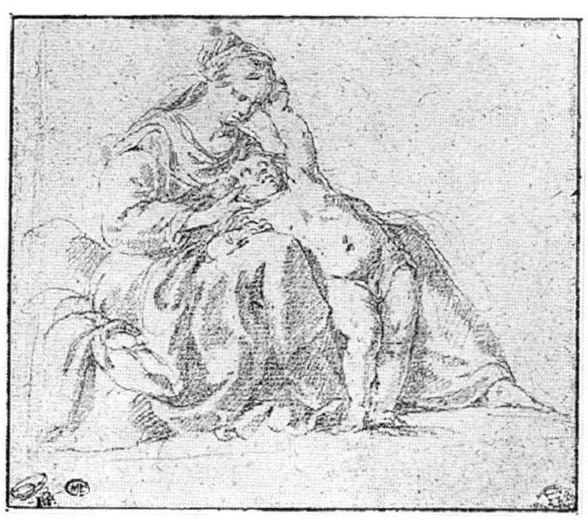

DR 13. En largeur, avec la Vierge assise et l'Enfant se renversant sur ses genoux

Inv. 23771; cat. Guiffrey-Marcel 287
0,123 x 0,135 m.

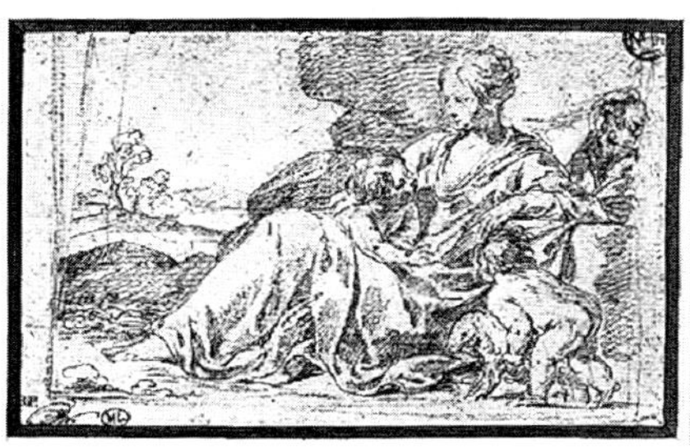

DR 14. En largeur, avec la Vierge assise dans un paysage, l'Enfant, saint Joseph et saint Jean faisant approcher son agneau

Inv. 23771 bis; cat. Guiffrey-Marcel 292
0,083 x 0,130 m.

DR 15. En hauteur, avec la Vierge assise, donnant le sein à l'Enfant couché sur ses genoux

Inv. 23772 ; cat. Guiffrey-Marcel 288.
0,118 x 0,082 m.

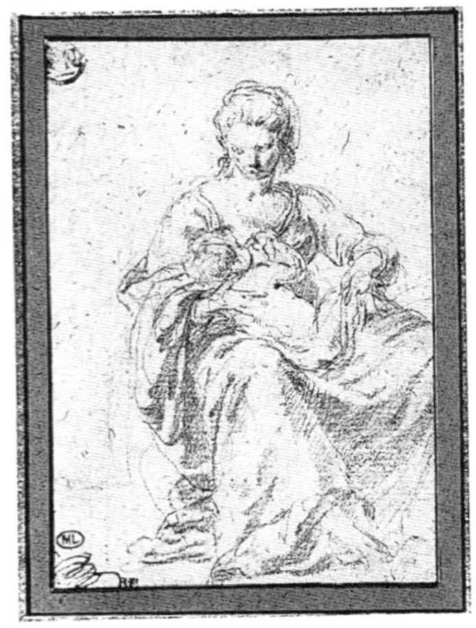

DR 16. En hauteur, avec la Vierge assise, donnant le sein à l'Enfant nu et debout

Inv. 23772 bis ; cat. Guifffrey-Marcel 289.
0,120 x 0,090 m.

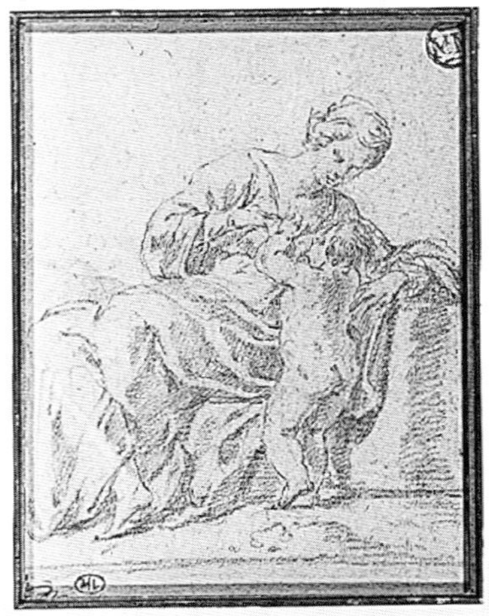

DR 17. En hauteur, avec le mariage mystique de sainte Catherine

Inv. 23773 ; cat. Guiffrey-Marcel 294.
0,105 x 0,087 m.

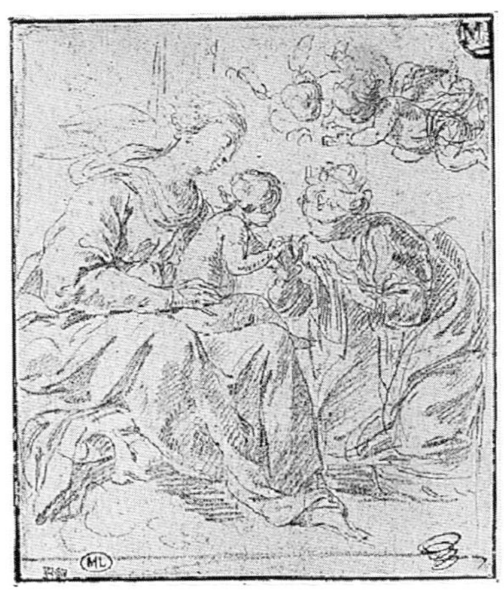

DR 18. En hauteur, avec la Vierge agenouillée à terre, tenant l'Enfant debout dans son giron, avec saint Jean lui amenant l'agneau

Inv. 23773 bis ; cat. Guiffrey-Marcel 290.
0,106 x 0,095 m.

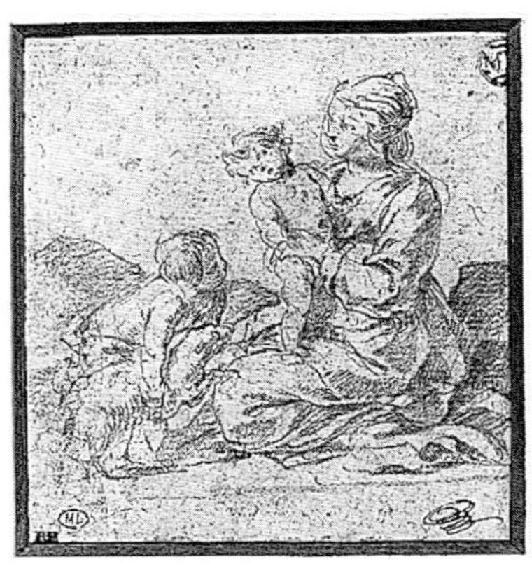

B. Scènes religieuses

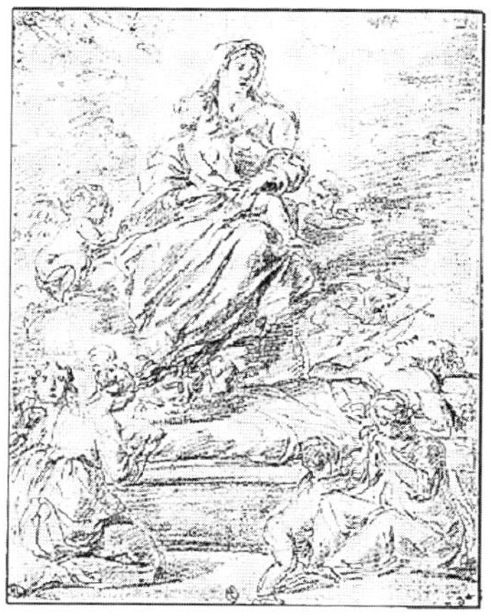

DR 19. La Vierge apparaissant à un mourant

Inv. 9789
Entré au Louvre sous le nom de Solimena.
Rattaché avec beaucoup de vraisemblance au groupe précédant par Jean-François Méjanès, *cf.* cat. exp. *Paris, Louvre,* 1984-1985, p. 70, sous le n° 87.

C. Scènes de la Fable

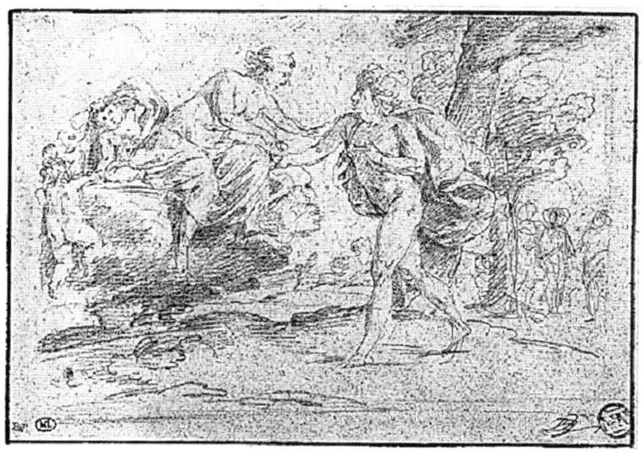

DR 20. Vénus et Pâris

Inv. 23769 ; cat. Guiffrey-Marcel 283.
0,124 x 0,174 m.

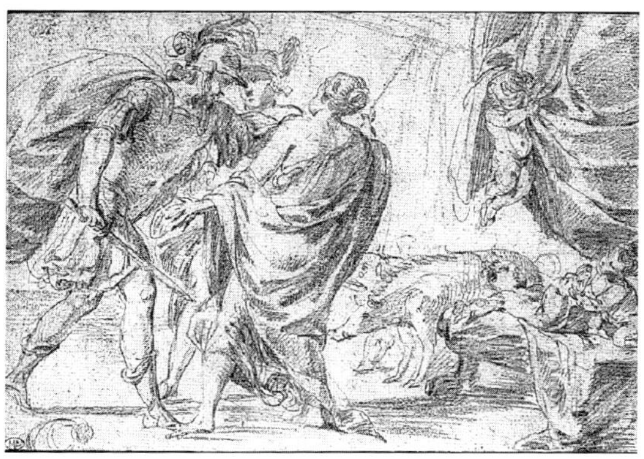

DR 21. Ulysse obligeant Circé à rendre à ses compagnons leur forme humaine

Inv. 23768 ; cat. Guiffrey-Marcel 284.
0,135 x 0,185 m.

Mis à part le n° 19, entré tardivement au Louvre sous le nom de Solimena, ces pièces portent le grand cachet MN à double cercle (Musée National, Première République) et le paraphe L 2962 apposé sur les dessins provenant de la collection Jabach et remontés. À l'exception toutefois du n° 21 ; mais cette absence ne saurait remettre en cause l'appartenance de cette pièce au groupe : elle a perdu son montage et semble bien avoir été paraphée sur la gauche et en bas.

HIST.
1671 : passés de la collection Jabach à la collection royale ; les dessins figurent dans l'Inventaire Jabach, IV, n°s 513-521 sous le nom de La Hyre.

EXP.
1929, Maisons-Laffitte, n°s 31-34 (Inv. 23771, 23771 bis, 23769, 23768).

BIBL.
1932, Lundberg, fig. 2 et fig. 5 (Blanchard) ; 1961, Sterling, p. 97-98, reprod. des 9 dessins (copies, peut-être par La Hyre) ; 1984, Jean-François Méjanès, sous le n° 87 dans le catalogue de l'Exposition *Paris, Louvre, 1984-1985*, p. 70.

Ce petit ensemble ne mérite pas le dédain qui l'a accablé depuis que l'attribution à Blanchard a paru très douteuse. Les pièces sont d'invention variée et délicate, et Charles Sterling lui-même, en 1961, soulignait « *la*

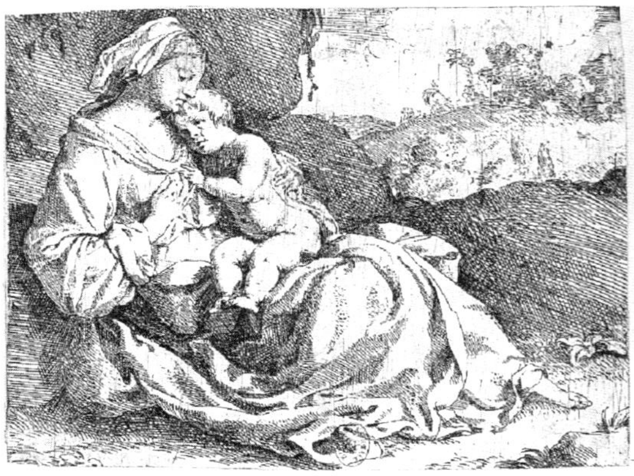

Fig. 1
Nicolas Prévost,
La Vierge à l'Enfant assise dans un paysage,
eau-forte, G. D. 5

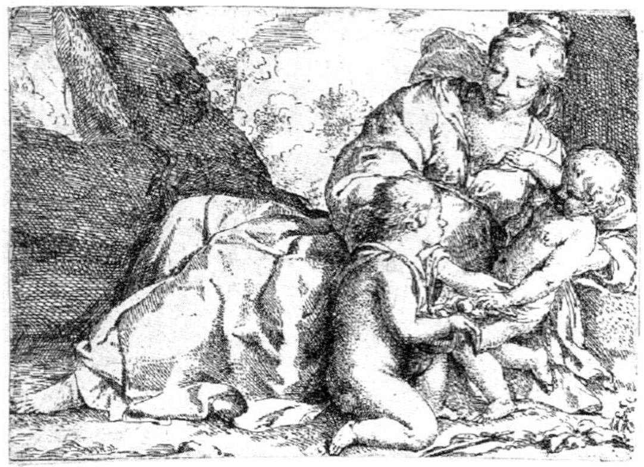

Fig. 2
Nicolas Prévost,
La Vierge avec l'Enfant et saint Jean-Baptiste, eau-forte, G. D. 2

légèreté et la spontanéité du trait ». Mais il ne pouvait y reconnaître la main de Blanchard, et considérant l'ancienneté de l'attribution et l'analogie des thèmes avec ceux qu'affectionnait Blanchard, il concluait *« que ces dessins sont des copies des compositions de Blanchard, exécutées peut-être par La Hyre ».*

La Hyre était encore fort mal connu en 1961 : aujourd'hui, ce nom est entièrement à écarter. À bien regarder ces *Vierge à l'Enfant* et *Sainte Famille* n'ont pas des rapports bien directs avec celles, plus simples et à mi-corps, que nous a laissées Blanchard (elles ressemblent plutôt à ses *Charité*...), et de Louis de Boullogne à La Hyre on trouverait des compositions bien plus proches. L'idée de *copies d'après Blanchard* ne s'impose plus, et la simple idée de *copies* paraît à tout le moins hasardée lorsqu'on prend garde au nombre d'hésitations et de repentirs. Tout donne à penser qu'il s'agit d'un petit lot de feuilles d'études dues à un contemporain de Blanchard, assez proche d'esprit pour avoir pu donner le change aux amateurs de la fin du XVIIe siècle, et à Charles Sterling dans le nôtre.

Nous croyons justement reconnaître en cet artiste un peintre qui nous intéresse depuis longtemps : Nicolas Prévost. Né à Paris en 1604, formé chez Quentin Varin, il est déjà fort apprécié en 1633 et porte le titre de peintre du roi en 1635. Richelieu le choisit pour décorer son château du Poitou, et c'est lui qui peint le *May* de 1641, malheureusement disparu. Dans une étude très remarquable, lue le 5 janvier 1980 à la Société de l'Histoire de l'art français et publiée dans le *Bulletin* de 1982 (p. 59-69), John Schloder a exposé tout l'essentiel de ce qu'on peut savoir sur cet artiste dont la fortune fut liée à la faveur de Richelieu et, semble-t-il, sombra avec la disparition du cardinal. Il a montré les rares peintures qu'on pouvait alors lui attribuer, et reproduit l'eau-forte de la *Vierge à l'Enfant avec saint Jean* cataloguée par Robert-Dumesnil, qui la jugeait « d'une pointe savante, spirituelle et légère ». Georges Duplessis y avait ajouté en 1871 non moins de quatorze autres eaux-fortes, dont six *Vierge à l'Enfant*, deux *Madeleine*, une *Charité*, deux *Vénus et l'Amour*, qui pour la plupart n'ont jamais été reproduites. Or cet ensemble, dont nous ne pouvons reproduire ici que quelques exemples, offre avec les sanguines du Louvre tant de coïncidences thématiques, tant de ressemblances formelles, et, compte tenu du passage de la sanguine à l'eau-forte, tant de similitudes dans l'écriture, qu'on peut tenir pour assuré que Nicolas Prévost est aussi l'auteur des dessins.

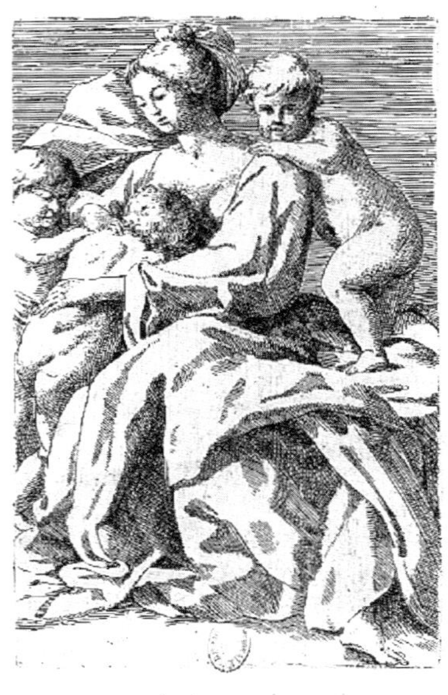

Fig. 3
Nicolas Prévost,
La Charité, eau-forte, G. D. 12

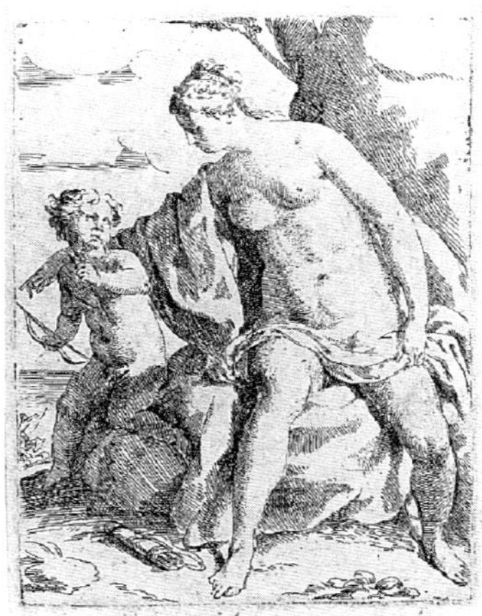

Fig. 4
Nicolas Prévost,
Vénus gourmandant l'Amour, eau-forte, G. D. 14

(DR 22 à 42)

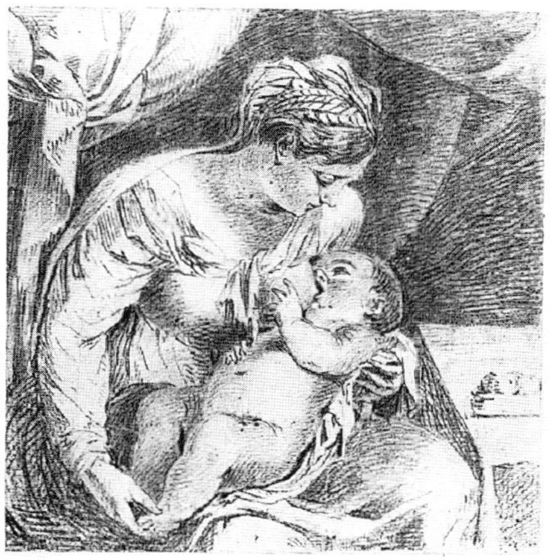

DR 22. La Vierge donnant le sein à l'Enfant

Pierre noire et sanguine ; 0,185 x 0,175 m.
En bas, à gauche, cachet de la collection Chennevières (Lugt 2072).
Nancy, Musée des Beaux-Arts, Inv. 981 ; Cat. 1909, n° 648.

HIST.
Ancienne collection Philippe de Chennevières ; acquis en 1901 par la Commission du musée.

BIBL.
1897, Chennevières, p. 149-150 ; 1975, Rosenberg, p. 221 (« assez problématique »).

Ce dessin – *pace* Chennevières – est sans rapport avec Blanchard. Il correspond directement (mais en sens inverse) à la *Vierge allaitant* gravée par Pierre Daret (Weigert 351) avec la légende *Dilectus meus mihi et ego illi...* et une attribution au Carrache (*Carrac^s jnvenit)* (fig. 1). Il s'agit sans doute d'un tableau qui se trouvait au XVIIe siècle à Paris et qui put également servir de modèle au dessin. Soulignons que son attribution au Carrache est elle-même plus que douteuse. On songe évidemment à une variante de la célèbre *Vierge allaitant* du musée de Bucarest communément donnée à Orazio Gentileschi. D'autre part rien ne permet, dans cette feuille assez maladroite, de reconnaître la main de Daret, ni un dessin préparatoire pour la gravure.

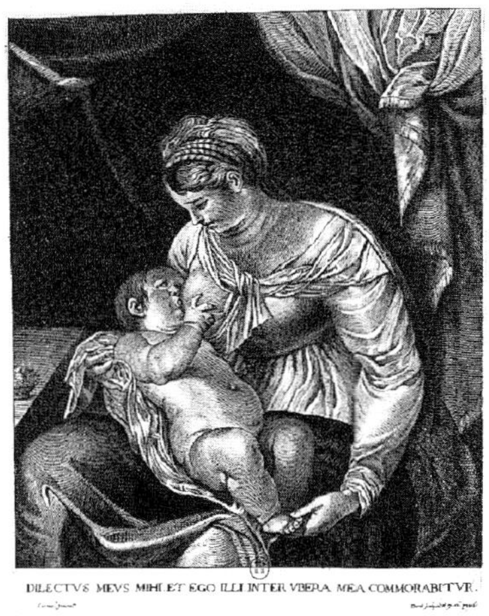

Fig. 1

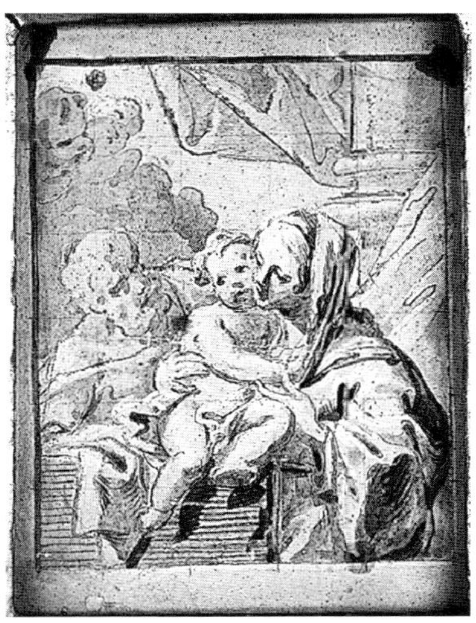

DR 23. La Sainte Famille

Lavis brun rehaussé de blanc avec mise au carreau ; 0,128 x 0,102 m.
Dijon, Musée Magnin, Cat. 1938, n°57.

BIBL.
1922, Jeanne Magnin, *Un cabinet d'amateur parisien en 1922*, t. II, p. 43, n° 265 ; 1938, Magnin, p. 26, n° 57.

Ce charmant dessin, d'invention assez banale, offre une technique et une écriture qui n'ont aucun rapport avec l'art de Blanchard et renvoient à un artiste d'une génération nettement postérieure.

DR 24. Le Calvaire, avec saint Augustin ou saint Ambroise (?)

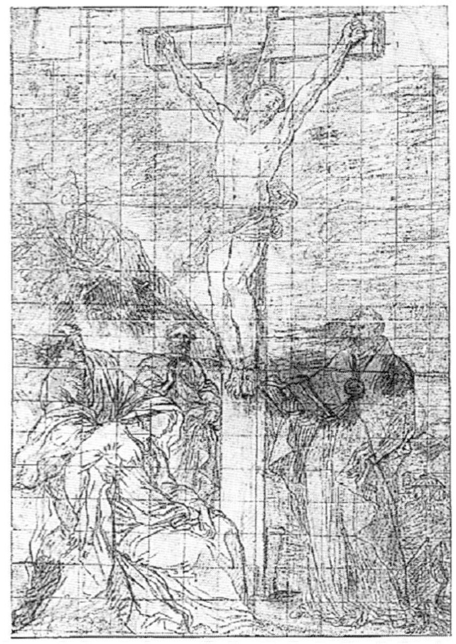

Pierre noire et sanguine, mis au carreau à la sanguine ; 0,403 x 0,273 m.
En bas, à droite, n° d'inventaire manuscrit 3917.
Munich, Staatliche Graphische Sammlung, Inv. 7320.

BIBL.
1902, Demonts, p. 273.

Cataloguée comme « Jacques Blanchard », cette feuille n'a aucun rapport avec lui. En revanche il n'est pas impossible qu'elle ne revienne à Gabriel (voir *infra* – mais traitée avec une technique différente – l'*Assomption* de Vienne).

DR 25. La Mort de la Vierge

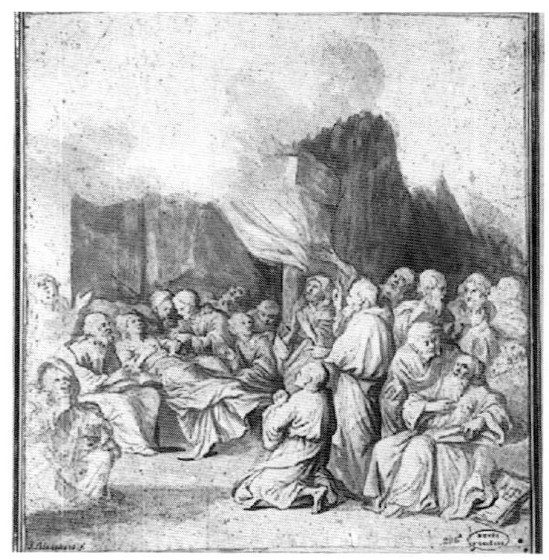

Lavis de bistre sur esquisse au crayon graphite ; 0,39 x 0,35 m.
En bas, à gauche, l'annotation *J. Blanchard f.*

Orléans, Musée des Beaux-Arts, Inv. 296A.

Ce dessin, qui fait partie du legs Fourché et semble resté inédit, n'offre aucun rapport avec l'art de Jacques Blanchard.

DR 26. L'Assomption

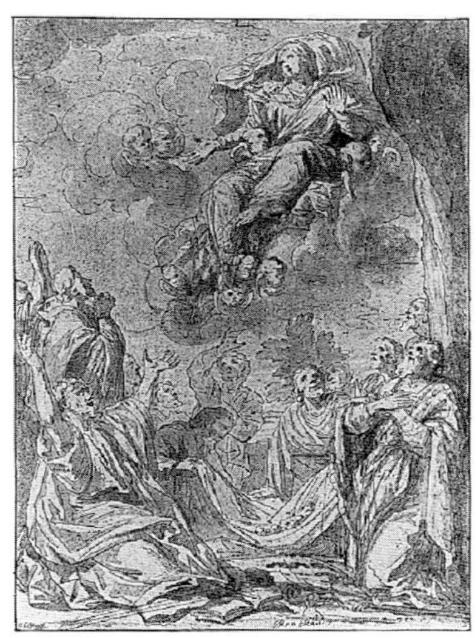

Plume et encre brune, lavis brun ; 0,326 x 0,235 m.
En bas, et au centre, inscription : *Blanchart (sic).*
En bas, à gauche, numéro et paraphe de Dézallier d'Argenville (L.2951).
Vienne, Albertina, Inv. 11546.

HIST.
XVIIIe siècle : comme Jacques Blanchard dans la collection d'Antoine-Joseph Dézallier d'Argenville (*cf.* numéro et paraphe).
1779 : vente Dézallier d'Argenville, Paris, 18 janvier ; partie du lot 340 (Blanchard) ;
Passé dans la collection du duc Albert von Sachsen-Teschen.

Blanchard a peint une grande *Assomption* en 1629 ; mais la composition de l'Albertina offre un style tout différent. Il est même peu probable que pareil dessin ait pu être exécuté à Paris avant 1640.

L'inscription portée au bas de la feuille est ancienne, mais ne comporte aucun prénom. Les Dézallier d'Argenville, qui ont possédé ce dessin dans leur collection, l'ont donné à Jacques Blanchard. Mais il est opportun de rappeler que dans les notices sur Blanchard qu'ils nous ont laissées, ils ont ajouté les œuvres du fils à celles du père, y compris le grand *May* de 1670. Vu l'importance qu'eurent l'*Abrégé* et la *Description*, il en est résulté une longue cascade d'erreurs et confusions. Mais les premières victimes furent sans doute les auteurs eux-mêmes, et nous croirions volontiers que la feuille de l'Albertina revient, non pas à Jacques, mais à Gabriel Blanchard.

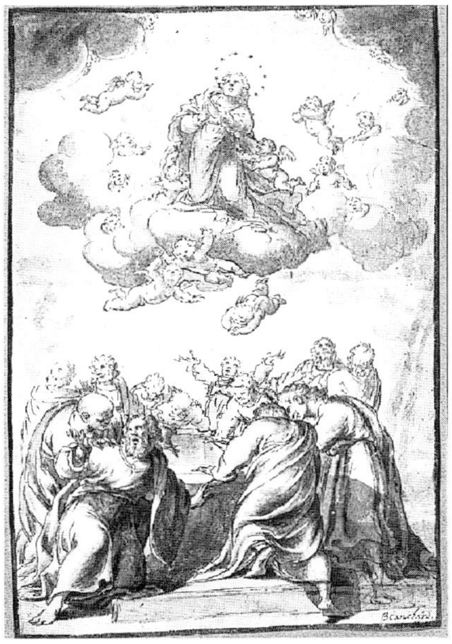

DR 27. L'Assomption

Plume et lavis ; 0,327 x 0,240 m ; en bas, à droite, inscription *Blanchard*.
Dresde, Cabinet des Estampes, Inv. C 636 (II Garnitur).

BIBL.
1909, Demonts, p. 267 ; 1933, Lavallée, p. 148 ; 1934, Lavallée, p. 186 « de qualité banale et médiocre ».

Il est évident que cette composition n'a rien à voir avec l'art de Blanchard. Ce goût de dessin semble renvoyer à quelque maître allemand du second rang.

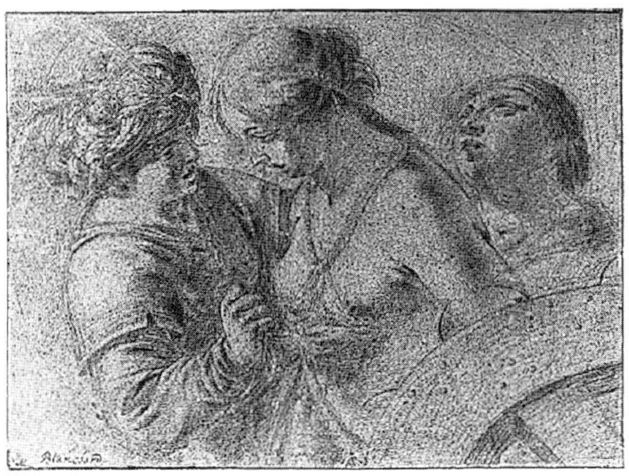

DR 28. Sainte Catherine

Pierre noire ; 0,211 x 0,277 m.
En bas, à gauche, l'inscription : *Blanchard*.
Dresde, Cabinet des Estampes, Inv. C 637.

BIBL.
1909, Demonts, p. 267 ; 1933, Lavallée, p. 148 ; 1934, Lavallée, p. 186 ; 1948, Lavallée, p. 37 « admirable » ; 1988, Rosenberg-Thuillier, dans le catalogue de l'exposition *Laurent de La Hyre*, p. 174, n° 103 c, reprod.

Lavallée (1948) voyait dans ce dessin un exemple frappant de la personnalité de Blanchard. « *On a pu hésiter sur l'attribution de ce dessin qu'une inscription ancienne donne à Blanchard. Mais qui donc, parmi les contemporains de l'artiste, a trouvé sous son crayon des accents d'une pareille ampleur ? Ce n'est pas Vignon, ni même Vouet* ». Le besoin impatient de retrouver des dessins de Blanchard a provoqué mainte imprudence. En fait il s'agit ici d'une copie d'après le motif principal du célèbre tableau de La Hyre, *Panthée conduite devant Cyrus* (exp. La Hyre, 1988, cat. n° 103). Copie exacte, faite devant la toile (et non la gravure, qui est en sens inverse) et peut-être issue de l'atelier même de l'artiste, puis transformée en sainte Catherine conduite au supplice grâce à la roue à crocs glissée à la place d'un turban. Nous savons que Blanchard dut être lié avec La Hyre. Il est probable qu'il vit peindre ce cycle de *Panthée*, exécuté dans les années 1631-1634. Mais on n'imagine pas qu'il ait pu avoir la moindre part ni à cette copie, ni à sa transformation.

DR 29. Saint Jérôme pénitent

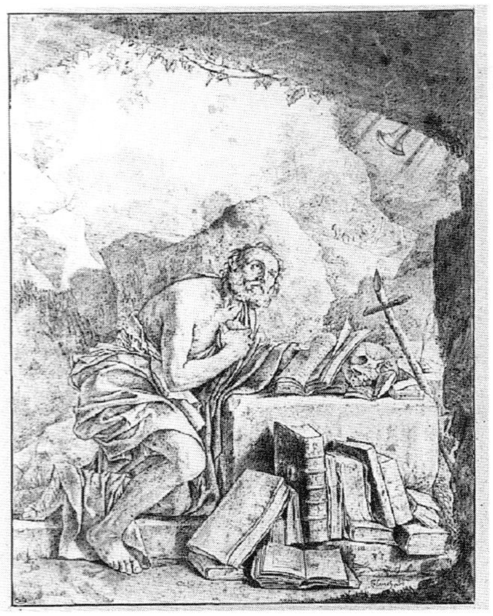

Pierre noire et lavis gris ; 0,317 x 0,241 m.
En bas, à droite, à la plume : *Blanchart*.
Paris, Musée du Louvre, Cabinet des Dessins, Inv. 23776, cat. Guiffrey-Marcel n° 298, reprod. (attribution).

HIST.
Entré au Louvre avec la collection Saint-Morys lors des saisies des biens des émigrés.

Il s'agit en fait d'une copie d'après le *Saint Jérôme dans le désert* peint par La Hyre pour l'église du Saint-Sépulcre à Paris, tableau qui fut très célèbre et qui a aujourd'hui disparu. Le dessin semble fait d'après la belle gravure exécutée par F. de La Mare. Voir sur ce point Rosenberg-Thuillier, *La Hyre*, éd. Skira, 1988, p. 338-339.

DR 30. La Madeleine pénitente

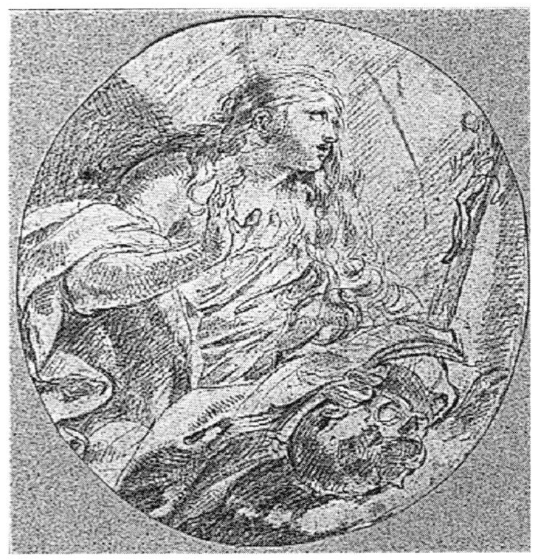

Pierre noire et craie sur papier bistre ; forme ronde ; 0,267 x 0,242 m.
En bas, inscription : *Blanchard f.*
Dresde, Cabinet des Estampes, Inv. C 638 (II Garnitur).

BIBL.
1909, Demonts, p. 267 ; 1933, Lavallée, p. 148 ; 1934, Lavallée, p. 186 ; 1948, Lavallée, p. 37 (on y reconnaît « tous les traits de ses figures gravées »).

Dessin de grande qualité, exécuté avec brio. Mais justement il suffit de se reporter aux *Madeleine* peintes ou gravées que nous conservons pour sentir combien, en dépit d'un certain rapport dans le type féminin, nous sommes loin de Blanchard. Cette brillante recherche des contrastes, ce sens du mouvement, de l'instant, sont à l'opposé même de son génie.

DR 31. La Madeleine pénitente réconfortée par un ange

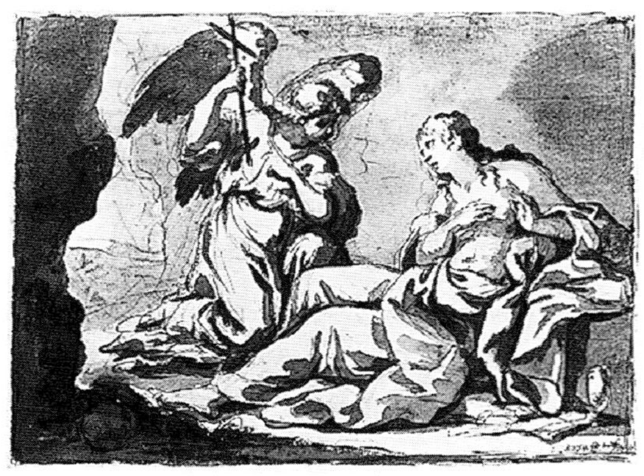

Sanguine, plume et lavis de bistre ; 0,206 x 0,280 m.
Stockholm, Nationalmuseum, Inv. NM 2434/1863.

HIST.
Le dessin provient de la collection Crozat et il a fait partie de l'ensemble réuni par Tessin. Anciennement attribué à Poussin, il n'a rien de commun avec lui. En 1976 Per Bjurström l'a classé sous le nom de Jacques Blanchard (*Drawings in Swedish Collection. 2. French Drawings. Sixteenth and Seventeenth Centuries*, Stockholm, 1976, n° 134 reprod.).

Le trait sans force, qui par endroit veut faire croire à l'improvisation et n'atteint qu'au gribouillis, le lavis inexpressif, la banalité de la composition et l'expression convenue ne permettent pas de songer à la main de Blanchard. D'autant que rien ne rappelle ici ses drapés, ses formes sensuelles et la délicatesse du sentiment qui lui est propre.

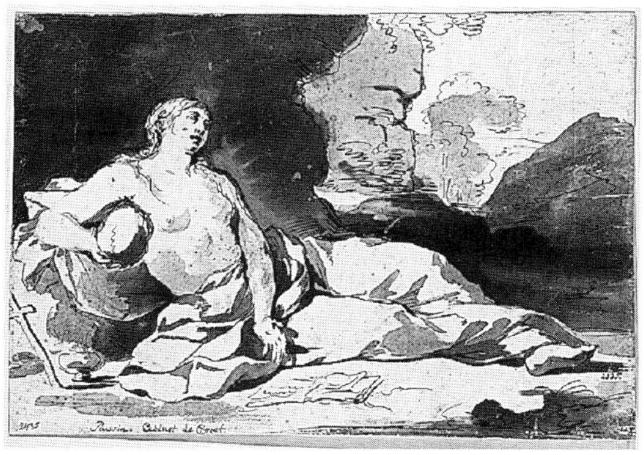

DR 32. La Madeleine pénitente

Plume et lavis de bistre ; 0,212 x 0,308 m.
Inscription en bas, vers la gauche : *Poussin. Cabinet de Crozat.*
Stockholm, Nationalmuseum, Inv. NM 2435/1863.

HIST.
Ce dessin provient de la collection Crozat et il a fait partie de l'ensemble réuni par Tessin. Il avait figuré à la vente Crozat dans le même lot que la *Madeleine pénitente réconfortée par un ange* (voir *supra*). En 1976 Per Bjurström a justement révoqué l'attribution à Poussin, mais jugeant cette feuille plus faible que l'autre, l'a placée sous la mention « *Blanchard, his circle* ».

Ce terme de « cercle de Blanchard », pour un dessin, n'a pas grand sens. Au reste, la main apparaît identique dans les deux feuilles. Nous croyons qu'il faut exclure pour l'une et l'autre tout rapport avec l'œuvre de Blanchard.

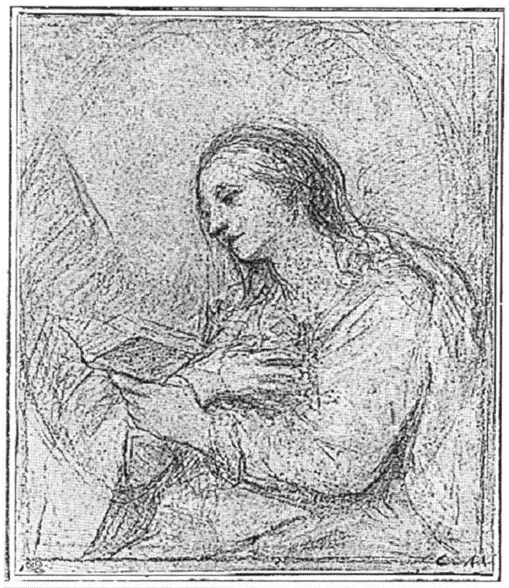

DR 33. Femme tenant un livre tournée vers la gauche, dit aussi La Madeleine lisant

Pierre noire avec rehauts de blanc sur papier gris ; 0,204 x 0,170 m.
En bas, à droite, l'inscription *C.M.*
Paris, Musée du Louvre, Cabinet des Dessins, Inv. 33984.

HIST.
Entré au Louvre avec la collection Saint-Morys lors de la saisie des biens des émigrés.

L'œuvre était attribuée à un *anonyme français du* XVII*e siècle*, ce qui était vague et probablement faux. Sur la foi d'une inscription tardive portée au verso, elle a été reclassée à Jacques Blanchard, ce qui est précis mais erroné.

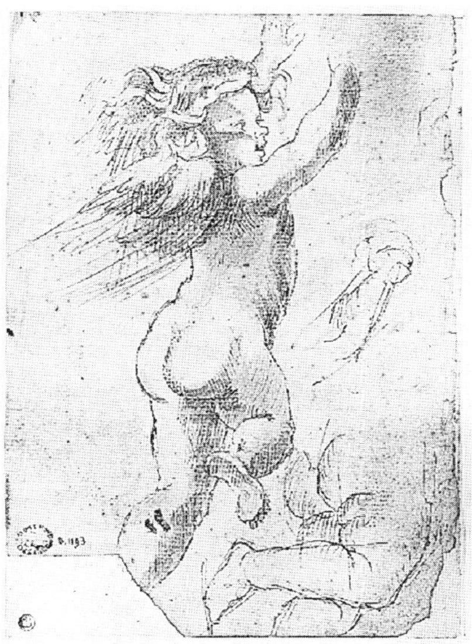

DR 34. Étude d'ange volant, tourné vers la droite

Plume et lavis sur papier blanc ; 0,208 x 0,149 m ; manques dans le bas.
Besançon, Musée des Beaux-Arts, Inv. D.1193.

HIST.
Provient du legs Jean Gigoux (1806-1894) ; *cf.* marque en bas à gauche (Lugt 1164). Une inscription au crayon portée au verso *Poussin* a entraîné un classement sous ce nom.

La paternité de Poussin a été écartée par Blunt en 1974 (*Catalogue raisonné*, t. V, p. 120 : « *probably a close imitator* », et par Rosenberg-Prat en 1994 (*Catalogue raisonné*, t. II, n° R 106 : « Italien, vers 1600 ? »).

Ce nom de Poussin était certainement trop ambitieux. Mais tout compte fait, il désignait mieux l'esprit de ce croquis que celui de Blanchard, dont on voit mal les affinités avec ce type de figures et ce genre de recherches.

DR 35. Pâris et Œnone, dit aussi Angélique et Médor

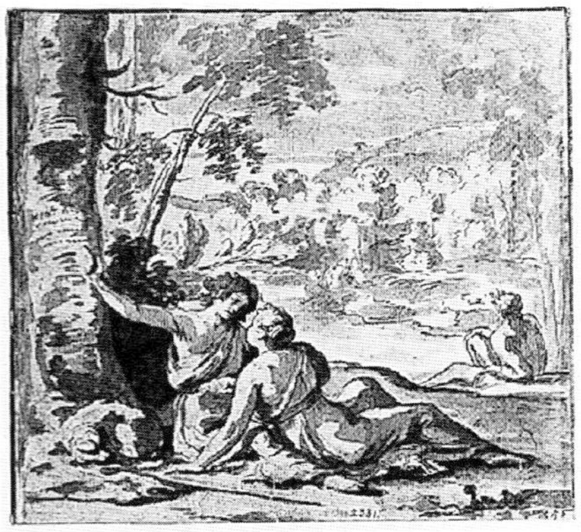

Sanguine, plume et lavis brun; 0,213 x 0,219 m.
Au verso, très légère esquisse d'une *Vierge à l'Enfant* (?)
Stockholm, Nationalmuseum, Inv. NM 2431/1863.

HIST.
Comme les deux *Madeleine pénitente* du même cabinet, le dessin provient de la collection Crozat et il a fait partie de l'ensemble réuni par Tessin. Jusqu'à ces dernières années, il a été très admiré sous le nom de Poussin. Mais il a été rejeté par Friedlaender et Blunt (1953), et Cocke a suggéré le nom de Mola (1969). En 1976, Bjurström, passant outre le silence de Charles Sterling, l'a délibérément classé sous le nom de Blanchard (*Drawings in Swedish Collections. 2. French Drawings. Sixteenth and Seventeenth Centuries.* Stockholm, 1976, n° 133, reprod.).

La ressemblance avec l'*Angélique et Médor* de New York, qui a entraîné l'attribution, reste d'ordre générique : rien ne permet de voir dans le dessin de Stockholm une étude préparatoire pour le tableau. D'autre part ce lavis ne correspond guère à ce qu'on peut attendre de Blanchard dessinateur. Une fois oublié le charme du sujet et le prestige du nom de Poussin, on constate que le graphisme est hésitant, le paysage d'une faiblesse insigne. Nulle unité dans les lumières, nulle expression dans l'arabesque; nulle vie et nulle émotion. Glisser du nom de Poussin, tricherie ancienne mais évidente, à celui de Blanchard paraît une consolation trop facile.

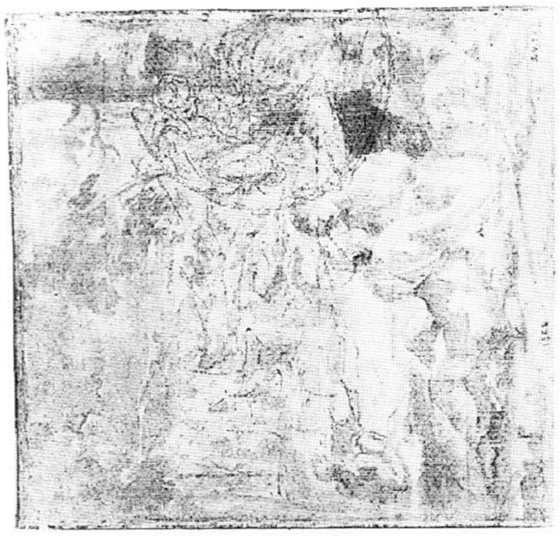

verso, avec croquis

DR 36. Herminie et les bergers

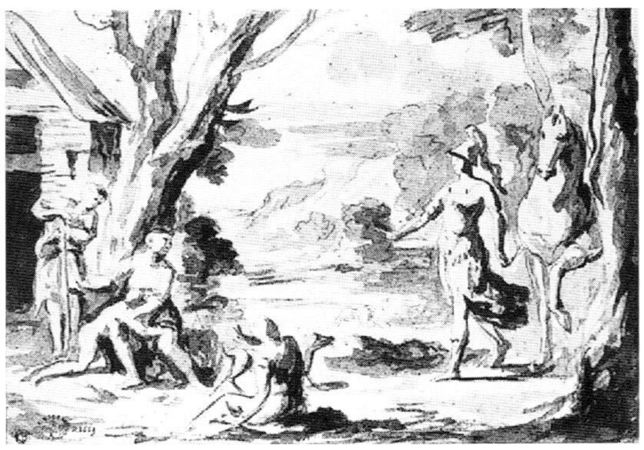

Lavis brun sur esquisse à la pierre noire; 0,167 x 0,230 m.
Besançon, Musée des Beaux-Arts, Inv. D.2669.

HIST.
1894 : entré au musée avec le legs de Jean Gigoux (marque en bas, à droite, Lugt 1164).

Comme presque tous les lavis de ce genre, cette feuille a été donnée à Poussin, ce dont témoigne l'indication au crayon portée au verso; c'est donc sous ce nom qu'elle figure au musée. Et comme pour la plupart de ces attributions, la grande révision actuelle s'est montrée sévère. En 1974 Blunt l'a rejetée (*Catalogue raisonné,* t. V, p. 100); il a été suivi par Rosenberg et Prat en 1994 (*Catalogue raisonné,* t. II, n° R 165, p. 814). La qualité et le charme du dessin ne sont pas en cause. Mais faut-il se presser de remplacer un grand nom par un autre? « *The technique is like that of Blanchard* », assurait Blunt, et de leur côté Rosenberg et Prat confirmaient : « *Le dessin évoque l'art de Blanchard* ». Nous croyons les trois auteurs bien imprudents. Aucun dessin attribuable à Blanchard n'offre ce type de lavis, à la fois raide et sensible, et surtout on chercherait en vain dans son œuvre peint ou gravé une composition semblable, avec cinq personnages savamment équilibrés dans un paysage largement ouvert. Nous sommes ici avec un artiste d'une génération postérieure, celle qui s'est formée devant l'art de Poussin et des Bolonais : Rosenberg et Prat songeaient aussi à leur « maître de Stockholm ».

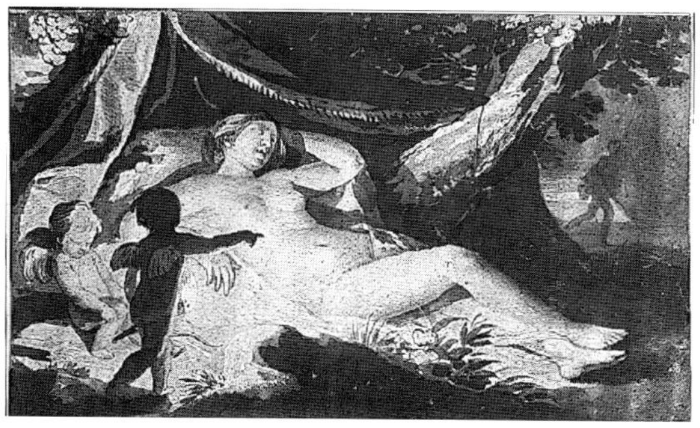

DR 37. Olympe abandonnée par Birène dit aussi à tort Ariane abandonnée par Thésée

Sanguine, pierre noire, plume, lavis de bistre et rehauts de blanc ; 0,225 x 0,386 m.
Paris, École Nationale Supérieure des Beaux-Arts, Inv. 546.

HIST.
1865 : le dessin apparaît lors de la vente de la collection Desperet (6-7 juin, n° 516) sous le nom de Stella ; il passe dans la collection Armand-Valton.
1908 : légué à l'École des Beaux-Arts avec l'ensemble de cette collection.
Il est possible que ce soit le dessin qu'on rencontrait en 1773 sous le nom de Stella à la vente Lempereur (24 mai et jours suivants) ; *cf.* catalogue p. 87 : « *Jacques Stella. 476. Olympe abandonnée par Birène ; sujet tiré de l'Arioste. Plus trois desseins d'études* ».

EXP.
1929, Maisons-Laffitte, n° 25 (Stella) ; 1933, Paris, n° 4 (« attribué à Jacques Blanchard ») ; 1952-1953, Etats-Unis, n° 46 (« Jacques Blanchard ») ; 1959, Berne, n° 102 (« Jacques Blanchard »), reprod. pl.37 ; 1961, Paris, n° 98 (« Jacques Stella »), reprod. pl.8. ; 1981, Paris, « *De Michel-Ange à Gericault. Dessins de la donation Armand-Valton* », École Nationale Supérieure des Beaux-Arts, n° 162, reprod. couleurs (Jacques Stella).

BIBL. SOMMAIRE
1933, Lavallée, p. 148-149 (Jacques Blanchard) ; 1933, Thomé, p. 128, (« Olympe abandonnée par Birène », Jacques Stella) ; 1934, Lavallée, p. 183-186, reprod. p. 185 (Jacques Blanchard) ; 1946, Dorival, p. 58 (« Ariane abandonnée », Blanchard) ; 1948, Lavallée, p. 38, reprod. pl. XVI (Blanchard, « Olympe abandonnée par Birène ») ; 1960, Jacques Thuillier, « Poussin et ses premiers compagnons à Rome », *Nicolas Poussin*, Actes du colloque international Nicolas Poussin, p. 104, note 126 (Stella) ; 1961, Sterling, p. 101 (Stella).

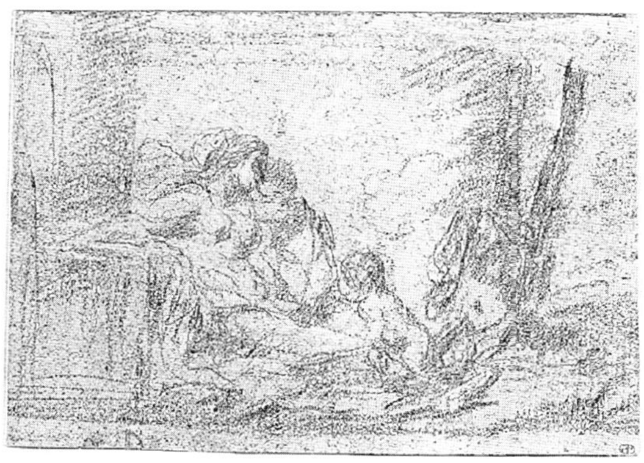

Ce très beau dessin avait toujours porté le nom de Jacques Stella, et une note d'Armand, écrite au verso, indique qu'« *il y avait au bas à droite "Jacobus Stella fecit 1633", à gauche "à l'âge de 37 ans"* », et que cette inscription avait été supprimée par un monteur maladroit. Pierre Lavallée (1933) a cru bon de l'enlever à ce maître pour le donner à Jacques Blanchard à partir de critères stylistiques qui, en fait, reflétaient surtout son ignorance de l'œuvre de Stella. Il a été trop facilement suivi, malgré la protestation parfaitement fondée de Thomé (1933). Dès 1960, nous avons rappelé qu'il fallait revenir à l'attribution première, et il ne semble plus que la paternité de Stella soit contestée.

En soi, l'attribution de Lavallée n'était nullement absurde. Il y a certes bien des éléments qui dans cette feuille évoquent Blanchard, et tout particulièrement la *Vénus et les Grâces* du Louvre. Mais ce sont précisément les points par lesquels Blanchard se rattache à son époque, à l'inspiration sensuelle qui est alors si fréquente, aux motifs plastiques qui appartiennent au répertoire du temps. Rappelons que Blanchard avait sans doute connu Stella lors de son séjour à Rome, mais que ni à ce moment, ni après le retour de ce dernier à Paris, il ne semble avoir subi son influence.

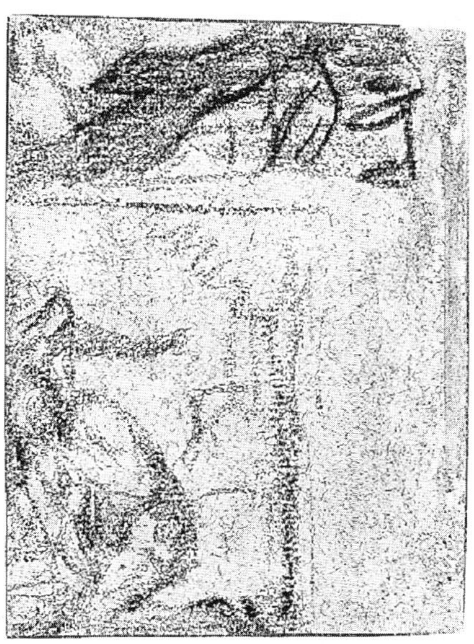

verso

DR 38. La Charité (?)

Recto : *La Charité (?)*
Sanguine et craie sur papier brun clair ; 0,112 x 0,154 m.
Verso : deux fragments, l'un trop réduit pour être lu, l'autre montrant un personnage agenouillé, qu'il semble impossible de regarder comme une étude pour *Suzanne et les vieillards*, comme on a pu l'avancer (plutôt partie d'une *Déploration* ou d'une *Adoration des bergers*?).
Paris, École Nationale Supérieure des Beaux-Arts, Inv. P.M. 650.

HIST.
1979 : mentionné par Anthony Blunt comme *« a study in a private collection for [Blanchard's] Charity in the Lee Collection at the Courtauld Institute »*.
1982, 14 décembre : passé en vente chez Christie's sous le nom de Blanchard, n° 440; acquis par Mathias Polakovits.
1987 : légué à l'École Nationale Supérieure des Beaux-Arts par Mathias Polakovits avec l'ensemble de ses dessins français; *cf.* cachet en bas à droite (Lugt non cité).

EXP.
Jamais exposé.

BIBL.
1979, Blunt, *The Drawings of Poussin*, New-Haven - London, p. 195, note 22 (Blanchard); 1996, Prat-Rosenberg, reprod. recto et verso (Blanchard).

Il s'agit d'un simple croquis, d'une dizaine de centimètres de hauteur, taillé dans une feuille plus large, et si l'on interprète les quelques hachures figurant au pied des deux troncs d'arbres comme un troisième enfant revêtant une chemise, le sujet peut être, non pas une *Vierge à l'Enfant avec saint Jean*, mais une *Charité*. Anthony Blunt y voyait une étude pour le tableau du Courtauld Institute : en fait, les différences sont trop nombreuses pour qu'on parle de rapport direct. Quant au verso, le seul fragment lisible montre un personnage agenouillé qui n'a aucun correspondant, jusqu'ici, dans l'œuvre de Blanchard .

Faut-il reconnaître sa main ? Certes, ce n'est pas chose impossible. Mais le sujet est très fréquent. Le groupement des figures, banalement encadrées entre une colonne et les deux troncs d'arbres, ne montre guère d'autorité. Le trait est vague, plutôt mou. Pour l'instant, entre tant d'artistes de l'époque qui ont répété ce schéma de composition (Nicolas Prévost (*cf. supra*), Louis de Boullongne, *La Sainte Famille à l'oiseau* (gravée), la *Vierge à l'Enfant avec saint Jean, au mur* (gravée), *etc.*), rien n'assure que ce graphisme impose le nom de Blanchard. Nous croyons prudent de laisser cette feuille dans le doute tant que ne seront pas retrouvées des sanguines d'attribution sûre offrant une écriture comparable.

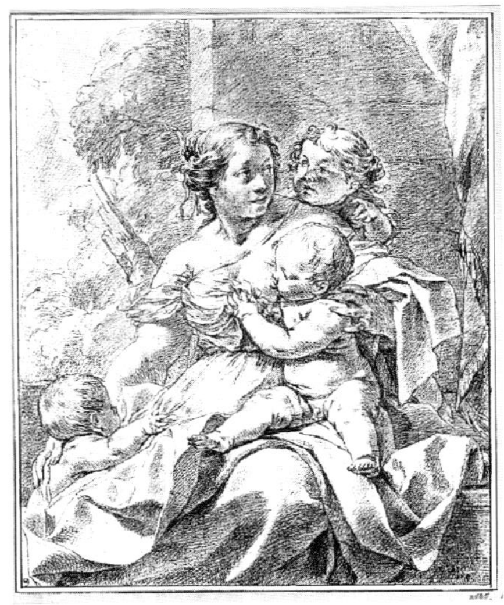

DR 39. La Charité

Pierre noire; 0,342 x 0,27 m.
En bas, à droite, inscription : *la hire*.
Stockholm, Nationalmuseum, Inv. NM 2691/1863.

HIST.
À fait partie de la collection réunie par Tessin; dès le catalogue de 1749 placé sous le nom de La Hyre. En 1976 ce nom a été remplacé par celui de Blanchard dans le catalogue établi par Per Bjurström (*Drawings in Swedish Collections. 2. French Drawings. Sixteenth and Seventeenth Centuries*, Stockholm, 1976, n° 135, reprod.).

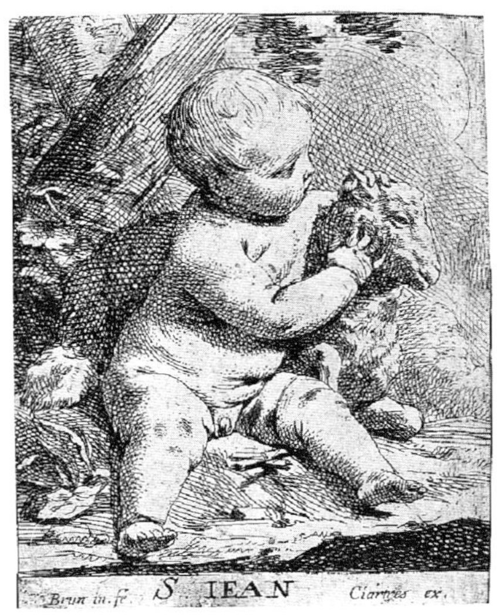

Fig. 1

Le nom de Laurent de La Hyre est en effet exclu. Mais celui de Blanchard n'est pas plus fondé. En fait l'enfant assis sur les genoux de sa mère réapparaît, détail à détail, dans le petit *Saint Jean* gravé à l'eau-forte par Charles Le Brun vers 1640. Le trait appuyé, le jeu des ombres, le type féminin se retrouvent dans les eaux-fortes des *Quatre moments du jour* et les dessins de même date (*cf.* catalogue de l'exposition *Charles Le Brun*, Château de Versailles, 1963, n°s 51-58). Nous croyons que cette *Charité* s'intègre parfaitement dans l'œuvre de Le Brun vers 1639-1642, avant son départ pour l'Italie (*cf.* catalogue de l'exposition *Laurent de La Hyre*, Grenoble-Rennes-Bordeaux, 1988, Dessins refusés, n° R-D 18, p. 368, reprod.). Il est du reste fort probable que le jeune peintre, en choisissant pareil thème, songeait à rivaliser avec les œuvres de Blanchard, disparu en 1638.

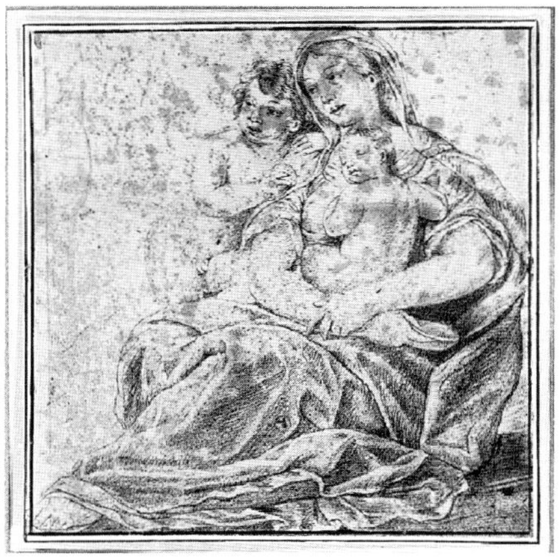

DR 40. Femme avec deux enfants
dit aussi La Vierge, l'Enfant et saint Jean

Crayon noir ; 0,209 x 0,200 m.
Sur le montage, à gauche, *Blanchard*.
Paris, Musée du Louvre, Cabinet des Dessins, Inv. 23777 ; cat. Guiffrey-Marcel, n° 296 (attribution)

HIST.
1806 : selon Guiffrey-Marcel, entré au Louvre avec la collection Baldinucci.

C'est apparemment l'interprétation du groupe comme une Vierge avec l'Enfant et saint Jean qui dut attirer le nom de Blanchard. En fait, la femme lève des yeux suppliants et tient une sébille, de sorte qu'on peut croire qu'il s'agit d'une mendiante. Tout désigne ici une copie, sans doute à partir du détail de quelque grand tableau italien appartenant à la seconde moitié du XVIIe siècle.

DR 41. Scène de couronnement avec figures allégoriques,
dit aussi Frise allégorique

Pierre noire et lavis de bistre sur papier crème ; 0,122 x 0,232 m.
Cambridge, Fogg A-t Museum, Harvard University (Marian Harris Phinney Fund 1967.4).

HIST.
1967 : acquis par le musée de la collection Arnold Rosner, Tel-Aviv ; le dessin avait été attribué à Blanchard dès 1959 par Anthony Blunt.

EXP.
1972-1973, Toronto-Ottawa-San Francisco-New York, n° 6, reprod. pl.24.

BIBL.
1967, Fogg Art Museum, *Acquisitions Report* 1966-1967, p. 162, reprod. p. 138 ; 1972, Pierre Rosenberg, notice dans le catalogue 1972-1973, p. 133 ; 1995, Beresford, p. 389 ; 1989, Hilliard T. Goldfarb, dans le cat. 1989, Cleveland, p. 158-159, reprod. p. 159.

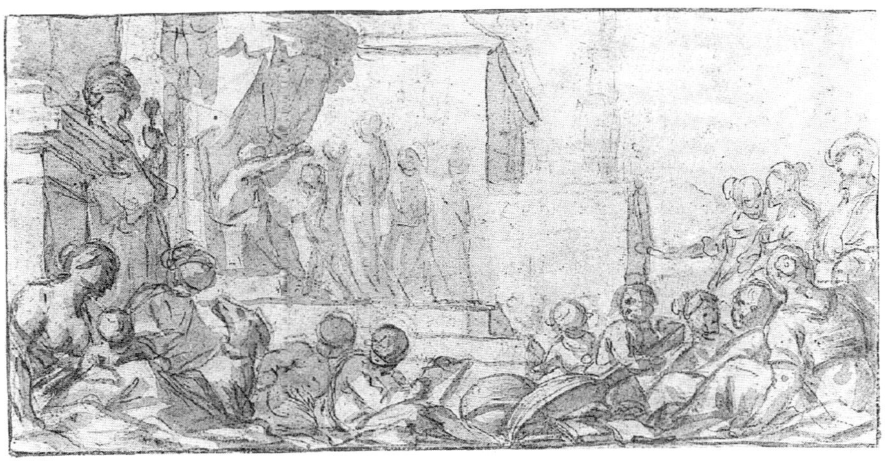

Pierre Rosenberg (1972) a repris à son compte, avec fermeté, l'attribution à Jacques Blanchard due à Anthony Blunt (1959), et il voit dans cette composition un projet pour quelque grand décor parisien. Le dessin, ajoute-t-il, *« ne pose qu'un problème, celui de son sujet »*.

Il semble en fait que cette composition évoque l'Étude, avec sur le devant livres et instruments de musique, et au second plan la couronne qui vient récompenser les jeunes gens les plus studieux. Pareil sujet convient aussi bien à l'en-tête gravé d'un livre qu'à un grand panneau peint. Le dessinateur paraît avoir cherché une perspective *di sotto*, ce qui indiquerait plutôt le second cas.

Que l'on ne trouve aucune œuvre de ce type mentionnée à propos de Blanchard n'empêche nullement l'attribution : nous savons peu sur les décors qu'il a réalisés. Mais il faut bien s'inquiéter de certains aspects du graphisme, assez confus, et qui est loin de posséder l'autorité de la *Sainte Famille* du Louvre. Le trait tremble (les architectures de gauche), le lavis manque d'à-propos (le bras estropié de la femme de droite). Les petits chignons ronds, le profil pointu des femmes rappellent peu les types de Blanchard, et surtout la répartition du sujet dans l'espace reste sans exemple dans son œuvre. L'utilisation du lavis sur pierre noire ou la présence d'une femme assise avec un enfant sur les genoux ne sauraient certes suffire pour établir la paternité de Blanchard, et nous croyons prudent d'écarter cette feuille des œuvres sûres.

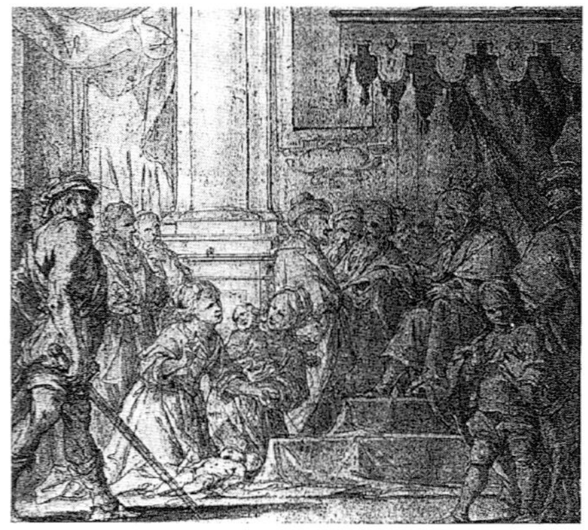

Fig. 1
« Attributed to Jacques Blanchard » (1989), *Le Jugement de Salomon*, localisation actuelle inconnue.

Nous aurions peut-être plus d'hésitations sans l'existence d'un curieux *Jugement de Salomon* qui a naguère appartenu à Sir Anthony Blunt (fig. 1). Après sa mort, il est passé en vente publique à Londres, chez Christie's, le 18 avril 1989, et il a été ensuite présenté chez Richard Day Ltd., du 11 au 21 décembre 1990. Dans les deux cas il était déclaré « *attributed to Jacques Blanchard* », car la photographie se trouvait classée à ce nom à la Witt Library, ce qui a fait présumer que Blunt considérait que le dessin revenait à cet artiste. Mesurant 0,204 sur 0,220 m, il est à la pierre noire avec lavis brun et, au contraire de la feuille du Fogg Museum, très fini. En dépit de cette différence majeure, on ne peut s'empêcher de penser que les deux compositions sont du même artiste. Des détails comme les ports de tête, les coiffures, les chignons, le chien, et surtout les curieux profils crochus se retrouvent directement, dépourvus de la saveur de l'esquisse, mais offrant une parenté que Blunt lui-même avait dû reconnaître. Or de toute évidence ce *Jugement de Salomon* ne saurait revenir à la main de Blanchard.

DR 42. Paysage avec statue et bas-relief, dit aussi Femme dans un paysage avec fragment de bas-relief

Pierre noire et plume avec lavis gris ;
0,166 x 0,134 m.
Paris, Musée du Louvre, Cabinet des Dessins, Inv. 23286.

HIST.
Provient des collections marquis de Calvière et Saint-Morys. Passé au Louvre avec les saisies d'émigrés ; n° 9603 de Morel d'Arleux.

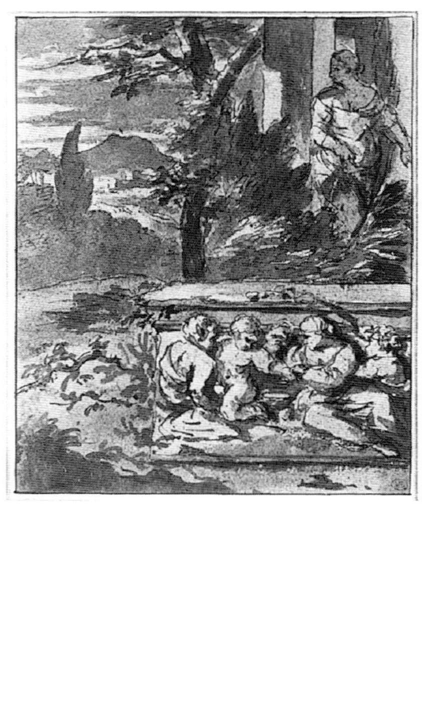

Le dessin était anciennement désigné comme « anonyme hollandais du XVIIe siècle ». Ce que nous croyons parfaitement justifié. Il a été reclassé à Jacques Blanchard, sans le moindre élément de vraisemblance.

Mentions anciennes d'œuvres de Blanchard ou attribuées à Blanchard

et qui ne peuvent être directement rattachées aux œuvres conservées

Nous n'avons pas cru devoir énumérer ici toutes les mentions d'œuvres de Blanchard que nous avons pu rencontrer, tant pour les tableaux que pour les dessins. Les inventaires, les catalogues de vente, les textes même des historiens se révèlent souvent inutiles ou peu fiables.

Inutiles, car les thèmes de Blanchard ne sont pas très variés : lorsqu'ils ne sont pas accompagnés de mesures et de description, certains titres n'ont guère d'intérêt. Ainsi nous ne reproduisons pas les mentions contenues dans l'inventaire après décès de Gabriel Blanchard, en mars 1704, dressé par Charles Hérault avec beaucoup de conscience. Nulle suspicion possible devant un « *tableau peint sur toille représentant un st Jérosme de l'ancien Blanchard, dans sa bordure de bois doré, prisé deux cents livres* », ou un « *tableau peint sur toille représentant un Joseph et Putifar d'après l'ancien Blanchard, prisé trente livres* ». Mais qu'en tirer pour la reconstruction de l'œuvre ? Il en va de même avec l'inventaire de Pierre Berger, maître apothicaire à Paris, rue des Barres, dont Bernard Dorival a naguère publié un extrait (1977, p. 132). Le document est des plus fiables puisqu'il remonte à février 1644, que le propriétaire était un ami de la famille (il signe au contrat de mariage de la fille de Simon Cornu), et que l'expert n'est autre que Philippe de Champaigne. Or cet apothicaire ne possède pas moins de quatre tableaux de Blanchard, plus une copie. Mais il s'agit d'un *Saint Jérôme,* d'une *Sainte*, d'une *Vierge accompagnée de sainte Elisabeth et de saint Jean*, d'une *Vierge avec le petit Jésus debout* et de la copie d'une *Vierge,* sans description ni mesures. Pareilles mentions peuvent au plus induire à des assimilations trop hâtives. Le principal intérêt de celles-ci est peut-être de montrer qu'à cette époque on encadre les œuvres de Jacques Blanchard tantôt d'une « *bordure fasson d'ebesne* », tantôt d'une « *bordure dorée* »...

En d'autres cas, et surtout pour des documents plus tardifs, même si la mention est précise, le doute saisit. Contrairement à un La Hyre, Blanchard signait peu. Jusqu'à nos jours, la confusion a été fréquente avec les œuvres de son frère Jean et surtout celles de son fils Gabriel. Lorsqu'on voit les Dézallier d'Argenville considérer comme œuvres majeures de Jacques des décors de Versailles, on se demande quelle est la valeur des expertises du XVIIIe siècle... Pratiquement l'activité de Gabriel, qui couvre toute la seconde partie du siècle, le fait qu'il a volontiers traité les sujets chers à son père, et sa célébrité qui, après la mort de Jean, fit vite oublier l'expression « Blanchard le neveu », rendent *a priori* suspecte toute mention tant soit peu tardive.

Nous nous contentons donc des mentions qui nous ont paru les plus intéressantes. Afin qu'on puisse facilement se reconnaître dans la liste, nous adoptons, non pas l'ordre chronologique (qui du reste ne correspond pas nécessairement au degré de fiabilité), mais l'ordre iconographique (même si nous savons que bien souvent les sujets ont été mal compris et mal décrits...).

Ancien Testament

1710

Suzanne et les vieillards

1710, 28 mars, Paris :
Inventaire après décès de Catherine Alphonsine Martel, veuve de Claude de Guénégaud, trésorier de l'épargne (Archives Nationales, Minutier Central, LXX, 232 ; *cf.* 1964, Rambaud, p. 531).
« Suzanne avec les deux vieillards, du même (Blanchard), *b.d. ... 30 l.*

Rien ne permet de savoir s'il s'agit du tableau gravé par Daret et catalogué plus haut (n° 32), ou d'une variante, ou d'une copie (le prix paraît bien modeste...).

1787

Suzanne au bain

Cuivre ; *ca.* 0,645 x 0,635 m.

1787, vente Lambert et Du Porail, Paris.
N° 161 – Blanchard
Suzanne au bain, avec dans le fond deux vieillards. Le tableau est dit provenir de la vente Conti ; il est qualifié de « tableau capital ».
Cuivre, h. 24 pouces ; l. 23 p. 6 lignes.
Adjugé 197 livres 1 sol à Paillet.

1863

Job et ses amis

1863, Mayence, Landesmuseum :
Gustav Parthey, 1863, *Deutscher Bildersaal : Jacques Blanchard. Job et ses amis Eliphée et Zohar.*

Le Dr Christiane Stukenbrock nous a très aimablement confirmé que le tableau avait bien appartenu à la collection du musée de Mayence, et qu'il a été détruit pendant la guerre. Il n'existerait ni photographie ni renseignements le concernant dans la documentation du musée.

Nouveau Testament

A. Vierge et Sainte Famille

1764

La Vierge à l'Enfant (au rideau vert)

H.t. ; *ca.* 1,20 x 0,92 m.

1764, Paris :
Catalogue historique du Cabinet de peinture et sculpture française de M. de Lalive, Paris, 1764.

p. 54-55. *Blanchard*
Une vierge & l'Enfant Jésus de Blanchard, sur toile, de trois pieds huit pouces de haut sur deux pieds dix pouces de large. Ce tableau est de la plus belle couleurs, & digne des plus grands maîtres. L'enfant tient beaucoup de Morillos, fameux Peintre Espagnol.

1769, Paris :
Catalogue raisonné des tableaux de différentes écoles... qui composent le Cabinet de M. de La Live de Jully, ancien Introducteur des Ambassadeurs, Honoraire de l'Académie Royale de Peinture. Par Pierre Rémy. Le lundi 5 mars 1770.

p. 21. *Jacques Blanchard.*
31. La Vierge assise, vue jusqu'aux genoux, tenant l'Enfant Jésus entre ses bras, de grandeur naturelle ; un rideau vert bordé d'un galon d'or occupe une partie du fond du haut de ce tableau ; il est du meilleur style de ce Maître, & il est peint sur une toile qui porte 3 pieds 8 pouces de haut, sur 2 pieds 10 pouces de large.
Adjugé 120 livres à Foliot.

Il semble bien qu'il s'agisse du tableau catalogué plus haut, n° 9.

1785

La Vierge à l'Enfant (endormi)

H.t. ; *ca.* 0,77 x 0,65 m.

1785, Paris
Catalogue d'une belle collection... (provenant) du Cabinet du sieur Dupille de St-Severin, ci-devant Trésorier des Troupes de la Maison du Roi..., dispersée « *dans le courant de février 1785, en sa demeure, rue Saint-Louis, au Marais* ».

p. 47. *Jacques Blanchart.*
263. La Vierge assise ; elle a sur ses genoux l'Enfant Jésus endormi, qu'elle regarde avec tendresse. Ce tableau est d'une touche spirituelle et d'un bel empâtement de

couleur : hauteur 2 pieds 4 pouces 6 lignes, largeur 2 pieds ; toile.

Le catalogue ne fait pas mention d'une gravure. La description correspond pourtant avec la *Vierge à l'Enfant* n° 100, dont l'original se trouve aujourd'hui au Musée de Clermont-Ferrand.

1795

La Vierge à l'Enfant (entre ses bras)

H.t. ; *ca.* 0,97 x 0,80 m.

1795, Paris
Catalogue d'objets rares et précieux... provenant du Cabinet du C. Aranc de Presle... 30 avril 1795, par J.A. Lebrun jeune.

p. 19. *Blanchard.*
59. La Vierge tenant l'enfant Jésus entre ses bras, elle est vue plus qu'à mi-corps, ajustée d'un voile, et d'un corset rouge, le fond est orné d'un rideau. Hauteur 36 pouces sur 30 pouces. T.

Le catalogue ne fait pas référence à une gravure. L'indication « ajustée d'un voile et d'un corset rouge » fait songer à la *Vierge à l'Enfant* cataloguée sous le n° 69, mais la présence d'un rideau dans le fond ne permet pas l'assimilation.

1791-1795

La Vierge à l'Enfant, de Saint-Pierre-des-Arcis

1791, Paris :
Le procès verbal d'inventaire dressé en l'église de Saint-Pierre-des-Arcis le 19 janvier mentionne dans la chapelle de la Vierge « *un charmant tableau représentant la Vierge et Jésus son fils, peint par Blanchard* » (*cf.* Stein, 1890, p. 84).

1794, 15 nivôse an II (4 janvier 1794), Paris :
État des objets d'art entrés dans le Dépôt provisoire des Monuments, depuis le 10 nivôse jusqu'au 20 dudit. Tableaux déposés à Saint-Jean-en-Grève, provenant des diverses paroisses de la Cité :

De Saint-Pierre des Arcis, une Sainte Famille, de Blanchard (*cf.* Plon, 1886, II, p. 113).

1795, Paris :
État général du dépôt provisoire des Petits-Augustins.
De Saint-Jean-en-Grève.
1270. Une Sainte Famille par Blanchard (*cf.* Plon, 1886, II, p. 288).

Malgré l'appellation « Sainte Famille » dans les registres du dépôt parisien, on peut croire que les trois mentions se rapportent au même tableau.

1795-1797

Sainte Famille, de Port-Royal

1795, Paris :
État général du dépôt provisoire des Petits-Augustins. *De Port-Royal :*
868. La Sainte Famille, par Blanchard
(*cf.* Plon, 1886, II, p. 277).

1797, 2 septembre, Paris :
État des objets remis à l'administration du Museum Central des Arts par Alexandre Lenoir, conservateur du Musée des monuments français.
De Port-Royal : Une Sainte Famille, par Blanchard (*cf.* Plon, 1883, I, p. 127, et Plon, 1886, II, p. 407 et note 1).

Il n'est pas impossible que la mention de ce tableau réservé pour le Museum ne concerne la *Sainte Famille* trois figures du Louvre (Inv. 2607).

1795

Sainte Famille, de Port-Royal

1795, Paris :
Catalogue du dépôt national des Monuments français :
Blanchard.
n° 123. de Port-Royal. Les familles de Jésus et de Jean réunies [Autre Sainte Famille] (*cf.* 1795, Lenoir, p. 30).

1795, Paris :
État général du dépôt provisoire des Petits-Augustins.
De Port Royal.
869. Autre Sainte Famille, par le même (Blanchard) (*cf.* Plon, 1886, II, p. 277).

Ces mentions pourraient correspondre, même si Joachim est absent, à la *Sainte Famille cinq figures* du Louvre (Inv. 2606).

1795

Sainte Famille, des Dames de la Miséricorde

1795, Paris
État général du dépôt provisoire des Petits-Augustins.
Dames de la Miséricorde.
664. Une Sainte Famille, petit tableau par Blanchard
(*cf.* Plon, 1886, II, p. 271).

1795

Sainte Famille, des Feuillants-Saint-Honoré

1795, Paris
Catalogue du dépôt national des Monuments français.
Blanchard.
n° 119. des Feuillants. Une Sainte Famille
(*cf.* Lenoir, 1795, p. 80).

État général du dépôt provisoire des Petits Augustins.
Des Feuillants Saint-Honoré. Moyens.
337. Une Sainte Famille, attribuée à Blanchard
(*cf.* Plon, 1886, II, p. 261).

1795

Sainte Famille, des Théatins

1795, Paris
Catalogue du dépôt national des Monuments Français. *Blanchard.*

n° 120. Pareil sujet [une Sainte Famille], *copie d'après Van Dyck avec des additions* (*cf.* 1795, Lenoir, p. 30).

État général du dépôt provisoire des Petits-Augustins. *Des Théatins. Grands tableaux.*
133. Une Sainte Famille, copie d'après Wandick, par Blanchard, avec des additions de sa main
(*cf.* Plon, 1886, II, p. 256).

Cette « copie de Van Dyck avec additions » laisse circonspect : d'ordinaire les experts de 1795 sont moins savants.

1746

Sainte Famille

1746, Londres
Vente Glover, 2e jour, n° 45.

The Holy Family, painted at Venice. J. Blanchart
Adjugé 11.5.0.

Il est bien difficile de savoir si ce *« painted at Venice »*, au milieu du XVIIIe siècle, à Londres, provient de quelque document, ou d'une vague impression de coloris à la Titien ou à la Véronèse.

1679

Sainte Famille

1679, Paris
Inventaire de l'hôtel Lambert, à la suite de la mort de Marie de Laubespine, épouse de Lambert de Thorigny (Archives Nationales, Minutier Central, XII, 172). Pour les tableaux, l'inventaire est dressé par les soins du « sieur Gabriel Blanchard, peintre ordinaire du Roy, professeur en son académie royalle de peinture » :

Item un tableau peint sur toille representant une Vierge avec son fils, sainte Elisabeth un petit St Jean, original de Blanchard, garny de sa bordure dorée, prisé deux cens livres cy *II[C] lt.*

L'estimation est élevée. Si un « Ravissement des Sabines original du vieux Bassan » est estimé à 500 livres, les sept tableaux fameux du Cabinet doré, « peintures d'histoires », ne montent que de 100 à 300 livres (ce dernier prix pour le *Combat des harpies* de Perrier et l'*Enée blessé* de Romanelli). Apparemment Gabriel Blanchard a reconnu ici une œuvre importante de son père. Malheureusement il est impossible de savoir de quelle version il pouvait s'agir, Blanchard ayant certainement traité mainte fois ce sujet.

1756

Sainte Famille

1756, Londres
Vente Prestage's, 2e jour, n° 12.

A Holy Family. Blanchard.

Cette mention, hélas, est plus précieuse pour la fortune critique de Blanchard en Angleterre que pour l'identification des œuvres...

1683

La Sainte Famille avec sainte Anne, saint Joachim et saint Jean, sur bois

1683
Inventaire de l'hôtel du duc de la Feuillade, à Paris, proche de la porte Saint-Denis.

Tableaux qui sont dans la salle ayant veue sur la grande cour du Louvre.

...item un autre tableau peint sur bois représentant une vierge avec son petit Jesus, saint Joseph, saint Joachim, sainte Anne et saint Jean, original de Blanchard, garny de sa bordure de bois doré, prisé et estimé de l'avis dudit Vernansal la somme de soixante quatre livres.
Cf. Catalogue de l'exposition *Les trésors du Grand Ecuyer*, Ecouen, 1994-1995, Annexe, p. 147.

Le tableau est accompagné d'une « *Madeleine avec deux anges,* original du Guide », estimée 245 livres, et aussi d'une « *Vierge avec son petit Jésus,* original du sieur Blanchard », prisé 32 livres. Il est très possible que ce *sieur* Blanchard soit simplement Gabriel ; toutefois, pour la *Sainte Famille* sur bois, on pencherait volontiers pour une œuvre de Jacques.

1773

Sainte Famille, cinq figures, avec un évêque

H.t. ; *ca.* 1,00 x 1,30 m.

1773, 13 décembre, Paris :
Catalogue de la vente Martin, 13 décembre.

177. Un beau tableau de Blanchart représentant une Sainte Famille ; on y a placé un Evêque. Hauteur trois pieds, & largeur quatre pieds.

Il existe un exemplaire illustré par Saint-Aubin d'un croquis représentant le tableau (vente à Londres, Christie's, 7 avril 1970, n° 109 ; *cf.* 1975 Rosenberg, p. 220). La composition semble avoir été fort proche de la *Vierge à l'Enfant avec la Madeleine et un saint* (*cf. supra*), mais avec l'addition d'un cinquième personnage, peut-être un saint Joseph. L'authenticité de ce tableau paraît des plus probables, mais le dessin est trop petit et trop sommaire pour qu'on puisse juger du style et de la date.

1781

Sainte Famille à la grappe (sur bois)

H. bois ; *ca.* 0,43 x 0,60 m.

1781, 1er mars, Paris :
*Catalogue d'une collection de tableaux des trois écoles... du Cabinet de M. P***.*

p. 20. *Jacques Blanchard*
72. Une Sainte Famille. Saint Joseph montre un raisin à l'Enfant Jésus. Sur B. 16 pouces de haut sur 22 pouc. 6 lig. de large.

1789

Sainte Famille à l'Enfant tendant les clefs, trois figures.

1789, jeudi 26 mars, Paris :
Catalogue d'une belle collection de tableaux des trois écoles... composant le Cabinet de M. Parizeau, Peintre & Graveur à Paris. Par A.J. Paillet :

p. 24. Par le même (Blanchard).
57. Une Sainte Famille, la Vierge est assise & tient l'Enfant Jésus sur ses genoux, qui donne des clefs à Saint-Joseph, qui a l'air de les recevoir avec respect, un rideau vert sert de fond à cette composition : ce Tableau est d'une très belle couleur & justifie le surnom du Titien François donné à l'Auteur par les vrais connoisseurs. Hauteur 40 pouces, largeur 57 pouces. T.
Adjugé 48 livres 1 sol à Galland.

Il est évident que le sujet a été mal compris : la remise des clefs à saint Joseph serait une aberration iconographique difficile à justifier sur le plan théologique. Il s'agit manifestement d'une Vierge à l'Enfant qui remet les clefs à saint Pierre. Le sujet est celui du tableau d'Albi. Les dimensions sont très proches (*ca.* 1,08 x 1,54 m contre 1,05 x 1,40 m pour le tableau conservé). S'agissait-il d'une copie, ou d'une réplique, ou d'une variante ? Ou faut-il remettre en question la provenance de la toile albigeoise, qui suppose sa présence dans la cathédrale dès la fin du XVIIe siècle ?

1810

Sainte Famille

ca. 1 14 x 1,62 m.

1810 20 décembre, Paris :
Collection de tableaux des trois écoles...

n° 111. BLANCHARD
Une Sainte Famille. Hauteur 3 pieds et demi sur 5 pieds de large
(*cf.* 1978, Schnapper-Ternois, p. 153).

1756

Le Repos en Égypte

H. bois ; *ca.* 0,32 x 0,40 m.

1756, Paris
vente de la collection du duc de Tallard.

N° 165 – Blanchard
Le Repos en Egypte.
Bois. H. 12 pouces ; l. 15 pouces.
Adjugé 96 livres 5 sols.

1789

Le Repos en Égypte

H.t. ; *ca.* 0,43 x 0,86 m.

1789, jeudi 26 mars, Paris :
Catalogue d'une belle collection de tableaux des trois écoles... composant le Cabinet de M. Parizeau, Peintre et Graveur à Paris. Par A.J. Paillet,

p. 24-25. *Par le même* (Blanchard).
58. Le repos en Egypte. La Sainte Vierge assise à terre sur la droite du Tableau, ayant l'Enfant sur elle, couché sur un oreiller, Saint Joseph est assis auprès d'elle tenant un livre, un rocher sert de fond à ce Tableau qui est d'une très belle couleur & d'un beau pinceau. Hauteur 23 pouces, largeur 32. T.
Adjugé 60 livres à Delarue.

B. Vie de la Vierge

1790

L'Éducation de la Vierge des Petits-Augustins

1790, 30 septembre, Paris :
Inventaire dressé dans la maison des Augustins de la reine Marguerite.
L'Education de la Vierge, peint dans l'école de Blanchard (*cf.* Stein, 1890, p. 78).

Il existe une *Education de la Vierge,* proche du style de Blanchard sans paraître de sa main, et qui a toute chance d'avoir orné l'autel secondaire d'une église (voir *supra*, n° R 10). Mais Blanchard put fort bien traiter le sujet, et pareillement les jeunes peintres qui furent sensibles à son art, à commencer par Boullogne.

1818

Le Mariage de la Vierge

H.t. ; 1,85 x 1,71 m.
1818, Paris.
Tableaux concédés en jouissance par le roi (...) «*École de Blanchard. Le mariage de la Vierge* » ; accordé au baron de Razac pour la Louisiane. Décision du 11 février ; reçu du 31 juillet.
(*cf.* Courajod, 1878, p. 375).

Certains des tableaux faisant partie de la même concession sont encore conservés, en assez mauvais état, à la cathédrale de Saint-Louis (par ex. le *Saint Louis* de Brenet ou le *Martyre de saint Barthélémy* de Bertin). Nous n'avons pu identifier ce *Mariage de la Vierge*.

1764

L'Annonciation

Ovale, sur cuivre ; *ca.* 0,36 x 0,43 m.

1764, lundi 9 avril, Paris.
Catalogue d'une collection de très beaux tableaux...
Par Pierre Remy :

p. 26. *Jacques Blanchard.*
L'Ange annonçant à la Vierge qu'elle enfantera le Sauveur. Ce tableau, qui est sur cuivre, de forme ovale, porte 13 pouces 6 lignes de haut sur 16 pouces de large.

Adjugé 50 livres 12 deniers au Comte de Raimond.

Le fait qu'il s'agisse d'un petit cuivre ovale suggère une réduction d'un tableau d'église, sans doute de la main d'un copiste.

1797

L'Annonciation

ca. 1,45 x 1,62 m.

5 fructidor an V (22 août 1797), Paris.
Confiscation chez l'émigré Louis Joseph de Mailly, marquis de Nesle, émigré, rue de Beaune :

L'Annonciation, figures de grandeur naturelle, dont la tête de la Vierge est abimée. h. 54 p. l. 60 p.
(*cf.* 1912, Furcy-Raynaud, p. 305).

On rapprochera cette mention de l'*Annonciation* gravée par Garnier (voir, Cat. 90), mais sans prétendre qu'il s'agit nécessairement du même tableau.

1818

La Salutation angélique

H.t. ; 1,47 x 1,96 m.

1818, Paris.
Une *Salutation Angélique, par Blanchard*, est concédée au Préfet de la Seine. Avec la mention : *Banlieue de Paris.*
Le reçu est du 18 février 1819.
(*cf.* 1878, Courajod, p. 376).

Il n'est pas entièrement assuré que cette *Salutation angélique* soit celle qui avait été confisquée chez le marquis de Nesle en 1797 (voir le n° précédent), ni celle qui avait été gravée par Garnier.

1773

La Vierge de l'Annonciation

ca. 0,80 x 0,60 m.

1773, 13 décembre, Paris.
Catalogue de la vente Martin :

178. Une Vierge de même (c'est-à-dire de Blanchard) *ayant les mains croisées : hauteur 30 pouces, largeur, 22 pouces.*

Il existe un exemplaire illustré par Saint-Aubin qui a fait en marge un croquis très sommaire représentant cette *Vierge*. Elle ne correspond à aucune des *Vierge* conservées ou gravées (*cf.* 1975, Pierre Rosenberg, p. 220, reprod. du croquis fig. 141).

1795

La Vierge au pied de la croix, de Port-Royal (copie)

État général du dépôt des Petits-Augustins :
De Port-Royal.
La Mère du Christ au pied de la Croix, d'après le même (Blanchard) (*cf.* Plon, 1886, p. 277).

Il ne semble pas que cette mention puisse concerner la *Déploration sur le Christ mort* envoyée par la suite à Toulouse (voir n° R 22), tableau de cinq figures où Marie n'est aucunement la plus apparente. En revanche on peut se demander s'il n'y a pas simple erreur sur le nom de l'artiste de la part du rédacteur de l'État général du Dépôt. En effet à Port-Royal figurait une *Vierge de douleur au pied de la croix, copie* ; il s'agissait de la composition de Champaigne, copiée par son neveu, très correctement inventoriée le 28 février 1793 et dans divers actes de l'an VII, et affectée en l'an IX au musée de Dijon (actuellement au Musée national des Granges de Port-Royal). Le « même » renverrait, non pas au nom de Blanchard, mais au nom de Champaigne qui figure en tête de la liste des tableaux provenant de Port-Royal.

1810

La mort de la Vierge, de la Charité

ca. 3,90 x 3,10 m.

1810, 28 novembre, Paris :

Collection de tableaux des trois écoles...
n° 17. Blanchard. La Mort de la Vierge. Ce tableau, d'un

intérêt majeur dans son ensemble, est composé de quatorze figures ; sa couleur est belle et harmonieuse. Il était à la Charité. Hauteur de 12 pieds sur 9 et demi de large (*cf.* 1978, Schnapper-Ternois, p. 133).

Antoine Schnapper et Daniel Ternois signalent que l'œuvre ne semble mentionnée nulle part ailleurs et ne peut être passée chez Lenoir. On n'en connaît aucune autre mention ; il s'agissait pourtant d'un tableau de très grandes dimensions.

1810

La Mort de la Vierge, de Notre-Dame

1810, 28 novembre, Paris :

Collection de tableaux des trois écoles...
n° 143. Blanchard. La mort de la Vierge. Provenant de Notre-Dame
(*cf.* 1978, Schnapper-Ternois, p. 157).

Nous n'avons jusqu'ici trouvé aucune trace de ce tableau dans les descriptions anciennes de Notre-Dame.

1752

L'Assomption, de Saint-Germain-le-Vieux

1752, Paris.

1752, Brice ; IV, p. 281, à propos de l'église de « S. Germain le Vieux ». « *Il y a à l'autel de la Vierge un Tableau de l'Assomption de la Vierge, peint par Jacques Blanchard, fameux peintre* ».

1783. Pahin de la Blancherie, p. 218 : « *L'Assomption de la Vierge à Saint-Germain-Le-Vieux* ».

1791. Le procès verbal d'inventaire dressé en l'église de Saint-Germain-le-Vieux mentionne dans la chapelle de la Vierge « *sur son autel, une Assomption de la Vierge, peint par Philippe de Champagne. Au dessus est une petite esquisse représentant La Trinité, peinte par le même* » (*cf.* Stein, 1890, p. 115).

Le tableau ne semble plus réapparaître ni sous le nom de Blanchard ni sous celui de Champaigne dans les listes révolutionnaires, qui ne mentionnent guère à propos de Saint-Germain-le-Vieux que le *Baptême du Christ* de Stella et les colonnes de marbre noir à chapiteaux dorés du maître-autel.

1795

Épisodes de la vie de la Vierge

1795, Paris

Catalogue du dépôt national des Monuments français.
Blanchard.
n° 118. De Saint Marcel. Quatre petits tableaux ; sujets tirés de la vie de la Vierge (*cf.* Lenoir, 1795, p. 80).

1738-1739

Le Christ et la Vierge à mi-corps, deux pendants

1738-1739, Londres
Vente Paris's, 4e jour
n° 3-n° 34 : *Our Saviour half length ; The Virgin, its companion.*
Vendus ensemble pour 3.6.6.

Peut-être en rapport avec les pendants catalogués plus haut (n° 77), sans qu'il soit possible de dire s'il s'agissait des originaux ou de copies des gravures.

C. Le Christ

1795

Le Bon Pasteur, de Port-Royal

1795, Paris

État général du dépôt provisoire des Petits-Augustins :
De Port-Royal
872. Le Bon Pasteur, par le même (Blanchard)
(*cf.* Plon, 1886, p. 277).

On ne connaît nulle autre mention d'un Christ en Bon Pasteur de Blanchard. En revanche il existait à Port-Royal un *Bon Pasteur* de Champaigne dûment inventorié dans le réfectoire dès 1793. La présente attribution pourrait bien être, comme celles qui la suivent, une simple erreur de scribe, le *de même* renvoyant à la première des œuvres de la liste (« *l'Annonciation, par Champagne* ») et non à la seconde (« *La Sainte Famille, par Blanchard* »). Voir *infra* plusieurs cas similaires.

1795

Le Christ, copie de Port-Royal

1795, Paris

État général du dépôt provisoire des Petits-Augustins :
De Port-Royal
875. Un Christ, copie d'après le même [Blanchard] (*cf.* Plon, 1886, p. 277).

Nous ne connaissons pas d'autre mention de ce *Christ*, titre il est vrai bien vague. Ne s'agissait-il pas, comme pour le *Bon Pasteur (cf. supra)*, du *Christ aux outrages* de Champaigne, dûment inventorié à Port-Royal, mentionné dans d'autres listes révolutionnaires, et affecté au musée de Nancy (actuellement au Musée National des Granges de Port-Royal) ? Il semble bien qu'ici encore le « *du même* » renvoie, non à la seconde des œuvres de la liste, mais à la première (« *L'Annonciation* par Champaigne »).

1795

Le Crucifiement de Jésus, de Port-Royal

1795, Paris
État général du dépôt des Petits-Augustins :
De Port-royal

870. Le Crucifiement de Jésus, par le même (Blanchard)
(*cf.* Plon, 1886, p. 277).

Comme dans plusieurs cas précédents, il doit s'agir d'un faux renvoi à Blanchard, au lieu de Champaigne, lequel est par ailleurs mentionné comme l'auteur du tableau de même sujet conservé dans ce même Port-Royal (et de nos jours retourné au Musée National des Granges de Port-Royal).

1792

Un Calvaire

1792. Lenoir, *État de ce que j'ai reçu cette semaine...* (non daté)
Un Calvaire, peint en Italie, par Blanchard, venant des Dames de Longchamp.
(*cf.* Plon, 1886, p. 26).

1795. État général du dépôt provisoire des Petits-Augustins :
De l'Abbaye de Saint-Denis.
Moyens
935. Un Calvaire, par Blanchard
(*cf.* Plon, 1886, p. 279).

1797. Liste des tableaux remis à Naigeon pour le dépôt de la rue de Beaune.
28 décembre 1797.
69. Un Calvaire, par Blanchard
(*cf.* Plon, 1886, p. 343).

Ces trois mentions semblent se rapporter au même tableau provenant des Dames de Longchamp. L'indication « de l'abbaye de Saint-Denis » semble due au fait que le tableau est entré en même temps que plusieurs œuvres arrivant de l'abbaye de Saint-Denis.

On ignore ce qui a pu faire préciser à Lenoir « peint en Italie ». D'autre part rien ne permet d'assimiler cette œuvre à la composition gravée qui fut publiée par Ganière sous le nom de Blanchard (Cat. n° 20).

1792

Descente de Croix, des Feuillants

1792, 5 décembre, Paris
État des tableaux remis par Lenoir pour être placés au Museum National :

Des Feuillants, une Descente de Croix, par Blanchard
(*cf.* Plon, 1886, II, p. 143).

1792, 12 décembre, Paris
Suite de l'inventaire des tableaux enlevés par l'ordre du ministre Roland...

9. Une descente de croix, par Blanchard ; des Feuillants Saint-Honoré
(*cf.* Plon, 1886, II, p. 19).

1795

Descente de Croix, des Dames du Précieux Sang

1795, Paris. *État général des tableaux et autres objets qui ne tiennent point à la Collection des Monuments français, et qui se trouvent provisoirement dans le Musée de la rue des Petits Augustins.*

649. *Dames du Précieux sang. Une descente de Croix, attribuée à Blanchard*
(*cf.* Plon, 1886, II, p. 271).

1793

Descente de Croix, des Annonciades Célestes

1793. État des objets d'art déposés aux Petits-Augustins en mars 1793.
[Des Annonciades Célestes]
Jésus porté au tombeau, grand tableau peint en Italie par Blanchard, du plus beau temps de ce maître.
(*cf.* Plon, 1886, II, 40)

1795. Catalogue du dépôt national des Monuments français.
n° 121. Des Annonciades Célestes. Jésus porté au tombeau
(*cf.* Lenoir, 1795, p. 80).

1795. État général des tableaux et autres objets qui ne tiennent point à la Collection des Monuments français, et qui se trouvent provisoirement dans le Musée de la rue des Petits Augustins.
524. Dames Annonciades. Grands : Une descente de Croix, par Blanchard (*cf.* Plon, 1886, II, 267).

Malgré la différence de titre, il pourrait s'agir d'une même œuvre. L'enthousiasme exprimé par Lenoir pour ce « *grand tableau* » « *du plus beau temps de ce maître* » n'est pas sans faire problème.

1770

Le Christ mort

1770, Amsterdam, 22 août : vente à Amsterdam de la collection François Ignace de Dufresne.
n° 120. Blanchard :
Een Doode Christus. Hoog 25, breed 32 duim (ca. 64 x 82 cm). Dit is een zeer fraay stuk. In het zelve is het gestorven Lighaam, leggende, van vooren, te zien ; en

agter denzelve een Engel, welke deszelfs hand Kust. Zeer schoon van Tekenning, helder en Krachtig van Coloriet, op Doek geschildert.
17.10
(voir Guido Jansen, « La peinture française dans les collections hollandaise », Appendice, Cat. *Exp. Dijon-Paris-Rotterdam, 1992-1993*, p. 45.)

L'absence de prénom ne permet pas de savoir s'il s'agissait d'une œuvre de Jacques ou de son fils Gabriel. Les qualités mentionnées font incliner vers le premier, mais le format relativement réduit ne paraît guère dans ses habitudes, au moins pour pareil sujet.

1799

Le Christ et les Maries

An VII, 24 pluviôse (12 février 1799), Paris :
État des seize tableaux remis, suivant décision du ministre de l'intérieur, du 24 pluviôse an VII, à M. Besnard pour le musée du Mans...

Blanchard. Le Christ et les Maries (*cf.* Clément de Ris, 1872, p. 483).

Le tableau figure sur la liste d'envoi au musée du Mans, mais il ne semble pas y être parvenu, soit qu'il ait été détruit par quelque accident lors du voyage, soit plus probablement qu'il ait été retiré avant le départ. En tous cas il ne se retrouve pas dans la *Notice des tableaux qui composent le Museum du Département de la Sarthe* imprimée dès vendémiaire an VIII (septembre-octobre 1799). D'autre part le sujet n'apparaît pas au nom de Blanchard dans les listes parisiennes des tableaux saisis dans les églises de Paris.

1795

Les disciples d'Emmaüs

1795, Paris
État général du dépôt provisoire des Petits-Augustins :

De Port-Royal.
876. Les disciples d'Emmaüs, par le même (Blanchard) (*cf.* Plon, 1886, p. 277).

Il s'agit d'une œuvre pour laquelle on ne connaît aucune autre mention sous le nom de Blanchard, alors qu'il existait à Port-Royal une toile de ce sujet, qui fut dûment répertoriée sous le nom de Champaigne durant la Révolution et se retrouve aujourd'hui au Musée des Beaux-Arts d'Angers. L'idée s'impose, ici comme dans les sept autres cas, d'un renvoi erroné dans la liste de l'État général du dépôt (voir *supra*).

D. Les Saints

1698

La Pentecôte

1698, Paris

1698, Brice, II, p. 364 : à propos de la Cour des Aides.
La Chancellerie, dont l'enceinte est dans la gallerie des Prisonniers, a été réparée depuis quelques années : le petit tableau de la Chapelle qui représente une Pentecôte, est de Jacques Blanchard de Paris, Peintre très estimé ».

1783, Pahin de La Blancherie, p. 218 : « *une Pentecôte à la chapelle de la Chancellerie du Palais* ».

Nous n'avons jusqu'ici pas réussi à trouver des documents permettant de confirmer l'attribution (Brice n'est pas toujours sûr) et de situer cette œuvre dans la carrière du peintre. Faut-il simplement penser à une copie du May ?

1645

Têtes d'Apôtres

1645, 13 décembre, Paris.
Inventaire de Jean Blanchard après décès de sa femme Antoinette Guespreau ; l'expert est Henri Mauperché. Archives Nationales, Minutier Central, IV, 119 (*cf.* 1969, Fleury, p. 49).

Dix têtes d'apôtres peintes sur toile de Jacques Blanchard... 10 l.

L'une des mentions les plus sûres : mais nous n'avons connaissance d'aucun « apostolado » qui y puisse correspondre.

1790

Épisodes de la vie de saint Denis (ou de saint Augustin ?)

1790, 30 septembre : Le procès verbal d'inventaire dressé dans la maison des Augustins de la Reine Marguerite indique dans les « *chapelles latérales* » « *quatre délicieux tableaux représentant plusieurs passages de la vie de saint Denis, peints par Blanchard* » (*cf.* Stein, 1890, p. 78).

1795. Catalogue du dépôt national des Monuments français.
Blanchard.
n° 117. Des Petits Augustins. Quatre petits tableaux représentant des sujets de la vie de saint Augustin.

Il semble s'agir des mêmes œuvres ; mais il est difficile de savoir si elles faisaient partie du décor de la chapelle de Louis Le Barbier pour lequel Blanchard avait fourni plusieurs tableaux en novembre et décembre 1632.

1642

Saint Jacques

1642, 29 octobre, Paris
Inventaire après décès de Pierre Bonnard, intendant général des meubles de la Couronne ; l'expert est Claude Vignon
Archives Nationales, Minutier Central, IV, 118 (cf. 1969, Fleury, p. 718)

Un tableau de Saint Jacques, de la main de Blanchard... 40 l.

1784

Saint Jean-Baptiste

1784, 9 février, Paris.
Vente de Montriboud.

Blanchard, n° 87.
Saint Jean dans le désert, assis, appuyé sur sa main droite.
T. 18 pouces x 22 pouces.

1779

Saint Pierre repentant

ca. 0,73 x 0,97 m.

1779, Paris,

Vente Marchand, Paillet expert.

Blanchard. Saint Pierre pleurant sa faute. 27 pouces sur 36. 100 livres.

On n'a jusqu'ici identifié aucun tableau de Blanchard représentant ce sujet, qu'en effet il a très probablement traité. Mais il est possible aussi qu'il se soit agi d'une œuvre de Gabriel.

1789

Saint Pierre repentant

ca. 1,13 x 0,83 m.

1789, jeudi 26 mars, Paris :
Catalogue d'une belle collection de tableaux des trois écoles... composant le Cabinet de M. Parizeau, Peintre et Graveur à Paris. Par A. J. Paillet.

p. 25. *Par le même* (Blanchard). *59. Saint-Pierre pleurant son péché, figure plus forte que nature. Ce Tableau d'un grand caractère, bien drappé & savant de touche, tient aux beaux ouvrages des grands Maîtres d'Italie. hauteur 42 pouces, largeur 31. T.* Adjugé 55 livres à Berveyter (?).

Les dimensions différentes interdisent de voir ici le tableau de la vente Marchand.

1790

Sainte Geneviève

1790, 30 septembre, Paris.
Le procès verbal de l'inventaire dressé dans la maison des Augustins de la Reine Marguerite signale dans la *« chapelle des Evêques » « une Sainte Geneviève par Blanchard »*
(*cf.* Stein, 1890, p. 78).

Il pouvait s'agir d'un débris de la chapelle Le Barbier décorée par Blanchard à la fin de 1632.

1764

La Madeleine, à mi-corps [sur bois]

ca. 1,30 x 1,00 m.

1764, lundi 9 avril, Paris, vente anonyme [J.B. de Troy]
Catalogue d'une collection de très beaux tableaux... Par Pierre Remy...
p. 27. Jacques Blanchard. 86. La Magdeleine, figure à mi-corps, de grandeur naturelle, peinte sur bois : ce tableau porte 4 pieds de haut, sur 3 pieds 1 pouce de large. Non vendu.

Il n'est pas mentionné que la composition ait été gravée. D'autre part les *Madeleine* conservées sont peintes sur toile, non sur bois. Il s'agirait donc d'une version encore inconnue.

1789

La Madeleine en contemplation [sur lapis]

ca. 0,20 x 0,135 m.

1789, lundi 9 février, Paris :
*Catalogue de tableaux précieux des trois écoles... provenant des cabinets de Monsieur Coclers & de Monsieur D**** par M. Lebrun, 1789.

p. 71. *Blanchard. 87. La Madeleine à genoux & en contemplation; dans le haut du Tableau, l'on voit une Gloire composée d'un Ange & de six Chérubins. Ce joli Tableau est peint sur un morceau de tapis* (sic) *qui sert de ciel. Hauteur 7 pouces 9 lig., largeur 5 pouces.*

Il s'agissait d'un très petit tableau peint sur une plaque de lapis-lazzuli. Etait-il possible de l'attribuer à Blanchard lui-même ? Aucun texte ne signale qu'il s'était exercé à la *pittura sù pietra*, et l'on se souviendra qu'il n'avait pas, comme Stella, séjourné à Florence.

1795

La Madeleine, des Dames de Miséricorde

1795, Paris.
État général du dépôt provisoire des Petits-Augustins.
Dames de la Miséricorde.
653. Une Madeleine, attribuée à Blanchard
(*cf.* Plon, 1886, II, p. 271).

La mention est trop vague pour qu'on puisse savoir si elle se rapporte à l'une des Madeleine conservées ou connues par la gravure.

1795

La Madeleine, de Port-Royal

1795, Paris
État général du dépôt provisoire des Petits-Augustins :
De Port-Royal.
871. La Madeleine pénitente, par le même [Blanchard]
(*cf.* Plon, 1886, II, p. 277).

Il s'agit d'un sujet familier à Blanchard. Mais les textes n'en signalent pas à Port-Royal. Une fois encore (voir *supra*) nous croyons à une erreur de renvoi dans la liste des tableaux provenant de Port-Royal, et la mention nous semble en fait se rapporter à la *Madeleine* de Champaigne, dûment répertoriée à Port-Royal, puis dans les saisies révolutionnaires, et envoyée au musée des Beaux-Arts de Rennes.

1810

Sainte Thérèse

1810, 20 novembre.
Collection des tableaux des trois écoles...
n° 108. *Blanchard. Sainte Thérèse.* Hauteur 10 pieds sur 7 de large.
(*cf.* 1978, Schnapper-Ternois, p. 153).

Il n'est pas impossible que Blanchard ait travaillé pour les Carmélites. Mais l'attribution reste suspecte.

1795

Ex-voto

1795, Paris
État général du dépôt provisoire des Petits-Augustins :
De Port Royal.

873. Un petit ex voto, par le même [Blanchard]
(*cf.* Plon, 1886, p. 277).

Le terme d'ex-voto est évidemment bien vague. Mais de toute façon il semble bien s'agir d'une confusion dans le renvoi : « *par le même* » doit se rapporter, en fait, à Philippe de Champaigne.

Sujets profanes

A. Thèmes mythologiques

1802

L'Amour couronnant de fleurs une femme

H.t. ; *ca.* 0,70 x 1,00 m.

1802, Paris
Catalogue d'une collection nombreuse de tableaux... qui composaient le cabinet de feu le C^en^ Martin, Peintre de la ci-devant Académie de France... le 15 germinal an X (lundi 5 avril 1802) par A J. Paillet.

p. 5. *Blanchard. 16. Un sujet de deux figures représentant l'Amour posant une couronne de fleurs sur la tête d'une belle femme : ce tableau tient beaucoup à la manière du Guide, que cet artiste François avoit surtout pris pour modèle. Haut 26 pouc. large 37. T.*

Nous ne connaissons aucun tableau auquel puisse se rapporter cette mention.

1722

Apollon poursuivant Daphné

ca. 1,35 x 1,13 m.

1722, Paris
Vente de Livry.
Apollon poursuivant Daphné. 50 pouces sur 42.
Adjugé 240 l.

Nous ne connaissons aucune autre mention de ce tableau. S'agissait-il bien de Jacques, et non Gabriel Blanchard, qu'on imagine mieux traitant ce sujet ?

1741

Bacchus et Ariane

1741. Londres
Vente Glover. 1er jour, n° 45.
Blanchart. Bacchus and Ariane.
Adjugé 1.16.0.

XVIIe siècle

Quatre bacchanales

XVIIe siècle, Paris.
1700 Perrault, II, p. 94.

« Il peignit à Paris un Salon pour Monsieur Morin, fameux Fleuriste, où il fit quatre grands Tableaux qui représentent des Bacchanales. Ces tableaux peuvent être mis au rang de ses plus beaux Ouvrages ».

BIBL.
1961, Sterling, p. 99 (texte).

Pierre Morin, qui habitait « derrière la Charité » (Sauval), où il disposait d'un vaste jardin aménagé avec beaucoup de goût, se passionnait pour l'histoire naturelle, coquillages et fleurs tout particulièrement (d'où le surnom de « fleuriste » qui le distinguait des autres « Morin » parisiens). Mais c'était aussi un grand collectionneur d'estampes (Marolles).

La mention a toute chance d'être exacte. Mais nous n'avons pu établir avec certitude ni le destin de ces quatre « grands tableaux », ni leur place chronologique dans l'œuvre de Blanchard. Rien n'assure que la *Bacchanale* de Nancy provienne de cet ensemble : le thème, dans les années trente, se rencontre fréquemment.

1645

Bacchanale

1645, 13 décembre
Inventaire de Jean Blanchard après décès d'Antoinette Guespreau sa femme ; l'expert est Henri Mauperché.
Archives Nationales, Minutier Central IV, 119 (*cf.* 1969, Fleury, p. 48)

Un grand tableau peint sur toile, garni de sa bordure de bois, où est dépeint une bacchanale, original de feu Jacques Blanchard... 100 l.

L'estimation montre qu'il s'agissait d'un tableau important, et l'attribution, faite par Mauperché lui-même, est certainement exacte.

XVIIe siècle

Sine Cerere et Baccho friget Amor

XVIIe siècle, Paris
1700, Perrault, p. 94 :
« *Il fit deux [*Tableaux*] pour Monsieur Goulas (...), l'autre d'une Vénus qui se chauffe pendant que Céres & Bacchus s'éloignent d'elle* ».

[Voir plus bas, à propos du *Jupiter et Sémélé*].

BIBL.
1961, Sterling, p. 99.

Le sujet est très fréquent à cette date et l'attribution à Blanchard quasi sûre.

1710

Danaé

1710, 28 mars, Paris.
Inventaire après décès de Catherine Alphonsine Martel, veuve de Claude de Guénégaud, trésorier de l'épargne.
Archives Nationales, Minutier Central, LXX, 232 (*cf.* 1964, Rambaud, p. 531).
Danaé, de Blanchard, b.b.d... 20 l.

L'indication est trop sommaire pour qu'on puisse savoir de quelle *Danaé* il pourrait s'agir, et si l'exemplaire, inventorié avec une estimation bien faible, était un original.

1757

Danaé

ca. 0,975 x 1,30 m.
1757
Vente X (suite à la vente de Heinecken)

N° 206 – *Danaé dormant, un Amour supporte un rideau et semble vouloir favoriser Jupiter dont la présence se manifeste par une pluie d'or.*
H. 3 p. L. 4 p.

On notera que les dimensions sont à peu près les mêmes que celles du tableau jadis conservé à l'Ermitage (*cf. infra*) et de celui qui se trouve aujourd'hui au musée des Beaux-Arts de Lyon.

1764

Danaé

ca. 0,677 x 1,00 m.

1764, Paris [vente de feu J.-B. de Troy]
Catalogue d'une collection de très beaux tableaux... Par Pierre Remy... lundi 9 avril 1764.

p. 27. *Jacques Blanchard.*
87. Danaé recevant la pluie d'or : tableau sur toile, de 2 pieds 10 pouces de haut, sur 3 pieds 10 pouces de large.
Adjugé 45 livres 12 sols à Vaurio.

Peut-être une des compositions connues par la gravure et aujourd'hui perdues ; mais l'estimation peut paraître faible.

1773-1854

Danaé

H.t. ; 0,91 x 1,31 m.

1773-1785, Saint-Pétersbourg.
Catalogue manuscrit de l'Ermitage rédigé par le comte Ernest Minich, n° 1053.

« *Ce tableau est assez bien de composition et de couleur, mais il n'est pas des plus corrects* » (*cf.* Ernst, 1939, p. 219, note 1).

1854, Saint-Pétersbourg

Vente publique de tableaux de la collection impériale russe.
n° 792. Danaé.
(*cf.* Ernst, 1939, p. 219, note 1).

La vente concerne bien, selon Ernst, la *Danaé* cataloguée au XVIIIe siècle dans les collections de Catherine II, et que le catalogue de 1797 mentionnait déjà comme en réserve.

1789

Danaé

ca. 0,97 x 1,73 m.

1789, Paris
Catalogue d'une belle collection de tableaux des trois écoles... composant le Cabinet de M. Parizeau, Peintre et Graveur à Paris. Par A.J. Paillet. jeudi 26 mars 1789. p. 25 (Blanchard).

60. Danaé représentée de grandeur naturelle et endormie sur un lit bien drappé, la figure de la vieille qui reçoit la pluie d'or, est vue par le dos ; on voit encore une jolie figure de l'Amour, dans le haut de la composition. Haut. 36 pouces, larg. 64.

Adjugé 84 livres au Comte de Langeac, somme faible par rapport à la *Charité* (699 lt) ou à la *Bataille* du Bourguignon qui suit (900 lt).

On notera que les dimensions sont assez proches de celles de la *Danaé avec la servante vue de dos (cf.* n°), et notamment de la version de Tsarskoïe-Selo (0,99 x 1,69 m).

1739

Diane

1739, Londres
Vente Norton. 1er jour, n° 24. Vendu pour 6.2.6.

L'attribution à Blanchard reste vraisemblable, mais à cette date et en Angleterre, elle ne saurait être acceptée sans réserves.

XVIIIe siècle

Hercule et Omphale

XVIIIe siècle (date incertaine), Londres
Vente Glynn, n° 38.

Hercule and Omphale. Blanchard.
Acquis par Fox pour 38.0.0.

Il n'est pas exclu qu'il ne s'agisse du tableau aujourd'hui rendu à la jeunesse de La Hyre, et qui provient d'une collection anglaise (voir notice du n° R 32). Mais le sujet est alors fréquent, et il était bien fait pour plaire à Blanchard.

XVIIe siècle

Jupiter et Sémélé

XVIIe siècle, Paris ;
1700, Perrault, p. 94 :
« *Il fit deux* [Tableaux] *pour Monsieur Goulas, un de Jupiter venant voir Semele...* ».

BIBL.
1961, Sterling, p. 99 (texte).

Nicolas Léonard Goulas, sieur de La Mothe (1603-1683), est surtout resté célèbre par ses *Mémoires*, publiés au XIXe siècle. Secrétaire des commandements de Gaston d'Orléans, il avait été un personnage des plus en vue de Paris, et les contemporains parlent fréquemment de « M. Goulas ». Sa fortune semble avoir été considérable. Tallemant fait allusion à « *la maison de Goulas (...), à cette heure l'hôtel d'Estrées, dont (Mme de Coislin, fille du Chancelier) donnoit deux mille écus de loyer* » : ce qui donne à penser que Goulas tenait à se montrer « magnifique » en ce domaine.

1650

Marsyas

1650, Paris
Inventaire après-décès de Jean-Baptiste de Bretagne, Paris, 25 octobre 1650 (Archives Nationales, Minutier Central, CV, 797).

(179) « *Item un autre tableau représentant Martias de la main de Blanchard garni de sa bordure d'esbeine, prisé soixante livres* ».

Voir notice suivante.

1650

Midas

1650, Paris
Inventaire après décès de Jean-Baptiste de Bretagne, Paris, 25 octobre 1650 (Archives Nationales, Minutier Central, CV, 797).

(199) « *Item un moyen tableau de Blanchard peint sur bois avec sa bordure d'esbeine représentant le suject de Midas, prisé quarante cinq livres* ».

BIBL.
1984, Mignot, p. 78.

Ce sont probablement les deux tableaux que M. Arnauld Brejon de Lavergnée nous signale en 1701 dans l'inventaire après décès de Philippe Vignon (Archives Nationales, Minutier Central, LXXVI, 125, 13 septembre) :

Item deux tableaux originaux de Blanchard le père, l'un Marcias et l'autre le Jugement de Midas, de deux pieds ou environ de large sur un pied et demy de hault, avec leurs bordures dorées, estimés ensemble la somme de quatre-vingts livres.

1645

Histoire de Psyché

1645, 13 décembre, Paris.
Inventaire de Jean Blanchard après décès d'Antoinette Guespreau sa femme ; l'expert est Henri Mauperché. (Archives Nationales, Minutier Central, IV, 119, *cf.* 1969, Fleury, p. 48).

Un grand tableau peint sur toile, garni de sa bordure de bois doré, où est représenté l'Histoire de Psyché, original de Jacques Blanchard... 35 l.

La mention ne peut être mise en doute, mais la composition n'est pas autrement connue.

1676

Vénus avec un Cupidon portant des fleurs

1676, Paris
Inventaire après décès de "noble homme François Le Vau, vivant conseiller du Roy, architecte ordinaire de ses bastimens" (Archives Nationales, Minutier Central, XII, 178). Pour les tableaux, les notaires sont assistés « des sieurs Jean-Baptiste Champaigne et Nicolas de Plate-Montagne, peintres ordinaires du Roy ».

Dans l'antichambre au premier étage
Premierement un tableau représentant une Venus avec un Cupidon qui porte des fleurs garny de sa bordure dorée du Sr Blanchard, numéro premier, prisé cent dix livres cy... CX lt.

Il s'agit d'un tableau important, mis en valeur dans l'appartement de Le Vau, et que Jean-Baptiste de Champaigne et Nicolas de Plattemontagne estiment l'un des plus précieux de la trentaine de tableaux que possède l'architecte : seules dépassent sa prisée deux toiles « *du sieur Lebrun* », l'une représentant « *deux gladiateurs dans un amphithéâtre fait. avant son voyage d'Italie* » (150 livres), l'autre « *représentant un portement de croix de Notre seigneur* » (300 livres). D'autre part le sujet correspondant assez bien à ce que nous savons de Jacques Blanchard : on songe par exemple à la *Flore* (voir n° 56) qui correspond exactement à la même composition. On peut même se demander si une confusion n'a pas été possible. Pourtant nous hésitons à croire que les deux peintres auraient oublié le jardin du second plan, qui empêche d'interpréter le tableau conservé comme une « Vénus ».

Mais un doute plus important est introduit par l'expression « le sieur Blanchard ». Nous sommes en 1676. À ce moment le sieur Blanchard est Gabriel Blanchard. Le Vau avait certainement bien connu ce dernier. Et Gabriel dut peindre lui aussi des « Vénus » ou des « Flore ».

1712

Vénus

1712, Paris
21 mars : Inventaire après décès du peintre Jean Forest : copie d'après une *Vénus* de Blanchard (*cf. Gazette des Beaux-Arts*, avril 1958, p. 249, n° 4).

B. Les Charité

1660

La Charité

1660, Paris
Inventaire après décès de Jean Pointel, 20-22 décembre 1660.
Archives Nationales, Minutier Central, LXXV, 109 (*cf.* 1978, Thuillier-Mignot, p. 47).

« Premièrement une charité du sieur Blanchard de trois pieds de haut sur quatre de large ou environ peint sur thoille sans bordure, prisé cent cinquante livres cy...

Il s'agit peut-être du tableau célèbre aujourd'hui conservé au Louvre (voir la notice du n° 60).

1755

La Charité

1755, Londres
Vente Blackwood. 1er jour, lot 34.
A Charity. Blanchard. Adjugé 16.5.6. à Smith.

Voir Cat. n° 83.

1777

La Charité, quatre figures

ca. 0,57 x 0,89 m.

1777, 8 avril, Paris
Vente Prince de Conti.
n° 562. La Charité composée d'une femme & de trois enfants : hauteur 21 pouces, largeur 33 pouces. Adjugé à Silvestre 64 l. 1 s.

1789

La Charité, quatre figures (avec l'enfant à l'oiseau)

ca. 0,73 x 0,84 m.

1789, Paris
Catalogue d'une belle collection de tableaux des trois écoles... composant le Cabinet de M. Parizeau, Peintre & Graveur à Paris. Par A.J. Paillet. Jeudi 29 Mars 1789.

p. 24. *Blanchard. 56. La Charité humaine, représentée par une belle femme qui allaite un enfant, elle est*

accompagnée de deux autres enfans, dont un vu par le dos, joue avec un oiseau qu'il tient au bout d'un fil : ce Tableau dont les figures sont de proportion petite nature, offre une des compositions les plus gracieuses qui soient sorties des mains de ce grand Artiste : la perfection du coloris, jointe à un pinceau moëlleux & savant, nous détermine à le faire remarquer comme un ouvrage rare & parfait dans toute ses parties, & pouvant être comparé aux plus beaux ouvrages des grands Maîtres. Hauteur 27 pouces. largeur 31 pouces. T.
Adjugé 699 livres. 19 sols à Parizeau, somme considérable.

BIBL.
1857-1858, Blanc, t. II, p. 125.

La présence de l'enfant vu de dos et jouant avec un oiseau ne permet pas d'assimiler ce tableau à l'une ou l'autre des *Charité* connues jusqu'ici. Il devait pourtant s'agir d'une œuvre importante, si l'on considère le prix d'adjudication.

1793
La Charité, trois figures

1793, Paris, vente de la collection Donjeux.

L'indication « trois personnes » (« une femme entourée de deux enfants ») surprend. Il est rare que les *Charité* ne comportent pas au moins quatre personnages. S'agirait-il de la version de l'Institut Courtauld, qui, on le sait, fut amputée dès le troisième tiers du XVIIIe siècle ?

C. Sujets divers

1825
Renaud et Armide

1825, Paris
Catalogue abrégé de tableaux... formant le Cabinet de feu M. de Mauméjan. 29-30 juin 1825.

p. 10. *Blanchard* (Jacques). *Renaud et Armide. Les deux guerriers envoyés pour l'arracher à son indigne esclavage, l'aperçoivent couché aux pieds de l'enchanteresse, et ne respirant que l'amour.*

Le sujet de Carlo et Ubaldo retrouvant Renaud dans les jardins enchantés d'Armide (Le Tasse, *La Jérusalem délivrée*, chant XVI) a été souvent traité aux XVIIe et XVIIIe siècles. Il serait naturel que Blanchard, à l'exemple de Vouet à la galerie de Chessy, ait peint ce sujet sensuel et gracieux. Mais on ne connaît pas d'autre mention qui le montrerait quittant la mythologie pour le roman, et celle-ci est bien tardive...

XIXe siècle
La Joueuse de luth

H.t.
XIXe siècle, Düsseldorf.

1863, Parthey, p. 119 (Blanchard, Schloss Roland bei Düsseldorf, Fahne).

Nous n'avons pu retrouver trace de ce tableau.

D. Portraits

1827
Portrait de François Du Quesnoy

1827, 21 novembre, Paris :
Vente Legrand.
Portrait de François Du Quesnoy, sculpteur.

Nous n'avons pu savoir à quelle date exacte le prétendu « *Portrait de Du Quesnoy* » aujourd'hui à Salzbourg entra dans la collection Czernin (voir *supra*, n° R 36). Entre la vente Le Brun à Paris (1806) et l'acquisition par le prince (au plus tard vers 1840), on ignore ses vicissitudes. Il n'est donc pas impossible que cette mention ne le concerne.

1758
Homme à mi-corps

H.t. ; *ca.* 0,97 x 0,75 m.
1758, 13 février.
Vente de Heinecken.

N° 397. Un homme vu de face, à mi-corps, figure de fantaisie *« d'une touche grasse »*.
H.t. 36 pouces x 28 pouces

1704

Tête de vieillard

1704, 17 au 17 mars : inventaire après décès de Gabriel Blanchard, fils de Jacques Blanchard (Archives Nationales, Minutier Central, XCIX, 365).

Item un tableau représentant une teste d'un vieillard, de l'ancien Blanchard, peint sur toile dans sa bordure de bois doré, prisé quatre livres.

1744

Tête de vieillard

ca. 0,73 x 0,60 m.

1744, Paris
Vente Bonnier de La Mosson, n° 862.
Tête de vieillard
H. 27 p. l. 22 p.
Adjugé 54 livres 10 sols.

Peut-être identique au tableau précédent ?

1795

Tête de femme, de Port-Royal

1795, Paris
État général du dépôt provisoire des Petits-Augustins.

874. Tête de femme, par le même [Blanchard] (*cf.* Plon, 1886, p. 277).

Étant donné la provenance, il devrait s'agir d'une tête de religieuse. La mention figure dans une liste où, nous l'avons déjà vu en sept autres cas, le « *par le même* » ne saurait guère renvoyer à Blanchard, mais au nom qui précède, soit Champaigne. Il s'agirait alors, très probablement, du portrait d'Angélique Arnauld, transporté au dépôt des Petits-Augustins et mentionné en l'an III par Lenoir qui le dit copié par Jean-Baptiste de Champaigne d'après son oncle.

Dessins

1785

Sainte Famille

1785, Paris
Catalogue d'une belle collection... (provenant) du Cabinet de M. Nourri, Conseiller au Grand Conseil. Par J. Folliot et F. Delalande, 24 février 1785, Hôtel de Bullion :

p. 83 : *Jacob Blanchard (sic).*
961. Deux dessins, aux crayons noir et blanc, dont la Vierge & l'Enfant Jesus qui caresse Saint-Jean.

1821

La Madeleine

1821, 24 avril, New York.
Catalogue of original paintings from Italian, Dutch, Flemish and French masters of the ancient and modern times, selected by the best judges from the eminent galleries in Europe and intended for private gallery in America, to be sold at Mrs. Jumels Mansion House, Harlem Heights, by Claude G. Fontaine :

Jacques Blanchard, Magdalene
(*cf.* 1956, Benisovich, p. 290).

1775

Étude d'ange

1775, Paris
Catalogue raisonné des différens objets de curiosités... qui composoient le Cabinet de feu M. Mariette... Par F. Basan graveur :

p. 169 : *Blanchard (Jacob)*
1086 (...) Trois études de diverses figures, aux crayons noir et blanc, dont un Ange, etc.
(le lot, composé de 5 dessins, fut adjugé 15 livres à Joubert).

1897

La Mansuétude

1897, Chennevières

« *La Mansuétude de Blanchard père, figure allégorique, femme s'appuyant sur un éléphant. A la pierre noire rehaussée de blanc sur papier gris. Collection et monture de Mariette, acquis à Lyon, chez Vaganay, juillet 1861* ».
(« Une collection de dessins d'artistes français », *L'Artiste*, p. 149).

Ce dessin de la collection Mariette, sans doute l'une des « trois figures aux crayons noir et blanc » mentionnées dans sa vente, appartint donc à Chennevières. Il passa ensuite à Paul Fourché, et fit partie de la donation de ce dernier au musée d'Orléans en 1907. Il semble avoir disparu lors des destructions et pertes qui ont affecté les collections du musée lors de la dernière guerre.

1775

Tête de vieillard au pastel

1775, Paris.
Catalogue raisonné des differens objets de curiosités... qui composoient le Cabinet de feu M. Mariette... Par F. Basan, Graveur :
p. 169 : *Blanchard (Jacob)*
1086 (...) Une Tête de Vieillard à grande barbe, faite au pastel
(le lot, composé de 5 dessins, fut adjugé 15 livres à Joubert).

Bibliographie

I

Livres & articles

On ne constate pas sans surprise la pauvreté de la bibliographie qui concerne Blanchard. Tout l'essentiel tient en une dizaine de textes ou d'études ; le reste n'est guère qu'un amas hétéroclite de mentions incidentes, de détails utiles ou faux, de jugements de seconde main. Il n'est pas exagéré de dire que de tous les grands peintres du XVIIe siècle français Blanchard est celui qui a le plus découragé les historiens d'art.

L'enthousiasme d'un Henri Sauval, ou celui d'un Charles Perrault, qui l'avait classé parmi les « hommes illustres » de son siècle, faisaient attendre davantage. En fait le XVIIIe siècle apprécie le peintre, mais ne parle guère de lui. Le XIXe siècle est réduit à le juger à partir des textes plus qu'à partir des œuvres tristement dispersées par la Révolution ; il ne parle de lui qu'à l'occasion de travaux plus généraux et accumule les lieux communs et les sottises dès qu'il veut porter un jugement. Il faut attendre 1925 et l'article de Demonts dans la *Gazette des Beaux-Arts* pour qu'enfin un historien s'intéresse à Blanchard et cherche à démêler dans le maigre mélange de vérités et d'erreurs déposé durant près de trois siècles quelques faits positifs. Le tri était si malaisé que cet effort méritoire ne fut qu'à demi récompensé. En fait, c'est après la dernière guerre que l'on commence à s'intéresser véritablement à Blanchard. Ce renouveau aboutit à la grande étude de Charles Sterling dans *Art de France*, en 1961. Les trente-cinq années qui suivirent ont produit un tiers de la bibliographie.

Charles Sterling avait du premier coup magistralement reconstitué l'œuvre de Blanchard, ce qui permettait désormais un jugement plus solide. Mais il restait à retrouver une vie et une carrière sur lesquelles on ne possédait toujours que les éléments réunis par Félibien et Charles Perrault. Les *stati d'anime* romains et surtout le Minutier Central parisien ont enfin livré un nombre de documents déjà suffisant pour qu'on ne puisse plus bâtir une légende, et pour que la figure du peintre prenne sa place parmi les plus prestigieuses du XVIIe siècle français.

On remarquera pourtant le petit nombre d'articles parus à l'étranger. Ils ne concernent guère que la publication d'œuvres découvertes dans les collections américaines ou acquises par elles. On pourrait en conclure que l'intérêt croissant du dernier tiers de siècle n'a pas dépassé les limites de la France, si les découvertes de Richard Beresford n'étaient justement l'apport majeur des récentes années.

I. De la mort de Blanchard à la Révolution (1638-1790)

1646, SCUDÉRY
Georges de Scudéry, *Le Cabinet de M. de Scudéry, gouverneur de Nostre Dame de la Garde. Première partie*, Paris, chez Augustin Courbé, MDCXXXXVI (*cf.* p. 23).

1655-1670, SAUVAL
Henri Sauval, *Histoire et recherches des antiquités de la Ville de Paris*, manuscrit; voir *infra*, éd.1724, Sauval.

1658, PADER
Hilaire Pader, *Songe énigmatique sur la peinture universelle fait par H.P.F.P. Tolosain*, Toulouse (*cf.* p. 29).

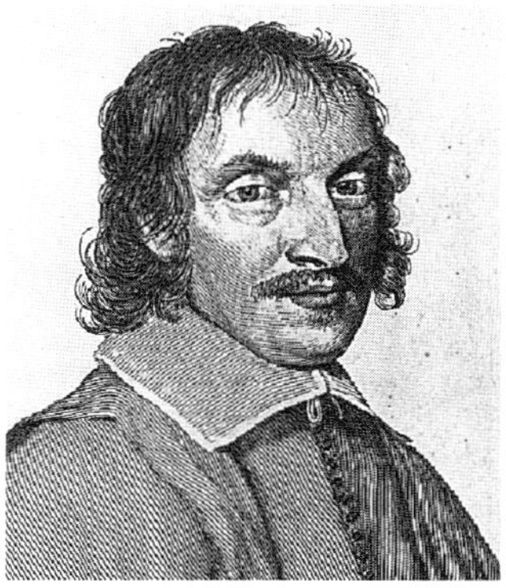

1666, MAROLLES
Michel de Marolles, abbé de Villeloin, *Catalogue de livres d'estampes et de figures en taille douce (...), fait à Paris en l'année 1666...*, A Paris, chez Frederic Léonard.

1 675 *ca*, MAROLLES
Michel de Marolles, *Le livre des peintres et des graveurs*; voir l'édition de Duplessis, *1872, Marolles-Duplessis.*

1679, FÉLIBIEN
S.n. [André Félibien], *Noms des peintres les plus célèbres et les plus connus, anciens et modernes*, A Paris.

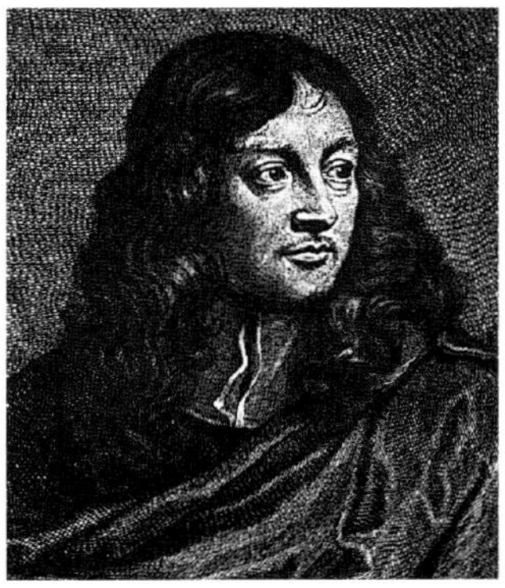

1685, FÉLIBIEN
André Félibien, *Entretiens sur les vies et sur les ouvrages des plus excellens peintres anciens et modernes*, Septième Entretien, Paris, 1685; édition citée : Paris, 1690 (éd. collective), t. II, *cf.* p. 178-181.

1687, BRICE
Germain Brice, *Description nouvelle de ce qu'il y a de plus remarquable dans la ville de Paris. Seconde édition...*, À Paris, chez Nicolas le Gras.

1698, BRICE
Germain Brice, *Description nouvelle de la Ville de Paris...*, À Paris, Nicolas le Gras (3e édition).

1699, DE PILES
Roger de Piles, *Abrégé de la vie des peintres avec des réflexions sur leurs Ouvrages (...)*, À Paris, chez Charles de Sercy.

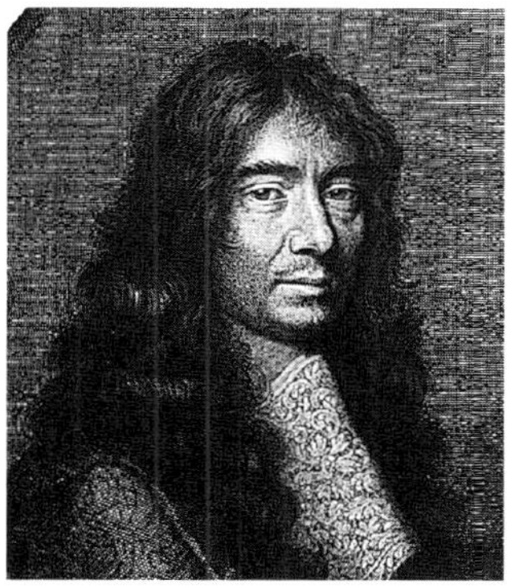

1700, PERRAULT
Charles Perrault, notice « Jacques Blanchart, peintre », dans *Les Hommes Illustres qui ont paru en France pendant ce siècle, avec leur portrait au naturel* », Paris, t. II (1700), p. 92-94.

1704, ORLANDI
[Pellegrino Antonio Orlandi], *Abecedario pittorico*, Bologne (1re édition) ; éd. consultée : édition corrigée, Bologne, 1719, voir *ad annum*, Orlandi.

1719, ORLANDI
[Pellegrino Antonio Orlandi], *L'Abecedario Pittorico, dell'autore ristampato, corretto et accresciuto di molti professori*, Bologne (seconde édition corrigée).

1724, SAUVAL
Henri Sauval, *Histoire et recherches des antiquités de la Ville de Paris par Me Henri Sauval, avocat au Parlement de Paris* (Première édition du manuscrit; voir *supra, ad annum* 1655-1670).

1741, CLAPASSON
André Clapasson, *Description de la Ville de Lyon avec des recherches sur les hommes célèbres qu'elle a produits*, Lyon, 1741.

1742, PIGANIOL
Jean Aymar Piganiol de La Force, *Description de Paris, de Versailles, de Marly..., par M. Piganiol de La Force*, Nouvelle édition, Paris, 8 vol.

1745, D'ARGENVILLE
Antoine-Joseph Dézallier d'Argenville (le père), *Abrégé de la vie des plus fameux peintres..., Seconde Partie*, A Paris, chez de Bure (*cf.* p. 263-265).

1749, D'ARGENVILLE
Antoine-Nicolas Dézallier d'Argenville (le fils), *Voyage pittoresque de Paris, ou indication de tout ce qu'il y a de plus beau dans cette grande ville en peinture, sculpture et architecture*, Paris.

ca. 1750, MARIETTE
Pierre-Jean Mariette, notes manuscrites, Paris, Bibl. Nat., Cabinet des estampes, Ms. Ya 24; voir 1851, Mariette.

1752, D'ARGENS
Jean-Baptiste Boyer, marquis d'Argens, *Réflexions critiques sur les différentes écoles de peinture. par M. le Marquis Dargens*, Paris (*cf.* École vénitienne, section I : « Titien & Blanchard », p. 95-105).

1752, BRICE
Germain Brice, *Description de la ville de Paris et de tout ce qu'elle contient de plus remarquable* (9e édition, posthume, revue par P.J. Mariette et l'abbé Pereau; voir *1971*, Brice-Codet).

1752, LACOMBE
Lacombe, *Dictionnaire portatif des Beaux-Arts...*, Paris (*cf.* p. 81-82)

1755, D'ARGENVILLE
Antoine-Nicolas Dézallier d'Argenville (le fils), *Voyage pittoresque de Paris ou indication de tout ce qu'il y a de plus beau dans cette grande ville en Peinture Sculpture & Architecture, par M. D^{xxx}*, Troisième édition, Paris.

1762, D'ARGENVILLE
Antoine-Joseph Dézallier d'Argenville (le père), *Abrégé de la vie des plus fameux peintres...*, Nouvelle édition augmentée (*cf.* t. IV, p. 49-54).

1765, Méry
Abbé Joseph Méry de La Canorgue, *La théologie des peintres, sculpteurs, graveurs et dessinateurs...*, A Paris, chez H.C. de Nancy.

1776, Papillon
Denis-Pierre-Jean Papillon de La Ferté, *Extrait des differens ouvrages publiés sur la vie des peintres, par M.P.D.L.F.*, Paris, 2 vol.

1783, Pahin de la Blancherie
Mammès-Claude-Catherine Pahin de la Blancherie, *Essai d'un tableau historique des peintres de l'École françoise depuis Jean Cousin, en 1500 jusqu'en 1783 inclusivement (...)*, Paris (*cf.* p. 218).

II. Des bouleversements révolutionnaires à l'achat par le Louvre du « Cimon & Éphigène » (1790-1921)

1795, Lenoir
Alexandre Lenoir, *Catalogue historique et chronologique des peintres et tableaux réunis au dépôt national des Monuments français... adressé au Comité d'instruction publique, le 11 vendémiaire an III*, publié par Paul Lacroix, *Revue Universelle des Arts*, vol. XXI (1865), p. 61-160.

1808, Gault de Saint-Germain
Pierre-Marie Gault de Saint-Germain, *Les trois siècles de la peinture en France, ou Galerie des peintres français depuis François 1er jusqu'au règne de Napoléon, Empereur et Roi*, Paris, chez Belin fils.

1843, Michaud
D-T, article « Jacques Blanchard » dans la *Biographie Universelle..., nouvelle édition publiée sous la direction de M. Michaud*, t. IV (1843), p. 411.

1850, Robert-Dumesnil
A.P.F. Robert-Dumesnil, *Le peintre-graveur français*, tome VIII, Paris.

1851, Mariette
Pierre-Jean Mariette, *Abecedario de Mariette et autres notes inédites de cet amateur sur les arts et les artistes, publiés par Ph. de Chennevières et A. de Montaiglon*, Paris, 6 vol., 1851-1860.

1855, Villot
Frédéric Villot, notice « Blanchard » dans *Notices des tableaux exposés dans les galeries du musée national –3e partie – École française*, Paris (*cf.* p. 10-11)

1856, Dussieux
Louis Dussieux, *Les artistes français à l'étranger. Recherches sur leurs travaux et sur leur influence en Europe*, Paris (1re édition; voir aussi 1876, 3e édition).

1856, Renouvier
Jules Renouvier, *Des types et des manières des maîtres graveurs pour servir à l'histoire de la gravure... XVIe et XVIIe siècles. Deuxième partie*, Montpellier (*cf.* ch. XXXVII).

1857-1858, Blanc
Charles Blanc, *Le trésor de la curiosité tiré des catalogues de vente...*, Paris, 2 vol.

1859, Clément de Ris
L.F. Clément de Ris, *Les musées de province. Histoire et description*, Paris, Vve J. Renouard (voir *infra* la seconde édition, *ad annum* 1872).

1861, Duplessis
Georges Duplessis, *Histoire de la gravure en France*, Paris, Rapilly libraire-éditeur (*cf.* p. 200-203).

1862, Bombourg
I. de Bombourg, *« Les tableaux et les statues de Lyon au dix-septième siècle...», Archives de l'Art Français* (*cf.* p. 123-124).

1862, Blanc
Charles Blanc, « Jacques Blanchard », *Histoire des peintres de toutes les écoles, École française*, 4 pages, 3 illustrations gravées sur bois.

1863, Parthey
Gustav Parthey, *Deutscher Bildersaal, Verzeichniss der in Deutschland vorhandenen Œlbilder verstorbener Maler aller Schulen*, Berlin, t.I.

1867, Jal
Auguste Jal, *Dictionnaire critique de biographie et d'histoire*, Paris (voir *infra, ad annum* 1872, l'édition corrigée).

1872, Clément de Ris
L.F. Clément de Ris, *Les musées de province. Histoire et description*, seconde édition, Paris, Vve J. Renouard (voir *supra* la première édition, *ad annum* 1859).

1872, Guiffrey
Jules-Joseph Guiffrey, « Liste des artistes et artisans employés à l'embellissement et à l'entretien des châteaux royaux... de 1605 à 1656... »; *Nouvelles Archives de l'Art Français*, 1872 ; *cf.* p. 11.

1872, Jal
Auguste Jal, *Dictionnaire critique de biographie et d'histoire*, 2e éd. corrigée.

1872, Marolles-Duplessis
Michel de Marolles, *Le Livre des peintres et graveurs, seconde édition de la Bibliothèque Elzévirienne revue et annotée par M. Georges Duplessis*, Paris, Paul Daffis éd.

1873, Herluison
Henri Herluison, *Actes d'état-civil d'artistes français [...], extraits des registres de l'Hôtel de Ville de Paris détruits dans l'incendie du 24 mai 1871*, Orléans, H. Herluison libraire-éditeur.

1873, Piot
Eugène Piot, *État civil de quelques artistes français, extrait des registres des paroisses des anciennes archives de la Ville de Paris*, Paris, Librairie Pagnerre.

1876, Dussieux
Louis Dussieux, *Les artistes français à l'étranger*, 3e édition, Paris (voir aussi *supra*, 1re édition, 1856).

1877, Montaiglon
Anatole de Montaiglon, « Lettre de Pierre à d'Angiviller sur le projet de vente au roi des tableaux de l'hôtel Turgot », *Archives de l'art français*, p. 341-343 (*cf.* note 1).

1878, Courajod
Louis Courajod, « Objets d'art concédés en jouissance par la Restauration », Document communiqué et annoté par M. Courajod, *Nouvelles Archives de l'Art Français*, vol. VI, p. 371-399.

1879, Berger
Georges Berger, *L'École française de peinture depuis ses origines jusqu'à la fin du règne de Louis XIV*, Paris, Hachette.

1883, Plon
Inventaire général des Richesses d'art de la France. Archives du Musée des

Monuments français, Première partie, Paris, Librairie Plon.

1884, Bonnaffé
Edmond Bonnaffé, *Dictionnaire des amateurs français au XVIIe siècle*, Paris, A. Quantin.

1886, Bertolotti
Antonino Bertolotti, *Artisti francesi in Roma nei secoli XV, XVI, e XVII*, Mantoue (*cf.* p. 153 : « Blancard »)

1886, Plon
Inventaire général des Richesses d'art de la France. Archives du Musée des Monuments français. Deuxième partie, Librairie Plon, Paris.

1888, Le Blanc
Charles Le Blanc, *Manuel de l'amateur d'estampes*, Paris, 1854-1888.

1888, Rondot
Nicolas Rondot, *Les peintres de Lyon du quatorzième au dix-huitième siècle*, Paris (*cf.* p. 141).

1890, Stein
Henri Stein, *Etat des objets d'art placés dans les monuments religieux et civils de Paris au début de la Révolution française, publié d'après des documents inédits*, Paris, Charavay frères éd.

1893, Lemonnier
Henry Lemonnier, *L'Art français au temps de Richelieu et de Mazarin*, Paris, Hachette.

1897, Chennevières
Philippe de Chennevières, « Une collection de dessins d'artistes français », *L'Artiste*, p. 149-150.

1897, Plon
Inventaire général des richesses d'art de la France. Archives du Musée des Monuments français. Troisième partie, Librairie Plon, Paris.

1899, Engerand
Fernand Engerand, *Inventaire des tableaux du Roy rédigé en 1709 et 1710 par Nicolas Bailly...*, Paris, Ernest Leroux, éd.

1900, Merson
Olivier Merson, *La peinture française. II. XVIIe et XVIIIe siècles*, Paris, Alcide Picard et Kaan.

1901, Cuissard
Charles Cuissard, « Inventaire des tableaux et œuvres d'art existant à la Révolution dans les églises d'Orléans », *Mémoires de la Société d'Agriculture, Sciences, Belles-Lettres et Arts d'Orléans.*

1901, Mireur
Docteur H. Mireur, *Dictionnaire des ventes d'art faites en France et à l'étranger pendant les XVIIIe et XIXe siècles*, Paris-Marseille, tome I, p. 239.

1907, Guiffrey-Marcel
Jean Guiffrey et Pierre Marcel, notices « Blanchard » dans l'*Inventaire général des Dessins du Musée du Louvre et du Musée de Versailles. École française*, t.I.

1909, Demonts
Louis Demonts, « Dessins français des cabinets d'Allemagne », *Bulletin de la Société de l'histoire de l'art français*, Année 1909, p. 259-280.

1909, Tuetey-Guiffrey
Alexandre Tuetey et Jean Guiffrey, « La Commission du Museum et la création du Musée du Louvre. 1792-1793 », *Nouvelles Archives de l'Art Français.*

1910, Vial
E.V. (Vial), notices « Jacques Blanchard » et « Jean Blanchard », dans Ulrich Thieme und Felix Becker, *Allgemeines Lexikon der Bildenden Künstler*, t. IV, *ad art.* (p. 92-93).

1912, Furcy-Raynaud
M. Furcy-Raynaud, « Les tableaux et objets d'art saisis chez les émigrés et condamnés, et envoyés au Museum Central », *Archives de l'Art Français*, nouvelle période, t. VI, p. 305.

1915, Guiffrey, *Artistes parisiens*
Jules Guiffrey, *Artistes parisiens du XVIe et du XVIIe siècles. [Actes] tirés des insinuations du Châtelet de Paris*, Paris, Imprimerie Nationale.

1915, Guiffrey, *Saint-Luc*
Jules Guiffrey, *Histoire de l'Académie de Saint-Luc*, Archives de l'Art Français, nouvelle période, t. IX, Paris, Edouard Champion.

1921, Lemonnier
Henry Lemonnier, « La peinture et la gravure en France pendant la première moitié du XVIIe siècle », ch. V de l'*Histoire de l'Art* d'André Michel,, tome VI, p. 201-268.

III. Du « scandale » du Louvre à l'étude de Charles Sterling (1921-1961)

1923, Fontaine
André Fontaine, « Observations sur trois tableaux des Musées du Louvre et de Maisons-Laffitte attribués à Jacques Blanchard », *Bulletin de la Société de l'histoire de l'art français*, année 1923, p. 27-31.

1924, Brière
Gaston Brière, « Emplacements actuels des tableaux du Musée du Louvre... retirés des galeries. École française », *Bulletin de la Société de l'histoire de l'art français*, année 1924, II, p. 273-352.

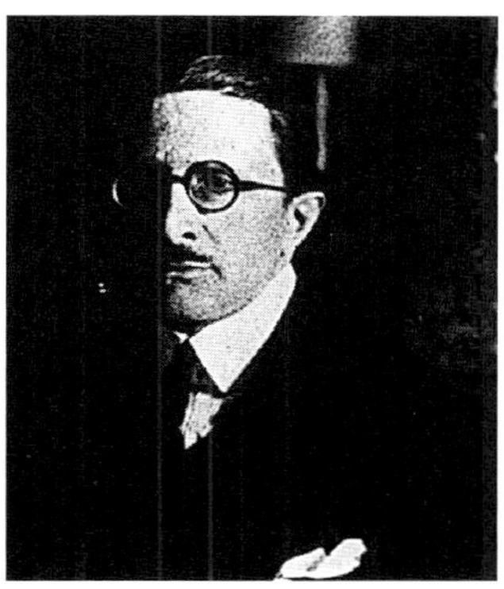

1925, Demonts
Louis Demonts, « Deux peintres de la première moitié du XVIIe siècle : Jacques Blanchard et Charles-Alphonse Du Fresnoy », *Gazette des Beaux-Arts*, 1925, II (septembre-octobre), p.162-178.

1926, Dimier
Louis Dimier, *Histoire de la peinture française du retour de Vouet à la mort de Lebrun, 1627 à 1690*, t. I, Paris et Bruxelles, Van Oest éd.

1929, Marcel-Terrasse
Pierre Marcel et Charles Terrasse, *La Peinture au musée du Louvre. École française. XVIIe siècle*; introdution

par Pierre Marcel ; notices par Charles Terrasse, Paris, *L'Illustration*, s.d. (1929).

1932, LUNDBERG
Gunnar W. Lundberg, « Jacques Blanchard och Pehr Gustaf Floding », *Konsthistorisk Tidskrift*, 3e cahier, Stockholm, 8 p.

1932, WEISBACH
Werner Weisbach, *Französische Malerei des XVII. Jahrhunderts im Rahmen von Kultur und Gesellschaft*, Berlin, Heinrich Keller.

1933, LAVALLÉE
Pierre Lavallée, « Autour de deux peintres du XVIIe siècle : Jacques Blanchard et Charles Dauphin », *Bulletin de la Société de l'histoire de l'art français*, année 1933, p. 145-149.

1933, THOMÉ
J.-R. Thomé, « A propos de l'exposition de l'École des Beaux-Arts », *Gazette des Beaux-Arts*, août 1933, t.10, p. 128.

1934, LAVALLÉE
Pierre Lavallée, « Sur un dessin de Jacques Blanchard (1600-1638) », *La Revue de l'Art*, t. LXV (1934), p. 183-186, reprod.

1934, STERLING
Charles Sterling, notices « Blanchard » dans le catalogue des *Peintres de la Réalité*, Paris, Orangerie, 1934.

1935, GILLET
Louis Gillet, *La peinture de Poussin à David*, Paris, H. Laurens éd. (*cf.* p. 9-10).

1935, LEROY
Alfred Leroy, *Histoire de la peinture française au XVIIe siècle (1600-1700). Son évolution, ses maîtres*, Paris, Albin Michel.

1935, MAYER
August L. Mayer, « Les deux Blanchard », *Beaux-Arts*, n° 138 (23 août 1935), p. 2.

1937, STERLING
Charles Sterling, *La peinture française au XVIe et XVIIe siècle*, Paris, Album Braun.

1937, VALENTINER
W. R. Valentiner, « Portraits by Jacques Blanchard », *Bulletin of the Detroit Institute of Art*, XVI (1936-1937), mars 1937, p. 100-102.

1938, MAGNIN
Jeanne Magnin, notices « Blanchard » dans le catalogue *Musée Magnin. Peintures et dessins de l'École française*, Dijon (*cf.* p. 25-26).

1939, ERNST
Serge Ernst, « Les dessins de Poussin à l'Académie de Venise », *Bulletin de la Société de l'histoire de l'art français*, année 1939, p. 216-225 (*cf.* p. 219, note 1).

1940, COYECQUE
Coyecque, « Notes sur divers peintres du XVIIe siècle. I. Jean Blanchard », *Bulletin de la Société de l'histoire de l'art français*, année 1940, p. 76-78.

1942, *Burlington Magazine*
S.n., « Jacques Blanchard », *The Burlington Magazine*, vol. LXXXI, n° 474, septembre 1942 ; Éditorial, p. 211-212, reprod.

1944, *Burlington Magazine*
S.n., « Jacques Blanchard in eighteenth Century England », *The Burlington Magazine*, vol. LXXXV (1944), Shorter Notices, p. 231.

1946, DORIVAL
Bernard Dorival, *La peinture française*, coll. « Arts, styles et techniques », Paris, Librairie Larousse.

1948, LAVALLÉE
Pierre Lavallée, *Le dessin français*, coll. « Arts, styles et techniques », Paris, Librairie Larousse (*cf.* p. 36-38).

1950, ADHÉMAR
Hélène Adhémar, « La Sainte Famille et le vieillard Siméon, par Jean Blanchard », *Bulletin des Musées de France*, mai 1950, p. 77-79.

1951, DORIVAL
Bernard Dorival, « Paris au temps de Richelieu », dans *Étapes de l'art français*, Paris, Olivier Perrin, n.p.

1952, BRIÈRE-MISME
Clotilde Brière-Misme, « La Danaé de Rembrandt et son véritable sujet », *Gazette des Beaux-Arts*, 1952, p. 305-318.

1953, BLUNT
Anthony Blunt, *Art and Architecture in France, 1500 to 1700*, coll. « The Pelikan History of Art », Melbourne-London-Baltimore.

1953, VALLERY-RADOT
Jean Vallery-Radot, *Le dessin français au XVIIe siècle* (Notices biographiques de Philippe Jaccottet), Lausanne, éd. Mermod.

1954, CROZET
René Crozet, *La Vie artistique en France au XVIIe siècle (1598-1661). Les artistes et la société*, Paris, Presses universitaires de France.

1954, NICOLSON
Benedict Nicolson, « Current and Forthcoming Exhibitions », *The Burlington Magazine*, novembre 1954, p. 361-362.

1955, STERLING
Charles Sterling, notice « Blanchard » dans *The Metropolitan Museum of Art. A Catalogue of French Paintings. XV-XVIII Centuries*, Cambridge, Harvard University Press, p. 63-65.

1956, BENISOVICH
Michel Benisovich, « Sales of French Collections of Paintings in the United States during the first half of the nineteenth century », *The Art Quartely*, vol. XIX (1956), p. 288-301.

1957, LACLOTTE
Michel Laclotte, « La peinture du Grand Siècle », *L'Œil*, n° 36 (Noël 1957), p. 40-51.

1958, THUILLIER
Jacques Thuillier, « Le Nain Studies. I. Three Rediscovered Pictures », *The Burlington Magazine*, février 1958 (n° 659, vol. C), p. 55-61 et fig. 15-26 ; « II. Mathieu Le Nain, "peintre d'histoires ?" » *ibidem*, mars 1958 (n° 660, vol. C), p. 91-97 et fig. 21-32.

1960, PAYNE
Elisabeth H. Payne, « A French Baroque Portrait », *Bulletin of the Detroit Institute of Arts*, 1959-1960 (vol. XXXIX), p. 84-85.

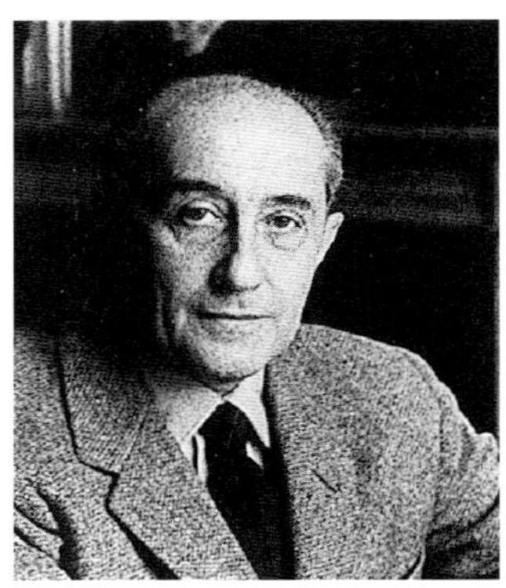

1961, STERLING
Charles Sterling, « Les peintres Jean et Jacques Blanchard », *Art de France*, I (1961), p. 76-118.

1961, THUILLIER
Jacques Thuillier, « Dessins du XVIIe siècle », *Art de France*, I (1961), p. 329-334.

IV. De l'étude de Charles Sterling à nos jours (1962-1997)

1962, HUYGHE
René Huyghe, *La peinture française du XVIIe et XVIIIe siècles*, éd. Flammarion.

1962, VERGNET-RUIZ – LACLOTTE
Jean Vergnet-Ruiz et Michel Laclotte, *Petits et grands musées de France. La peinture des primitifs à nos jours*, Paris, éd. du Cercle d'Art.

1963, DE JONGH
E. de Jongh, « Jacques Blanchard's Verzorging van Sebastiaan, Een Apollo in plaats van een stekelvarken », *Bulletin van het Rijksmuseum*, n° 11 (1963), p. 71-79.

1963, POENSGEN
Georg Poensgen, « Herkules und Omphale, zu einem neu erworbenen Gemälde des Kurpfälzischen Museums », *Biblioteca docet, Festgabe Carl Wehmer*, Amsterdam, p. 303-310, 48 ill.

1963, STERLING
Charles Sterling, « La peinture française et la peinture espagnole au XVIIe siècle : affinités et échanges », *Velàzquez, son temps, son influence*, Actes du colloque tenu à la Casa de Velàzquez les 7, 9 et 10 décembre 1960, Paris, Arts et Métiers graphiques, 1963.

1963, THUILLIER
Jacques Thuillier, dans Albert Châtelet et Jacques Thuillier, *La peinture française. De Fouquet à Poussin*, éd. Skira, Genève.

1964, COGNIAT
Raymond Cogniat, *La peinture du XVIIe siècle*, Paris, Editions du Pont-Royal.

1964, DUSSOURD
Henriette Dussourd, *Toulon-sur-Arroux, seigneurie de l'abbaye de Cluny*, Moulins.

1964, RAMBAUD
Mireille Rambaud, *Documents du Minutier Central concernant l'histoire de l'art (1700-1750)*, t. I, S.E.V.P.E.N., Paris.

1964, TEYSSÈDRE
Bernard Teyssèdre, *L'histoire de l'art vue du Grand Siècle*, Paris, éd. René Julliard.

1965, BABELON
Jean-Pierre Babelon, *Demeures parisiennes sous Henri IV et Louis XIII*, Paris, éd. Le temps (voir aussi Babelon, 1991).

1965, JANNEAU
Guillaume Janneau, *La peinture française au XVIIe siècle*, Genève, 1965, Pierre Cailler.

1965, STERLING
Charles Sterling, « Eustache Le Sueur, peintre de portraits », *Walter Friedlaender zum 90. Geburtstag*, Berlin (*cf.* p. 181).

1968, AUZAS
Pierre-Marie Auzas, « A propos de Laurent de La Hyre », *Revue du Louvre*, 1968, n° 1, p. 3-12 (*cf.* « Jean Senelle »).

1968, STUFFMANN
Margret Stuffmann, « Les tableaux de la collection de Pierre Crozat » (paru dans la *Gazette des Beaux-Arts*, juillet-septembre 1968, mais aussi en extrait, séparé et avec pagination propre, en 1968 également, 144 p.).

1969, FLEURY
Marie-Antoinette Fleury, *Documents du Minutier Central concernant les peintres, les sculpteurs et les graveurs au XVIIe siècle (1600-1650)*, t. I, S.E.V.P.E.N., Paris.

1969, GEBELIN
François Gebelin, *L'époque Henri IV et Louis XIII*, coll. « Le Lys d'or », Paris, P.U.F.

1971, BRICE-CODET
Germain Brice, *Description de la ville de Paris (...) reproduction de la 9e édition (1752) accompagnée d'une notice sur Germain Brice (...) et d'une table cumulative des neuf éditions, par Pierre Codet*, Genève, Librairie Droz.

1974, GLICKMAN
A. Glickman, *Musée de l'Ermitage, Peinture française du XVe au XVIIe siècle*, intruction et choix par A. Glickman, éditions Aurora, Leningrad.

1974, PIGLER
A. Pigler, *Barockthemen*, 2e éd., 3 vol., Budapest.

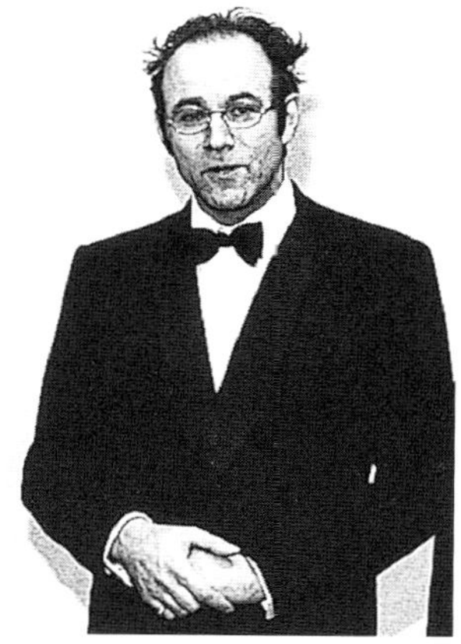

1975, ROSENBERG
Pierre Rosenberg, « Quelques nouveaux Blanchard », *Études d'art français offertes à Charles Sterling*, Paris, P.U.F., 1975, p. 217-225 et fig. 130-145.

1975, SZIGETHI
Agnes Szigethi, *Francia Festmények a XVII-XVIII századból*, Budapest, éd. Corvina ; édition consultée : en langue française, *Peintures françaises des XVIIe et XVIIIe siècles*, Budapest, éd. Corvina, 1976.

1975, TERNOIS
Daniel Ternois, « Les tableaux des églises et des couvents de Lyon », *L'Art baroque à Lyon*, Actes du Colloque (Lyon 27-29 octobre 1972), Lyon, 1975.

1976, BJURSTRÖM
Per Bjurström, *Drawings in Swedish Public Collections. 2. French Drawings. Sixteenth and Seventeenth Centuries*, Stockholm.

1976, CONSTANS
Claire Constans, « Les tableaux du Grand Appartement du Roi », *La Revue du Louvre et des Musées de France*, 1976, n° 3, p. 157-173.

1977, DORIVAL
Bernard Dorival, « Un document inédit concernant Philippe de Champaigne », *Gazette des Beaux-Arts*, avril 1977, p. 132.

1978, SCHNAPPER-TERNOIS
Antoine Schnapper et Daniel Ternois, « Une vente de tableaux provenant des églises parisiennes en 1810 », *Hommage à François-Georges Pariset, Bulletin de la Société de l'histoire de l'art français*, année 1976 (1978), p. 115-162.

1978, Thuillier
Jacques Thuillier, « Documents sur Jacques Blanchard », *Hommage à François-Georges Pariset, Bulletin de la Société de l'histoire de l'art français*, année 1976 (1978), p. 81-94.

1978, Thuillier-Mignot
Jacques Thuillier et Claude Mignot, « Collectionneur et Peintre au XVIIe siècle : Pointel et Poussin », *Revue de l'Art*, n° 39, p. 40-58.

1979, Cuzin
Jean-Pierre Cuzin, « Jeunes gens par Simon Vouet et quelques autres », *La Revue du Louvre et des musées de France*, 1979, I, p. 15-29 (*cf.* p. 24).

1979, Dorival
Bernard Dorival, « La peinture française au XVIIe siècle, 1610-1715 », dans *Baroque et Classicisme au XVIIe siècle en Italie et en France*, coll. « Histoire universelle de la peinture », Genève, éd. Famot.

1980, Bousquet
Jacques Bousquet, *Recherches sur le séjour des peintres français à Rome au XVIIe siècle*, Préface par Jacques Thuillier, Montpellier, s.d. [1980].

1980, O'Neill
Mary O'Neill, *Musée des Beaux-Arts d'Orléans. Les peintures de l'École française des XVIIe et XVIIIe siècles. Catalogue critique*, Orléans, 2 tomes.

1982, Fohr
Robert Fohr, *Tours, Musée des Beaux-Arts... Tableaux français et italiens du XVIIe siècle*, Paris, RMN.

1982, Rosenberg
Pierre Rosenberg, notices « Blanchard » dans le catalogue de l'exposition *Paris-New York-Chicago, 1982* (*cf.* p. 222-225 et 345).

1983, Cuzin
Jean-Pierre Cuzin, « Raphaël et l'art français », Introduction au catalogue de l'exposition *Raphaël et l'art français*, Paris, Grand Palais, novembre 1983-février 1984, p. 47-65.

1984, Mignot
Claude Mignot, « Le cabinet de Jean-Baptiste de Bretagne, un « curieux » parisien oublié (1650) », *Archives de l'art français*, Nouvelles période, t. XXVI (1984), p. 71-87 ; *cf.* p. 78.

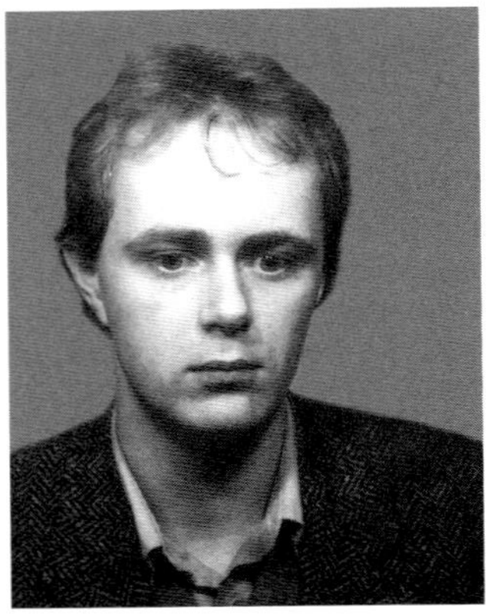

1985, Beresford
Richard Beresford, « Deux inventaires de Jacques Blanchard », *L'Art à l'époque du Cardinal de Richelieu, Archives de l'art français*, Nouvelle période, t. XXVII (1985), p. 107-134.

1985, Laveissière
Sylvain Laveissière, notices « Blanchard » dans le catalogue de l'exposition, 1985, Dublin, p. 4-6.

1985, Wright
Christopher Wright, *The French Painters of the Seventeenth Century*, Boston.

1987, Brejon
Arnauld Brejon de Lavergnée, *L'Inventaire Le Brun de 1683. La collection des tableaux de Louis XIV*, Coll. « Notes et Documents des musées de France », 17.

1987, Chomer
Gilles Chomer, « Horace Le Blanc, essai de catalogue raisonné », *Bulletin des Musées et Monuments lyonnais*, 1987, n° 3, p. 20-52, reprod.

1988, Oberhuber
Konrad Oberhuber, *Poussin. The Early Years in Rome. The Origins of French Classicism*, New York, Hudson Hills Press.

1988, Thuillier
Jacques Thuillier, notice du *Voeu de la ville de Bourges à Notre-Dame de Liesse*, dans le catalogue de l'exposition *Jean Boucher de Bourges, ca. 1573-ca 1633*, Bourges, Musée du Berry-Angers, Musée des Beaux-Arts, p. 154-155.

1989, Petry
Claude Pétry, *Le Musée des Beaux-Arts de Nancy*, coll. « Musées et Monuments de France » (*cf.* p. 51-53)

1990, Bongiu
Aurel Bongiu, « Les tableaux de la cathédrale de Cahors : hypothèses, problèmes, certitudes », *Bulletin de la Société des études du Lot*, t.111 (1990), p. 165-181.

1990, Jouannet
Gérard Jouannet, « Cognac du XVIe au XVIIIe : émergence d'une économie », *Cahiers de l'Inventaire : Cognac*, p. 32-63 (*cf.* p. 42-44).

1990, Leegenhoek
Jacques Leegenhoek, notice de la *Danaé* de Blanchard, dans le catalogue *Maîtres anciens du XVIe au XVIIe siècle*, Paris, Serre-Leegenhoek, septembre-décembre 1990, p. 39-42, reprod. couleurs.

1990, Salomé
Laurent Salomé, « Grenoble, musée de Peinture et de Sculpture, Jacques Blanchard (1600-1638), Saint Jérôme écrivant », *La Revue du Louvre et des musées de France*, 1990, n° 5, p. 414, reprod.

1991, Babelon
Jean-Pierre Babelon, *Demeures parisiennes sous Henri IV et Louis XIII*, Paris, éd. Hazan (édition revue et amplifiée ; voir Babelon, 1965).

1991, Bongiu
Aurel Bongiu, notice de l'*Adoration des Bergers* de la cathédrale de Cahors, dans Mireille Bénéjeam, Aurel Bongiu, Maurice Scelles, Marie-Anne Sire, *Cahors. La Cathédrale*, Inventaire Général des Monuments et des richesses artistiques de la France, coll. Images du Patrimoine, Toulouse (*cf.* p. 77, reprod. couleurs).

1991, Durey, *Bul. Mus. Lyon*
Philippe Durey, « La Chronique des Musées. Acquisitions du musée des Beaux-Arts en 1990. Jacques Blanchard, *Danaé* », *Bulletin des Musées et Monuments lyonnais*, 1991, n° 1, p. 38-40.

1991, Durey, *Revue du Louvre*
Philippe Durey, [Notice de la *Danaé* acquise par le musée de Lyon], *La Revue du Louvre et des musées de France*, mars 1991, p. 130-131.

1991, Munière
L. Munière, « Bacchanale de Jacques Blanchard », *L'Estampille*, n° 249 (juillet-août 1991).

1992, Bongiu
Aurel Bongiu, « Un Blanchard à Cahors », *Revue de l'Art*, n° 98 (1992, n° 4), p. 80-81.

1992, Thuillier
Jacques Thuillier, *Georges de La Tour*, Paris, Flammarion.

1993, Hilaire
Michel Hilaire, notices « Jacques Blanchard » dans le catalogue *Grand Siècle*, Montréal-Rennes-Montpellier, janvier-septembre 1993, p. 127-133, p. 206.

1993, Hilaire, *Beaux-Arts*
Michel Hilaire, « Le rêve d'Italie », *Grand Siècle. Peintures françaises du XVIIe siècle*, numéro hors série de *Beaux-Arts*, p. 24-39.

1994, Mérot
Alain Mérot, *La peinture française au XVIIe siècle*, Paris, Gallimard-Electa.

1994, Rosenberg-Prat
Pierre Rosenberg et Louis-Antoine Prat, *Nicolas Poussin 1594-1665, Catalogue raisonné des dessins*, 2 vol., Milano, Leonardo editore.

1994, Schnapper
Antoine Schnapper, *Curieux du Grand Siècle. Collections et collectionneurs dans la France du XVIIe siècle. II. Œuvres d'art*, Paris, éd. Flammarion.

1994, Serre-Baron
Jean-Claude Serre et Armelle Baron, notice « Jacques Blanchard. Le Temps dévoilant la Vérité », dans le catalogue *Maîtres anciens*, Paris, 1994-1995, p. 28-31, reprod. couleurs.

1995, Baron
Armelle Baron, « Le Temps dévoilant la Vérité », par Jacques Blanchard... », *L'Estampille / L'objet d'art*, n° 287 (janvier 1995), p. 99-100 (fiche 287 A).

1995, Beresford
Richard Beresford, notices « Jean Blanchard » et « Jacques Blanchard », *Allgemeines Künstlerlexikon*, vol. 11, Munich-Leipzig 1995, p. 388-390.

1995, Chastel
André Chastel, *L'Art français*, t. III (*Ancien Régime*, 1625-1775), Paris, Flammarion.

1995, Chevalier
Alain Chevalier, « La collection Boussairolles : goût et commerce à Montpellier sous le Consulat et l'Empire », *Bulletin de la Société de l'histoire de l'art français*, Année 1994 (1995), p. 169-191.

1996, Guicharnaud
Hélène Guicharnaud, « Pour une redécouverte de Gabriel Blanchard », *L'Estampille / L'objet d'art*, n° 301 (avril 1996), p. 74-82.

1996, Labbé – Bicart-Sée
Jacqueline Labbé et Lise Bicart-Sée, *La collection de dessins d'Antoine-Joseph Dézallier d'Argenville*, Paris, Louvre, coll. « Notes et documents des musées de France », n° 27.

1996, Laveissière
Sylvain Laveissière, « Les *tableaux d'histoires* retrouvés de Charles-Alphonse Dufresnoy », *Revue de l'Art*, n° 112 (1996-2), p. 38-58.

1996, Loche
Renée Loche, *Genève. Musée d'Art et d'Histoire. Catalogue raisonné des peintures et pastels de l'école française. XVIe XVIIe et XVIIIe siècles*, Genève, Slatkine éd.

1996, Prat-Rosenberg
Louis-Antoine Prat et Pierre Rosenberg, « Annexe » à l'étude de Sylvain Laveissière, « Les tableaux d'histoire retrouvés de Charles-Alphonse Dufresnoy », *Revue de l'Art*, n° 112 (1996-2), p. 57-58, reprod.

1996, Salomé
Laurent Salomé (et alii), *Musée des Beaux-Arts de Rennes. Guide des collections*, Rennes et RMN (*cf.* p. 52).

1996, Wise
Susan Wise, notices des tableaux français dans *French and British Paintings from 1600 to 1800 in the Art Institute of Chicago*, Chicago, (*cf.* p. 5-8).

II

Expositions

Cette exposition se trouve être la première à rassembler un nombre notable d'œuvres de Blanchard. En fait, comme on pourra le constater, le peintre fut présent dans des expositions nombreuses ; mais presque toujours par un seul tableau. Lorsqu'on voulait évoquer le XVIIe siècle français, il paraissait impossible d'écarter ce nom resté célèbre ; mais on ne jugeait pas nécessaire d'aller plus loin qu'emprunter à quelque grand musée l'une des cinq ou six toiles bien connues. Il a fallu attendre des manifestations récentes et des initiatives françaises pour qu'on se risquât jusqu'à trois, voire quatre (1958, Londres et Paris ; 1982, Paris-New York-Chicago ; 1988-1989, Meaux ; 1993, Montréal-Rennes-Montpellier).

On notera également que presque toutes les expositions où ont paru des œuvres de Blanchard se sont tenues en France, en Angleterre ou aux États-Unis, soit les pays qui de longue date possèdent des oeuvres majeures de l'artiste. L'Italie, l'Allemagne ou le Nord semblent s'être peu souciés de lui rendre hommage. Quand ils l'ont fait de leur propre initiative, le choix s'est parfois montré malheureux (1995-1996, Düsseldorf-Darmstadt ; 1995-1996, Berlin...). Ce qui montre combien lentement s'effacent les pesanteurs accumulées par les siècles...

1920, Fontainebleau
Palais de Fontainebleau. Liste des objets exposés dans la salle du Jeu de Paume par les soins de la Société des Amis de Fontainebleau, Palais de Fontainebleau, août 1920.

1929, Maisons-Laffitte
Catalogue des dessins français du XVIIe siècle exposés au Château de Maisons-Laffitte de juillet à octobre 1929, notices par G. Rouchès et P. Lavallée.

1932, Londres
Exhibition of French Art 1200-1900, Royal Academy of Arts, Londres, Burlington House, avec album d'illustrations.

1933, Paris
Art français des XVIIe et XVIIIe siècles, Paris, Ecole des Beaux-Arts, Salle Foch, mai-juin 1933; avant-propos de Pierre Lavallée.

1934, Paris, *Arts décoratifs*
Les artistes français en Italie de Poussin à Renoir, Paris, Musée des arts décoratifs, Palais du Louvre, Pavillon de Marsan; préface par Jean-Louis Vaudoyer.

1934, Paris, *Orangerie*
Les Peintres de la réalité en France au XVIIe siècle, Paris, Musée de l'Orangerie; Préface par Paul Jamot; introduction et notices par Charles Sterling.

1937, Detroit
Georges de La Tour and the Brothers Le Nain, Detroit, The Detroit Institute of Art (exp. du même titre, New York, Knoedler, 1936, avec un supplément des tableaux du XVIIe siècle français).

1937, Paris
Chefs-d'œuvre de l'art français, Paris, Palais National des Arts.

1938, Bristol
French 17 th Century Painting, Bristol, City Art Gallery.

1938, Londres
17 th Century Art in Europe, Royal Academy of Arts, Londres, Burlington House. Avec un album « Illustrated Souvenir » séparé.

1939, New York
New York. World's Fair. Catalogue of European Paintings and Sculpture from 1300-1800, New York, World's Fair, mai-octobre 1939; publié sous la direction de William R. Valentiner, notices par George Henri Mc Call.

1941, Detroit
Masterpieces of Art from European and American Collections. European Paintings from Two World's Fairs of 1939, Detroit, The Detroit Institute of Arts, 1er avril au 31 mai 1941.

1946, New York, *Wildenstein*
A loan Exhibition of French Painting of the Time of Louis XIII th. and Louis XIV th., 9 mai-1er juin 1946.

1946, Paris,
Chefs-d'oeuvre de la peinture française du Louvre. Des Primitifs à Manet, Paris, musée du Petit Palais.

1947, Londres, *Wildenstein*
A loan Exhibition of French Painting of the XVIIth Century..., Londres, galerie Wildenstein, juin-juillet 1947.

1947, Paris
Les grandes heures de Notre-Dame de Paris, Paris, Chapelle de la Sorbonne, mai-juillet 1947; catalogue par Pierre-Marie Auzas (*cf.* n° 96 : "la Pentecôte").

1949, Detroit
Masterpieces of Painting from Detroit Private Collections, Detroit, The Detroit Institute of Arts.

1949, Genève
Trois siècles de peinture française XVIe-XVIIe siècles. Choix d'oeuvres des musées de France, Genève, Musée Rath, 16 juillet-16 octobre 1949.

1951, Detroit
French Drawings of Five Centuries from the Collection of the Fogg Art Museum, Harvard University, Detroit, catalogue par Agnes Mongan.

1951, Pittsburgh
French Painting 1100-1900, Pittsburgh (Pennsylvania), Carnegie Institute, Department of Fine Arts, 18 octobre-2 décembre 1951.

1952-1953, Etats-Unis
French Drawings, Masterpieces from five centuries, Washington; Cleveland, Museum of Art; Saint Louis, City Museum; Cambridge, Fogg Art Museum; New York, The Metropolitan Museum.

1954, Londres, *Agnew's*
Old Masters, London, Thomas Agnew's and Sons, Ltd.

1956, Castres
Les plus belles peintures des collections privées du Tarn, du XVe au XVIIIe siècle, Castres, Musée Goya, 3 juin-2 septembre 1956; catalogue par Hermann Voss.

1956-1957, Rome
Il Seicento Europeo - Realismo, Classicismo, Barocco, Rome, Palais des Expositions, décembre 1956-janvier 1957; notices des tableaux français par Charles Sterling.

1958, Londres
The Age of Louis XIV, London Royal Academy of Arts, Winter Exhibition 1958; introduction par Anthony Blunt; catalogue par Michel Laclotte; avec album de reproductions séparées : *17 th Century French Pictures.*

1958, Paris
Le XVIIe siècle français. Chefs-d'œuvre des musées de province, Paris, Petit Palais, mars 1958; catalogue par Michel Laclotte.

1958, Stockholm
Fem Sekler Fransk Konst. 1400-1900, Stockholm, Nationalmuseum, 15 août-9 novembre; catalogue par Pontus Grate et Per Bjurström; préface par Carl Nordenfalk.

1959, Berne
Das 17. Jahrhundert in der Französischen Malerei, Kunstmuseum, Bern, février-mars 1959; catalogue par Boris Lossky.

1959, Venise
La pittura del Seicento a Venezia, Venise, Ca'Pesaro, 27 juin-25 octobre 1959 (*cf.* n° 92, p. 59-60).

1960, Paris, *Louvre*
Dessins français du XVIIe siècle. Artistes contemporains de Poussin, Paris, Louvre, Cabinet des dessins; catalogue par Roseline Bacou et Jacob Bean.

1960, Paris, *Réserves*
Musée National du Louvre. Exposition de 700 tableaux de toutes les écoles antérieures à 1800 tirés des réserves du Département des peintures, Paris, Editions des musées nationaux.

1960-1961, Washington-Toledo-New York
The Splendid Century. French Art : 1600-1715, Washington, The National Gallery of Art; Toledo, The Toledo Museum of Art; New York, The Metropolitan Museum of Art.

1961, Paris
L'Art français au XVIIe siècle, École Nationale Supérieure des Beaux-Arts, Paris, mai-juillet 1961 (*cf.* n° 98).

1961-1962, Canada
Héritage de France. French Painting 1610-1760, Montreal, Museum of Fine Arts; Québec, Musée de la province du Québec; Ottawa, The National Gallery of Canada; Toronto, The Art Gallery.

1963, Karlsruhe
Französische Meister aus der Staatliche Kunsthalle Karlsruhe, Karlsruhe.

1964-1965, Detroit
The Institute collects, Detroit, The Detroit Institute of Arts (sans numérotation).

1965, Detroit
The John S. Newberry Collection, Detroit, The Detroit Institute of Arts (sans numérotation).

1968, Londres, *Heim*
French Paintings & Sculptures of the 17 th Century (Part I), Londres, Heim Gallery, Summer Exhibition.

1969-1970, Jacksonville-St Petersbourg
The Age of Louis XIII, Jacksonville, The Cummer Gallery of Art, 29 octobre-7 décembre 1969 ; St Petersbourg, The Museum of Fine Arts, 5 janvier-8 février 1970.

1972-1973, Toronto-Ottawa-San Francisco-New York
Dessins français du XVIIe et XVIIIe siècles des collections américaines, Toronto, Art Gallery of Ontario, 2 septembre-15 octobre 1972 ; Ottawa, Galerie Nationale du Canada, 3 novembre-17 décembre 1972 ; San Francisco, California Palace of the Legion of Honor, 12 janvier-11 mars 1973 ; introduction et catalogue par Pierre Rosenberg.

1973, Northridge
Baroque Masters from the Getty Museum, Northridge, California State University, Fine Arts Gallery, février-mars 1973.

1974, Londres, *Heim*
Religious and Biblical Themes in French Baroque Painting, London, Heim Gallery, Summer Exhibition, 29 mai-30 août.

1976-1977, Nice-Rennes
30 peintres du XVIIe siècle français. Tableaux d'inspiration religieuse des musées de province, Nice, Musée national du Message biblique, 3 juillet-27 septembre 1976 ; Rennes, Musée des Beaux-Arts, 15 octobre 1976-10 janvier 1977 ; notices par Françis Bergot, Pierre Provoyeur, Jacques Vilain.

1982, Paris-New York-Chicago
La peinture française du XVIIe siècle dans les collections américaines, Paris, Grand Palais, 29 janvier-26 avril 1982 ; New York, The Metropolitan Museum of Art, 26 mai-22 août 1982 ; Chicago, The Art Institute, 18 septembre-28 novembre 1982 ; introduction par Marc Fumaroli ; préface et catalogue par Pierre Rosenberg.

1982, Pékin-Shangaï
250 ans de peinture française. De Poussin à Courbet, Pékin, Palais des expositions, 15 septembre-13 octobre 1982 ; Shangaï, 20 octobre-10 novembre 1982 ; catalogue par Claire Constans, Jean-Pierre Cuzin, Sylvain Laveissière.

1984-1985, Paris, *Louvre*
Dessins français du XVIIe siècle, Paris, Musée du Louvre, Cabinet des dessins (83e exposition), 26 octobre 1984-28 janvier 1985 ; notice « Blanchard » par Jean-François Méjanès.

1985, Paris,
Le Classicisme français. Chefs-d'oeuvre de la peinture du XVIIe siècle, Paris, Petit Palais, 30 janvier-20 février 1985 (présentation de l'exposition destinée à Budapest et Dublin) ; « Petit Journal » avec préface par Jacques Thuillier et présentation par Sylvain Laveissière, 24 p., 35 illustrations.

1985, Budapest
A Francia Festészer Klasszicus Szazada, Budapest, Szépmüvészeti Muzeum, 5 mars-14 avril ; catalogue par Sylvain Laveissière.

1985, Dublin
Le Classicisme Français. Masterpieces of Seventeenth Century Painting, Dublin, The National Gallery of Ireland, 30 avril-9 juin 1985 ; catalogue par Sylvain Laveissière.

1985-1986, Leicester
Masterpieces of Reality. French 17 th Century Painting, The Leicester Museum and Art Gallery, New Walk, Leicester, 23 octobre 1985-2 février 1986 ; catalogue par Christopher Wright.

1986, Caen
L'Allégorie dans la peinture : la représentation de la charité au XVIIe siècle, Caen, Musée des Beaux-Arts, juin-octobre 1986 ; préface par Alain Mérot ; notices par Alain Tapié, en collaboration avec Caroline Joubert.

1986, Londres, *Agnew's*
From Claude to Gericault. The Arts in France 1630-1830, London, Thomas Agnew and sons (*cf.* n°2)

1988, Paris, Bailly
Dessins et tableaux de maîtres anciens et modernes, Paris, Galerie Charles et André Bailly, 16 novembre-23 décembre 1988 (*cf.* p. 32-33).

1988-1989, Meaux
De Nicolo dell'Abate à Nicolas Poussin : aux sources du Classicisme. 1550-1650, Meaux, fin 1988-début 1989 ; notices « Blanchard » par Sophie Bias.

1989, Cleveland
From Fontainebleau to the Louvre : French Drawings from the Seventeenth Century, Cleveland, the Cleveland Museum of Art ; notices par H.T. Goldfarb.

1990, Paris, Serre-Leegenhoek
Maîtres anciens du XVIe au XVIIIe siècle, Galerie Jean-Claude Serre-Jacques Leegenhoek, Société Labatut, 20 septembre-20 décembre 1990 ; notice Blanchard par Jacques Leegenhoek.

1992-1993, Dijon-Paris-Rotterdam
Chefs-d'œuvre de la peinture française des musées néerlandais, XVIIe-XVIIIe siècles, Dijon, Musée des Beaux-Arts, septembre-octobre 1992 ; Paris, Institut néerlandais, octobre-décembre 1992 ; Rotterdam, Museum Boymans van Beuningen, janvier-mars 1993 ; introduction par Pierre Rosenberg ; essai par Guido Jansen ; notices par Guido Jansen et Jersen Giltaij.

1993, Kobé-Yokohama
Exposition du bicentenaire du Louvre, Kobé, Musée Municipal, 30 mars-9 mai 1993 ; Yokohama, 22 mai-30 juillet.

1993, Montréal-Rennes-Montpellier
Grand Siècle, Peintures françaises du XVIIe siècle dans les collections publiques françaises, Montréal, Musée des Beaux-Arts, janvier-mars 1993 ; Rennes, Musée des Beaux-Arts, avril-juin 1993 ; Montpellier, Musée Fabre, juillet-septembre 1993 (*cf.* n°s 30-32, p. 127-133 ; notices par Michel Hilaire).

1993, Milan
L'Europa della pittura nel XVII secolo, 80 capolavori dai musei ungheresi, Milano, Palazzo della Permanente, 6 avril-30 mai 1993 ; introduction par Alessandro Marabottini ; catalogue par Agnes Szigethi.

1994, Helsinki
Seventeenth Century French Paintings from the Museum of Fine Arts, Budapest, Helsinki, Musée de l'art étranger, 18 mai-3 octobre 1994 ; catalogue par Agnes Szigethi.

1994-1995, Paris, *Serre*
Maîtres anciens, Paris, Galerie Jean-Claude Serre, Société Labatut, 8 novembre 1994-28 janvier 1995 ; catalogue par Armelle Baron.

1995, Rennes
XVIIe siècle : la passion d'un amateur, Rennes, Musée des Beaux-Arts, 17 mai-13 juillet 1995 ; notice « Blanchard » par Sylvain Laveissière.

1995-1996, Düsseldorf-Darmstadt
Die Galerie der Starken Frauen, Dusseldorf, Kunstmuseum ; Darmstadt, Hessisches Landesmuseum ; catalogue par Bettina Baumgärtel et Sylvia Neysters (*cf.* n° 60 (La Hyre) et n° 135).

1995-1996, Berlin
Von allen Seiten schön : Bronzen der Renaissance und des Barock, Berlin, Staatliche Museen, Preussischer Kulturbesitz, 31 octobre 1995-28 janvier 1996.

1997, Parme
Da Barocci a Modigliani-Le collezioni del Musée des Beaux-Arts di Nancy, Parme, Palazzo Ducale di Colorno, 14 mars-1er juin 1997 (*cf.* n°27 : notice par Nathalie Maury).

Liste des œuvres

Crédits photographiques

Albi, Donatien Rousseau : p. 91 - Amsterdam, Rijksmuseum : p. 267 - Besançon, Musée des Beaux-Arts, cl. Charles Choffet : p. 326 DR36 - Bordeaux, Musée des Beaux-Arts : p. 289 R7 - Budapest, Szépmüvészeti Múzeum, cl. Dénes József : p. 181 - Caluire, Studio Basset : pp. 85, 121, 123 - Cambridge, Fogg Art Museum : pp. 310 fig. 2, 329 DR4 - Chantilly, Musée Condé : p. 83 - Chicago, The Art Institute of Chicago, 1998 : p. 103 - Clermont-Ferrand, CRDP Auvergne : p. 280 - Clermont-Ferrand, Musée des Beaux-Arts, cl. Bayle : p. 279 - Detroit, The Detroit Institute of Arts : p. 165 - Dijon, Photo Coquéau : p. 105 - Dresde, Staatliche Kunstsammlungen : pp. 323 DR27, DR28, 324 DR30 - Gênes, Galleria di Palazzo Rosso, cl. Foto Gasparini : p. 132 - Genève, Musée d'art et d'histoire : p. 291 - Grenoble, Musée de Grenoble, cl. Jean-Luc Lacroix : pp. 113, 115 - Heidelberg, Kurpfälzisches Museum, p. 301 R32 - Inventaire Général Franche-Comté : p. 276 - Inventaire général SPADEM, cl. Ph. Marius Hermanowicz : p. 111 - Inventaire général SPADEM, cl. J. F. Peiré : p. 292 R 13 - Karlsruhe, Staatliche Kunsthalle : p. 129 - Kiev, musée d'Art Occidental : p. 104 - Leipzig, Museum der bildenden Künste : p. 202 fig. 2 - Lille, Jacques Quecq d'Henripret : p. 239 - Londres, British Museum : p. 234, fig. 3, 4 - Londres, The Courtauld Institute Galleries, A. C. Cooper : p. 251 - Londres, The Courtauld Institute of Art, Witt Library : p. 227 - Londres, Christie's Images : pp. 207, 223 - Malibu, The J. Paul Getty Museum : p. 293 R15 - Mirande, Musée des Beaux-Arts : p. 299 - Montlouis-sur-Loire, Patrick Boyer : p. 253 - Munich, Alte Pinakotek : p. 305 R38 - Munich, Staatliche Graphische Sammlung : p. 322 DR24 -Nancy, Musée des Beaux-Arts, cl. Gilbert Mangin : pp. 107, 321 DR22 - Nancy, Musée des Beaux-Arts, cl. C. Philippot : pp. 241, 243 - Nantes, Musée des Beaux-Arts, cl. P. Jean : pp. 139, 293 R14 - New York, Courtesy of Sotheby's : p. 261 - New York, Parke-Bernet : p. 292 R 10 - New York, The Metropolitan Museum of Art : pp. 145, 191, 192 - Orléans, Musée des Beaux-Arts : pp. 99, 322 DR25 - Paris, L'Atelier Culturel, cl. François Poche : p. 201 - Paris, Bibliothèque Nationale, Cabinet des Estampes : pp. 28 fig. 2, 34, 298 R25 - Paris, Photographie Bulloz : pp. 47, 289 R4 - Paris, Collège de France, cl. Jean-Pierre Martin : pp. 12, 22, 24, 27, 28 fig. 3, 29, 30, 31, 32, 33, 35, 44, 45, 46, 86, 94, 101, 112 fig. 1, 116, 117, 118, 119, 122, 124, 125, 126, 127, 128, 130, 135, 136, 137, 138, 140, 143, 144, 146, 149, 150, 151, 155, 157, 158, 161, 172, 173, 178, 179, 182, 183, 186, 190, fig. 1, 198, 202 fig. 1, 206 fig. 1, 208, 212, 214, 218, 219, 220, 222, 225, 228, 230, 231, 232, 237, 240, 244, 247, 248, 250, 254, 256, 259, 263, 264, 265, 266, 268, 270, 271, 272, 273, 274 fig. 4, 275, 278, 283, 284, 285, 288 R2, 290 fig. 2 et3, 294 R16 et R17, 295 fig. 2, 296, 297 R23, 298, 299, 300 R29, 301 R31, 303, 313, 314, 315, 320, 321 fig. 1, 325 DR34, 327 DR38, 328 fig. 1, 330 fig.1 - Paris, Jean-Loup Charmet : p. 269 - Paris, Laboratoire de Recherche des Musées de France : pp. 37, 38, 39 - Paris, Lauros-Giraudon : pp. 93, 255, 327 DR37 - Paris, Jacques L'Hoir : pp. 87, 95, 163, 187, 188, 221, 229, 257, 258, 268, 269, 277 - Paris, Studio Lauprète Baraja : p. 101 - Paris, Musées de la Ville de Paris : p. 40 - Paris, Roger-Viollet, cl. Anderson-Viollet : p. 242 - Paris, Réunion des Musées Nationaux : pp. 98 fig. 1, 131, 153, 170, 204, 206 fig. 2, 211, 212, 274 fig. 3, 295 fig. 1, 300 R28, 310 fig. 1 à 3, 317, 318, 319, 321 DR23, 324 DR29, 325 DR33, 329 DR40, 330 DR42 - Paris, Réunion des Musées Nationaux, cl. Daniel Arnaudet : pp. 105, 159, 160, 171, 184 - Paris, Réunion des Musées Nationaux, cl. M. Bellot : p. 89 - Paris, Réunion des Musées Nationaux, cl. Gérard Blot : pp. 95, 147, 197, 199, 211 - Paris, Société Labatut : p. 163 - Poitiers, CRDP / Inventaire général Poitou-Charentes : p. 112 fig. 2 - Pouchkine, Palais de Tsarskoïe Selo, cl. Musée de l'Ermitage : p. 120 - Reims, Musée des Beaux-Arts : pp. 133, 134 - Rennes, Musée des Beaux-Arts, cl. Louis Deschamps : pp. 175, 233 - Rennes, Musée des Beaux-Arts, cl. Arnaud Laot : p. 235 - Richmond, Virginia Museum of Fine Arts, cl. Katherine Wetzel : pp. 141, 142 - Rome, Istituto Centrale per il Catalogo e la Documentazione : p. 114 - Rome, E. Richter, cl. Vera Fotografia : p. 234 fig. 6 - Rouen, Musée des Beaux-Arts, cl. Didier Tragin et Catherine Lancien : p. 205, 301 R30 - Saint-Pétersbourg, Musée de l'Ermitage : pp. 209, 224 - Stockholm, Statens Kunstmuseet : p. 324 DR31, 325 DR32, 326 DR35, 328 - Toledo, The Toledo Museum of Art : photo de couverture, pp. 245, 246, 305 - Toulouse, Musée des Augustins : pp. 288 R1, 297 R22 - Troyes, musées de la ville de Troyes : pp. 179 fig. 1, 190 fig. 3 - Venise, Foto Rossi : p. 302 R34 - Versailles, Etude Blache, cl. Doucet : p. 183 - Vienne, Albertina : p. 322 DR26.

Cet ouvrage a été achevé d'imprimer
en février 1998 sur les presses de
l'imprimerie Calligraphy Print, Rennes.

La photogravure a été réalisée
par Calligraphy Print, Rennes.

Dépôt légal : février 1998